Informatik-Fachberichte

Herausgegeben von W. Brauer
im Auftrag der Gesellschaft für Informatik (GI)

49

Modelle und Strukturen

DAGM Symposium
Hamburg, 6.-8. Oktober 1981

Herausgegeben von Bernd Radig

Herausgeber

Dr. Bernd Radig
Fachbereich Informatik der Universität Hamburg
Schlüterstraße 70, 2000 Hamburg 13

AMS Subject Classifications (1979): 68-06, 68 G 10
CR Subject Classifications (1981):   3.63

CIP-Kurztitelaufnahme der Deutschen Bibliothek

Modelle und Strukturen: DAGM-Symposium, Hamburg, 6. – 8. Oktober 1981 /
hrsg. von Bernd Radig. – Berlin; Heidelberg; New York: Springer, 1981.
(Informatik-Fachberichte ; 49)
ISBN-13: 978-3-540-10876-4   e-ISBN-13: 978-3-642-68138-7
DOI:10.107/ 978-3-642-68138-7
NE: Radig, Bernd [Hrsg.]; Deutsche Arbeitsgemeinschaft für Mustererkennung; GT

Das Symposium der Deutschen Arbeitsgemeinschaft für Mustererkennung
hat auf seinem Weg nach Norden von Oberpfaffenhofen über Karlsruhe und
Essen nun Hamburg erreicht. Ich wünsche allen Teilnehmern Erfolg,
fruchtbare Diskussionen und einen angenehmen Aufenthalt.

In der DAGM sind wissenschaftliche Gesellschaften vertreten, zu deren
Aufgaben auch die Förderung der automatischen Mustererkennung in Forschung und Anwendung gehört. Zur Zeit sind dies die Deutsche Gesellschaft für angewandte Optik (DGaO), die Deutsche Gesellschaft für Nuklearmedizin (DGNM), die Deutsche Gesellschaft für Ortung und Navigation (DGON), die Deutsche Gesellschaft für Medizinische Dokumentation,
Informatik und Statistik (GMDS), die Deutsche Gesellschaft für Angewandte Datenverarbeitung und Automation in der Medizin (GADAM), die
Gesellschaft für Informatik (GI) und die Nachrichtentechnische Gesellschaft (NTG). Die DAGM vertritt wiederum die Interessen ihrer Träger-
gesellschaften in internationalen Verbänden, sie ist Mitglied der International Association of Pattern Recognition (IAPR).

Inzwischen ist es schon Tradition geworden, das DAGM Symposium unter
ein besonderes Thema zu stellen. Das diesjährige Schwerpunktthema
"Modelle und Strukturen" forderte die Autoren auf, in ihren Beiträgen
darzustellen, welche Modellvorstellungen über die sensorisch erfaßte
Außenwelt ihren Ansätzen, Algorithmen oder Systemen zugrundeliegen.
Gleichermaßen betont werden sollte die Kontroll- und Datenstruktur,
die durch Formalisieren und Einbeziehen solcher Modelle ausgeprägt
wird.Die große Zahl der eingereichten Beiträge, die wir leider nicht
alle aufnehmen konnten, spricht für die Aktualität dieser Themenstel-
lung. Allen Autoren danke ich für ihre Mühe. Ich freue mich besonders,
daß die Herren Binford, Fu, Niemann und Neumann bereit waren, das Thema in den Zusammenhang der neuesten Forschung in den Gebieten der mo-
dellgesteuerten und strukturellen Analyse von Bildern, Bildfolgen und
gesprochener Sprache zu stellen.

Herrn Prof. Dr. H. Kazmierczak (Karlsruhe), Herrn Dr. S. Pöppl (München), Herrn Dr. E. Triendl (Oberpfaffenhofen), Herrn Prof. Dr. G.
Winkler (Karlsruhe) und Herrn Dr. H.-G. Zimmer (Göttingen), die sich
mit mir die angenehme Aufgabe teilten, aus vielen eingereichten Beiträgen auswählen zu können, die aber auch nach sorgfältiger Beratung
Beiträge ablehnen mußten, danke ich sehr für ihre Mitarbeit im Pro-

gramm-Ausschuß. Die Herren Hille, Neumann und Westphal vom Vorberei-
tungs-Ausschuß und die Leiterin des Tagungsbüros, Frau Jancke, haben
mir viel Arbeit abgenommen. Herrn Prof. Dr. H. Marko und Herrn Prof.
Dr. H.-H. Nagel danke ich für ihre bereitwillige Unterstützung. Über-
haupt ist solch eine Tagung ohne die tatkräftige Hilfe vieler Personen
nicht organisierbar. Der Fachbereich Informatik und der Fachbereich
Chemie haben die Durchführung in den Räumen der Universität ermöglicht.
Herr Prof. C. Hackl als Vorsitzender und Herr Dr. E. Wegner als
Schatzmeister der Gesellschaft für Informatik sorgten unter anderem
für eine solide finanzielle Basis. Herr A. Vogel vom BMFT und Herr A.
Kaesser von der GMD trugen dazu bei, daß ich Herrn Dr. Binford und
Herrn Prof. Fu aus den USA zu Übersichtsvorträgen einladen konnte.
Die großzügige Unterstützung durch Industriefirmen erkenne ich dankbar
an. Besonders nennen möchte ich die Firmen IBM - Heidelberg, Digital
Equipment - Hamburg, Joyce-Loebl - Düsseldorf und Control Data - Ham-
burg.

Nicht nur die großartige Förderung, die ich bei der Organisation des
Symposiums erfahren habe, sondern auch das breite Spektrum der Beiträge in diesem Buch zeigen das große Interesse an Forschung und Anwendung im Bereich der Mustererkennung. Ich hoffe, daß die Beiträge die
Forschung fördern und die Anwendungen der Gesellschaft zum Guten dienen.

Hamburg, im Juli 1981   Bernd Radig

INHALTSVERZEICHNIS

Systeme

Linien und Kanten

Textur

Anhang

SPRACHE

center

Automatische Erkennung zusammenhängend gesprochener Sprache

H. Niemann

Lehrstuhl für Informatik 5 (Mustererkennung)

Universität Erlangen-Nürnberg

Martensstr. 3, D-8520 Erlangen

Dieser Beitrag gibt einen Überblick über Ansätze zur Erkennung zusammenhängender Sprache. Neben dem optischen Kanal ist der akustische ein weiterer zum Informationsaustausch geeigneter Kanal. Zudem stellt Sprache die bevorzugte menschliche Kommunikationsform dar. Erkennung zusammenhängender Sprache wird mit einem eingeschränkten Vokabular und eingeschränkter Syntax betrieben. Da es nicht möglich ist, Sprache nur aufgrund akustischer Daten zu erkennen, muß in großem Umfang Verarbeitung auf höherer Ebene betrieben werden, das heißt es muß Wissen über Syntax, Semantik und Pragmatik eingesetzt werden. Die resultierenden Systeme sind äußerst komplex und enthalten vier wesentliche Komponenten. Es sind Methoden oder Verarbeitung auf niederer Ebene, Wissen oder Verarbeitung auf höherer Ebene, Kontrolle oder eine Strategie zum Auffinden der besten Wortfolge und die Speicherung von Zwischenergebnissen in einer zentralen Datenbank. Die in diesen Komponenten eingesetzten grundsätzlichen Verfahren werden diskutiert.

1. Einführung

Akustische und optische Daten sind für den Menschen besonders wichtig, da ihm mit Ohr und Auge äußerst leistungsfähige Sinnesorgane für deren Aufnahme und Verarbeitung zur Verfügung stehen. Durch die Einführung von Digitalrechnern ist es möglich geworden, in gewissem Umfange Aufgaben, die früher einen menschlichen Bearbeiter erforderten, einer Maschine zu übertragen. Dazu gehört zum Beispiel das Ausführen numerischer Rechnungen, das Verwalten großer Datenbestände oder das Überwachen technischer Prozesse. In allen Fällen ist es erforderlich, daß irgendwann der Rechner mit einem Menschen Information austauscht. Es war anfangs selbstverständlich und ist immer noch der Regelfall, daß der Mensch sich dabei an den Rechner anpaßt. Das heißt, man verwendet Tastaturen oder ähnliches für die Eingabe, Bildschirme oder ähnliches für die Ausgabe und eine künstliche Sprache, die nur dem Spezialisten geläufig ist, für die Darstellung der Information. Eine Alternative bietet die Verwendung von Sprache, insbesondere von zusammenhängend gesprochener und nicht durch eine künstliche Syntax unnatürlich eingeschränkter Sprache, für die Kommunikation mit einem Rechner. Bei dem hohen technischen Standard, den Tastaturen, Bildschirme und ähnliches inzwischen erreicht haben, und nachdem man bisher damit ausgekommen ist, stellt sich natürlich die Frage, ob man Sprache, noch dazu zusammenhängend gesprochene, eigentlich wirklich beim Informationsaustausch mit Rechnern braucht. Abgesehen von der natürlich unvermeidlichen Frage nach dem Nutzen der Verwendung zusammenhängender Sprache ist Spracherkennung ein faszinierendes Phänomen, das allein für sich von ungeheurem wissenschaftlichen Interesse ist.

Es gibt eine Reihe konkreter Argumente für die Verwendung von Sprache bei der Interaktion mit Rechnern. Verschiedene Untersuchungen deuten darauf hin, daß Sprache die
bevorzugte und natürlichste menschliche Kommunikationsform ist, was sich beispielsweise auch ganz konkret bei Problemlösungen positiv auswirkt [1]. Die zunehmende
Verbreitung von Rechnern bringt es mit sich, daß auch in steigendem Maße solche Personen sich des Rechners bedienen wollen oder sollen, die nicht geneigt sind, Spezialisten im Umgang mit Tastaturen, Bildschirmen und künstlichen Sprachen zu werden,
weil sie nämlich anderes und für sie wichtigeres zu tun haben. Ein Beispiel ist die
Einführung automatischer Auskunftssysteme, für deren Akzeptanz ein einfacher Zugang
ohne vorherige Spezialausbildung entscheidend ist. Auch hier kann man zunächst daran
denken, die Anfrage in natürlicher Sprache einzutippen und nicht zu sprechen, womit
man wenigstens das äußerst schwierige Problem der automatischen Spracherkennung vermeiden würde. Dagegen sprechen jedoch die erreichbaren Datenraten. Mit zusammenhängender Sprache erreicht man etwa 2,0 - 3,6 Worte/s, eine trainierte Sekretärin tippt
etwa 1,6 - 2,5 Worte/s, der untrainierte Schreiber (und damit der übliche Rechner-
nutzer) tippt sogar nur 0,2 - 0,4 Worte/s und mit isoliert gesprochenen Worten kommt
man auf 0,5 - 1,1 Worte/s [2]. Dazu kommt, daß Sprache auch dann zum Informationsaustausch einsetzbar ist, wenn Augen und Hände mit anderen Aufgaben beschäftigt sind,
und daß die Person bei Verwendung eines am Kopf befestigten Mikrofons frei beweglich
bleibt. Daher besteht kein Zweifel daran, daß sprachliche Interaktion wegen der genannten Vorteile eine Selbstverständlichkeit werden wird, sobald entsprechende Systeme zur Verfügung stehen.

Im Jahre 1969 wurden die Schwierigkeiten bei der Spracherkennung in einem inzwischen
berühmten Brief erörtert [3]. Im Jahre 1971 begann das großangelegte ARPA SUR Projekt (ARPA = Advanced Research Project Agency, SUR = Speech Understanding Research),
das entscheidende neue Ideen, Entwicklungen und Ergebnisse brachte. In diesem Beitrag wird eine Übersicht über den Stand der automatischen Erkennung zusammenhängend
gesprochener Sprache gegeben, dagegen werden andere Gebiete der Spracherkennung,
wie Sprecheridentifikation und -verifikation oder Erkennung isoliert gesprochener
Worte, hier nicht behandelt [4-6].

2. Systemanforderungen und -ansätze

Automatische Erkennung zusammenhängender Sprache ist ein Problem der Mustererkennung,
und zwar speziell der Analyse komplexer Muster [7]. Da man zur Zeit keine Hoffnung
hat, ein universelles System bauen zu können, das ähnlich wie das menschliche akustische System eine natürliche Sprache versteht, muß man zunächst die Anforderungen
an ein technisches System definieren. Dabei wird man einen Kompromiß schließen müssen zwischen den technisch machbaren oder in naher Zukunft erreichbaren, den für
eine konkrete Anwendung notwendigen und den für ein komfortables System wünschens-

werten Anforderungen. Einen Anhaltspunkt bieten die zu Beginn des erwähnten ARPA SUR
Projektes nach sorgfältigen Studien festgelegten Anforderungen an die in diesem Projekt zu entwickelnden Systeme. Danach sollte ein System folgende Eigenschaften haben:
1. Zusammenhängend gesprochene Sprache als Eingabe
2. Viele kooperative Sprecher als Nutzer
3. Aufnahme der Sprache in einem leisen Raum
4. Aufnahme der Sprache mit einem guten Mikrophon
5. Nur geringer Trainingsaufwand für jeden Sprecher
6. Ein Vokabular von 1000 Worten
7. Verwendung einer künstlichen Syntax
8. Weniger als 10 % semantischer Fehler
9. Erkennungszeit nur ein kleines Vielfaches der Echtzeit auf einem 100 MIPS Rechner.
Ohne hier auf genaue Einzelheiten einzugehen, die zum Beispiel ausführlich in [8-11]
dargestellt sind, sei erwähnt, daß die Anforderungen 2, 5, 8 und 9 besondere Schwierigkeiten bereiten und nach wie vor nicht befriedigend gelöst sind.

Das geforderte Vokabular von 1000 Worten mag zunächst unrealistisch klein erscheinen, verglichen mit dem Vokabular einer natürlichen Sprache, das einige 100 000 Worte umfaßt. Es gibt jedoch Untersuchungen, nach denen bereits 300 sorgfältig ausge-
wählte Worte reichen, um realistische Aufgaben auszuführen [12]. Bereits 1200 Worte
sollen genügen, wenn das Vokabular nicht für eine spezielle Aufgabe und bestimmte
Sprecher entworfen wurde. Hier können sich allerdings von Sprache zu Sprache Unterschiede ergeben, insbesondere dann, wenn man die verschiedenen Flexionen eines Wort-
stammes jeweils als eigenes Wort zählt. Weiterhin ist zur Zeit nicht bekannt, in
welchem Umfang sich die unter bestimmten Versuchsbedingungen gewonnenen Ergebnisse
verallgemeinern lassen.

Die Beurteilung der Systemleistung hängt wesentlich vom geplanten Einsatz des Systems ab. Bei den derzeit ins Auge gefaßten Anwendungen kommt es darauf an, daß das
System auf einen gesprochenen Satz in sinnvoller Weise reagiert. Von einem Aus-
kunftssystem wird man beispielsweise erwarten, daß es auf eine gesprochene Frage
eine zutreffende Antwort gibt. Man kann dann annehmen, daß es die Frage richtig
"verstanden" hat. Richtiges Verstehen, das heißt richtiges Reagieren, ist durchaus
auch dann möglich, wenn nicht alle einzelnen Worte der Frage richtig erkannt wurden.
Dagegen wird man von einem System, daß einen diktierten Brief automatisch tippt, die
richtige Erkennung möglichst aller Worte verlangen. Schließlich ist es vielfach üblich, den Anteil der richtig erkannten Sätze zu beurteilen, wobei ein Satz nur dann
als richtig erkannt gilt, wenn alle seine Worte richtig erkannt wurden.

Bezüglich der Punkte 3 und 4 der obigen Anforderungen wird zur Zeit dicht vor dem
Mund befestigten preiswerten Mikrofonen, mit denen man auch in unruhiger Umgebung

ein gutes Signal-zu-Rausch Verhältnis erzielt, der Vorzug gegeben.

Nach einer neueren Studie ergeben sich aus heutiger Sicht folgende Anforderungen an Systeme zur Spracherkennung [11]:
1. Unterscheidung verschiedener Stufen der System- oder Sprachkomplexität, die von isolierten Worterkennern für eingeschränkte praktische Aufgaben bis zu reinen Forschungssystemen großer Komplexität reichen.
2. Ein Vokabular von einigen hundert Worten.
3. Viele Sprecher, das heißt 10 - 100.
4. Adaptation an einen Sprecher mit nur wenigen Äußerungen.
5. Spracheingabe über ein dicht am Mund befestigtes Mikrofon oder auch über Telefon.
6. Sicherheit von 95 - 99 %.
7. Ausnutzung semantischer und pragmatischer Beschränkungen.
8. Operation praktisch in Echtzeit.
Man sieht, daß gegenüber den obigen Anforderungen nur wenige Änderungen auftreten. Ein Grund dafür mag sein, daß die alten Anforderungen in der Tat richtig gewählt waren, zum Beispiel das Vokabular um 1000 Worte, allerdings gibt es verschiedene Ansätze zu einer wesentlichen Erweiterung des Vokabulars [13]. Ein weiterer Grund mag sein, daß einige der alten Probleme trotz zehnjähriger Anstrengungen ungelöst geblieben sind (zum Beispiel die Sprecherunabhängigkeit).

Es wurde bereits in [8] darauf hingewiesen, daß es keinen Sinn hat, die aus der Klassifikation von Einzelworten her bekannten Verfahren auch auf die Erkennung ganzer Sätze anzuwenden. Die verwendeten Systemstrukturen weichen daher auch erheblich von der bei der Klassifikation üblichen Struktur ab, die im wesentlichen die Komponenten Vorverarbeitung, Merkmalgewinnung und Klassifikation enthält. Im Rahmen des ARPA SUR Projekts wurden insbesondere zwei Strukturen entwickelt, die nach wie vor als aussichtsreiche Ansätze gelten. Es sind dies die Strukturen der Systeme HARPY [14,15] und HEARSAY [16,17]. Im HARPY System sind alle überhaupt möglichen Sätze, zusammen mit verschiedenen Aussprachen von Worten und Lautänderungen oder -verschleifungen an Wortübergängen, in den akustischen Zuständen und Zustandsübergängen eines großen Netzwerks codiert. Ein bestimmter Satz ist ein Pfad durch das Netzwerk. Das Erkennen eines Satzes erfordert im Netzwerk das Suchen des Pfades, dessen akustische Zustände möglichst gut mit denen des gesprochenen Satzes übereinstimmen. Das System war das erfolgreichste im ARPA SUR Projekt. Es gilt als vielversprechender Ansatz für Systeme, die eine stark eingeschränkte Sprache verstehen. Das HEARSAY-System verwendet für Teilaufgaben der Erkennung eine Reihe weitgehend unabhängiger Module, die über eine gemeinsame Datenbank gekoppelt sind. Wenn ein entsprechendes Multiprozessor System zur Verfügung steht, können die Module parallel arbeiten. Die Erkennung eines Satzes erfordert die Aktivierung der richtigen Module mit den richtigen Daten zur richtigen Zeit. Auch dieses System war recht erfolgreich. Es gilt als

öglicher Ansatz für Systeme, die eine weitgehend uneingeschränkte Sprache verste-
en, und wegen seiner Modularität als besonders geeignet für große Forschungssysteme.

Niveau	Objekte
1 Folge von Sätzen	Dialog über Zugverbindung
2 Satz	Aussagesatz, Frage, ...
3 Satzfragment	Präpositionalgruppe, Relativsatz, ...
4 Wort	Substantiv, Verb, ...
5 Laut	Vokal, Konsonant, ...
6 Param. Darstellg.	FFT, LPC, Formanten, ...
7 Abtastwerte	$\{f_j \mid j = 0, 1, \ldots, M - 1\}$

Bild 1   Zwischenschritte bei der Spracherkennung

ie Erkennung eines Satzes verläuft über eine Reihe von Zwischenschritten, die bei-
pielsweise wie in Bild 1 strukturiert sein können. Den Ausgangspunkt bilden die
btastwerte f_j, $j = 0, 1, \ldots, M - 1$ der am Mikrofonausgang aufgenommenen Spannung
 (t). Daraus wird eine parametrische Darstellung gewonnen, Laute klassifiziert, Wor-
e gebildet, Satzteile bestimmt, Sätze gebildet und gegebenenfalls in einer Dialog-
ituation Folgen von Sätzen ausgewertet. Für den Übergang von einem Niveau zum an-
eren müssen geeignete Algorithmen zur Verfügung stehen. Vielfach unterscheidet
an aufgrund des Aufbaus von Bild 1 zwischen Verarbeitung auf unterer Ebene (low
evel processing) und Verarbeitung auf höherer Ebene (high level processing). Hier
ird im folgenden von "Methoden" und von "Wissen" gesprochen. Die Methoden sind
eitgehend problemunabhängig, das heißt in gleicher Weise für verschiedene Aufgaben,
nter Umständen sogar für verschiedene Sprachen anwendbar. Ein Beispiel ist die Er-
ittlung der Sprachgrundfrequenz. Das Wissen ist weitgehend problemabhängig, das
eißt je nach Anwendung verschieden. Ein Beispiel ist die Syntax, die von Sprache zu
prache variiert. Die Grenze zwischen Wissen und Methoden ist nicht völlig eindeutig
u ziehen. In diesem Beitrag wird Verarbeitung, die unter dem Niveau der Worte liegt,
en Methoden zugerechnet.

. Systemkomponenten

n diesem Abschnitt werden einige wichtige Komponenten eines Systems zur Spracher-
ennung erläutert. Als Grundlage dieser Diskussion dient ein HEARSAY-ähnliches Sy-
tem, das aus den vier in Bild 2 gezeigten Komponenten oder Moduln besteht, die
elbst natürlich wieder in Teilmodule gegliedert sind. Die Aufgabe dieser Module
der Teilmodule ist die Durchführung der erwähnten Transformationen zwischen den
benen von Bild 1. Die Diskussion ist auch für HARPY-ähnliche Systeme relevant, da bei
iesen lediglich alle Transformationen in einem großen Netzwerk zusammengefaßt sind.

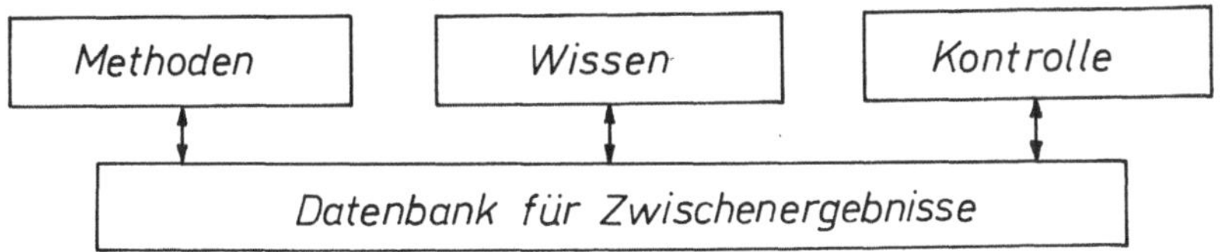

Bild 2 Moduln eines Systems zur Spracherkennung

3.1 Methoden

Als grundlegende Methoden, also Operationen auf unterer Ebene, werden hier die folgenden genannt:
1. Die Gewinnung einer parametrischen Darstellung aus den Abtastwerten.
2. Die Segmentierung des Eingangssignals und die Klassifikation der Segmente
   (phonetische Transkription).
3. Die Zusammenfassung von Segmenten zu Worten.

Eine "mittlere" Vorgehensweise bei der Parametrisierung von Sprache besteht inzwischen darin, das Signal f (t) mit einer Grenzfrequenz von 5 kHz tiefpaßzufiltern,
mit 10 kHz abzutasten und mit 11 bit zu quantisieren, wobei es bei diesen Werten
durchaus Abweichungen nach oben oder unten geben kann. Diese Darstellung ist der
Ausgangspunkt der weiteren Verarbeitung. Bei der parametrischen Darstellung haben
Methoden, die ein Modellspektrum aus den linearen Vorhersage (LV) Koeffizienten
berechnen, besondere Bedeutung gefunden, jedoch werden auch Filterbänke oder die
Häufigkeit von Nulldurchgängen verwendet [18]. Die LV beruht auf der Berechnung eines Schätzwertes $\hat{f}_n$ für den n-ten Abtastwert f_n einer Folge $[f_j]$ mit Hilfe von m
zurückliegenden Abtastwerten gemäß

$$\hat{f}_n = - \sum_{\mu=1}^{m} a_\mu f_{n-\mu} \tag{1}$$

Die Parameter a_μ werden so festgelegt, daß die mittlere quadratische Abweichung zwischen $\hat{f}_n$ und f_n minimiert wird. Aus den LV-Koeffizienten a_μ erhält man das Modellspektrum. Ein Beispiel zeigt Bild 3. Das Modellspektrum ist gegenüber dem DFT Spektrum geglättet, wobei der Grad der Glättung durch die Wahl von m beeinflußt wird.

Man kann das Modellspektrum direkt in Form spektraler Prototypen zur Charakterisie-
rung akustischer Eigenschaften heranziehen oder daraus eine Reihe anderer Kenngrößen ableiten. Solche Kenngrößen sind zum Beispiel die Formantfrequenzen bei Vokalen,
die Energie in ausgewählten Frequenzbereichen und Eigenschaften des menschlichen
Stimmtrakts [19]. Das Ergebnis ist eine parametrische Darstellung des Sprachsignals,

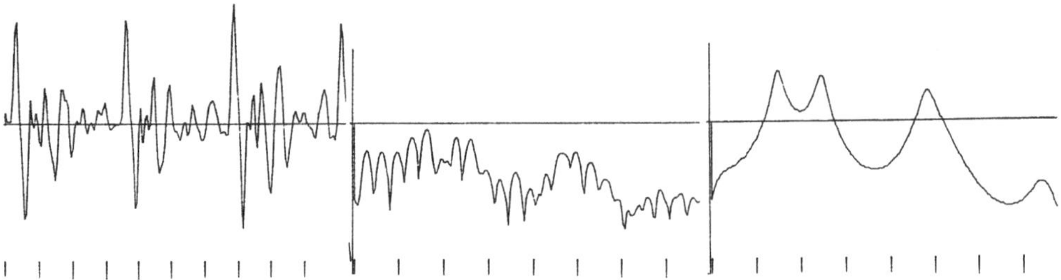

Bild 3 Links das Zeitsignal f (t) eines Ausschnittes aus einem gesprochenen Wort, in
der Mitte das DFT Spektrum, rechts das LV Modellspektrum mit m = 13.

die in der Regel alle 10 ms neu berechnet wird. Dafür werden jeweils zum Beispiel
256 Abtastwerte verwendet, was bei 10 kHz Abtastfrequenz einem Datenfenster von
25,6 ms Breite entspricht; von diesen Werten gibt es natürlich Abweichungen nach
oben und unten. Im folgenden werden die alle 10 ms erneut ausgeblendeten Datenfenster kurz als Rahmen bezeichnet.

Die weitere Vorgehensweise erlaubt so viele Varianten, daß hier nur einige angedeutet werden können [20]. Meistens werden aus der parametrischen Darstellung lautliche
Einheiten gewonnen, allerdings kann man diese bereits unterschiedlich definieren.
Natürlich muß die Darstellung der Worte in höheren Stufen auf die gewählten Einheiten abgestimmt sein. Eine sinnvolle Einheit ist das Phonem, da die Menge der Phoneme
die kleinste Zahl unterschiedlicher lautlicher Klassen einer Sprache darstellt und
es in der Regel nicht mehr als 50 Phoneme gibt. Ein Phonem ist zur Unterscheidung
von Worten erforderlich, wie zum Beispiel |d| und |t| zur Unterscheidung von "Dorf"
und "Torf". Weitere Beispiele sind der Vokal |u|, der Plosivlaut |k| oder der Rei-
belaut |v|. Leider ist es äußerst schwierig, Phoneme allein aufgrund akustischer
Information zu unterscheiden. Der Hauptgrund dafür ist, daß ein Phonem unterschiedliche akustische Realisierungen haben kann. Das liegt an unterschiedlichen Sprech-
weisen - zum Beispiel "Zäpchen r" und "Zungen r" - sowie an Lautänderungen und -ver-
schleifungen, die durch benachbarte Laute verursacht werden. Die auditiv unterscheid-
baren Einheiten werden oft als Phone bezeichnet, ihre Zahl wird mit etwa 200 angegeben [21]. Man kann versuchen, die Erkennung von Phonen maschinell zu simulieren.
Die Einheiten mit gleichen unterscheidenden akustischen Parametern werden in [20]
als Allophone bezeichnet; ihre Zahl wird dort mit tausend und mehr angegeben. Die
Übergänge zwischen Vokal und Konsonant sind wichtig für die Klassifikation der
Konsonanten. Diese Übergänge werden in Diphonen (oder Transemen) erfaßt, welche vom
Zentrum eines Konsonanten zum Zentrum des nachfolgenden Vokals (oder umgekehrt) rei-
chen. Der Vorteil der Diphone ist, daß die Information über Lautübergänge in ihnen

enthalten ist. Der Nachteil ist wiederum ihre große Zahl, die mit tausend und mehr
angegeben wird. In der Regel werden Phone oder phonemähnliche Größen als lautliche
Einheiten verwendet, deren Erkennung unter Umständen durch die Auswertung von Laut-
übergängen unterstützt wird. Allerdings finden spektrale Prototypen in letzter Zeit
zunehmende Aufmerksamkeit. Die lautlichen Einheiten sind die in der Segmentation zu
unterscheidenden Klassen.

Die eigentliche Segmentation kann nun im Prinzip auf zwei Arten erfolgen. Entweder
man klassifiziert jeden Rahmen und faßt dann Rahmen gleicher Klasse zu einem Segment
zusammen, oder man bestimmt zuerst Segmentgrenzen und klassifiziert dann das Segment.
Man vermutet dort Segmentgrenzen, wo sich bestimmte Parameter, wie zum Beispiel die
Energie in einem Frequenzband, stark ändern. Die Klassifikation erfolgt nach Stan-
dardmethoden, die in der Mustererkennung entwickelt wurden. Wenn die kennzeichnenden
Parameter in einem Merkmalvektor $\underline{c}$ zusammengefaßt werden, so kann man beispielsweise
einen Bayes- oder einen minimum Abstandsklassifikator verwenden. Der Bayes Klassifikator für normal verteilte Merkmale berechnet für die k Klassen Ω_κ die Prüfgrößen

$$u_\kappa = - (\underline{c} - \underline{\mu}_\kappa)_t \, \underline{K}_\kappa^{-1} \, (\underline{c} - \underline{\mu}_\kappa) + 2 \ln (P_\kappa / \sqrt{|2\pi \underline{K}_\kappa|} \,) \tag{2}$$

und ordnet einem Rahmen die Klasse mit der größten Prüfgröße u_κ zu. In (2) ist $\underline{\mu}_\kappa$
der bedingte Mittelwert und $\underline{K}_\kappa$ die bedingte Kovarianzmatrix der Vektoren $\underline{c}$. Wenn man
spektrale Prototypen auf der Basis der LV Koeffizienten verwendet, eignet sich vor
allem auch ein spezielles Abstandsmaß [22]. Ist

$$\underline{a} = (a_1, \ldots, a_m)_t$$

der Vektor der LV Koeffizienten eines Rahmens und $\underline{\alpha}_\kappa$ der entsprechende Vektor des
Prototypen der Lautklasse Ω_κ, so ist

$$d(\underline{a}, \underline{\alpha}_\kappa) = \log(\underline{\alpha}_{\kappa t} \, \underline{R} \, \underline{\alpha}_\kappa / (\underline{a}_t \, \underline{R} \, \underline{a})) \tag{3}$$

das erwähnte Abstandsmaß. Dabei ist $\underline{R}$ die Matrix der Korrelationskoeffizienten.

Im Rahmen dieser kurzen Darstellung müssen viele wichtige spezielle Probleme unerörtert bleiben [11]. Dazu gehört die im Abschnitt 2 bereits erwähnte Sprecherabhän-
gigkeit, zu deren Reduzierung es einige Ansätze aber noch keine befriedigende Lösung
gibt. Auch auf phonologische Regeln kann nicht eingegangen werden. Sie geben im
Prinzip an, welche Laute in welchem Kontext in welche anderen Laute übergehen können
oder müssen. Prosodische Information enthält Angaben über die Betonung und die
Sprachmelodie. Sie kann für die Worttrennung und die Syntax wichtig sein, muß aber
ebenfalls unerörtert bleiben.

Auf die Gewinnung klassifizierter Segmente folgt deren Zusammenfassung zu Worten [23]. Dabei gibt es zahlreiche Fehlermöglichkeiten, da die Wortgrenzen nicht a priori bekannt sind, die Segmentgrenzen im allgemeinen fehlerhaft sind und die Klassifizierung der Segmente ebenfalls unzuverlässig ist. Um diesem Rechnung zu tragen, werden meistens bei der Segmentierung mehrere mögliche Klassen mit einem Maß für ihre Zuverlässigkeit angegeben, zum Teil auch mehrere Alternativen für Segmentgrenzen. Die Speicherung der dem System bekannten Worte erfolgt in einem "Lexikon" oder "Wörterbuch", das zumindest eine Darstellung der Worte mit den verwendeten lautlichen Einheiten enthält, oft aber auch noch syntaktische und semantische Information über das Wort. Wenn man bedenkt, daß anfangs im Prinzip jedes der (unsicheren) Segmente der Äußerung Bestandteil irgendeines Wortes im Lexikon sein kann, so ist klar, daß es eine enorme kombinatorische Vielzahl von Möglichkeiten zur Wortbildung gibt. Um in vernünftiger Zeit die "besten" Worte zu finden, das heißt diejenigen, deren lautliche Darstellung im Sinne eines Abstands- oder Gütemaßes am besten mit den Segmenten der Äußerung übereinstimmt, muß man versuchen, die "kombinatorische Explosion" in den Griff zu bekommen. Dafür gibt es zwei wichtige Ansätze. Der erste besteht darin, die Suche nach Worten in das Bilden von Worthypothesen und das Verifizieren der Hypothesen zu gliedern; der zweite Ansatz besteht darin, die Wortsuche zunächst an relativ sicher klassifizierten Segmenten zu beginnen. Natürlich lassen sich beide Ansätze kombinieren.

Die Gliederung in Hypothesenbildung und Hypothesenverifizierung läuft darauf hinaus, daß man zunächst eine möglichst kleine Untermenge von Worten aus dem Lexikon ermittelt, und nur diese Untermenge, aber nicht das ganze Lexikon, als Hypothesen möglicher Worte der Verifikationsstufe anbietet. Damit diese Vorgehensweise lohnend ist, muß die Hypothesenbildung einerseits schnell und damit zwangsläufig relativ ungenau sein, andererseits muß die hypothetisierte Untermenge mit genügend großer Wahrscheinlichkeit das richtige Wort enthalten, und das wiederum darf nicht einfach dadurch geschehen, daß man die Untermenge zu groß werden läßt. Worthypothesen lassen sich "top-down" und "bottom-up" bilden. Im ersten Falle werden mit der bekannten Syntax der Sprache und dem Lexikon alle überhaupt möglichen Worte ermittelt, zum Beispiel alle möglichen Worte am Anfang eines Satzes oder alle möglichen Worte, die auf bereits erkannte Worte der Äußerung folgen können. Bei großem Lexikon, wenig eingeschränkter Syntax und am Anfang des Erkennungsprozesses ergeben sich so viele Hypothesen, daß man statt dessen oder zusätzlich "bottom-up" Hypothesen bilden muß. Dabei werden Worte aufgrund akustischer Information hypothetisiert. Im Prinzip werden akustisch ähnliche Worte zu Oberklassen zusammengefaßt, und es wird auf die Anwendung phonologischer Regeln an Wortgrenzen verzichtet.

Nachdem für einen bestimmten Teil der Äußerung eine Menge von Worthypothesen erzeugt wurde, ist es Aufgabe des Verifizierers, die Richtigkeit zu bewerten und das am besten

zu der akustischen Information passende Wort zu bestimmen. Dabei müssen alle möglichen
Aussprachen eines Wortes und alle durch die Aufeinanderfolge zweier Worte verursachten
Lautänderungen berücksichtigt werden. Hier wird lediglich das bei der Verifikation
angewendete Prinzip erörtert. Die akustischen Daten werden mit einem hypothetisierten
Wort verglichen und die Möglichkeit von Lautänderungen, -einfügungen und -auslassun-
gen berücksichtigt. Mit der dynamischen Programmierung wird der kleinste Abstand
zwischen Daten und Hypothese ermittelt. Beispiele für Abstandsmaße sind die einfache
Levenshtein Metrik oder die Berechnung der a posteriori Wahrscheinlichkeiten [24].
Die Levenshtein Metrik bewertet die Ersetzung zweier Laute, die Auslassung eines
Lautes und die Einschiebung eines neuen Lautes jeweils mit dem Gewicht Eins. Besonders für die Ersetzung zweier Laute ist das nur ein unvollkommener Ansatz, da zum
Beispiel die Verwechslung von $|t|$ mit $|d|$ sicher weniger Gewicht hat als die von
$|t|$ mit $|u|$, jedoch wird zur Vereinfachung hier nur dieser Fall diskutiert.

Das hypothetisierte Wort $V = v_1\, v_2 \ldots v_n$ wird als Referenz oder Ziel bezeichnet,
die akustischen Daten $W = w_1\, w_2 \ldots w_n$ als Eingabe oder unbekanntes Wort. Die v_i,
w_j sind die erwähnten lautlichen Einheiten. Mit $d\,(i,j)$ wird der Abstand zwischen
den ersten i Zeichen von W und den ersten j von V bezeichnet, $d\,(0,0) = 0$. Der Abstand zwischen W und V ist

$$d\,(W,V) = d\,(n,m). \qquad\qquad (4)$$

Wir gehen von der Vorstellung aus, daß W durch die Operationen Ersetzung, Auslassung
und Einfügung in V übergeführt wird. Anschaulich ist dann die Levenshtein Metrik
$d\,(W,V)$ einfach die kleinste Zahl solcher Operationen, die dafür erforderlich ist.
Sie läßt sich wie folgt berechnen. Man ordnet Eingabe und Referenz in einer Zeile
und Spalte einer Tabelle an. Bild 4 zeigt ein Beispiel. Jeder Übergang von einem
Knoten der Tabelle zum nächsten hat ein bestimmtes Gewicht. Das Auslassen eines

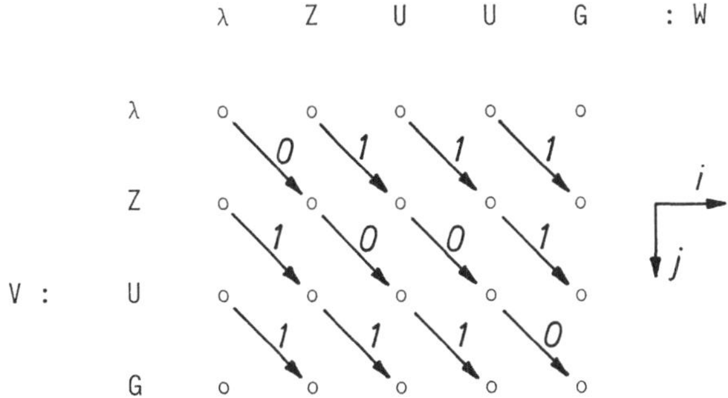

Bild 4 Zur Berechnung der Levenshtein Metrik. Alle horizontalen und vertikalen
Übergänge, d.h. alle Auslassungen und Einfügungen, haben das Gewicht 1 und sind
nicht angegeben

Elementes w_i aus W hat das Gewicht 1, so daß

$$d_1(i,j) = d(i-1,j) + 1 \ , \quad i = 1, \ldots n; \ j = 1, \ldots , m \quad d(0,0) = 0 \qquad (5)$$

ist, das heißt alle horizontalen Übergänge haben das Gewicht 1. Das Einfügen eines Elementes v_j in W hat ebenfalls das Gewicht 1, so daß

$$d_2(i,j) = d(i,j - 1) + 1 \qquad (6)$$

ist, das heißt auch alle vertikalen Übergänge haben das Gewicht 1. Das Gewicht der diagonalen Übergänge hängt davon ab, ob $w_i = v_j$ (Gewicht 0) oder im Falle der Ersetzung $w_i \neq v_j$ (Gewicht 1) ist. Es gilt also

$$\begin{aligned} d_3(i,j) &= d(i - 1, j - 1) \ , \quad w_i = v_j \\ d_3(i,j) &= d(i - 1, j - 1) + 1 \ , \quad w_i \neq v_j \ . \end{aligned} \qquad (7)$$

Nur das Gewicht der diagonalen Übergänge ist in Bild 4 angegeben. Berechnet man spaltenweise $d(i,j)$ gemäß

$$d(i,j) = \min \{d_1(i,j), \ d_2(i,j), \ d_3(i,j)\} \ , \quad j = 1, \ldots , m \qquad (8)$$

so hat man das Prinzip einer effektiven Methode zur Berechnung des Levenshtein Abstandes. Dieser ist nämlich ein Pfad minimalen Gewichts vom linken oberen zum rechten unteren Tabellenrand. Für jeden der m Knoten einer Spalte braucht man nicht alle Pfade zu diesem Knoten zu speichern, sondern nur den mit geringstem Gewicht. Dieses gilt für jeden Rechenschritt und resultiert in einer erheblichen Verminderung des Rechen- und Speicheraufwandes; es ist das Prinzip der dynamischen Programmierung.

Nach diesem Prinzip kann man für jedes Wort der hypothetisierten Untermenge den Abstand d zu den akustischen Eingabedaten bestimmen und das Wort mit dem kleinsten Abstand auswählen. Wie bereits angedeutet, ist es naheliegend, die Gewichte in Abhängigkeit von den ersetzten, ausgelassenen oder eingeschobenen Lauten zu wählen. Die Wahl empirisch ermittelter Wahrscheinlichkeiten bietet sich dabei an. Die Anwendung der oben beschriebenen Methode setzt voraus, daß man den Anfangs- und Endpunkt des Wortes in der Äußerung kennt. Wenn diese Punkte nur ungefähr bekannt sind, kann man W modifizieren zu W = xxx w_1 ... w_n xxx, wobei die x einige Segmente mit dem Inhalt "Pause" sind. In der Tabelle von Bild 4 wird dann der Pfad kleinsten Gewichts gesucht, der von der obersten zur untersten Zeile reicht. Die Anwendung des Algorithmus setzt auch voraus, daß das Lexikon geeignet organisiert ist. Das Prinzip besteht vielfach darin, die Worte in einer Netz- oder Baumstruktur wie in Bild 5 anzuordnen. Jeder Knoten entspricht einem Laut, und Worte, deren erste i Laute gleich sind, haben die zugehörigen Knoten gemeinsam. Zwischen der Ebene der Laute und der

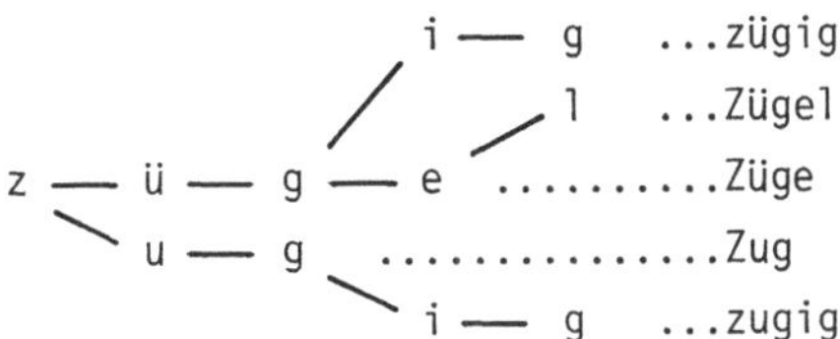

Bild 5 Prinzip der Organisation eines Lexikons.

Ebene der Worte können Zwischenebenen liegen. So werden in [13] noch die beiden
Ebenen der Silbenteile und der Silben eingeschoben. Die Organisation des Lexikons
muß dann entsprechend geändert werden. Bild 5 zeigt die Basisform eines Lexikons,
die für die Verifikation mit phonologischen Regeln erweitert wird, um den schon erwähnten unterschiedlichen Aussprachen Rechnung zu tragen.

Sowohl für die Segmentierung und Klassifizierung der Segmente (phonetische Transkription) als auch die Worterkennung liegen Ergebnisse über die Leistungsfähigkeit
von einigen automatischen Systemen und auch von Versuchen mit Testpersonen vor (in
englischer Sprache) [9,23]. Bei der phonetischen Transkription erreichen Maschinen
etwa 50-60 % Zuverlässigkeit bei etwa 50-70 Lautklassen. Die Ergebnisse von Versuchspersonen bei einer unbekannten Sprache sind nicht wesentlich besser, jedoch
können sinnlose Namen in Sätzen mit etwa 90 % Sicherheit phonetisch wiedergegeben
werden, wenn die im Englischen üblichen phonologischen Regeln beachtet werden. Daraus
ist zu schließen, daß auch die maschinelle phonetische Transkription noch erheblich
zu verbessern ist. Für die Erkennung ungrammatischer Wortfolgen durch Versuchspersonen wird eine Erkennungsrate von etwa 85 % der Worte angegeben. Demgegenüber wird
von einem System zur Hypothetisierung von Worten angegeben, daß es 65 % der Worte in
den Testäußerungen fand, aber je Wort der Äußerung etwa 90 Hypothesen aufstellte.
In der Verifikation wurden 51 % der falschen und 6 % der richtigen Hypothesen verworfen. Aus diesen Ergebnissen sind zwei Schlüsse zu ziehen:
1. Die Leistungsfähigkeit automatischer Systeme zur Hypothetisierung und Verifikation
von Worten kann und muß noch ganz erheblich verbessert werden.
2. Die Hinzunahme von Verarbeitungsoperationen auf höherer Ebene, also von Wissen,
ist unerläßlich. Die hier gemachten Zahlenangaben sind als Anhaltspunkte zu verstehen, da die Vergleichbarkeit mit anderen Ergebnissen wegen der unterschiedlichen
Versuchsbedingungen problematisch ist.

3.2 Wissen

In diesem Abschnitt werden Operationen auf höherer Ebene, die kurz als Wissen zusam-

mengefaßt werden, diskutiert. Es wird auf vier Aspekte eingegangen:
1. Die Syntax, das heißt die Beziehungen und Beschränkungen, denen die Wortklassen
unterliegen.
2. Die Semantik, das heißt die Beziehungen zwischen den Worten und den von ihnen bezeichneten Objekten, Eigenschaften, Ereignissen usw.
3. Die Pragmatik, das heißt die Beziehungen zwischen den Äußerungen und der aktuellen
Aufgabe.
4. Der Dialog, das heißt die Beziehungen zwischen verschiedenen Äußerungen beider
Dialogpartner.
Die Einbeziehung dieses Wissens erfolgt aus zwei wichtigen Gründen. Zum einen ist
es, wie schon im vorigen Abschnitt erwähnt, selbst Versuchspersonen nicht möglich,
Wortfolgen allein aufgrund akustischer Information fehlerfrei zu erkennen. Man
braucht dieses Wissen also, um akustisch-phonetische Unklarheiten aufzulösen, die
Zahl der falschen Worthypothesen zu reduzieren und neue Hypothesen zu generieren.
Zum anderen wäre dieses Wissen selbst bei fehlerfreier Erkennung aller einzelnen
Worte unerläßlich, wenn man von dem Erkennungssystem auf die Äußerung eine sinnvolle Reaktion erwartet. Die Generierung einer Antwort durch das System erfordert von
diesem eine gewisse (rudimentäre) "Intelligenz", die mit den Methoden des vorigen
Abschnitts allein nicht erreichbar ist. Es ist zu betonen, daß empirisches Vorgehen
die beherrschende Rolle spielt, da man durch Untersuchung einer Untermenge der natürlichen Sprache und gewisser "typischer" Dialoge das dafür erforderliche Wissen,
zum Beispiel in Form von Regeln, zu erschließen versucht. Die Abgrenzung zwischen
den vier Typen von Wissen ist nicht eindeutig zu vollziehen. So gibt es syntaktische
Regeln, die auch Semantik einbeziehen, und man kann Pragmatik und Dialog als eine
Einheit auffassen. Die Formalisierung, theoretische Fundierung und experimentelle
Bewertung der damit zusammenhängenden Fragen steht erst am Anfang.

Die Darstellung syntaktischen Wissens erfolgt durch eine Grammatik. Sie enthält eine
Menge von Regeln, mit denen Symbolgruppen durch andere ersetzt werden. Die Symbole
sind Elemente eines Vokabulars, das aus terminalen und nichtterminalen Symbolen besteht. Im Falle der Spracherkennung sind terminale Symbole Worte wie "Zug", "heute"
usw., und nichtterminale Symbole sind übergeordnete Elemente wie "Subjekt", "Verb",
"Infinitivsatz" usw. Eine Symbolgruppe kann nur dann durch eine andere ersetzt werden, wenn sie mindestens ein nichtterminales Symbol enthält. Beginnend von einem definierten Startsymbol können Regeln solange angewendet werden, bis eine nur aus
terminalen Symbolen bestehende Symbolfolge entsteht; diese wird als Satz bezeichnet.
Die Menge der überhaupt mit den Regeln aus dem Startsymbol ableitbaren Sätze heißt
die Sprache, die von der Grammatik erzeugt wird. Von den zahlreichen Ansätzen für
die formale Darstellung einer Grammatik werden hier nur zwei kurz erläutert. Ein
einfacher Ansatz besteht darin, aus einer Stichprobe "typischer" Sätze eine allge-
meinere syntaktische Konstruktion abzuleiten. Ein Beispiel ist die aus den beiden

Sätzen

    Wann fährt ein Zug von Hamburg nach München?
    Wie oft geht ein IC von Nürnberg nach Frankfurt?

abgeleitete Konstruktion oder syntaktische Schablone

    FrageW Verb ein AZug von Bahnhof nach Bahnhof?

Diese Schablone, in der nichtterminale Symbole unterstrichen sind, wird um die syntaktischen Regeln

    FrageW   —— Wann | Wie oft
    Verb   —— fährt | geht
    AZug   —— Zug | IC
    Bahnhof   —— Frankfurt | Hamburg | München | Nürnberg

ergänzt. Für konkrete Anwendungen müßten erheblich mehr syntaktische Schablonen und Regeln bereitgestellt werden. Bei dieser Vorgehensweise werden syntaktisches und semantisches Wissen kombiniert. Für eine flexible modulare Systemstruktur ist das unzweckmäßig, aber für eine schnelle und effektive Nutzung des Wissens ist diese Kombination vorteilhaft.

Eine Trennung von syntaktischem und semantischem Wissen ist möglich, wenn man in der Grammatik ausschließlich syntaktische Elemente, wie Verb, Nominalgruppe usw. verwendet, aber keine Angaben über die Bedeutung macht, wie es in dem nichtterminalen Symbol Bahnhof der Fall ist. Ein Formalismus, der die generative Leistungsfähigkeit von Turing Maschinen hat, sind die ATN-Grammatiken (Augmented Transition Network) [25]. Ein ATN besteht aus einer Menge von Zuständen und einer Menge von Kanten zwischen Zuständen. Bild 6 zeigt ein vereinfachtes Beispiel eines Teils einer ATN-Grammatik des Deutschen, die vollständig in [26] angegeben ist. Im Startzustand S/ wird die Erkennung oder syntaktische Analyse eines Satzes begonnen, die mit Erreichen des Endzustands S/S erfolgreich abgeschlossen ist. In den Zuständen S/NG bzw. S/VFIN ist die Erkennung einer Nominalgruppe bzw. eines finiten Verbs abgeschlossen. Die Kante NG/ bewirkt einen Sprung in das Netzwerk mit dem Startzustand NG/ und kann nur erfolgreich durchlaufen werden, wenn das Netzwerk NG/ erfolgreich durchlaufen wird. Die leere Kante ist ein Sprung, und die Kante "wer", "wen" kann nur durchlaufen werden, wenn eines dieser Worte am Satzanfang steht. Kanten mit der Bezeichnung "VERB", "PRÄP" usw. können nur durchlaufen werden, wenn in dem Satz ein Wort der entsprechenden Wortklasse auftritt. Die Allgemeinheit der ATN wird vor allem durch drei Eigenschaften erreicht, nämlich die Möglichkeit, Rekursionen einzuführen, praktisch beliebige Tests an den Kanten auszuführen und Zwischenergebnisse zur späteren Verwendung bei der Analyse zu speichern. Mit der angegebenen Grammatik kann zum Beispiel der Satz "Der letzte Zug nach Hamburg hat um 22 Uhr den Bahnhof verlassen" richtig analysiert werden, aber nicht der Satz "Auf welchem Bahnsteig fährt der letzte Zug nach Hamburg"; dafür müßte eine geeignete vom Zustand S/ wegführende Kante eingeführt werden.

Syntaktisches Wissen kann sowohl zur Prüfung der syntaktischen Richtigkeit einer Wortfolge als auch zur Vorhersage möglicher Fortsetzungen einer Wortfolge verwendet werden. Die dafür erforderlichen Algorithmen sind umso aufwendiger je allgemeiner die Grammatik und die Analysestrategie ist. Eine noch nicht entschiedene Frage ist, ob eine strikt von links nach rechts verlaufende Analyse ausreicht, oder ob die Analyse bei beliebigen, aber zuverlässig erkannten, Worten beginnen können soll und dann wahlweise von links nach rechts oder von rechts nach links fortschreiten soll.

Semantisches Wissen berücksichtigt auch die Bedeutung der Worte. Ein Satz mit Subjekt, Prädikat, Objekt ist stets syntaktisch richtig, er kann aber semantisch falsch sein, wie zum Beispiel der Satz "Der Wald rechnet die Suppe". Es wurde oben bereits erwähnt, daß die syntaktischen Schablonen auch semantisches Wissen einbeziehen können. Eine andere Möglichkeit ist der kasusgrammatische Ansatz, der im folgenden kurz erörtert wird [27]. Der Kasus einer Nominalgruppe kann zum Beispiel - ohne Anspruch auf Vollständigkeit - einer der angegebenen sein:
1. Agent: Der Agent ist derjenige der eine Handlung ausführt. - <u>Der Junge</u> wäscht
   das Auto.

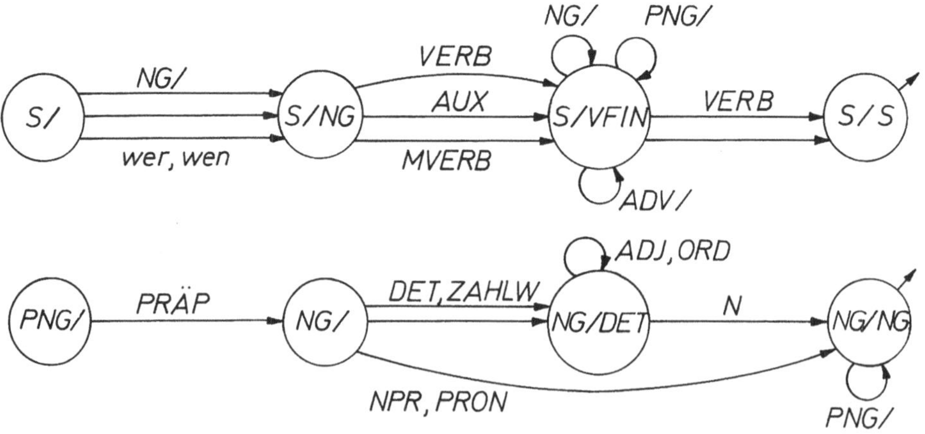

Bild 6   Ein Beispiel für eine ATN Grammatik

2. Ort: Der Ort gibt an, wo eine Handlung ausgeführt wird. - Der Junge wäscht das Auto <u>vor der Garage</u>.
3. Objekt: Das Objekt ist das Ding, das der Satz betrifft, und wird oft in seinem Zustand verändert. - Der Junge wäscht <u>das Auto</u>.
4. Zeit: Diese gibt an, wann eine Handlung vorgenommen wird. - Der Junge wäscht das Auto <u>am Vormittag</u>.

Weitere Kasus sind der Begünstigte, das Transportmittel, der Ursprungs- und Zielort, das Werkzeug, das Rohmaterial. Es gibt bisher keine allgemein akzeptierte Menge von Kasus, und es ist nicht bekannt, ob es zum Beispiel eine Art minimale Menge gibt, mit der alle Möglichkeiten abgedeckt sind. Semantisches Wissen kann mit dem Kasus Ansatz dargestellt werden, indem man für Verben die zwingend und die wahlweise damit auftretenden Kasus angibt und bei Substantiven ebenfalls die zugehörigen Kasus. Dieses ergibt zum einen zusätzliche Beschränkungen in der Folge von Worten und damit eine Reduzierung der Zahl der Worthypothesen. Zum anderen geben die Kasus Information zur Generierung von Antworten, wie das folgende einfache Beispiel zeigt:

        Tatsache: Der Junge wäscht das Auto am Vormittag.
                Objekt ——— das Auto
                Zeit   ——— am Vormittag
        Frage: Was wird gewaschen? ——— Objekt ——— das Auto
        Antwort: Das Auto wird gewaschen.

Zur effektiven Darstellung, Nutzung und Sammlung semantischen Wissens sind noch erhebliche zusätzliche Forschungsarbeiten erforderlich.

Pragmatisches Wissen bezieht sich auf den konkreten Aufgabenbereich des Spracherkennungssystems. Zum Beispiel ist im Aufgabenbereich "Fahrplanauskunft" die Anfrage "Welche Fachtagungen hat die Gesellschaft für Informatik im Jahre 1980 veranstaltet?" sinnlos bzw. unzulässig. Die Menge der sinnvollen Wortfolgen wird also weiter eingeschränkt. Eine einfache und wirkungsvolle Berücksichtigung des Aufgabenbereichs ist zunächst die sorgfältige Auswahl des Vokabulars. Ein Fahrplanauskunftssystem würde vermutlich die Worte "Fachtagung" und "Inforamtik" gar nicht in seinem Vokabular haben. Dagegen könnten durchaus alle Worte des Satzes "Wann fahren die meisten Reisenden in Urlaub?" im Vokabular enthalten sein, aber der Satz entspricht nicht dem Aufgabenbereich. Der Nutzen pragmatischen Wissens für die eigentliche Erkennung ist noch umstritten. Dagegen ist völlig klar, daß man dieses Wissen auf alle Fälle zur Generierung von Antworten durch das System haben muß. Im erwähnten Falle kann es zum Beispiel in einer Graphenstruktur gespeichert werden, in der jeder Knoten einem Bahnhof entspricht und in der Angaben über Art, Zeit und Ziel- bzw. Herkunftsort abfahrender bzw. ankommender Züge enthalten sind.

Wissen über die Führung von Dialogen dient weniger der Unterstützung der Erkennung

von Worten als vielmehr dem "Verstehen" oft unvollständiger Äußerungen im Zusammenhang; diese Fähigkeit ist eine wichtige Forderung an ein flexibles und benutzerfreund-
liches System. Der Benutzer wird nämlich vielfach keine vollständige Anfrage wie etwa

> "Wann geht am Montag vormittag ein Zug, aber kein IC,
> von Nürnberg nach Frankfurt?"

stellen, sondern der Inhalt muß durch Rückfragen ergänzt werden, wie etwa im folgenden Falle:

```
Frage:      Wann geht ein Zug von Nürnberg nach Frankfurt?
Rückfrage:  Fahren Sie an einem Werktag?
Antwort:    Ja.
Rückfrage:  Wann möchten Sie etwa abfahren?
Antwort:    Möglichst am Vormittag.
Rückfrage:  Darf es ein IC sein?
Antwort:    Nicht so gerne.
```

Der Sinn von "Ja" oder "Nicht so gerne" ergibt sich nur aus den vorangehenden Fragen. Die Antworten sind vielfach keine vollständigen Sätze. Das Wesentliche am Dialog ist, daß das System in der Lage sein muß, eine Folge von Äußerungen zu analysieren und die für die Antwortgenerierung wichtige Information zu ermitteln. Auf diesem
Gebiet sind noch viele Probleme zu klären. Dazu gehört die Frage, ob Pragmatik und
Dialog in Form getrennter Module zu realisieren sind oder ob ihre Kombination, unter
Umständen sogar mit Syntax und Semantik, zweckmäßiger ist. Es ist auch zu klären, ob
es typische Regeln gibt, nach denen Dialoge über Fahrplanauskünfte, Literaturauskünfte
und dergleichen ablaufen und welche Gemeinsamkeiten und Unterschiede dabei auftreten.

Für die Unterstützung der eigentlichen Erkennung wurde bisher hauptsächlich die Syntax oder Syntax kombiniert mit Semantik herangezogen. Die Beschränkung der Syntax,
gekennzeichnet durch den sogenannten Verzweigungsfaktor (das ist die mittlere Zahl
von Worten, die auf ein Wort folgen kann), wurde im Rahmen des ARPA SUR Projekts als
ganz entscheidende Einflußgröße für die Systemleistung betrachtet [9]. Dagegen wurde
nur in einem System ein Pragmatik Modul zur Verbesserung der Erkennungsleistung eingesetzt. Im Bereich Pragmatik und Dialog liegen also zur Zeit noch wenig Erfahrungen
vor.

3.3 Daten

Bei den datenbankorientierten Systemen, deren Struktur ähnlich der von HEARSAY ist,
erfolgt die Kopplung der Module über die Datenbank, in der die Zwischenergebnisse der
Verarbeitung gespeichert sind. Die verwendeten Datenbanken enthalten Konzepte, die
allgemein üblich sind, wie gemeinsame Daten für alle Moduln, flexible Datendefini-

tionsmöglichkeiten, mengenorientierte Datenzugriffsoperationen und Blockierung bestimmter Datenbestände durch aktive Moduln. Die Organisation der Daten erfolgt in den drei Dimensionen Ebene, Alternative und Zeit. Die Ebenen entsprechen den in Bild 1 gezeigten unterschiedlichen Darstellungsformen des Sprachsignals, die Alternativen betreffen konkurrierende Hypothesen, die sich auf identische oder zumindest zeitlich überlappende Zeitintervalle beziehen, und die Zeit kennzeichnet den Teil der Äußerung, auf den sich eine Hypothese (oder ein Zwischenergebnis) bezieht. Sowohl Netzwerk Datenbanken [16,17] als auch relationale Datenbanken [28] werden verwendet.

Die in [16,17] entwickelte Datenbank stellt alle Hypothesen einheitlich durch Knoten dar, die durch Kanten verbunden sind. Der Knoten enthält Information wie den Namen der Hypothese, die geschätzte Zuverlässigkeit, ihre zeitliche Position und Kanten zu anderen Hypothesen. Kanten zwischen Hypothesen, zum Beispiel H1 auf einer höheren Ebene und H2, H3 auf einer tieferen Ebene, können von drei Typen sein. ODER-Kanten bedeuten, daß H1 von H2 oder H3 unterstützt wird, UND-Kanten bedeuten, daß H2 und H3 zur Unterstützung von H1 erforderlich sind, und SEQ-Kanten sind UND-Kanten, die zusätzlich eine bestimmte Ordnung haben wie zum Beispiel zeitliche Folge. Natürlich läßt sich diese oder ähnliche Information auch in einem relationalen Datenmodell darstellen, wie es in [28] getan wird. Eine Hypothese wird dabei als Relation mit bestimmten Attributen definiert, zum Beispiel in der Form

<u>Relation</u>: Hypothese (Ebene, Nummer, Name, Zuverlässigkeit, Zeit, logischer Vorgänger, logischer Nachfolger, Alternative).

In datenbankorientierten Systemen werden Änderungen in den Daten (Hypothesen) jeweils daraufhin überprüft, ob die Änderungen Anlaß zur Aktivierung eines oder mehrerer Moduln geben. Die Überwachung der Datenbank ist also eine wichtige Voraussetzung für die Kontrolle des Erkennungsvorgangs. Anders strukturierte Systeme verzichten zum Teil völlig auf eine zentralisierte Datenbank. Ein Beispiel ist das schon erwähnte System HARPY, für dessen Zustandsnetzwerk dieses Konzept unnötig ist. Das Netzwerk kann man zwar als eine Art "Langzeitspeicher" auffassen, in dem das gesamte Wissen von HARPY gespeichert ist, die Ergebnisdatenbank im obigen Sinne ist dagegen ein "Kurzzeitspeicher", der nur die jeweils neuesten Ergebnisse enthält. Eine wesentliche Idee bei der Entwicklung HEARSAY-ähnlicher Systeme sind die asynchronen parallel arbeitenden Moduln des Systems. Eine Datenbank mit zentralisiertem Zugriff stellt dann einen Engpaß dar. Die schon erwähnte Strukturierung der Daten gemäß den Niveaus in Bild 1 bietet aber eine einfache Möglichkeit zur Parallelisierung des Zugriffs, wenn man noch bedenkt, daß jeder Modul im allgemeinen die Daten eines Niveaus i als Eingangsgrößen hat und Ergebnisse auf einem Niveau j abliefert. Bild 7 stellt die homogene Datenbank mit zentralisiertem Zugriff und die strukturierte Datenbank mit parallelen Zugriffsmöglichkeiten gegenüber.

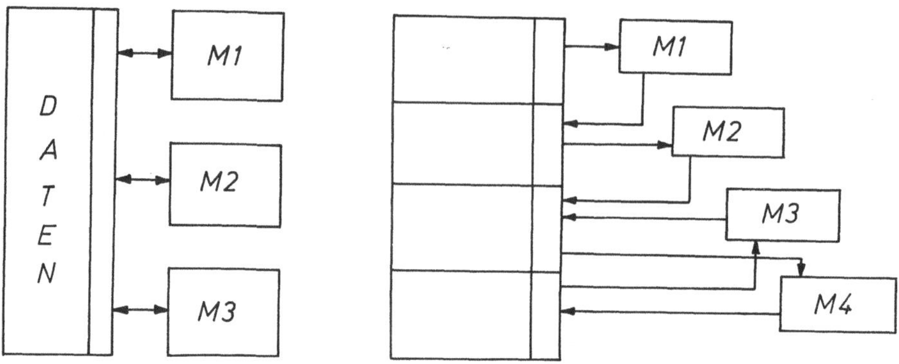

Bild 7   Datenbankorientiertes System mit zentralisiertem (links) und parallelem
(rechts) Zugriff.

3.4 Kontrolle

Wegen der Komplexität des Spracherkennungsproblems erfordert seine Lösung stets eine
Suche nach der am besten zu den akustischen Daten und dem vorhandenen Wissen passenden Wortfolge. Dieses Problem tritt ganz allgemein bei der Analyse komplexer Muster
auf [29,30]. In [31] wird dazu sinngemäß folgendes gesagt: "Bei der Suche wird eine
Netz- oder Baumstruktur, die der Aufgabe angepaßt ist, bearbeitet. Bei der Kontrolle
kommt es auf eine Auswahl der internen Operationsmöglichkeiten des Systems an. Offensichtlich gibt es keine klare Grenze zwischen Suche und Kontrolle". Entsprechend wird
beim HARPY System von einer Suche nach der optimalen Wortfolge gesprochen, bei HEARSAY
und ähnlichen Systemen von der Kontrolle des Erkennungsprozesses oder auch von der
Konzentration der Aufmerksamkeit (focus of attention) oder der Strategie. Systeme
mit der Komplexität wie sie bei kontinuierlicher Spracherkennung üblich und erforderlich ist, haben im allgemeinen eine Vielzahl von Alternativen zur Bearbeitung des
Sprachsignals. Es muß entschieden werden, welcher Modul mit welchen Daten auf welchen
Teil der Äußerung aktiviert wird. Um eine "blinde Suche" zu vermeiden, bei der wahl-
los alle Alternativen durchprobiert werden bis eine passende Lösung gefunden ist,
muß der Wert einzelner Alternativen beurteilt werden. Eine ganz wesentliche Voraussetzung für die Ausübung der Kontrolle ist also die Bewertung der vorhandenen Möglichkeiten. Dabei ist man in großem Umfang auf Schätzungen und Heuristiken angewiesen.

Zur Bewertung der vorhandenen Möglichkeiten gehört sowohl die Bewertung von Hypothesen als auch die Bewertung der jeweils aktivierbaren Moduln. Ein naheliegendes Maß
zur Bewertung von Hypothesen basiert auf einem Schätzwert für die Wahrscheinlichkeit

$P(H_i \mid D_{j1}, D_{j2}, \ldots , D_{jn})$, daß die Hypothese H_i richtig ist, wenn Daten (oder Beobachtungen oder Ergebnisse) $D_{j1}, \ldots , D_{jn}$ vorliegen. Mit dem Bayes-Theorem und unter der Voraussetzung der Unabhängigkeit der Daten erhält man [32].

$$P(H_i \mid D_{j1}, \ldots , D_{jn}) = (P(D_{j1} \mid H_i)/P(D_{j1})) \cdot (P(D_{j2} \mid H_i)/P(D_{j2}))$$
$$\cdot \ldots \cdot (P(D_{jn} \mid H_i)/P(D_{jn})) \cdot P(H_i) \tag{9}$$

Eine mögliche Bewertung für die Hypothese H_i, die mit den Daten D_{jk} berechnet wurde, ist dann $\log (P(D_{jk} \mid H_i)/P(D_{jk}))$. Ein positiver Wert kennzeichnet eine den Daten entsprechende Hypothese, ein negativer Wert eine ihnen widersprechende. Die Gesamtbewertung einer Hypothese ist die Summe der Einzelbewertungen. Ein einfaches Beispiel ist der Wert der Hypothese, daß ein bestimmter Laut in einem bestimmten Intervall der Äußerung vorhanden ist. Die Daten sind dann die parametrische Darstellung der Sprache. Die Bewertung der aktivierbaren Module erfordert eine Vorausschätzung des möglichen Beitrages zur Erkennung der Äußerung und wird meistens aufgrund heuristischer Überlegungen vorgenommen. Dazu gehört die Bewertung der erforderlichen Rechenzeit, die Berücksichtigung des Niveaus, auf dem Hypothesen erzeugt werden, und die Schätzung der zu erwartenden Zuverlässigkeit der Ergebnisse des Moduls - die Bewertung einer bereits berechneten Hypothese, zum Beispiel mit (9), ist nicht zu verwechseln mit der Bewertung der zu erwartenden Zuverlässigkeit einer noch nicht berechneten Hypothese. Die Bewertung vorhandener Hypothesen gibt Hinweise, mit welchen Ergebnissen in der Datenbank vorzugsweise weitergearbeitet werden sollte. Da bestimmte Hypothesen nur von bestimmten Moduln genutzt werden können, bestimmen die gut bewerteten Hypothesen auch die in Frage kommenden Moduln. Die Bewertung der aktivierbaren Module gibt Auskunft, welche der in Frage kommenden Module vorzugsweise tatsächlich aktiviert werden sollten.

Ein Spracherkennungssystem ermittelt aufgrund der Bewertungen eine nach Prioritäten geordnete Leiste der möglichen Aktivitäten oder aktivierbaren Module. Wenn die vorhandene Hardware p Prozessoren bereitstellt, können die p Module mit höchster Priorität aktiviert werden (üblich ist bisher meistens $p = 1$). Eine einfache Prioritätszuordnung besteht darin, daß stets die am höchsten bewertete Hypothese mit dem Modul, der seinerseits Hypothesen auf höchstem Niveau erzeugt, bearbeitet wird. Aus der Literatur sind mehrere, zum Teil komplizierte Heuristiken zur Prioritätszuordnung bekannt [11]. Daneben gibt es die Möglichkeit, eine sogenannte zulässige Strategie anzuwenden, das heißt eine, bei der die am besten bewertete Wortfolge zuerst gefunden wird. Die bisherigen Ergebnisse deuten an, daß sowohl mit heuristischen als auch zulässigen Kontrollstrategien gearbeitet werden kann, wenn auch bisher mit Heuristiken bessere Ergebnisse erzielt wurden. Lediglich das Prinzip zur Verfolgung einer zulässigen Strategie sei hier kurz angedeutet. Es sei ϕ_W die Bewertung eines Wortes nach der im Zusammenhang mit (9) diskutierten Methode. Diese wird proportional zur Segmentlänge auf die Segmente, die das Wort überdecken, verteilt. Da jedes Segment im allgemeinen zu mehreren Worten gehören kann, wird es einen maximalen Wert ϕ_{sm} geben. Mit ϕ_{wm} wird die Summe der maximalen Segmentbewertungen ϕ_{sm} der das Wort überdeckenden Segmente bezeichnet und mit ϕ_m die Summe der maximalen Segmentbewertungen der die ganze Äußerung überdeckenden Segmente. Das Prioritätsmaß ("shortfall density score") ist dann

$$\phi_d = (\phi_m - (\phi_{wm} - \phi_w))/l_w \quad , \tag{10}$$

wobei l_w die Länge des Wortes ist. Das Wort mit dem größten Wert von ϕ_d wird zuerst verarbeitet.

Eine "mittlere" Strategie zur Spracherkennung - soweit man bei der Verschiedenartigkeit der Ansätze überhaupt davon reden kann - sieht etwa folgendermaßen aus: Die Äußerung wird zunächst parametrisiert und in lautliche Einheiten segmentiert. Mit den klassifizierten Segmenten werden Worthypothesen gebildet. Die Worthypothesen werden nach Priorität bewertet. (Bis hierher kann man im Sinne von Abschnitt 2 von "Methoden" oder Verarbeitung auf unterer Ebene sprechen). Die Hypothesen mit höchster Priorität werden als "Keime" für die Bildung von Wortgruppen mit Hilfe von syntaktischem, semantischem und pragmatischem Wissen verwendet. Man kann dazu strikt von links nach rechts in der Äußerung fortschreiten oder Keime an beliebiger Stelle der Äußerung nach links und rechts fortsetzen oder vorzugsweise, aber nicht ausschließlich, im Anfangsbereich der Äußerung beginnen. Durch diese Einbeziehung von Wissen über die Eigenschaften von Sprache werden neue Worthypothesen erzeugt, die ebenfalls unter Rückgriff auf die akustischen Daten bewertet werden. In (hoffentlich) vielen Fällen, wird innerhalb einer vorgegebenen Zeit eine Wortfolge gefunden, welche die Äußerung überdeckt, sonst endet die Verarbeitung erfolglos. Bei einer zulässigen Strategie ist diese die am besten bewertete Wortfolge, bei einer heuristischen Strategie kann man dessen nicht sicher sein. Wenn die vorgegebene Zeit es zuläßt, kann man weitere überdeckende Wortfolgen suchen und unter diesen die am besten bewertete auswählen.

Bei HARPY-ähnlichen Systemen, bei denen alle möglichen Äußerungen mit ihren Aussprachen und phonologischen Regeln in einem Zustandsnetzwerk codiert sind, ist die Zustandsfolge zu suchen, deren spektrale Prototypen am besten zu den akustischen Daten der Äußerung passen. Im Prinzip läßt sich so ein optimaler Pfad exakt mit der dynamischen Programmierung berechnen. Aus Aufwandsgründen wurde jedoch für HARPY ein spezielles suboptimales Suchverfahren (die sog. "beam search") entwickelt. Die Bewertung des Überganges in einen bestimmten Zustand s_j setzt sich zusammen aus einem Maß für die Übereinstimmung zwischen s_j und den akustischen Daten sowie dem am besten

bewerteten Zustand s_i, der in s_j übergehen kann. Diese Bewertung wird für alle möglichen Zustände s_j durchgeführt, jedoch werden nur einige wenige der am besten bewerteten Zustände und die dahin führenden Pfade aufgehoben, alle anderen Zustände
und Pfade werden gelöscht. Zum Schluß gibt der am besten bewertete Pfad die gefundene Wortfolge an. Da die Suche suboptimal ist, kann der optimale Pfad verfehlt werden. Die Ergebnisse mit HARPY zeigen aber, daß diese Suchmethode sehr effektiv ist.

Die Systeme HARPY und HEARSAY waren mit 95 % und 90 % semantisch richtig erkannten
(oder richtig verstandenen) Sätzen am erfolgreichsten. HARPY verwendete die erwähnte
heuristische Suche, HEARSAY eine hier nicht näher erläuterte heuristische Kontroll-
strategie. Das mit einer zulässigen Strategie arbeitende HWIM erreichte nur 44 %;
leider sind die Ergebnisse nicht direkt vergleichbar, da zum Beispiel der Verzweigungsfaktor der Grammatik bei HEARSAY 33, bei HWIM 196 betrug, also letzteres System
auch die schwierigere Aufgabe hatte.

4. Schlußbemerkung

Gegenüber der Bildanalyse hat die Spracherkennung den Vorteil, daß eine Dimension
fehlt und daher das Problem rein von der Menge der zu verarbeitenden Daten her weniger kompliziert ist. Dieser Unterschied wird noch deutlicher, wenn man der Echtzeitverarbeitung von Sprache die Echtzeitverarbeitung von Bildern gegenüberstellt
und darunter die Verarbeitung von 25 Farbbildern je Sekunde versteht. Allerdings
sollte man der Sprache, die eine spezielle Menge akustischer Ereignisse ist, nicht
allgemein Bilder gegenüberstellen, sondern ebenfalls eine spezielle Menge von Bildern
wie zum Beispiel Röntgenbilder des Thorax. Die in der Spracherkennung im Rahmen des
ARPA SUR Projektes entwickelten und als tragfähig demonstrierten Techniken, zu
denen insbesondere die expliziten Kontrollstrategien, die Speicherung von Zwischenergebnissen in zentralisierten Hypothesen-Datenbanken und die intensive Nutzung von
a priori Wissen gehören, haben ihre allgemeine Bedeutung genauso im Bereich der
Bildanalyse.

Die Frage, ob im Endeffekt HARPY- oder HEARSAY-ähnliche Systeme "besser" sind, ist
zur Zeit offen. Sicher ist, daß die menschliche Leistungsfähigkeit in der Spracherkennung noch bei weitem nicht erreicht ist. Daher liegt die Idee nahe, Spracherkennung doch so zu betreiben wie der Mensch. Zwar liegen zahlreiche und gründliche
Detailkenntnisse über das akustische System vor [33], jedoch ist von diesem, ähnlich
wie vom optischen System [34], nach wie vor nicht bekannt, was nun genau vor sich
geht, wenn man einen gesprochenen Satz versteht oder wenn man die Verbindungen und
Elemente eines Schaltplans analysiert. Es ist jedoch interessant, daß es Befunde
gibt, wonach bestimmte Teilaufgaben in einer Art unabhängiger Module realisiert
sind [35] . So kann die Beschädigung eines bestimmten Bereichs im Gehirn dazu führen,

daß die Gesichter von Personen nicht mehr identifiziert werden, obwohl der Verletzte diese Personen ohne weiteres an ihrer Stimme erkennen kann und auch ohne weiteres lesen oder andere Objekte erkennen kann. Die Zerstörung eines anderen Bereiches (Broca's Bereich) führt beim Sprechen zu einer Behinderung der Artikulation und zur Bildung grammatisch falscher, aber durchaus sinnvoller Sätze. Andrerseits hat die Beschädigung von Wernicke's Bereich zur Folge, daß die Sätze phonetisch und grammatisch korrekt sind, aber semantisch fehlerhaft. In einem System, das nach Art von HARPY Phonetik, Syntax und Semantik in einem großen Netzwerk zusammenfaßt, wäre das nicht möglich. Natürlich ist es eine andere Frage, ob es nützlich, erforderlich oder gar "optimal" ist, in einem technischen System, daß einen eingeschränkten Wortschatz mit eingeschränkter Grammatik erkennen soll, das biologische Vorbild nachzuahmen.

In der Erkennung zusammenhängender Sprache wurde inzwischen viel erreicht - um sie technisch nutzbar zu machen, ist noch viel zu erreichen.

<u>Literatur</u>

[1] A. Chapanis: Interactive Human Communication. Scient. American 232 No. 3, 36-42 (1975)
[2] W.A. Lea: The Value of Speech Recognition Systems. In [11], S. 3-18
[3] J.R. Pierce: Whither Speech Recognition? (Letter), J. Acoustical Society of America 46, 1049 (1969)
[4] B.S. Atal: Automatic Recognition of Speakers from their Voices. Proc. IEEE 64, 460-475 (1976)
[5] E.A. Rosenberg: Automatic Speaker Verification, a Review. Proc. IEEE 64, 475-487 (1976)
[6] T.B. Martin: One Way to Talk to Computers. IEEE Spectrum 14 No. 5, 35-39 (1975)
[7] H. Niemann: Mustererkennung - Einführung und Übersicht. Informatik Spektrum 2, 12-24 (1979)
[8] D.R. Reddy: Speech Recognition by Machine, a Review. Proc. IEEE 64, 501-531 (1976)
[9] D.H. Klatt: Review of the ARPA Speech Understanding Project. J. Acoustical Society of America 62, 1345-1366 (1977)
[10] R. DeMori: Recent Advances in Automatic Speech Recognition. Proc. 4. Int. Joint Conf. on Pattern Recognition, Kyoto, Japan 1978, S. 106-124
[11] W.A. Lea (ed.): Trends in Speech Recognition. Prentice Hall,Englewood Cliffs 1980
[12] M.J. Kelly, A. Chapanis: Limited Vocabulary Natural Language Dialogue. Int. Journ. Man - Machine Studies 9, 479-501 (1977)
[13] A.R. Smith: Word Hypothesization in a Large-Vocabulary Speech Understanding System. Ph D Thesis. Dep. of Computer Science. Carnegie-Mellon University, Pittsburgh 1977
[14] B.T. Lowerre: The HARPY Speech Recognition System. Ph D Thesis. Dep. of Computer Science, Carnegie-Mellon University, Pittsburgh 1976
[15] A. Newell: HARPY, Production Systems, and Human Cognition. In R.A. Cole (ed.): Perception and Production of Fluent Speech. Lawrence Erlbaum Ass., Hillsdale 1980, S. 289-330
[16] R.D. Fennell: Multiprocess Software Architecture for Artificial Intelligence Problem Solving. Ph D Thesis. Dep. of Computer Science, Carnegie-Mellon University, Pittsburgh 1975
[17] R.D. Fennell, V.R. Lesser: Parallelism in Artificial Intelligence Problem Solving, a Case Study in HEARSAY II. IEEE Trans. Comp. C-26, 98-111 (1977)

[18] R.W. Schafer, L.R. Rabiner: Parametric Representation of Speech. In D.R. Reddy
(ed.): Speech Recognition. Academic Press, New York 1975, S. 99-150
[19] J.D. Markel, A.H. Gray: Linear Prediction of Speech. Springer, Berlin, Heidelberg, New York 1976
[20] J.E. Shoup: Phonological Aspects of Speech Recognition. In [11], S. 125-138
[21] G. Heike: Phonologie, Sammlung Metzler Band 104. Metzlersche Verlagsbuchhand-
lung, Stuttgart 1972
[22] F. Itakura: Minimum Prediction Residual Principle applied to Speech Recognition.
IEEE Trans. Acoustics, Speech, and Signal Proc. ASSP-23, 67-72 (1975)
[23] A.R. Smith, M.R. Sambur: Hypothesizing and Verifying Words for Speech Recognition. In [11], S. 139-165
[24] L.R. Bahl, F. Jelinek: Decoding for Channels with Insertions, Deletions, and
Substitutions with Applications to Speech Recognition. IEEE Trans. Inf. Theory
IT-21, 404-411 (1975)
[25] W.A. Woods: Transition Network Grammars for Natural Language Analysis. Comm. of
the Ass. for Comp. Mach. 13, 591-606 (1970)
[26] A. Brietzmann: Eine ATN-Grammatik des Deutschen für die automatische Sprachver-
arbeitung. Diplomarbeit, Lehrstuhl für Informatik 5 (Mustererkennung), Univ. Erlangen 1980
[27] B. Bruce: Case Systems for Natural Language. AI-6, 327-360 (1975)
[28] H. Niemann, H.W. Hein: A Program System of Parallel Processes for Understanding
Continuous Speech. Computing Suppl. 3, 141-148 (1981)
[29] H. Niemann: Digital Image Analysis. In P. Stucki (ed.): Advances in Digital
Image Processing. The IBM Research Symposia Series. Plenum Press, New York 1979,
77-122
[30] H. Niemann: Hierarchical Graphs in Pattern Analysis. Proc. 5 Int. Conf. on Pat.
Recognition, Miami, Florida 1980, 213-216
[31] P.H. Winston: Artificial Intelligence. Addison-Wesley Pub. Comp., Reading 1977
Chap. 4 und 5
[32] J.J. Wolf, W.A. Woods: The HWIM Speech Understanding System. In [11], S. 316-339
[33] W.D. Keidel, S. Kallert: Physiologie des afferenten akustischen Systems. In J.
Berendes, R. Link, F. Zöllner (ed.): Hals-Nasen-Ohren-Heilkunde in Praxis und Klinik,
Band 5, Ohr I. G. Thieme Verlag, Stuttgart 1979, S. 8.1-8.133
[34] D.H. Hubel, T.N. Wiesel: Brain Mechanisms of Vision. Scient. American 241,
No 3, 130-144 (1979)
[35] N. Geschwind: Specializations of the Human Brain. Scient. American 241, No. 3,
158-168 (1979)

A DATA DRIVEN PARSING STRATEGY FOR A

TRANSITION NETWORK GRAMMAR MODEL

Maura Colombo,Federica Raineri,Silvano Rivoira

Centro Elaborazione Numerale dei Segnali – C.N.R.

Ist. Elettr. Gen. – Politecnico di Torino

Ist. Scienze Informaz. – Università di Torino

C.so Duca Abruzzi 24 – 10129 Torino – ITALY

Abstract

A data driven parser for a speech recognition system is described. The knowledge source is modelled by a Transition Network Grammar whose terminal symbols are the words in the lexicon. The parsing strategy is based on the concept of interpretation islands which can be expanded both on the left and on the right side. The most promising interpretations are developed in parallel according to the values of an heuristic function.

Introduction

In a speech recognition system which must recognize each word of an input sentence, the goal of the parsing strategy at the syntactic-semantic levels is essentially to restrict the search space of possible interpretations, reducing the set of words that can occur in a given context (1). In this framework top-down techniques may be affected by the explosion of the number of hypotheses to be considered, while bottom-up strategies need very accurate classifiers at the acoustic-phonemic levels. Combined strategies of bottom-up and top-down methods are generally more efficient tools because they allow one to deal with the errorful nature of speech processing by exploiting information from different knowledge sources (2,3). This paper describes a data-driven parser developed for a system which recognizes meaningful sentences spoken in the Italian language. The parsing strategy assumes that the knowledge source at the syntactic-semantic level is modelled by a Transition Network Grammar (4). The protocol used in the testing phase is a language of commands for a robot operating in the world of geometric blocks. It is defined over a relatively small vocabulary (about 100 words) but it requires a rather complex network grammar and, therefore, it represents a good test for the parsing strategy. The language allows one to communicate with the machine by means of different types of sentences such as declarations, orders and questions. The following sections report, after an overview of the overall system, the description of the model and the parsing algorithm. Finally an example shows the developement of interpretation for a typical sentence.

Overview of the speech recognition system

The parser described in this paper is part of a speech recognition system where the classification processes are controlled by the rules of appropriate grammars and are organized in a hierarchical structure (5). The input sentence is represented by linguistic descriptions whose symbols are phonemic labels. The phonemic descriptions are the results of a sequence of classification processes which firstly subdivide the input words into segments corresponding to broad classes of phonemes and then assign a set of weighted phonemic labels to each segment. Word-hypothesis emission is performed on the basis of a simplified phonemic description of the incoming words, where only fricative and vowel labels are considered. Each hypothesis is then verified by evaluating the modified weighted Levenshtein distance between the complete phonemic description of the input word and the prototype description of the hypothesized word (6). A model driven left-to-right parser which searches the best interpretation according to the branch-and-bound technique has already been developed (7). The parsing strategy described in this paper will be experimentally compared with the current one in the next future.

The syntactic-semantic model

Syntactic-semantic knowledge is modelled by a Transition Network Grammar where non-terminal symbols and the related subnetworks represent syntactic-semantic constructions which may be present in different contexts while the terminal symbols are the words in the lexicon. The advantages of this model consist of the possibility of capturing most of the regularities in the language (representing them as subnetworks), and saving parsing efforts (using in different contexts the interpretation of an input substring obtained according to a subnetwork). Furthermore the integration of the syntactic and semantic rules into a unique representation avoids the expansion of interpretations which are syntactically correct but semantically inconsistent. The categories introduced in the model refer to classes of words with similar syntactic-semantic constraints (like numbers, colours, blocks, ...) according to the concept of pragmatic grammar introduced in the HWIM system (3). Some information is stored during the construction of the model, in order to speed up the searching phase:

1) The minimum and maximum numbers of words which may separate each arc in the network from the initial and final state respectively are saved. These numbers represent, for each CAT or PUSH arc, the range of the possible matchings   in any legal sentence.

2) The minimum and the maximum lengths of the input subsentence which can be interpreted by each sub-network are maintained.

Informations 1) and 2) are used to avoid useless efforts when a given portion of the network cannot give any interpretation for the current string of input words.

The parsing algorithm

The parser is based on the concept of island introduced by the BBN systems (3), differing from them in the island definition and, therefore, in the expansion mechanisms. In our system an island may correspond to a lexical hypothesis for an input word or to the best interpretation developed by a subnetwork for a given portion of the input sentence.

Formally an island is represented by the 6-tuple:

ISLAND = (ISL, LD, RD, INTE, EXTE, PTR)   where:

- ISL   is the name of the subnetwork or the lexical hypothesis category;
- LD, RD   are the left and right delimiters, respectively, of the island over the input sentence;
-INTE, EXTE are scores which represent the acoustic evidence of the island;
-PTR   is a pointer to the sequence of lexical hypotheses which constitute the interpretation of the input substring delimited by LD and RD.

Islands can be expanded both on the left and on the right side until the best interpretations of the hierarchically higher subnetworks are completed and new islands are eventually obtained.

The choice of the island to be developed at each expansion step is driven by the values of an heuristic function defined as:

$$h = INTE + EXTE$$

where INTE and EXTE are the scores associated to each island, evaluated as:

$$INTE = \sum_{k=LD}^{RD} H(k)/m(k)$$

$$EXTE = \sum_{k=1}^{LD-1} (S-D(k))/m(k) \; + \; \sum_{k=RD+1}^{N} (S-D(k))/m(k) \qquad \text{where:}$$

- H(k) is the cost of the interpretation of the k-th word in the input sentence;
  this cost represents the distance between the phonemic description of the k-th
  input word and the prototype description of the hypothesized word (6);
- m(k) is the number of phonemes comprised in the k-th input word;
- D(k) is the cost of the best lexical hypothesis emitted in the bottom-up way for
  the k-th word;
- N   is the number of words in the input sentence;
- S   is an adaptive threshold defined as $\quad S = f \cdot 1/N \cdot \sum_{k=1}^{N} H(k)/m(k)$
       where f is a multiplication factor.

INTE is a decreasing function of the acoustic evidence of the lexical hypotheses emitted for the words included in the island, while EXTE is an increasing function of the
acoustic evidence of the best hypotheses associated to the words external to the island.
The h function, therefore, assumes low values for those islands which contain acoustically good hypotheses and do not contain hypotheses with bad acoustic evidence.
The score associated to the words external to an island represents the distance
between the average acoustic evidence of the words in the sentence and the acoustic
evidence of the words not comprised in the island. Infact the threshold S is the product of a multiplication factor f and the average interpretation cost of the words in
the input sentence.
The multiplication factor is introduced because it allows the tuning of the searching
strategy (deep-first or breadth-first).
In the initial phase the parsing algorithm generates one island for each input word
which produced a bottom-up hypothesis.
When an island corresponding to a lexical hypothesis is selected for the expansion, a
new island is generated if at least one more bottom-up hypothesis exists for the same
input word. In this way all the acoustically evident hypotheses can be considered for
expansion and it is possible to prove that the algorithm is admissible if at least one
bottom-up hypothesis in any list of any input word is correct (3).
Islands correspond to edges in the Transition Network Grammar: CAT arcs if one island

is associated to a lexical hypothesis, PUSH arcs if it corresponds to a subnetwork interpretation.

When an island is expanded, all the occurencies of the corresponding arc are considered and, for each of them, all the possible paths from the arc to the initial and final states of its holding subnetwork are followed.

During this phase the positions of the current input words are compared with the range of the possible positions associated to the covered arcs and a path is broken off if a disagreement occurs.

When a CAT C arc must be covered and the range control is successfull, the best hypothesis in the C category is searched in the list of the bottom-up hypotheses emitted for the current input word , and used to increase the interpretation to be developed. If no such hypothesis exists, the lexical verifier is invoked for all the hypotheses in C whose dissimilarity score has not yet been evaluated and the best one is selected.

When the covered arc is a PUSH arc and the range control is successfull, the list of the already exploited subnetworks is scanned in order to use, if any, previously developed interpretations of the same input substring supplied by the same subnetwork.

If this is not the case, the subnetwork invoked by the PUSH arc is retrieved and all its paths from the initial to the final states are considered (either in the left-to--right or in the right-to-left order).

It is worth noticing that only paths obtained by subnetworks activated in the top-down way (through PUSH arcs) can be directly joined together, because only in this case the globally best path in the network is obtained.

Solutions could be missen if contiguos islands were connected, because the paths considered in an island are the subset which include the arc corresponding to the generating island.

New islands are, in general, obtained as a result of the expansion of an island; each of them corresponds to a survived path which includes the arc corresponding to the original island and covers a different portion of the input sentence.

If more interpretations are obtained for the same input substring, only the best one is retained and associated to a new island.

After all the possible expansions of one island have been completed, a new island is selected for the next expansion phase on the basis of the lowest value of the heuristic function h. The algorithm terminates successfully when the selected island corresponds to the main subnetwork and it covers all the input sentence; an insuccessfull termination occurs if no expansible island remains.

A parsing example

Let us consider, as an example, the interpretation steps developed for the input sentence "PRENDI LA PIRAMIDE GIALLA CON BASE RETTANGOLARE DALLA SCATOLA" (take the yellow pyramid with rectangular base from the box).

The initialization phase generated the following seed islands:

ISL	LD	RD	INTE	EXTE	PTR
1 GET	1	1	143	2728	PRENDI
2 THES	2	2	200	2785	LO
3 PYR	3	3	8	2593	PIRAMIDE
4 COLM	4	4	6	2591	GIALLO
5 AS	5	5	20	2605	CON
6 PUT	6	6	400	2985	POSA
7 SEC	7	7	180	2765	RETTANGOLARE
8 LABEL	8	8	133	2718	GAMMA
9 BOX	9	9	325	2910	SCATOLA

Island #4 is selected and, since it corresponds to a lexical category, the following island is generated:

10 FROF 4 4 200 2785 DALLO

The CAT COLM arc occurs in the BLKM and BLZ subnetworks (fig.1).

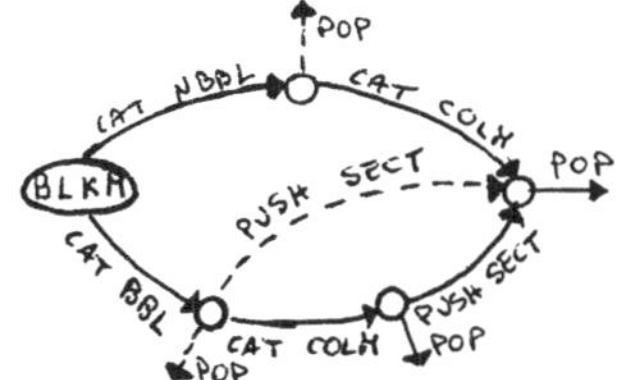
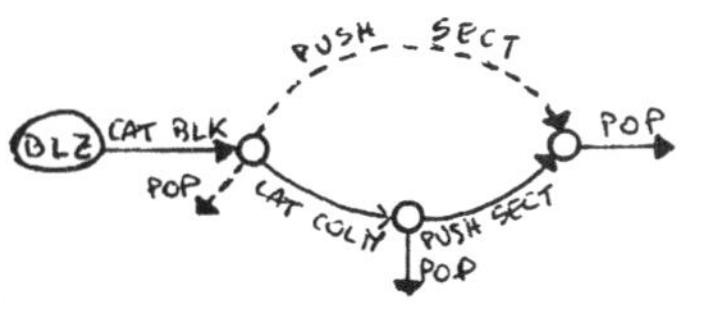

Fig. 1

During the expansion phase the paths indicated by a continuos line have been completed, while dotted paths have been left; dashed paths were not considered.

The SECT subnetwork (fig.2) has been activated in the top-down way.

Fig. 2

The following new islands have been generated:

11 BLKM 3 4 561 2099 CILINDRO GIALLO
12 BLKM 3 7 1772 1199 PEZZO GIALLO CON BASE RETTANGOLARE
13 BLZ 3 7 1772 1199 PEZZO GIALLO CON BASE RETTANGOLARE
14 BLZ 3 4 1042 2099 PEZZO GIALLO

At this point island #3 is selected for expansion (no island is generated since no other bottom-up hypothesis exists for the 3-rd input word). Fig. 3 reports the subnetworks where a CAT PYR arc occurs. It is worth noticing that the SECT subnetwork is not explored since the previous interpretation can be used.

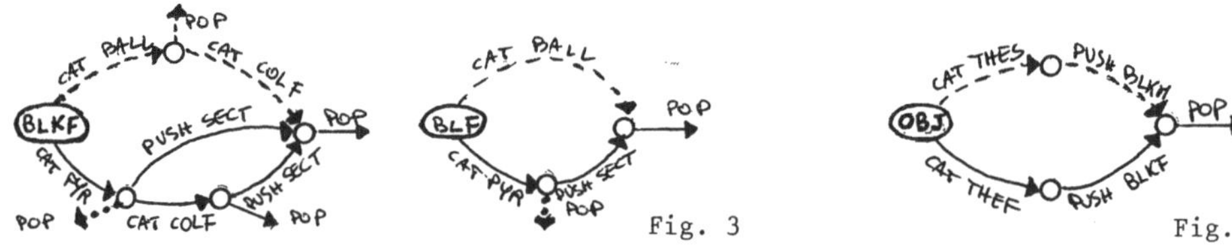

Fig. 3

Fig. 4

The following islands are generated:

```
15 BLKF  3  4   58 2099 PIRAMIDE GIALLA
16 BLKF  3  7  788 1199 PIRAMIDE GIALLA CON BASE RETTANGOLARE
17 BLKF  3  6 3738 1519 PIRAMIDE CON BASE RETTANGOLARE
18 BLF   3  6 3738 1519 PIRAMIDE CON BASE RETTANGOLARE
```

The next selected island is the #16 and its expansion is shown in fig.4.

Note that,for the sake of brevity, not all the subnetworks which contain a PUSH BLKF

arc have been reported. The following island is generated:

```
19 OBJ   2  7 1188  899 LA PIRAMIDE GIALLA CON BASE RETTANGOLARE
```

Island 19 is selected next and expanded as shown in fig.5.

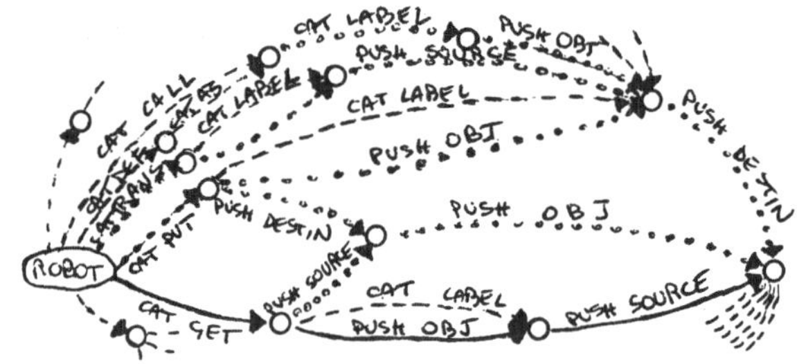

Fig. 5

The following new island is generated:

```
20 ROBOT 1  9 1876    O PRENDI LA PIRAMIDE GIALLA CON BASE RETTANGOLARE DALLA SCATOLA
```

Island 20 is selected next; since it corresponds to the main subnetwork and it covers

all the input sentence, the algorithm terminates successfully.

References
(1) D.R.Reddy: "Speech Recognition by Machine: a Review", Proceedings of the IEEE, 64,
    1976, pp. 501-531.
(2) V.R.Lesser, R.D.Fennel, L.D.Erman, D.R.Reddy: "Organization of the HEARSAY II Speech
    Understanding system", IEEE Trans. ASSP-23, 1975, pp. 11-23.
(3) W.A.Woods, J.Wolf: "The HWIM Speech Understanding System", Proc. IEEE ICASSP,
    Hartford, 1977, pp. 784-787.
(4) W.A.Woods: "Transition Network Grammars for Natural Language Analysis", Comm. of
    A.C.M., 13, pp. 591-606.
(5) S.Rivoira, P.Torasso: "An Isolated-Word Recognizer based on Grammar Controlled Clas-
    sification Processes", Pattern Recognition, vol. 10, 1978, pp. 73-84.
(6) S.Rivoira, P.Torasso: "A verifier of Lexical Hypotheses in a Speech Recognition Sy-
    stem", Proc. IEEE Int. Cont. Cybernetics and Society, Denver, 1979, pp. 679-683.
(7) S.Rivoira, P.Torasso: "The lexical, Syn tactic and Semantic Processing of a Speech
    Recognition System", Int. Journal of Man-Machine Studies, to be published.

<u>Mustererkennung im Bereich der inhaltlichen Erschließung von Texten</u>

Gerhard Knorz

Technische Hochschule Darmstadt, FB Informatik
Institut für Informationsverwaltung und interaktive Systeme, FG DVS II

<u>Zusammenfassung</u>

Mustererkennung als Metapher für Problemstellungen, in denen aus unschar-
fen und vagen Daten Entscheidungen abzuleiten sind, wird bei der automatischen Indexierung mit Erfolg verwendet. Die Rolle von Modellen bei
der Erkennung von abstrakt definierten Objekten und ein darauf aufbau-
ender Ansatz zur Mustererkennung werden diskutiert. Das formale Modell
einer Dokument-Deskriptor-Beziehung als zu erkennendes abstraktes Objekt,
wird beschrieben und führt zu einer Reihe weiterer Mustererkennungspro-
bleme im Bereich der inhaltlichen Erschließung von Texten.

1 Einleitung

Mustererkennung wird aus historischen Gründen in erster Linie dem Bereich
der Bilddaten- und Sprachdaten-Verarbeitung zugeordnet. Die dort auftretenden Probleme erfordern es, Entscheidungen auf der Basis sehr vieler
Einzeldaten zu treffen, die in Bezug auf ihre aktuelle Bedeutung für den
Entscheidungsprozeß vielfach unsicher sind. Mustererkennung als das Entscheiden in vagen und unsicheren Umgebungen bietet sich als Metapher für
viele Problemstellungen an, in denen bisher andere Problemsichten eta-
bliert sind. Das automatische Indexieren ist ein Forschungsgegenstand,
bei dem der Nachweis für die Berechtigung dieser Metapher in der Form
aussagekräftiger Ergebnisse vorliegt [1].

2 Zur Bedeutung von Modellen in der Mustererkennung

Die Formulierung einer Aufgabe als ein Problem der Mustererkennung soll
zur Konstruktion eines Erkennungssystems führen, das Objekte erkennt,
d.h. deren Zugehörigkeit zu einer Objektklasse feststellt. Handelt es
sich nun um nur abstrakt definierte Objekte, kommt gerade der Problem-
formulierung mit seinem entsprechend großen Freiraum eine entscheidende
Bedeutung zu. Der im folgenden dargestellte Ansatz geht im wesentlichen
von drei Prinzipien aus, deren allgemeiner Anspruch im Rahmen dieses Be-
richts nicht vollständig ausdiskutiert werden kann.

(1) Objekte können dem Erkennungssystem grundsätzlich nur über Beschreibungen zugänglich gemacht werden.

(2) Die zu erkennende Klassenzugehörigkeit besteht unabhängig von der
Objektbeschreibung. Die Einordnung eines Objekts erfordert in der
Regel Kontextinformation[*], die damit zum integralen Bestandteil
der Objektbeschreibung wird. Der in der Erkennungssituation verfüg-
bare Kontext kann durchaus verschieden sein von dem Kontext, in dem
eine Klassenzugehörigkeit verbindlich festgelegt werden kann. Die
Objektbeschreibung determiniert demnach die Entscheidung des Erkennungssystems, nicht jedoch notwendigerweise die Klassenzugehörigkeit.

(3) Einer Objektbeschreibung liegt stets - wenn auch nicht immer explizit - ein Modell zugrunde. Modelle legen primär fest, *was* in den Entscheidungsprozeß eingeht.

In dem Ausmaß, in dem zur Erstellung der Beschreibung bereits Informationen zusammengefaßt werden (was in jeder 'klassischen' Mustererkennung in den ersten Verarbeitungs-Schritten geschieht), erfolgt eine
partielle Vorwegnahme der Entscheidung, *wie* die verknüpften Einzel-
informationen in den Erkennungsprozeß eingehen.

Die vom Modell vorgegebene Strukturierung des Problems der Erstellung
einer Objektbeschreibung kann in naheliegender Weise zu einer Hierarchie von Mustererkennungsaufgaben führen. Vom Standpunkt des hier
verfolgten Konzepts (vgl. Abschnitt 3) kann ein derartiges Vorgehen
als ein heuristisch geleitetes Erweitern der Funktionenklasse gedeu-
tet werden, innerhalb der nach der optimalen Erkennungsfunktion gesucht wird.

Die Bedeutung von Modellen wird in (3) auf die problemadäquate Erstellung
von Objektbeschreibungen sowie auf die Möglichkeit, zu komplexeren Er-
kennungsfunktionen zu kommen, beschränkt. Damit scheint ein traditionel-
les einstufiges Mustererkennungskonzept festgeschrieben. Für Aufgabestellungen der Szenenanalyse, die gerade die Diskussion von Modellen aus-
gelöst hat, reicht ein derartiges Konzept nicht aus. Die Richtung einer
Verallgemeinerung sei angedeutet, wie sie im Bereich der automatischen

---

[*] Als konkretes Beispiel, das von dem hier beschriebenen Anwendungsfall
ganz unabhängig ist, sei auf das Problem der Erkennung der Objektklassen bei Handschrift: Buchstabe und Ziffer verwiesen, bei der die
Unterscheidung zwischen O (Null) und O (Großbuchstabe) in isolierter
Form nicht möglich ist.

Indexierung dann ansteht, wenn von den verbreiteten, sehr einfachen Indexierungssprachen auf eine anspruchsvollere Repräsentationssprache für Dokumentinhalte übergegangen wird (vgl. z.B. die Sprache CSRL im System SIRAS, Berlin [2]). Der wesentliche Schritt besteht darin, den Zustand einer Analyse selbst als ein abstraktes Objekt aufzufassen. Die Prinzipien (1) bis (3) bleiben geeignete Grundlage für die Formulierung einer Erkennungsaufgabe. Die Objektklassenzugehörigkeit des Analysezustandes ist durch die optimale Analyse-Fortsetzung definiert. Auf diese Weise geben Modelle - über die Betrachtung in (3) hinaus - die Knoten eines Verarbeitungsnetzwerkes vor, während die Kanten dieses Netzwerkes (Zustandsübergänge) bei der Analyse als Ergebnis einer Mustererkennung entstehen.

Mit herkömmlichen Werkzeugen zur Darstellung von Modellen (z.B. ATN's) können Verarbeitungszustände in nahezu beliebiger Weise programmiert werden. Der aufgrund von - meist recht einfach algorithmisch feststellbaren - Bedingungen vorliegende Folgezustand ist - per definitionem durch den 'Programmierer' - stets eindeutig und korrekt. Hier dagegen wird vorgeschlagen, Zustände zu definieren, von denen auch außerhalb eines speziellen Analysealgorithmus sinnvoll gesprochen werden kann; Zustände also, die sich aus einem Modell ableiten und begründen lassen. Aufgabe nicht eines 'Programmierers', sondern einer Erkennungsfunktion ist es, den durch die in einem Zustand fortgeführte Analyse erreichten Folgezustand zu erkennen.

3 Konzept für Mustererkennungsfunktionen

Das im folgenden nur grob skizzierte Konzept ist ausführlich in [3] und in seiner auf den speziellen Anwendungsfall eingeschränkten Form in [1] dargestellt.

Die Feststellung (2) in Abschnitt 2 begründet eine statistische Betrachtungsweise für die Konzeption optimaler Erkennungssysteme: die Fälle, in denen das deterministische Erkennungssystem Fehler nicht vermeiden kann, sollen möglichst geringe negative Auswirkungen haben. Für einen entscheidungstheoretischen Ansatz wird jenseits der System-Schnittstelle zur Außenwelt ein stochastischer Prozeß angenommen, der Objekte in Form von Objektbeschreibung und Klassenzugehörigkeit generiert und zur Erkennung vorlegt.Das optimale Erkennungssystem in dieser Situation ist dadurch definiert, daß der Erwartungswert der Kosten, die sich bei Kostenvorgabe für alle möglichen Fehlersituationen aus den Entscheidungen des

Erkennungssystems ergeben, minimal ist. Mit dieser Betrachtung kann die optimale Erkennung im wesentlichen auf die Kenntnis der bedingten Wahrscheinlichkeiten für die Klassenzugehörigkeit bei vorgegebener Objektbeschreibung zurückgeführt werden. Die Funktion, die diese bedingten Wahrscheinlichkeiten liefert, läßt sich durch eine Quadratmitteloptimierung (im Prinzip) finden und durch Polynome approximieren.

Das praktische Vorgehen nach diesem Ansatz erfordert es, für die Adaptionsphase

- eine Stichprobe von Objekten als Objektbeschreibung in vektorieller Form mit der Angabe der Klassenzugehörigkeit zu erstellen

- eine Polynomstruktur vorzugeben und an der Stichprobe ein Verfahren zur Parameteroptimierung (für die Polynomkoeffizienten) durchzuführen.

Die von den resultierenden Polynomfunktionen gelieferten Schätzungen für die bedingten Wahrscheinlichkeiten werden in der Anwendungsphase dem entscheidungstheoretischen Ansatz entsprechend für die Erkennung verwendet.

4 Automatisches Indexing

Unter 'Indexieren' wird verstanden, ein Dokument formal so zu beschreiben, daß es zu Fragestellungen, zu denen es relevant ist, als Antwort nachgewiesen werden kann (Reference Retrieval). Die Praxis des technisch-naturwissenschaftlichen Bereichs verfährt im wesentlichen dabei nach der Philosophie des Coordinate Indexing und stellt Dokumente durch Mengen von Deskriptoren (Schlagwörter) dar. Wesentliches Werkzeug für den Indexierer ist ein Thesaurus, der neben Deskriptoren auch nicht zum Indexieren zugelassene Fachausdrücke (forbidden terms), sowie ein Verweissystem erhält mit zweistelligen Relationen wie 'related terms', broader terms', 'see also', 'use', u.ä.

Die Arbeit eines automatischen Indexierungssystems kann konzeptionell in zwei Phasen beschrieben werden:

(1) Ermittlung potentiell relevanter Deskriptoren für ein Dokument

(2) Entscheidung über die Zuteilung der in (1) ermittelten Deskriptoren.

Als Grundlage der Entscheidung in (2) kann man die Beziehung bezeichnen, die zwischen Dokument und Deskriptor besteht und die sehr vielfältiger Natur sein kann. Für eine Indexierung entsprechend dem Coordinate

Indexing ist die Unterscheidung von nur zwei Klassen von Beziehungen
erforderlich:

- inhaltsbeschreibende

- unspezifische Dokument-Deskriptor-Beziehungen.

Eine inhaltsbeschreibende Beziehung liegt vor, wenn die Zuteilung des
Deskriptors zu einem Dokument das Retrievalsystem in die Lage versetzt,
mit seiner Relevanzbeurteilung für dieses Dokument in bezug auf alle
anfallenden Fragen insgesamt befriedigender dem Urteil näherzukommen,
das der Fragende selbst abgibt (richtiger: abgeben würde). Indexieren
als Erkennen von Dokument-Deskriptor-Beziehungen soll also - so gut wie
möglich - aus dem zum Indexierungszeitpunkt verfügbaren Kontext (dem allgemeinen Fachwissen und dem vorliegenden Dokumententext) die gleichen
Entscheidungen ableiten, wie sie bei der detaillierten Kenntnis der Zukunft des Retrievalsystems im Prinzip erreichbar wären. Dies ist näherungsweise realisierbar, weil die notwendige Kenntnis der Klassenzugehörigkeit (vgl. Abschn. 2) nur im Rahmen einer Lernstichprobe benötigt wird
und man dafür anstelle der Zukunft auf die Vergangenheit des Retrievalsystems zurückgreifen kann. Dazu sind Daten auszuwerten, wie sie z.B.
bei einem Retrievaltest für eine Indexierung anfallen. Der sehr große
Aufwand, der dabei allein z.B. für die notwendigen intellektuellen Rele-
vanzurteile entsteht, bedingt, daß für ein praktisches Arbeiten einfachere und bescheidenere Lösungen notwendig werden. Die an der TH
Darmstadt laufenden Projekte "Wörterbuchentwicklung für automatisches
Indexing" (WAI) und "Weiterentwicklung der automatischen Indexierung und
des Information Retrievals" (AIR) [4] übernehmen die Klassenzugehörigkeit, die aus einer verfügbaren intellektuellen Indexierung abgeleitet
werden kann. Im übrigen sollte die nach der Adaption erreichbare Indexie-
rungsqualität mit relativ einfachem Aufwand durch Verwendung einer mit
besonderer Sorgfalt erstellten intellektuellen Indexierung auf einer begrenzten Dokumenten-Stichprobe weiter anzuheben sein.

5 <u>Modell einer Dokument-Deskriptor-Beziehung</u>

Das verwendete Modell zur formalen Beschreibung von Dokument-Deskriptor-
Beziehungen ist in seinen Grundzügen bereits in [5] dargestellt. Es wird
hier soweit umrissen, daß auf eine (nicht vollständige) Reihe weiterer
Problemstellungen der Erkennung abstrakter Objekte (vgl. Abschnitt 2,
(3)) hingewiesen werden kann.

Die Menge E aller vom Indexierungssystem unmittelbar erfaßbaren <u>Text-</u>

eigenschaften läßt sich aufspalten:

$$E = E_h \cup E_m$$

Eine Texteigenschaft $e_k \in E_h$ die einem Dokument d zugeordnet werden kann, führt im System über eine Relation $r(e_k,s)$ zur Beschreibung eines Hinweises aus d auf einen Deskriptor s. Die Menge aller Hinweisbeschreibungen aus d auf einen bestimmten Deskriptor s bezeichnet man als Relevanzbeschreibung x von s bzgl. d. Zu E_m gehören Texteigenschaften, die den Relevanzbeschreibungen, Hinweisen oder Texteigenschaften aus E_h zugeordnet werden und neben weiteren textunabhängigen Angaben deren Beschreibungen im System ergänzen. Dokument-Deskriptor-Beziehungen werden durch so vervollständigte Relevanzbeschreibungen x dargestellt.

Bei den hinweisbildenden Texteigenschaften aus E_h handelt es sich bei einer begriffsorientierten Indexierung fast ausschließlich um das Vorkommen von Einzelwörtern und Mehrwortgruppen (zur Präzisierung von "Vorkommen" (vgl. [6] , S.143-145). Ein Deskriptor wie 'REVIEW' macht jedoch deutlich, daß zur Menge E_h durchaus auch komplexere Texteigenschaften gehören können. Die Erkennung von Eigenschaften $e_k \in E_h$, sowie die Hinweisbildung erfordert Informationen aus einem Wörterbuch, dessen Erstellung über (vorwiegend) automatische Verfahren der Auswertung von Texten im Projekt WAI untersucht wurde.

Texteigenschaften aus E_m betreffen z.B. die Identifikationssicherheit von Textausdrücken und werden dann einem Element aus E_h zugeordnet. Auf Hinweis- oder Relevanzbeschreibungs-Ebene führt das Problem der Erkennung von Texteigenschaften aus E_m zu Mustererkennungsaufgaben, die sich auf Textstellen bzw. Phrasen, Sätze oder Dokumente beziehen. Die Beschreibung dieser Objekte bezieht sowohl syntaktische als auch semantische Informationen mit ein und hat z.B. die Erkennung zusammenfassender, beschreibender oder aufzählender Sätze zum Ziel.

6 Stand der Entwicklung

Die vorliegenden Indexierungsergebnisse sind für eine Textmenge von 2 Jahrgängen der Referatezeitschrift FSTA (Food Science and Technology Abstracts) repräsentativ. Konsistenzvergleiche zwischen automatischen und intellektuellen Indexierungen zeigen, daß eine vergleichbare Übereinstimmung erreicht wird, wie sie zwischen zwei intellektuellen Indexierungen zu erwarten ist [1] . Der direkte Leistungsvergleich mit einem methodisch anderen Ansatz, auf dem z.B. auch die Ergebnisse in in [7] beruhen, ergibt auf der Basis der vorliegenden Resultate eine leichte Überlegenheit des hier diskutierten Ansatzes [1] . Texteigenschaften aus E_m, die über rein formale Eigenschaften hinausgehen, sind in bisherige Indexierungen noch nicht eingegangen. Ihre Einbeziehung wird z.Z. nach erfolgversprechenden Voruntersuchungen vorbereitet.

Literatur

[1] Knorz, G.: Indexieren als Erkennen von Dokument-Deskriptor-Beziehungen: Konzept und Ergebnisse. Interner Bericht DV II 81-2, Fachbereich Informatik, TH Darmstadt, 1981

[2] Jochum, F.: Semantik-orientiertes Retrieval natürlichsprachlicher Texte. In: Wossidlo, P.R. (Hrsg.): Textverarbeitung und Informatik, GI-Fachtagung Bayreuth. 114-126, Berlin, Heidelberg, New York, Springer-Verlag, 1980

[3] Schürmann, I.: Polynomklassifikation für die Zeichenerklärung. Ansatz, Adaption, Anwendungen. München, Wien, Oldenbourg Verlag, 1977

[4] Knorz, G.: Die Darmstädter Projekte zur automatischen Indexierung WAI und AIR. Inforum 11, (1981)

[5] Lustig, G.: Über die Entwicklung eines automatischen Indexierungssystems. In: Krallmann, D. (Hrsg.): Dialogsysteme und Textverarbeitung. Essen, LDV-Fittings, 1980

[6] Knorz, G., Putze, G.: Textverarbeitung zur Vorbereitung und Durchführung einer automatischen Indexierung. In: Wossidlo, P.R. (Hrsg.): Textverarbeitung und Informatik, GI-Fachtagung Bayreuth. 139-163, Berlin, Heidelberg, New York, Springer Verlag, 1980

[7] Lustig. G.: Die automatische Zuteilung von Schlagwörtern des EURATOM-Thesaurus. Neue Technik 11, Nr. A4, 247-256 (1969)

INDUSTRIE-SZENEN

EIN SIMULATIONSMODELL ZUR KLASSIFIKATION BINÄR MODULIERTER SIGNALE

Friedrich Jondral und Anton Mohr
AEG-TELEFUNKEN Ulm
Geschäftsbereich Hochfrequenztechnik, Grundlagenentwicklung

Mit der Möglichkeit, Nachrichten auf dem Funkwege zu übermitteln, wurde eine Überwachung des Funkbetriebs notwendig. Zu den Aufgaben der Überwachungsbehörde gehören z.B. die Kontrolle der zugelassenen Sender auf die Einhaltung ihrer Betriebsparameter sowie das Auffinden nicht zugelassener Sender. Ein in diesem Zusammenhang weitgehend ungelöstes Problem besteht darin, aus einer empfangenen Sendung automatisch auf die Betriebsart zu schließen, mit der der zugehörige Sender betrieben wird.
Im vorliegenden Aufsatz wird über die Simulation eines auf die Klassifikation binär modulierter Signale beschränkten Modells berichtet. Die numerischen Rechnungen wurden auf einem Digitalrechner des Typs TR440 durchgeführt. Für die Klassifikatoradaption und -simulation stand ein am Forschungsinstitut Ulm der Firma AEG-TELEFUNKEN entwickeltes Programmsystem zur Verfügung. Den Herren Prof. Dr. J. Schürmann und Dr. R. Ott danken wir für die uns gewährte Unterstützung bei der Anwendung dieser Programme.

1. Die Aufgabe

Ein Kurzwellensender sendet ein Signal $s(t)$ aus, das von einem Funküberwachungsgerät empfangen wird. Die Bandbreite des Empfangsgeräts wird für die hier beschriebene Simulation auf $B = 1$ kHz festgelegt. Das Überwachungsgerät soll nicht die Demodulation des Signals ausführen, sondern nur die folgende Frage beantworten: Wurde der Sender, von dem das empfangene Signal stammt, mit der Modulationsart ASK (Amplitude Shift Keying, Amplitudentastung), mit FSK (Frequency Shift Keying, Frequenzumtastung) oder PSK (Phase Shift Keying, Phasenumtastung) betrieben - oder liegt im Kanal nur Rauschen vor?
Die gestellte Aufgabe wird als Mustererkennungsproblem mit vier Klassen aufgefaßt.

2. Die Signale

Im Empfangsgerät wird das empfangene Signal auf eine bestimmte Zwischenfrequenzlage ($f_Z = 200$ kHz) gebracht. Dieses Zwischenfrequenzsignal wird zur weiteren Verarbeitung herangezogen. In der digitalen Signalverarbeitung erweist sich oft die komplexe Signaldarstellung als vorteilhaft /3/, /7/. Mit Hilfe eines analogen Hilberttransformators wird das zu $s(t)$ gehörende analytische Signal

$$\underline{s}(t) = s(t) + jH\{s(t)\} \tag{1}$$

erzeugt, wobei mit H die Hilberttransformation bezeichnet ist.

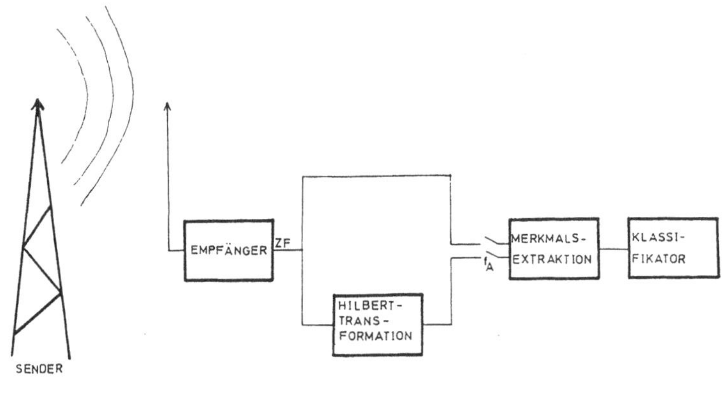

Bei der o.g. Bandbreite von B = 1 kHz kann das analytische Signal mit
einer Frequenz f_A = 1 kHz abgetastet werden, ohne daß dabei Über-
faltungseffekte auftreten. Durch die Abtastung mit f_A = B wird das
Band von der Zwischenfrequenzlage $f_Z \pm$ B/2 in die Basisbandlage
$\pm$ B/2 gebracht.
Die Werte der Abtastfolge

$$\{\underline{s}_m\}_{m=1}^{M} = \{\underline{s}(t_1), \underline{s}(t_2), \ldots, \underline{s}(t_M)\} \ , \ \underline{s}_m \in \mathbb{C} \tag{2}$$

werden auf 8 bit quantisiert und anschließend dem Merkmalsextraktor
zugeführt. Die Simulation des Systems verläuft folgendermaßen: Es
werden Abtastfolgen erzeugt, die aus 1024 komplexen Abtastwerten
bestehen. Das entspricht einer Dauer der Signalausschnitte von
1,024 s. Aus jeder dieser Abtastfolgen berechnet der Merkmalsextraktor einen 90-dimensionalen Meßvektor

$$\vec{v} = (v_1, v_2, \ldots, v_{90})^T, \tag{3}$$

der anschließend dem Klassifikator zur Entscheidung über die
Klassenzugehörigkeit vorgelegt wird.
Allgemein kann jedes aus den drei betrachteten Modulationsklassen
stammende komplexe Signal durch eine Funktion der Form

$$\underline{s}(t) = a(t) \, e^{j\{\omega(t)t + \Theta(t)\}} \tag{4}$$

beschrieben werden. Je nach vorliegender Modulationsart wird die
Amplitude a, die Kreisfrequenz ω oder die Nullphase Θ gemäß einer
binären Folge geändert. a kann die Werte 0 und 1, ω die Werte ω_1
und ω_2 annehmen. Θ wird zwischen zwei Werten, die um π auseinander
liegen umgeschaltet. Bei der Simulation sind einige technische
Nebenbedingungen (z.B. die phasenkontinuierliche Umtastung bei
FSK-Sendungen) zu beachten, auf die hier nicht im einzelnen eingegangen werden soll. Das komplexe weiße Rauschen wurde durch einen
Pseudozufallsgenerator nach dem zentralen Grenzwertsatz berechnet.
Zur Belehrung des Klassifikators wurden 300 Signalausschnitte je
Klasse verwendet. Die Teststichprobe bestand aus 100 Ausschnitten
pro Klasse. Bei der Zusammenstellung der Stichproben wurden der
Signal-Rausch-Abstand (15 dB...50 dB) und die Schrittgeschwindig-
keit (20 Bd...250 Bd) der Sendungen nach statistischen Gesichts-
punkten variiert. Als binäre Tastfolgen wurden pseudozufällig er-
zeugte 0-1 Folgen herangezogen. Die Wahrscheinlichkeit war für beide
Zustände 0,5. Typische Beispiele für die betrachteten Signale zeigt
Bild 2.

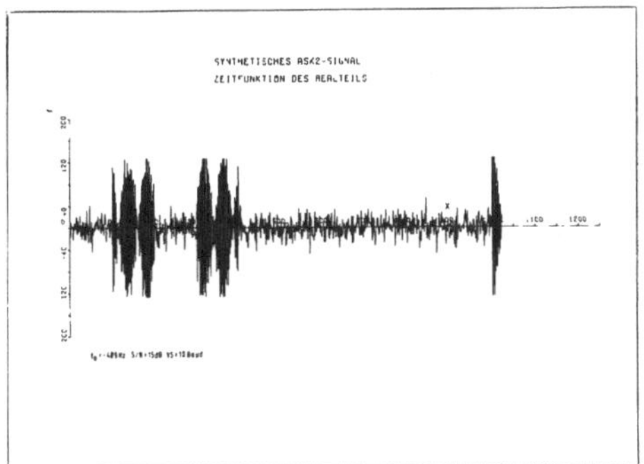
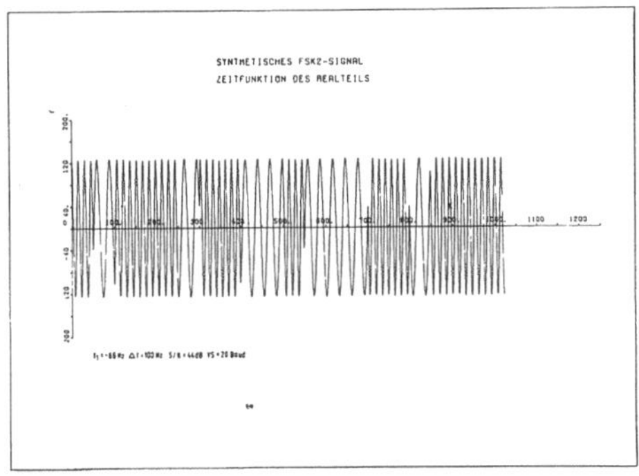
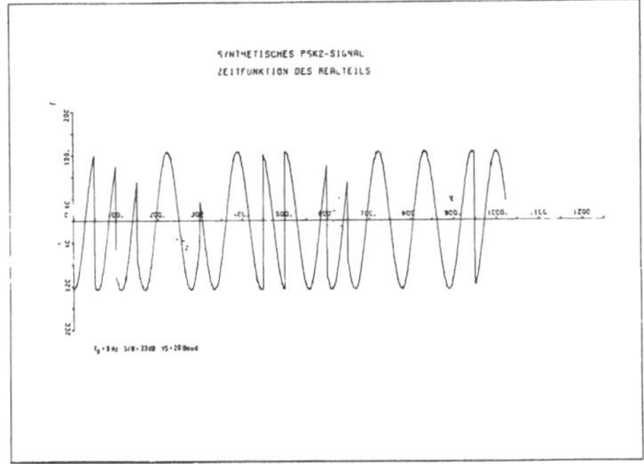
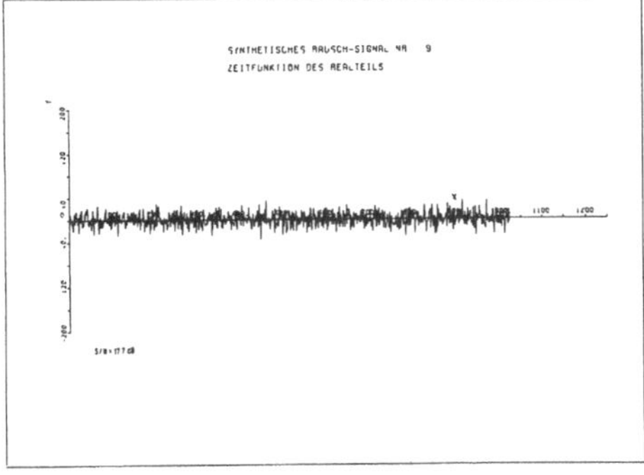

Bild 2

3. Die Merkmalsextraktion

Jede der betrachteten Modulationsarten ist dadurch charakterisiert,
daß nur einer der in (4) variierbaren Parameter zwischen genau zwei
Zuständen umgeschaltet wird. Aus der Abtastfolge (2) werden die
Verteilungen der Amplitude, der Momentanfrequenz und der Nullphase
berechnet. Das Amplitudenhistogramm zeigt nur für ASK zwei getrennte
Maxima. Im Momentanfrequenzhistogramm zeichnen sich nur bei FSK-
Sendungen zwei Frequenzzustände deutlich ab. Betrag und Momentan-
frequenz des abgetasteten Signals (2) zum Zeitpunkt t_k werden nach

$$|\underline{s}_k| = \sqrt{(\text{Re } \underline{s}_k)^2 + (\text{Im } \underline{s}_k)^2} \qquad (5)$$

$$\frac{\Delta \varphi_k}{\Delta t} = \frac{\varphi_k - \varphi_{k-1}}{\Delta t} \qquad (6)$$

$$\text{mit} \quad \Delta t = f_A^{-1}, \quad \varphi_k = \arctan \frac{\text{Im } \underline{s}_k}{\text{Re } \underline{s}_k},$$

geschätzt.

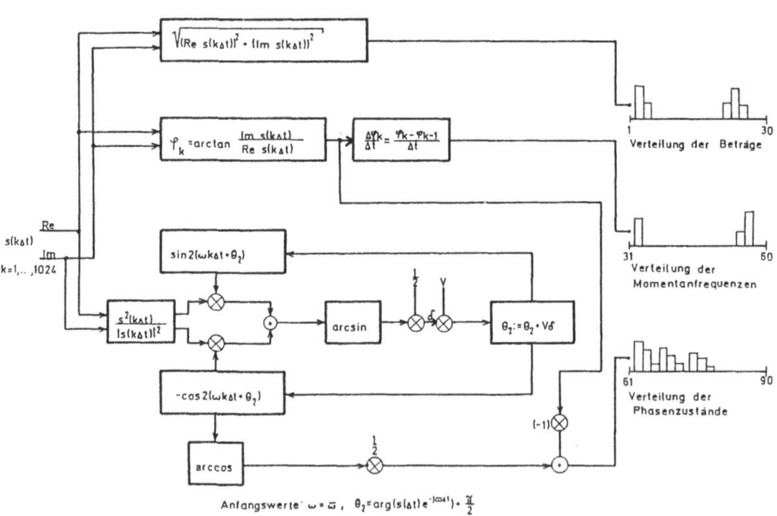

Die zum Abtastwert $\underline{s}_k$ gehörende relative Nullphasenlage θ_k wird
über einen Regelkreis geschätzt, der ähnlich wie ein PLL (Phase
Locked Loop, Phasenregelkreis) /2/ arbeitet. Auf diese Weise
werden bei PSK-Sendungen die Nullphasenunterschiede vom Betrag π

zwischen zwei Tastschritten, die eine 0 bzw. eine 1 darstellen,
herausgehoben. Wesentlich ist hierbei, daß zu jedem Abtastwert die
entsprechende relative Nullphase gefunden wird. Um die Weiterverarbeitung durch den nachfolgenden Polynomklassifikator zu erleichtern, werden die Histogramme geeignet normiert.
Eine Übersicht über den Algorithmus zur Berechnung des Meßvektors
zeigt Bild 3. Da die betrachteten Sendungen verrauscht sind, treten
natürlich auch in den Histogrammen Rauscheffekte auf. Der durch die
Merkmalsextraktion berechnete Meßvektor enthält schließlich 30
Werte aus jedem der drei beschriebenen Histogramme.

4. Die Simulation

Nach dem bei Schürmann /5/ angegebenen Verfahren wurde ein voll-
ständig linearer Klassifikator berechnet. Die Zugehörigkeit einer
Sendung zu einer der vier Klassen kann durch den Klassennamen (ASK,
FSK, PSK, Rauschen), den Klassenindex ($k = 1,2,3,4$) oder den Klassen-
zielvektor ($\vec{y} = (1,0,0,0)^T$, $(0,1,0,0)^T$, $(0,0,1,0)^T$, $(0,0,0,1)^T$)
beschrieben werden.
Der zeichenerzeugende Prozeß $\{(\vec{v},k)\}$ unterliegt dem (unbekannten)
Verteilungsgesetz $P(\vec{v},k)$. Bei beobachtetem Meßvektor $\vec{v}$ wird nach
der Wahrscheinlichkeit $P(k|\vec{v})$ dafür gefragt, daß das empfangene
Signal aus der Klasse k stammt. Nach der Schätzung $\hat{P}(k|\vec{v})$, $k = 1,2,$
$3,4$, der vier Rückschlußwahrscheinlichkeiten wird die Sendung der
Klasse zugeordnet, für die diese Schätzung am größten ausfällt.
Die Kennzeichnung der Klassenzugehörigkeiten durch die Klassenziel-
vektoren erscheint besonders vorteilhaft, da die Schätzung

$$\vec{d} = (d_1,d_2,d_3,d_4)^T = (\hat{P}(1|\vec{v}), \hat{P}(2|\vec{v}), \hat{P}(3|\vec{v}), \hat{P}(4|\vec{v}))^T \qquad (7)$$

der Rückschlußwahrscheinlichkeiten direkt als Schätzung des Klassen-
zielvektors aufgefaßt werden kann (/5/, Kap. 5 und 6).
Die Einheitsvektoren des kartesischen Koordinatensystems im $\mathbb{R}^4$
werden als die Klassenzielvektoren interpretiert. Aufgrund der
Bedingung

$$\sum_{k=1}^{4} d_k = 1 \qquad (8)$$

liegen die Endpunkte aller Schätzvektoren auf der durch

$$(1,1,1,1)\ \vec{d} = 1 \tag{9}$$

definierten Hyperebene im $\mathbb{R}^4$.

Es gibt verschiedene Möglichkeiten, ein Rückweisungskriterium einzuführen. Besonders gut geeignet ist das RAD-Kriterium (/5/, Kap. 10.2). Dabei fällt die Entscheidung für die Zugehörigkeit zu derjenigen Klasse, deren Zielvektor $\vec{y}$ dem Schätzvektor $\vec{d}$ nach dem euklidischen Abstand R am nächsten liegt; es sei denn dieser Abstand wird größer als eine vorgegebene Schwelle RAD. In einem solchen Fall wird, da nicht genügend Sicherheit für eine Zuweisung der entsprechenden Sendung zu einer der vier

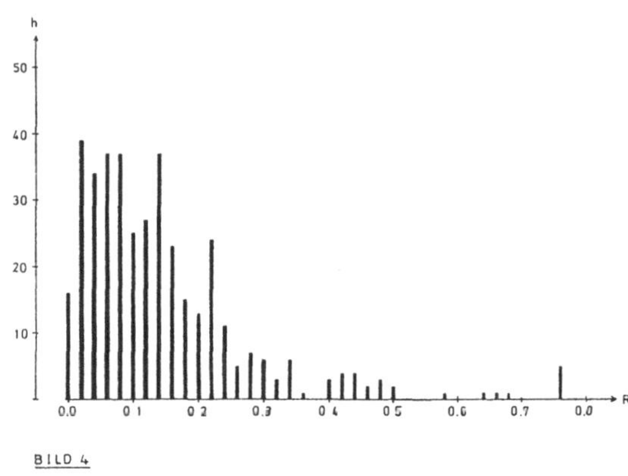

Klassen besteht, keine Entscheidung getroffen (Rückweisung). Bild 4 gibt für eines der durchgeführten Experimente die Häufigkeitsverteilung der Abstände R vom Schätzvektor $\vec{d}$ zum nächstliegenden Klassenzielvektor wieder. Die Zurückweisungsrate ϱ in Abhängigkeit von der Zurückweisungsschwelle RAD zeigt Bild 5 für die Teststichprobe. Das Ergebnis des Simulationslaufes läßt sich folgendermaßen zusammenfassen: Von den 400 Elementen der Teststichprobe wurden 396 richtig und 4 (= 1%)

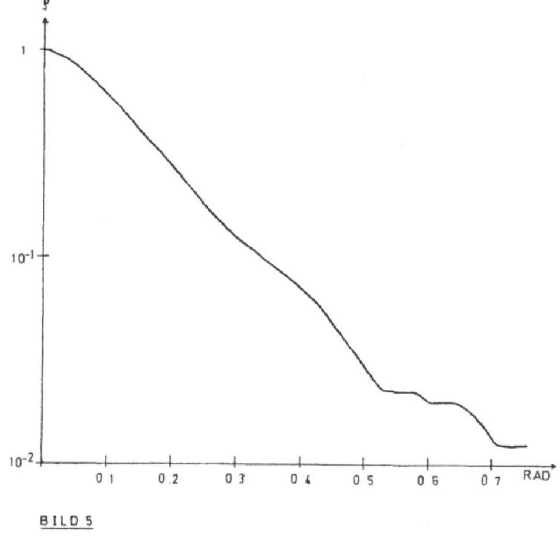

falsch zugeordnet. Bezogen auf die einzelnen Klassen ergibt sich die folgende Zuordnungsmatrix:

	erkannt als	ASK	FSK	PSK	Rauschen
eingegeben als	ASK	99	–	1	–
	FSK	2	98	–	–
	PSK	1	–	99	–
	Rauschen	–	–	–	100

5. Schlußbemerkung

Es erscheint möglich, ohne größeren Aufwand andere digitale Modulationsarten in das Simulationsmodell aufzunehmen. Wesentlich ist dabei, daß die digitalen Übertragungsverfahren durch fest definierte Zustände von Amplitude, Momentanfrequenz und Nullphasenlage (vgl.(4)) charakterisiert sind.

Über die Anwendbarkeit des beschriebenen Verfahrens auf reale Sendungen können selbstverständlich erst Aussagen gemacht werden, nachdem Ergebnisse aus Experimenten mit umfangreichen Stichproben solcher Signale vorliegen. Im Modell wurden nämlich nicht alle denkbaren Umwelteinflüsse berücksichtigt. Hierzu gehören u.a. die Zusammenstellung der Stichproben sowie zusätzliche Störungen der Signale (z.B. durch Schwund).

6. Literatur

/1/ FLOHRER, W. (1969), "Zeitfunktion und Häufigkeitsverteilung von Funktionswerten", Frequenz, Bd. 23, S. 114 - 116

/2/ HERTER, E.; W. RÖCKER (1976), "Nachrichtentechnik - Übertragung und Verarbeitung", Carl Hanser Verlag, München Wien

/3/ KTONAS, P.Y.; N. PAPP (1980), "Instantaneous Envelope and Phase Extraktion from Real Signals: Theory, Implementation, and an Application to EEG Analysis", Signal Processing, vol. 2, p. 373 - 385

/4/ LIEDTKE, F.F. (1979), "Automatische Klassifizierung von digital modulierten Signalen mit unbekannten Parametern", Dissertation, Fakultät für Elektrotechnik der RWTH Aachen

/5/ SCHÜRMANN, J. (1977), "Polynomklassifikatoren für die Zeichenerkennung", R. Oldenbourg Verlag, München Wien

/6/ SCHWARTZ, M. (1980), "Information Transmission, Modulation, and Noise", 3rd edition, Mc Graw-Hill Kogakusha, Tokyo

/7/ VILLE, J. (1948),"Théorie et Applications de la Notion de Signal Analytique", Câbles et Transmissions, tome 2, p. 61 - 74

EIN SEQUENTIELL ARBEITENDES MUSTERERKENNUNGSSYSTEM MIT BEZUGSMODELL

E. Saedtler

Gesellschaft für Reaktorsicherheit (GRS) mbH
Forschungsgelände
8046 Garching
F.R.G.

Zusammenfassung:

In dem Beitrag wird ein Mustererkennungssystem mit Bezugsmodell hoher Ordnung beschrieben. Die Darstellung des Modells erfolgt hierbei im Zustandsraum. Durch eine Dekomposition und hierarchische Strukturierung des Modells wird die Möglichkeit einer
Klassifikation jedes einzelnen Subsystems erreicht. Die Klassifikationsmethode basiert
auf der Bayes'schen Risikofunktion. Die erforderliche Identifikation des Systems wird
mit Hilfe eines sequentiell arbeitenden maximum-a-posteriori-Filteralgorithmus vorgenommen. Das Verfahren soll für eine automatisierte Überwachung und Diagnose von Komponenten und Einbauten, von Meßfühlern und Meßketten, usw. an Leistungsreaktoren eingesetzt werden. Hierfür wurde ein Modell auf empirischer Basis entwickelt. Es werden
einige Ergebnisse bei Verwendung von realen Prozeßdaten vorgestellt und das im Aufbau
befindliche Mehrprozessorsystem für einen on-line-Einsatz wird skizziert.

1. Einleitung

Seit 1975 wird an einem Kernkraftwerk vom Typ eines Druckwasserreaktors in Deutschland
ein Prototyp-System zur betriebsbegleitenden Schwingungsüberwachung von Reaktorprimärkreiskomponenten eingesetzt [1]. Aufgabe dieses Überwachungssystems ist es, ein frühzeitiges Erkennen einer Abweichung des Schwingungsverhaltens der Komponenten und Einbauten vom Normalzustand zu ermöglichen und damit die betriebliche Sicherheit der Anlage zu erhöhen. Wegen des stochastischen Charakters der von den verfügbaren Aufnehmern
abgeleiteten Signale ist ein erhöhter Aufwand auf der Analyse- und Interpretationsseite erforderlich.

Der Schwingungszustand der Anlagekomponenten wird durch Referenzmuster oder -merkmale
repräsentiert, die aus den Meßsignalen gewonnen werden und während eines bekannten
regulären oder auch irregulären Betriebszustandes des Reaktors zu erlernen sind. Ein
Vergleich mit aktuellen Merkmalgrößen erlaubt dann eine Systemdiagnose. Dieser Vergleich und die daraus resultierende Beurteilung des Prozeßzustandes wird heute "offline" vorgenommen, d.h. die Auswertung erfolgt nach jeder Meßkampagne am Reaktor im
Labor und an Großrechenanlagen. Durch die Vielzahl der erforderlichen manuellen
Schritte und des hierfür nötigen großen Zeitaufwandes ist eine eigentliche Schadenfrüherkennung nur bedingt erreichbar. Eine Automatisierung des Vorganges bietet sich
deshalb geradezu an, zumal die Forderung nach einer betriebsbegleitenden Überwachung
von wichtigen Reaktorkomponenten und von Meßketten immer mehr an Bedeutung gewinnt.
Der Grad einer Automatisierung, insbesondere die Möglichkeit einer selbsttätigen Initiierung einer Meldung oder eines Alarms mit diagnostischer und prognostischer Zu-

satzinformation, ist stark von dem durch (adaptives) Lernen gewonnenen Wissensstand über den Prozeß abhängig und damit von dem zu berücksichtigenden Informationsvorrat insgesamt. Ein Lernvorgang ist erforderlich, da eine exakte mathematisch-physikalische Modellierung des komplexen Prozesses nicht möglich ist. Der Klassifikationsvorgang für die Merkmale kann hingegen weitgehend automatisiert werden. Die Methodenentwicklung hierfür wird in diesem Beitrag vorgestellt.

Für das abschließende Diagnoseurteil ist ein interaktives Arbeiten zwischen Systembenutzer (Operateur und/oder Schwingungsspezialist) und Rechner erforderlich. Dieser Aspekt kann hier nur andiskutiert werden. Eingehender beschrieben wird hingegen das Problem der Schätzung oder Identifikation von komplexen Systemen und die zugehörige problemorientierte Modellierung des Prozesses. Der hieraus resultierende Algorithmus findet unmittelbar Anwendung für eine entscheidungstheoretische Beurteilung des Systemverhaltens.

Die Merkmalgrößen, wie sie hier eingeführt werden, werden durch einen Extraktionsvorgang aus den stochastischen Signalen ermittelt. Die zugehörige Rechenvorschrift basiert auf den Methoden der statistischen Systemtheorie (Korrelationstechnik), da die Zufallssignale über einen definierten Zeitabschnitt hinweg als stationär und ergodisch betrachtet werden können. Ein Element des Merkmalvektors ist somit z.B. einem bestimmten Spektrum bei einer bestimmten diskreten Frequenz zugeordnet. Eine Zeitabhängigkeit des so definierten Merkmalvektors wird nun durch eine zeitpunktrichtige Aneinanderreihung der fortlaufend durchgeführten Messungen mit anschließender Transformation in den Merkmalraum eingeführt. Beim obigen Beispiel erfolgt die Transformation vom Zeit- in den Frequenzbereich. Die Zeitabhängigkeit wird durch einen Gauß-Markov-Prozeß beschrieben. Die Modellierung des Vorganges über der Zeit bedingt zunächst einen Zustandsvektor von sehr großer Dimension, da etwa für die lückenlose Überwachung der relevanten Frequenzbereiche eines Spektrums oder mehrerer Spektren eine große Anzahl von Frequenzlinien berücksichtigt werden muß. Die Anzahl der diskreten Frequenzlinien bestimmt die Dimension des Merkmalvektors. Durch eine sinnvolle Dekomposition dieses Vektors und des zugeordneten Gauß-Markov-Modells wird erreicht, daß

- eine Teilüberwachung und -klassifikation des Prozesses entsprechend dem Grad der Zerlegung ermöglicht wird und
- die Detektionsaufgabe in vernünftiger Rechenzeit gelöst werden kann, insbesondere dann, wenn eine Parallelverarbeitung der Teilprobleme möglich ist.

2. Problemstellung

Entsprechend den Aufgaben einer Schadenfrüherkennung und den konstruktiven Möglichkeiten sind die Aufnehmerpositionen an der Anlage gewählt [1]. Es stehen Absolutweg-, Relativweg-, Druck- und Neutronenflußsignale zur Verfügung. Alle Meßgrößen sind stochastischer Natur, da auf das schwingungsfähige System neben rein deterministischen auch zufällige Anregungsmechanismen (strömungsinduzierte Anregungen) einwirken.

Eine Automatisierung der Signalaufbereitung und -auswertung vor "Ort" in einem "on-line"-Verfahren ist aus den genannten Gründen anzustreben. Durch die Komplexität der für eine Diagnose zu verarbeitenden Einflußgrößen, die zum größten Teil nicht im voraus bestimmt werden können und deshalb erst über eine längere Zeitspanne "erlernt" werden müssen, ist eine vollkommene Automatisierung nicht bis zur letzten Konsequenz durchführbar. Ab einer bestimmten Stufe im Entscheidungsprozeß wird das Wissen eines Fachmannes zur Systemdiagnose heranzuziehen sein. Hier werden nun Methoden und Algorithmen entwickelt bzw. formuliert, die geeignet sind, das beschriebene Überwachungsverfahren weitgehend zu automatisieren, wobei aus den erwähnten Gründen das steuernde Eingreifen des Systembenutzers immer möglich sein muß.

Ein Diagnosesystem ist eine Verallgemeinerung und Erweiterung eines Mustererkennungssystems. Der strukturelle Aufbau ist in Bild 1 skizziert.

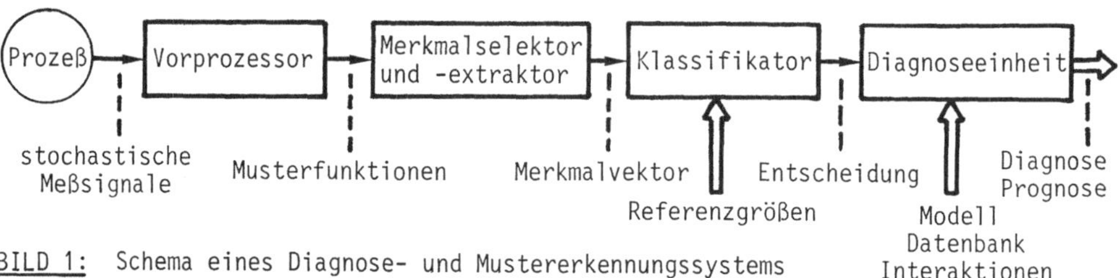

BILD 1: Schema eines Diagnose- und Mustererkennungssystems

Kann ein physikalisches Bezugsmodell für die Referenzgrößen (Bild 1) aufgestellt werden, so ist einer der Vorteile dieses Modells darin zu sehen, daß mit ihm Betriebszustände simuliert werden können, die aus betrieblichen Gründen an der realen Anlage nicht eingestellt werden können, z.B. Störfälle. Der Nachteil liegt hierbei im hohen Rechenaufwand und in der oft nur unzureichenden Modellierbarkeit des Prozesses. Insbesondere sind bei einem Schwingungsüberwachungssystem die Anregungsmechanismen kaum mathematisch exakt formulierbar.

Bei den empirisch angesetzten Modellen werden die Referenzvektoren nach der gleichen Rechenvorschrift gewonnen wie die aktuellen Datenvektoren. Setzt sich der Merkmalvektor z.B. auf den Leistungsdichtewerten bei den einzelnen Frequenzen zusammen, so hat ein empirisches Modell die Aufgabe, das Zeitverhalten dieser Spektraldichtewerte, die aus quasi-stationären Meßsignalen berechnet werden, über die verschiedenen Meßzeitpunkte hinweg zu beschreiben und mit Hilfe des bekannten Betriebszustandes einen Lern-Prozeß für die Referenzvektoren einzuleiten. Eine Adaption an sich ändernde Betriebsdaten ist erforderlich. Dieses Problem kann durch den Einsatz von Optimalfilter-Algorithmen gelöst werden, deren Arbeitsweise nun erläutert wird.

3. Identifikation von Systemen hoher Ordnung

In diesem Kapitel wird die Ableitung eines adaptiven, sequentiell arbeitenden Identifikations-Algorithmus für Systeme hoher Ordnung mit Hilfe der hierarchischen Systemtheorie kurz vorgestellt. Die grundlegende Idee besteht hierbei darin, das System hoher Ordnung in Teilsysteme zu zerlegen und diese Subsysteme dann so zu behandeln, daß die gestellten Bedingungen an das Gesamtsystemverhalten erfüllt werden.

Für jedes Subsystem ist somit eine Optimierungsaufgabe mit Nebenbedingungen zu lösen und die Erfüllung des übergeordneten Gütekriteriums für das Gesamtsystem ist gewöhnlicherweise das Ergebnis eines Iterationsprozesses. Generell kann dies durch eine zwei- oder mehrstufige Systemstruktur dargestellt werden, wobei die Superior-Einheit die Subsysteme oder Inferior-Einheiten koordiniert, Bild 2. Die Zustandsgrößen des Teilsystems sind mit x_i und die Koordinationsvariablen mit π und β bezeichnet.

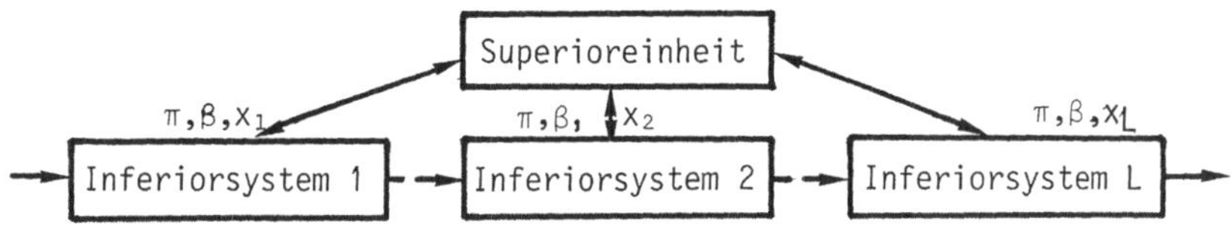

BILD 2: Zweistufige hierarchische Systemstruktur

Das zu identifizierende Teilsystem i sei durch folgendes Differentialgleichungssystem der Ordnung 1 beschrieben:

$$\dot{\underline{x}}_i(t) = \underline{f}_i(\underline{x}_i(t),\underline{\pi}_i(t)) + \underline{G}_i(\underline{x}_i(t),t)\underline{w}_i(t)$$

$$\underline{z}_i(t) = \underline{h}_i(\underline{x}_i(t),t) + \underline{v}_i(t) \tag{1}$$

mit

$$\sum_{i=1}^{L} l_i = 1 \qquad (l_i = \text{Dimension von } \underline{x}_i(t)).$$

Gl. (1) besagt, daß jedes Teilsystem nur durch die Verknüpfungsbeziehung

$$\underline{\pi}_i(t) = \underline{g}_i(\underline{x}_j(t),t) \qquad j \neq i \tag{2}$$

mit den übrigen Teilsystemen verkoppelt ist.

Bei Voraussetzung, daß die quadratischen Funktionen Θ und Φ des Kostenfunktionals für die Optimierungsaufgabe in additiver Form geschrieben werden können, lautet dieses für das i-te Subsystem:

$$J = \sum_{i=1}^{L} J_i = \sum_{i=1}^{L} \{\Theta_i(\underline{x}_i(t_f),t_f) - \Theta_i(\underline{x}_i(t_o),t_o)\} +$$

$$\int_{t_o}^{t_f} \sum_{i=1}^{L} \{\Phi_i(\underline{x}_i(t),\underline{w}_i(t),t) + \underline{\beta}_i^T(t)[\underline{\pi}_i(t) - \underline{g}_i(\underline{x}_j(t),t)]\}\, dt \qquad j \neq i \tag{3}$$

Eine mögliche Lösung der Optimierungsaufgabe kann mit Hilfe der Methoden der Variationsrechnung oder dem Euler-Lagrange-Formalismus gefunden werden. Einzelheiten des resultierenden, erweiterten maximum-a-posteriori (MAP) Optimalfilters finden sich in [2]. Für die hier behandelte Aufgabenstellung ist nun auch für die Koordination der Teilsysteme ein sequentiell arbeitender Algorithmus einzusetzen. Es wird ein Prädiktor-

nach der Beziehung (i = Teilsystem):

$$\underline{\pi}_{pi}(t+\Delta t_2) = \underline{\pi}_i(t) + \frac{\Delta t_2}{\Delta t_1} (\underline{\pi}_i(t) - \underline{\pi}_i(t-\Delta t_1)) \quad t-\Delta t_1 < t < t+\Delta t_2 \tag{4}$$

und die Korrektur nach

$$\underline{\pi}_i(t+\Delta t_2) = \frac{1}{2} [(1-\varepsilon_i)\underline{\pi}_{pi}(t+\Delta t_2) + (1+\varepsilon_i)\underline{g}_{ij}(\hat{\underline{x}}_j(t),t)] \tag{5}$$

Die Koordinationsvariable $\underline{\beta}_i(t)$ wird nach einer Gradientenmethode berechnet, wobei der sequentielle Rechenvorgang eine exponentiale Gewichtsfunktion berücksichtigt. Dadurch wird der Einfluß von in die Vergangenheit reichenden Schätzungen auf die aktuelle Schätzung von $\underline{\beta}_i(t)$ gemindert [2]. Die Rechenvorschrift lautet:

$$\underline{\beta}_i(t+\Delta t_2) = (1-\gamma_i)\underline{\beta}_{pi}(t+\Delta t_2) + \gamma_i \frac{\partial H}{\partial \underline{\beta}_i(t)} \tag{6}$$

H = Hamiltonfunktion des Gesamtsystems, $\underline{\beta}_{pi}(t)$ prädiktierter Wert entsprechend Gl.(4).

4. Mustererkennung und -klassifikation

Die Ergebnisse der (sub)optimalen Schätzung von komplexen Systemen werden nun zur Gewinnung von hypothetischen, klassifizierenden Aussagen über die Zugehörigkeit des untersuchten Prozesses eingesetzt. Ausgangspunkt ist hierbei der Ansatz von Bayes.
Die Bayes'sche Risikofunktion für M Hypothesen oder Klassen hat bei Beteiligung von stochastischen Vorgängen die allgemeine Form:

$$B(t) = \sum_{n=0}^{M-1} \sum_{j=0}^{M-1} C_{nj}(t) \, P_{H_j}(t) \int_{Z_n} P_{\underline{z}(t)/H}(\underline{\alpha}(t)/H_j) \, d\underline{\alpha}(t) \tag{7}$$

mit

$$C_{nj}(t) \qquad = \text{Kosten für Akzeptierung von } H_n, H_j \text{ "wahr" ist.}$$

$$P_{H_j}(t) \qquad = \text{a-priori-Wahrscheinlichkeit für Hypothese } H_j.$$

$$P_{\underline{z}(t)/H}(\underline{\alpha}(t)/H_j) \qquad = \text{bedingte Wahrscheinlichkeitsdichtefunktion der Meßgrößen, wenn j-te Hypothese "wahr" ist.}$$

$$Z = \bigcup_{n=0}^{M-1} Z_n \qquad = \text{Gesamtentscheidungsregion } (\cup = \text{Vereinigung}).$$

Das Bayes'sche Risiko wird minimiert, wenn die Entscheidung auf diejenige Hypothese fällt, die folgende Ungleichung erfüllt (Annahmen: $C_{nn}=0$, $C_{nj}=1$):

$$H_{ki}: \quad P_{H_{ki}}(t) \, LR_{ki}(\underline{Z}_i(t)) = \max_m \{P_{H_{mi}}(t) \, LR_{mi}(\underline{Z}_i(t))\} \geq (1-\lambda_r) \, V$$

$$H_{ri}: \quad \max_m P_{H_{mi}}(t) \, LR_{mi}(\underline{Z}_i(t)) < (1-\lambda_r) \, V \tag{8}$$

$$\text{für alle } k \neq m, \; k>0.$$

mit

$$LR_{ki}(\underline{Z}_i(t)) = \frac{p_i(\underline{Z}_i(t)/H_{ki})}{p_i(\underline{Z}_i(t)/H_{oi})}, \qquad V = \sum_{m=1}^{M-1} P_{H_{mi}}(t)LR_{mi}(\underline{Z}_i(t)),$$

$$Z_i(t) = \{Z_i(t'), t_0 \leq t' \leq t\}. \tag{9}$$

Gl. (8) wurde noch um eine sogenannte Rückweisungsoption ("reject option") erweitert. Die Schranke für eine Zurückweisung ist λ_r. LR ist das Likelihood-Verhältnis.

Die Beziehung für die minimale bedingte Fehlerwahrscheinlichkeit lautet, [3]:

$$E(\underline{Z}_i(t)) = 1 - \max_j \{P_{H_{ji}}(t) \, LR_{ji}(\underline{Z}_i(t))\}/V \tag{10}$$

Strebt man auch hier einen sequentiell arbeitenden Klassifikator an, so besteht die Aufgabe primär in der (approximativen) Ermittlung der Likelihood-Verhältnisse bzw. einer suffizienten Statistik für Signale mit Markov'schem Charakter eingebettet im Gauß'schen Rauschen. Die Schätzung dieser Likelihood-Verhältnisse ist durch die in Kap. 3 beschriebene Dekomposition eines komplexen Systems nun für jedes einzelne Teilsystem möglich geworden. Dies ist mit ein Vorteil der vorgeschlagenen Methode, da dadurch hypothetische Aussagen - mit Gl.(8) - für jedes Subsystem erreicht werden. Durch eine Summation einzelner Likelihood-Verhältnisse wird eine Klassifikation von Gruppen von Teilsystemen erreicht. Detaillierte Ableitungen der Beziehungen finden sich in [2,3].

5. Empirisches Modell und Testergebnisse

Nach der Beschreibung des Lösungsansatzes für die Überwachungsaufgabe wird nun die Modellierung des Vorganges auf empirischer Basis behandelt. Durch die Definition $x_i(t) \triangleq S(f_i, t_k)$ wird der (statistische) Wert des Leistungsdichtespektrums (LDS) bei der Frequenz f_i zum Meßzeitpunkt t_k der Zustandsgröße $x_i(t)$ zugeordnet. In Bild 3 ist der Wert des LDS bei 13 Hz über der Meßzeit aufgetragen. Ein empirisch gefundener Ansatz für das Zeitverhalten könnte nach der Dekomposition lauten:

$$\dot{x}_i(t) = a + b\pi_{i-1}(t) + c\pi_{i+1}(t) + w_i(t) \qquad z_i(t) = x_i(t) + v_i(t) \tag{11}$$

π_{i-1} und π_{i+1} sind die Verkopplungen des aktuellen Wertes des LDS mit den beiden Werten der Nachbarfrequenzlinien. Diese Verkopplung ist die einfachste Form und hat ihre physikalische Begründung in der Überlappung der in den Frequenzbereich transformierten Fensterfunktionen, die bei der Berechnung der LDS eingesetzt werden. Die Parameter a, b und c sind in einem ersten Lernschritt zu schätzen und immer wieder an den aktuellen Zustand anzupassen. Ein möglicher Ansatz für die Hypothesen ist:

$$H_{oi}: z_i(t) = v_i(t) \qquad H_{mi}: z_i(t) = \delta_m x_i(t) + v_i(t) \qquad m=1,2,3 \tag{12}$$

mit $\delta_m = \{0.4, 1.0, 1.6\}$. In Bild 4 und 5 sind die Ergebnisse des Likelihood-Tests gezeigt. Hypothese H_2 wird im Gesamtbereich akzeptiert.

Durch die gewählte Dekomposition des Vorganges bietet sich eine Realisierung des Systems durch den Einsatz von parallel arbeitenden Prozessoren an. Die einzelnen Rechner werden durch den übergeordneten Prozessor koordiniert, der auch die Zustandsbeurteilung durchführt.

LDS(f_3=13 Hz,t)

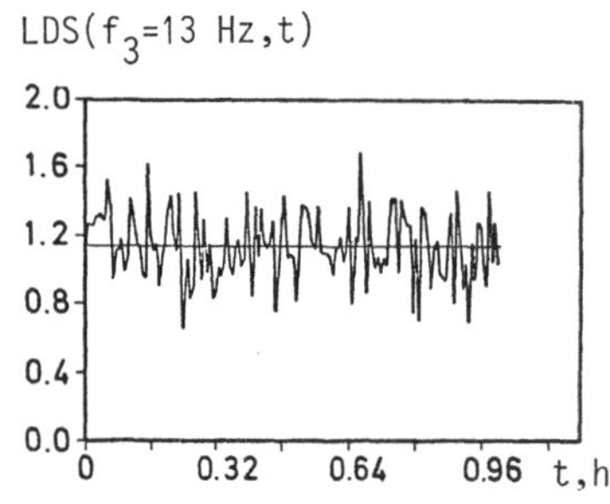

BILD 3: Spektraldichte als
        Funktion der Zeit

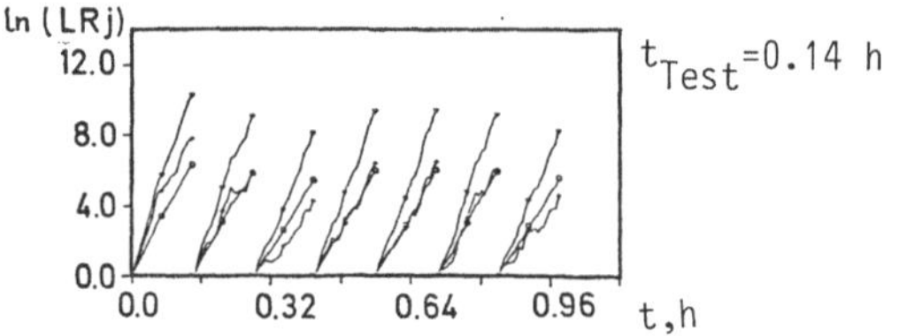

t_{Test}=0.14 h

BILD 4: Likelihood-Verhältnisse

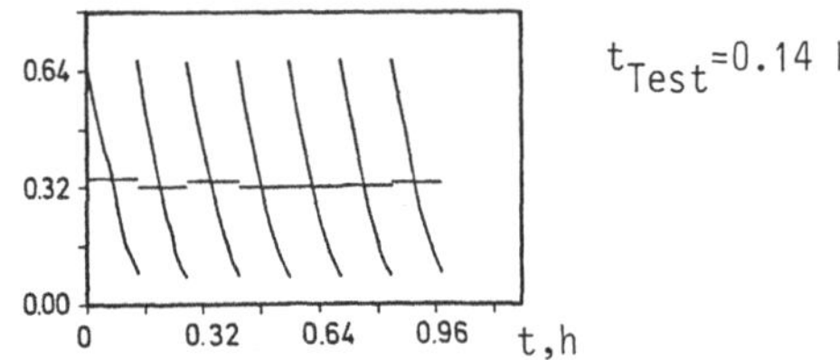

t_{Test}=0.14 h

BILD 5: Bedingte Fehlerwahrscheinlichkeit

6. Schlußbetrachtungen

Ziel des beschriebenen Verfahrens ist die automatische Langzeitüberwachung und Beurteilung des Schwingungsverhaltens von Reaktorkomponenten (Druckbehälter, seiner Einbauten und weiterer Bauteile), sowie die Ausfalldetektion von Meßketten. Die Grundlagen der vorgeschlagenen Methode beruhen auf einer Minimierung der Bayes'schen Risikofunktion im entscheidungstheoretischen Sinn. Das zugehörige "maximum-a-posteriori"-Filter liefert die Schätzwerte für die Zustandsgrößen der hierarchisch strukturierten Subsysteme, die für die Bestimmung der Likelihood-Verhältnisse benötigt werden. Für die Koordination der Teilsysteme wurde ein spezieller Prädiktor-Korrektor-Algorithmus entwickelt und in geeigneter Weise implementiert. Erste Rechenläufe mit realen Daten brachten die gewünschten Ergebnisse.

Literaturverzeichnis

[1] Wach D., Sunder R.: Improved PWR-Neutron Noise Interpretation
     Based on Detailed Vibration Analysis.
     Proceedings SMORN II, New York, Pergamon Press, Vol. 1, No. 2-4, 309 (1977)

[2] Saedtler E.: Ein hierarchisch strukturiertes Identifikations- und Klassifikationsverfahren zur Schwingungsüberwachung von Reaktorkomponenten
     Dissertation, Techn. Univ. München (1981)

[3] Saedtler E.: Automation of Reactor Monitoring Systems by Means of Pattern
     Recognition Techniques.
     Proceedings 5th Int. Conf. on Pattern Recognition, Vol. 1, 116 (1980)

Automatische Analyse von Binärbildern
aufgrund relationaler Modelle

E. Enderle

Fraunhofer-Institut für Informations- und Datenverarbeitung (IITB), Karlsruhe

Zusammenfassung:
Ziel der Analyse industrieller Szenen ist es, Daten wie Anzahl, Art,
Lage und Vollständigkeit von in einer Szene enthaltenen Objekten zu bestimmen. Um den Forderungen nach Wirtschaftlich keit, kurzer Analysezeit
und einfacher Bedienung zu genügen, wurden Verfahren entwickelt, die
sich auf die Auswertung von Binärbildern beschränken.
Das Erscheinungsbild der zu erkennenden Objekte wird in Form relationaler Modelle festgehalten. Diese Modelle enthalten Merkmale der Objektregionen, Merkmale der enthaltenen Löcher und eine Beschreibung der ge-
genseitigen Lage der einzelnen Objektregionen und Löcher. Die Modelle
sind in Kontrollstruktur und Datensatz untergliedert. Die Kontrollstruktur besteht aus einer Reihe von Unterprogrammaufrufen, die zur Modellverifikation abgearbeitet werden müssen; im zugehörigen Datensatz sind
die zur Abarbeitung der Unterprogramme benötigten Daten abgelegt. Kontrollstruktur und Datensatz werden durch interaktives Lernen erstellt.

1. Bildsensor für industriellen Einsatz

Bildverarbeitende Sensoren sind ein leistungsstarkes Hilfsmittel zur
Automatisierung von Produktionsabläufen. Sie finden Verwendung in den
Bereichen der Handhabung, Prozeß steuerung und Qualitätskontrolle [1].
Zur Erkennung und Vermessung von Objekten im Bereich der Handhabung
müssen vielseitig einsetzbare Bildsensoren zumindest Szenen folgender
Komplexität analysieren können: Mehrere Teile befinden sich in beliebi-
ger Position und Drehlage im Bild, die Teile berühren oder überlappen
sich nicht [2].
Bei vielen industriellen Aufgaben kann durch Gestaltung der Szene er-
reicht werden, daß das Grauwertbild in ein genügend aussagekräftiges
Binärbild transformierbar wird. Das Binärbild von einzelnen Werkstücken
zerfällt bei Auflichtbeleuchtung in mehrere örtlich getrennt liegende
Regionen; Regionen sind zusammenhängende Objektgebiete im Binärbild.
Gelingt es,durch geeignete Beleuchtung sicherzustellen, daß diese Regionen, bei beliebiger Lage des Werkstückes im Bild, reproduzierbar auftreten, so kann neben den Merkmalen der Regionen auch ihre gegenseitige
Lage zur Analyse herangezogen werden. Die Werkstücke werden hierbei durch
relationale Modelle beschrieben.

Im IITB wurde ein Sensorsystem entwickelt, dessen Architektur eine effiziente Implementierung modellgestützter Analyseverfahren ermöglicht [2].
Das System führt folgende Verarbeitungsschritte durch, unterstützt durch
schnelle Hardwareprozessoren:

- Segmentation des Grauwertbildes in Regionen (Binärbild),
- Markieren von zusammenhängenden Objektpunkten (Regionen) im Binärbild,
- Bestimmung eines Merkmalsatzes für jede Region (Fläche, Konturlinien-
  länge, Anzahl der Löcher),
- Berechnung der Schwerpunktkoordination jeder Region,
- Speicherung des Binärbildes.

Die extrahierten Daten werden in einer Szenentabelle tabelliert. Eine
Szenentabelle kann sowohl für das Original- als auch für das invertierte
Binärbild erstellt werden. Auf den Szenentabellen bauen die hier vorge-
stellten Analyseverfahren auf.

2. Modellgestützte Bildanalyse

Die Analyseverfahren beruhen auf dem Vergleich der aktuellen Bilddaten
mit den relationalen Modellen der gesuchten Objekte.

Aufbereitung der Bilddaten:

Ordnet man die im Bild vorhandenen Regionen nach Merkmalwerten und
Schwerpunktkoordinaten, so ist eine gezielte und damit schnelle Suche
nach Regionen mit gesuchten Daten möglich.

Flächenzugriffsliste: Die Fläche einer Region ist ein aussagekräftiges
und störunanfälliges Merkmal. Zur Ordnung der Regionen nach ihren Flächenwerten wird eine Flächenzugriffsliste aufgebaut. Der Wertebereich
der Fläche wird über eine Flächenschlüsseltabelle in 88 Teilbereiche
aufgeteilt. Für jeden Teilbereich wird vermerkt, wieviele Regionen mit
entsprechenden Flächenwerten im Bild auftreten. Die betreffenden Regionen werden verzeigert aufgelistet. Die Größe der Teilbereiche wurde so
gewählt, daß die Unterteilung nicht feiner als praktisch notwendig ist.

Szenenskizze: Die Szenenskizze macht die gezielte Suche nach Regionen
in bestimmten Positionen möglich. Sie unterteilt das Bild in 20x16 Bildfelder mit je 16x16 Bildpunkten Größe. Jedem Bildfeld ist ein Speicher-
bereich von 4 Worten zugeordnet.

Wort 1) Anzahl der Regionen im Feld
Wort 2) Nummer der ersten Region
Wort 3) Nummer der zweiten Region
Wort 4) Nummer der dritten Region oder Zeiger zur Überlaufliste

Treten mehr als drei Schwerpunkte von Regionen in einem Feld auf, so
werden die dritte und alle weiteren Regionen in einer Überlaufliste verzeigert aufgelistet. Zur Berechnung der Bildfeldadresse werden die X-
und Y-Koordinatenwerte der Schwerpunkte durch 16 dividiert und durch
weitere Schiebe- und Additionsoperationen zur Bildfeldadresse verrech-
net.

<u>Aufbau der relationalen Modelle</u>:

Zum Aufbau der relationalen Modelle stehen folgende Merkmale zur Verfügung:

a) <u>Gesamt-Merkmale</u>: Anzahl der Regionen im Modell (Werkstückbild), Flächensumme aller Regionen, Summe der Konturlängen, Gesamtzahl der Löcher im Modell. Diese Merkmale können zur Modellvorauswahl benutzt werden, d.h. aufgrund der Gesamt-Merkmale kann entschieden werden, daß bestimmte Modelle <u>nicht</u> im Bild auftreten.

b) <u>Merkmale der Regionen</u>: In den Binärbildern vieler Werkstücke gibt es eine besonders auffällige Region, die sich durch ihre Größe oder Anzahl der Löcher hervorhebt. Eine solche Region eignet sich gut als Aufhängepunkt zur Erstellung des relationalen Werkstückmodells, sie wird im folgenden Zugriffsregion - ZRG genannt (Merkmalsatz: Fläche, Konturlänge, Anzahl der Löcher). Ausgehend von der ZRG wird eine zweite Region, Trabant 1 oder kurz TRB.1 genannt, festgelegt.

Merkmale zur Kennzeichnung des TRB.1 sind der Merkmalsatz der Region und der Abstand der Flächenschwerpunkte von ZRG und TRB.1. Bei allen weiteren Trabanten TRB.N wird zusätzlich der Winkel zwischen den Verbindungsgeraden von ZRG-TRB.1 und ZRG-TRB.N angegeben.

<u>Modellverifikation</u>:

Aus dem Modellaufbau ergibt sich folgende Abfolge der Suchschritte:

1. Modellvorauswahl aufgrund der Gesamt-Merkmale.

2. Suche der Zugriffsregion aufgrund der Merkmalwerte der gesuchten Region.

3. Suche von TRB.1 aufgrund der Merkmalwerte der Region und ihres Abstandes zur Zugriffsregion.

4. Suche aller weiteren Trabanten aufgrund der Merkmalwerte der Regionen und ihrer Lage (Abstand, Winkel) zur jeweiligen Kombination ZRG-TRB.1.

Bild 2.1 zeigt Grauwertbild und Binärbild eines Teils aus dem Automobilbau. In das Grauwertbild ist das relationale Modell des Werkstückes eingeblendet.

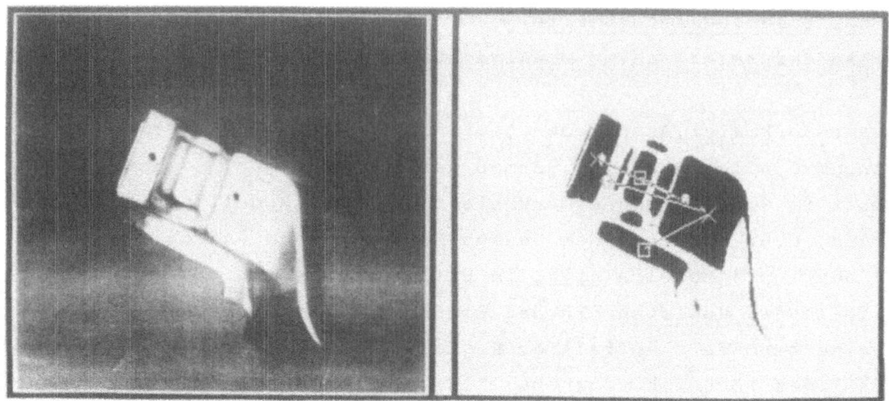

Bild 2.1: Grauwertbild und Binärbild mit relationalem Modell.
X-rechts: Zugriffsregion; X-links: Trabant 1;
□ : Trabant 2 und Trabant 3; ◇ : Greifpunkt.

3. Datenstruktur der Modelle

Die relationalen Modelle steuern die Folge der Analyseschritte des Sensors. Die Modelle müssen so strukturiert sein, daß

- die Analyseschritte zur Modellverifikation klar ersichtlich sind,

- neue Suchprogramme integrierbar sind,

- ein automatischer Modellaufbau möglich ist.

Bild 3.1 zeigt die Datenstruktur der Modelle. Sie ist untergliedert in das Modellverzeichnis und die Modellverifikationstabelle.

Im Modellverzeichnis sind die Anzahl der eingelernten Modelle und die Modellnamen (Nummern) angegeben. Ein dem Modellnamen zugeordneter Zeiger weist zur entsprechenden Modellverifikationstabelle.

Die Modellverifikationstabelle gibt zunächst die Gesamtmerkmale des Modelles an. Von hier führt ein Zeiger zur Kontrollstruktur des Modelles.

Die Kontrollstruktur besteht aus einer Liste von Unterprogrammaufrufen (UP). Diese geben die zur Modellverifikation notwendige Folge von Suchprogrammen an. Der letzte Programmschritt ist stets der Unterprogrammaufruf ENDE.DER.MODELLVERIFIKATION, z.B. UP4 in Bild 3.1. Dadurch entfällt die Angabe der Anzahl von Unterprogrammaufrufen. Jedem UP-Aufruf ist ein Zeiger zugeordnet, der zum zugehörigen Datensatz führt.

Im Datensatz stehen alle Eingangsparameter, die im Unterprogramm benutzt werden sollen, also z.B. auch, ob die Szenentabelle des Original- oder des invertierten Binärbildes ausgewertet werden soll.

Die in Bild 3.1 gezeigte Datenstruktur hat folgende Eigenschaften:

- über das Modellverzeichnis ist ein schnelles Auffinden der Modellverifikationstabelle des gesuchten Modells möglich;

- durch den Zeiger zur Kontrollstruktur erreicht man minimalen

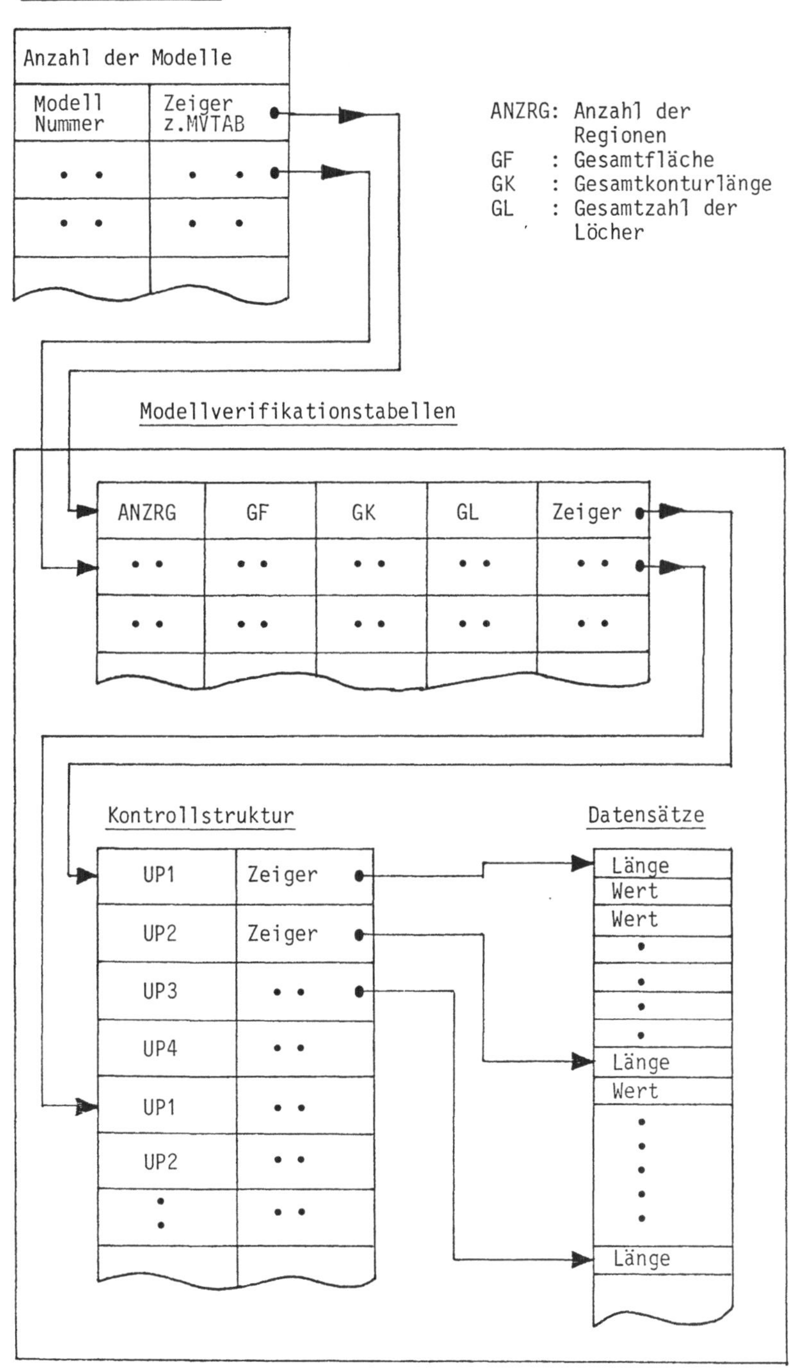

Bild 3.1: Datenstruktur der Modelle

Speicherplatzbedarf bei variabler Länge der Kontrollstruktur;
- der Zeiger zum Datensatz bringt eine klare und übersichtliche
  Trennung von Kontrollstruktur (Modellbeschreibung) und Datensatz
  bei variabler Länge des Datensatzes.

4. Interaktive Modelleingabe

Die die Bildanalyse steuernden relationalen Modelle müssen dem Sensor
zunächst eingegeben (eingelernt) werden. Das Verfahren "Lernen durch
Vorzeigen" erfüllt die Forderungen nach hoher Flexibilität und leichter
Bedienbarkeit:

Eingabe der Kontrollstruktur: Die Kontrollstruktur der Modelle wird
interaktiv über Dialog eingegeben. Der Bediener legt das Werkstück ins
Bild, markiert zunächst die Zugriffsregionen, dann Trabant 1, Trabant 2
usw. mit dem Fadenkreuz und lernt diese durch Drücken des zugehörigen
Einlernzeichens ein.

Bestimmung der Datensätze: Der obige Vorgang wird für mehrere,z.B. fünf
Werkstücklagen im Bild wiederholt. Dabei ermittelt der Sensor die Maxi-
mal- und Minimalwerte der zugehörigen Merkmale und erstellt eine vor-
läufige Modellverifikationstabelle.

Nach Eingabe der letzten Werkstücklage addiert bzw. subtrahiert der
Sensor einen eingebbaren prozentualen Zuschlag und erstellt mit diesen
Datensätzen die endgültige Modellverifikationstabelle.

Anmerkung

Grundlage der Verfahren sind die in Informatik-Fachberichte 20, Seite
324, von J.P. Foith vorgestellten Arbeiten. Die Verfahren wurden auf
dem dort beschriebenen, inzwischen industriell gefertigten Bildsensor
implementiert.

Die Arbeiten wurden von der Deutschen Forschungsgemeinschaft im Schwer-
punktprogramm "Funktionen und Zuverlässigkeit produktionstechnischer
Handhabungssysteme" gefördert.

Literatur

[1] Ossenberg, K.: "Optische Sensorsysteme für industrielle Anwendungen",
     Fachberichte Messen-Steuern-Regeln Band 4, Wege zu sehr fortge-
     schrittenen Handhabungssystemen, Springer-Verlag, 1980, S.98.

[2] Foith, J.P., Eisenbarth, C., Enderle, E., Geißelmann, H., Rings-
     hauser, H., Zimmermann, G.: "Real-Time Processing of Binary Images
     for Industrial Applications", erscheint in: L.Bolc & Z.Kulpa (Eds.),
     "Digital Image Processing", Springer-Verlag,1981.

Hierarchische Kombination eines strukturellen und numerischen
Verfahrens zur Erkennung und Lagebestimmung
überlappender Werkstücke

W. Hättich

Fraunhofer-Institut für Informations- und Datenverarbeitung (IITB), Karlsruhe

Zusammenfassung:

Es wird ein zweistufiges hierarchisch kombiniertes Erkennungssystem zur
Erkennung und Lagebestimmung überlappender Werkstücke beschrieben. In
der ersten strukturellen Stufe wird die Lage des Werkstückes durch Syn-
these der geradlinigen Teile der Objektkontur bestimmt. Reichen die
geradlinigen Teile der Kontur zur sicheren Erkennung und genauen Lagebestimmung nicht aus, werden in der zweiten numerischen Stufe zusätzlich die gekrümmten Konturteile eines Objektes mit dem Modell eines
Konturverlaufes korreliert.

1. Einleitung

Von den vielen Möglichkeiten, numerische (statistische) und strukturelle (syntaktische) Verfahren zu vereinen, wurden vorzugsweise einstufige Verfahren untersucht, die sowohl strukturelle als auch numerische Methoden in ein Verfahren einbeziehen (hybride Verfahren) [1,2].
Die hybriden Verfahren weisen deutliche Methodenschwerpunkte auf. Entweder liegt der Schwerpunkt auf der numerischen Methode [1] oder auf
der strukturellen Methode [2]. Durch Erkennungssysteme mit mehreren
hierarchisch zusammengeschalteten Stufen, die nach unterschiedlichen
Prinzipien arbeiten (hierarchisch kombinierte Systeme), lassen sich
die speziellen Vorteile der einzelnen Verfahren besser ausnutzen, wenn
es gelingt, Teilaufgaben des Erkennungsproblems so abzuspalten, daß die
Vorteile der einzelnen Verfahren bei den ihnen zugeordneten Teilaufgaben wirksam werden [3].

Zur Erkennung überlappender Werkstücke sind überwiegend hybride Erkennungsverfahren eingesetzt worden, die schwerpunktmäßig entweder auf der numerischen Methode [4,5] oder auf der strukturellen Methode [6-9] beruhen.
Im folgenden wird ein zweistufiges hierarchisch kombiniertes Erkennungssystem mit einem strukturellen und einem numerischen Verfahrensschwer-
punkt zur Erkennung überlappender Werkstücke beschrieben.

2. Systemübersicht

Das hierarchisch kombinierte Erkennungssystem besteht aus einer übergeordneten strukturellen und einer untergeordneten statistischen Stufe zur
Analyse des Konturverlaufes von Werkstücken. Die numerische Stufe benötigt ein Kontrastlinienbild, die strukturelle Stufe Lagekoordinaten
von Näherungsgeraden der Kontrastlinien (vgl. Bild 1).

In der Vorverarbeitung wird zunächst aus dem Originalbild einer Werk-
stückszene ein Kontrastlinienbild erzeugt. Die Kontrastlinien dieses
Bildes werden dann durch Geradenstücke angenähert. Die Lagekoordinaten
der Geradenstücke werden in einer Tabelle, Szenentabelle genannt, gespeichert.

In der strukturellen ersten Stufe werden die geradlinigen Teile des Konturverlaufes entsprechend dem Modell des zu erkennenden Objektes aus
Geradenstücken der Szenentabelle aufgebaut. Alle Konturverläufe, die
gut mit dem Modell eines Objektes übereinstimmen, werden als mögliche
Randlinien eines zu erkennden Objektes angesehen. Je nach Entscheidungssicherheit, die vom Grad der Übereinstimmung und Vollständigkeit des
aus Geradenstücken der Szenentabelle aufgebauten Konturverlaufes abhängt, wird entweder in dieser Stufe klassifiziert oder die Anordnung
der Geradenstücke mit ihren Positionsdaten und Toleranzbereichen an die
numerische Stufe übergeben.

Die numerische zweite Stufe dient als ergänzende Analyse der im Modell
der strukturellen Stufe noch nicht berücksichtigten Konturteile. Es werden krummlinige bedarfsweise auch geradlinige noch fehlende Teile des
Konturverlaufes analysiert. Hierzu wird eine Bildkorrelation in einem
eingeschränkten Ortsbereich durchgeführt, der mit Hilfe der aus der
strukturellen Stufe empfangenen Daten geschätzt wird.

3. Vorverarbeitung

Das Kontrastlinienbild für die numerische Stufe wird gewonnen, indem
zunächst das Originalbild mit Hilfe nichtlinearer Operatoren kontrast-
verstärkt wird, und dann auf das kontrastverstärkte Bild in Zeilen- und
Spaltenrichtung lineare Differenzoperatoren angewandt werden [8].

Die Geradenstücke der Szenentabelle für die strukturelle Stufe werden
durch lineare Regression bestimmt. Hierzu werden benachbarte Bildpunkte
des Kontrastlinienbildes, die entweder in Zeilenrichtung oder in Spal-

tenrichtung stark negativen bzw. stark positiven Kontrast aufweisen,
miteinander verbunden und durch Geradenstücke angenähert [10].

In Bild 2 werden die Ergebnisse der Vorverarbeitung für eine typische
Bildszene dargestellt. Es zeigt das Originalbild, das Kontrastlinienbild und eine Graphik, in die alle Geradenstücke der Szenentabelle eingeblendet sind.

4. <u>Strukturelle Stufe [9]</u>

Das Modell der strukturellen Stufe besteht aus einer abstrakten Beschreibung der geradlinigen Konturteile des zu erkennenden Objektes.
Eine objekttypische Anordnung von Geraden, die dem Modell entspricht,
wird durch Vorgabe von Lagerelationen zwischen den einzelnen Geradenstücken definiert. So kann, ausgehend von jedem Geradenstück durch Auswertung der Lagerelationen, die ideale Lage aller Geradenstücke einer
objekttypischen Anordnung schrittweise berechnet werden. Abweichungen
von der objekttypischen Anordnung, die durch perspektivische Verzerrungen oder durch eine fehlerhafte Vorverarbeitung verursacht werden, sind
im Rahmen gewisser Toleranzbereiche zulässig. Angaben, die zur Berechnung der objekttypischen Anordnung benötigt werden, sind in einer
Grammatiktabelle gespeichert, durch die der Ablauf der Berechnungen gesteuert wird.

Zur Erkennung eines Objektes werden Geradenstücke der Szenentabelle miteinander verbunden. Dabei werden Anordnungen angestrebt, die mit der objekttypischen Anordnung der Geradenstücke möglichst ähnlich sind. Der
Aufbau ist durch die beiden Operationen "Verlängerung eines angefangenen
Geradenstückes" und "Beginn eines neuen Geradenstückes" möglich. Aus
den Istkoordinaten bereits zum Aufbau verwendeter Geradenstücke der
Szenentabelle und den Berechnungsvorschriften der Grammatiktabelle werden Suchbereiche bestimmt, in denen die Geradenstücke liegen müssen, die
für die beiden Aufbauoperationen in Frage kommen. Alle Geradenstücke der Szenentabelle aus diesem Bereich werden zum Aufbau verwendet, wodurch neue
erweiterte Anordnungen entstehen. Beim Verlängern werden Lücken über-
brückt, beim Beginn neuer Geradenstücke werden unvollständige Geradenstücke entsprechend den Sollwerten ergänzt.

Da im allgemeinen mehrere Geradenstücke im Suchbereich liegen, entstehen
bei jeder Aufbauoperation in der Regel mehrere neue Anordnungen. Die

begrenzt, indem immer nur die Anordnungen mit der größten Ähnlichkeit
zum Modell gespeichert werden. Zur Beurteilung der Ähnlichkeit werden Lük-
kenlängen und Lageabweichungen herangezogen. Der Aufbau endet, wenn eine
Anordnung alle Geradenstücke enthält, die das Modell vorschreibt. Ist
die Ähnlichkeit der Anordnung zum Modell ausreichend groß, wird klassifiziert, anderenfalls wird die nächste Stufe aktiviert. Wird aufgrund
sehr schlechter Ähnlichkeitswerte der Aufbauprozeß vorzeitig abgebrochen, erfolgt sofort ohne Einschaltung der 2. Stufe eine Rückweisung.

5. Numerische Stufe

Das Modell der numerischen Stufe besteht aus einer Beschreibung beliebig geformter Konturteile des zu erkennenden Objektes. Signifikante
Abschnitte des objekttypischen Konturverlaufes werden durch Bildmasken
gedanklich nachgebildet. Eine Maske kann man sich als einen fein auf-
gelösten Polygonzug vorstellen. Alle Bildpunkte der Maske, die von dem
Polygonzug tangiert werden, erhalten den maximal zulässigen Grauwert,
und die restlichen Bildpunkte den Grauwert Null. Den gesamten Konturverlauf erhält man durch Aneinanderfügen mehrerer Masken.

Zur Erkennung eines Objektes werden die Bildmasken mit allen Bildausschnitten des Kontrastlinienbildes korreliert, in denen aufgrund der Erkennung in der strukturellen Stufe die entsprechenden Konturteile erwartet werden. Da die Vergleichsmasken nur entlang des Polygonzuges
konstante Grauwerte ungleich Null aufweisen, erhält man den Korrelationswert durch einfaches Aufsummieren der Grauwerte entlang des Polygonzuges. Die Verschiebung und Drehung der Masken in der Umgebung der geschätzten Position eines Konturteiles wird durch entsprechende Operationen auf die Stützstellen des Polygonzuges erreicht. Die Korrelation
aller Konturteile mit den entsprechenden Masken wird nacheinander durchgeführt. Der Korrelationswert der gesamten Anordnung ist die Summe der
einzelnen Korrelationswerte.

Da eine Objektkontur durch mehrere aneinandergereihte Bildmasken beschrieben wird, führt die wechselseitige Verschiebung und Verdrehung
aller Bildmasken zu einer großen Vielfalt möglicher Maskenpositionen.
Diese Vielfalt wird durch Stetigkeitsbedingungen des Konturverlaufes
an den Grenzen zwischen zwei Masken beschränkt. Ausgehend von der optimalen Lage einer Maske wird die Lage der nächsten Maske nur in einer
eingeschränkten Umgebung, die sich aus der Lage der vorangegangenen
Maske ergibt, gesucht. In der 2. Stufe wird klassifiziert, wenn auf-

grund des erreichten Korrelationswertes die Entscheidung als ausreichend sicher angesehen werden kann. Wird eine ausreichende Entscheidungssicherheit nicht erreicht, erfolgt eine Rückweisung.

6. Diskussion

Das hierarchisch kombinierte Erkennungssystem wurde anhand von siebzehn Szenen mit gebogenen Blechteilen erprobt. Bei zehn Szenen wurde die Lage der Werkstücke bereits in der 1. Stufe und bei vier weiteren Werkstücken in der 2. Stufe richtig erkannt. Die restlichen drei Szenen wurden in der 1. Stufe zurückgewiesen. Fehlinterpretationen sind nicht aufgetreten.

Bild 3a zeigt die Konturteile, die im Modell der 1. Stufe (ausgezogen) bzw. in der 2. Stufe (gestrichelt) berücksichtigt wurden. Die Geradenabschnitte des Modells der 1. Stufe sind mit g_i und die Linienmasken der 2. Stufe mit m_i bezeichnet. In Bild 3b wurde die Lage des Werkstückes in der 1. und in Bild 3c in der 2. Stufe erkannt. Die zur Erkennung verwendeten Konturteile der Werkstücke sind markiert.

Die hierarchische Anordnung der beiden Stufen bietet folgende Vorteile: Man kann sich in der 1. Stufe auf die Analyse von Teilen der Konturlinien beschränken, die sich durch lange Geradenstücke gut beschreiben lassen, da in der 1. Stufe noch keine Einzelheiten des Konturverlaufes betrachtet werden. Insbesondere kann man Toleranzbereiche großzügig wählen und auf eine Approximation der Konturlinien durch viele kleine Geradenstücke, die man zum Aufbau gekrümmter Konturlinien benötigt, verzichten.

In der 2. Stufe kann die Analyse gekrümmter Konturen direkt mit den Bilddaten durchgeführt werden, da sich der Suchbereich auf relativ kleine Bildausschnitte beschränkt. Eine Bildvorverarbeitung zur Datenreduktion, die in der Regel nicht modellangepaßt ist und eine Verfälschung des Bildes bewirkt, wird für die Feinanalyse nicht benötigt.

7. <u>Literatur</u>

[1] Kovalevsky, V.A., Recent Advances in Statistical Pattern Recognition, Proc. 4th Int. Joint Conf. on Pattern Recognition,
Kyoto, Japan, Nov. 1978, S.2-12.

[2] Fu, K.S., Recent Advances in Syntactic Pattern Recognition,
Proc. 4th. Int. Joint Conf. on Pattern Recognition, Kyoto,
Japan, Nov. 1978, S.13-18.

[3] Dürr, B., Hättich, W., Tropf, H., Winkler, G., Verbesserte
Mustererkennungssysteme aufgrund hybrider Verfahren, For-
schungsbericht DV 79-04 des BMFT, Fachinformationszentrum
Energie, Physik, Mathematik GmbH, Kernforschungszentrum,
Eggenstein-Leopoldshafen 2.

[4] Perkins, W.A., A Modell-Based Vision System for Industrial
Parts. IEEE Trans. on Computers, Band C-27, No.2, 1978,
S.126-143.

[5] Dessimoz, J.D., Kunt, M., Zürcher, J.M., Recognition and
Handling of Overlapping Parts, 9th Int. Symp. on Industrial
Robots, Washington D.C., USA, 1979, S.357-366.

[6] Neumann, B., Interpretation of Imperfect Object Contours for
Identification and Tracking, Proc. 4th Int. Joint Conf. on
Pattern Recognition, Kyoto, Japan, 1978, S.691-693.

[7] Tropf, H., Analysis-by-Synthesis Search for Semantic Segmentation - Applied to Workpiece Recognition, Proc. 5th Int.
Conf. on Pattern Recognition, Miami, USA, 1980, S.241-244.

[8] Tropf, H., Analysis-by-Synthesis Search to Interpret Degraded
Image Data, Robot Vision and Sensory Controls Conf. Proc.
Stratford-upon-Avon, UK, 1981, S.25-33.

[9] Hättich, W., Erkennung und Positionsbestimmung überlappender
Werkstücke zur Steuerung von Handhabungsgeräten beim Zugriff
auf ungeordnete Teile, FhG-Berichte 1/2-81, München, 1981,
S.4-7.

[10] Korn, A., Segmentierung und Erkennung eines Objektes in natürlicher Umgebung, in E. Triendl (ed) Bildverarbeitung und
Mustererkennung. DAGM Symposium, Informatik-Fachberichte,
1978, S. 265-274.

<u>Anmerkung</u>

Diesem Bericht liegen Arbeiten zugrunde, die mit Mitteln des Bundes-
ministeriums für Forschung und Technologie (FKZ DV 5807-7) durchgeführt wurden. Der Autor dankt Fräulein Stud. Inf. Schoffa und Herrn
Dipl. Inf. (FH) Herzog für die Bereitstellung von Programmen für die
numerische Stufe.

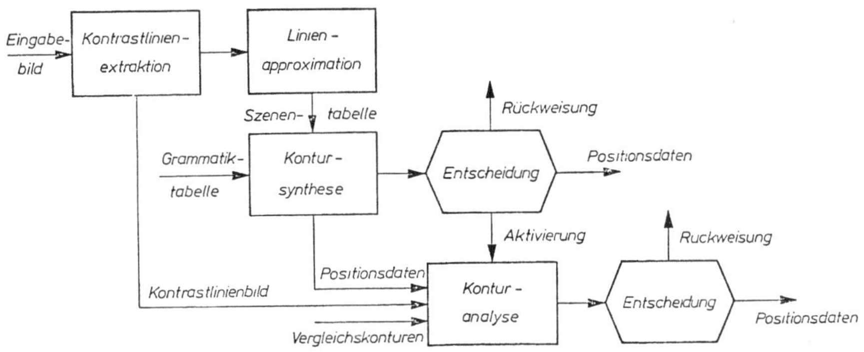

Bild 1: Hierarchisch kombiniertes Erkennungssystem

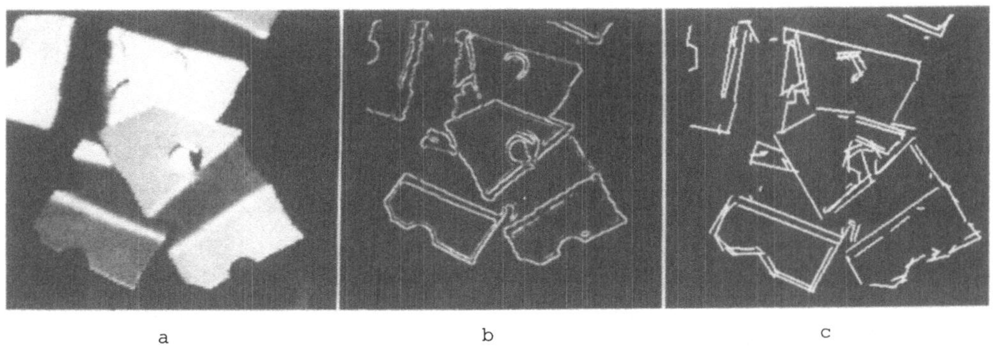

Bild 2: Ergebnisse der Vorverarbeitung
         a) Originalbild, b) Kontrastlinienbild, c) Geradenstücke

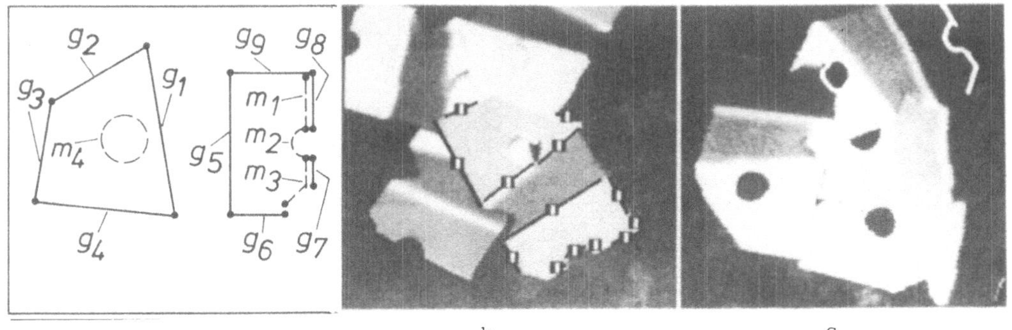

Bild 3: Ergebnisse der Erkennungsstufen
         a) Modell, b) Objekt erkannt in der ersten Stufe
         c) Objekt erkannt in der zweiten Stufe

B I L D F O L G E N

Untersuchung von Verschiebungsvektorfeldern
in Bildfolgen

Th. Dinse, W. Enkelmann und H.-H. Nagel
Fachbereich Informatik der Universität Hamburg
Schlüterstrasse 70, 2000 Hamburg 13

1. Einleitung

Die Ermittlung von Verschiebungsvektorfeldern in Bildfolgen wird zunehmend
wichtiger für die Bearbeitung verschiedenster Aufgaben (siehe NAGEL 80),z.B.:
   a) Bewegungskompensation bei der Kodierung von TV-Bildfolgen;
   b) Automatisches Nachführen einer Kamera bei einem bewegten Objekt;
   c) Beschreibung von Form und Bahn eines bewegten Objektes
      im dreidimensionalen Raum.
Abgesehen von den mehr theoretischen Untersuchungen zum dritten Punkt
(CLOCKSIN 80, LONGUET-HIGGINS und PRAZDNY 80, PRAZDNY 80) sind
Verschiebungsvektorfelder auch für Ansätze wichtig, wo markante Bildpunkte von
Aufnahme zu Aufnahme isoliert und zugeordnet werden müssen (DRESCHLER 81,
DRESCHLER und NAGEL 81a+b): das Korrespondenzproblem lässt sich durch
Einbettung der Zuordnungen zwischen korrespondierenden markanten Bildpunkten
in ein zuverlässig geschätztes Verschiebungsvektorfeld sehr viel besser lösen.

Verfahren zur Ermittlung von Verschiebungsvektorfeldern sind in NAGEL 80
ausführlich behandelt. Kürzlich wurde von HORN und SCHUNCK 80 ein weiterer
Ansatz vorgestellt. Die vorliegende Untersuchung bezieht sich auf den Ansatz
von SCHALKOFF und McVEY 79, für den von INIGO und McVEY 81 eine Realisation
mit CCD-Bausteinen diskutiert wird.

2. Beschreibung des Verfahrens

Die Berechnung eines Verschiebungsvektorfeldes nach dem Ansatz von SCHALKOFF
und McVEY 79 beschränkt sich in der bisherigen Implementationsphase auf die
Erkennung einer reinen Translation parallel zur Bildebene. Die Bestimmung
eines Verschiebungsvektors erfolgt lokal für mindestens zwei Bildpunkte
(Pixel). Dazu sind zwei Angaben notwendig:
   a) die Interframe-Differenz, d.h. die Grauwertdifferenz
      zum gleichpositionierten Pixel im nächsten Bild.
   b) die Intraframe-Differenz, d.h. der Grauwertgradient
      sowohl in x- als auch in y-Richtung.

Die Ableitung der Formeln zur Bestimmung eines Verschiebungsvektors soll hier kurz aufgezeigt werden. Seien die Intensitätsfunktionen von zwei aufeinanderfolgenden Bildern einer Bildfolge, genommen zur Zeit t1 und t2, entsprechend I1(x,y) und I2(x,y), DDX=(DDx,DDy)' der Verschiebungsvektor des bewegten Objektbildes in dem Bild während des Zeitintervalls (t1,t2) und (x,y)' die 2D-Koordinaten in der Bildebene; dann gilt unter der Annahme, dass sich die Helligkeit eines objektfesten Punktes bei seiner Bewegung nicht ändert :

$$I2(x,y) = I1 (x+DDx, y+DDy) \qquad\qquad ...(1)$$

Die Interframe-Differenz ist definiert als

$$\begin{aligned}
DI(x,y) &= I1(x,y) - I2(x,y) \\
&= I1(x,y) - I1(x+DDx, y+DDy) \\
&= DDx*(dI1(x,y)/dx) + DDy*(dI1(x,y)/dy) + E \qquad ...(2)
\end{aligned}$$

wobei dI1/dx und dI1/dy die beiden Komponenten des Gradienten sind. In Gleichung (2) repräsentiert E die Terme höherer Ordnung der Taylorreihenentwicklung von I1(x,y). Diese Gleichung stellt eine angenähert gültige Beziehung zwischen der Interframe-Differenz, den 2D-Gradienten und der Translation dar, sofern E vernachlässigt werden kann. Im folgenden ist diese Vernachlässigbarkeit angenommen.

Für jedes Pixel hat man eine Gleichung (2). Um die tatsächliche Verschiebung DDX = (DDx,DDy)' zu bestimmen, muss man gleichzeitig mehrere Gleichungen von benachbarten Pixeln lösen. Dabei wird angenommen, dass der Verschiebungsvektor für benachbarte Pixel eines Fensters gleich ist. Nehmen wir an, das Fenster enthält N Pixel (N >= 2). Werden die zwei Komponenten des Intensitätsgradienten für jede der N Pixelpositionen als die beiden Spalten einer N-zeiligen Gradientenmatrix G eingeführt, so lässt sich die Menge aller Beziehungen (2) für die N Pixel eines Fensters als Matrixgleichung schreiben. Diese Matrixgleichung lässt sich nach DDX auflösen, vorausgesetzt G'*G ist nicht singulär.

$$DI = G * DDX \quad ===> \quad DDX = (G' * G)^{-1} * G' * DI \quad ===>$$
$$DDX = G'' * DI \quad\quad \text{mit } G'' \text{ als Pseudoinverse von } G \qquad ...(3)$$

Zusammenfassend kann man sagen, dass sich die Verschiebung von Objekt(teil)en innerhalb eines Fensters aus den x- und y-Gradienten des einen Bildes und der Interframe-Differenz zum anderen Bild zurückrechnen lässt. Da die Berechnung für jedes Fenster erfolgt, lassen sich auch mehrere, sich unterschiedlich bewegende Objekte erkennen, sofern sie in verschiedenen Fenstern liegen.

Abb.1:

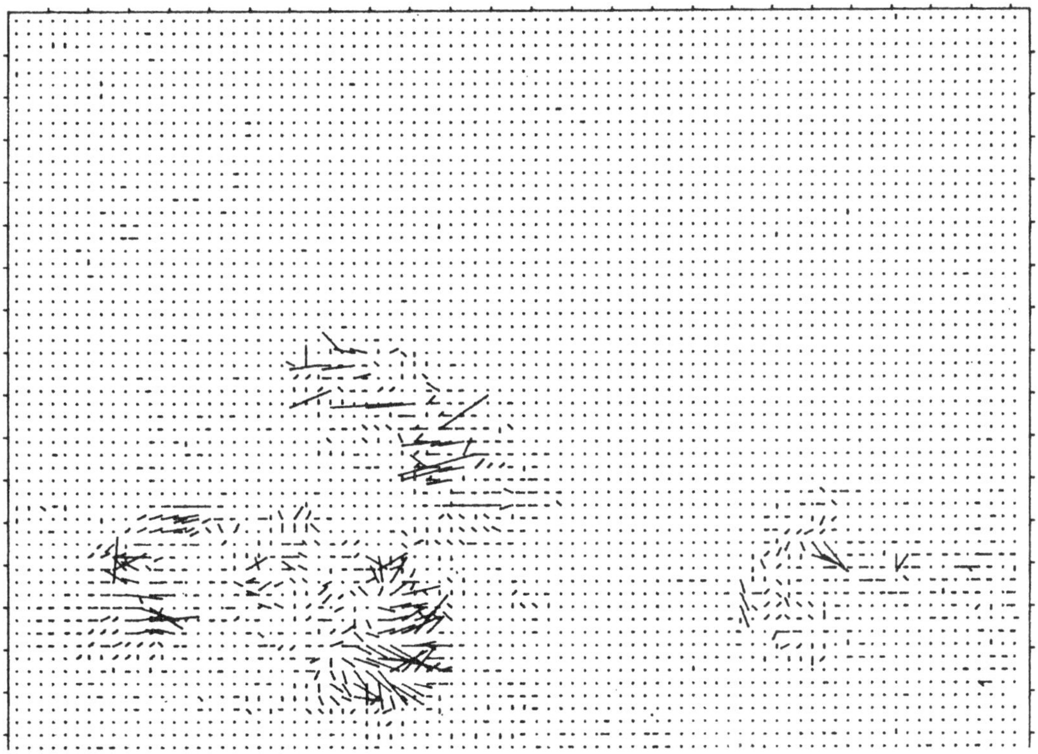

3. Ergebnisse

In diesem Kapitel sollen Ergebnisse gezeigt werden, die mit einem nach Abschnitt 2 implementierten Programm erzielt wurden. An Bildmaterial wurden u.a. digitisierte TV-Bilder einer Strassenszene untersucht (573 Zeilen von je 512 Bildpunkten mit 8 bit Grauwerten). Diese wurden in 191 Zeilen zu je 256 Bildpunkte kompaktifiziert. Weil eine längere Bildfolge vorliegt, hat man es durch die Angabe der beiden Ausgangsbilder in der Hand, die Zeitdifferenz bzw. die ungefähre tatsächliche Verschiebung für einen Programmlauf in weiten Grenzen frei zu setzen.

Das Fenster, aus dem die Pixel für die Berechnung eines Vektors herangezogen werden, lässt sich von 3*3 bis 15*15 variieren; die Beispiele in diesem Beitrag benutzen ein Fenster der Grösse 5*5. Als letzter Parameter lässt sich das Inkrement einstellen, um das das Fenster zur Erstellung des gesamten Vektorfeldes über das Bild geschoben wird; in den folgenden Beispielen wurde es auf 3 festgesetzt. In Abb.1 ist eine Übersicht der untersuchten Bildausschnitte zu sehen; Abb.2 zeigt die nach Abschnitt 2 ermittelten Verschiebungsvektoren. Wir wollen uns bei der Diskussion der sichtbaren Fehler auf zwei Bildausschnitte beschränken.

In Abbildung 3 haben wir einen homogenen, hellen Bildausschnitt gewählt. Die untere Zeile des Fensters liegt in der Nachbarschaft einer Kante, d.h. nur an diesen Stellen treten hohe Gradienten auf. An den anderen Stellen des Fensters verschwinden die Gradienten oder sind nur wenig von Null verschieden (Rauschen). Über das ganze Fenster gemittelt ergibt sich nur ein geringer Grauwertgradient, d.h. der Grauwertverlauf innerhalb des Fensters wird durch eine wenig geneigte Ebene beschrieben. Da die Grauwertkante in der nächsten Aufnahme mitten im Fenster liegt (Abb.4), treten grosse Grauwertdifferenzen auf, die sich bei der schwachen Neigung der Grauwertebene nur bei sehr grossen Verschiebungsvektoren ergeben. Die in Abb.2 völlig aus dem Rahmen fallenden Verschiebungsvektoren erklären sich z.T. auf diese Weise.

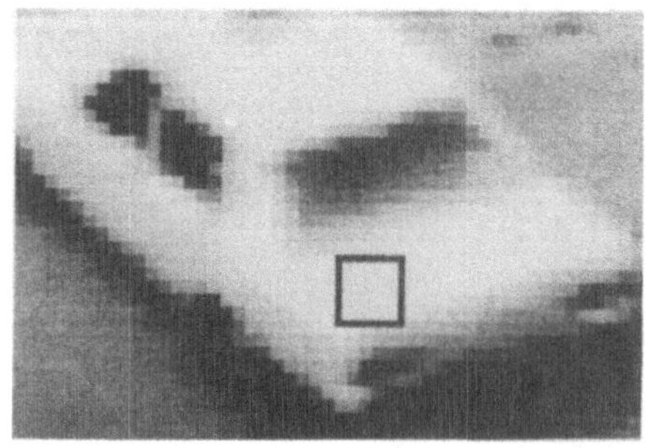
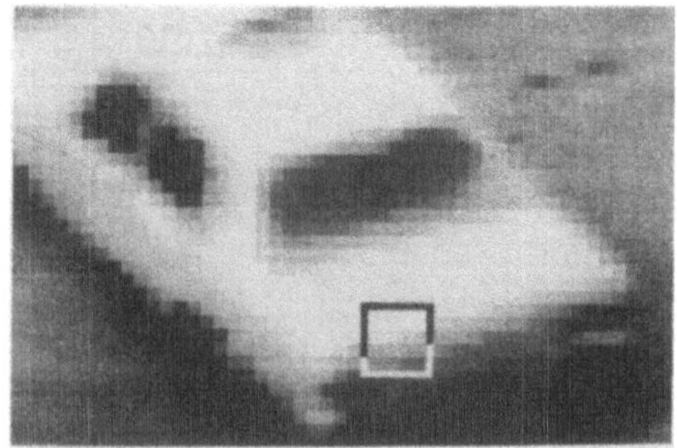

Abb. 3   Abb. 4

Der nächste Ausschnitt (siehe Abb.5 und 6) enthält zwei deutliche Kanten, deren Gradienten unterschiedliches Vorzeichen haben. Für diese Form des Grauwertgebirges ist die Anpassung durch eine Ebene sehr schlecht. Das führt zu einem hohen Anpassungsfehler. Weil die Kanten sehr scharf sind, erhalten wir durch die Bewegung des Taxis hohe Bilddifferenzen mit unterschiedlichem Vorzeichen. Die Beiträge dieser Pixel zum Verschiebungsvektor heben sich weitgehend auf, d.h. die resultierenden Komponenten des Verschiebungsvektors für dieses Fenster weisen erhebliche Fehler auf. Die detaillierten Daten für dieses Fenster sind in Abb.7 wiedergegeben.

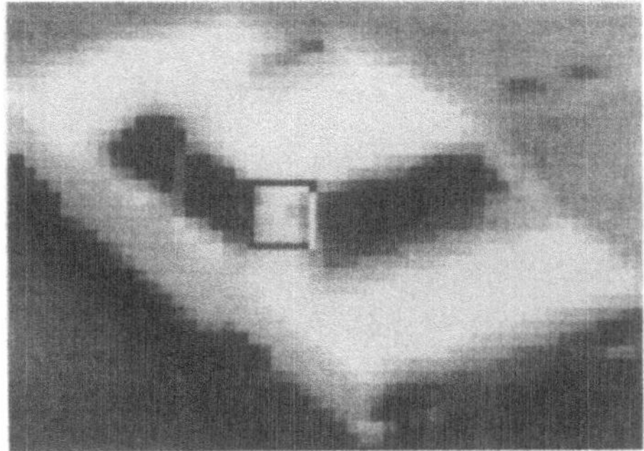

Abb. 5

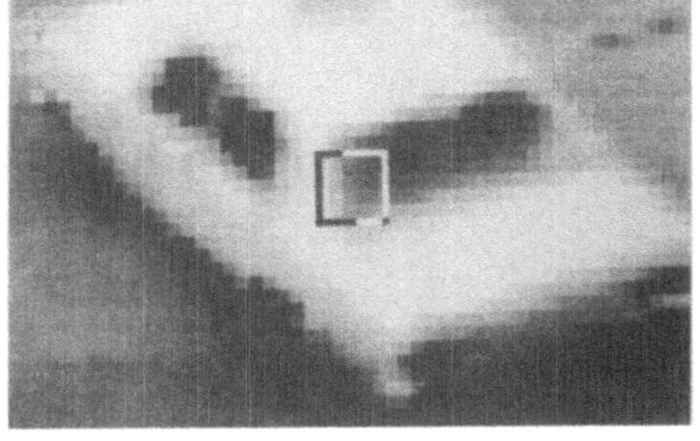

Abb. 6

PIXEL POSITION IM FENSTER ZEILE	SPALTE	GRAUWERTE BILD0	BILD1	BILD1 -BILD0 DI	-GRADX AUS BILD0 G	-GRADY	PSEUDO-INVERSE G"		G11"*DI	GI2"*DI
1	1	91	47	-44	-73	118	-0.0025	0.0007	0.1110	-0.0304
1	2	44	112	68	-29	49	-0.0010	0.0003	-0.0683	0.0195
1	3	36	169	133	-12	8	-0.0004	0.0000	-0.0555	0.0061
1	4	35	180	145	-28	-16	-0.0010	-0.0001	-0.1420	-0.0143
1	5	38	185	147	-75	-48	-0.0026	-0.0003	-0.3850	-0.0433
2	1	119	46	-73	9	140	0.0003	0.0008	-0.0242	-0.0608
2	2	53	121	68	0	61	0.0000	0.0004	0.0005	0.0246
2	3	42	174	132	-13	0	-0.0004	0.0000	-0.0598	-0.0002
2	4	44	180	136	-50	-61	-0.0018	-0.0004	-0.2380	-0.0501
2	5	106	184	78	-96	-97	-0.0034	-0.0006	-0.2620	-0.0459
3	1	78	45	-33	11	131	0.0004	0.0008	-0.0132	-0.0257
3	2	48	119	71	2	51	0.0001	0.0003	0.0054	0.0215
3	3	42	172	130	-1	-7	0.0000	0.0000	-0.0046	-0.0054
3	4	73	180	107	-3	-91	-0.0001	-0.0005	-0.0124	-0.0579
3	5	156	182	26	-6	-116	-0.0002	-0.0007	-0.0058	-0.0179
4	1	102	42	-60	-11	126	-0.0004	0.0007	0.0221	-0.0448
4	2	56	98	42	-7	50	-0.0002	0.0003	-0.0100	0.0124
4	3	44	167	123	4	1	0.0001	0.0000	0.0172	0.0008
4	4	44	178	134	28	-76	0.0010	-0.0004	0.1300	-0.0600
4	5	116	176	60	41	-121	0.0014	-0.0007	0.0849	-0.0428
5	1	97	41	-56	16	116	0.0006	0.0007	-0.0321	-0.0387
5	2	52	79	27	3	51	0.0001	0.0003	0.0030	0.0082
5	3	46	156	110	0	9	0.0000	0.0001	0.0001	0.0006
5	4	44	169	125	11	-48	0.0004	-0.0003	0.0472	-0.0355
5	5	95	165	70	28	-119	0.0010	-0.0007	0.0673	-0.0492

$$(G'*G) = \begin{pmatrix} 28681 & -614 \\ -614 & 168345 \end{pmatrix} \qquad (G'*G)^{-1} = \begin{pmatrix} 0.00003490 & 0.00000013 \\ 0.00000013 & 0.00000594 \end{pmatrix}$$

```
                                                               =======  =======
                                                               -1.3129  -0.6229
                                                               +0.4887  +0.0937
                                                               =======  =======
                                                               -0.8242  -0.5292
```

DETERMINANTE VON (G'*G) = 4.83E+09   DDX = G"*DI = (-1,-1)'   ANPASSUNGSFEHLER = 8250

Abb. 7

Abbildungen 8 und 9 zeigen einen nach rechts fahrenden PKW aus dem linken unteren Quadranten von Abb.1. Wir betrachten nur die zwei Fenster im Frontschatten des PKW's. Der berechnete Verschiebungsvektor des oberen Fensters steht senkrecht auf dem des unteren Fensters. Es hat sich gezeigt, dass der Einfluss der Bilddifferenz auf den Verschiebungsvektor in den beiden Ausschnitten ungefähr gleich ist, da die Differenzen dasselbe Vorzeichen und ungefähr den gleichen Betrag haben. Die Unterschiede im Verschiebungsvektor kommen daher nur durch die Gradienten zustande.

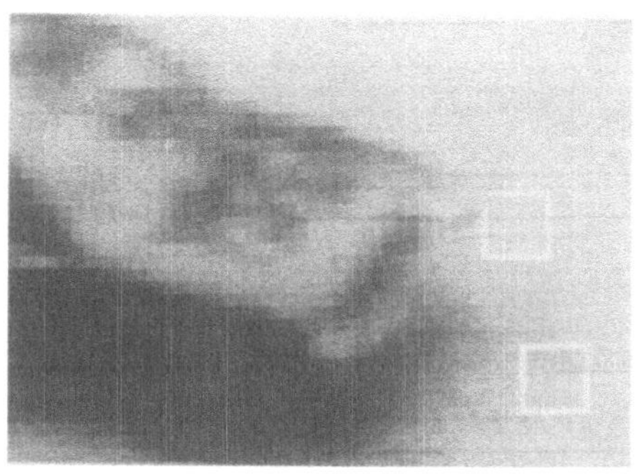 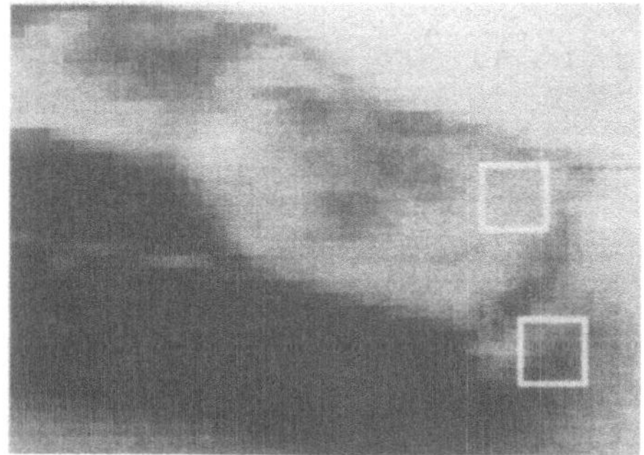

Abb. 8   Abb. 9

4. Schlussfolgerung

Weil nur eine lineare Variation des Grauwertes mit den Bildpunktkoordinaten zur Berechnung einer Verschiebung berücksichtigt wird, entstehen Ungenauigkeiten an Kanten, die in folgenden Fällen zu falschen Verschiebungsvektoren führen:

a) Die Übergangszone zwischen Objektinnerem und Hintergrund ist schmaler als die beobachtete Verschiebung des Objektes.

b) Bei starker Häufung von Kanten kommt es zu einem stroboskopischen Effekt.

Dies kann durch eine Tiefpassfilterung des Bildes teilweise überspielt werden (CAFFORIO und ROCCA 76). Abgesehen von der Problematik einer richtigen Wahl der Parameter lassen sich diese Schwierigkeiten darauf zurückführen, dass die Modellierung des Grauwertverlaufs im Bildbereich eines bewegten Objektes allein durch Annahme einer linearen Variation des Grauwertes als Funktion des Ortes inadäquat ist. Eine Verbesserung kann erwartet werden, falls man die Objektkanten nicht als stückweis lineare Grauwertvariation beschreibt, sondern Modelle wählt, die die Kanten gesondert behandeln oder Flächen höherer Ordnung benutzen.

Solange diese Probleme nicht geklärt sind, erscheint eine Realisation des Verfahrens von SCHALKOFF und McVEY 79 durch spezielle Elektronik wie beispielsweise bei INIGO und McVEY 81 verfrüht.

Cafforio and Rocca 76
    Methods for Measuring Small Displacements of Television Images
    C. Cafforio and F. Rocca
    IEEE Trans. Information Theory IT-22 (1976) 573-579
Clocksin 80a
    The Effect of Motion Contrast on Surface Slant and Edge Detection
    W.F. Clocksin
    Proc. AISB-80 Conference on Artificial Intelligence
    St. Hardy (ed.), Amsterdam, July 1-4, 1980
Clocksin 80b
    Perception of Surface Slant and Edge Labels from Optical
    Flow: A Computational Approach
    W.F. Clocksin
    Perception 9 (1980) 253-269
Dreschler 81
    Ermittlung markanter Punkte auf den Bildern bewegter Objekte
    und Berechnung einer 3D-Beschreibung auf dieser Grundlage
    L. Dreschler
    Fachbereich Informatik, Universitaet Hamburg, Dissertation Juni 1981
Dreschler and Nagel 81a
    On the Frame-to-Frame Correspondence between Greyvalue
    Characteristics in the Images of Moving Objects
    L. Dreschler and H.-H. Nagel
    5. GI-Fachtagung GWAI-81, Bad Honnef, 26.-30.1.1981
    J. Siekmann, Hsgb., Informatik Fachberichte (im Druck)
Dreschler and Nagel 81b
    Volumetric Model and 3D-Trajectory of a Moving Car Derived
    from Monocular TV-Frame Sequences of a Street Scene
    L. Dreschler and H.-H. Nagel
    IJCAI, 24.-28.8.1981, Vancouver/BC, Kanada (im Druck)
Horn and Schunck 80
    Determining Optical Flow
    B.K.P. Horn and B.G. Schunck
    AI Memo 572 (April 1980) Artificial Intelligence Laboratory
    Massachusetts Institute of Technology, Cambridge/MA
Inigo and McVey 81
    CCD Implementation of a Three-Dimensional Video-Tracking Algorithm
    R.M. Inigo and E.S. McVey
    IEEE Trans. Pattern Analysis and Machine Intelligence
    PAMI-3 (1981) 230-240
Longuet-Higgins and Prazdny 80
    The Interpretation of Moving Retinal Images
    H.C. Longuet-Higgins and K. Prazdny
    Proc. of the Royal Society of London B 208 (1980) 385-397
Nagel 80
    Image-Sequence Analysis: What Can we Learn from Applications ?
    H.-H. Nagel, FBI-HH-M-79/80 (September 1980)
    Fachbereich Informatik, Universitaet Hamburg/Germany
    to appear in: T.S. Huang (ed.) Image Sequence Analysis
    Springer Verlag Berlin-Heidelberg-New York 1981
Prazdny 80
    Egomotion and Relative Depth Map from Optical Flow
    K. Prazdny
    Biological Cybernetics 36 (1980) 87-102
Schalkoff and McVey 79
    Algorithm Development for Real-Time Automatic Video
    Tracking Systems
    R.J. Schalkoff and E.S. McVey
    Proc. 3rd International Computer Software and Applications Conf.
    Chicago/IL, November 1979, pp. 504-511

Zur Reproduzierbarkeit von markanten Bildpunkten
bei der Auswertung von Realwelt-Bildfolgen

Leonie Dreschler

Fachbereich Informatik der Universität Hamburg
Schlüterstraße 70
2000 Hamburg 13

Es wird ein Bildanalyse-System vorgestellt, das in der Lage ist, ausgehend von
Bildfolgen bewegter Objekte (Straßenverkehraufnahmen) ohne Einsatz von
szenenspezifischem Wissen eine grobe 3D-Beschreibung der bewegten Objekte zu
gewinnen. Insbesondere wird ein neuer Punktefinder vorgestellt, der die Gaußsche
Krümmung der Bildfunktion auswertet. Dieser Punktefinder wird mit dem Operator von
Moravec verglichen.

1.0 EINLEITUNG

Nagel hat in seinen Artikeln (9, 10) grundsätzliche Möglichkeiten diskutiert, wie
Bildfolgen von bewegten Objekten ohne Einsatz von szenenspezifischem Wissen
interpretiert werden können. In dieser Arbeit wird ein Analysesystem für Bildfolgen
vorgestellt, das auf den von Nagel vorgeschlagenen Grundsätzen aufbaut. Zweck des
Systems ist es, für bewegte starre Körper eine 3D-Beschreibung zu ermitteln. Als
Vorlage dienen Realweltaufnahmen vom Straßenverkehr. Das verwendete Verfahren nutzt
aus, daß durch die Bewegung eines Körpers von diesem verschiedene Ansichten
entstehen, durch deren Kombination sich wiederum die räumliche Struktur erschließen
läßt.

Das Analyseproblem kann man in drei Teilaufgaben gliedern. Zunächst muß festgestellt
werden, welche Bildbereiche Abbildungen von bewegten Objekten sind. Diese Objekte
werden so weit wie möglich über die ganze Aufnahmesequenz verfolgt. Das zweite
Problem ist, in den Objektabbildungen auffällige körperfeste Meßpunkte zu finden, die
hier "markante Punkte" genannt werden sollen, und diese in den anderen
Objektansichten möglichst genau zu lokalisieren (Korrespondenzproblem). Die dritte
Aufgabe ist das mathematische Problem, aus den Folgen von 2D-Koordinaten der
Meßpunkte die räumlichen Koordinaten für die dazugehörigen Objektpunkte und eine
Hypothese über die Bewegung des Körpers relativ zum Beobachter abzuleiten. Diese
Hypothesen sollten die gemessenen Bildkoordinaten erklären. Dazu ist es auch nötig,
die Parameter zu ermitteln, die die Abbildungsbedingungen festlegen.

Für zwei dieser Probleme existieren bereits Bausteine, die schon früher beschrieben
wurden: Erstens ein Programm zur Verfolgung bewegter Objekte von Jain und Nagel (7)
und zweitens ein Programm von Bonae und Nagel (2, 11), das für markante Punkte eines
starren Körpers aus den Bildkoordinaten die räumlichen Koordinaten ermittelt, wenn
das Korrespondenzproblem gelöst ist. Die Lösung des Korrespondenzproblems ist die
Aufgabe des hier beschriebenen neuen Bausteins, der die Lücke zwischen den beiden
vorhandenen Modulen schließt.

Der Kern des neuen Bausteins ist ein Punktefinder (3, 5), der die Gaußsche Krümmung der Bildfunktion auswertet, um Ecken und isolierte Punkte zu erkennen. Bisherige lokale Punkteoperatoren haben "markante Punkte" nur nach dem Kriterium ausgewählt, daß die Grauwertumgebung solcher Punkte genug Varianz aufweist, um mit großer Wahrscheinlichkeit im nächsten Bild wiedergefunden werden zu können (z.B. 6, 8). Im Unterschied zu anderen lokalen Punkteoperatoren wird versucht, eine weitergehende Vorstellung von der Form des Grauwertgebirges zu erhalten, indem die gefundenen Extremwerte der Gaußschen Krümmung im Zusammenhang mit benachbarten Extrema ausgewertet werden. So werden Kantenschnittpunkte oder isolierte Grauwertflecken als Ort von markanten Punkten gewählt. Dieses ist bei einfachen Auffälligkeitsmaßen nur mit größeren Schwierigkeiten zu erreichen.

Für die Lösung des Korrespondenzproblems ist es wichtig, daß die Auswahl von "markanten Punkten" nicht zu sehr vom Rauschen beeinflußt wird. Daher wurden einige Meßreihen durchgeführt, in denen die Reproduzierbarkeit der Punkteauswahl anhand mehrerer Digitisierungen derselben Bildvorlage untersucht wurde. Zum Vergleich wurden diese Messungen auch mit dem Punktefinder von Moravec (8) durchgeführt.

Die Korrespondenzen zum Folgebild werden durch ein Relaxationsverfahren ermittelt, das unter der Annahme, daß die Modellierungspunkte im wesentlichen auf kontinuierlichen Oberflächen liegen, die Kontinuität im optischen Fluß ausnutzt. Dieses von Barnard und Thompson (1) entwickelte Relaxationsverfahren wurde in einigen Punkten verbessert. Eine ausführliche Beschreibung dieser Änderungen ist in (3) und (4) zu finden.

Das 3D-Interpretationsprogramm liefert als Resultat die euklidischen Koordinaten für die Modellierungspunkte in einem körperfesten Koordinatensystem. Damit man sich die relative Lage der Punkte im Raum veranschaulichen kann, wird als erstes grobes Objektmodell die konvexe Hülle dieser Punkte errechnet und auf einem Rastersichtgerät wahlweise als Linienzeichnung oder als schattierter Polyeder dargestellt (Abb. 1). Da auch die Kameraparameter und die Bewegung des Objektes relativ zur Kamera errechnet werden, kann das Objektmodell zur Kontrolle in die einzelnen Aufnahmen der Bildfolge zurückprojiziert und den Rohdaten überlagert dargestellt werden. So ist das Modellierungsergebnis gut zu beurteilen.

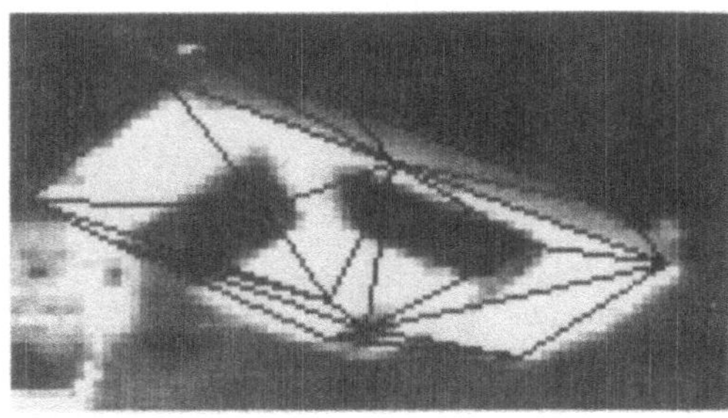 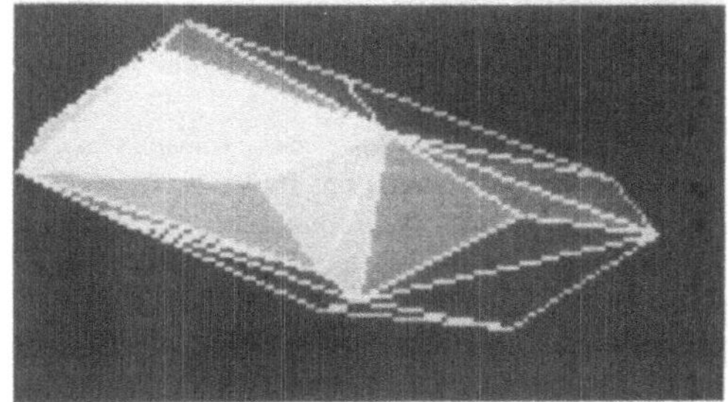

a) sichtbare Linien der konvexen Hülle

b) schattiert als Lambertscher Strahler, Lichtquelle hinter der Kamera

Abb. 1: Die konvexe Hülle als grobes Objektmodell

2.0 AUSWAHL VON MARKANTEN PUNKTEN

Bisher ist mir kein Segmentationsverfahren bekannt, das ein Bild zuverlässig in sinnvolle Bereiche aufteilen kann, ohne auf szenenspezifisches Wissen zurückzugreifen. Daher wurde, angeregt durch die Arbeit von Barnard und Thompson (1), auf eine Bildsegmentation verzichtet und zur Auswahl von markanten Bildpunkten zunächst der lokale Operator von Moravec (8) verwendet. Dieser Operator sucht nach Punkten, deren Umgebung in vier Richtungen (horizontal, vertikal und beide Diagonalrichtungen) eine hohe Grauwertvarianz aufweist. Bei der Arbeit mit diesem Operator stellte sich jedoch heraus, daß systematische Fehler entlang kontrastreicher Kanten auftreten können, wenn diese Kanten nicht parallel zu einer der vier Vorzugsrichtungen des Operators verlaufen. In Abb. 2 sind die vom Moravec-Operator gewählten markanten Punkte als offene Kästchen eingetragen. Die systematischen Fehler fallen besonders entlang der vorderen Kühlerkante auf.

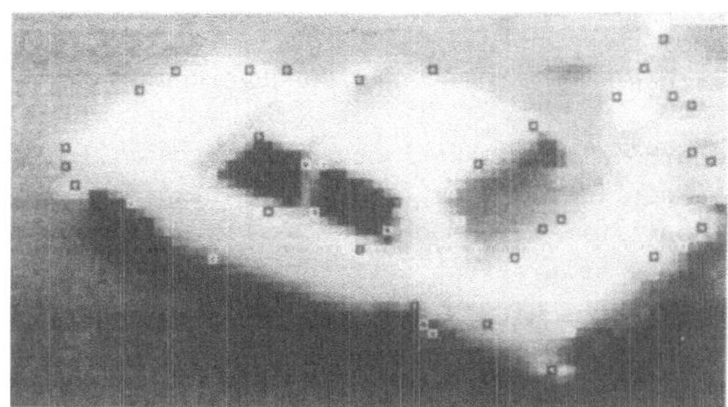

Abb. 2: Ergebnis des Moravec-Operators (Schwelle 100)

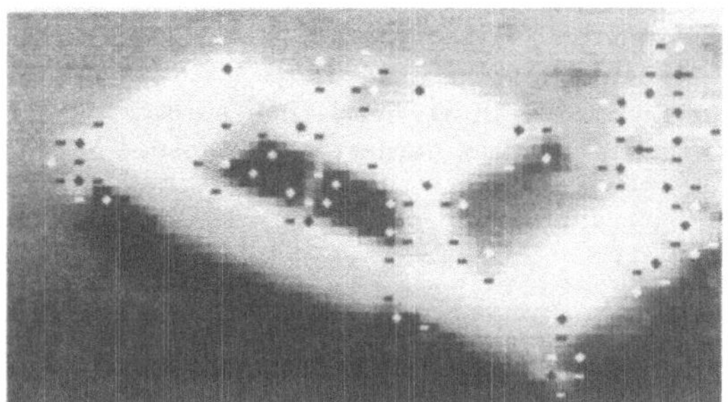

Abb. 3: Extremwerte der Gaußschen Krümmung

Die Erfahrung mit dem Moravec-Operator legte es nahe, anstelle des orientierungsabhängigen Moravec-Operators die Gaußsche Krümmung der Bildfunktion als Auffälligkeitsmaß auszuwerten, da die Krümmung ein rotationsinvariantes Maß ist. Zur Berechnung des Krümmungstensors wurden die Matrixoperatoren von Beaudet (12) verwendet. In Abb. 3 ist die Lage von lokalen Maxima und Minima der Gaußschen Krümmung durch Plus- und Minuszeichen eingetragen. Es ist deutlich zu sehen, daß in den Innenwinkeln von Kantenschnittpunkten Maxima der Gaußschen Krümmung liegen, während die Außenwinkel durch Minima markiert sind. Warum dieses so sein muß, kann man sich leicht an Abb. 4 klarmachen. Der Innenwinkel einer Ecke ist eine Struktur (Senke oder Kuppe), bei der die Krümmungen in beide Hauptkrümmungsrichtungen dasselbe Vorzeichen aufweisen. Der Außenwinkel dagegen entspricht einer Sattelfläche.

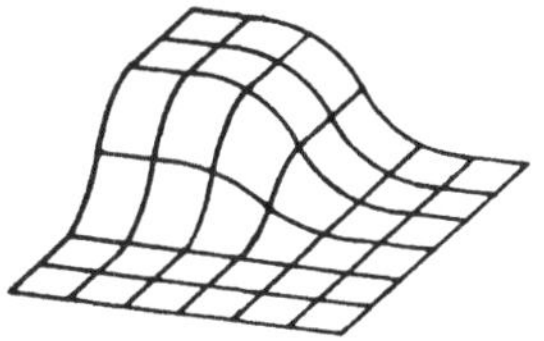
a) dunkle Ecke auf hellem
   Untergrund

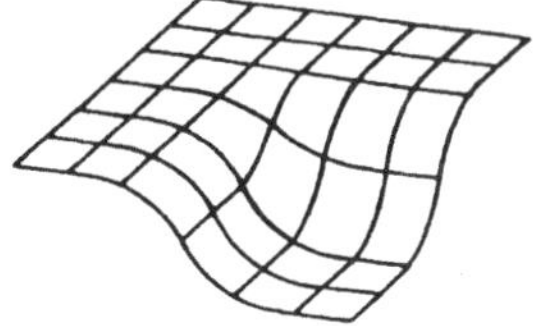
b) helle Ecke auf dunklem
   Untergrund

Abb. 4   Eckenstrukturen als Grauwertgebirge

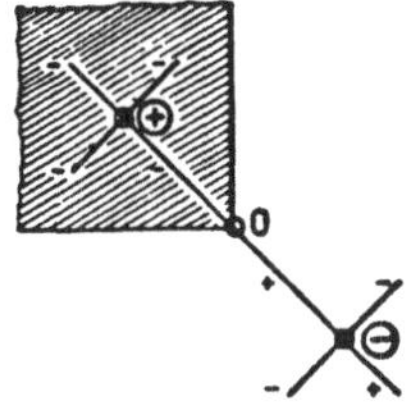
a) Grauwerte im Maximum
   der Gaußschen Krümmung
   größer als im Minimum

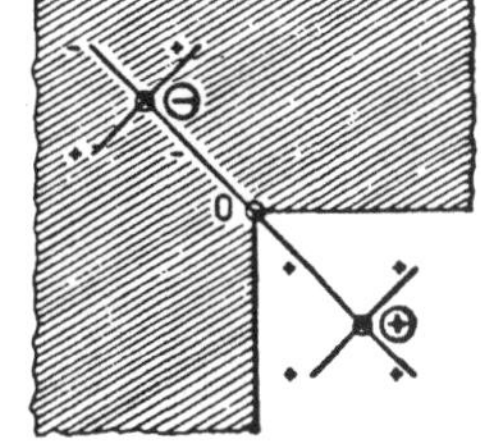
b) Grauwerte im Maximum
   der Gaußschen Krümmung
   kleiner als im Minimum

**Abb. 5 Hauptkrümmungsrichtungen der
Eckenstrukturen aus Abb. 4**

-, 0, +   Vorzeichen der Hauptkrümmungen
⊖, ⊕   Extrema der Gaußschen Krümmung

Um markante Punkte zu finden, werden benachbarte Paare von Maxima und Minima der Gaußschen Krümmung gesucht, die sich nach diesen Modellvorstellungen als Indikatoren für eine Ecke interpretieren lassen. Auf der Verbindungslinie dieser beiden Extrema muß es eine Nullstelle der Krümmung geben. Diese Nullstelle wird interpoliert und als markanter Punkt gewählt (Abb. 5). Eine ausführliche Beschreibung dieses Punktefinders ist in (3) und (5) zu finden. Abb. 6 zeigt die mit diesem Punktefinder gewählten markanten Punkte, wobei Matrixoperatoren der Größe 5*5 verwendet wurden. Eine bessere Auflösung von Bilddetails läßt sich mit 3*3-Operatoren erreichen. Da aber die 3*3-Operatoren zu empfindlich auf Rauschen reagieren, wurde ein zweistufiges Verfahren verwendet, bei dem zunächst mithilfe der 5*5-Operatoren festgestellt wird, wo deutliche Ecken vorhanden sind. Nur in diesen Bildbereichen wird versucht mithilfe der 3*3-Operatoren die markanten Punkte genauer zu lokalisieren. Die mit diesem zweistufigen Verfahren gewählten Punkte zeigt Abb. 7. Die bessere Auflösung dieses Verfahrens wird besonders an den Ecken des Rückfensters und am Taxizeichen auf dem Dach deutlich.

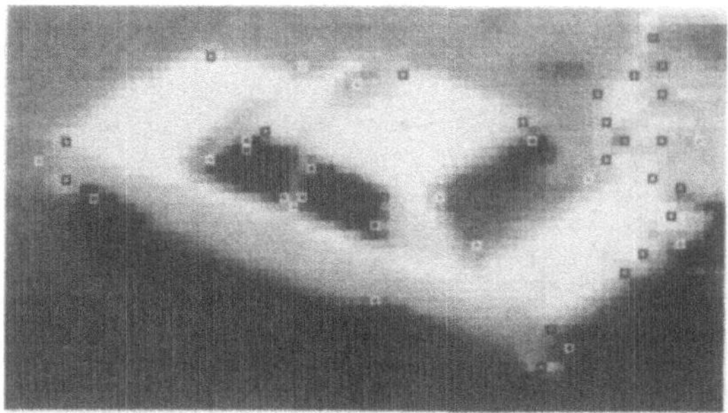

Abb. 6: Einstufiger Punktefinder

Abb. 7: Zweistufiger Punktefinder

3.0 MESSUNGEN ZUR REPRODUZIERBARKEIT

Da es für die Arbeit mit Bildfolgen sehr wichtig ist, markante Objektpunkte sicher verfolgen zu können, habe ich eine Reihe von Messungen durchgeführt, um die Reproduzierbarkeit der Punkteauswahl beurteilen zu können. Dazu wurde aus einer Folge von 20 Bildern ein Ausschnitt im stationären Hintergrund ausgewählt und alle drei implementierten Punktefinder (Moravec, einstufiger und zweistufiger Punktefinder) auf alle Bilder der Folge angewendet. Um die ausgewählten Punktemengen vergleichen zu können, werden markante Punkte aus zwei aufeinanderfolgenden Aufnahmen als korrespondierende Punkte betrachtet, wenn sie sich gegenseitig die nächsten Nachbarn sind und ihr Abstand voneinander kleiner als fünf Pixel ist.

Abb. 8 zeigt die Ergebnisse dieser Meßreihen. Abb. 8a gibt für jeden Punktefinder Mittelwert und Streuung dafür an, wieviel Prozent der gefundenen Punkte im Folgebild zugeordnet werden konnten. Abb. 8c zeigt Histogramme für die Abstände zwischen zugeordneten Punkten. Nur ungefähr die Hälfte aller Punkte wird genau am selben Ort wiedergefunden, während gut ein Viertel aller Punkte um ein Pixel versetzt gewählt wird. Die Ergebnisse sind für alle drei Punktefinder ähnlich, wobei der einstufige Punktefinder ein klein wenig besser abschneidet, da er weniger rauschempfindlich ist als die beiden anderen Punktefinder. Die Reproduzierbarkeit läßt sich verbessern, wenn die Bildvorlagen Median-gefiltert werden. Da das Median-Filter die räumliche Auflösung nur wenig beeinflußt, lohnt sich die Filterung besonders beim Arbeiten mit dem zweistufigen Punktefinder.

Mittelwert u. Streuung der Anzahl der im jew. Folgebild zugeordneten
Punkte in % der mittleren Punktezahl

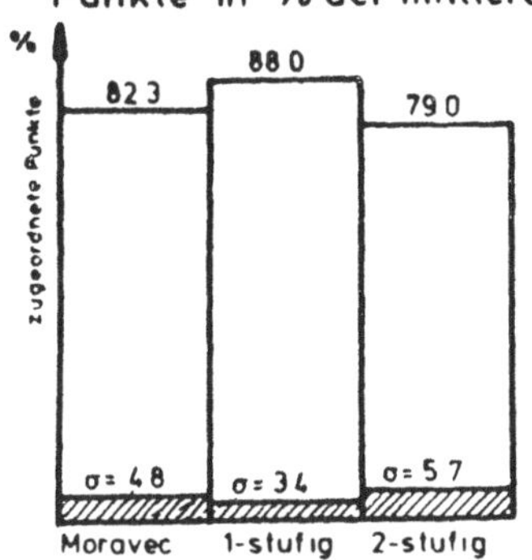

a) ungefilterte Bilder

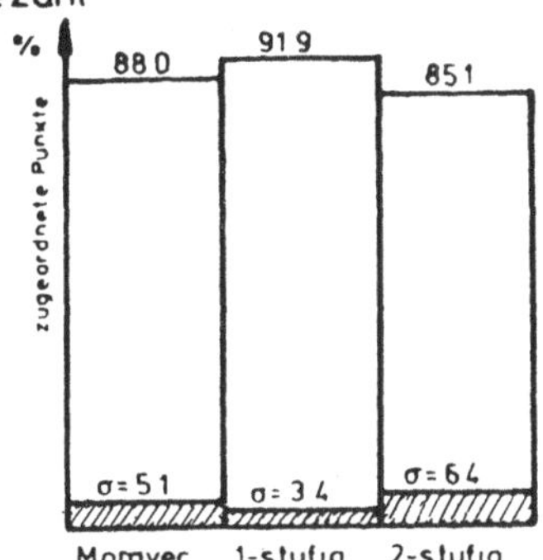

b) Median-gefilterte Bilder

Häufigkeitsverteilung der Verschiebungsbeträge   (% der mittl Punktezahl)

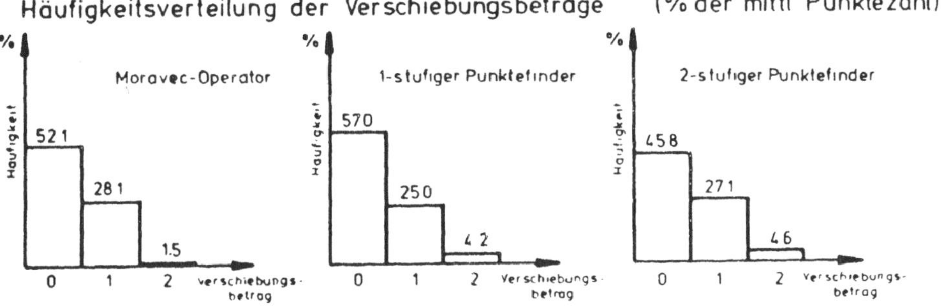

c) ungefilterte Bilder

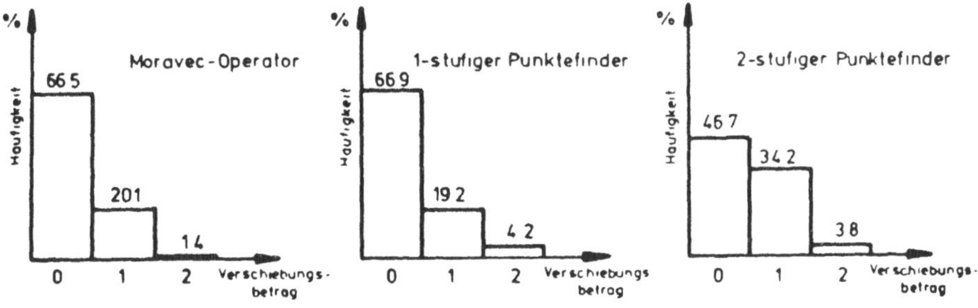

d) Median-gefilterte Bilder

Abb. 8 Messungen zur Reproduzierbarkeit

Vergleich von Moravec-Operator, ein- und zweistufigem
Punktefinder auf einer Folge von 20 Bildausschnitten
aus dem statischen Hintergrund

Diese Arbeit wurde zum Teil von der Deutschen Forschungsgemeinschaft finanziert. Ich danke Prof. Dr. H.-H. Nagel für die Betreuung dieser Arbeit und für die Unterstützung durch zahlreiche Diskussionen und gute Ideen.

4.0 <u>LITERATUR</u>

(1) Disparity Analysis of Images, S.T. Barnard and W.B. Thompson
     IEEE Trans. Pattern Analysis and Machine Intelligence, PAMI-2 (1980) 333-340
(2) Deriving a 3-D Description of a Moving Rigid Object from Monocular
     TV-Frame Sequences, T. Bonde and H.-H. Nagel, WCAIVI-79, pp. 44-45
(3) Ermittlung markanter Punkte auf den Bildern bewegter Objekte und Berechnung einer
     3D-Beschreibung auf dieser Grundlage, L. Dreschler,
     Dissertation (Juni 1981), Fachbereich Informatik der Universität Hamburg
(4) On the Frame-to-Frame Correspondence between Greyvalue
     Characteristics in the Images of Moving Objects,
     L. Dreschler and H.-H. Nagel, GI-Workshop on Artificial
     Intelligence, Bad Honnef/Germany, Jan. 26-30, 1981,
     Informatik Fachberichte (J. Siekmann, Hrsgb.), Springer Verlag (im Druck),
(5) Volumetric Model and 3D-Trajectory of a Moving Car Derived
     from Monocular TV-Frame Sequences of a Street Scene,
     L. Dreschler and H.-H. Nagel, IJCAI-81 (to appear)
(6) Computer Matching of Areas in Stereo Images
     M.J. Hannah, Ph.D. Thesis, Memo AIM 239 (July 1974)
     Stanford University , Stanford/CA
(7) On the Analysis of Accumulative Difference Pictures
     from Image Sequences of Real World Scenes
     R. Jain and H.-H. Nagel, IEEE Trans. Pattern Analysis and Machine
     Intelligence, PAMI-1 (1979) 206-214
(8) Visual Mapping by a Robot Rover, H.P. Moravec, IJCAI-79, pp. 598-600
(9) Analysing Sequences of TV-Frames: System Design Considerations,
     H.-H. Nagel, IJCAI-77, p. 626 und IfI-HH-B-33/77 (März 1977)
     Fachbereich Informatik der Universität Hamburg
(10) Formation of an Object Concept by Analysis of Systematic Time Variations
     in the Optically Perceptible Environment, H.-H. Nagel,
     Computer Graphics and Image Processing 7 (1978) 149-194
(11) From Digital Picture Processing to Image Analysis, H.-H. Nagel
     International Conference on Image Analysis and Processing
     Pavia/Italy, October 22-24, 1980, pp. 27-40
(12) Rotationally Invariant Image Operators, P. R. Beaudet, IJCPR-78, pp. 578-583

RESTAURATION VON GEFÄSS-DARSTELLUNGEN IN DER
INTRAVENÖSEN ANGIOGRAPHIE

U. Obermöller, K.H. Höhne
Institut für Mathematik und Datenverarbeitung in der Medizin
Universitäts-Krankenhaus Eppendorf, Hamburg

0. EINLEITUNG

In der konventionellen Angiographie werden Bilder von Blutgefäßen (insbesondere von Arterien) erzeugt, indem in diese Kontrastmittel mit einem
Katheter selektiv eingespritzt wird und die resultierende Szene als
Röntgenbildfolge registriert wird. Die Prozedur der Katheterisierung
stellt ein nicht zu vernachlässigendes Risiko für den Patienten dar
und ist sehr aufwendig. Viel weniger gefährlich und aufwendig ist es,
das Kontrastmittel in eine Vene zu spritzen. Da hierbei jedoch wegen
der weiträumigen Verteilung nur ein geringer Teil des Kontrastmittels
im interessierenden Bereich ankommt, ist die Anfärbung der Gefäße im
allgemeinen so schwach, daß diese auf dem Röntgenbild kaum zu erkennen
sind. Es bietet sich deshalb an, das seit langem bekannte Verfahren
der Integration von Bildern während des Beobachtungszeitraums und anschließender Subtraktion des Leerbildes anzuwenden, um die Gefäße sichtbar zu machen. Die Verwendung von photographischen Subtraktions-Techni-
ken zur Sichtbarmachung der Gefäße ist bereits seit den 30er Jahren bekannt [1], diese haben sich jedoch wegen ihrer Ungenauigkeit und schlech-
ten Handhabbarkeit nicht durchgesetzt.

Durch die Einführung digitaler Methoden sind diese Verfahren wieder interessant geworden [2,3,4]. Die Qualität der erzeugten Bilder hängt im
wesentlichen davon ab, wie gut es gelingt, die unerwünschten Effekte
des Quantenrauschens, der Patientenbewegung und der Überlagerung verschiedener Gefäßsysteme zu unterdrücken. Entscheidend ist hierbei die
Wahl der richtigen Zeiträume für die Integration von Leer- und Füllungsbild. Dieses geschieht bei den ersten Pilotanlagen empirisch bzw. interaktiv durch den Radiologen. Voraussetzung für den klinischen Routinebe-
trieb ist jedoch die Automatisierung dieses Vorganges. Über erste Versuche hierzu wird berichtet.

1. PROBLEM

Typischerweise werden die Originalbilder von der Röntgenanlage als
Standard-Video-Signal geliefert und zunächst auf einem Analog-Speicher
(Video-Platte, Video-Band) zwischengespeichert. Anschließend werden
sie dann mit einer räumlichen Auflösung von 256 x 256 bzw. 512 x 512
Bildpunkten bei 8 Bit Intensitätsauflösung digitisiert. Digitisierung
und Weiterverarbeitung kann auf verschiedene Art und Weise erfolgen.
Am schnellsten ist die Methode, in Echtzeit ein Leerbild zu digitisieren und dieses von den Bildern der Füllungsphase abzuziehen. Mit diesem Verfahren, nach dem auch die ersten kommerziellen Pilotanlagen arbeiten, erhält man unmittelbar nach der Untersuchung ein Ergebnisbild,
welches jedoch nicht mehr korrigiert werden kann. Mit dem von uns verwendeten System [5] ist es möglich, zunächst bis zu 128 Bilder (256 x
256 Bildpunkte) in Echtzeit zu digitisieren und in einem RAM-Sequenz-
speicher zu speichern. Die darauf folgende Auswertung erfolgt zwar
nicht in Echtzeit, dafür aber ohne Einschränkung für die verwendeten
Algorithmen, da diese wiederholt auf die gesamte Bildsequenz zugreifen
können. Diese Algorithmen haben das Ziel, die folgenden zwei Effekte
zu unterdrücken:

- Durch Bewegungen während des Untersuchungszeitraumes kommt es im
  Subtraktionsbild zu Artefakten. Hierzu zählen sowohl Bewegungen
  des Patienten (Lageänderung) als auch Bewegungen einzelner Organe,
  z.B. Schluck-, Atem- und Herzbewegung (Bild 1).

- Die falsche Wahl der Zeitbereiche für Leer- und Füllungsbilder
  führt zu Bildern, auf denen die gesuchten Gefäße nicht sichtbar
  werden oder aber anderen Gefäßen überlagert sind. Geeignete Zeitpunkte dagegen können auch zur Minimierung von Bewegungsartefakten
  beitragen.

Das empirische bzw. interaktive Festlegen der Zeitpunkte ist sehr schwierig, da die Kreislaufzeiten individuell stark variieren können und die
Gefäße auf den Originalbildern kaum zu erkennen sind. In Abb.2 werden
drei Subtraktionsbilder gezeigt, bei denen die Füllungsbilder zu unterschiedlichen Zeiten berechnet wurden. Man sieht hier, wie in Abhängigkeit von der gewählten Zeit unterschiedliche Gefäße zur Darstellung gelangen. Unser Ziel ist es, durch Analyse der Bildsequenz Bewegungsarte-
fakte zu eliminieren und die isolierte Darstellung der gewünschten Gefäße so weit wie möglich zu automatisieren. Wir haben uns bei den ver-

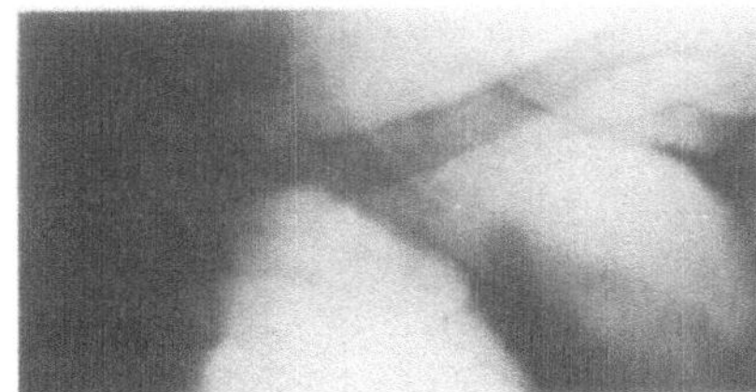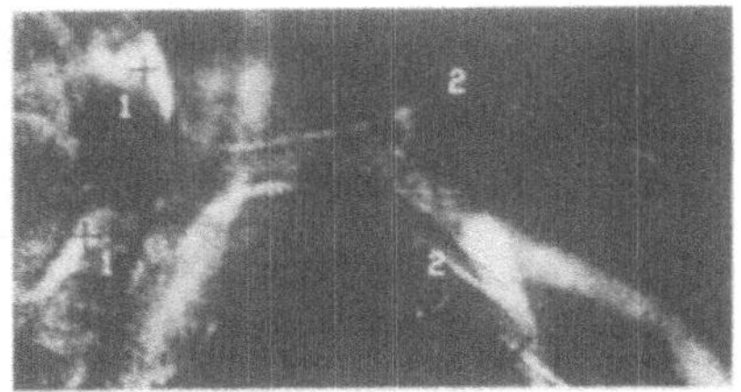

Abb. 1   Originalbild (a) und Subtraktionsbild (b) mit Artefakten durch Schluckbewegung (1) und Lageänderung (2)

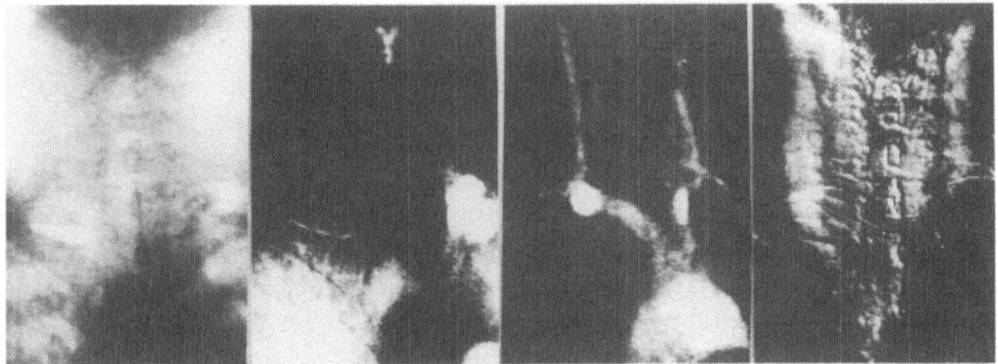

Abb. 2   Originalbild (a) und Subtraktionsbilder, 8 sec (b), 15 sec (c) und 21 sec (d) nach intravenöser Kontrastmittelgabe

wendeten Algorithmen zunächst auf solche beschränkt, die ausschließlich in der Zeitdimension arbeiten und den räumlichen Kontext zunächst außer Acht gelassen. Der Grund hierfür ist, daß das a priori-Wissen hier einfacher formulierbar ist und die Algorithmen meist weniger komplex sind. Erfolge mit einer früheren Anwendung bestätigen dies [6].

2. METHODEN

Für die folgenden Untersuchungen wurden von uns verschiedene angiographische Bildsequenzen von je 128 Bildern mit konstanten Zeitabständen (5 Bilder/sec) digitisiert.

Unser Ansatz geht davon aus, daß sich Bewegungen und Kontrastmittelströmungen in einer Bildsequenz als typische Muster im Intensitäts-

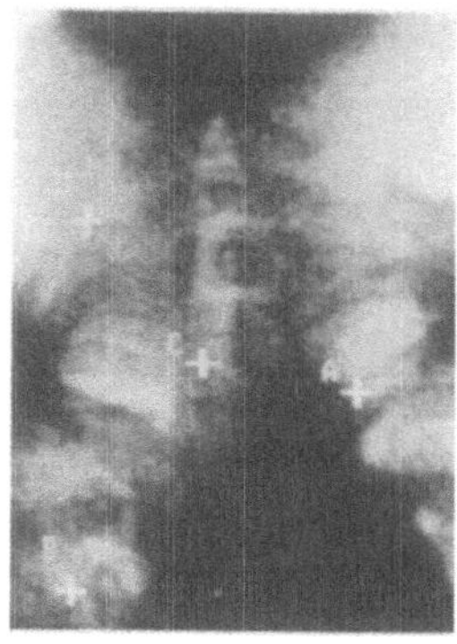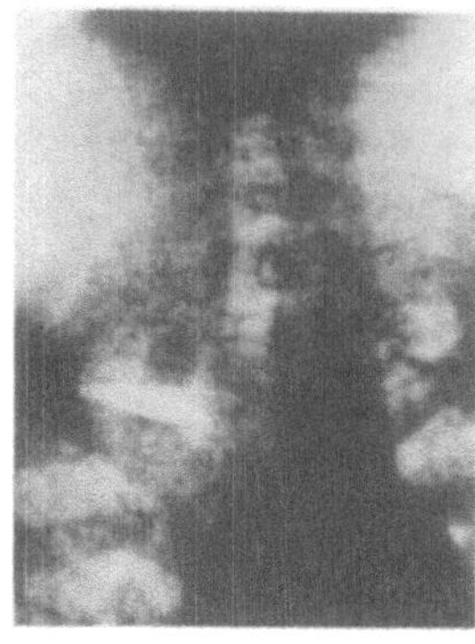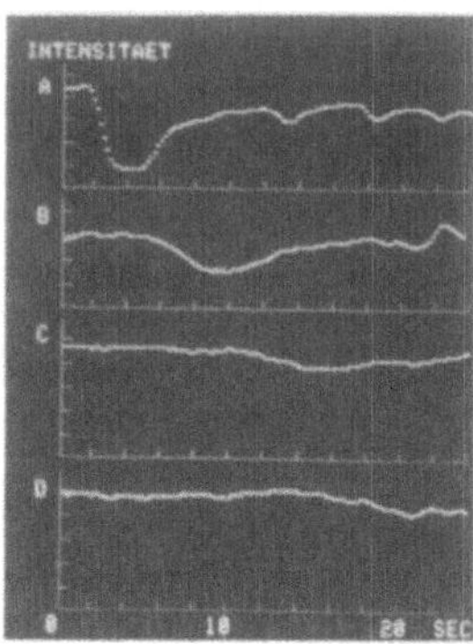

Abb. 3   Originalbilder zur Leerzeit (a) und Füllungszeit (b), Zeit-
          Intensitätskurven an den in (a) markierten Punkten (c)

verlauf in Abhängigkeit von der Zeit (Zeit-Intensitätskurve = ZIK) in
den einzelnen Bildpunkten oder Regionen wiederspiegeln. In Abb. 3 werden zwei Originalbilder aus einer Sequenz von Halsaufnahmen nach intravenöser Injektion von Kontrastmittel gezeigt. Zwischen dem Bild ohne
Kontrastmittel (Leerbild) und dem mit Kontrastmittel in den Halsarte-
rien (Füllungsbild) ist visuell kein Unterschied zu erkennen. Betrachtet man dagegen die ZIK's, die an den markierten Stellen aus der Sequenz extrahiert wurden, so zeigt sich in diesen ein deutlicher Intensi-
tätsabfall zur jeweiligen Zeit der Kontrastmittelfüllung.

Aus den ZIK's können nunmehr Parameter berechnet werden, die verschiedene Aspekte der Bewegungs- und Strömungsvorgänge im Untersuchungszeit-
raum beschreiben.

2.1 Parametrische Bilder

Um überhaupt erst einmal zu sehen, wo die Gefäße sind, kann die Methode der parametrischen Bilder verwendet werden. Wird für sämtliche ZIK's
einer Bildsequenz der Wert eines Parameters bestimmt und dieser Wert
wieder an die ursprüngliche Stelle in der Bildmatrix eingetragen, so
erhält man ein parametrisches Bild. Diese Methode hat sich bereits in
der Nuklearmedizin [7] und der Computer-Angiographie [8] bewährt.

Ein einfacher Parameter, der ohne a priori-Wissen zu parametrischen
Bildern führt, welche alle durchbluteten Gefäße zeigen ist die Stan-

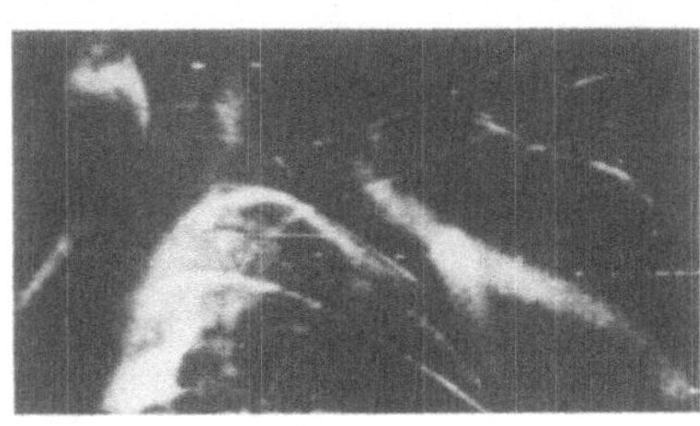 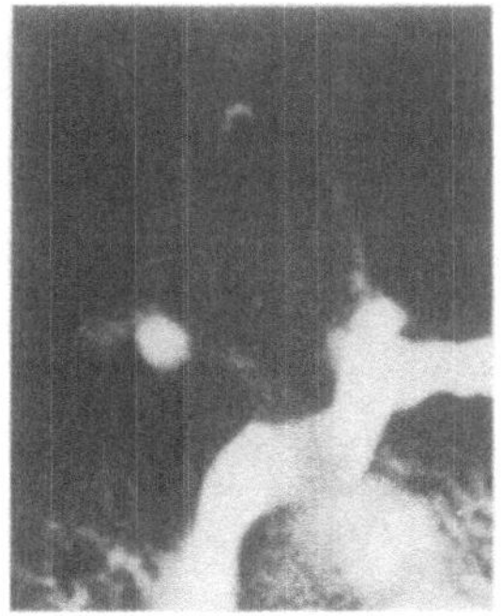

Abb. 4   Parametrische Bilder der Standard-Abweichung der Bildsequen-
          zen zu den Originalbildern auf Abb. 1a (a) und 2a (b)

dard-Abweichung einer ZIK von ihrem Mittelwert. Diese Methode wurde
mit anderer Zielsetzung bereits von anderen Gruppen angewandt [9]. In
einfachen Fällen, in denen nur ein Gefäß im Bildausschnitt liegt, läßt
sich die Qualität solcher Bilder durchaus mit der Qualität von Subtrak-
tionsbildern vergleichen (Bild 4a). Überlagern sich jedoch im Untersu-
chungszeitraum verschiedene Strömungen, so zeigt das Standard-Abwei-
chungsbild die Überlagerung sämtlicher stattgefundener Intensitätsänderungen (Bild 4b). In diesem Fall kann das Bild jedoch immer noch dazu benutzt werden, über den jetzt bekannten Ort des Gefäßes und eine
hier extrahierte ZIK den optimalen Füllungszeitpunkt interaktiv zu ermitteln.

2.2 Bestimmung der optimalen Zeitbereiche

Folgende Kriterien gelten für die Zeitbereiche für Leer- und Füllungsbild:

- zur Leerzeit darf sich kein Kontrastmittel in Gefäßen innerhalb des
  Bildes befinden
- zur Füllungszeit sollen die gesuchten Gefäße, und möglichst nur
  sie, möglichst stark gefüllt sein
- Leerzeit und Füllungszeit sollen zur Minimierung von Bewegungsartefakten möglichst dicht zusammen liegen.

Wenn man davon ausgeht, daß das Kontrastmittel den Bildbereich in verschiedenen Phasen zeitlich und räumlich überlagert durchquert, so müssen sich die einzelnen Phasen als lokale Minima in den ZIK's verschiedener Bildregionen zeigen. Für die automatische Bestimmung der Zeitbe-

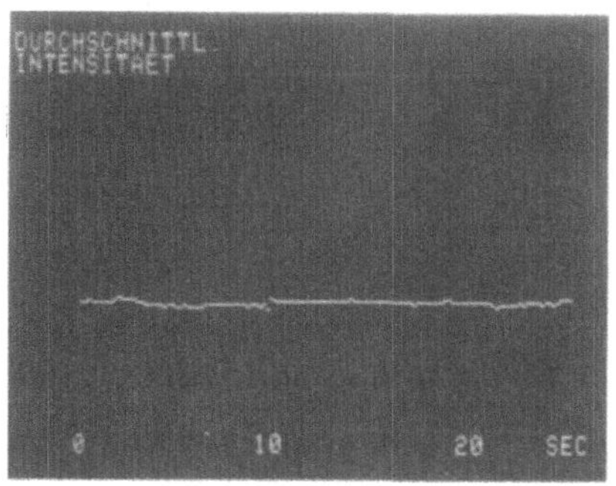

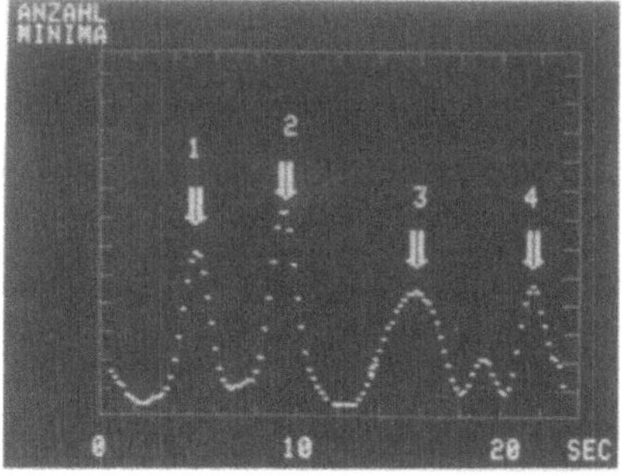

Abb. 5   Integrale Zeit-Intensitäts-Kurve (a) und Häufigkeitsverteilung
der lokalen Minima (b) in der Bildsequenz zu Originalbild 2a.
Maxima in (b) zu den Zeiten des venösen Einstroms (1), Lungen-
kreislaufs (2), arteriellen Zustroms zum Kopf (3) und venösen
Rückstroms (4).

reiche bietet es sich zunächst an, die Intensitätsänderungen in der
Bildsequenz integral über den gesamten Bildausschnitt zu untersuchen,
in der Hoffnung, an dieser integrierten ZIK die einzelnen Strömungsvorgänge unterscheiden zu können. Versuche zeigten jedoch, daß Intensitätsänderungen durch Kontrastmittel in dieser Kurve nicht mehr signi-
fikant sichtbar werden, bedingt durch den sehr schwachen Kontrastan-
stieg und die relativ zum Gesamtbild kleine Fläche, die die Gefäße ein-
nehmen (Bild 5a).

Von uns wurde deshalb der folgende Ansatz gewählt: Da sich jeder Durch-
fluß von Kontrastmittel in einer ZIK als lokales Minimum darstellt,
wird zunächst für jede einzelne ZIK die zeitliche Lage der lokalen Minima bestimmt. Diese Zeiten werden dann für alle ZIK's der Bildsequenz
als Häufigkeitsverteilung der lokalen Minima über der Zeit wiedergegeben. In dieser Verteilung (Bild 5b) können die einzelnen Strömungsvorgänge als Häufungen von Minima überraschend gut erkannt werden. Man
kann deutlich die Zeitbereiche für venösen Einstrom, Lungenkreislauf,
arteriellen Zustrom zum Kopf und venösen Rückstrom unterscheiden. Die
Maxima in dieser Häufigkeitsverteilung kennzeichnen die optimale Füllungszeit für die jeweiligen Gefäße, die davorliegenden Minima die
Leerzeit. In Bild 6 wird ein Subtraktionsbild des arteriellen Zustroms
zum Kopf gezeigt, bei dem Leer- und Füllungszeit zu den markierten Bereichen der Minimum-Verteilung gewählt wurden. Die Zuordnung der einzelnen Häufungspunkte zu physiologischen Strömungsarten (arteriell,
venös etc.) und die Selektion der gewünschten Strömung zur bildlichen
Darstellung muß zur Zeit noch interaktiv vorgenommen werden. Um diesen

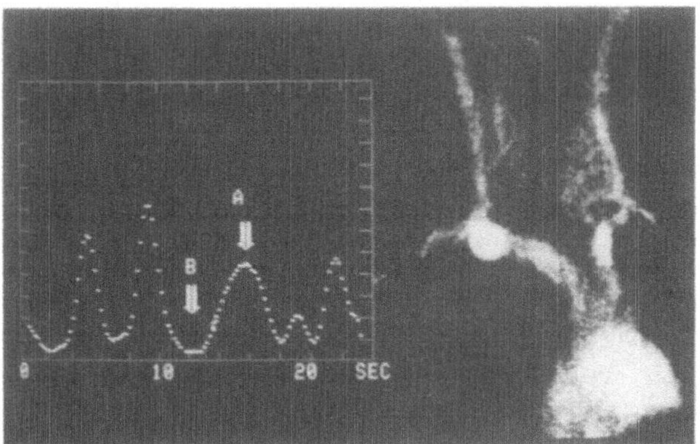

Abb. 6   Subtraktionsbild zu den ermittelten optimalen Zeitpunkten A - B.

Vorgang zu automatisieren, wäre ein Modell der hierfür relevanten Aspekte des menschlichen Kreislaufsystems notwendig.

Bei dem erläuterten Verfahren werden die optimalen Zeitbereiche einheitlich für den ganzen Bildbereich bestimmt. Durch eine lokal variierende Bestimmung von Leer- und Füllungszeit wird eine noch bessere Separierung überlagerter Strömungsvorgänge erwartet.

2.3   Unterdrückung von Bewegungsartefakten

Durch das Subtraktionsverfahren werden Artefakte durch Bewegungen, die zu einer positiven Intensitätsänderung führen, automatisch eliminiert. Bewegungen, die wie Kontrastmittel zu einer negativen Intensitätsänderung führen, werden bislang nur dadurch minimiert, daß Leer- und Füllungszeit möglichst dicht beieinander gewählt werden. Es wird z.Z. untersucht, ob es durch eine genaue Analyse der Form der ZIK's möglich ist, diese Bewegungen von Kontrastmittelströmungen zu unterscheiden und die Vorgänge zu trennen.

3. SCHLUSSFOLGERUNG

Die digitale Verarbeitung von intravenösen angiographischen Bildsequenzen ist ein wichtiges Hilfsmittel, um auf Bildern, die aus Gründen der Schonung des Patienten eine schlechte Qualität haben, die gesuchte Information zu finden bzw. sichtbar zu machen. Das bekannte Verfahren der Integration von Leer- und Füllungsbild und anschließender Subtraktion liefert in vielen Fällen bereits recht gute Ergebnisse, ist aber stark abhängig von der Wahl der richtigen Zeitpunkte.

Durch die zeitliche Analyse der Bildsequenz können in einfachen Fällen ohne interaktive Eingriffe parametrische Bilder berechnet werden, die eine ähnliche Information wie Subtraktionsbilder bieten, deren Inhalt jedoch unabhängig von der Wahl bestimmter Zeitpunkte ist. Bezüglich der Überlagerung von verschiedenen Strömungsvorgängen wurde gezeigt, daß sich durch die Analyse der Extremwerte in den Zeit-Intensitätskurven die verschiedenen eventuell interessierenden Durchblutungsphasen und damit die optimalen Zeitpunkte für Subtraktionsbilder automatisch separieren lassen.

LITERATURREFERENZEN

[1]   DES PLANTES, B.G.Z.: Subtraktion: cinc röntgenographische Methode zur separaten Abbildung bestimmter Teile des Objekts. ROEFO 1935 (52), 69-79.

[2]   KRUGER, R.A., MISTRETTA, C.A., LANCASTER, I. et.al.: A Digital Video Image Processor for Real-Time X-Ray Subtraction Imaging Optic Eng. 1978 (17), 652-657.

[3]   MISTRETTA, C.A., KRUGER, R.A., HONK, T.L. et.al.: Computerized Fluoroscopy Techniques for Non-Invasive Cardiovascular Imaging Proc. SPIE 1978 (152), 65-71.

[4]   OVITT, Th.W., CHRISTENSON, P.C., FISHER, H.D., FROST, M.M., NUDEL-MAN, S., ROEHRIG, H., SEELEY, G.: Intravenous Angiography Using Digital Video-Subtraction: X-Ray Imaging System American J. of Roentgenology 1980 (135), 1141-1144.

[5]   NICOLAE, G.C., HÖHNE, K.H.: Digital Video System for Real-Time Processing of Image Series. DESY-Report DV 78/2, 1978.

[6]   BÖHM, M., OBERMÖLLER, U., HÖHNE, K.H.: Determination of Heart Dynamics from X-Ray and Ultrasound Image Sequences. Proc 5th Int. Joint Conf. on Pattern Recognition 1980.

[7]   AGRESS, H.Jr., GREEN, M.V., REDWOOD, D.R.: Functional imaging methodology: recent clinical and research applications. Proceedings of the IVth International Conference on Information Processing in Scintigraphy, 189-208 (1975).

[8]   HÖHNE, K.H., BÖHM, M., NICOLAE, G.: The Processing of X-Ray Image Sequences in: P. Stucki (Ed.): Advances in Digital Image Processing, Plenum Press, New York, (1980), 147-163.

[9]   SPIESSBERGER, W., TASTO, M.: Processing of Medical Image Sequences in: Huang, T.S. (ed.): Image Sequence Analysis, to be published in the series "Topics in Applied Physics", Springer, 1981.

Quantitative Auswertung parametrischer Herzszintigramme
Vergleich mit laevokariographischen und koronarangiographischen Befunden

R. Knopp, D. Koischwitz, M. Bähre, T. Harder, H.J. Biersack, C. Winkler
Institut für klinische und experimentelle Nuklearmedizin
Radiologische Klinik
Universität Bonn

Die Beurteilung der Wandmotilität des Myokards anhand von parametrischen Bildern der Herzfunktionsszintigraphie erfolgte bisher meist nur
qualitativ. Ein Verfahren zur Quantifizierung der von der Norm abwei-
chenden Änderungen der regionalen Wandmotilität erscheint jedoch wün-
schenswert. Wir haben zu diesem Zweck nach Festlegung der Ventrikel-
kontur ein organfestes Netz von 8 Sektoren über den linken Ventrikel
gelegt und für jeden dieser Sektoren die Parameter "Auswurffraktion",
"Schlagvolumenäquivalent", "max. Füllungs- und Entleerungsgeschwindig-
keit" sowie "Phase" "Amplitude" der Fourier-Grundwelle quantitativ bestimmt.

Nach Berechnung von "Normalbereichen" der genannten Parameter an einem
Kollektiv von Herzgesunden wurde das Verfahren bei 250 Patienten mit
koronarer Herzerkrankung angewandt, bei denen außerdem eine laevokar-
diographische und koronarangiographische Untersuchung durchgeführt
worden war. Über die Ergebnisse dieser Vergleichsuntersuchungen bezüglich der Möglichkeit einer quantitativen Erfassung des Ausmaßes und
Schweregrades von Wandbewegungsstörungen wird berichtet.

3 D - S Z E N E N

3D-INFORMATION AUS MEHRFACHEN ANSICHTEN

Bernd Neumann

Fachbereich Informatik
Universitaet Hamburg
Schlueterstr.70, D-2000 Hamburg

Zusammenfassung

Dieser Bericht gibt einen Ueberblick ueber die Moeglichkeiten, raeumliche Information aus mehreren Ansichten einer Szene zu extrahieren, ohne dabei Vorwissen ueber den Szeneninhalt auszunutzen. Zwei Verfahrensgruppen werden erlaeutert, Binokularstereo und Bewegungsstereo. In der ersten Gruppe werden zwei Ansichten aus bekannten Blickrichtungen ausgewertet. Hier liegen die Schwierigkeiten vorwiegend in der Bestimmung korrespondierender Bildelemente. Bewegungsstereo basiert auf bewegungsbedingten Unterschieden in einer Bildfolge. Es wird ueber Ansaetze zur formalen Analyse der prinzipiellen Moeglichkeiten und ueber erste Experimente mit praktischen Verfahren berichtet.

1. Einleitung

Eines der grundlegenden Probleme der maschinellen Bildinterpretation besteht darin, die bei der Abbildung einer dreidimensionalen Bildvorlage verlorengegangene dritte Dimension wiederzugewinnen. Das menschliche Sehvermoegen beweist, dass dies unter verschiedenen Umstaenden moeglich sein kann: mit zwei Augen oder mit einem, bei bekannten oder unbekannten Bildinhalten, aus fester oder bewegter Betrachterposition, in Szenen mit oder ohne Bewegung, und unter unterschiedlichsten Beleuchtungsverhaeltnissen. Mehrere Mechanismen sind heute bekannt [ROCK 75], die zum raeumlichen Sehvermoegen des Menschen beitragen. Man kann sie in zwei Gruppen einteilen: monokulare und binokulare, je nach dem, ob ein oder zwei Bilder gleichzeitig ausgewertet werden. Zur ersten Gruppe gehoeren Tiefenhinweise wie Texturgradienten, Schattierung und Schattenwurf, sowie perspektivische Effekte bei Gegenstaenden, deren 3D-Form bekannt ist. Einige dieser monokularen Tiefenhinweise werden in BAJCSY 80 diskutiert. KANADE 79 untersucht monokulares raeumliches Sehen anhand von Annahmen ueber Eigenschaften der realen Welt. Er zeigt an eindrucksvollen Beispielen, dass untypische Gegenstaende, die den Annahmen nicht entsprechen, raeumlich falsch interpretiert werden.

Zur zweiten Gruppe gehoeren das bekannte Binokularstereo sowie verschiedene Mechanismen, die auf Bewegung beruhen. Die zusammenfassende Bezeichnung "binokulare Tiefenhinweise" ist verbreitet, jedoch nicht genau zutreffend – beim bewegungsbedingten raeumlichen Sehen sind keineswegs "zwei Augen" erforderlich! Charakteristisch fuer diese Gruppe ist vielmehr die Tatsache, dass raeumliche Informationen aus mehreren Ansichten gewonnen werden. Bei Binokularstereo handelt es sich in der Regel um gleichzeitige Ansichten aus verschiedenen Positionen, bei Bewegungsstereo um zeitlich aufeinanderfolgende Ansichten.

Die vorliegende Arbeit befasst sich ausschliesslich mit Verfahren dieser zweiten Gruppe, und zwar nicht im Hinblick auf eine Erklaerung oder Simulation menschlicher Faehigkeiten sondern aus der Sicht der maschinellen Bildinterpretation. Es wird versucht, einen Ueberblick ueber Theorie, Implementierung und Eigenschaften der wichtigsten bisher untersuchten Ansaetze zu vermitteln.

Kapitel 2 behandelt Binokularstereo. Das zugrundeliegende Konzept der Triangulierung ist zwar sehr einfach, jedoch muessen vorher Bildpunkte in Korrespondenz gebracht werden, und dieses Problem ist bis heute noch nicht befriedigend geloest.

Bewegungsstereo stellt in mancher Hinsicht eine Verallgemeinerung von Binokularstereo dar und schliesst letzteres auch ein. Denn zwei Ansichten aus verschiedenen Blickwinkeln koennen natuerlich auch zeitlich nacheinander durch Bewegung eines monokularen Beobachters erzeugt werden. Bewegungsstereo kann sich jedoch auch auf wesentlich komplexere Situationen beziehen, wo z.B. mehrere Objekte mit unbekannter Form auf unbekannten Trajektorien in Bewegung sind und eine zeitliche Folge von vielen Ansichten zur Verfuegung steht.

In Kapitel 3 werden Verfahren vorgestellt, in denen die Positionsveraenderungen einiger markanter Bildelemente zur raeumlichen Analyse herangezogen werden. Eine typische Situation besteht z.B. darin, dass einzelne Punkte auf der Oberflaeche eines starren Objektes verfolgt werden und daraus die relativen 3D-Abstaende dieser Punkte sowie die Objekttrajektorie berechnet werden. Die mathematischen Zusammenhaenge sind wesentlich komplexer als die Triangulierungsrechnungen bei Binokularstereo. Unter welchen Umstaenden eine eindeutige Loesung existiert und wie man sie zuverlaessig findet, ist bis heute nicht vollstaendig erforscht. Eine neue geschlossene Loesung wird fuer eingeschraenkte Bewegungen in orthographischer Projektion vorgestellt. Sobald mehr als ein Objekt oder eine nicht-starre Objektkonfiguration auftritt, muessen zusaetzliche Probleme geloest werden, z.B. das Gruppieren der bewegten Bildelemente nach ihrer Zugehoerigkeit zu einzelnen Objekten oder Objektteilen. Hier ist erst ueber wenige Loesungsvorschlaege zu berichten.

Eine andere Klasse von Verfahren, die sich aber letzten Endes auch auf mehrere Ansichten stuetzt, ist durch das Stichwort "optischer Fluss" gekennzeichnet. Dieser Begriff wurde urspruenglich fuer die Bildveraenderungen auf der Retina eines bewegten menschlichen Beobachters gepraegt [GIBSON 50] und bezeichnet das Vektorfeld von Pixelgeschwindigkeiten, das durch Bewegung (von Beobachter oder Szenenteilen) induziert wird. Verfahren zur Bestimmung und Auswertung von optischem Fluss [KOENDERINK und VAN DOORN 77, CLOCKSIN 78+80, WILLIAMS 80, HORN und SCHUNCK 80, PRAZDNY 79+80] unterscheiden sich wesentlich von den vorher angesprochenen Verfahren; eine ausfuehrliche Diskussion muss hier unterbleiben, um den Rahmen dieser Uebersicht nicht zu sprengen.

Ebenfalls nicht betrachtet werden photometrische Verfahren zur 3D-Analyse. Hierzu zaehlen alle Ansaetze, die 3D-Information aus den Intensitaetsveraenderungen (und nicht den geometrischen Verschiebungen) von korrespondierenden Pixeln in mehrfachen Ansichten ableiten. An dieser Stelle sei nur auf die Arbeiten von Woodham [WOODHAM 78+80] und HORN et al. 78 hingewiesen, die 3D-Information aus den durch Beleuchtungsveraenderungen bedingten Unterschieden zwischen mehreren Ansichten einer statischen Szene gewinnen. Eine Anwendung desselben Grundgedankens auf industrielle Objekterkennung findet sich in VAMOS und BATHOR 80. Auch bewegungsbedingte Beleuchtungsaenderungen koennen zur 3D-Analyse herangezogen werden, siehe dazu WOODHAM 80 und NEUMANN 80a.

2. Binokularstereo

Gegenstand dieses Kapitels sind Ansaetze zur raeumlichen Analyse von Szenen durch Auswerten zweier Ansichten, die aus verschiedenen - aber bekannten - Blickwinkeln erzeugt werden. Im allgemeinen handelt es sich dabei nicht um radikal verschiedene Blickwinkel sondern um Anordnungen, die im Prinzip dem menschlichen zweiaeugigen Sehen entsprechen.

Die Bedeutung von zwei unterschiedlichen Ansichten fuer das raeumliche Sehen war schon Leonardo da Vinci bekannt - fuer ihn eine wichtige Einsicht bezueglich der Moeglichkeit, "lebensechte" Gemaelde zu schaffen. Die genauen geometrischen Beziehungen, die Binokularstereo zugrundeliegen, wurden jedoch erst im 19. Jahrhundert aufgedeckt, nachdem der Brite Wheatstone das Stereoskop erfunden hatte. Die Entwicklung von maschinellem Binokularstereo erfolgte zunaechst vorwiegend fuer Zwecke der Photogrammetrie. Das Bildmaterial wurde dabei meist zunaechst gefilmt und dann spaeter mit Rechnerhilfe ausgewertet. Diesbezuegliche Referenzen finden sich in HANNAH 74 und YAKIMOVSKY und CUNNINGHAM 78.

Als wichtige Teilprobleme stellten sich die folgenden Aufgaben heraus:

    (i) Bestimmen der Kameraparameter (Kalibrierung)

    (ii) Generieren von korrespondiereden Punktpaaren (Korrespondenzproblem)

    (iii) Berechnen der 3D-Koordinaten

Der letzte Schritt beinhaltet die eigentliche Entfernungsberechnung durch Triangulierung. Die mathematischen Zusammenhaenge werden im folgenden kurz erlaeutert (siehe Fig. 1). Zwei Kameras befinden sich in den Positionen $\underline{c}1$ und $\underline{c}2$ (in einem globalen Koordinatensystem). Ein Punkt P mit unbekanntem Ortsvektor $\underline{v}$ erscheint in den Kamerabildern auf Abbildungsstrahlen mit unterschiedlichen Einheitsvektoren $\underline{e}1$ und $\underline{e}2$. Im Idealfall schneiden sich die Abbildungsstrahlen, und aus

$$\underline{v} = \underline{c}1 + s1\ \underline{e}1 = \underline{c}2 + s2\ \underline{e}2$$

lassen sich Faktoren s1 und s2 ermitteln, die die Position von P auf den Strahlen festlegen und $\underline{v}$ bestimmen. Die obige Beziehung ist ein ueberbestimmtes Gleichungssystem, das bei fehlerhaften Ausgangsdaten im allgemeinen nicht befriedigt werden kann - die Abbildungsstrahlen schneiden sich dann nicht. Aus verschiedenen Gruenden ist dieses eher die Regel als die Ausnahme. Man nimmt als Loesung meist ein $\underline{v}$, das mittig zwischen den Strahlen an der Stelle ihrer engsten Annaeherung liegt. Die entsprechenden Ausdruecke fuer s1 und s2 finden sich in DUDA und HART 73.

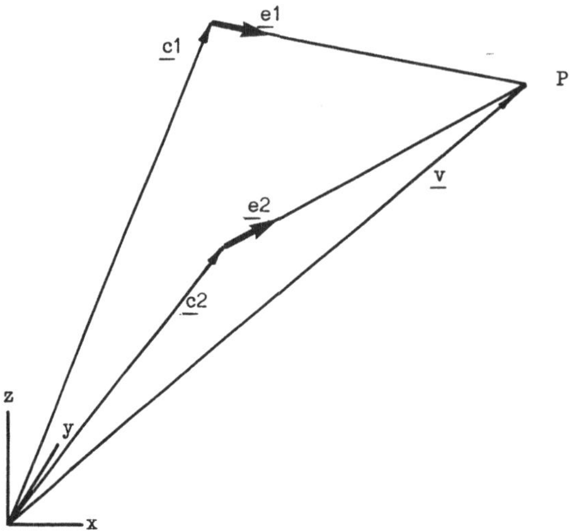

Figur 1: Entfernungsberechnung durch Triangulierung

Eine der ersten Untersuchungen zum Einsatz von Binokularstereo in der Robotik wurde von HANNAH 74 durchgefuehrt. Sie verwendet von Hand fotografierte Diapositive, mit einem Abstand von 1 bis 50 Metern zwischen den Kamerastandpunkten. Davon werden Ausschnitte mit einer typischen Aufloesung von 150*150 Pixeln digitisiert. Im Kalibrierungsschritt werden 2 Brennweiten sowie 5 weitere Parameter bestimmt, die die Position und Orientierung der zweiten Kamera relativ zur ersten festlegen. Hannah wendet dazu die Triangulierungsgleichungen auf manuell selektierte Punkte an, deren Korrespondenz genau bekannt ist. In einem iterativen Verfahren werden die Kameraparameter so lange veraendert, bis die Summe aller Abstaende zwischen den zu den Punkten gehoerenden Abbildungsstrahlen zu einem Minimum wird. Dazu werden mindestens 14 Kalibrierungspunkte benoetigt. Ein aehnliches Verfahren wird auch in SOBEL 74 und GENNERY 77 beschrieben.

Der Hauptteil von Hannahs Untersuchungen bezieht sich auf Verfahren zur Korrespondenzermittlung. Dabei sollen diejenigen Bildteile in den zwei Ansichten identifiziert werden, die dasselbe Stueck Realwelt darstellen. Als "Bildteile" werden rechteckige Fenster in verschiedenen Groessen (z.B. 15*15) verwendet, der Vergleich erfolgt mit verschiedenen Korrelations- und Differenzmassen. Folgende Aspekte und Ergebnisse dieser Untersuchungen scheinen bedeutsam.

1. Die Suche nach einem korrespondierenden Bildteil braucht lediglich auf einem schmalen Streifen zu erfolgen, der durch die Projektion des Abbildungsstrahls aus dem ersten Bild in das zweite Bild bestimmt wird.

2. Die Intensitaeten korrespondierender Pixel koennen sich aufgrund der unterschiedlichen Blickwinkel sowohl durch einen Skalierungsfaktor als auch einen konstanten Zuschlag unterscheiden. Die normalisierte Korrelation ist gegen beides invariant und ist deshalb anderen Vergleichsmassen, die diese Eigenschaft nicht haben, vorzuziehen.

3. Das wiederholte Berechnen von Korrelationen ist zeitaufwendig. Zur Beschleunigung des Verfahrens eignet sich ein Aehnlichkeitstest, der nicht-kompatible Bereiche anhand von einfachen statistischen Eigenschaften erkennt und von der Korrelation ausschliesst.

Das Korrespondenzverfahren von Hannah wird in THOMPSON 75 weiter verbessert. Thompson beruecksichtigt bei der Korrelationsberechnung, dass eine 3D-Oberflaeche in den zwei Ansichten auf unterschiedliche Weise perspektivisch verzerrt wird, um so mehr, je staerker die Blickwinkel differieren. Er vergleicht den Korrelationswert zwischen zwei Fenstern mit der "Autokorrelation" eines der Fenster, die durch Verschieben um 1 Pixel in alle Richtungen berechnet wird. Dadurch wird beruecksichtigt, dass die Korrelation strukturierter Bildteile auch bei perfekter Korrespondenz haeufig geringer ist als die von gleichfoermigen Bildteilen.

In YAKIMOVSKY und CUNNINGHAM 78 wird ein Stereokamerasystem beschrieben, das fuer die automatische Steuerung eines Roboterfahrzeuges entwickelt wurde. Das System wertet die Bilder zweier hochlinearer CID-Kameras (188*244 Pixel) direkt aus und kann die 3D-Koordinaten eines 2 Meter entfernten Punktes auf 5 mm genau berechnen. Die Kalibrierung der Kameras erfolgt mithilfe eines Roboterarms, der Raumpunkte mit bekannten 3D-Koordinaten vorgeben kann. Durch Verknuepfen der Abbildungsgleichungen von vier Punkten ergibt sich eine Beziehung fuer drei der acht Kameraparameter, deren Werte dann durch iterative Optimierung auf der Basis von mehreren Punktquadrupeln bestimmt werden.

Korrespondierende Punkte werden aehnlich wie in THOMPSON 75 mithilfe von Korrelationstests ermittelt. Um Echtzeitanforderungen besser nachkommen zu koennen, wird das adaptive Suchverfahren weiter ausgebaut. Bis zu sieben Fenstergroessen mit zunehmender Diskriminierungsfaehigkeit koennen selektiert werden, damit fuer einen Vergleich nicht mehr Rechenaufwand als erforderlich eingesetzt werden muss.

Der fuer die Korrelationsoperationen benoetigte Rechenaufwand stellt einen entscheidenden Engpass fuer praktische Anwendungen dar, sei es in der Photogrammetrie oder der Robotik. Einen moeglichen Ausweg bietet die Entwicklung spezieller Hardware [GEMMAR 79]. Eine andere Moeglichkeit ist die drastische Einschraenkung der Vergleichsoperationen auf wenige markante Punkte. Dabei wird natuerlich ein zusaetzlicher Verfahrensschritt erforderlich, in dem geeignete Punkte lokalisiert werden. Zahlreiche Punktefinder sind vorgeschlagen worden, auch im Hinblick auf andere Anwendungen. DRESCHLER 81 enthaelt eine ausgezeichnete Uebersicht ueber diese Verfahren und auch interessante Ergebnisse mit einem von ihr untersuchten Operator, der auf starke Kruemmungen im Intensitaetsverlauf eines Bildes anspricht.

Ein weiteres grundsaetzliches Problem stellt die Fehlerempfindlichkeit der bisher betrachteten Verfahren dar. Ist die Stereobasis klein im Verhaeltnis zur Entfernung eines Punktes, so fuehren kleine Ungenauigkeiten (die allein durch die diskrete Rasterung bedingt sein koennen) bereits zu erheblichen Fehlern in den berechneten Raumkoordinaten. Eine grosse Stereobasis dagegen erschwert eine genaue Korrespondenzbestimmung wegen der starken Disparitaet der Ansichten.

Wie in vielen anderen Situationen kann mangelnde Qualitaet durch Quantitaet teilweise kompensiert werden, indem die Resultate mehrerer Messungen vereinigt werden. Dies wird in NEVATIA 76 fuer Bildfolgen untersucht, die mithilfe einer Drehscheibe vor einer festen Kamera erzeugt werden. Wesentlich ist dabei, dass Kameraposition und -orientierung fuer jede Ansicht bekannt sind. Nevatia nennt sein Verfahren "Bewegungsstereo" - dieser Begriff sollte jedoch fuer die bewegungsbasierenden Stereoverfahren vorbehalten bleiben, die sich konzeptionell von Binokularstereo unterscheiden (siehe Kapitel 3). Nevatia nutzt das Vorhandensein von vielen aehnlichen Bildpaaren vorwiegend fuer die Korrespondenzbestimmung aus. Nur solche Punkte werden akzeptiert, deren Korrespondenz waehrend der gesamten Bildfolge verifiziert werden kann.

Das Stereokamerasystem in MORAVEC 80 [siehe dazu auch GENNERY 77, MORAVEC 77+79] wertet zur Verbesserung der Genauigkeit neun Ansichten aus, die durch kontrollierte Verschiebung einer einzigen Kamera erzeugt werden. Daraus lassen sich 36 Bildpaare kombinieren, aus denen Raumkoordinaten fuer jeweils dieselben Raumpunkte berechnet werden. Aus den Einzelergebnissen werden dann sehr genaue Endergebnisse unter Beruecksichtigung der individuellen Zuverlaessigkeiten abgeleitet.

Marr und Mitarbeiter [MARR und POGGIO 79, GRIMSON und MARR 79] stellen in ihrem theoretischen Modell der menschlichen Stereowahrnehmung ein Verfahrenskonzept vor, das sich in mancher Hinsicht von den bisher beschriebenen Verfahren unterscheidet. Sie lokalisieren in den Bildern Kantenelemente mithilfe von richtungsabhaengigen Filtern verschiedener Durchlasscharakteristik. Niedrige Frequenzanteile koennen zur Grobbestimmung und hoehere zur Feinbestimmung der jeweiligen Kantenpositionen herangezogen werden. Zusammen mit der Richtungsinformation wird auf diese Weise ein effektiver und genauer Korrespondenzprozess ermoeglicht. Inwieweit dieses Verfahren auch fuer technische Anwendungen geeignet ist, laesst sich anhand der experimentellen Untersuchungen, die erst im Anfangsstadium sind, nicht absehen.

3. Bewegungsstereo

Bewegung kann auf natuerliche Weise dazu fuehren, dass sich Objekte in mehreren verschiedenen Ansichten praesentieren. Der entscheidende Unterschied zu Binokularstereo besteht jedoch nicht in der groesseren Zahl von Ansichten sondern in den - im allgemeinen - unbekannten Bewegungsparametern, die fuer die Unterschiede zwischen den Ansichten verantwortlich sind. Bewegungsstereo-Verfahren muessen deshalb in in der Regel sowohl eine Bewegungsanalyse der Bildfolge als auch eine raeumliche Analyse einzelner Ansichten leisten. Dies ist nur dann moeglich, wenn ueber die Beziehungen von Punkten untereinander zusaetzliche Annahmen gemacht werden koennen. Die am haeufigsten zugrundegelegte Annahme ist die Starrheitsbedingung. Man geht also davon aus, dass sich mehrere Punkte als starrer Verband bewegen, z.B. wenn sie Fixpunkte an der Oberflaeche eines starren Koerpers sind.

Als eine fuer die hier dargestellten Verfahren prototypische Situation kann eine Szene angesehen werden, in der mehrere starre Objekte, die sich unabhaengig voneinander bewegen, von einer festen Kamera beobachtet werden. Aus den bisherigen Untersuchungen zeichnet sich ab, dass folgende Teilprobleme geloest werden muessen, um 3D-Information ueber die bewegten Objekte und ihre Trajektorien gewinnen zu koennen:

(i) Extraktion von markanten Bildelementen

(ii) Korrespondenz von Bildelementen in aufeinanderfolgenden Ansichten

(iii) Gruppieren der Bildelemente nach ihrer Zugehoerigkeit zu unabhaengig bewegten Objekten

(iv) 3D-Analyse der Bildelemente eines einzelnen Objektes

Die ersten beiden Teilprobleme haben viel mit den entsprechenden Schritten bei Binokularstereo gemeinsam, und in der Tat gibt es Verfahren [BARNARD und THOMPSON 80], die fuer beide Anwendungen gleichermassen konzipiert wurden. Als "Bildelemente" werden meist Merkmale berechnet, die einem koerperfesten Punkt in der Szene entsprechen sollen. Alternativ koennen auch Kantenelemente verwendet werden, die geometrisch als Gerade fungieren. Dies fuehrt zu voellig anderen mathematischen Beziehungen, die bisher nur in NEUMANN 79 untersucht worden sind. Im folgenden wird stets nur von Punkten die Rede sein.

Eine Reihe von Arbeiten geht speziell auf das Korrespondenzproblem bei Szenen mit bewegten Objekten ein. ULLMAN 79 untersucht in zahlreichen Experimenten, wie der Mensch das Korrespondenzproblem loest. Seine Theorie der minimalen Zuordnung (minimal mapping) ist jedoch noch nicht als Rechnerverfahren erprobt worden. Kraasch und Mitarbeiter [KRAASCH et al. 79a+79b] beschreiben ein interessantes Vergleichsverfahren auf der Basis von relational repraesentierten Segmentationsergebnissen. Ein aehnliches Verfahren wird von JACOBUS et al. 80 vorgeschlagen. DRESCHLER 81 benutzt zur Korrespondenzermittlung eine verbesserte Version des Relaxationsverfahrens von BARNARD und THOMPSON 80. In Dreschlers Arbeit findet sich auch ein kritischer Vergleich der wichtigsten Methoden.

Das Gruppierungsproblem - Teilproblem (iii) - ist bisher erst in wenigen Arbeiten behandelt worden. DRESCHLER und NAGEL 81 gehen davon aus, dass Objektmasken durch ein Differenzenverfahren [JAIN und NAGEL 79] gewonnen werden und dadurch zusammengehoerige Punkte identifiziert werden koennen. Interessant ist der Vorschlag von O'ROURKE 81, gemeinsam bewegte Punktgruppen durch eine Art Hough-Transformation zu ermitteln. Dazu muesste ein 6-dimensionales Zaehlerfeld eingerichtet werden, in dem die moeglichen Bewegungsparameter eines Punktes registriert werden. Zaehlermaxima zeigen moegliche Gruppierungen an. In NEUMANN 80b wird das Gruppierungsproblem gleichzeitig mit der 3D-Analyse geloest. Hierueber wird weiter unten berichtet.

Der Hauptteil dieses Kapitels befasst sich mit Teilproblem (iv). Hier geht es beispielsweise um eine Situation, wie sie Fig.2 zeigt. Ein Objekt, repraesentiert durch koerperfeste Punkte, ist in mehreren Ansichten zu sehen, die Korrespondenz der Punkte sei bekannt. Inwieweit kann man von den 2D-Bildkoordinaten der Punkte auf ihre 3D-Raumkoordinaten schliessen?

Figur 2: Drei Ansichten von Eckpunkten eines Quaders

ULLMAN 79 hat fuer diese Frage eine erste Antwort in Gestalt seines "Structure from Motion Theorem" vorgelegt. Das Theorem besagt, dass man raeumliche Struktur und Trajektorie von vier nicht-koplanaren Punkten eindeutig (bis auf eine Reflektion bezueglich der Bildebene) aus drei orthographischen Projektionen berechnen kann. Unter "raeumlicher Struktur" sind die relativen raeumlichen Abstaende der Punkte zu verstehen. Absolute Werte, insbesondere der Abstand zum Beobachter, lassen sich nicht angeben, weil sich eine Bewegung in die Tiefe (vom Beobachter weg) bei orthographischer Projektion nicht bemerkbar macht. Ullman gibt einen konstruktiven Beweis an, der gleichzeitig eine Berechnungsmoeglichkeit aufzeigt. Experimentelle Ergebnisse sind jedoch bis heute nicht bekannt geworden.

Ein aehnlicher Ansatz, der auch auf orthographischen Projektionen basiert, findet sich in ASADA et al. 80. Hier wird gezeigt, dass drei Ansichten von lediglich drei Punkten erforderlich sind, um ihre raeumliche Struktur und Bewegung ermitteln zu koennen. Natuerlich muessen auch hier absolute raeumliche Koordinaten unbekannt bleiben.

Der Berechnungsgang geht zunaechst von zwei Ansichten einer starren 3-Punkte-Konfiguration aus. Die beiden Ansichten lassen sich durch eine Translation in der Bildebene sowie eine Rotation um einen beliebig waehlbaren Drehpunkt ineinander ueberfuehren. Als Drehpunkt wird einer der drei Punkte gewaehlt, der Verschiebungsvektor dieses Punktes gibt damit trivialerweise die gesuchte Translation an. Eliminiert man den translatorischen Bewegungsanteil und legt den Ursprung eines Koordinatensystems auf den Drehpunkt, so entsteht die in Fig. 3 illustrierte Situation. Die xy-Ebene ist parallel zur Bildebene gewaehlt. Damit sind die x- und y-Koordinaten bekannt, waehrend die z-Koordinaten zu bestimmen sind. Aus der Starrheitsbedingung folgt, dass Laengen und Winkel erhalten bleiben. Somit gilt

$$x11 \; + \; y11 \; + \; z11 \; = \; x21 \; + \; y21 \; + \; z21$$

$$x12 \; + \; y12 \; + \; z12 \; = \; x22 \; + \; y22 \; + \; z22$$

$$x11 \, x12 \; + \; y11 \, y12 \; + \; z11 \, z12 \; = \; x21 \, x22 \; + \; y21 \, y22 \; + \; z21 \, z22$$

Daraus laesst sich eine quadratische, nichtlineare Gleichung fuer z11 und z12 ableiten.

$$A\ z11 - 2B\ z11\ z12 + C\ z12 = AC - B$$

A, B und C sind Ausdruecke, die nur aus den beobachteten x- und y-Koordinaten zusammengesetzt sind. Eine analoge Gleichung kann fuer die Groessen der zweiten und dritten Ansicht aufgestellt werden. Dadurch sind insgesamt zwei quadratische Ortslinien fuer z11 und z12 gegeben, deren Schnittpunkte die gesuchte Loesung und ihre Reflektion darstellen. Hieraus koennen dann leicht alle anderen unbekannten z-Koordinaten sowie die Rotationsparameter berechnet werden.

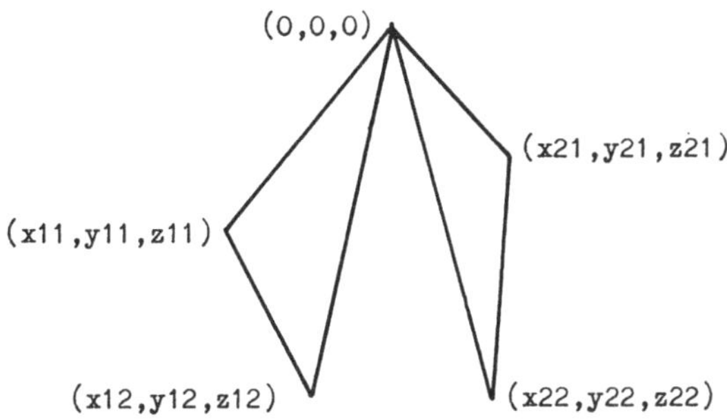

Figur 3: Rotation von 2 Punkten um den Ursprung

Um den Einfluss fehlerhafter Ausgangsdaten zu minimieren, schlagen Asada und Mitarbeiter vor, durch Hinzunahme eines vierten Punktes ein ueberbestimmtes Gleichungssystem zu erzeugen. Aus dem Fehler, mit dem dieses Gleichungssystem bestenfalls befriedigt werden kann, laesst sich dann ein Zuverlaessigkeitswert fuer die betrachtete Punktkombination ableiten. Durch die Auswahl der zuverlaessigsten Punktkombinationen aus einer moeglicherweise groesseren Zahl von Punkten kann insgesamt das Ergebnis verbessert werden.

Bei der Wahl eines der Punkte als Koordinatenursprung wird dessen z-Koordinate willkuerlich auf Null gesetzt. Dieser durch die orthographische Projektion bedingte Freiheitsgrad kann genutzt werden, um unter den moeglichen Trajektorien eine besonders "natuerliche" zu selektieren. In einer Weiterentwicklung ihrer Arbeit [ASADA et al. 81] weisen die Autoren nach, dass bei Bewegungen mit konstant geneigter Rotationsachse z-Verschiebungen derart angenommen werden koennen, dass sich die Rotationsachse mit konstanter Geschwindigkeit bewegt. Hier wird also ein zusaetzliches Kriterium eingefuehrt, um zwischen mehrdeutigen 3D-Interpretationen zu entscheiden.

NEUMANN 80 waehlt fuer dieselbe Situation - bewegte Punkte in orthographischer Projektion - ein voellig anders Vorgehen. Er formuliert Kompatibilitaetstests, die auf zwei Ansichten eines einzelnen Punktes angewandt werden koennen und zeigen, ob hypothetische Annahmen ueber dessen Rotation, Translation und raeumliche Position mit den Beobachtungen vertraeglich sind. Dadurch wird es moeglich,

Gruppierungsentscheidungen, also Zuordnungen von Punkten zu bestimmten Objekten, erst waehrend der 3D-Analyse auf der Basis von 3D-Interpretierbarkeit zu faellen, im Gegensatz zu 2D-Heuristiken, wie sie z.B. von THOMPSON 80 vorgeschlagen werden. Fuer das punktweise Vorgehen muss jedoch mit erhoehtem Rechenaufwand bezahlt werden, denn statt der formelmaessigen Berechnung der Bewegungsparameter findet hier eine Suche statt. Eine weitere positive Eigenschaft dieses Ansatzes liegt in der expliziten Beruecksichtigung einer Fehlertoleranz mithilfe von Intervalrechnung. Dadurch kann der Unsicherheitsbereich der Resultate genau angegeben werden.

Ueber eine Anwendung der bisher beschriebenen Verfahren auf Realweltszenen liegen keine Angaben vor, auch der Autor hat bei den genannten Untersuchungen nur simulierte Daten benutzt. Dadurch laesst es sich nur schwer abschaetzen, welchen Einfluss die Annahme orthographischer Projektion, die diesen Verfahren zugrunde liegt, auf die Qualitaet der Ergebnisse hat. Es ist allgemein bekannt, dass der Abbildungsvorgang mit einer Kamera genauer durch perspektivische Projektion beschrieben wird (siehe z.B. DUDA und HART 73). Die Annahme orthographischer Projektion fuehrt jedoch haeufig zu einfacheren mathematischen Beziehungen (dies wird weiter unten noch demonstriert) und wird deshalb gelegentlich bevorzugt.

Vielleicht ist es bezeichnend, dass die erste Bewegungsstereo-Analyse einer Realweltszene mit einem Verfahren erfolgte, dem perspektivische Projektion zugrunde liegt [BONDE 79, BONDE und NAGEL 79, NAGEL 81]. Es handelt sich dabei um eine Strassenverkehrsszene, die mit einer Fernsehkamera von schraeg oben aus ca. 25 Metern Entfernung aufgenommen wurde. In der Szene vollfuehrt ein abbiegendes Auto eine Translation von ca. 10 Metern, gekoppelt mit einer Rotation um seine Hochachse von ca. 60 Grad. Die Bildfolge besteht aus ca. 30 Ansichten. Vor der eigentlichen 3D-Analyse wird zunaechst ein Kameramodell berechnet. Dies geschieht hier durch iterative Anpassung der Kameraparameter (Position, Orientierung, Brennweite, u.a.) mithilfe von Punkten, deren raeumliche Koordinaten bekannt sind. Das 3D-Analyseverfahren benutzt die inverse perspektivische Transformation (DUDA und HART 73, HARALICK 80) unter der einschraenkenden Annahme, dass eine ebene Bewegung vorliegt, d.h. dass eine Rotation nur um die Hochachse und eine Translation nur in einer Ebene senkrecht dazu erfolgt. Damit verbleiben noch 3 der 6 moeglichen Bewegungsfreiheitsgrade. Trotz dieser Vereinfachung lassen sich fuer die unbekannten Bewegungsparameter und Raumkoordinaten keine geschlossenen Loesungsformeln angeben. Aehnlich wie bei der Kalibrierung wird deshalb in einem iterativen Verfahren eine Fehlerfunktion minimiert, in der die Fehlerquadrate von gemessenen Bildkoordinaten gegen die aus den geschaetzten Parametern errechneten Koordinaten aufsummiert werden.

Es ist interessant, dass fuer dieselbe Situation eine geschlossene Loesung existiert, wenn man orthographische Projektion zugrunde legt. Dem Autor ist keine Veroeffentlichung hierueber bekannt, deshalb sei die Ableitung kurz skizziert. Fig. 4 zeigt die verwendeten Koordinatensysteme. Zwei starr verbundene Punkte $\underline{p}$ und $\underline{q}$ rotieren um die w-Achse des Weltkoordinatensystems bei gleichzeitiger beliebiger Translation. Ihre Positionen zu einem Zeitpunkt 2 haengen wie folgt mit den Positionen zu einem Zeitpunkt 1 zusammen.

$$\underline{p}2 = R\ \underline{p}1 + \underline{t}$$

$$\underline{q}2 = R \; \underline{q}1 + \underline{t}$$

mit $\quad R = \begin{vmatrix} \cos r & \sin r & 0 \\ -\sin r & \cos r & 0 \\ 0 & 0 & 1 \end{vmatrix}$ $\quad$ und $\quad \underline{t} = \begin{vmatrix} tu \\ tv \\ tw \end{vmatrix}$

Die Bildkoordinaten der Punkte werden im Kamerakoordinatensystem in der xy-Ebene gemessen. Die z-Achse faellt mit der optischen Achse der Kamera zusammen. Das Weltkoordinatensystem sei so gewaehlt, dass die z-Achse in der vw-Ebene liegt und durch den Ursprung geht. Somit verbleibt als einziger Parameter, der die Lage des Kamerakoordinatensystems gegenueber dem Weltkoordinatensystem spezifiziert, der Winkel γ zwischen z- und w-Achse. Der Abstand der Kamera entlang der z-Achse ist wegen orthographischer Projektion irrelevant.

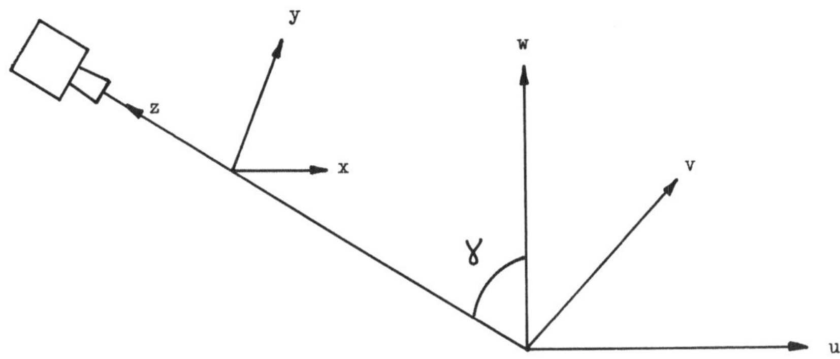

Figur 4: Weltkoordinaten uvw und Kamerakoordinaten xyz

Ein Punkt (u,v,w) wird mit den einfachen Beziehungen

$$x = u$$

$$y = v \cos \gamma + w \sin \gamma$$

in die Bildebene transformiert. Fuer zwei Ansichten des Punktes $\underline{p}$ gilt also

$$px1 = pu1$$

$$py1 = pv1 \cos \gamma + pw1 \sin \gamma$$

$$px2 = pu1 \cos r + pv1 \sin r + tu$$

$$py2 = \cos \gamma \, (-pu1 \sin r + pv1 \cos r + tv) + \sin \gamma \, (pw1 + tw)$$

Entsprechende Beziehungen gelten fuer $\underline{q}$. In mehreren Eliminationsschritten koennen aus diesen Gleichungen alle Unbekannten bis auf r und γ beseitigt werden. Substituiert man schliesslich

$$\tan(r/2) = (1 - \cos r) / \sin r$$

so folgt die huebsche Beziehung

$$\tan(r/2)\,\cos y = -\ \frac{(py2 - py1) - (qy2 - qy1)}{(px2 + px1) - (qx2 + qx1)}$$

Ist der Winkel y durch Kalibrierung bekannt, ergibt sich der Drehwinkel r aus zwei Ansichten von zwei Punkten. Aehnliche Beziehungen lassen sich fuer die Differenzen der Weltkoordinaten pu1-qu1, pv1-qv1 und pw1-qw1 ableiten. Hieraus folgt der raeumliche Abstand der beiden Punkte.

Mit der Einfachheit von obiger Beziehung verbindet sich gleichzeitig auch Analysierbarkeit. Z.B. kann der Einfluss ungenauer Ausgangsdaten auf den berechneten Drehwinkel r leicht untersucht werden. Die Ergebnisse sind natuerlich nur insofern realistisch, als orthographische Projektion den Grenzfall von perspektivischer Projektion fuer grosse Entfernungen darstellt. Dennoch koennen weitere Untersuchungen mit dem orthographischen Modell durchaus nuetzlich sein.

Fuer Bewegungsstereo bei perspektivischer Projektion koennen im allgemeinen keine expliziten Loesungsformeln angegeben werden, so dass iterative Verfahren herangezogen werden muessen. ROACH und AGGARWAL 80 wenden ein Minimierungsverfahren direkt auf die inversen perspektivischen Transformationsbeziehungen an [DUDA und HART 73]. Sie betrachten zunaechst 5 Punkte in 2 Ansichten. Dies fuehrt zu 20 Gleichungen in 27 Unbekannten. Durch willkuerliches Festlegen eines Skalierungsfaktors (dieser laesst sich durch Bewegungsstereo niemals ermitteln) und durch Wahl von geeigneten Koordinatenkonventionen ergibt sich daraus ein System von 18 Gleichungen in 18 Unbekannten. Experimente mit simulierten Daten zeigen, dass sich in diesem hochdimensionalen Parameterraum tatsaechlich die korrekte Loesung finden laesst, wenn man die Anfangsschaetzwerte sorgfaeltig bestimmt (Roach und Aggarwal geben hierzu eine Verfahren an) und ein geeignetes Gradientenabstiegsverfahren benutzt. Die Ergebnisse sind jedoch sehr fehlerempfindlich, wenn sie nur auf 5 Punkten basieren. Erst wenn 12 oder mehr Punkte in 2 Ansichten ausgewertet werden, ergibt sich genuegend Ueberbestimmtheit, um trotz ungenauer Ausgangsdaten zu sinnvollen Ergebnissen zu kommen.

In bestimmten Situationen, wenn die Punkte in reiner Drehung um das optische Zentrum begriffen sind, konnte von Roach und Aggarwal keine Loesung gefunden werden. Es ist bis heute unklar, welche Bedingungen insgesamt erfuellt sein muessen, damit eine Loesung garantiert ist. MEIRI 80 zeigt auf, wieviel Punkte P in wieviel Ansichten A betrachtet werden muessen, um mindestens ebensoviele Gleichungen wie Unbekannte zu haben. Die Ungleichung lautet

$$P \ge 3 + 2 / (2A - 3)$$

Man kann daraus entnehmen, dass fuer 2 Ansichten in der Tat mindestens 5 Punkte und bei mehr Ansichten mindestens 4 erforderlich sind.

NAGEL 81 leitet eine kompakte mathematische Beziehung fuer die 3D-Analyse von 2 Ansichten ab, fuer die in NAGEL und NEUMANN 81 eine einfache geometrische Interpretation angegeben wird. Gegeben sei ein Koordinatensystem mit Ursprung im optischen Zentrum der Kamera. Die Bewegung der Punktkonfiguration kann in eine Translation t, gefolgt von einer Rotation R um den Ursprung zerlegt werden. Sei emn der Einheitsvektor fuer den Abbildungsstrahl, auf dem der m-te Punkt in der n-ten Ansicht liegt. Dreht man den Abbildungsstrahl $em2$ um R zurueck in die Richtung $em2R'$ (der Apostroph bedeutet Transposition), so spannen $em1$ und $em2R'$ eine Ebene auf, die t enthalten muss. Das Vektorprodukt

$$(em1 \ x \ em2R') \qquad m = 1, 2, \ldots$$

definiert den Normalenvektor dieser Ebene. Die Ebenen fuer m=1 und m=2 schneiden sich in einer Geraden, deren Richtung durch

$$(e11 \ x \ e12R') \ x \ (e21 \ x \ e22R')$$

gegeben ist und mit der Richtung von t uebereinstimmt. Alle weiteren Punkte muessen damit kompatibel sein, d.h. die Normalenvektoren ihrer Ebenen muessen senkrecht auf der Richtung von t stehen, die durch die ersten zwei Punkte definiert wird. Dies kann mit dem Skalarprodukt ausgedrueckt werden.

$$[(e11 \ x \ e12R') \ x \ (e21 \ x \ e22R')] \ (em1 \ x \ em2R') = 0$$

Die obige Gleichung ist eine nichtlineare Beziehung zwischen den 3 unbekannten Parametern, die die Rotationsmatrix R spezifizieren. Bei 5 Punkten ergeben sich 3 solcher Gleichungen (m=3,4,5), so dass sich Loesungen fuer R bestimmen lassen. Daraus koennen dann ueber einfache Beziehungen der Translationsvektor t und die raeumlichen Punktkoordinaten ermittelt werden. Der 18-dimensionale Parameterraum, in dem ROACH und AGGARWAL 80 nach einer Loesung suchen, laesst sich also auf 3 Dimensionen reduzieren. NAGEL und NEUMANN 81 leiten aus Gleichung (4) einige Bedingungen fuer die Existenz von Loesungen ab, u.a. auch die Notwendigkeit einer translatorischen Komponente (s.o.).

Zum Abschluss dieses Kapitels soll auf Arbeiten hingewiesen werden, die sich auf nicht-starre Bewegung beziehen. Ein einfacher Fall von nicht-starrer Bewegung liegt vor, wenn mehrere starre, aber beweglich zusammenhaengende Objektteile individuelle Bewegungen ausfuehren. Die Situation unterscheidet sich prinzipiell nicht von einer, in der sich starre Objekte unabhaengig bewegen, soweit man nur an raeumlichen Koordinaten interessiert ist. Das Gruppierungs- und 3D-Analyseverfahren von NEUMANN 80 koennte also auch hier angewendet werden. ASADA et al. 80 versuchen zusaetzlich, eine hierarchische Bewegungsinterpretation zu geben. Sie nutzen dabei die Annahme aus, dass die Hauptkoerper eine Rotation mit konstant geneigter Drehachse ausfuehren und dadurch identifiziert werden koennen. Die Bewegungen der verbleibenden Objekte werden dann relativ zu den Hauptbewegungen untersucht und auf aehnliche Weise hierarchisch dekomponiert.

HOFFMAN und FLINCHBAUGH 80 untersuchen die Moeglichkeit, "biologische Bewegung" raeumlich zu interpretieren. Darunter sind Geh- und Laufbewegungen von Zwei- oder Vierbeinern zu verstehen, (siehe dazu auch RASHID 80). Hoffman und Flinchbaugh gehen wie andere davon aus, dass eine Bildfolge mit bewegten Punkten vorliegt, deren Korrespondenz bekannt ist. Sie schlagen vor, alle Punkte, die sich nicht als starrer Verband interpretieren lassen, in starr verbundene Paare (Glieder) zu zerlegen. Glieder koennen untereinander beweglich zusammenhaengen, indem sie einen Punkt gemeinsam haben. Nimmt man an, dass ein Gliederpaar nur eine ebene Bewegung (in der Ebene der zwei Glieder) ausfuehren kann, so laesst sich eine 3D-Interpretation aus 2 orthographischen Ansichten ableiten. Fuer ein einzelnes Glied sind 3 Ansichten erforderlich, wenn man auch hier eine ebene Bewegung annimmt.

4. Ausblick

Es wurde ueber Verfahren berichtet, die raeumliche Information aus mehreren Ansichten einer Szene ableiten, ohne spezifisches Vorwissen ueber den Szeneninhalt auszunutzen. Eine Methode, Binokularstereo, wird schon seit laengerer Zeit erforscht und auch schon ebenso lange in der Photogrammetrie angewendet, konkrete Anwendungen in der Robotik stehen noch aus. Der hohe Rechenaufwand, der fuer eine zuverlaessige Korrespondenzermittlung erforderlich ist, stellt nach wie vor ein Problem dar. Spezielle Hardware scheint erforderlich, um Echtzeitanforderungen befriedigen zu koennen.

Bewegungsstereo steckt noch in den Kinderschuhen. Zusaetzlich zum Korrespondenzproblem sind mindestens zwei weitere nichttriviale Probleme zu loesen: das Gruppieren von Bildelementen zu Objektkandidaten und das Bestimmen von raeumlichen Trajektorien mithilfe eines komplexen nichtlinearen Gleichungssystems. Erste Loesungsansaetze wurden vorgestellt.

Naheliegende Anwendungsgebiete der hier diskutierten Verfahren sind Photogrammetrie und Robotik. Hier sind vielerlei Situationen denkbar, in denen raeumliche Entfernungen festgestellt oder unbekannte Objekte vermessen werden muessen. Aber auch bei modellgesteuerter Bildinterpretation, wo Vorwissen ueber eine Szene und die darin zu erwartenden Objekte zur Verfuegung steht, kann eine raeumliche Analyse mit Binokularstereo oder Bewegungsstereo ihren Platz haben, da auf diese Weise 3D-Merkmale gewonnen werden koennen, die eine Objektidentifikation erleichtern [NEUMANN und RADIG 79]. Derartige Systeme werden jedoch nicht in naher Zukunft zur Anwendung kommen.

Literatur

Asada et al. 80
    Three Dimensional Motion Interpretation for the Sequence
    of Line Drawings
    M. Asada, M. Yachida, S. Tsuji
    ICPR-80 (1980) 1266-1273
Asada et al. 81
    Understanding of Three-Dimensional Motion in Blocks World
    M. Asada, M. Yachida, S. Tsuji
    (eingereicht zur Veroeffentlichung in IEEE-PAMI)
Bajcsy 80

Three-Dimensional Scene Analysis
R. Bajcsy
ICPR-80 (1980) 1064-1074
Barnard and Thompson 80
Disparity Analysis of Images
S.T. Barnard and W.B. Thompson
IEEE-PAMI-2 (1980) 333-340
Bonde 79
Untersuchungen zur dreidimensionalen Modellierung
bewegter Objekte durch Analyse von Formveraenderungen
der Objektbilder in TV-Aufnahmefolgen
T. Bonde
Diplomarbeit (Januar 1979)
Fachbereich Informatik, Universitaet Hamburg
Bonde and Nagel 79
Deriving a 3-D Description of a Moving Rigid
Object from Monocular TV-Frame Sequences
T. Bonde and H.-H. Nagel
WCATVI-79, pp. 44-45
Clocksin 78
Determining the Orientation of Surfaces from Optical
Flow
W.F. Clocksin
Proc. AISB/GI-78 on Artificial Intelligence
Hamburg, July 18-20, 1978, pp. 93-102
Clocksin 80
The Effect of Motion Contrast on Surface Slant
and Edge Detection
W.F. Clocksin
Proc. AISB-80 Conference on Artificial Intelligence
St. Hardy (ed.), Amsterdam, July 1-4, 1980
Dreschler 81
Ermittlung markanter Punkte auf den Bildern bewegter Objekte
und Berechnung einer 3D-Beschreibung auf dieser Grundlage
L. Dreschler
Dissertation (1981)
Fachbereich Informatik, Universitaet Hamburg
Dreschler und Nagel 81
Volumetric Model and 3D-Trajectory of a Moving Car
Derived from Monocular TV-Frame Sequence of a Street Scene
L. Dreschler, H.-H. Nagel
IJCAI-81 (1981)
Duda and Hart 73
Pattern Classification and Scene Analysis
R.O. Duda and P.E. Hart
John Wiley _Sons, New York, 1973
Gemmar 79
Ein digitales on-line Stereokorrelationssystem
P. Gemmar
Proc. DAGM Symposium 1979

Informatik Fachberichte pp. 315-321
Springer Verlag, Berlin-Heidelberg-New York, 1979

Gennery 77
A Stereo Vision System for an Autonomous Vehicle
D.B. Gennery
IJCAI-77, pp. 576-582

Gibson 50
The Perception of the Visual World
J.J. Gibson
Houghton Mifflin Co., Boston/MA 1950
reprint by Greenwood Press, Westport/CT, 1974

Grimson and Marr 79
A Computer Implementation of a Theory of Human
Stereo Vision
W.E.L. Grimson and D. Marr
Proc. Image Understanding Workshop, pp. 41-47
L.S. Baumann (ed.), Palo Alto/CA, April 24-25, 1979
Science Applications, Inc., Arlington/VA 22209

Hannah 74
Computer Matching of Areas in Stereo Images
M.J. Hannah
Ph.D. Thesis, Memo AIM 239 (July 1974)
Stanford University , Stanford/CA

Haralick 80
Using Perspective Transformations in Scene Analysis
R.M. Haralick
Computer Graphics and Image Processing 30, pp. 191-221 (1980)

Hoffman und Flinchbaugh
The Interpretation of Biological Motion
D.D. Hoffman, B.E. Flinchbaugh
MIT-AI-MEMO No. 608 (1980)
Massachusetts Institute of Technology, Cambridge

Horn and Schunck 80
Determining Optical Flow
B.K.P. Horn and B.G. Schunck
AI Memo 572 (April 1980)
Artificial Intelligence Laboratory
Massachusetts Institute of Technology, Cambridge/MA

Horn et al. 78
Determining Shape and Reflectance Using Multiple
Images
B.K.P. Horn, R.J. Woodham, and W.M. Silver
AI-Memo 490 (August 1978), MIT, Cambridge/MA

Jacobus et al. 80
Motion Detection and Analysis of Matching Graphs of
Intermediate-Levels Primitives
C.J. Jacobus, R.T. Chien, and J.M. Selander
IEEE-PAMI-2 (1980) 495-510

Jain and Nagel 79
On the Analysis of Accumulative Difference Pictures

from Image Sequences of Real World Scenes
R. Jain and H.-H. Nagel
IEEE-PAMI-1 (1979) 206-214

Kanade 79
Recovery of the Three-Dimensional Shape of an Object
from a Single View
T. Kanade
CMU-CS-79-153 (1979)
Carnegie-Mellon University, Pittsburgh, Pa.

Koenderink und van Doorn 77
How an ambulant observer can construct a model of the
environment from the geometrical structure of the visual inflow
J.J. Koenderink, A.J. van Doorn
in Hauske and Butenandt (Hrsg.), Kybernetik, pp. 224-247
Oldenburg Verlag, Muenchen (1977)

Kraasch et al. 79a
Automatic Three-Dimensional Description of
Simple Moving Objects
R. Kraasch, B. Radig, and W. Zach
WCATVI-79, pp. 42-43

Kraasch et al. 79b
Automatische Dreidimensionale Beschreibung
bewegter Gegenstaende
R. Kraasch, B. Radig, W. Zach
in: Angewandte Szenenanalyse, J.P. Foith (ed.)
Informatik Fachberichte 20, pp. 208-215
Springer Verlag, Berlin-Heidelberg-New York 1979

Marr and Poggio 79
A Computational Theory of Human Stereo Vision
D. Marr and T. Poggio
Proc. Royal Society of London B 204 (1979) 301-308

Moravec 77
Towards Automatic Visual Obstacle Avoidance
H.P. Moravec
IJCAI-77, p. 584

Moravec 79
Visual Mapping by a Robot Rover
H.P. Moravec
IJCAI-79, pp. 598-600

Moravec 80
Obstacle Avoidance and Navigation in the Real World
by a Seeing Robot Rover
H.P. Moravec
Ph.D. Thesis, Department of Computer Science
STAN-CS-80-813, Stanford University
available, too, as CMU-RI-TR-3 (September 1980)
Robotics Institute, Carnegie-Mellon University
Pittsburgh/PA

Nagel 81
On the Derivation of 3D Rigid Point Configurations

from Image Sequences
H.-H. Nagel
Proc. PRIP-81, Austin, Texas (1980)

Nagel und Neumann 81
On 3D Reconstruction from two Perspective Views
H.-H. Nagel, B. Neumann
Proc. IJCAI-81, Vancouver, Canada (1981)

Neumann 79
Raeumliche Analyse von Bildsequenzen mithilfe
korrespondierender Kanten
B. Neumann
in: Angewandte Szenenanalyse, J.P. Foith (ed.)
Informatik Fachberichte 20, pp. 216-221
Springer Verlag, Berlin-Heidelberg-New York 1979

Neumann und Radig 79
Strategien zur Analyse von Szenen mit Bewegung
B. Neumann
4. Arbeitstagung der GI-Fachgruppe fuer Kuenstliche Intelligenz
Bad Honnef (1979), Proc. als Bericht des Inst. f. Informatik,
Universitaet Bonn

Neumann 80a
Exploiting Image Formation Knowledge for Motion Analysis
B. Neumann
IEEE-PAMI-2 (1980) 550-554

Neumann 80b
Motion Analysis of Image Sequences for
Object Grouping and Reconstruction
B. Neumann
ICPR-80 (1980) 1262-1265

Nevatia 76
Depth Measurement by Motion Stereo
R. Nevatia
Computer Graphics and Image Processing 5 (1976) 203-214

O'Rourke 81
Dynamically Quantized Spaces Applied to Motion Analysis
J. O'Rourke
JHU-EE 81-1 (1981), The Johns Hopkins University,
Baltimore, Maryland

Prazdny 79
Motion and Structure from Optical Flow
K. Prazdny
IJCAI-79, pp. 702-704

Prazdny 80
Egomotion and Relative Depth Map from Optical Flow
K. Prazdny
Biological Cybernetics 36 (1980) 87-102

Rashid 80
Towards a System for the Interpretation of Moving Light Displays
R.F. Rashid
IEEE-PAMI-2 (1980) 574-581

Roach und Aggarwal 80
        Determining the Movements of Objects from a Sequence of Images
        J.W. Roach, J.K. Aggarwal
        IEEE-PAMI-2 (1980) 554-562
Rock 75
        An Introduction to Perception
        I. Rock
        MacMillan Publishing Company, N.Y. (1975)
Sobel 74
        On Calibrating Computer Controlled Cameras for
        Perceiving 3-D Scenes
        I. Sobel
        Artificial Intelligence 5 (1974) 185-198
Thompson 75
        Depth Perception in Stereo Computer Vision
        C. Thompson
        Memo AIM-268, Stanford Artificial Intelligence Laboratory
        Stanford University (1975)
Ullman 79a
        The Interpretation of Visual Motion
        S. Ullman
        The MIT Press, Cambridge/Mass., 1979
Vamos and Bathor 80
        3-D Complex Object Recognition Using Programmed Illumination
        T. Vamos, M. Bathor
        ICPR-80 (1980) 1091-1093
Williams 80
        Depth from Camera Motion in a Real World Scene
        T.D. Williams
        IEEE-PAMI-2 (1980) 511-516
Woodham 78
        Photometric Stereo: A Reflectance Map Technique
        for Determining Surface Orientation from Image Intensity
        R.J. Woodham
        Proc. SPIE 155 (August 1978)
Woodham 80
        Photometric Method for Determining Surface Orientation
        from Multiple Images
        R.J. Woodham
        Optical Engineering 19 (1980) 139-144
Yakimovsky and Cunningham 78
        A System for Extracting Three-Dimensional Measurements
        from a Stereo-Pair of TV-Cameras
        Y. Yakimovsky and R.T. Cunningham
        Computer Graphics and Image Processing 7 (1978) 195-210

MODELING 3-D STRUCTURE

Thomas C. Henderson, INRIA, Le Chesnay, FRANCE
Amar Mitiche, U. of Texas, Austin, Texas, USA

Abstract

Recognition of 3-D objects and the determination of their orientation in space
are two major problems of robot vision systems. Moreover, in an industrial environment, these tasks should be performed quickly and accurately. A simple representation
of 3-D objects is given which makes possible a technique for recognition and orientation determination of 3-D objects in laser range images. This technique is an extension of the 2-D Hough shape transform to handle 3-D surfaces ; the technique is
applied directly to a set of 3-D points extracted from a range image.

1. Introduction

The representation of 3-D objects has received much attention, and a plethora
of models have been proposed (see [1]). Most of these models permit a hierarchical
organization of primitive solids (or volumes) and are based on constructive solid
geometry, boundary, or sweep representations. The generality of such models leads
to complex object description and detection schemes and this reduces their effecti-
veness. We present here a 3-D representation based on the Hough transform ; this
representation is a simple and efficient description of the surface of the object
and does not include structural information.

The classical Hough transformation is used to detect curves by mapping all the
feature points of an image into a parameter space (see Iannino and Shapiro [2] for
an introduction to the Hough transform and its applications). The parameter space
depends on the class of curves to be detected, and in the case of straight lines is
characterized by either the slope-intercept plane (see Hough [3] or Rosenfeld [4])
or by the angle of the normal to the line and the minimum distance from the line to
the origin (Duda and Hart [5]). In practice, the parameter space is quantized,
and an accumulator is associated with each point in the parameter space. An accumulator is incremented for every detected point whose associated curve in parameter
space crosses that accumulator.

The 2-D shape Hough transform as described by Davis and Yam [6] and Sloan and
Ballard [7] is a generalization of the Hough transform. The 2-D shape transform is
applied to edge images produced from 2-D intensity images. Efficient detection

algorithms can be devised for arbitrary shapes by using the edge responses and taking advantage of the gradient at the edge pixel to reduce the ambiguity in the parameter space.

The current method is applied directly to laser ranging images, i.e., given an image, $I(i,j)$, then $(i,j,I(i,j))$ is the (x,y,z) location on the surface of an object (or the background). In our laser ranging system, the distance to the background is known, and the non-background points are extracted from the range image and kept as a list. The points in this list are called the detected points. The surface of a 3-D object is likewise modeled as a list of points, and the detection procedure is to match the set of model points with the detected points. We show how the Hough transform can be efficiently used to perform this matching even without the knowledge of the surface normal at each detected point. Both the 2-D and the 3-D applications of the Hough technique can be used to find partial matches.

Section 2 describes the representation of 3-D objects and gives an algorithm for position invariant matching. Section 3 shows how the method can be used for orientation invariant matching. Finally, Section 4 discusses data compression methods and limitations.

2. Position Invariant 3-D Hough Transform

The representation used is basically a generalization of that of Merlin and Farber [8]. Given a set of points $P = \{x_i,y_i,z_i)\}$, $i=1,n$ representing a 3-D object, choose some reference point, $P_0 = (x_0,y_0,z_0)$, e.g., the centroid of the object. The object representation, $\mathcal{O}(P,P_0)$, is given as $\mathcal{O} = \{(dx_i,dy_i,dz_i)\}$, where $dx_i = x_0-x_i$, $dy_i = y_0-y_i$, and $dz_i = z_0-z_i$. $\mathcal{O}$ is then a characterization of P as a displacement from each point of P to the reference point P_0.

Given a set of detected points, $D = \{(x_i,y_i,z_i)\}$, $i=1,m$, use a 3-D array, H, to accumulate counts for possible locations of P_0 in space. Namely :

$\forall \ (x_i,y_i,z_i) \in D, \ i=1,m$

$\forall \ (dx_i,dy_i,dz_i) \in \mathcal{O}, \ j=1,n$

Increment $H(x_i+dx_i,y_i+dy_i,z_i+dz_i)$ by 1.

Then the location in H having the maximum value corresponds to the translated position of the reference point, P_0, of the object, $\mathcal{O}$.

The algorithm produces a uninque maximum for any translation of P, and the maximum value is equal to the number of object points in D. This is true since the algorithm is simply an efficient way of computing the (3-D) convolution of the object template with the detected surface points. It must be noted that if all the points in P are not in D, then the maximum will be less than n, and if there are several copies of the object, then the maximum may not be unique ; however, the reference point is always guaranteed to be among the maxima. The ratio $H_{max}/|D|$ can be used to judge the likelihood that the maximum location does indeed correspond to P_0.

3. Rotation Invariant 3-D Hough Transform

Given a set of detected points in $D = \{(x_i, y_i, z_i)\}$, $i=1,m$, and an object representation $\mathcal{O}$ as described in Section 2, use $\mathcal{O}$ to define a set of radii, $R = \{r_i\}$, $i=1,k$ where the r_i's represent all the distinct lengths of vectors in $\mathcal{O}$. With every $r \in R$ associate a list, Sr, of offset vectors which describes the surface of the digital sphere of radius r. Then the rotation invariant 3-D Hough transform is computed by :

$\forall p = (x,y,z) \in D$

$\forall r \in R$

$\forall s = (dx,dy,dz) \in Sr$

Increment $H(x+dx,y+dy,z+dz)$ by 1.

The reference point, P_0, for the object representation $\mathcal{O}$ is found the same way as for the translation transform. However, there is now no guarantee of a unique maximum. Even if the maximum location does correspond to P_0 for a rotated version of the object, the orientation of the object remains unknown.

As suggested by Davis in the 2-D case, two reference points, P_0 and P_0', can be chosen and used to produce two distinct object representations, $\mathcal{O}$ and $\mathcal{O}'$. In this way, the vector P_0-P_0' has a direction and gives the orientation of the object. In 3-D, three reference points must be used.

4. Discussion

A direct model of a 3-D object in a 3-D array, i.e., the characteristic function in 3-D space is essentially empty and for direct implementation of the convolution would require a 3-D accumulator array which could easily exhaust the memory of a machine. Therefore, it is convenient (and necessary) to compress the size of the representation. We have developed an alternative approach which drastically reduces the set of accumulators. This is done by choosing two detected points and keeping accumulators only for the points of intersection of the various spheres centered at the two points. This can be further constrained by choosing k more points and checking that each hypothesized reference location lies on the surface of some sphere for each of the k points ; we currently use 2 such extra points. Note that the accumulators are kept as a list, and the quantization of the parameter space can be to any precision desired and can also vary from place to place.

A model of the object shown in Figure 1 was constructed. The object description contained 8334 surface points. Different views of the object were located under various transformations. For example, one view containing 914 points was correctly located with on the order of 700 points contributing to the accumulator (over 100 points more than for any other accumulator) at the transformed reference point. Obviously, the thresholds chosen for sampling the surface of the spheres will influence the number of points contributing to the maximum, and this threshold will be dependent on the sampling rate on the surface of the object.

Another way to reduce the size of the representation is to map each face of the
3-D object into a 4-D transform space and model these points considered as an object.
Planar faces can be found, for example, using the technique described by Duda et al.
[9]. However, they assume that intensity information is also available, and this aids
in finding planar regions ; even so, finding planar regions is a non-trivial task.
Once the set of faces are found, associate each face, fi, with the 4-D point $(a_i,b_i,$
$c_i,d_i)$ whose coordinates define the plane containing fi. The number of faces is
usually small, and the corresponding 4-D points can be kept as a list instead of in
a 4-D array. Obviously, the disadvantage is to locate the faces of the object ;
moreover, the object may be curved and not have any planar faces.

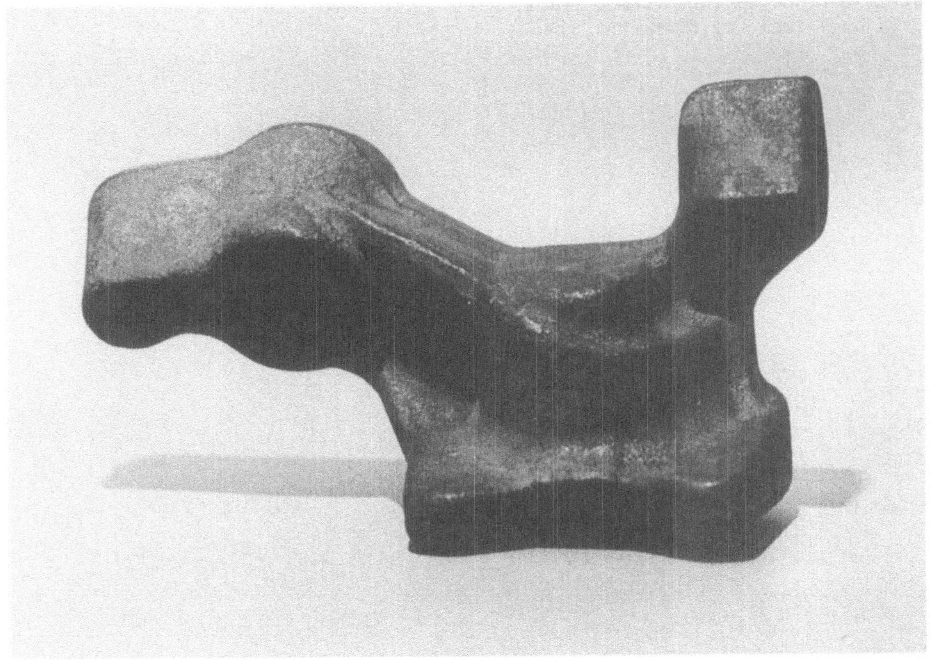

Figure 1. Workpiece (part of a Renault).

In summary, a fast technique for the recognition of 3-D objects in laser range
images and for determination of their orientation in space has been demonstrated.
Examples have been presented, and methods for reducing the memory requirements
proposed.

References

1. Bajcsy, R., Workshop on the Representation of Three-Dimensional Objects, May 1-2,

Univ. of Penn., 1979.
2. Iannino, A. and S.D. Shapiro, "A Survey of the Hough Transform and Its Extensions for Curve Detection", Proc. of Patt. Rec. and Image Proc. Conf., Chicago, 1978, pp.32-38.
3. Hough, P.V.C., Method and Means for Recognizing Complex Patterns, U.S. Patent 3069654, 1962.
4. Rosenfeld, A. and A. Kak, Digital Picture Processing, Academic Press, N.Y., 1976, p.379.
5. Duda, R.O. and P.E. Hart, "Use of the Hough Transformation to Detect Lines and Curves in Pictures", Comm. ACM, 15, Jan. 1972, pp.11-15.
6. Davis, L.S. and S. Yam, "A Generalized Hough-like Transformation for Shape Recognition", TR-134, Univ. of Texas, Feb. 1980.
7. Sloan, K.R. and D. Ballard, "Experience with the Generalized Hough Transform", Image Understanding Workshop, April 1980, pp.150-156.
8. Merlin, P.M. and D.J. Farber, "A Parallel Mechanism for Detecting Curves in Pictures", IEEE Trans. Comp. C24, 1975, pp.96-98.
9. Duda, R.O., D. Nitzan and P. Barrett, "Use of Range and Reflectance Data to Find Planar Surface Regions", IEEE Trans. Patt. Anal. Mach. Intell., Vol. PAMI-1, n° 3, July 1979, pp.259-271.

STOCHASTIC LABELING TECHNIQUES FOR
RECOGNITION OF PARTIALLY VISIBLE 2-D AND 3-D OBJECTS

O.D. FAUGERAS

I.N.R.I.A.
Domaine de Voluceau-Rocquencourt
B.P. 105
78153 Le Chesnay Cédex FRANCE

In this paper we show how Stochastic labeling techniques can be used efficiently
to recognize partially visible objects in two and three dimensions.

After a brief introduction on our optimization approach toward relaxation
labeling we explain how to embed them in a hierarchical scheme that uses
pieces of knowledge from a 2-D or 3-D world model to iteratively build a
description of the objects.

These objects are sensed by a 3-D laser range finder developed at INRIA or a
T.V. camera. They are represented internally by polyhedral approximations. The
relaxation process works on the polygonal faces in the 3-D case and the edges
in the 2-D case. Examples of applications to complicated industrial parts are
also presented.

KLASSIFIKATION UND RÄUMLICHE LAGEBESTIMMUNG VON OBJEKTEN AUS 3-D RASTERBILDERN

Josef Slavik
Fraunhofer-Institut für Physikalische Meßtechnik
7800 Freiburg, Heidenhofstraße 8

Zusammenfassung

Es wird eine Methode zur Klassifikation und räumlichen Lagebestimmung eines einzelnen Flächenstücks dargestellt. Das Flächenstück kann eine Ebene, (gerade Kreis-)Zylinder-, (gerade Kreis-)Kegel- oder Kugelfläche sein. Es wird vorausgesetzt, daß von dem Flächenstück ein räumliches Höhen-Rasterbild $z=f(x,y)$ sowie die räumlichen Gradienten-Rasterbilder $z_x=p(x,y)$, $z_y=q(x,y)$ vorliegen. Die Klassifikation und räumliche Lagebestimmung des Flächenstücks erfolgt aus der Kenntnis der Krümmungen einer Schar ebener Schnittkurven und/oder der räumlichen Lage von Erzeugenden, entweder aus dem Höhen-Rasterbild allein oder unter Zuhilfenahme eines oder beider Gradienten-Rasterbilde(s,r). Abschließend wird eine thematisch verwandte Methode zur Klassifikation und räumlichen Orientierungsbestimmung derselben Typen von Flächenstücken kurz besprochen.

1. Einleitung

In der industriellen Fertigung/Montage wirft die Automatisierung des "Griffs in die Kiste" einen Berg ungelöster Probleme auf. Auf das Gebiet der Szenenanalyse entfällt dabei der Problemkomplex der automatischen (und berührungslosen) Bestimmung der räumlichen Lage nicht-vereinzelter, nicht-regelmäßig räumlich orientierter Objekte unter recht komplexen Umgebungsbedingungen (Vielzahl möglicher räumlicher Standpunkte, komplexer Hintergrund infolge gegenseitiger Verdeckung der Objekte, wechselnde Lichtbedingungen).

Der vorliegende Beitrag beschäftigt sich mit einem Teilproblem aus diesem Problemkomplex. Von der Szene liege ein dreidimensionales Höhen-Rasterbild $z=f(x,y)$ sowie je ein dreidimensionales Gradienten-Rasterbild $\frac{\partial z}{\partial x}=p(x,y)$, $\frac{\partial z}{\partial y}=q(x,y)$ vor, welche unter Berücksichtigung der bereits bekannten sowie der zu erwartenden abbildenden Eigenschaften geeigneter 3-D-Bildsensoren ("range-imaging sensors") (s. (1), (2) als Beispiele für Konzepte industriell einsetzbarer 3-D-Sensoren) computersimuliert wurden. Weiter wird vorausgesetzt, daß die Oberfläche der Objekte der Szene aus ebenen, (geraden kreis-)zylindrischen, (geraden kreis-)kegel- sowie kugelförmigen Flächenstücken bestehen kann. Eine Segmentierung nach Flächen sei bereits durchgeführt worden. Nun soll ein solches Flächenstück klassifiziert und seine räumliche Lage bestimmt werden.

Diese Aufgabe kann innerhalb der von der Anwendung her zur Verfügung stehenden Zeitspanne (einige wenige Sekunden) im Prinzip durch genügend hohen Computer-Hardware- und -Software-Aufwand gelöst werden, z.B. mittels Ausgleichsverfahren (Minimisierung der Summe der Fehlerquadrate) (vergl. die Objektbeschreibungen mittels "verallgemei-

nerte Zylinder" (3), "verallgemeinerte Kegel" (4), (5), ebene, gewölb-
te und "undefinierte" Flächen (6), (7), ebene und Zylinderflächen (8);
die Bestimmung der räumlichen Lage einer Ebene nach der Eigenwertmetho-
de findet man für den zweidimensionalen Fall in (9)). Allerdings sind
so aufwendige Systeme für einen industriellen Anwender kaum noch
attraktiv. Es müssen daher Methoden gefunden werden, welche bedeutend
weniger Aufwand erfordern als die bekannten Ausgleichsverfahren und dabei noch genügend genaue und zuverlässige Ergebnisse bringen.

2. <u>Bestimmung der Hauptkrümmungen und Erzeugenden (bzw. Großkreise)</u>

Eine Senkung des Rechenaufwandes ist durch die Verwendung "lokal" gewonnener Merkmale möglich, zu deren Berechnung nur ein Bruchteil der
Bildpunkte eines Flächenstückes erforderlich ist. Einen Hinweis darauf
erhält man aus dem Satz von Bonnet (10), welcher in der Flächentheorie
eine Aussage über die (bis auf räumliche Drehungen und Parallelver-
schiebungen eindeutige) Beschreibung von Flächenstücken macht. Für die
vier zugelassenen Flächentypen (Ebene, Zylinder, Kegel, Kugel) folgt
daraus, daß die Kenntnis der Hauptkrümmungen zur Klassifikation hin-
reicht und aus der räumlichen Orientierung eines Flächenpunktes sowie
dem räumlichen Verlauf einer Erzeugenden (im Falle der Kugel: Großkreis)
oder eines Parallelkreises die räumliche Lage des Flächenstückes berechnet werden kann.

Schneidet man geometrisch das zu untersuchende Flächenstück mit einer
Schar paralleler Ebenen, so könnte man aus der Krümmung der Schnittkurven in geeigneten Punkten die zugehörigen Hauptkrümmungen der Fläche mit einigem Aufwand berechnen. Für Klassifikationszwecke genügt jedoch die Kenntnis der Krümmung der Schnittkurven in je einem geeigneten Punkt. Diese Bestimmung kann sowohl im Höhen-Rasterbild als auch
in den Gradienten-Rasterbildern erfolgen; für ein Ebenenstück ergeben
sich dabei naturgemäß besonders einfache Verhältnisse.

Im Falle einer Ebene bzw. einer Kugelfläche stellt die Schnittkurven-
schar eine Schar von Erzeugenden bzw. Parallelkreisen dar. Die räumliche Lage dieser Flächenstücke läßt sich daraus relativ leicht ermitteln.
Für Zylinder- und Kegelfläche muß man zu diesem Zweck jedoch mehrere
Erzeugende (aus Genauigkeitsgründen) konstruieren.

Die Konstruktion von Erzeugenden (im Falle der Kugel: Großkreise) ist
für alle vier Flächentypen mit einem einheitlichen Verfahren möglich.

Die Kugelfläche nimmt dabei eine Sonderstellung ein. Sie ist nämlich keine Torse, d. h. keine verzerrungsfrei auf eine Ebene abwickelbare Fläche (10). Die Wirkungsweise des Konstruktionsverfahrens beruht bei den Torsen darauf, daß eine beliebige parallele Ebenenschar eine beliebige Erzeugende unter einem festen Winkel schneidet (10). Bei der Kugelfläche erzeugt eine beliebige parallele Ebenenschar eine Schar von Parallelkreisen. Alle Punkte der Parallelkreisschar mit beliebiger fester Richtung des Tangentenvektors liegen auf ein und demselben - dazu orthogonalen - Großkreis.

Die Konstruktion von Erzeugenden (bzw. Großkreisen) ist prinzipiell im Höhen-Rasterbild möglich; mit Vorteil kann man dafür jedoch die Gradienten-Rasterbilder heranziehen (vgl. (8) für den Fall der Zylinderfläche).

Zu den Torsen gehören auch Zylinder- und Kegelflächen mit beliebigem, z. B. elliptischem, Querschnitt (10). Solche Fläche wurden wegen der mit ihnen verbundenen Komplikationen nicht in die vorliegende Untersuchung mit einbezogen. Gewisse Schwierigkeiten ergeben sich allerdings auch bei der geraden Kreiskegelfläche (Bestimmung der räumlicher Lage der Kegelspitze durch Extrapolation; zu wenig Bildpunkte bei zu starker Neigung der Erzeugenden; fälschliche Klassifikation als Zylinderfläche bei zu kleinem Öffnungswinkel des Kegels). Aus diesem Grunde wurde eine Untersuchung der Kegelfläche zurückgestellt.

3. Alternative Möglichkeit der Klassifikation

Man kann übrigens die Kenntnis des räumlichen Verlaufs einer Schar von Erzeugenden nicht nur - wie bisher dargestellt - zur räumlichen Lagebestimmung der Flächenstücke heranziehen. Auch eine Klassifikation ist damit möglich - ohne vorherige Bestimmung der Hauptkrümmungen. Allerdings bedeutet das im Falle der Kugelfläche keine Vereinfachung gegenüber der Krümmungsbestimmung. Denn das Verfahren zur Konstruktion der Erzeugenden (= Gerade) bei den Torsen ergibt bei der Kugel Großkreise (keine Geraden).

4. Verwandte Methoden

Die hier skizzierte Methode der Klassifikation und räumlichen Lagebestimmung kann als eine "Flächenmethode" angesehen werden, da sie sich gewisser Begriffe und Prinzipien der Differentialgeometrie der Flächen bedient. In hohem Maße verwandt mit dieser Methode ist eine andere "Flächenmethode", von der der Verfasser leider erst vor kurzer Zeit Kenntnis erhielt. Diese Methode (11) benutzt eine spezielle Abbildung des Flächenstücks auf die Einheitskugel - das (Gaußsche) Kugelbild (10) - zur Klassifikation und Bestimmung der räumlichen Orientierung (nicht Lage!). Ein Kugelflächenstück wird dabei auf ein Kugelflächenstück, ein Zylinderflächenstück auf einen Großkreisbogen, ein Kegelflächenstück auf einen Kreisbogen (kein Großkreis) und ein Ebenenstück auf einen Punkt der Einheitskugel abgebildet. Die Abbildung ist (nicht umkehrbar) eindeutig und erfolgt mit Hilfe des auf 1 normierten Oberflächen-Normalenvektors jedes Flächenpunktes. Da es derzeit kein 3-D-Bildsensor-Konzept zur simultanen Gewinnung von Höhen- und "Normalen"-Rasterbildern gibt, müßten die Komponenten des Normalenvektors aus den (beiden) Gradienten berechnet werden. Dies erfordert jedoch einigen Aufwand (Quadratwurzeln!). Außerdem sind dazu beide Gradienten-Rasterbilder erforderlich, während die Bestimmung der Erzeugenden auch aus nur einem Gradienten-Rasterbild möglich ist. Schließlich ist zu beachten, daß die Kugelbild-Methode außer der Klassifikation wohl die räumliche Orientierung eines Flächenstückes zu bestimmen gestattet, nicht jedoch dessen räumliche Lage. Demnach sieht es nicht so aus, als ob diese Methode weniger rechenaufwendig wäre als andere, auf Ausgleichsrechnungen basierende, Methoden. Daher wurde kein detaillierter Vergleich dieser Methode mit der hier vorgestellten durchgeführt.

Literaturverzeichnis

(1) NITZAN, D., BRAIN, A.E., and DUDA, R.O., "The measurement and use of registered reflectance and range data in scence analysis". Proc. IEEE 65, p. 206 (1977).

(2) SLAVIK, J., GRABOWSKI, R., SCHWEIZER, W., and UNGER, L., "3-D optical sensor design for industrial robots". Proc. 1st Int. Conf. Robot Vision and Sensory Controls p. 255 (1985).

(3) AGIN, G.J., BINFORD, T.O., "Computer description of curved objects". Proc. 3rd Int. Joint Conf. Artificial Intelligence p. 629 (1973).

(4) NEVATIA, R., BINFORD, T.O., "Structured descriptions of complex objects". Proc. 3rd Int. Joint Conf. Arificial Intelligence p. 641 (1973).

(5) NEVATIA, R., and BINFORD, T.O., "Description and recognition of curved objects". Artificial Intelligence 8, p. 77 (1977).

(6) SHIRAI, Y., "A step toward context-sensitive recognition of irregular objects". Comput. Graphics and Image Processing 2, p. 298 (1973).

(7) OSHIMA, M., and SHIRAI, Y., "Representation of curved objects using 3-D information". Proc. 2nd USA-Japan Computer Conf. (1975).

(8) POPPLESTONE, R.J., BROWN, C.M., AMBLER, A.P., and CRAWFORD, G.F.,
      "Forming models of plane-and-cylinder faceted bodies from
      light stripes". Proc. 4th Int. Joint Conf. Artificial Intel-
      ligence p. 664 (1975).

(9) DUDA, R.O. and HART, P.E., "Pattern classification and scene
      analysis". New York, John Wiley and Sons, 1973.

(10) DUSCHEK, A., und HOCHRAINER, A., "Grundzüge der Tensorrechnung
      in analytischer Darstellung", II. Teil:"Tensoranalysis".
      3. Aufl., Wien, Springer Verlag, 1970.

(11) BAJCSY, R., "3-D object representation". Paper presented at the
      NATO Advanced Study Institute on Pattern Recognition Theory
      and Applications, Oxford, 1981.

ZUR ERMITTLUNG GEKRÜMMTER OBERFLÄCHEN
BEWEGTER OBJEKTE AUS BILDFOLGEN

H. Westphal und H.-H. Nagel

Fachbereich Informatik, Universität Hamburg
Schlüterstr. 70, 2000 Hamburg 13

Zusammenfassung

Dieser Beitrag stellt ein Verfahren zur Ermittlung eines auf gekrümmten Oberflächen aufbauenden Modells bewegter Objekte aus Bildfolgen
vor. Dabei wird auf ein neues photometrisches Stereoverfahren, das
auch diffuse Lichtanteile vorsieht, und ein Verfahren zur Lösung des
Korrespondenzproblems in Gebieten geringer Musterung eingegangen.

1. Einführung

Im Verlauf einer Bildfolge ist ein bewegtes Objekt oft von verschiedenen Seiten zu sehen. Daraus ergeben sich besondere Möglichkeiten der
dreidimensionalen Modellierung bewegter Objekte. Eines der wenigen
verfügbaren Verfahren geht davon aus, daß die Bilder auffälliger Punkte der Objektoberfläche in den einzelnen Aufnahmen einer Folge gefunden werden können /1, 2/. Ist die Korrespondenz hergestellt, können
die Trajektorie des Objekts und die 3D-Koordinaten der Punkte in einem
körperfesten Koordinatensystem ermittelt werden /3/. Die konvexe Hülle
dieser Punkte kann als erstes, grobes, dreidimensionales Modell des
Objekts angesehen werden /4, 5/.

Von diesem Polyeder ausgehend soll die Objektbeschreibung dadurch
verfeinert werden, daß die ebenen Oberflächen des Modells durch
gekrümmte Flächen ersetzt werden. Mit diesen kann der Helligkeitsverlauf der Bildfunktion zwischen den Bildern der auffälligen Punkte
genauer beschrieben werden. Dazu muß außerdem die ortsabhängige
Reflektanz der Oberfläche (Musterung) in das Modell integriert werden.

Hier sollen zwei neue Ansätze beschrieben werden, mit denen vom
konvexen Polyedermodell auf gekrümmte und gemusterte Flächen übergegangen werden kann, sofern gewisse Annahmen über das in der Bildfolge
beobachtete bewegte Objekt gemacht werden.

2. Annahmen

Es wird davon ausgegangen, daß die Trajektorie des betrachteten starren Körpers durch die in /1-5/ beschriebenen Verfahren bekannt ist.

Die wahrgenommene Helligkeit eines Oberflächenstückchens hängt u.a. von folgenden Größen ab (z.B. /6/):

1) Lichteinstrahlung auf die Fläche
2) Blickrichtung des Betrachters
3) Photometrische Eigenschaften der Fläche
4) Orientierung der Fläche.

Im folgenden wird davon ausgegangen, daß die Größen 1) und 2) annähernd konstant sind. Das bedeutet, daß sich entlang der Bahn des Objekts weder die Stärke der Beleuchtung (z.B. durch Schatten) noch deren Richtung ändern. Geht man von sonnenbeleuchteten Szenen mit räumlich konstantem diffusen Anteil des Lichtes (keine gegenseitige Beleuchtung) aus, erscheint dieses vertretbar. Ist die Querkomponente der Translation klein gegenüber der Entfernung des Objekts, kann auch die Richtung zum Betrachter als fest angesehen werden.

Die photometrischen Eigenschaften sollen die einer total diffusen Fläche mit multiplikativer Albedo (Farbe) sein (Lambert'scher Strahler). Das bedeutet, daß die abgestrahlte Lichtmenge proportional zum Cosinus des Winkels zwischen Lichtrichtung und Oberflächennormaler ist.

Unter diesen Voraussetzungen hängt die Bildfunktion nur noch von den folgenden, lokalen variablen Größen ab:

1) der Albedo,
2) der Oberflächenorientierung,
3) dem 3D-Ort in der Szene; daraus ergibt sich der Projektionsort.

Um aus den beobachteten Helligkeiten auf Abweichungen der wirklichen Körperoberfläche von den ebenen Teilflächen des vorhandenen Polyedermodells zu schließen, müssen diese Parameter für jede Polyederfläche an einer hinreichenden Zahl von Stützstellen bestimmt werden.

Der dritte Parameter bestimmt die LAGE des Pixels. Dagegen legen die anderen beiden seine HELLIGKEIT fest. Diese sollen deshalb gemeinsam ermittelt werden (Abschnitt 3), während die genauere Bestimmung der Objektoberfläche in Abschnitt 4 behandelt wird.

3. Ein verbessertes photometrisches Stereoverfahren

Angenommen, der Projektionsort eines körperfesten Punktes in jedem Bild der Folge sei gegeben, das Korrespondenzproblem also auch für die nicht auffälligen Punkte gelöst. Außerdem sei ein Lambert'sches Reflektionsverhalten mit einer multiplikativen Albedo und eine bekannte Lichtrichtung angenommen. Haben sowohl der Normalenvektor als auch der Vektor in Lichtrichtung Einheitslänge, so kann man den Cosinus des eingeschlossenen Winkels ausrechnen, indem man das Skalarprodukt bildet. Schließlich sei ein Anteil diffusen Lichtes ('Diffus') gegeben.

Dann kann man mit den bekannten Rotationen zwischen den Bildern sowohl die Oberflächennormale als auch die Albedo berechnen:

$$\text{Intensität} = \text{Albedo} \cdot (\text{Lichtrichtung} * (\text{Normale} * \text{Rotation}) + \text{Diffus}) \tag{3.1}$$

> ('Rotation' sei die zeitabhängige Rotationsmatrix, die das
> körperfeste Koordinatensystem in das Bezugssystem überführt,
> '*' bedeute Vektor- oder Matrixmultiplikation)

Das Problem ist formal dem 'photometrischen Stereoverfahren' äquivalent, wie kleine Umformungen zeigen:

$$\text{Intensität} = \text{Albedo} \cdot ((\text{Lichtrichtung} * \text{Rotation}^{-1}) * \text{Normale} + \text{Diffus})$$

Hieraus ergibt sich eine lineare Gleichung in den 4 Unbekannten Normale_x, Normale_y, Normale_z und $(1/\text{Albedo})$:

$$\text{Intensität} \cdot (1/\text{Albedo}) - (\text{Lichtrichtung} * \text{Rotation}^{-1}) * \text{Normale} = \text{Diffus}$$

Mit drei solcher linearer Gleichungen für Grauwertbeobachtungen desselben Objektpunktes in drei verschiedenen Aufnahmen erhält man ein dreikomponentiges lineares Gleichungssystem in vier Unbekannten. Durch Umformen (z.B. Gaußelimination) kann man drei Unbekannte als lineare Funktion der vierten Unbekannten ausdrücken. Setzt man diese Ausdrücke in $|N| = 1$ ein, so erhält man eine quadratische geschlossene Lösung für diese vierte Unbekannte.

Es seien

$$b = 1/\text{Albedo}$$
$$Nx = \text{Normale}_x \quad \text{u.s.w.}$$

Die Umformung des linearen Gleichungssystems ergebe lineare Terme in Nz. Diese seien mit entsprechenden Koeffizienten a:

$$Ny = a1.Nz + a2$$
$$Nx = a3.Nz + a4$$
$$b = a5.Nz + a6 \qquad (3.2)$$

Setzt man dieses in $(Nx^2 + Ny^2 + Nz^2) = 1$ ein, so ergibt sich folgende quadratische Gleichung für Nz:

$$(a3.Nz + a4)^2 + (a1.Nz + a2)^2 + Nz^2 = 1 \qquad oder$$
$$Nz^2.(1 + a3^2 + a1^2) + 2\,Nz.(a3.a4 + a1.a2) + a4^2 + a2^2 - 1 = 0$$

Diese Gleichung - zusammen mit den Gleichungen 3.2 - ergibt zwei Lösungen, von denen aber nur eine zum Betrachter zeigt.

Bei mehr als 3 Messungen, wie sie sich normalerweise in Bildfolgen ergeben, böte sich eine Fehlerausgleichsrechnung an. Allerdings ist diese wegen des in Gleichung 3.1 auftretenden Produkts der Unbekannten Albedo und Normale nichtlinear.

4. Finden korrespondierender Punkte in Gebieten geringer Textur

Ein wesentlicher Unterschied zwischen dem photometrischen Stereoverfahren und der Analyse von Bildfolgen liegt darin, daß die Bilder eines Objektpunktes in verschiedenen Aufnahmen und damit die Korrespondenz zwischen diesen Bildpunkten zunächst höchstens näherungsweise ermittelt werden können. Daher wurde ein Ansatz entwickelt, mit dem sich korrespondierende Punkte gerade in Gebieten relativ geringer Grauwertvarianz finden lassen. Diese Gebiete sind nämlich ungeeignet für mit auffälligen Punkten arbeitende Verfahren, so daß das hier vorgestellte Verfahren das in /1-5/ beschriebene ergänzt (siehe /7/).

Ausgehend von dem oben erwähnten Polyedermodell des bewegten Objekts wird zunächst im Mittelpunkt einer jeden Polyederfläche die Flächennormale betrachtet. Der zu suchende Punkt sei der Schnittpunkt dieser Normalen mit der Körperoberfläche. Mit einer eindimensionalen Suche ist der Parameter r zu bestimmen, der den Abstand des gesuchten Oberflächenpunktes von der betreffenden Polyederfläche der konvexen Hülle bezeichnet (siehe Abb. 1).

Geht man von einem Anfangswert für r aus, so ist damit eindeutig ein 3D-Punkt im körperfesten System definiert. Aus der bekannten Trajek-

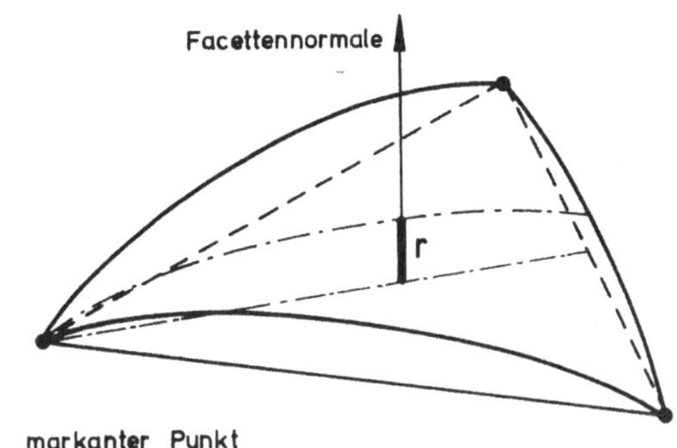

Abb. 1: Der Geradenparameter r der Facettennormalen

torie ergeben sich dann eindeutig die Projektionsorte in allen Bildern der Folge, so daß eine zeitliche Folge von Grauwertmessungen (Grauwertkette) den Bildern entnommen werden kann. Sind die Normale und die Albedo des gesuchten Punktes bekannt, so läßt sich aus den bekannten Rotationen zwischen den Aufnahmen die Orientierung in jedem Bild und somit eine 'erwartete' Grauwertkette errechnen. Aus den Abweichungen der erwarteten von den gemessenen Helligkeitswerten der Grauwertkette und den örtlichen Helligkeitsgradienten in den Bildern kann dann eine Korrektur für den zu ermittelnden Abstandswert r bestimmt werden.

Die Abweichung der für einen bestimmten Wert von r gemessenen Helligkeit und der sich nach Gleichung (3.1) ergebenden Helligkeit sei 'Fehler'. Dann ist der Korrekturwert Δ r

$$\Delta r = - \text{Fehler} / (\delta \text{ Intensität} / \delta r)$$

Die partielle Ableitung der Intensität nach dem Geradenparameter läßt sich aus der Geradengleichung der Facettennormalen, der sich aus der Trajektorie ergebenden Abbildungsgleichung und den örtlichen Gradienten der Bildfunktion für jedes Bild der Folge errechnen. Durch Mittelung über die ganze Folge wird der Korrekturwert für den Geradenparameter r dann festgelegt.

Auf diese Weise kann iterativ derjenige 3D-Objektpunkt auf der Geraden gefunden werden, der die beobachteten Helligkeiten am besten erklärt. Mit den dreidimensionalen Koordinaten dieses Punktes kann die ursprünglich ebene Flächenbeschreibung dann besser an die wirkliche Körperform angepaßt werden. Ergeben sich noch zu große Diskrepanzen zwischen den sich aus diesem Modell der Fläche ergebenden Helligkeiten und den in der Bildfolge gemessenen, so wird das Verfahren an weiteren Stützpunkten der Fläche wiederholt.

Das in Abschnitt 3 beschriebene Verfahren ermittelt die helligkeits-
bestimmenden Parameter Albedo und Oberflächennormale eines Flächenstückchens, wenn der 3D-Ort im körperfesten System bekannt ist.
Dagegen stellt das in Abschnitt 4 beschriebene Verfahren genau dessen
Umkehrung dar.

5. Implementation

Die beiden oben beschriebenen Ansätze sind implementiert und zunächst
mit künstlichen Daten getestet worden. Dabei erwies sich die
Ermittlung des Geradenparameters r als robuster gegen fehlerbehaftete
Intensitätsangaben und falsche Anfangsschätzungen als die Ermittlung
von Normaler und Albedo. Die Ursache dafür liegt in der geringeren
Zahl der Freiheitsgrade der Lösung, nämlich einem (r) gegenüber vieren
($Normale_x$, $Normale_y$, $Normale_z$, Albedo).

6. Diskussion

Das neue photometrische Stereoverfahren (Abschnitt 3) hat gegenüber
dem ursprünglich von Horn et al. /7/ und den jüngst von Woodham /8/
oder Coleman und Jain /9/ vorgeschlagenen den Vorteil, daß der diffuse
Lichtanteil berücksichtigt wird, den man in natürlichen Szenen sicher
nicht vernachlässigen darf.

Die Vorteile des in Abschnitt 4 beschriebenen Verfahrens gegenüber
anderen Verfahren zur Bestimmung von Korrespondenzen in Gebieten
geringer Textur (z.B. von Horn und Schunck /10/ oder Schalkoff und
McVey /11/) sind folgende:

- Es wird eine globale Auswertung der ganzen Bildfolge und nicht
  nur aufeinanderfolgender Bildpaare durchgeführt. Dadurch kann das
  Verfahren robuster und genauer sein. Während die bekannten
  Verfahren die Annahme machen, daß sich die Helligkeit eines
  körperfesten Flächenstückchens durch die Bewegung NICHT ändert,
  nutzt das hier beschriebene Verfahren diese sich tatsächlich
  vollziehenden Veränderungen gerade aus.

- Zum anderen werden nicht nur zweidimensionale Verschiebungsvektoren bestimmt, sondern es liegt eine explizite drei-

dimensionale Modellierung zugrunde. Der schwierige Schritt von
den zweidimensionalen Verschiebungsvektoren zu dreidimensionalen
Objektrekonstruktionen (z.B. /12/) ist nämlich noch nicht als
endgültig gelöst zu betrachten.

Als problematisch haben sich die Anfangsschätzungen für die Parameter
erwiesen. Hierfür bieten sich jedoch Messungen an der Objektsilhouette
in den einzelnen Aufnahmen einer Folge an. Dabei lassen sich sowohl
für die Normale als auch für den Geradenparameter r gute Schätzwerte
ermitteln /13, 14/, die unter Ausnutzung der ganzen Bildfolge dann
verifiziert und verfeinert werden können. Die Nachteile der Analyse am
Objektrand – Unsicherheiten bei der Albedobestimmung (fast) tangential
betrachteter Oberflächenstückchen sowie Mehrdeutigkeiten bei nicht
konvexen Körpern /15/ – lassen sich durch Betrachtung des entsprechenden Bildausschnitts in ausreichend rotierten Ansichten umgehen.

7. Literaturverzeichnis

/ 1/ L. Dreschler: Ermittlung markanter Punkte auf den Bildern bewegter
Objekte und Berechnung einer 3D-Beschreibung auf dieser Grundlage,
Dissertation, Fachbereich Informatik, Universität Hamburg, 1981.
/ 2/ L. Dreschler und H.-H. Nagel: On the Frame-to-Frame Correspondence
between Greyvalue Characteristics in the Images of Mo.ing Objects,
5. GI-Fachtagung GWAI-81 (German Workshop on Artificial
Intelligence) Bad Honnef, 26.-30. Januar 1981,
erscheint in J. Siekmann (Hrsg.), Springer Verlag Berlin-
Heidelberg-New York, Serie Informatik Fachberichte.
/ 3/ H.-H. Nagel: From Digital Picture Processing to Image Analysis,
Int. Conf. on Image Analysis, Pavia, 22.-24. Okt. 1980, pp. 27-40.
/ 4/ L. Dreschler und H.-H. Nagel: Volumetric Model and 3D-Trajectory
of a Moving Car Derived from Monocular TV-Frame Sequences of a
Street Scene, IJCAI 1981, Vancouver, Kanada.
/ 5/ L. Dreschler: Korrespondenz von Oberflächenpunkten bewegter Objekte
in Außenweltszenen, in diesem Band.
/ 6/ R.J. Woodham: Reflectance Map Techniques for Analyzing Surface
Defects in Metal Castings, MIT-TR-457, Cambridge/MA, Juni 1978.
/ 7/ B.K.P. Horn, R.J. Woodham, W.M. Silver: Determining Shape and
Reflectance Using Multiple Images, MIT AI-Memo 490, Aug. 1978.
/ 8/ R.J. Woodham: Photometric Method for Determining Surface Orientation
from Multiple Images, Optical Engineering 19 (1980) 139-144.
/ 9/ E.N. Coleman und R. Jain: Shape from Shading for Surfaces with
Texture and Specularity, Vorabdruck 1981.
/10/ B.K.P. Horn und B.G. Schunck: Determining Optical Flow, MIT AI-Memo
572, April 1980, ersch. in Artificial Intelligence (1981).
/11/ J.R. Schalkoff und E. McVey: Algorithm Development for Real-Time
Automatic Video Tracking Systems, Proc. 3rd Int. Computer Software
and Applications Conf., Chicago/IL, Nov. 1979, pp. 504-511.
/12/ W.F. Clocksin: Determining the Orientation of Surfaces from Optical
Flow, Proc. AISB/GI-78 on Artificial Intelligence, Hamburg, Juli
1978, pp. 93-102.
/13/ H.G. Barrow und J.M. Tenenbaum: Reconstructing Smooth Surfaces
from Partial, Noisy Information, Proc. Image Understanding Workshop,
Los Angeles/CA, Nov 1979, pp. 76-86.
/14/ K. Ikeuchi: Numerical Shape from Shading and Occluding Contours
in a Single View, MIT AI-Memo 566, Feb. 1980.
/15/ D. Marr: Analysis of Occluding Contour, Proc. Royal Soc. B 197,
1977, pp. 441-475.

RELATIONALE BESCHREIBUNG

ÄHNLICHKEITSMASSE FÜR HIERARCHISCH AUFGEBAUTE STRUKTUREN UND IHRE ANWENDUNG IN DER MUSTERERKENNUNG

Dieter Gernert

TU München (FB WS)

Zusammenfassung:

Es wird gezeigt, wie für eine vorgegebene Menge von strukturierten
Objekten ein Ähnlichkeits- oder Distanzmaß definiert werden kann,
das die üblichen mathematischen Eigenschaften aufweist und zugleich
einen zugrundeliegenden hierarchischen Aufbau der Objekte berücksichtigt.

1. Ähnlichkeits- und Distanzmaße in der Mustererkennung

Das Konzept eines Ähnlichkeits- oder Distanzmaßes auf einer Menge
vorgegebener Objekte wird in jüngster Zeit auch für Zwecke der Mustererkennung herangezogen. So z.B. vergleichen SHAPIRO/HARALICK /1/
ein Input-Muster mit einem Bestand gespeicherter Prototypen, um den
"ähnlichsten" Prototyp herauszufinden (inexact matching). Ferner erweist es sich als praktikabel, eine Menge von Objekten als hierarchische Struktur von Teilobjekten aufzufassen (BERTELSMEIER/RADIG /2/).
Hier wird gezeigt, wie für eine vorgelegte Menge von strukturierten
Objekten ein Ähnlichkeits- oder Distanzmaß definiert werden kann,
das die üblichen mathematischen Eigenschaften besitzt, und wie zugleich ein zugrundeliegender hierarchischer Aufbau berücksichtigt
werden kann.

2. Mathematische Problemformulierung

Es sei eine endliche Menge M von endlichen ungerichteten zusammenhängenden Graphen $G_1, G_2, \ldots, G_n$ gegeben. Die Funktion $d(G_i, G_k)$ soll
für beliebige $G_i, G_k \in M$ definiert sein und die üblichen Eigenschaften
einer Metrik aufweisen, die für Graphen wie folgt zu modifizieren
sind:

$$1. \quad d(G_i, G_k) \geqslant 0 \tag{1}$$

$$2. \quad d(G_i, G_k) = 0 \quad \text{d.u.n.d., wenn } G_i \cong G_k \tag{2}$$

$$3. \quad d(G_i, G_k) = d(G_k, G_i) \quad \text{für alle } i, k \tag{3}$$

$$4. \quad d(G_i, G_k) \leqslant d(G_i, G_m) + d(G_m, G_k) \quad \text{für alle } i, k, m \tag{4}$$

($\cong$ isomorph).

Ferner soll $d(G_i, G_k)$ der Vorstellung entsprechen, daß "lokale" Änderungen beim Übergang von G_i zu G_k auf kleine Abstände d (große Ähnlichkeit) führen, während "globale" Änderungen große Werte von d (geringe Ähnlichkeit) zur Folge haben.

Da eine Umrechnung von Ähnlichkeits- in Abstandsfunktionen und umgekehrt stets möglich ist (/3/, S. 14-34), werden im folgenden nur noch Abstandsfunktionen betrachtet.

3. Der Fall einer einzigen Hierarchiestufe

Die zu definierende Abstandsfunktion d wird anhand einer Graphgrammatik Γ beschrieben. Eine Graphgrammatik besteht aus einem Startgraphen und endlich vielen Produktionsregeln, die es gestatten, jeweils aus einem bereits vorhandenen Graphen einen weiteren abzuleiten. Dies geschieht derart, daß ein Teilgraph des gegebenen Graphen, welcher die Vorbedingung einer Produktionsregel erfüllt, durch einen anderen Graphen ersetzt wird. Zunächst wird eine sequentielle Graphgrammatik vorausgesetzt, d.h. in jedem Ableitungsschritt wird genau ein Teilgraph ersetzt (auch wenn mehrere Teilgraphen die Vorbedingung erfüllen).

Es sei $L(\Gamma) = \{G_1',G_2',\ldots\}$ die Menge der von Γ erzeugten Graphen. Dann muß gelten: $M \subseteq L(\Gamma)$, d.h. Γ muß zumindest alle vorgegebenen Graphen G_i erzeugen.

Aus praktischen Gründen sollte man voraussetzen, daß alle $G_i' \in L(\Gamma)$ wiederum zusammenhängend sind und daß Γ eine einbettungsmonotone Grammatik (/4/, S. 68) ist. Eine solche Grammatik läßt vorhandene Kanten bestehen; wegen der Beschränkung auf zusammenhängende Graphen bedeutet dies, daß allenfalls Kanten eingesetzt oder Teilgraphen angefügt werden.

Es sei

$$f(G_i',G_k') := \begin{cases} 0, & \text{wenn } G_i' \cong G_k' \\ 1, & \text{wenn } G_i' \not\cong G_k' \wedge \\ & (G_i' :\vdash G_k' \vee G_k' :\vdash G_i') \\ \text{sonst undefiniert} \end{cases} \tag{5}$$

($\not\cong$ nicht isomorph, $:\vdash$ direkt ableitbar).

Für beliebige $G_i',G_k' \in L(\Gamma)$ existiert stets ein Weg W', der von G_i'

ausgeht und diesen Graphen ausschließlich durch Anwendung von Regeln aus Γ und die inversen Transformationen in G_k' überführt. Für all diese Schritte ist f definiert, und damit ist abhängig von dem Weg W' eine Weglänge $\lambda(G_i',G_k';W')$ definiert als Summe aller zu den einzelnen Schritten in W' gehörenden f. Nunmehr kann man für beliebige $G_i,G_k \in M$ definieren:

$$d(G_i,G_k) := \min_W \lambda(G_i,G_k;W) \tag{6}$$

Das Abstandsmaß $d(G_i,G_k)$ ist bei festem Γ eindeutig definiert und hat die Eigenschaften (1) bis (4) einer Metrik. (Zum Beweis: (1) und (3) sind trivial; (2) folgt aus (5); (4) ist erfüllt, weil in (6) ein "kürzester Weg" verwendet wird.)

Natürlich hängt d von der gewählten Grammatik ab. Heuristische Regeln zur Ermittlung einer Graphgrammatik, welche eine vorgegebene Menge von Graphen erzeugt, und ein Komplexitätsmaß für Graphgrammatiken werden in /5/ beschrieben.

4. Der Fall mehrerer Hierarchiestufen

4.1 Hierarchisch aufgebaute Graphen

Zunächst soll informell von einem Graphen G mit zwei Hierarchiestufen gesprochen werden, wenn G aus einem einfacheren Graphen H dadurch abgeleitet werden kann, daß jeweils mehrere Knoten von H durch den gleichen, aus mindestens zwei Knoten bestehenden Graphen ersetzt werden. Dies läßt sich entsprechend auf mehr als zwei Hierarchiestufen ausdehnen.

In diesem Zusammenhang ist auch an die h-Graphen von PRATT zu erinnern, die im Bereich der Mustererkennung bereits für andere Zwecke eingesetzt werden /6/. Bei diesen wird ein Knoten nicht durch einen Graphen ersetzt, sondern es wird dem Knoten ein anderer Graph als "Inhalt" zugeordnet, was wiederum über mehrere Hierarchiestufen fortgesetzt werden kann. Da die Darstellung des Formalismus sich als schwieriger erweist, soll diese Möglichkeit hier nicht weiter verfolgt werden.

Zur Definition von d wird eine Graphgrammatik Γ zugrunde gelegt, die zunächst (wie früher) endlich viele Regeln zur sequentiellen Ersetzung umfaßt. Zusätzlich muß Γ mindestens eine Regel zur parallelen Ersetzung enthalten: alle Teilgraphen einer bestimmten Art werden in einem einzigen Ableitungsschritt jeweils durch einen anderen Graphen ersetzt (vgl. /4/, S. 113-141).

Zur Vereinfachung kann man eine Knotenmarkierung voraussetzen und fordern, daß alle gleich markierten Knoten jeweils in einem Schritt ersetzt werden. Die erzeugten Graphen sollen wieder zusammenhängend und knotenmarkiert sein.

Werden in dieser Weise erzeugte Graphen abermals transformiert, so lassen sich iterativ beliebig hohe (endliche) Hierarchiestufen erreichen.

4.2 Definition eines Distanzmaßes

Die Abstandsfunktion $d(G_i, G_k)$ wird sinngemäß wie in 3. definiert, doch sind Besonderheiten der in 4.1 vorausgesetzten Grammatik zu beachten. Auch hier werden die Möglichkeiten betrachtet, ausgehend von G_i durch Ableitungsschritte und deren Umkehrungen zu G_k zu gelangen. Jeder Vorgang der parallelen Ersetzung wird dabei als ein einziger Schritt angesehen.

Um die in 2. beschriebenen Anforderungen zu erfüllen, sind die Transformationsschritte je nach Hierarchiestufe zu gewichten.

Die Hierarchiestufen werden durch Indices $\eta = 1,2,\ldots,h$ gekennzeichnet. Dabei entspricht $\eta = 1$ der einfacheren Grammatik gemäß 3. Einem Transformationsschritt wird jener Wert η zugeordnet, der dem erzeugten Graphen entspricht. Transformationen mit niedrigeren Werten von η legen die globale Struktur der resultierenden Graphen fest, während hohen Werten von η lokale Änderungen entsprechen.

Es bezeichne $s(\eta, G_i, G_k)$ die Anzahl der Transformationsschritte der Stufe η beim Übergang von G_i zu G_k, und $r(G_i, G_k)$ die Anzahl der hieran beteiligten Regeln (mehrfach angewandte Regeln nur einmal gezählt). Dann kann man definieren:

$$d(G_i, G_k) := \min \left\{ r(G_i, G_k) + \sum_{\eta=1}^{h} g(\eta) s(\eta, G_i, G_k) \right\} \qquad (7)$$

(wobei das Minimum über alle Übergänge von G_i zu G_k gebildet wird).

Die Gewichtungsfunktion $g(\eta)$ ist so zu wählen, daß $g(\eta) > 0$ ($\eta = 1,\ldots,h$) und $g(\eta)$ für wachsendes η abnimmt (z.B. $g(\eta) = h + 1 - \eta$).

Der Nachweis der Metrikeigenschaften gemäß 3. gilt hier entsprechend.

5. Beispiel

Es seien die Graphen $G_1, \ldots, G_4$ gegeben.

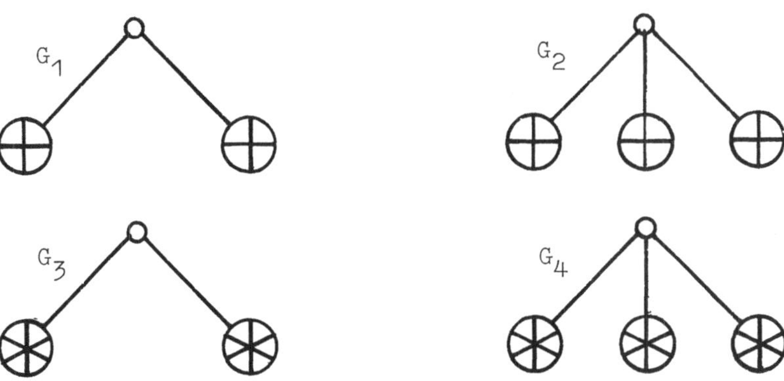

Eine geeignete Grammatik mit $h = 2$ enthält z.B. die Regel für sequentielle Ersetzung und die Regeln für parallele Ersetzung $K_1 \longrightarrow W_5$, $K_1 \longrightarrow W_7$ (K_1 ist der Graph mit einem Knoten, W_i ist das Rad mit $i - 1$ auf der "Kreisperipherie" gelegenen Punkten). Mit $g(\eta) = 3 - \eta$ erhält man die Abstände

$$d(G_1, G_3) = d(G_2, G_4) = 5$$
$$d(G_1, G_2) = d(G_3, G_4) = 7$$
$$d(G_1, G_4) = d(G_2, G_3) = 8$$

Die Größenrelationen zwischen diesen Abständen erfüllen die in 2. erhobene Forderung.

6. Ergänzungen und Ausblicke

Das hier entwickelt Konzept läßt sich in verschiedene Richtungen erweitern und modifizieren. Z.B. können Grau- oder Farbwerte der vorgegebenen Muster durch zusätzliche Knotenmarkierungen berücksichtigt werden. In manchen Fällen kann der Term $r(G_i, G_k)$ in (7) entfallen.

Der praktische Einsatz in der Mustererkennung erfordert keine Spezialkenntnisse aus dem Bereich der Graphgrammatiken. Ein Distanzmaß ist für jedes Anwendungsgebiet getrennt zu formulieren und in das zugehörige Auswertungsprogramm einzusetzen; dabei kann geometrisch-anschaulich vorgegangen werden. Die automatische Ableitung einer "zugrundeliegenden Graphgrammatik" aus einer Menge von Objekten dürfte noch längere Zeit auf sich warten lassen. (Das analoge, aber wesentlich einfachere Problem für Zeichenkettengrammatiken ist noch ungelöst.)

Neben dem ursprünglichen Zweck kann der hier skizzierte Vorschlag möglicherweise dazu beitragen, Begriffe wie "lokale Abänderung", "globale Eigenschaft eines Musters", "hierarchisch strukturiert" zu präzisieren, oder generell ein besseres Verständnis für die Struktur einer vorgegebenen Menge von Objekten zu gewinnen.

<u>Literatur</u>

/1/ SHAPIRO, L.G., HARALICK, R.M.: Algorithms for inexact matching. In: Proc. 5th Int. Conf. on Pattern Recognition, Miami Beach, Florida, Dec. 198o, vol. 1, p. 2o2-2o7

/2/ BERTELSMEIER, R., RADIG, B.: Context-guided analysis of scenes with moving objects. Institut für Informatik der Universität Hamburg, Bericht 41, April 1978, IfI-HH-B-41/78

/3/ SPÄTH, H.: Cluster-Analyse-Algorithmen zur Objektklassifizierung und Datenreduktion. München, Oldenbourg 1975

/4/ NAGL, M.: Graph-Grammatiken. Braunschweig, Vieweg 1979

/5/ GERNERT, D.: Graph grammars which generate graphs with specified properties. Bulletin of the EATCS, nr. 13, Febr. 1981, p. 13-2o

/6/ NIEMANN, H.: Zur Repräsentation von Kontrollstrukturen und von Wissen in der Musteranalyse. In: Erzeugung und Analyse von Bildern und Strukturen, hrsg. v. S.J. PÖPPL u.a. (Informatik-Fachberichte 29), Berlin, Springer 198o, S. 73-8o

<u>Anschrift des Verfassers:</u>

Dieter Gernert, Schluderstr. 2, D-8ooo München 19

HIERARCHISCHE DARSTELLUNG VON GRAUTONBILDERN
MIT STUFENWEISER ANNÄHERUNG DURCH KONVEXMUSTER

P. Zamperoni

Institut für Nachrichtentechnik - Technische Universität Braunschweig

---

In diesem Referat wird das allgemeine Schema eines Bildanalyseverfahrens
für beliebige Grautonbilder vorgestellt und über erste experimentelle
Ergebnisse berichtet. Das Ziel ist, eine Datei zu erzeugen, die eine formale Bildbeschreibung darstellt, und die eine Bildrekonstruktion in Form
einer Folge von immer besser werdenden Näherungen erlaubt. Der Rekonstru-
ktionsprozeß kann, in Abhängigkeit von der erforderlichen Rekonstruktions-
genauigkeit und von der vorgegebenen Rekonstruktionszeit, nach einer geeigneten Näherungsstufe abgebrochen werden.

1. Stufenweise Annäherung durch Vergröberung und Differenzbildung

Das Prinzip des Verfahrens wird nun an Hand von <u>Bild</u> 1 erläutert. Der
Analyseprozeß setzt sich aus den folgenden Verarbeitungsschritten zusammen:

<u>I) Vergröberung des Originalbildes</u>. Die gröbste Bildnäherung A_0 in der
Hierarchie wird erzeugt und in codierter Form in die Ergebnisdatei abgelegt. Zu diesem Zweck wird das Originalbild durch nichtlineare lokale
Operatoren, wie z.B. adaptive Max./Min.-Operatoren, Operatoren zur Regionenbildung und zur Auffüllung von Konkavitäten usw. verarbeitet, die
weiter unten näher erläutert werden. Um eine kompakte Datei zu erhalten,
muß die Bildnäherung so beschaffen sein, daß sie durch Überlagerung von
einfach beschreibbaren Regionen einheitlichen Grauwertes dargestellt
werden kann.

<u>II) Differenzbild (E_1) zwischen Original und Näherung (A_0)</u>, und zwar
entweder: a) genauer Betrag der Differenz, mit 8 bit ohne Vorzeichen,
wenn die Abweichungen zwischen Original und Näherung mit
konstantem Vorzeichen auftreten; oder

b) abgerundeter Betrag mit 7 bit und Vorzeichen im entgegen-
gesetzten Fall.

Im Fall b) entstehen bei der Rekonstruktion Rundungsfehler, die jedoch
- wie das Experiment zeigt - durchaus in Kauf genommen werden können.

<u>III) Näherung (A_1) für das Differenzbild (E_1)</u>. E_1 wird so vergröbert und
codiert, wie unter I) für das Originalbild dargelegt. Durch Kombination
von A_0 und A_1 kann bei der Rekonstruktion eine in Vergleich mit A_0 verbesserte Näherung R_1 des Originalbildes erzielt werden.

<u>IV) Wiederholung von II) und III)</u> so lange, bis sich keine Verbesserung

mehr erreichen läßt.

Wie in Bild 1 gezeigt, wird in der n-ten Näherungsstufe (n=1...N) aus dem Fehlerbild E_n die Vergröberung A_n erzeugt und anschließend von E_n subtrahiert. Daraus ergibt sich ein Fehlerbild E_{n+1}. Wird nach N+1 Näherungsvorgängen der Bildinhalt von E_{N+1} vernachlässigbar, so kann der Analyseprozeß als abgeschlossen betrachtet werden. Die Bilddatei enthält somit die codierten Bildnäherungen A_O, A_1...A_N.

Die Rekonstruktion kann nun, von einer beliebigen A_n (mit $O \leqslant n \leqslant N$) ausgehend, vollzogen werden.Die Abweichung des rekonstruierten Bildes R_n vom Original nimmt ab, je größer n gewählt wird.

Startet man die Rekonstruktion z.B. von einer Bildnäherung A_m, indem man alle die A_n mit n$>$m vernachlässigt, so erhält man im ersten Schritt $A_m + A_{m-1} = E'_{m-1}$, das eine Näherung des wahren Fehlerbildes E_{m-1} darstellt. E'_{m-1} wird dann,nach dem Schema von Bild 1, eine Stufe höher eingesetzt, um zuerst das angenäherte Fehlerbild E'_{m-2} , und schließlich, nach m-1 Iterationen, das rekonstruierte Bild R_m zu erzeugen. Verwendet man bei der Rekonstruktion, statt der Näherung A_m, das wahre Fehlerbild E_m (indem die Bilddatei mit E_m ergänzt wird), so gelingt die fehlerfreie Rekonstruktion des Originalbildes.

Aus einem bereits vorliegenden rekonstruierten Bild R_n läßt sich durch Hinzufügung von A_{n+1} die nächstbessere Rekonstruktionsstufe:
$$R_{n+1} = R_n + A_{n+1} \qquad \text{synthetisieren.}$$

Der oben geschilderte Analyse- und Rekonstruktionsvorgang ist in <u>Bild 2</u> durch ein einfaches experimentelles Beispiel dokumentiert. Die Bilder 2b...2e zeigen die Bildnäherungen A_O , A_1 , A_2 und A_5 , die Bilder 2f.. ..2h die Rekonstruierten Bilder $R_O (=A_O)$, R_1 , R_2 und R_5. Das Restfehlerbild E_6 weist hier einen vernachlässigbar kleinen Bildinhalt auf. Trotzdem darf man nur näherungsweise $E_6 \approx O$ und $E_5 \approx A_5$ stellen, wie die restlichen Abweichungen zwischen R_5 und dem Originalbild beweisen (s. Bild 2).

  Das bisher ausgelegte Bildanalysekonzept läßt außerdem die folgenden Aufgabestellungen erkennen:
a) Erzeugung einer möglichst einfachen und visuell aussegekräftigen Näherung eines gegebenen Bildes oder Fehlerbildes.
b) Fehlerfreie Codierung jeder Bildnäherung durch eine möglichst kompakte Datei.

Im folgenden Abschnitt werden erste Lösungsansätze und experimentelle Ergebnisse zu den Aufgaben a) und b) vorgestellt. Der für die Aufgabe a) eingeschlagene Lösungsweg hat einen entscheidenden Einfluß auf den Problemkreis b). Aus diesem Grund wurde eine geschlossene Lösung für a) und b) angestrebt.

2. Erzeugung von Bildnäherungen und ihre Darstellung durch konvexe Regionen

2.1. Lokale Operatoren zur Bildnäherung

Die erste Bildnäherung A_O und die sukzessiven Näherungen $A_1...A_N$ der Fehlerbilder müssen jede für sich so strukturiert sein, daß sie durch Überlagerung von einfachen Regionen - hier von konvexen Regionen - dargestellt werden können. Jede konvexe Region kann mit Hilfe der Konturcodierung /1/ durch Angabe von 8 geordneten Zahlen (+ Lage im Bildfeld und Grauwert) vollständig beschrieben und in besonders kompakter Weise codiert werden /2/.

Eine wesentliche Aufgabe der zur Vergröberung verwendeten lokalen Operatoren (s. Schritt I im Abschnitt 1) ist somit die Erzeugung von konvexen Regionen aus den vorhandenen Bildregionen beliebiger Form. Zu diesem Zweck wurden mit unterschiedlichem Erfolg verschiedene Operatoren, wie z.B. einige Varianten des bekannten Min./Max.-Operators /3/, erprobt. Besonders geeignet hat sich jedoch ein Operator zur Auffüllung von Konkavitäten für Grautonbilder erwiesen, der nun mit Hilfe des <u>Bild 3</u> erläutert wird. Dort sind die 8 Nachbarn $N_O...N_7$ eines beliebigen pixels P und eine aus den Nachbarn $N_i...N_{(i+4)\bmod 8}$ bestehende Teilumgebung u_i ($i=O...7$) gezeigt. Existiert nun eine u_i, in der mindestens 4 aus den 5 pixels $>(<)$ P sind, wobei diese innerhalb u_i zusammenhängend sein müssen, so übernimmt P den kleinsten (größten) in u_i auftretenden Grauwert, der auch $>(<)$ P ist. Die Variante in Klammern bewirkt die Auffüllung von dunklen Konkavitäten auf Kosten von hellen Regionen; andernfalls werden helle Konkavitäten auf Kosten von dunklen Regionen aufgefüllt. Bilder, die durch diesen Operator erzeugt werden, haben die folgenden Eigenschaften:

--Die Abweichungen vom Original treten - wie erforderlich - mit konstantem Vorzeichen auf.

--Durch Iteration des Operators kann man Bilder erzeugen, die als Überlagerung von konvexen Regionen aufgefaßt werden können, da die Regionengrenzen nur aus Segmenten in den 8 Grundrichtungen des quadratischen Rasters bestehen (s. z.B. Bild 2b).

--Die Abweichungen vom Originalbild werden dadurch möglichst klein gehalten, indem der Grauwert von P - wenn er geändert werden soll - mit demjenigen Grauwert in u_i (s. Bild 3) ersetzt wird, der von P am wenigsten abweicht.

2.2. Zerlegung von Bildnäherungen in konvexe Regionen

Zur Codierung einer Bildnäherung (z.B. A_O in Bild 2b) werden zuerst die unmittelbar erkennbaren konvexen Regionen erfaßt und in die Datei abgelegt. Dann werden, der Reihe nach, andere konvexe Regionen, die von den bereits erfaßten kovexen Mustern teilweise überlagert sind, erkannt oder

extrapoliert, bis das ganze Bild damit abgedeckt ist. Das <u>Bild 4</u> erläutert dieses Prinzip an Hand eines einfachen schematischen Beispiels.
Die konvexe Region B wird als erste extrahiert, codiert und abgespeichert.
Nach der Erfassung einer Region werden ihre pixels - auch in den weiteren Verarbeitungsschritten - mit einem "neutralen Grauwert" X markiert.
Dieser signalisiert, daß diese pixels zur Bildung weiterer zu extrahie-
renden konvexen Regionen überlagert werden können. Die nacheinander extrahierten konvexen Regionen sind in Bild 4 gestrichelt gezeichnet.
In der Bildrekonstruktion werden die Regionen $R_I \ldots R_{IV}$ in umgekehrter
Reihenfolge wiedergegeben. Bei Überlappungen werden vorher wiedergege-
bene Regionen von den neuen zum Teil überschrieben und können dadurch
ihre Konvexität eventuell verlieren. Am Ende des Überlagerungsprozesses
ergibt sich die zu codierende Bildnäherung, die somit nur durch Zusam-
menfügung von konvexen Teilen dargestellt werden kann.

3. Ausblick

An Hand der hier dargelegten ersten Ergebnisse können die Leistungen des
vorliegenden Bildanalyseverfahrens bereits eingeschätzt werden. Besonders zu bemerken ist die große Flexibilität, mit der die abzurufende
Bilddatenmenge - und damit auch die erforderliche Rekonstruktionszeit -
an die erwünschte Wiedergabegenauigkeit angepaßt werden kann. Aus einer
groben Bildnäherung sind außerdem bessere Näherungen durch Abruf von
kleinen Datenmengen erzeugbar.
Die Realisierung des im Abschnitt 2.2. umrissenen Konzeptes zur Zerlegung von Bildnäherungen in konvexe Regionen ist dagegen noch nicht so
weit fortgeschritten, daß quantitative Ergebnisse über die Struktur und
den Umfang der codierten Bilddateien vorliegen. Dieser Themenkomplex
bildet nun den Schwerpunkt der laufenden Arbeiten zu diesem Vorhaben.

Literaturverzeichnis:

/1/ H. Freeman: "Techniques for the digital computer analysis of chain-
    -encoded arbitrary plane curves". Proc. of Natl. Electr. Conf. 1961
    S. 421-432.

/2/ P. Zamperoni: "Bilddarstellung durch konvexe Elementarmuster", in:
    Informatik-Fachberichte, Vol.17, "Bildverarbeitung und Mustererken-
    nung", Herausg.: E. Triendl, Springer-Verlag, Berlin 1978, S.145-154.

/3/ Y. Nakagawa, A. Rosenfeld: "A note on the use of local min and max
    operations in digital picture processing". IEEE Trans. Systems, Man
    and Cybernetics, Vol. SMC-8, Aug. 1978, S. 632-635.

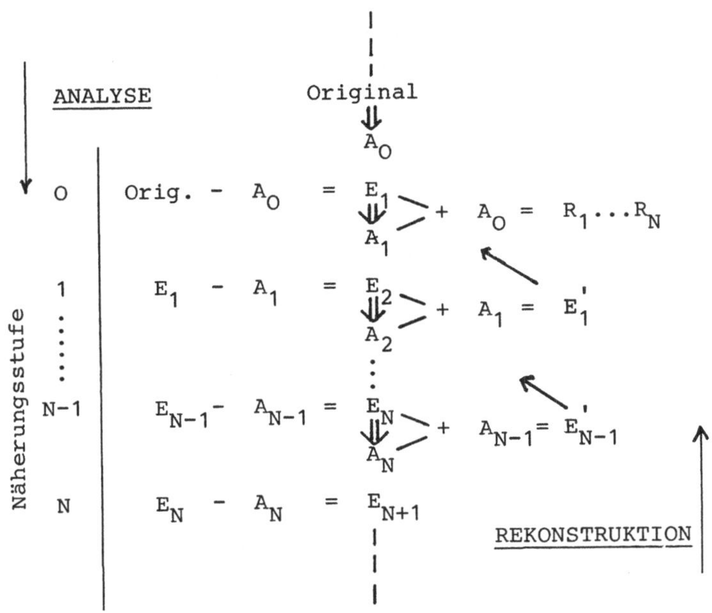

Bild 1: Stufenweise Bildnäherung

A_O : Näherung des Originalbildes

$A_1 \ldots A_N$: Näherungen der Fehlerbilder $E_1 \ldots E_N$

$R_O (=A_O) \ldots R_N$: Rekonstruierte Bilder

⇓ : Symbol für einen Näherungsvorgang

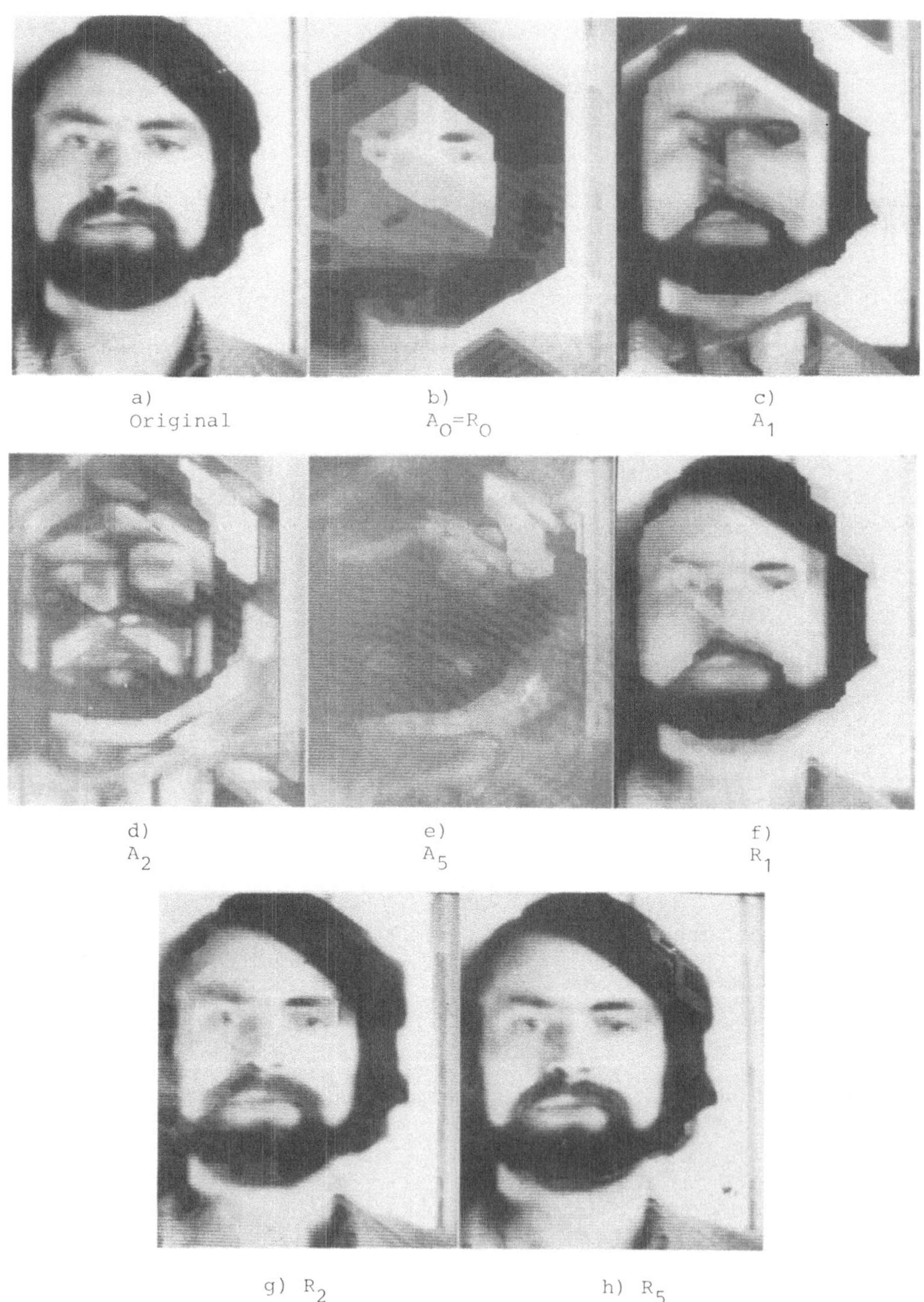

Bild 2: Experimentelles Beispiel zur Bildanalyse und Rekonstruktion.
a) Originalbild   b), c), d), e) : Bildnäherungen
f), g), h): rekonstruierte Bilder

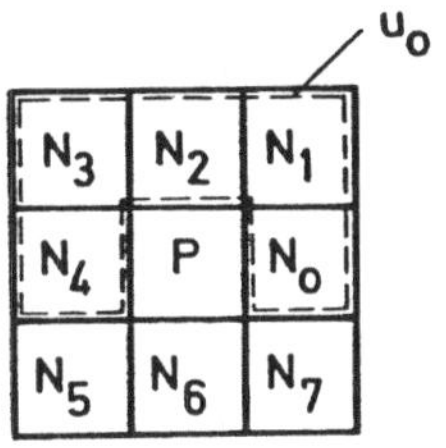

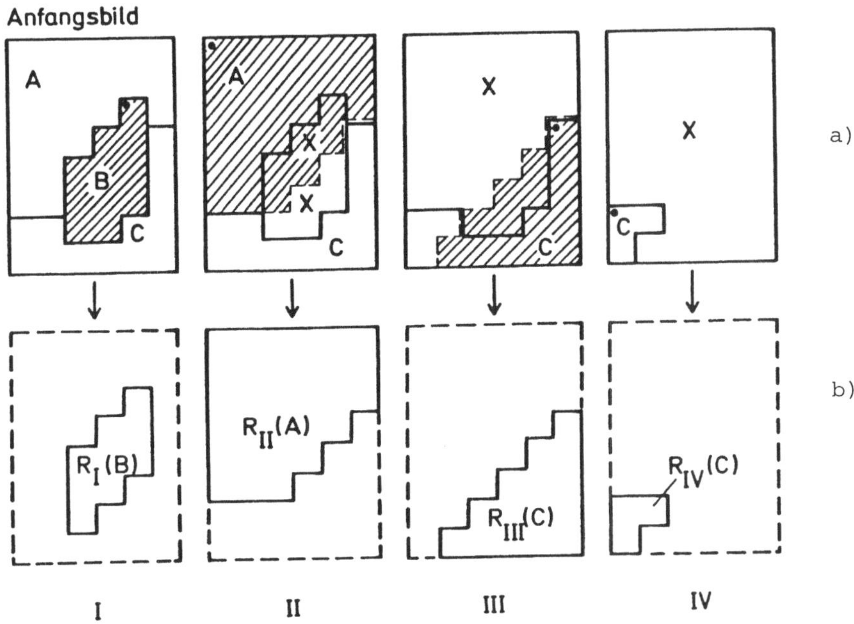

Bild 3: Erläuterung des Operators zur Auffüllung von Konkavitäten.

$N_0 \ldots N_7$: 8-Nachbarn des pixels P

u_0 : Teilumgebung des pixels P

Bild 4: Bildzerlegung durch Überlagerung von konvexen Regionen.

I...IV : sukzessive Verarbeitungsschritte

Reihe a): Zwischenstufen in der Verarbeitung

      A , B , C : Anfangsgrauwerte der Regionen

      X : "neutrales Grauwert"

Reihe b) : $R_I(\ )\ldots R_{IV}(\ )$ extrahierte konvexe Regionen mit den entsprechenden Grauwerten, in der Reihenfolge der Erfassung.

ENTWURF EINES DATENBANKSYSTEMS ZUR UNTERSTÜTZUNG

DER ANALYSE VON BILDFOLGEN

K.Mühle, B.Radig
Fachbereich Informatik
Schlüterstrasse 70
2000 Hamburg 13

Aussagen über Bildinhalte können durch den Vergleich symbolischer Bildbeschreibungen mit Szenenmodellen gewonnen werden. Relationalstrukturen über elementaren Symbolen dienen zur Darstellung der Bildbeschreibung und der Modelle. In Bildfolgen wird darüberhinaus die Korrespondenz von Symbolen aus benachbarten Bildern durch Relationen dargestellt. Die Repräsentation und Manipulation dieser Relationalstrukturen geschieht durch ein Datenbanksystem. Die speziellen Anforderungen innerhalb eines Systems zur Auswertung von Bildfolgen rechtfertigen die Entwicklung eines eigenen Ansatzes.

1. Einleitung

Relationalstrukturen zur Beschreibung von Einzelbildern und zur Modellierung von Prototypen wurden als wesentliches formales Mittel in den Arbeiten von Barrow und Popplestone [BP71], Barrow et al. [BA72] und Ambler et al. [AM75] eingeführt. In neueren Ansätzen zur Auswertung von Bildfolgen werden Relationalstrukturen darüberhinaus zur Beschreibung der Korrespondenz [DH73] von Bildsymbolen benutzt [KR79], [JA80]. Werden Bilder und Modelle durch entsprechende Relationalstrukturen dargestellt, können Inkarnationen von Modellen auch in Bildern mit unvollständigen Strukturen gefunden werden. Die dazu benutzten Verfahren sind häufig Abwandlungen von Algorithmen, die Homomorphie von Teilgraphen berechnen [CH80]. Nicht vollständig übereinstimmende Strukturen sind besonders dann zu erwarten, wenn Bilder aus einer Folge miteinander verglichen werden, die sich bewegende Gegenstände beschreiben.

Für die Analyse von Bildfolgen müssen gleichzeitig folgende Relationalstrukturen zur Verfügung stehen: die symbolischen Beschreibung der einzelnen Bilder, die Szenenmodelle, die gefundenen Inkarnationen und die Korrespondenzen zwischen

Bildsymbolen aus verschiedenen Bildern. Das umfangreiche Datenvolumen und die Aufspaltung der Analyse in separate Programme macht es sinnvoll, die Aufgabe der Repräsentation und Verwaltung der Relationen an ein Datenbanksystem zu delegieren. Wenn die Programme über die Datenbank kommunizieren, muss sichergestellt werden, dass die Relationalstrukturen der einzelnen Programme kompatibel sind. Dabei sollten sich aber die Programme sowohl auf sie interessierenden Teilrelationen beschränken als auch Relationen durch neue Berechnungen erweitern und neue Relationen erzeugen können.

Unter diesen Bedingungen ist die Repräsentation von Relationalstrukturen in herkömmlichen Datenbanksystemen schlecht möglich. An die Wirtssprache des verwendeten Datenbanksystems muss ausserdem die Forderung gestellt werden, auch umfangreiche Matrizen effizient verarbeiten zu können, damit die Berechnung auf allen Abstraktionsebenen - von den Urbildern bis zum Analyseresultat - in einer einheitlichen Sprachumgebung erfolgen kann

2. Relationalstrukturen

Ambler et al. [AM75] definieren eine Relationalstruktur als eine Menge von n-stelligen Relationen über einer endlichen Menge, der Trägermenge der Relationalstruktur. Besonders auf den unteren Abstraktionsebenen der Bildverarbeitung treten Relationen mit inhärent numerischem Charakter auf (z.B. der Abstand zweier Punkte oder der mittlere Grauwert eines Bereichs). Um auch diese Relationen adäquat zu modellieren, verwenden wir eine Verallgemeinerung der von Cheng und Huang [CH80] definierten quantitativen Relationalstruktur, die die Assoziation von numerischen Attributen mit Relationstupeln ermöglicht.

Definition: Relationalstruktur

Eine Relationalstruktur S ist ein 2-Tupel

$$S = (X , R)$$

wobei

$X = \{ x_i \}$ eine endliche Menge, die Trägermenge der Relationalstruktur und

$R = \{ R_i \}$ eine endliche Menge von k_i-stelligen Relationen R_i ist.

Die Relationen R_i werden auf zwei Weisen interpretiert :

a) $(x_1, x_2, \ldots, x_{k_i}) \in R_i$ <=> Die Relation R_i enthält das Tupel $(x_1, x_2, \ldots, x_{k_i})$

b) $R_i(x_1, x_2, \ldots, x_{k_i}) = w \iff$ Mit dem Tupel $(x_1, x_2, \ldots, x_{k_i})$ der Relation R_i ist das numerische Attribut w assoziiert.

Einstellige Relationen werden im folgenden auch als Eigenschaften bezeichnet.

Cheng und Huang beschränken sich in ihrer Definition auf einstellige und zweistellige Relationen. Diese Einschränkung wurde von uns fallengelassen, um die Modellierung komplexer Relationalstrukturen zu vereinfachen. Allerdings werden sich drei- und mehrstellige Relationen zwar nicht so zugriffseffizient implementieren lassen, aber falls der Benutzer mehr als zweistellige Relationen braucht, sollte ihm nicht aufgebürdet werden, sie durch zweistellige Relationen ausdrücken zu müssen.

Beispiel (1) :
Symbolische Beschreibung einer Tasse (vgl. [BP71]).
Grundlage der Beschreibung sind Bereiche (A,B,C), die Eigenschaft "Fläche" und die zweistelligen Relationen "Abstand" und "Benachbart".

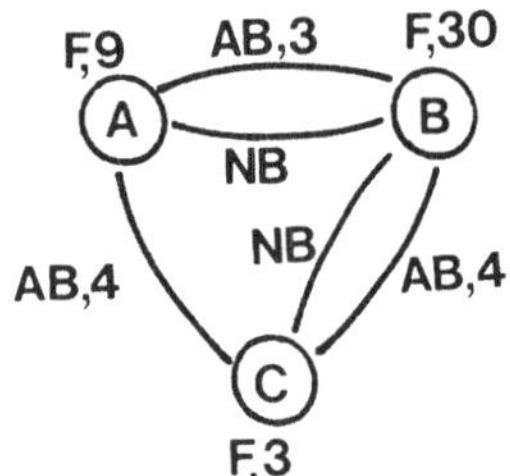

Die Eigenschaft "F" bezeichnet die Fläche, "BN" die Relation Benachbart und "AB" die Relation Abstand.

3. DBAS

Die Datenbank für Bildanalysesysteme (DBAS) wird in diesem Abschnitt in einer erweiterten PASCAL-Notation vorgestellt. Optionale Teile sind durch eckige Klammern [] , Wiederholungen durch geschweifte Klammern {} gekennzeichnet.

Bildsymbole sind die Trägerelemente der Relationalstruktur. Sie lassen sich in verschiedene Klassen einordnen. So werden zum Beispiel einige Bildsymbole als Bereiche, andere als Konturen bezeichnet. Obwohl es möglich ist, diese Klassifizierung durch eine einstellige Relation in die Relationalstruktur mit aufzunehmen, erscheint es klarer, die Notation der Relationalstrukturen zu erweitern und die Klasse eines

Bildsymbols als grundlegendes Merkmal bei der Beschreibung der Relationalstruktur auszuzeichnen.

Die Deklaration

    CLASS "Klassenname"

definiert eine Klasse von Trägerelementen, sowie einen Typ "Klassenname". Variable dieses Typs besitzen als Wert einzelne Trägerelemente dieser (und nur dieser) Klasse. Die einzig zulässigen Operationen auf solchen Variablen sind Zuweisung und Prüfen der Gleichheit.

Trägerelemente können durch Aufruf der Standardprozeduren

    Create-Element("V")
    Delete-Element("V")

erzeugt bzw. gelöscht werden ("V", "V_1" etc. kennzeichnet hier und im folgenden Variablen des Typs "Klassenname"). Die Delete-Operation löscht zusätzlich alle Relationstupel, die das zu löschende Trägerelement enthalten.

Relationen werden nicht auf der gesamten Trägermenge definiert, sondern werden durch ihre Definition auf Klassen von Trägerelementen eingeschränkt. Die Angabe eines Attribut-Wertebereichs, der den Typ des mit dieser Relation assoziierten Attributs angibt ist optional:

    RELATION "Relationsname" ("Klassenname"
                     { , "Klassenname" }
                     [, ATTRIBUT "Typname"])

Zum Erzeugen und Löschen von einzelnen Eigenschafts- und Relationstupeln stehen zwei Standardprozeduren zur Verfügung:

    Create-Relation("Relationsname","V_1","V_2",...
                     [,"Attributwert"])
    Delete-Relation("Relationsname","V_1","V_2",...)

Die Existenz von Tupeln kann mit dem Aufruf der booleschen Funktion

    "Relationsname"("V_1","V_2",...
                     [,"Attributvariable"])

getestet werden. Falls das durch die Variablen "V_i" spezifizierte Tupel in der Relation "Relationsname" existiert wird der Variablen "Attributvariable" der Wert des mit diesem Tupel assoziierten Attributs zugewiesen.

Beispiel (2) :
Erzeugung der in Beispiel (1) abgebildeten Relationalstruktur

```
        CLASS Bereich;
        RELATION Fläche ( Bereich, ATTRIBUT Integer );
        RELATION Benachbart ( Bereich, Bereich );
        RELATION Abstand ( Bereich, Bereich, ATTRIBUT Integer );
        VAR A,B,C : Bereich;
        BEGIN
          (* 1.: Erzeugen der Bereiche *)
          Create-Element ( A );
          Create-Element ( B );
          Create-Element ( C );
          (* 2.: Besetzen der Eigenschaft "FLäche *)
          Create-Relation ( Fläche, A, 9 );
          Create-Relation ( Fläche, B, 30 );
          Create-Relation ( Fläche, C, 3 );
          (* 3.: Besetzen der Relation "Benachbart" *)
          Create-Relation ( Benachbart, A, B );
          Create-Relation ( Benachbart, B, C );
          (* etc. für symmetrische Paare *)
          (* 4.: Besetzen der Relation "Abstand" *)
          Create-Relation ( Abstand, A, B, 3 );
          Create-Relation ( Abstand, A, C, 4 )
          (* etc. *)
        END;
```

Die Anweisung

```
        FOREACH "V_1","V_2",...  :   "boolescher Ausdruck"
        DO "Anweisung"
```

stellt den allgemeinen Zugriffsoperator des Datenbanksystems dar.
Die Anweisung wird für jede mögliche Zuordnung von
Trägerelementen zu den Laufvariablen, die den booleschen Ausdruck
erfüllt, ausgeführt.

Beispiel (3) :
Aufsuchen aller Nachbarbereiche von A :

```
        VAR R : Bereich;
        FOREACH R : Benachbart ( R, A ) DO ...
```

Zusätzlich existieren eine Reihe von Standardprozeduren, die z.B.
die Kardinalität einer Relation berechen.

4. Realisierung

Die Einbindung des Datenbanksystems in die Wirtssprache PASCAL
kann grundsätzlich auf zwei Arten erfolgen:

a) Unterprogrammpaket
Anweisungen an das Datenbanksystem werden durch Aufrufe von
externen Prozeduren dargestellt. Diese Lösung erfordert den

geringsten Implementationsaufwand, hat aber den Nachteil, dass Variable, die Trägerelemente enthalten, nicht mehr klassengebunden sind. Die FOREACH-Anweisung kann nicht durch externe Prozeduren implementiert werden. Sie wird durch eine Reihe von Prozeduren ersetzt, die die Navigation entlang der vorhandenen Zugriffspfade ermöglichen.

b) Spracherweiterung

Die Syntax der Wirtssprache PASCAL wird erweitert. Die Übersetzung von DBAS-Programmen erfolgt durch einen Preprozessor, der DBAS-Programme in Standard-PASCAL transformiert. Der Preprozessor sollte in PASCAL formuliert werden, damit das Datenbanksystem relativ leicht auf andere Maschinen, die über PASCAL verfügen, zu übertragen ist. Diese Lösung erfordert einen höheren Implementationsaufwand als Lösung (a), verfügt aber über klassengebundene Variable für Trägerelemente. Die dann mögliche Typprüfung erhöht die Programmiersicherheit des Systems. Der FOREACH-Operator ermöglicht die Formulierung von Anfragen an die Relationalstruktur, ohne dass dabei auf die konkret vorhandenen Zugriffspfade Bezug genommen müsste.

Wir planen DBAS zuerst über die Schnittstelle (a) zu implementieren. Parallel dazu erfolgt die Reformulierung eines früher entwickelten, eine Relationalstruktur erzeugenden Segmentationsprogrammes SERF [KR78] in DBAS, um Aufschlüsse über die Leistungsfähigkeit des Datenbanksystems zu gewinnen. In einer späteren Ausbaustufe soll die Schnittstelle (b) implementiert werden.

5. Implementation

Die effiziente Verarbeitung von Relationalstrukturen erfordert, dass von einem Trägerelement aus alle Eigenschaften und Relationstupel, die das Trägerelement enthalten, direkt zugreifbar sind. Trägerelemente werden über die Prozeduren Create-Element und Delete-Element vom Datenbanksystem verwaltet und können daher als Verweise auf die Eigenschafts- und Relationsmengen implementiert werden, so dass z.B. alle Nachbarn eines Bereichs ohne Suchprozesse aufgefunden werden können (s. Beispiel 3). Zusätzlich besteht die Möglichkeit, zumindest einen Teil der Relationalstruktur im Hauptspeicher zu halten, um die Anzahl der Sekundärspeicherzugriffe zu verringern. Als atomare Einheit im Hauptspeicher wird die Relationsmenge eines Trägerelements betrachtet. Zugriffe auf Relationstupel erfolgen über eine mit Trägerelementen indizierte Streuspeichertabelle.

6. Ausblick

Relationalstrukturen der Bildverarbeitung besitzen eine Reihe von Eigenschaften, die die Implementation vereinfachen können:
Bei symmetrischen Relationen sollte z.B. auf die doppelte Speicherung von Tupeln verzichtet werden. (1:n)-Relationen - z.B. die Zuordnung einer Bildnummer zu Trägerelementen - können durch einfachere Strukturen dargestellt werden als allgemeine (m:n)-Relationen . Bestimmte Eigenschaften können Trägerelementen statisch zugeordnet werden, z.B. besitzt jeder Bereich eine Fläche.
Relationsdeklarationen sollten daher in einer späteren Ausbaustufe des Systems einen Hinweis auf die spezielle Form der Relation enthalten, der eine möglicherweise effizientere Darstellung und Zugriffsrealisierung erlaubt.

7. Literatur

[AM75]
A.P.Ambler, H.G.Barrow, C.M.Brown, R.M.Burstall, R.J.Popplestone "A Versatile System for Computer-Controlled Assembly" Artificial Intelligence, Vol.6 (1975), pp.129-156

[BA72]
H.G.Barrow, A.P.Ambler, R.M.Burstall "Some Techniques for Recognizing Structure in Pictures" in: Frontieres in Pattern Recognition, S.Watanabe (ed.) Academic Press, New York 1972, pp.1-30

[BP71]
H.G.Barrow, R.J.Popplestone "Relational Description in Picture Processing" Machine Intelligence 6, B.Meltzer, D.Mitchie (eds.) Edinburgh University Press 1971, pp.377-396

[CH80]
J.K.Cheng, T.S.Huang "Algorithms for Matching Relational Structures and their Application to Image Processing" Purdue University, Indiana, TR-EE 80-53 (1980)

[DH73]
R.O.Duda, P.E.Hart "Pattern Classification and Scene Analysis" John Wiley, New York 1973

[KR78]
R.Kraasch, W.Zach "SERF - Eine Untersuchung zur Segmentation und symbolischen Beschreibung von Fernsehbildern" Universität Hamburg, Fachbereich Informatik, IFI-HH-M-59/78 (1978)

[KR79]
R.Kraasch, B.Radig, W.Zach "Automatische dreidimensionale Beschreibung bewegter Gegenstände" DAGM Symposium Karlsruhe 1979, J.P.Foith (Hrsg.), Springer Berlin/Heidelberg/New York, pp.208-215

[JA80]
C.J.Jakobus, R.T.Chien, J.M.Selander "Motion Detection and Analysis of Matching Graphs of Intermediate-Level Primitives" IEEE Transactions on Pattern Analysis and Machine Intelligence PAMI-2 (1980), pp.495-510

AUTOMATISCHE DARSTELLUNG UND INTERPRETATION VON LINIEN- UND KANTENSTRUKTUREN IN
DIGITALBILDERN

Peter T. Speck
Europäisches Laboratorium für Molekularbiologie (EMBL), Heidelberg

Zusammenfassung

Linien- und Kantenstrukturen in Grauwertbildern werden zu verdünnten Linienmustern
in Binärbildern vereinfacht und in eine Bildbeschreibung übersetzt, die alle Linienzüge und deren Zusammenhangsrelation enthält. In dieser Darstellung lassen sich
Bildmuster als ausgezeichnete Teilstrukturen auffinden.

Die Beschreibung von Linienmustern in einer graphisch-relationalen Datenstruktur
verbindet Methoden der Bildverarbeitung mit Verfahren der strukturellen Gestalt-
erkennung. Die Übersetzung aller Linienmuster einer binären Bildmatrix in eine Bildbeschreibung erfordert nur einen sequentiellen Bilddurchgang. Als Anwendung wird
die automatische Darstellung von DNA-Molekülstrukturen in Elektronenmikroskopauf-
nahmen gezeigt.

1. Einleitung

Von der gebräuchlichsten Form der Bilddarstellung als *Bildmatrix* unterscheiden sich
Darstellungen, die Bildinhalte in variablen Datenstrukturen, z.B. Listen, beschreiben.
Für eine Klasse von Bildern, in denen Linien- und Kantenstrukturen bildbeherrschend
sind, wie etwa Bilder von Land- und Wetterkarten, gedruckten Schaltungen, Fingerab-
drücken, Gewebeproben oder Fadenmolekülen, wird eine einheitliche Beschreibung vorgeschlagen, die alle Linienzüge eines Bildes und deren Zusammenhangsrelation enthält.
Eine solche Beschreibung heiße *Bildgraph*.

Mit diesen beiden Bilddarstellungen läßt sich ein Verarbeitungskonzept angeben,

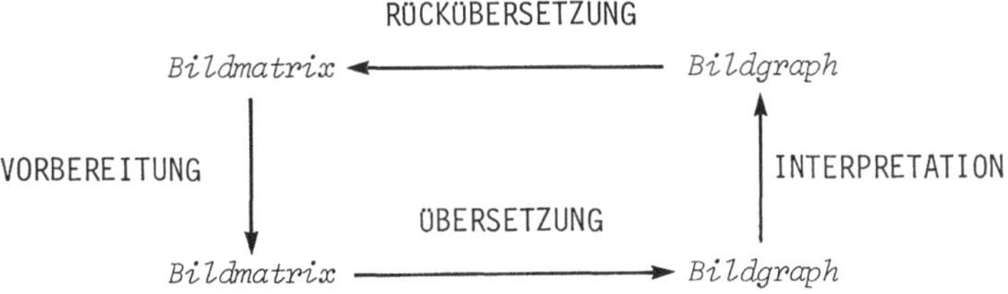

in dem Linien- und Kantenstrukturen von Grauwertbildern durch geeignete Bildtransformationen hervorgehoben und zu verdünnten Linienmustern in Binärbildern vereinfacht
werden. Nach dieser Vorbereitung ist die Übersetzung einer Bildmatrix in einen Bildgraphen ein Verarbeitungsschritt, der unabhängig von der Komplexität des Bildes
"blind" ablaufen kann. Danach ist die Interpretation des Bildes durch Anwendung geeigneter Such- und Auswahlkriterien auf den Bildgraphen möglich. Die Linienzüge aus-
gewählter Teilgraphen können mit einem Vektorgenerator [1] wieder in eine Bildmatrix
zurückgeschrieben und damit "sichtbar" gemacht werden.

Das vorgeschlagene Konzept baut auf einer früheren Arbeit des Verfassers [2] auf.
Ähnliche Vorschläge werden von Chakravarty [3] sowie Nevatia und Babu [4] gemacht.

2. Bildvorbereitung

In diesem Verarbeitungsschritt werden Operationen auf Bildmatrizen zusammengefaßt.
Zur allgemeinen Bildverbesserung und zur Hervorhebung von Linien- und Kantenstrukturen
werden digitale *Bildfilter* [5, 6, 7] eingesetzt. Neben *Tiefpaßfiltern* [8] zur Unterdrückung langwelliger Bildschatten können *Kantendetektoren* [9] zur Umwandlung von
Bildkanten in Linienmuster verwendet werden.

Topologische Bildoperationen sollen die Zusammenhangseigenschaften der Bildvorlagen
verbessern und die Linienstrukturen von Grauwertbildern zu Binärbildern verdünnter
Linienmuster vereinfachen und vereinheitlichen. Während *Verdünnungsoperationen* [10]
den Bildzusammenhang erhalten, trennen *Erosionsoperationen* zusammenhängende Bildteile
an ihren "Schwachstellen". Charakterisiert sind beide Verfahrensklassen durch die
sequentielle bzw. parallele Anwendung topologischer Bildmasken auf 3 x 3 Bildpunkte
umfassende Bildausschnitte. Sie können iterativ sowohl auf Binärbilder als auch auf
Grauwertbilder angewandt werden. Abbildung 1 zeigt einen Satz von Masken zur Bildverdünnung. Sie werden nacheinander in der angegebenen Orientierung, um 180°, 90° und
270° gedreht auf die Bildmatrix angewandt [11]. Bildpunkte mit den dargestellten Nachbarschaften erhalten den größten Grauwert ihrer dem Grauwert nach kleineren Nachbarn
[12, 13] ('O' im Falle eines Binärbildes).

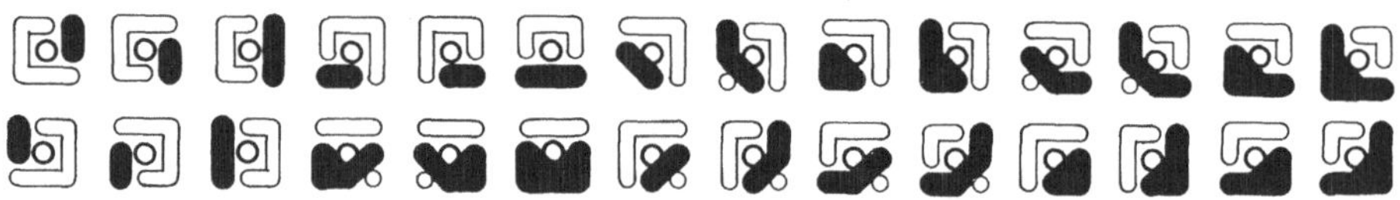

Abb. 1   Masken zur Bildverdünnung

Topologische Bildoperationen können durch Inversion der Bildvorlagen oder der topologischen Bildmasken auch auf dem Bildhintergrund vorgenommen werden. Durch Umkehrung
von Erosionsoperationen erhält man *Quelloperationen*, die "Schwachstellen" des Hinter-
grunds auflösen und damit den Zusammenhang der Linienstrukturen des Bildvordergrundes
verbessern können.

3. Bildübersetzung

Zur Beschreibung der Linienzüge eines Binärbildes und deren Zusammenhangsrelation
wird für einen Bildgraphen eine dreiteilige Datenstruktur vorgeschlagen (vgl. [2]),
die auf einem Speichermedium mit wahlfreiem Zugriff residiert. Zwei Dateien zur Aufnahme von Listen variabler Länge für die Linienzüge (Zweigdatei) und die Linienver-
bindungen (Nachbarschaftsdatei) werden durch eine Datei mit Listen fester Länge
(Adreßbuch) verbunden. Abbildung 2 zeigt eine Bildmatrix (a) und den zugehörigen
Bildgraphen (b). Jeder Linienzug erhält einen Eintrag im Adreßbuch, der neben einem
Verweis auf seine Punktfolge in der Zweigdatei und einem Verweis auf die Liste seiner
Nachbarzweige in der Nachbarschaftsdatei noch eine Abschätzung seiner Länge enthält
und eine Reihe freier Positionen für Hilfsgrößen der Bildinterpretation.

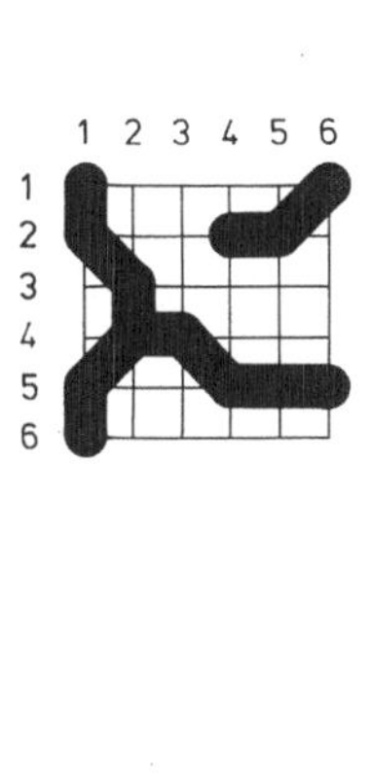

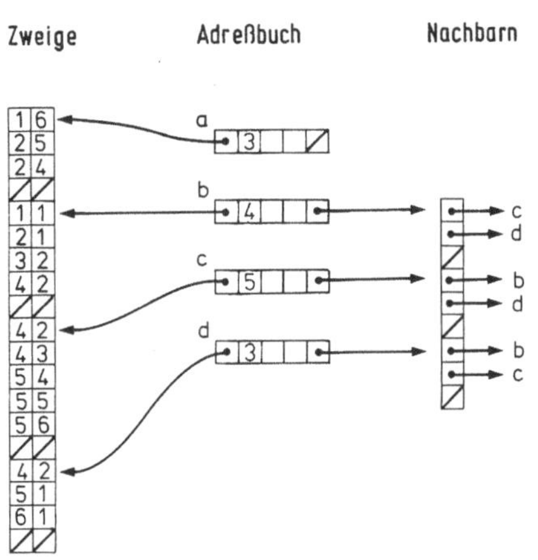

Abb. 2   a   Bildmatrix   b   Bildgraph

Der Bildcompiler erwartet als Eingabe eine Bildmatrix, die für jeden Bildpunkt die
Lage seiner unmittelbaren Nachbarn in einem *Nachbarschaftscode* enthält. Verbindungen
"über Eck" zu Nachbarn, die sich berühren, sind eliminiert. Die Wertemenge des Nach-
barschaftscodes definiert eine Menge von *Linienstrukturelementen*, die bis auf symmetrische Elemente in Abbildung 3 dargestellt sind. Zur Erzeugung des Bildgraphen
wird ein "Rechen" einmal über die Zeilen der Bildmatrix geführt. Angefangene Zweige
"haften" solange darin, bis ihre Punktfolgen als Zweiglisten abgelegt werden können.
Abbildung 4 skizziert diesen Vorgang, der in [2] ausführlich beschrieben ist. Angefangene Zweige werden als verkettete Listen solange im Arbeitsspeicher gehalten, wie
sie noch Anker im Rechen haben. Anker, die den Rechen verlassen haben, sind mit ■ ,
Anker im Rechen mit □ dargestellt.

<u>Abb. 3</u>   Linienstrukturelemente

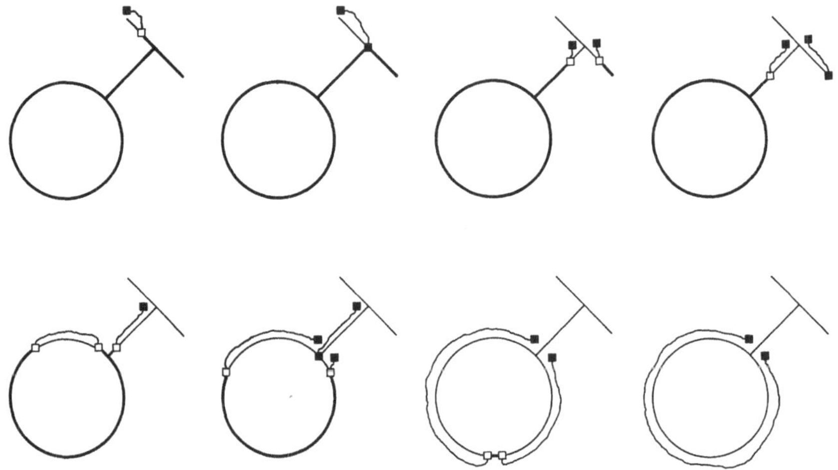

<u>Abb. 4</u>   Skizze zur Bildübersetzung

4. Bildinterpretation

Interpretierende Bildoperationen, die auf Bildgraphen arbeiten, sind in diesem Verfahrensschritt zusammengefaßt. Sie stellen Bildmuster durch Anwendung geeigneter Such- und Auswahlkriterien als Teilgraphen von Bildgraphen dar. Zwei Beispiele sollen das Konzept der Bildinterpretation erläutern.

Jäten: Isolierte Zweige weisen sich im Bildgraph dadurch aus, daß ihr "Adreßbucheintrag" keinen Verweis auf benachbarte Zweige enthält. "Fussel" können als kurze Zweige dieser Art einfach entdeckt werden. Zweige, die mit ihren Nachbarn nur einen Endpunkt gemeinsam haben, können durch Vergleich der betreffenden Zweiglisten ermittelt werden. "Haare" können als kurze Zweige dieser Art im Bildgraph gefunden werden.

Auffinden von Zusammenhangskomponenten: Wandert man von einem beliebigen Zweig des Bildgraphen ausgehend alle Nachbarn dieses Zweiges und deren Nachbarn usf. ab, so erhält man eine Zusammenhangskomponente des Bildgraphen. Tarjan [14] gibt dazu einen einfachen, rekursiven Algorithmus an, der unmittelbar auf die im wahlfreien Zugriff erreichbaren Datenstrukturen des Bildgraphen angewandt werden kann. Große Zusammenhangskomponenten repräsentieren häufig wesentliche Bildkomponenten.

5. Anwendungsbeispiel

Abbildung 5 veranschaulicht die Bearbeitung einer Elektronenmikroskopaufnahme eines Glimmerpräparats von einer Phagen-DNA, die Hajo Delius (EMBL) zur Verfügung gestellt hat. Das DNA-Molekül soll als zusammenhängende Linienstruktur aus der Bildvorlage dargestellt werden.

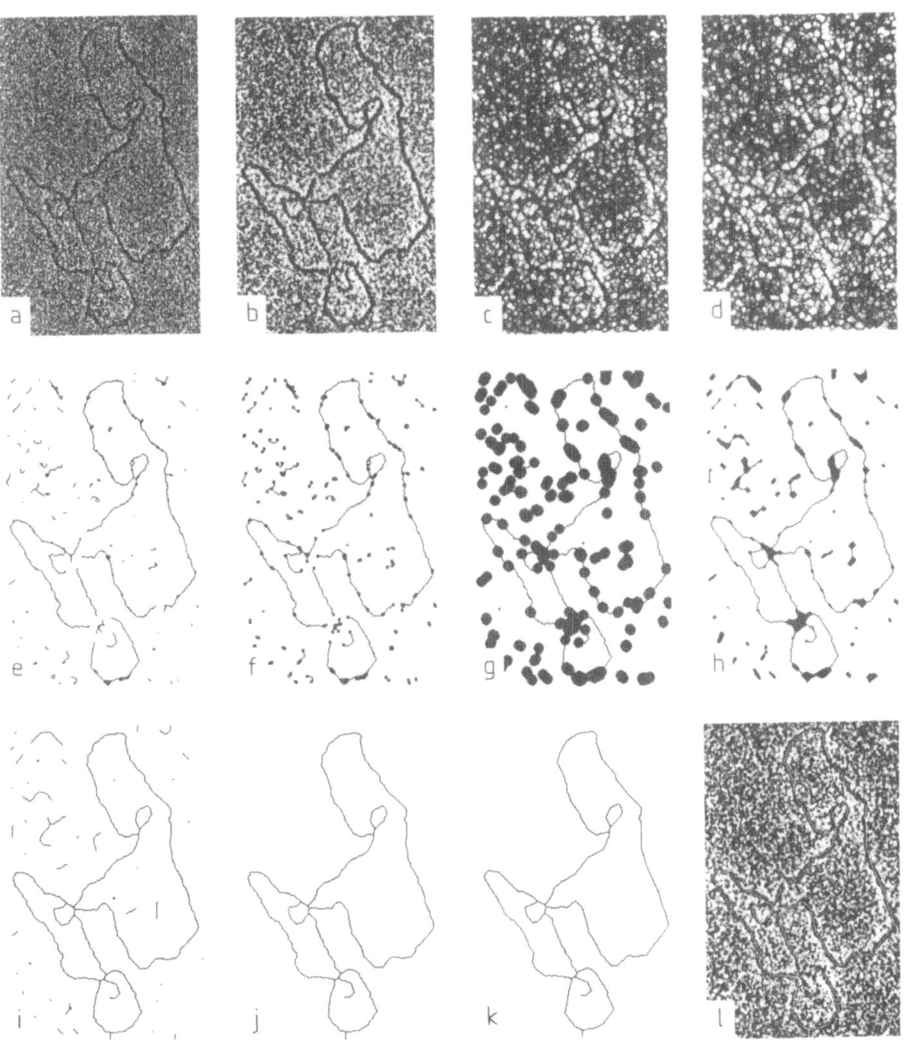

Abb. 5

Das Originalbild (5a) durchläuft einen einfachen Tiefpaßfilter; das ergibt Abb. 5b.
Eine nachbarschaftserhaltende Verdünnung für Grauwertbilder liefert nach mehrmaliger
Anwendung Abb. 5d (Abb. 5c zeigt eine Zwischenstufe). Eine nach der Verdünnung angewandte Binärisierung führt zu Abb. 5e, deren Linienstrukturen die Fehlstellen der
Bildvorlage wiedergeben. Es wird ein neues Binärbild abgeleitet, das nur die Knoten-
und Endpunkte von Abb. 5e enthält. Eine nachfolgende Quelloperation läßt benachbarte
Knoten- und Endpunkte verschmelzen. Abb. 5f-g zeigen diesen Vorgang, dem das ursprüngliche Binärbild (5e) unterlegt wurde. Eine weitere nachbarschaftserhaltende Verdünnung schließt die Bildvorbereitung ab (Abb. 5h-i). Nach der Bildübersetzung kann das
DNA-Molekül als größte Zusammenhangskomponente des Bildgraphen interpretiert werden.
Zur Vorbereitung einer möglichst genauen Längenmessung werden die Zweige des isolierten Teilgraphen noch geglättet [15]. Das Ergebnis (Abb. 5k-1) ist zum Vergleich noch
dem tiefpaßgefilterten Bild (5b) überlagert.

Literatur

[1]   NEWMAN, W.M., SPROUL, R.F.: Principles of Interactive Computer Graphics.
      2nd ed. McGraw-Hill, New York (1979)

[2]   SPECK, P.T.: Automated recognition of line structures on noisy raster images
      applied to electron micrographs of DNA. Proc. 5th Intern. Conf. Pattern Recogn.
      (Miami, FL, 1980)

[3]   CHAKRAVARTY, I.: A single-pass, chain generating algorithm for region boundaries.
      Comp. Graph. Image Process. $\underline{15}$, 182-193 (1981)

[4]   NEVATIA, R., BABU, K.R.: Linear feature extraction and description.
      Comp. Graph. Image Process., $\underline{13}$, 257-269 (1980)

[5]   DUDA, R.O., HART, P.E.: Pattern classification and scene analysis. Wiley,
      New York (1973)

[6]   PRATT, W.K.: Digital image processing. Wiley, New York (1978)

[7]   ROSENFELD, A., KAK, A.C.: Digital picture processing. Academic Press, New York
      (1976)

[8]   LIPKIN, L., LEMKIN, P., SHAPIRO, B., SKLANSKY, J.: Preprocessing of electron
      micrographs of nucleic acid molecules for automatic analysis by computer.
      Comp. Biomed. Res., $\underline{12}$, 279-289 (1979)

[9]   ABDOU, I.E., PRATT, W.K.: Quantitative design and evaluation of enhancement/
      thresholding edge detectors. Proc. IEEE, $\underline{67}$, 753-763 (1979)

[10] TAMURA, H.: A comparison of line thinning algorithms from digital geometry
      viewpoint. Proc. 4th Intern. Joint Conf. Pattern Recogn. (Kyoto, Japan)
      715-719 (1978).

[11] ARCELLI, C.: A condition for digital points removal. Signal Process., $\underline{1}$,
      283-285 (1979)

[12] GOETCHERIAN, V.: From binary to grey tone image processing using fuzzy logic
      concepts. Pattern Recogn., $\underline{12}$, 7-15 (1980)

[13] NAKAGAWA, Y., ROSENFELD, A.: A note on the use of local min and max operations
      in digital picture processing. IEEE Trans. Syst. Man. Cybern., $\underline{SMC-8}$, 632-
      635 (1978)

[14] TARJAN, R.: Depth-first search and linear graph algorithms. SIAM J. Comput.,
      $\underline{1}$, 146-160 (1972)

[15] WILLIAMS, C.M.: An efficient algorithm for the piecewise linear approximation
      of planar curves. Comput. Graph. Image Process., $\underline{8}$, 286-293 (1978)

Bei der Übersendung des Manuskripts an den Verlag lag der Beitrag

MODEL GUIDED IMAGE ANALYSIS

Th. Binford

noch nicht vor. Sollte er rechtzeitig vor Drucklegung noch eingehen,
wird er in den Anhang mit aufgenommen.

K A R T O G R A P H I E

INTEGRATION VON MULTI-SENSOR BILDDATEN
UND KARTOGRAPHISCHEN DATENBANKEN

Wolfgang Göpfert

Institut für Angewandte Geodäsie, Frankfurt a.M.

Zusammenfassung

Für Zwecke der Objektklassifizierung und Mustererkennung ist es meist
notwendig, Multisensor-Bilddaten für Verarbeitungen heranzuziehen.
Ferner erscheint die Einbeziehung kartographischer Flächendatenbanken
als wertvolle Zusatzinformationen sinnvoll.
Eine unmittelbare Integration von Bilddaten und Datenbanken ist aufgrund der unterschiedlichen Bezugs- bzw. Aufnahmegeometrien nicht möglich. Im folgenden wird ein differentiell-geometrisches Entzerrungsverfahren vorgestellt, das diese Integration mittels Paßpunktmaschen-
Interpolation durchführt. Beispiele hierzu werden aufgeführt.

1. Einleitung

Für Zwecke der Objektklassifizierung und Mustererkennung ist es meist
notwendig, Multisensor-Bilddaten für Verarbeitungen heranzuziehen [1,2].
Die verschiedenen Sensoren registrieren Objekte verschiedener spektraler Signatur und ergänzen sich in der Regel auch in der Bilddetail-
auflösung. Eine unmittelbare Integration dieser meist multitemporalen
Multisensor-Bilddaten in ein beliebiges gemeinsames geometrisches
Referenzsystem ist zunächst nicht möglich. Dies wird durch unterschiedliche Sensorabbildungsfunktionen, sowie unterschiedliche Sensororien-
tierungen bei der Aufnahme und dadurch auftretende differentielle geometrische Verzerrungen verhindert.
Im folgenden wird ein differentiell-geometrisches Entzerrungsverfahren
vorgestellt, das diese Bilddaten-Integration mittels Paßpunktmaschen-
Interpolation durchführt. Digitale Geländeinformationen können bei der
Entzerrung zusätzlich berücksichtigt werden. Die geometrische Entzerrung erfolgt in ein Datenformat, welches die direkte Eingliederung in
kartographische Datenbanken gestattet.
Diese kartographischen Datenbanken können mit den Methoden der digitalen Bildverarbeitung hergestellt werden. Sie stellen Zusatzinformationen dar, die z.B. für die interaktive/vollautomatische Auswahl von
Trainingsgebieten, für die Definition gegebener Muster- und Texturge-
biete, für topographie-bedingte radiometrische Korrekturen, sowie für
kombinierte Datenauswertungen und Analysen [3] vorteilhaft einsetzbar
sind.

Eine Fortführung der Datenbanken nach beendeter Verarbeitung ist durch die vorhandene Daten-Integration unmittelbar durchführbar.

2. Geometrische Verarbeitung beliebiger Eingabedaten

2.1 Prinzip

Ziel ist es, ein (verzerrtes) Eingabebild $d(X_1,Y_1)$ in ein (entzerrtes) Ausgabebild $g(X_2,Y_2)$ geometrisch umzuformen. Der Arbeitsablauf gliedert sich in

- die manuelle/automatische Bestimmung von Paßpunktkoordinaten $P_k(X_{1k},Y_{1k},X_{2k},Y_{2k})$, k=1,K,

- die Aufstellung geometrischer Umformungsgleichungen $X_1=X(X_2,Y_2)$ und $Y_1=Y(X_2,Y_2)$ aus den k Paßpunktkoordinaten, und

- die eigentliche Entzerrung, d.h. die Quantisierung der Bildelemente $g(X_2,Y_2)$ aus den Bildelementen $d(X_2,Y_2)$

Die Umformungsgleichungen können entweder als parametrische [4-6], oder als nichtparametrische [6] Funktionen X,Y aufgestellt werden. Parametrische Funktionen modellieren die Orientierung des Sensors auf der Grundlage der abbildenden Kollinearität von Objekt- und Bildpunkt, während nichtparametrische Funktionen zwischen den Paßpunkten interpolieren und auf eine explizite Sensorfunktion verzichten. In praktischen Anwendungen haben sich beide Verfahren als ebenbürtig erwiesen, mit Vorteilen für die nichtparametrische Methode aufgrund leichter Handhabung und großer Flexibilität. Im folgenden wird die multiquadratische Interpolationsmethode erläutert, die diese Vorteile in sich vereinigt, und Anwendungen behandelt.

2.2 Die multiquadratische Interpolationsmethode

Gegeben sei die Punktmenge $P_j(x_j,y_j,z_j)$, j=1,n ,innerhalb deren an beliebigen Stellen x,y ein Wert z interpoliert werden soll. Die Interpolationsfunktion (Kernfunktion) wird nun zu [7,8]

$$f(s_j)=(s_j{}^2 + G)^{1/2} \tag{1}$$

definiert mit dem Glättungsfaktor G und

$$s_j{}^2=(x-x_j)^2 + (y-y_j)^2 \tag{2}$$

Die Kernfunktionsmatrix der Punktmenge wird dann als $C=[f(s_{ij})]_{n,n}$ aufgestellt mit

$$s_{ij}{}^2=(x_i-x_j)^2 + (y_i-y_j)^2 \tag{3}$$

Bezeichnet man die bezüglich ihres Mittelwertes $\bar{z}$ zentrierten Stützwerte mit z_j', ergibt sich der Stützwertvektor Z zu $Z=[z_j']_{n,1}$ mit

$$z_j=\bar{z} + z_j' \tag{4}$$

Die Interpolationskoeffizienten k_j,j=1,n werden sodann aus dem (symmet-

rischen) Gleichungssystem $C K = Z$ berechnet, worin $K = [k_j]_{n,1}$.
Die Interpolation eines Neupunktes x,y erfolgt über die Gleichung

$$z = \bar{z} + D^T K = \bar{z} + \sum_{j=1}^{n} k_j\, f(s_j) \tag{5}$$

mit $D = [f(s_j)]_{n,1}$, dem Interpolationsvektor. Die Gleichung (5) beschreibt die Summation von n Flächen 2.Grades des Typs $f(s_j)$, d.h. die Interpolationsfläche ergibt sich durch Überlagerung von n Hyperboloiden (bzw. Kegeln für G=0). In allen Stützpunkten nimmt diese Interpolationsfläche exakt die Werte z_j an und führt zwischen den Stützpunkten eine plausible Interpolation durch, unabhängig von der Stützpunktverteilung und -dichte.

Als Glättungsfaktor wird der empirische Wert $G=0,6\, s_{min}^2$ empfohlen [8], mit $s_{min} = min(s_{ij})$, $i=1,n$; $j=1,n$. Bei Benutzung dieses Glättungsfaktors wird die Interpolationsfläche glatter, während sie für G=0 sich der kantigen Form einer Polyederfläche annähert.

2.3 Multiquadratische geometrische Umformungsgleichungen

Die Bestimmung der Funktionen X und Y erfolgt zweckmäßigerweise in zwei Schritten [9]. Zunächst wird über eine geeignete Trendfunktion (niederes Polynom, Sensorabbildungsfunktion) $X_{1T} = X_T(X_2,Y_2)$ bzw. $Y_{1T} = Y_T(X_2,Y_2)$ der Koordinatentrend abgespalten. Hierunter fallen Maßstabsaffinitäten, Translationen, Rotationen und Globalverzerrungen. In einem zweiten Schritt werden die verbleibenden differentiellen Verzerrungen, verursacht durch Sensorplatformbewegungen, multiquadratisch modelliert und interpoliert. Diese Klaffungen an den Paßpunkten ergeben sich als Differenz von exaktem Wert X_{1k} bzw. Y_{1k} und dem Trendwert X_{1Tk} bzw. Y_{1Tk} zu $X_{1k}'=X_{1k}-X_{1Tk}$ bzw. $Y_{1k}'=Y_{1k}-Y_{1Tk}$. Der interpolierte Wert X_1' wird um den Trendwert X_{1T} vermehrt und man erhält dann $X_1=X_1'+X_{1T}$ etc. Die folgende Tabelle veranschaulicht die multiquadratische Interpolation der X_1 und Y_1-Koordinaten.

Allgemeiner Fall (2.2)	X_1-Koordinate	Y_1-Koordinate
$P_j(x_j,y_j,z_j)$	$P_k(X_{2k},Y_{2k},X_{1k}')$	$P_k(X_{2k},Y_{2k},Y_{1k}')$
$s_j^2=(x-x_j)^2+(y-y_j)^2$	$s_k^2=(X_2-X_{2k})^2+(Y_2-Y_{2k})^2$	$s_k^2=(X_2-X_{2k})^2+(Y_2-Y_{2k})^2$
$z=\bar{z}+\sum_{j=1}^{n} k_j\, f(s_j)$	$X_1=X_T(X_2,Y_2)+\sum_{k=1}^{K} KX_k\, f(s_k)$	$Y_1=Y_T(\ldots)+\sum_{k=1}^{K} KY_k\, f(s_k)$

Die Abb.1 zeigt ein Beispiel für eine Entzerrung mittels sechs Paßpunkten.

2.4 Berücksichtigung eines digitalen Geländemodells (DTM)

Liegen die Höhen H_k der Paßpunkte P_k und Geländepunkte $DTM(X_{2g},Y_{2g},H_g)$, $g=1,G$ vor, lassen sich topographiebedingte Lageverzerrungen weitgehendst

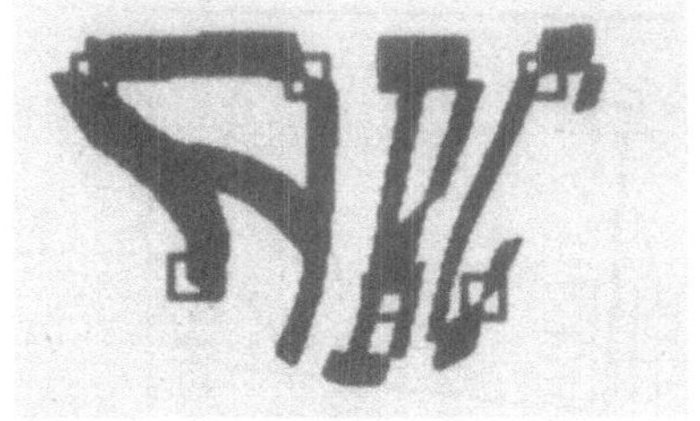

Abb.1   Beispiel einer geometrischen Umformung mittels 6 Paßpunkten

beseitigen. Hierzu wird zunächst die parametrische Sensorabbildungsfunktion aus den P_k berechnet [4,5] und anschließend X_{1g},Y_{1g} Koordinaten der DTM-Punkte abgeleitet [10]. Die Gesamtheit der G+K DTM- und Paßpunkte wird dann als Punktmenge für die Umformung herangezogen.

2.5 Schaffung thematisch-kartographischer Flächendatenbanken aus thematischen Kartenwerken

Für eine ganze Reihe objektrelevanter Flächeninformationen liegen bereits umfangreiche thematische Kartenwerke vor. Die sinnvolle Einbeziehung dieser Informationen in Objekterkennungs- und/oder Klassifizierungsverfahren unterbleibt oft nur aufgrund unterschiedlicher Maßstäbe, verschiedener Kartengrundlagen und zeitraubender manueller Datenaufbereitung. Mit den Methoden der digitalen Bildverarbeitung kann diese Datenaufbereitung wirtschaftlich und wirksam durchgeführt werden.
Hierzu wird die thematische Vorlage abgetastet (analog/digital-gewandelt) und durch Vorgabe der Rastergröße der Datenbank unter Berücksichtigung der Verzerrungen zwischen der Ist-Projektion der Kartenvorlage und der Soll-Projektion der Datenbank geometrisch umgeformt. Mit den Bezeichnungen der Abb.2 wird zunächst über die vorgegebenen Projektionsgleichungen ein Übergang von X_2,Y_2 ins $\tilde{X},\tilde{Y}$-System, und mittels Paßpunkte X_{1k},Y_{1k}, $\tilde{X}_k,\tilde{Y}_k$ ein Übergang ins X_1,Y_1-System durch einen linearen Ansatz (Affin- oder Ähnlichkeitstransformation) geschaffen.
Die Abb.3 a) und b) zeigen hierzu ein Beispiel. Ein Ausschnitt der Topographischen Übersichtskarte 1:200.000 Frankfurt a.M.-West (Abb.3a) wurde in eine 50mx50m Datenbank über eine Ausdehnung von 25km x 25km angelegt (Abb.3b).

3. Anwendungsbeispiele für Daten-Integrationen

Die Abb.4 zeigt einige Anwendungsbeispiele für die Integration von kartographischen Datenbanken in Sensordaten und umgekehrt. Die Abb.4a) stellt einen Ausschnitt einer Landsat-2-Szene (Kanal 4) dar, die Abb.4b) beinhaltet die Datenbank der Abb.3b) nach durchgeführter Umformung in das Zeilen/Spalten-System der Landsat-Szene. Die Abbildungen 4 c) und d)

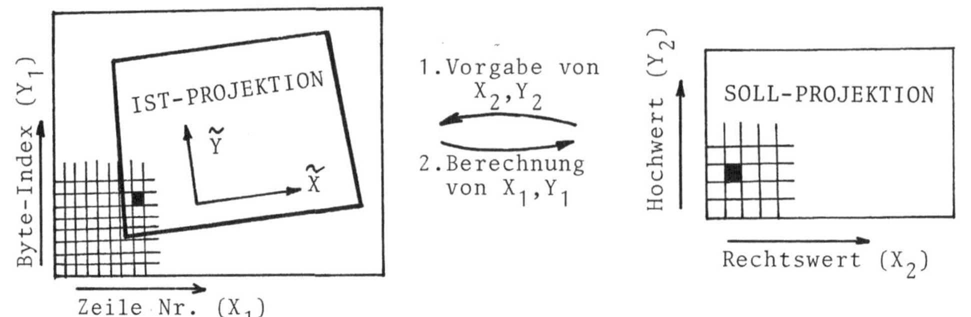

Abb.2 Koordinatensysteme zur Datenbankberechnung:
 Links: X_1,Y_1-System der abgetasteten Vorlage $d(X_1,Y_1)$
 $\tilde{X},\tilde{Y}$ der Ist-Projektion der Vorlage
 Rechts: X_2,Y_2-System der Datenbank $g(X_2,Y_2)$ in der Soll-Projektion

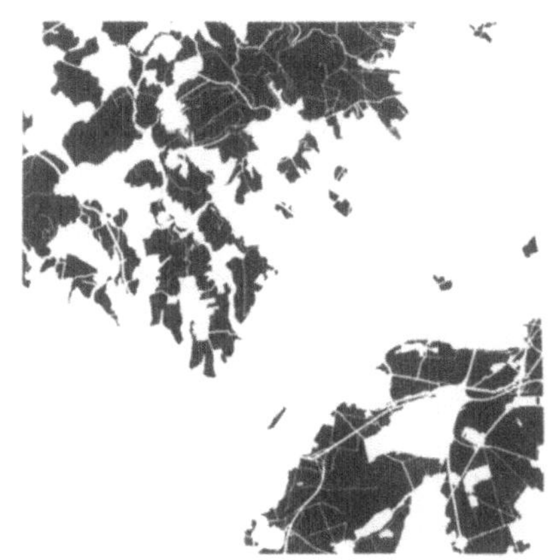

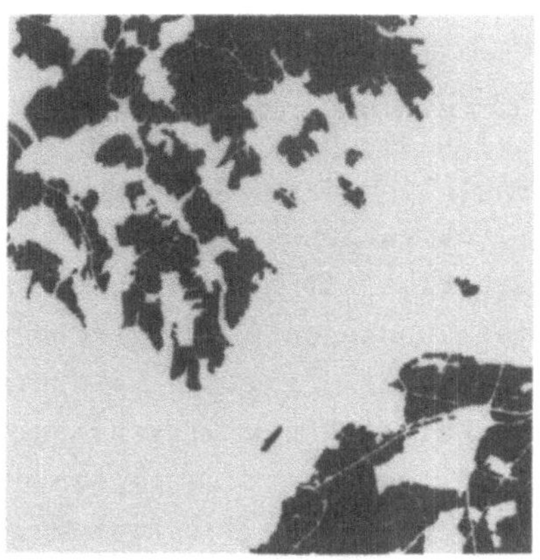

a) Ausschnitt der Waldplatte b) Datenbank im Gauß-Krüger-System

Abb.3 Schaffung einer thematisch-kartographischen Flächendatenbank aus
 der Waldplatte der Topographischen Übersichtskarte 1:200.000

demonstrieren Möglichkeiten zur Integration und Anwendung für Klassifi-
zierungs- und Fortführungszwecke. Abb.4d) kann als Testgebiet bzw. Trai-
ingsgebiet von sehr großem Ausmaß interpretiert werden, das auch aus
einer vorherigen Klassifizierung stammen kann und nun zu Vergleichen
herangezogen wird.
Die Abb.4e) zeigt die Landsat-2-Szene a) nach Entzerrung in das Gauß-
Krüger-System der Wald-Datenbank mit überlagerten Waldkanten. Die Abb.
4f) weist auf Möglichkeiten der Integration reiner kartographischer
Datenbanken hin. Im vorliegenden Falle wurden Geländehöhen grauwert-
kodiert und auf das Datenbankraster eingerechnet, wobei die multiquadratische Interpolation mit $z_j=H_k$; $x_j=X_{2k}$; $y_j=Y_{2k}$ benutzt wurde als
reine Höheninterpolation. Durch die Überlagerung der Waldkanten sind
z.B. Statistiken über die Waldverteilung in Abhängigkeit von der topo-

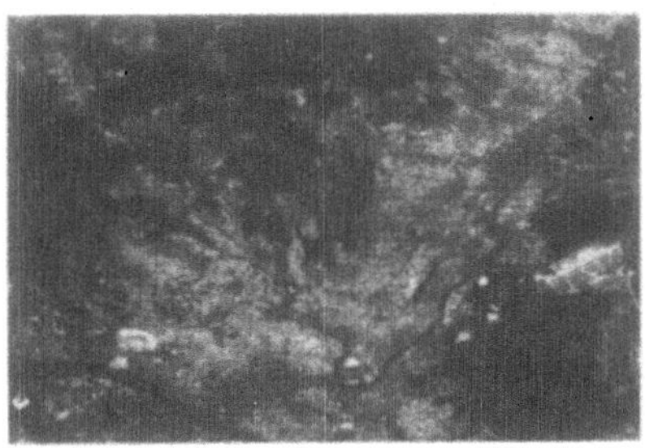

a) Ausschnitt einer Landsat-2
   Szene (Kanal 4)

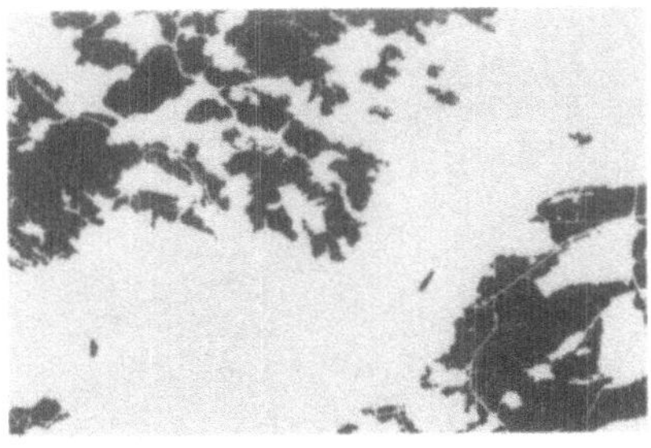

b) auf die Geometrie von a) ver-
   zerrte Datenbank der Abb.3b)

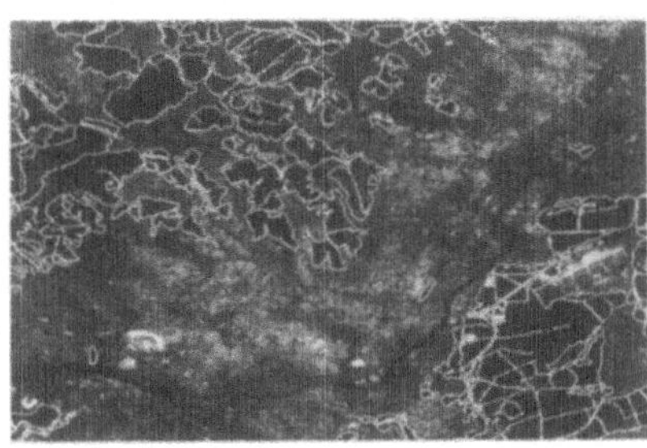

c) Überlagerung der Waldkanten
   von b) in a)

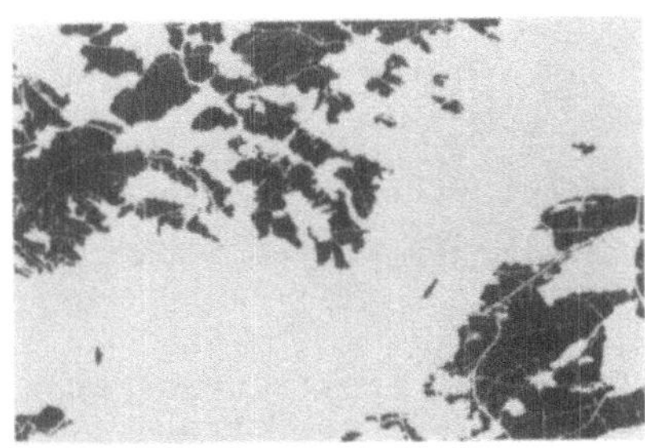

d) Grauwerte von a), die in b) in
   identischen Lagen besetzt sind

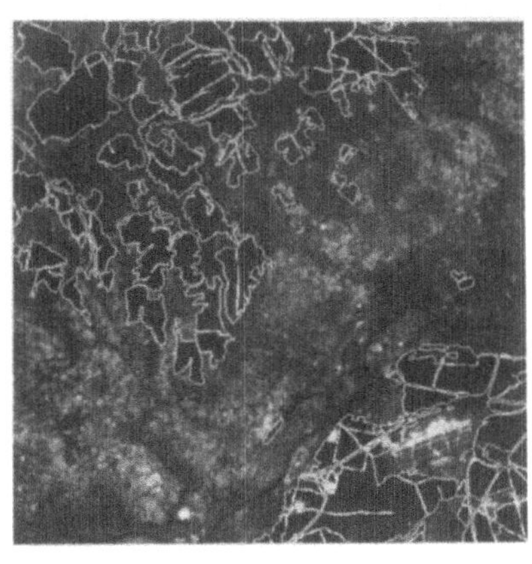

e) Überlagerung der entzerrten
   Landsat-2-Szene a) mit den
   Waldkanten der Datenbank der
   Abb.3b)

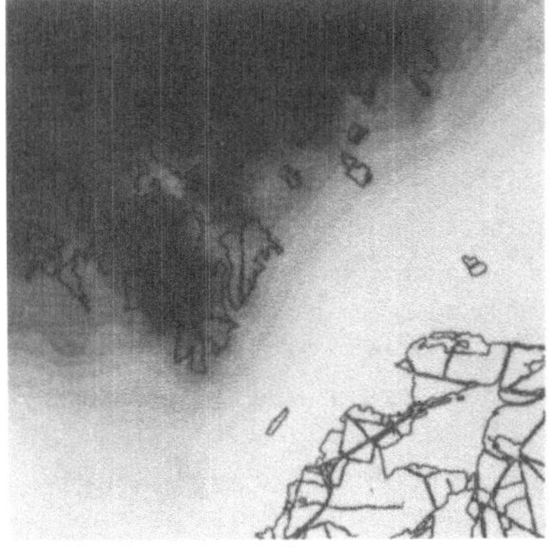

f) Überlagerung von DTM (Höhe pro-
   portional zum Grauwert) und den
   Waldkanten der Datenbank der
   Abb.3b)

Abb.4 Beispiele für Integrationen von Sensordaten und kartographischen
       Datenbanken

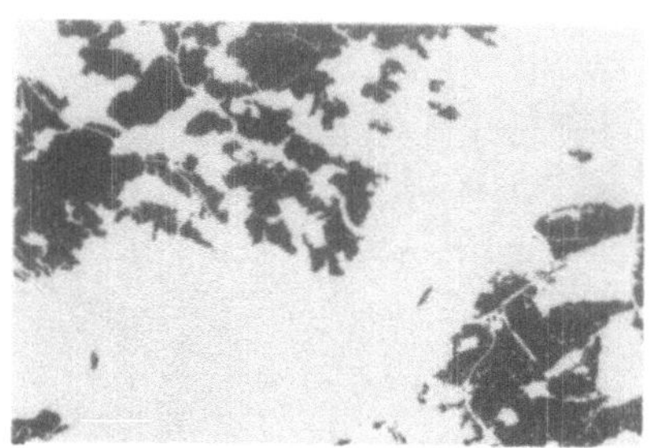

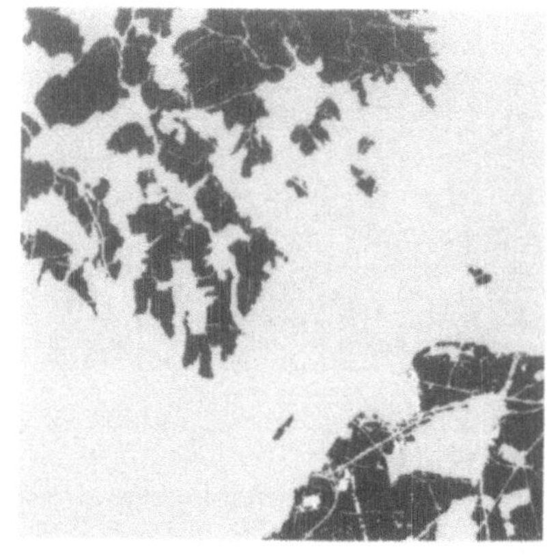

Abb.5 Datenfortführungen in den beiden Bezugssystemen

graphischen Höhe aufstellbar. Durch Modellansätze zwischen den Landsat- und den DTM-Grauwerten sind radiometrische Korrekturen durchführbar.

5. Literatur

[1] Guindon,B etal: Integration of MSS and SAR Data of Forested Regions in Mountainous Terrain. Canada Centre for Remote Sensing,Ottawa.

[2] Clark, Jerry: Improved Land Use Classifications from Landsat and Seasat Satellite Imagery Registered to a Common Map Base. Proc. of the American Society of Photogrammetry, February 1981, S.591-599.

[3] Goßmann,H.u.Haberäcker,P.: Image Processing of HCMM-Satellite Thermal Images for Superposition with Other Satellite Imagery and Topographic and Thematic Maps. Proc. of the International Society of Photogrammetry,Vol.XXIII,Part B3, Hamburg 1980, S.256-271.

[4] Konecny,G.: Mathematische Modelle und Verfahren zur geometrischen Auswertung von Zeilenabtaster-Aufnahmen. Bildmessung und Luftbildwesen 5/1976, S.188-194.

[5] Leberl,F.: Satellitenradargrammetrie. Deutsche Geodätische Kommission, Reihe C, Nr.239, München 1978.

[6] Mikhail,E. etal: Analysis of digital MSS data. Bildmessung und Luftbildwesen 1/1975, S.22-27.

[7] Hardy,R.L.: Multiquadric equations of topography and other irregular surfaces. Journal of Geophysical Research,Vol.76,1971,S.1905-15.

[8] Göpfert,W.: Interpolationsergebnisse mit der Multiquadratischen Methode. Zeitschrift für Vermessungswesen, Vol.102,1977,S.457-461.

[9] Göpfert,W.: Anwendungen der digitalen geometrischen Bildverarbeitung in der Photogrammetrie und Kartographie, sowie für Planungen. Nachrichten aus dem Karten- u.Vermessungswesen, Heft I/84, Institut für Angewandte Geodäsie,Frankfurt (erscheint Ende 1981).

[10] Göpfert,W.: Experiences with Digital Geometric Rectification Techniques applied to Orthophoto Production. Symposium on Digital Elevation Models and Orthophoto Technology. University of Queensland, Australien, Juni 1981.

ORGANISATION KARTOGRAPHISCHER DATEN
ZUR KENNTNISGESTÜTZTEN BILDANALYSE

W. Kropatsch und F. Leberl

Abt. für digitale Bildauswertung und Verarbeitung graphischer Daten,
Forschungszentrum und Technische Universität Graz
A-8010 Graz, Österreich

Zusammenfassung

Es wird eine kartographische Datenbank beschrieben, die auf der Struktur eines "planaren Graphen" beruht. Zweck der Datenbank ist die Steuerung von Erkennungsalgorithmen auf digitalen Bildern. Die daraus resultierenden Datenstrukturen werden formal beschrieben und ihre Effektivität beispielhaft gezeigt.

1. Einleitung

Die für kartographische Datenbanken verwendeten Datenstrukturen umfassen einen Großteil der im Computerwesen bekannten. Shapiro /5/ zeigt, daß keine als optimal bezeichnet werden kann und daß eine gute Datenstruktur wesentlich danach konzipiert werden muß, wie die häufigsten Fragestellungen an den Datenbestand lauten werden.

Die hier beschriebene Datenbank hat den Zweck, die Analyse digitaler Bilder durch bestehende geographische Karten zu unterstützen, wie dies zuletzt an mehreren Stellen versucht wurde /8,1,4/.

Folgende Klassen von Nutzungen sollten nach entsprechendem Aufbau in dieser Datenbank möglich sein:

- Selektion oder Extraktion der einzelnen Elemente (Objekte) der Datenbank nach Name, Eigenschaften, Lage;

- Verknüpfungen einzelner Elemente (geometrische und thematische Mengenoperationen);

- Berechnungen mit Elementen;

- Ausdruck verschiedenster Listen und Tabellen;

- Graphische Ausgabe im Vektor- und Rasterformat.

Diese Nutzungen sind nur eine Teilmenge aller denkbaren, aber im Hinblick auf die Verbindung von Bild und Karte wichtig. Im folgenden werden der formale Aufbau der Datenbank und die dafür in Betracht gezogenen Möglichkeiten beschrieben. Um eine redundante Speicherung der Daten zu vermeiden, wurde der gesamte Bestand in langlebig "residenten" Strukturen gespeichert, während kurzlebige, auswertungsspezifische Strukturen dem residenten Teil entnommen werden, um die Auswertungen zu beschleunigen. Nach einem Überblick über die verwendeten Auswertungsprogramme wird anhand des Beispiels RAND die Wirksamkeit der Datenbank, die sich in der Praxis gezeigt hat, theoretisch fundiert.

2.   Die residenten Datenstrukturen

2.1. Das Ausgangsmaterial

Als Ausgangsmaterial für den Aufbau einer Datenbank liegen Punktkoordinaten vor, die
in der Form von Polygonen organisiert sind, in denen der Anfangspunkt eigens gekennzeichnet ist. Es ist in diesem Zusammenhang unbedeutend, nach welchem Verfahren die
Polygone gewonnen wurden, also ob durch händisches Abfahren von Linien, automatische
Linienverfolgung, oder Rasterabtastung mit nachfolgender Linearisierung.

2.2. Verschiedene Möglichkeiten von Strukturen

Die Frage stellt sich, wie die Daten in der Datenbank strukturiert werden sollen.
Hiezu bestehen mehrere Methoden, mit denen die in unserer Problemstellung wichtigen,
in der Karte vorgegebenen Merkmale in digitaler Form abgespeichert werden können:

(i)   Jedes Merkmal wird von einem Begrenzungspolygon umgeben (objektorientierte,
        sequentielle Datenstruktur);

(ii)   Jedes Merkmal wird von einer Folge von Linien umgeben, wobei jede Linie genau
        2 Merkmale trennt und selbst durch ein Polygon beschrieben ist; die Karte stellt
        somit einen "planaren Graphen" dar;

(iii)   Die Rasterdarstellung /2,5/;

(iv)   Die lagebezogene Datenstruktur /9/, wobei als Sonderfall der Quadtree in Be-
        tracht kommt(Dyer, Rosenfeld und Samet in /5/);

(v)   Beschreibung eines Merkmals durch den Freeman-Chain code (Freeman in /5/).

Die verschiedenen Datenstrukturen sind nicht gegenseitig exklusiv. Eine merkmalbe-
zogene, topologisch orientierte Struktur (ii) kann durchaus neben einer lagebezoge-
nen (iv) bestehen, so daß bei der Nutzung die beiden folgenden Fragen rasch beant-
wortet werden können:

-       Wo liegt ein bestimmtes Merkmal und wer sind seine Nachbarn?

-       Welches Merkmal liegt an einem vorgegebenen Ort?

2.3.   Eine Struktur für die Verbindung von Bild und Karte

Für den Verbindungsprozeß sind nicht allein die geometrische Lage und Form eines
einzelnen Merkmals von besonderer Bedeutung, sondern auch dessen topologische Umgebung. Aus diesem Grund wurde als höchste Ebene der Datenbank die topologische
Datenstruktur gewählt /9/. Dies ist eine Struktur nach Methode (ii). Die höchste
Strukturebene gibt die Lage der Merkmale zueinander wieder, es bleiben das Problem
der exakten Lokalisierung (geometrische Information) und der Speicherung themati-
scher Information. Da die topologische Zuordnung schon in der obersten Ebene beschrieben ist, reicht für die unteren Ebenen die sequentielle. Erst dort werden die
Merkmale im Detail, also geometrisch und thematisch, beschrieben.
Daraus ergibt sich nun folgende Gliederung der Datenbank in 3 Informationsebenen
(siehe Fig. 1):

-       Der planare Graph (Definition in /7/)(Structure);

-       Die sequentielle Struktur mit Listen von Objekten, also Merkmalen (Regionen)
        und Linien (Region list, Line list);

-       Die Polygone, die wiederum sequentiell in einer Koordinatenliste gespeichert sind (Coordinate file).

Die vorliegende Struktur ermöglicht zwar auch Suchprozesse mit Lagebezug, jedoch sind diese nicht effizient. Um hohe Wirtschaftlichkeit bei Suchprozessen nach der Lage zu erreichen, ist der topologischen Ebene noch ein Lagebezug überzuordnen.

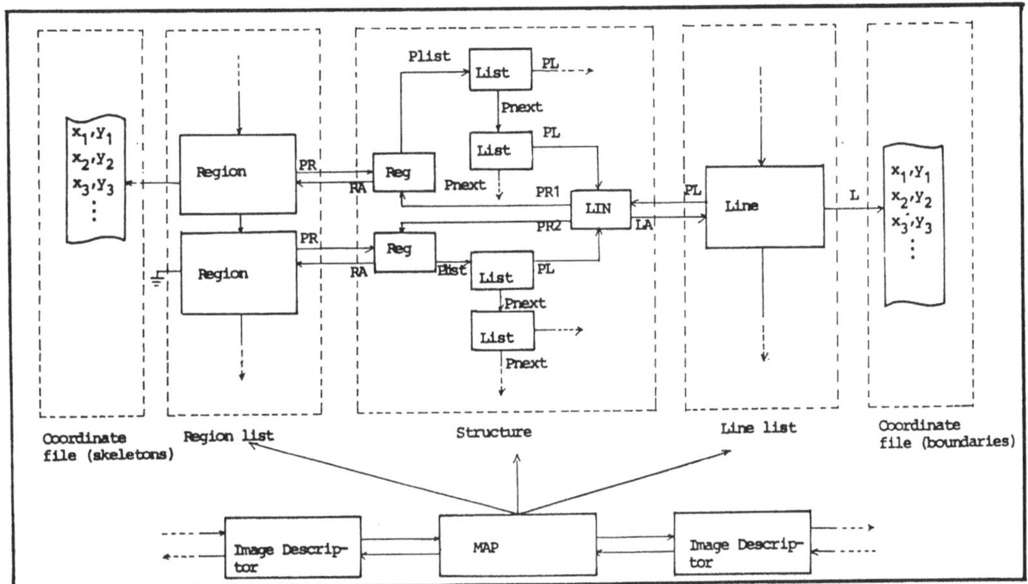

Figur 1: Organisation der digitalen kartographischen Datenbank
Die "Structure" bezeichnet den Graphen der Kartenmerkmale.

2.4. Formale Beschreibung der Datenbank

Die Datenstruktur wird hier allein durch Verwendung von Listen und strukturierten Elementen bestimmt. Bei den Listen $\{a_1, a_2, ...\}$ sind die Elemente a_1 über ihre Indizes (bzw. Adressen) ansprechbar, während Inhalte a und b eines Strukturelements (a;b) namentlich referenziert werden. Inhalte von Strukturelementen können Listen sein; Listenelemente können strukturiert sein. Relationen x werden durch Zeiger x,y (Schreibweise: "Zeiger (r):x,y") auf Strukturen r oder Listen r ausgedrückt:

File STRUKTUR   = {REG-item, LIN-item, LIST-item}

File REGIONEN   = {FLÄCHEN-Eintrag, SKELETON-Eintrag}

File LINIEN   = {LINIEN-Eintrag}

File KOORDINATEN = {(x-Koordinate; y-Koordinate)}

REG-item   = (Zeiger (File REGIONEN): RA; Zeiger (LIST-item): PLIST)

LIN-item   = (Zeiger (File LINIEN): LA; Zeiger (Reg-item): PR1, PR2)

LIST-item = (Zeiger (LIN-item): PL; Zeiger (LIST-item): PNEXT)

FLÄCHEN-Eintrag = (Name; Fenster; Zeiger (File STRUKTUR/REG-item): PR)

SKELETON-Eintrag = (Name; Fenster; Zeiger (File STRUKTUR/REG-item): PR;

Zeiger (File KOORDINATEN): Anfang, Ende; Startpunktskoordinaten;
Endpunktskoordinaten)
LINIEN-Eintrag = (Name; Fenster; Zeiger (File STRUKTUR/LIN-item);
Zeiger (File KOORDINATEN): Anfang, Ende; Startpunktskoordinaten;
Endpunktskoordinaten)
Fenster = (kleinste x-Koordinate; kleinste y-Koordinate; Ausbreitung in x-Richtung;
Ausbreitung in y-Richtung)

Die Aufnahmemodalität bei der Digitalisierung und die Eigenschaften von Merkmalen
machen eine Unterteilung der Regionen in 2 Gruppen notwendig, nämlich in:
- Flächen und
- sogenannte "Skeletons" (Gerippe). Skeletons sind Flächen, welche durch Linien
dargestellt werden, wie Straßen und Flüsse. Zwei Gründe sind für die Einführung
von Skeletons ausschlaggebend; Erstens können Skeletons bei der Datenerfassung
wie Linien behandelt werden. Es müssen nicht alle Ränder dieser Fläche digitalisiert werden, da dann ja dasselbe Polygon zwei Mal erfaßt werden müßte. Dies
entspricht den Gegebenheiten der Karte. Zweitens kann die Breite von Skeletons
zu einem späteren Zeitpunkt gewählt werden, was bei Maßstabsänderungen von Bedeutung ist.

3. Die temporären Datenstrukturen

Die hier beschriebenen STRUKTUREN ermöglichen einerseits und erleichtern andererseits
die Analyse von digitalen Bildern anhand einer vorliegenden Datenbank. Als "temporär"
werden sie deswegen bezeichnet, weil sie nur für die Dauer der Auswertung eines Objekts von Bedeutung sind, danach aber wieder gelöscht werden.

3.1. Koordinatenliste einer Flächenbegrenzung

Dabei handelt es sich um eine Datenstruktur, die als Zwischenspeicher vor und nach
geometrischen Transformationen von Begrenzungspolygonen dient. Das Prinzip des Aufbaus entspricht dem "File KOORDINATEN". Das Problem einer geschachtelten Fläche, die
aus mehreren Polygonen besteht, wurde dabei folgendermaßen gelöst;
A. Jedem Teilpolygon wird ein Wertepaar vorangestellt, das Anfangs- und Endindex
der Punktefolge dieses Polygons angibt.
B. Diese Teilpolygone werden sequentiell auf die Koordinatenliste abgelegt.

3.2. Die binäre Matrix (Raster)

Für die Verbindung mit einem digitalen Bild, außerdem für Durchschnitts-, Vereini-
gungs- und Komplementoperationen ist das Rasterformat geeignet. Es ist daher im Datenbanksystem auch möglich, Flächen, die durch Begrenzungspolygone definiert sind,
in eine Rasterform zu transformieren. Die dafür nötige Datenstruktur wurde als
binäre Matrix implementiert. Der Koordinatenbezug wird durch ein der Matrix

vorangestelltes Fenster definiert, wobei die Fensterdefinition wie für die Linien-
und Regionendateien gilt. Daran schließt die 2-dimensionale Matrix M mit

$$M\ (i,j) = 1 \text{ für } (i,j) \in \text{Fläche und}$$

$$M\ (i,j) = O \text{ sonst}$$

an. Die einzelnen Matrixelemente werden zeilenweise abgelegt. Die zeilenweise Abspeicherung der Matrix erfolgt dicht, das heißt, nach dem letzten Bit einer Zeile
folgt direkt das 1. Bit der nächsten Zeile. Diese Abspeicherung erlaubt es zur Zeit,
bis zu 72 000 Punkte in beliebiger Rechtecksform (durch Matrix bzw. Fenster bestimmt)
binär zu speichern und zu verarbeiten.

4. Programme zur Auswertung der Datenbank

4.1. Einige Verarbeitungsroutinen

Die Verarbeitungsalgorithmen können nach den Datenstrukturen, die sie verwenden,
gruppiert werden (Figur 2):

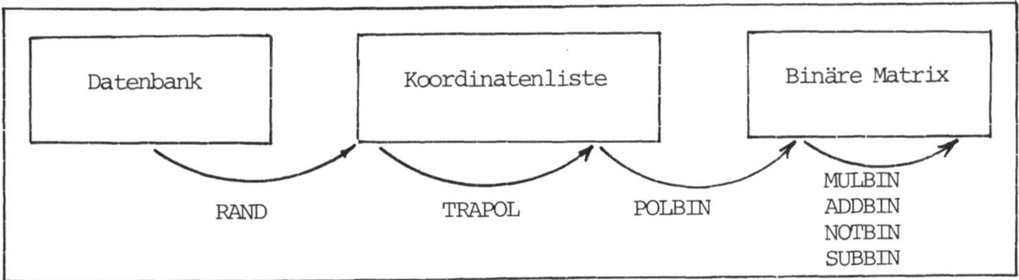

Figur 2: Bestehende Verarbeitungsroutinen der Kartendatenbank.

Ein Teil der Programme erlaubt den Übergang von einer Datenstruktur in die andere
(RAND, POLBIN), die anderen Programme führen Operationen mit den jeweiligen Datenstrukturen aus (Programme TRAPOL, MULBIN, ADDBIN, NOTBIN, SUBBIN).
Schließlich besteht die Möglichkeit, sowohl aus der Koordinatenliste als auch aus
der binären Matrix den Schwerpunkt und die Fläche der beschriebenen Region zu berechnen (Programm MASS).
Eine detaillierte Beschreibung der Programme und einige Beispiele in der Anwendung
auf kenntnisgestützte Bildanalyse finden sich in /3/.

4.2. Die Effektivität der Datenstrukturen

Anhand von Programm RAND kann abgeschätzt werden, wie sich die Strukturen der Datenbank auf die Verarbeitungszeiten auswirken.
RAND entnimmt der Datenbank die Koordinatenliste der Begrenzung einer durch ihren
Namen bezeichneten Region.
1. Schritt: Suche im File REGIONEN.

      Verarbeitungszeit: abhängig von der Länge R von File REGIONEN.

2. Schritt: Verfolgung der Grenzlinien im File STRUKTUR.
           Verarbeitungszeit: direkt proportional der Anzahl angrenzender Regionen.
3. Schritt: Übertragen entsprechender Polygonpunkte in die Koordinatenliste.
           Verarbeitungszeit: direkt proportional zur Anzahl der Punkte der Begrenzungslinie.

Nur beim 1. Schritt ist die Verarbeitungszeit abhängig vom Umfang der Datenbank, Schritte 2 und 3 beschränken sich auf unbedingt notwendige Operationen, die nur mehr von der Komplexität des Suchobjektes abhängen, nicht aber vom Umfang der Datenbank. Mit R als Länge des Files REGIONEN kann Schritt 1 von $O(R)$ auf $O(\log(R))$ reduziert werden, wenn File REGIONEN nach Namen sortiert wird /6/.

5. Schluss

Das beschriebene Datenbanksystem hat sich für den Zweck der kartengestützten Bildanalyse als besonders geeignet herausgestellt.Dies zeigen die Erfahrungen mit der Datenbank GRAZ. Erfahrungen bestehen auch mit einer Datenbank des Bereichs Südbayern(Walchensee), die die gewonnenen Erfahrungen bestätigt.

Der Aufbau der hier beschriebenen, experimentellen Datenbank ist von der Notwendigkeit geprägt, ein möglichst umfassendes und flexibles Konzept zu verwirklichen. Die Überlegungen, welche den Aufbau begründeten, wurden in dieser Arbeit angeführt und diskutiert. Die auf den Relationen zwischen Merkmalen beruhende Datenstruktur wurde formal beschrieben und die aus der Praxis bekannte Effizienz an einem Beispiel theoretisch begründet.

6. Literatur

/1/ BAUSCH U., GROCH W.D. Teilautomatische Objektextraktion aus Luftbildern und
KESTNER W., STIES M.: Landkarten, Karlsruhe 1980

/2/ BRÜGGEMANN H.: Flächenbezogene graphische Datenverarbeitung - Programm-
entwicklung beim Landesvermessungsamt Nordrhein-West-
falen -, Nachrichten aus dem Karten- und Vermessungswesen, Reihe I, Heft Nr. 75, S. 33 - 49, Frankfurt am
Main (1978)

/3/ KROPATSCH W.,LEBERL F.: Automated Registration of Scanned Satellite Imagery
with a Digital Map Data Base, DIBAG - Publikation Nr.1,
Forschungszentrum Graz (1981).

/4/ LEBERL F.,KROPATSCH W.: Map-Guided Automatic Analysis of Digital Satellite
Images, Mitteilungen d. geod. Institute der Techn. Univ.
Graz, Folge Nr. 33 (1979)

/5/ Maratea: Konferenz über "Map Data Processing", NATO Advanced Study
Institute, Juni 18-29, 1979; Unterlagen sind zu erhalten
von Prof. G.G.PIERONI, Dipartimento di Matematica,
Università della Calabria,
Cosenza, Italien.

/6/ MAURER H.: Datenstrukturen und Programmierverfahren, Teubner Stu-
dienbücher - Informatik (1974)

/7/ SAKAROVITCH M.: Introduction à l'étude des Graphes, Université Scienti-
fique et Médicale de Grenoble - E.N.S.I.M.A.G. (1975)

/8/ TENENBAUM J.M., A Scene Analysis Approach to Remote Sensing, Technical
TISCHLER M.,WOLF H.: Note 173, Artificial Intelligence Center, Stanford
Research Institute, Menlo Park, California (1978)

/9/ WEBER W.: Geographische Informationssysteme - ein Überblick und
Gedanken zur weiteren Entwicklung, Nachrichten aus dem
Vermessungswesen, Reihe I, Heft Nr. 75, S. 159-186,
Frankfurt am Main (1978)

LOKALISIERUNG VON DURCH ZEICHNUNGEN BESCHRIEBENEN

STRUKTUREN IN BILDERN

Ernst E. Triendl

Institut für Optoelektronik

DFVLR, 8o31 Weßling/Obb.

Gleiche Objekte können verschiedenartig dargestellt sein, etwa als
Photographie oder als Strichzeichnung. Sollen die Bilder in Zusammenhang
miteinander gebracht werden, so muß anhand von Modellen der bildlichen
Darstellung eine gemeinsame Abstraktionsebene gefunden werden, auf der
sich die Bilder gleichen.

Im gewählten Beispiel geht es um den Vergleich einer Landkarte mit
einem aus dem Weltraum aufgenommenen Photo, insbesondere darum in einer
multispektralen Aufnahme des Erderkundungssatelliten LANDSAT der Seenplatte südlich von München (Bild 1) die Umrisse eines in einer Landkarte (Bild 2) eingezeichneten Sees wiederzufinden und zu lokalisieren.

Die Informationspfade beim automatischen Vergleich eines Bildes mit
einer Zeichnung sind in Abb. 3 dargestellt. Ausgangspunkte sind zwei
grundverschiedene Dinge, nämlich das physikalische Objekt und dessen
Photographie einerseits und die aus einer abstrakten Beschreibung,
welche wiederum aus unterschiedlichsten Quellen gewonnen wurde,

abgeleitete Zeichung andererseits. Im Falle von Karte und Luftbild
besteht zusätzlich eine einfache geometriche Beziehung (affine Ähnlichkeit) zwischen den dargestellten Objekten.

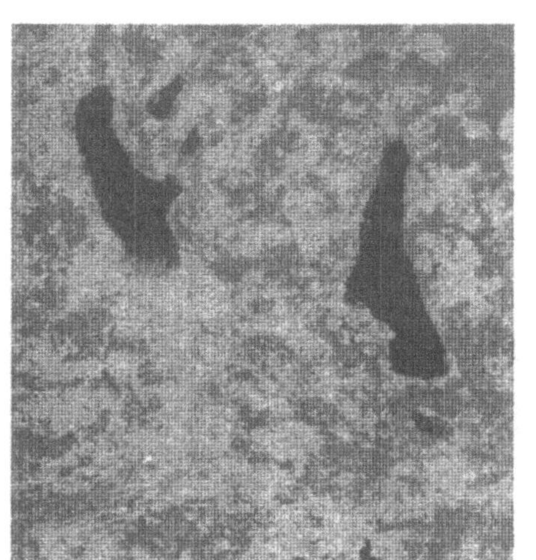

Bild 1: Ausschnitt aus einer
Satellitenaufnahme (LANDSAT)
der Seenplatte südlich von
München (Ammer- & Starnbergersee)

Bild 2: Ausschnitt aus einer
Straßenkarte des selben Gebietes

Ginge es nur um den Vergleich zweier unter identischen Aufnahmebe-
dingungen gewonnener Photos, so genügte es die durch Digitalisierung
(Im Fall des Satellitenbildes im Aufnahmegerät impliziert) gewonnenen
Zahlenfelder auf Identität zu untersuchen. Sind die Aufnahmen leicht
verschieden, so muß von Kontrast und Helligkeit abgesehen werden und
zum Beispiel die Identität durch die normalisierte Kreuzkorrelation
ersetzt werden.

Im vorliegenden Fall des Vergleichs Karte - Bild sind die Objekte in
der Karte durch deren Umrisse, je nach Objekt verschiedene Linien-
stärken und Farben gekennzeichnet. Daher kann die Identität der Daten

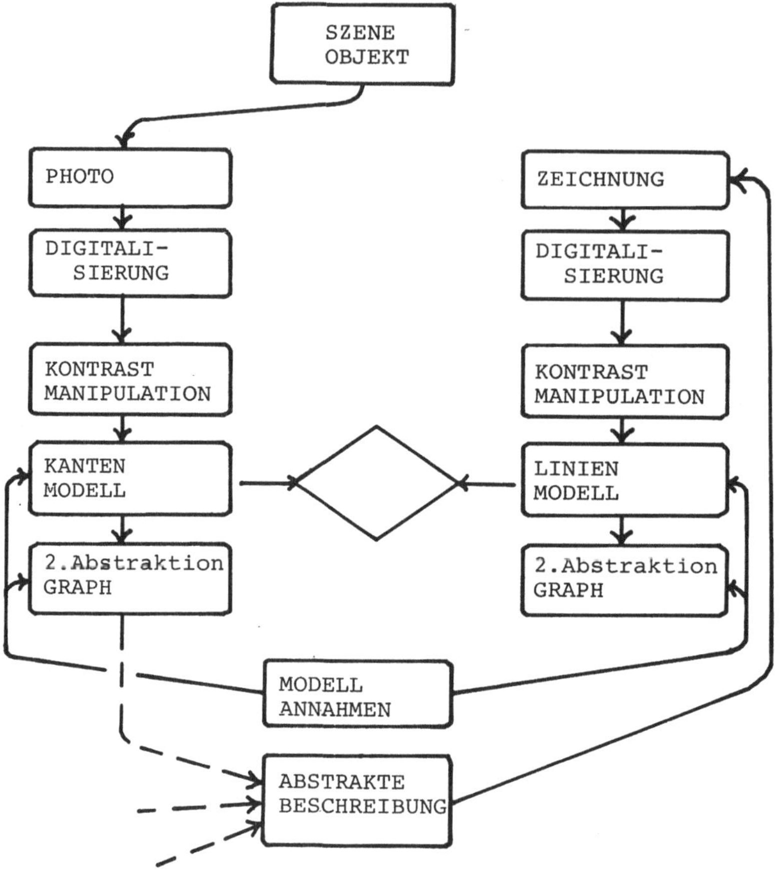

Bild 3: Informationspfade beim Vergleich Zeichung - Photo

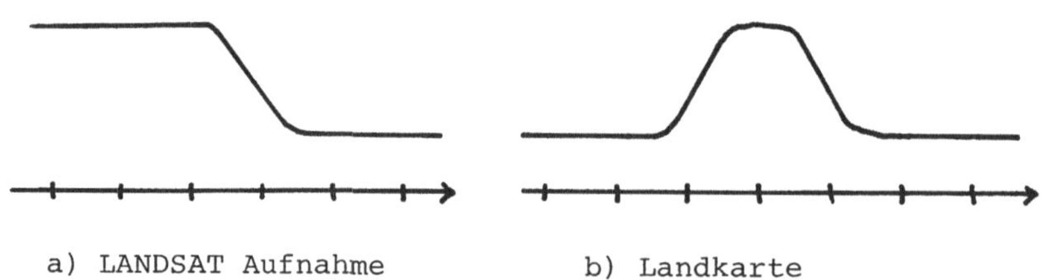

Bild 4: Querschnitt der Kanten- bzw. Linienmodelle
einschließlich Digitalisierungseffekten.

nur durch Einbringen von Modellvorstellungen über die Darstellung von
Linien in der Karte bzw. das Erscheinungsbild von Kanten im Luftbild
erreicht werden, wobei auch der Digitalisierungsmechanismus mitberück-
sichtigt werden muß.

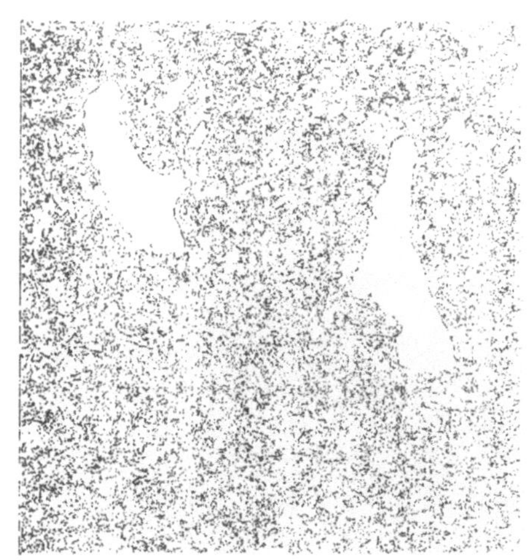

Bild 5: Durch Modellierung von
Kanten gewonnene Umrisse aus
Bild 1

Ausgehend von einer früheren
Arbeit über Kantenmodelle /1/
und deren Verwendung zur
Korrelation von Bildern /2/
werden Annahmen über Kanten
bzw. Linienquerschnitte gemacht
(Bild 5), in Modelle übergeführt
und mit einem Optimierungsver-
fahren auf das Bild angewendet.
Die bildliche Darstellung der
Kanten bzw. Linien (Bild 6) ist
die "niedrigste" gemeinsame
Darstellungsebene von Luftbild
und Karte, die einen Vergleich
ermöglicht.

Jedoch ist zwischen den beiden Linienbildern noch eine affine Transformation nötig, da Lage (x,y Koordinaten), Größe und Orientierung
noch unbekannt sind. Es muß also die Suche nach Identität in einem
4-dimensionalen Raum (x, y, phi, Größe) ausgeführt werden. Der Rechenaufwand dafür ist hoch. Zu dem sind in den bildlichen Darstellugen
nicht alle aus den Modellvorstellungen ableitbaren Informationen
enthalten. So ist etwa der Grad von Übereinstimmung von Kanten- bzw.
Linienmodell nicht einfach bildlich darstellbar. Ausserdem fehlt ein
Abstandsmaß, das kleinere Formabweichungen erlauben würde.

Um die Suche zu erleichtern, die gesamte Modellinformation zu verwenden und kleinere Formabweichungen zu erfassen, ist es angebracht
die bildliche Darstellung aufzugeben und in einem 2. Abstraktions-
schritt Linienstücke zu parameterisieren und in annotierte Teilgraphen
überzuführen (siehe auch /3/ & /4/).
Die entgültigen Ergebnisse dieses Experiments werden im Vortrag
vorgestellt.
Diese Arbeit wurde teils von der DFG unterstützt und am digitalen
interaktiven Bildauswertesystem DIBIAS der DFVLR ausgeführt.

<u>Literaturverzeichnis:</u>

/1/   E. Triendl: <u>Modellierung von Kanten bei unregelmäßiger Rasterung</u>
          in Bildverarbeitung und Mustererkennung, Informatik
          Fachbericht Nr. 17, Springer 1978
/2/   T. Henderson, E. Triendl, R. Winter: <u>Edge Based Image Registration</u>
          Proc. 2nd Scandinavian Conf. on Image Analyis, Helsinki 1981
/3/   K. Price, R. Reddy: <u>Matching Segments of Images</u>
          IEEE Trans. on Pattern Analysis and Machine Intelligence,
          vol. PAMI-1, no. 1, pp. 11o-116, 1979
/4/   R. Wong, E. Hall: <u>Performace Comparision of Scene Matching</u>
          <u>Techniques</u>, IEEE Trans. Pattern Anal. and Machine Intel.,
          vol. PAMI-1, no. 3, pp. 325-33o, 1979

TOMOGRAPHIE

<u>Fehler linearer Rekonstruktionsverfahren der Computertomographie</u>
<u>unter der Annahme eines statistischen Objektmodells</u>

H. Füchtjohann

Institut für Nachrichtentechnik
Technische Universität Braunschweig

<u>Zusammenfassung</u>

Ein statistisches Objektmodell wird angewandt, um lineare Rekonstruktionsverfahren anhand realistischer Beispiele zu vergleichen. Die Berechnung der Rekonstruktionsfehler zweier gängiger Filtered-Back-Projection Verfahren und des einfachen Back-Projection für unterschiedliche Anzahl von Projektionen und unterschiedliche Zahl von Meßwerten je Projektion erlaubt einen Vergleich der Leistung dieser Algorithmen. Die Grenzen der linearen Rekonstruktionsverfahren werden anhand der Ergebnisse eines Algorithmus gezeigt, der eine Rekonstruktion mit minimalem quadratischen Fehler erlaubt. Die mit der Annahme eines statistischen Objektmodells erzielten Ergebnisse können die Auswahl eines linearen Rekonstruktionsverfahrens in verschiedenen Anwendungsfällen der Computertomographie oder bei ähnlich gelagerten Rekonstruktionsproblemen wesentlich erleichtern.

1. <u>Einleitung</u>

In der Computertomographie wird aus Projektionen mit Hilfe verschiedener Rekonstruktionsalgorithmen die Dichteverteilung innerhalb eines Objektes errechnet. Für die nachfolgenden Betrachtungen wird jeweils nur eine Objektscheibe berücksichtigt. Ebenso wird der Übersichtlichkeit halber die "klassische" Abtastanordnung der Computertomographie zu grunde gelegt. D.h. die Meßwerte einer Projektion werden aus parallel verlaufenden Strahlen erzeugt und die Projektionen werden in konstanten Winkelschritten zwischen 0° und 180° erfaßt.

Für die Fehlerbetrachtungen wird ein von Tasto /1/ vorgeschlagenes stochastisches Objektmodell angewandt.

2. Stochastisches Objektmodell

Die Dichteverteilung innerhalb einer kreisförmig angenommenen Objektscheibe wird als zweidimensionales Zufallsfeld $x(\eta,\xi)$ betrachtet. D.h.
für jeden Ort mit den karthesischen Koordinaten η,ξ ist $x(\eta,\xi)$ eine
Zufallsvariable. Weiterhin wird angenommen, daß die Wahrscheinlich-
keitsdichteverteilung von $x(\eta,\xi)$ unabhängig von η,ξ ist. In diesem
Sinne ist $x(\eta,\xi)$ ein räumlich stationäres Zufallsfeld. Die Objekteigenschaften werden im wesentlichen beschrieben durch die Korrelation
der Dichten an zwei auseinanderliegenden Punkten η_O, ξ_O und η_1, ξ_1:

$$E\{x(\eta_O,\xi_O) \cdot x(\eta_1,\xi_1)\} = \exp(-2\lambda d_{O1}) \tag{1}$$

wobei d_{O1} der euklidische Abstand der Punkte ist, und der Korrelationsparameter λ als konstant für eine bestimmte Klasse von Objekten angenommen wird. Der Grund für die Annahme von (1) ist die erfolgreiche
Anwendung dieses Modells in der Bildkodierung, wo gute Übereinstimmung
zwischen theoretischen und experimentell ermittelten Werten erzielt
wurde /2/, /3/. Die prinzipielle Verwendbarkeit dieses Modells für die
Fehlerschätzung linearer Rekonstruktionsverfahren wurde in /4/ gezeigt.
Mit Meßdaten aus dem Philips Forschungslaboratorium Hamburg konnte der
Korrelationsparameter λ für Kopf- und Körpertomogramme bestimmt werden.

3. Fehlerschätzung für lineare Rekonstruktionsverfahren

Bei linearen Rekonstruktionsverfahren wird der rekonstruierte Wert $\hat{x}$
am Ort η,ξ als Linearkombination

$$\hat{x}(\eta,\xi) = A(\eta,\xi)^T \cdot S \tag{2}$$

der Meßwerte s_{ij} bestimmt. In (2) sind die einzelnen Meßwerte zu einem
Zufallsvektor S zusammengefaßt. Der Rekonstruktionsvektor $A(\eta,\xi)$ ent-
hält mit a_{ij} die Gewichte für die Meßwerte s_{ij}, wobei i die aktuelle
Projektion und j einen Meßwert innerhalb dieser Projektion bezeichnen.

Die Varianz ς_e^2 des Rekonstruktionsfehlers $e(\eta,\xi)$ läßt unter Annahme
des oben beschriebenen Objektmodells mit

$$\varsigma_e^2 = E\{e^2(\eta,\xi)\} = \varsigma^2 + A^T \cdot S_{22} \cdot A - 2 \cdot A^T \cdot S_{12} \tag{3}$$

angeben. Hierbei ist ς^2 die als bekannt anzunehmende Varianz des Objektes. $S_{22} = E\{S \cdot S^T\}$ ist die Kovarianzmatrix der Meßwerte und der

Vektor $S_{12} = E\{x(\eta,\xi) \cdot S\}$ enthält die Kovarianzen zwischen $x(\eta,\xi)$ und den einzelnen Meßwerten.

3.1 Back-Projection

Beim Back-Projection Algorithmus werden die Elemente des Rekonstruktionsvektors aus

$$a_{ij}(\eta,\xi) = \begin{cases} \dfrac{1}{\text{Strahllänge}} & \text{für Strahl } i,j \text{ trifft Ort } \eta,\xi \\ \\ 0 & \text{sonst} \end{cases} \qquad (4)$$

bestimmt. D.h. die Meßwerte werden längs des Strahlweges "verschmiert", und der rekonstruierte Dichtewert $\hat{x}(\eta,\xi)$ wird aus der Mittelung aller Meßwerte gebildet, deren zugehörige Strahlwege den Ort η,ξ berühren.

Das Back-Projection hat in der Praxis den Nachteil, daß impulsartige Dichteverläufe verschmiert wiedergegeben werden.

3.2 Filtered-Back-Projection

Das Filtered-Back-Projection Verfahren bedeutet im Prinzip eine zweidimensionale Hochpaßfilterung von Dichteverteilungen, die mit dem Back-Projection Algorithmus ermittelt werden. Radon /5/ zeigte schon 1917, daß dadurch im analogen Fall fehlerfreie Rekonstruktionen möglich sind. Leider läßt sich dieses in der Computertomographie nicht realisieren. D.h. es liegen nur Meßwerte einer endlichen Anzahl von Projektionen vor.

Da Back-Projection und Filterung lineare Operationen sind, wird aus Aufwandsgründen ihre Reihenfolge vertauscht. So kann die zweidimensionale Filterung der Dichteverteilung auf eine eindimensionale Filterung der Projektionen mit der Systemfunktion

$$F(y) \cdot |y| \bullet\!\!-\!\!\!-\!\!\circ f(p) \qquad (5)$$

zurückgeführt werden. Hierbei ist p eine Ortkoordinate, welche die Stellung eines Strahls innerhalb einer Projektion angibt und y die zugehörige Ortfrequenz. Häufig wird die Filterung als Faltung der Meßwerte mit der Fouriertransformierten $f(p)$ von $F(y) \cdot |y|$ ausgeführt. Zwei gängige Filterfunktionen für $F(y)$ sollen im folgenden betrachtet werden.

Ramachandran /6/ schlägt den Einsatz eines idealen Tiefpasses

$$F_1(y) = \begin{cases} 1 & \text{für } |y| < y_c \\ 0 & \text{sonst} \end{cases} \tag{6}$$

vor. Hierbei ist die obere Grenzfrequenz y_c im Einklang mit dem Abtast-theorem anzunehmen. Von Shepp /7/ wird als Filterfunktion ein $\cos^2$ Fil-ter mit

$$F_2(y) = \begin{cases} \cos^2(\pi \cdot y/2y_c) & \text{für } |y| < y_c \\ 0 & \text{sonst} \end{cases} \tag{7}$$

angegeben.

3.3 Minimaler quadratischer Fehler

Bei freier Wahl der Elemente a_{ij} des Rekonstruktionsvektors $A(\eta,\xi)$ aus (2) kann mit

$$\sigma_{emin}^2(\eta,\xi) = \sigma^2 - S_{12}(\eta,\xi) \cdot S_{22}^{-1} \cdot S_{12}(\eta,\xi)^T \tag{8}$$

die minimale Fehlervarianz für lineare Rekonstruktionsverfahren be-stimmt werden. D.h. ein Rekonstruktionsalgorithmus mit

$$A_{min}(\eta,\xi) = S_{12}(\eta,\xi) \cdot S_{22}^{-1} \tag{9}$$

ist in diesem Sinne der beste aller linearen Algorithmen und zeigt so-mit deren Grenzen auf.

In der Praxis bereitet die Invertierung von S_{22} wegen der hohen Ord-nung dieser Kovarianzmatrix erhebliche Schwierigkeiten. Von Paulus /8/ wurde jedoch eine Möglichkeit gefunden, den Rekonstruktionsvektor $A_{min}(\eta,\xi)$ unter Ausnutzung der Symmetrieeigenschaften und der Struktur von S_{22} zu berechnen.

4. Vergleich linearer Rekonstruktionsverfahren

Bei den folgenden Beispielen wurde ohne Einschränkung der Allgemein-heit die Varianz der Dichte des Objekts auf $\sigma^2 = 1$ normiert. Weiterhin wird nur die Fehlervarianz $\sigma_e^2(0,0)$ im Objektmittelpunkt betrachtet. Die Fehlervarianz ist trotz Stationarität des Objekts vom Ort η,ξ ab-

hängig. Es wurde jedoch festgestellt, daß mit wachsender Anzahl von
Projektionen die Ortabhängigkeit von ϵ_e^2 mehr und mehr verschwindet.

Betrachtet man die Fehlervarianz der verschiedenen Verfahren (Bild 1)
bei ZP = 8 Projektionen, λ = 1 und wachsender Anzahl von Meßwerten ZS
je Projektion, fällt auf, daß die Rekonstruktion durch Back-Projection
(BP) nicht besser wird. Das liegt daran, daß dieses Verfahren die
Korrelation der Objektdichte und damit der Meßwerte nicht ausnutzt.
Die beiden Filtered-Back-Projection Algorithmen ziehen die Meßwerte
benachbarter Strahlen heran und werden besser, wobei bei größerer Meßwertanzahl die $\cos^2$ Filterung (FB2) besser als die Tiefpaßfilterung
(FB1) wird. Die minimale Fehlervarianz ist in diesem Beispiel erheblich geringer, da die Objektkorrelation optimal berücksichtigt wird,
jedoch verringert sich der Fehler ab ZS = 17 im Gegensatz zu den Filtered-Back-Projection Verfahren kaum noch.

Erhöht man die Anzahl ZP der Projektionen (Bild 2) bei gleichbleibender
Meßwertanzahl ZS = 9, nützt die Rekonstruktion mit minimalen quadratischen Fehler nach (9) den Informationszuwachs am besten aus. Die anderen Verfahren honorieren die Erhöhung der Projektionszahl nicht in diesem Maße. Die beiden Filtered-Back-Projection Algorithmen sind hier
schlechter als das Back-Projection.

In der Praxis wurden mit jeder Scannergeneration ZP und ZS gleichför-
mig erhöht. Daß dieses sinnvoll ist, zeigt Bild 3. Das Back-Projection
(BP) nutzt den Gewinn an Information erwartungsgemäß am schlechtesten
aus. Die Fehlervarianz der Filtered-Back-Projection Verfahren verringert sich kontinuierlich bei wachsenden ZP und ZS, wobei die $\cos^2$ Filterung (FB2) einen leichten Vorsprung gewinnt. Die Grenze zeigt wieder
die Berechnung der minimalen Fehlervarianz.

Alle bisherigen Betrachtungen wurden für eine Objektklasse mit λ = 1
durchgeführt. Daß das Verhalten der Rekonstruktionsverfahren stark von
der Objektkorrelation abhängt, zeigt Bild 4. Hier wurde der Korrelationsparameter λ von geringer Korrelation 100 bis zu stark korrelier-
ten Objekten 0,1 variiert. Erwartungsgemäß rekonstruieren alle Algorithmen stark korrelierte Objekte am besten, jedoch wird das Back-Projection (BP) erheblich besser als die beiden Filtered-Back-Projection
Verfahren. Es nähert sich sogar stark dem minimalen quadratischen Fehler an. Die Filtered-Back-Projection Algorithmen nutzen durch die
Hochpaßfilterung die Objektkorrelation in diesem Fall nur schlecht aus.
Bei geringer Korrelation wird Filtered-Back-Projection mit idealem

Tiefpaß (FB1) besser als Back-Projection. Der Einsatz des $\cos^2$ Filters (FB2) ist in diesem Fall schlechter.

Gegenwärtig wird versucht, Interpretationshilfen für die vorliegenden Ergebnisse zu entwickeln, mit dem Ziel einer weitgehenden Verallgemeinerung, so daß schließlich die Auswahl eines linearen Rekonstruktionsverfahrens der Computertomographie wesentlich erleichtert wird.

Danksagung

Diese Arbeiten wurden von der Deutschen Forschungsgemeinschaft gefördert.

Literatur

/1/ Tasto, M.: A Probalistic Object Model for Computerized Transverse
        Axial Tomographie. Proceedings Second International Confe-
        rence on Pattern Recognition, Copenhagen, Denmark, Aug. 74

/2/ Franks, L.E.: A Model for the Random Video Process. Bell Syst.
        Techn. Journal, April 1966

/3/ Allerot, R.J.: Autocorrelation Studies of Typical PICTUREPHONE R
        Scenes. Unpublished Technical Memorandum, Bell Telephone
        Laboratories, March 19, 1971

/4/ Füchtjohann, H.: Vergleich von linearen Rekonstruktionsverfahren
        in der Computertomographie mit statistischen Methoden. In-
        formatik Fachberichte 17: Bildverarbeitung und Mustererken-
        nung, DAGM Symposium, Oberpfaffenhofen, Okt. 78

/5/ Radon: Über die Bestimmung von Funktionen durch Integralwerte
        längs gewisser Mannigfaltigkeiten. Ber. Saechs. Akademie
        Wiss., Leipzig Math. Phys. Kl. 69, 1917

/6/ Ramachandran, Lakshiminarayanan: Three-dimensional Reconstruction
        from Radiographs and Electron Micrographs: Application of
        Convolution instead of Fourier Transforms, Proc. Nat. Acad.
        Sci. USA 68/1971

/7/ Shepp, Logan: The Fourier Reconstruction of a Head Section. IEEE
        Trans. Nucl. Sci. 21/1974

/8/ Paulus, E.: Ein Verfahren zur Lösung eines Systems von linearen
        Gleichungen bei symmetrischer, blockbezogener Töplitzstruk-
        tur der Koeffizientenmatrix. Institut für Nachrichtentechnik
        TU Braunschweig, 1980

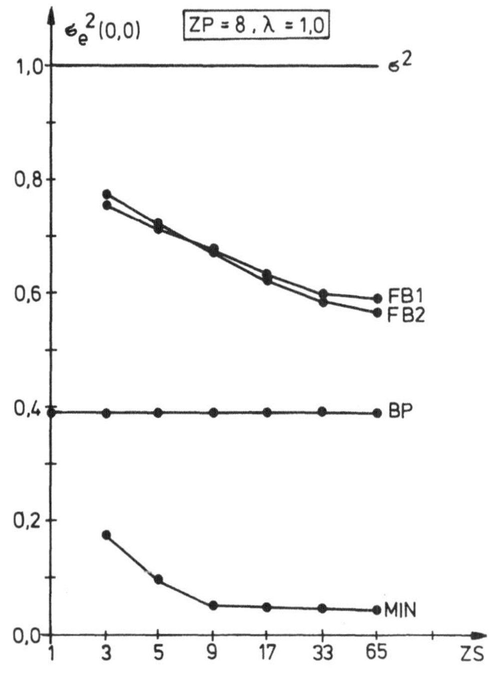

Bild 1: Varianz σ_e^2 der Rekonstruktionsfehler als Funktion von ZS

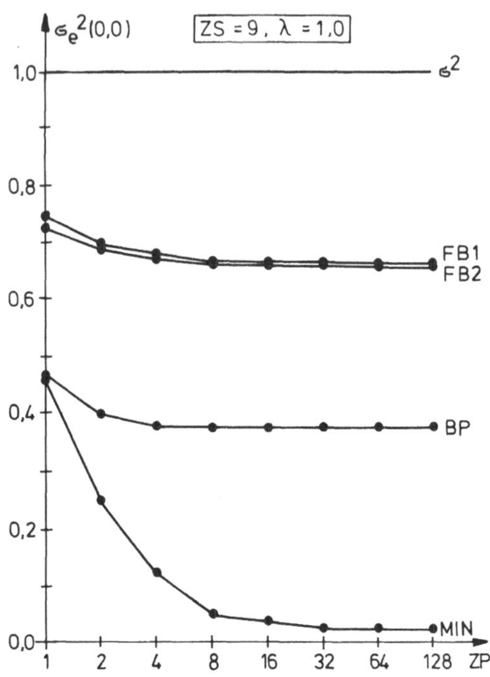

Bild 2: Rekonstruktionsfehler als Funktion der Projektionsanzahl ZP

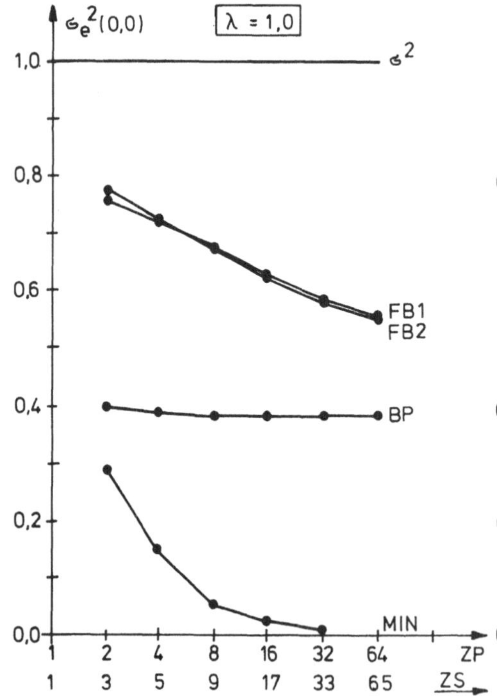

Bild 3: Varianz σ_e^2 bei gleichförmiger Veränderung von ZP und ZS

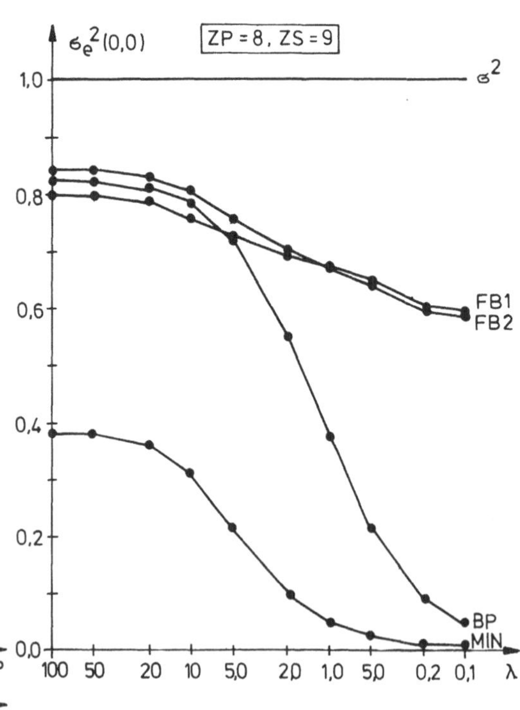

Bild 4: Rekonstruktionsfehler als Funktion des Korrelationsparameters λ

SEVEN PINHOLE COMPUTER TOMOGRAPHY. A GEOMETRICAL-OPTICAL APPROACH

E. Vreugdenhil[*+], M.A. Viergever[*], P. Sonneveld[*], A.J. Hermans[*], O Ying-Lie[**], C.N. de Graaf[**]

ABSTRACT: In this article we present a geometrical-optical analysis of seven pinhole emission tomography, its algorithmic implementation using the Algebraic Reconstruction Technique (ART), and some provisional image reconstructions.

1. INTRODUCTION

Tomographic imaging in nuclear medicine using gamma-emitting radiotracers is currently under active investigation. In this paper we examine the properties of a single photon emissive imaging system for cardiac tomography which utilizes a seven pinhole collimator. This is done within an analytic framework as opposed to earlier studies of seven pinhole tomography [6,4] which were mainly inspired by experimental considerations.

The seven pinhole collimator is commonly used in combination with a large-field Anger camera. This configuration records seven projected images which are non-overlapping as a result of lead septa placed between adjacent pinholes. The reconstruction volume simultaneously viewed by the projections is the intersection of the beams encompassed by each pinhole, and has the shape of a conically tipped cylinder (see Fig. 1). The camera should be positioned such that the heart falls entirely within the simultaneous field of view. The problem to be solved can now be stated as follows.

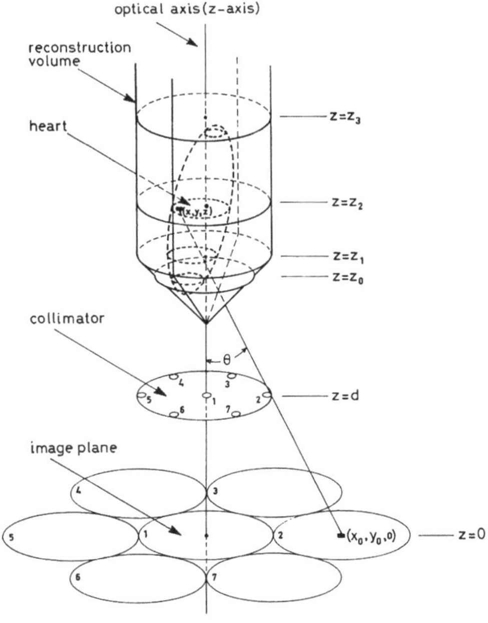

Fig. 1. Schematic representation of the imaging system and the reconstruction volume. For typical dimensions, see [6]. The division of the reconstruction volume into slices, which is the basis of the discrete formulation of the reconstruction problem, is also outlined. For simplicity's sake, we show here a division into 3 slices; in the computations 8 slices are used.

* Department of Mathematics and Informatics, Delft University of Technology, The Netherlands

** Institute of Nuclear Medicine, University Hospital Utrecht, The Netherlands

+ Present address: Philips Medical Systems, Best, The Netherlands

Given the seven two-dimensional projections and the geometry of the collimator-detector system, estimate the three-dimensional source distribution in the cylinder.

2. MATHEMATICAL FORMULATION OF THE RECONSTRUCTION PROBLEM

The formulation of the problem is derived from geometrical-optical considerations. Diffraction phenomena are negligible since the wavelengths of gamma rays are very small in comparison with the diameter of a pinhole. In relation to the object-instrument configuration shown in Fig. 1, the following variables are defined:

x, y, z Cartesian coordinates [m].

x_0, y_0 coordinates [m] of an image point in the plane $z = 0$.

$a(x, y, z)$ strength of gamma radiation [photons/m^3]. It is assumed that source strength variations with time are negligible.

$A(x_0, y_0, x, y, z)$ attenuation [dimensionless] due to absorption of photons along the ray ρ connecting the source point (x, y, z) and the image point $(x_0, y_0, 0)$.

$w(x_0, y_0, x, y, z)$ window function [dimensionless]. It can take on the values 1 or 0, depending on whether or not ρ passes through a pinhole.

$R(x_0, y_0, x, y, z)$ distance [m] between the points (x, y, z) and $(x_0, y_0, 0)$.

$\Theta(x_0, y_0, x, y, z)$ angle [dimensionless] between ρ and the z-axis.

$r(x_0, y_0)$ distance [m] from $(x_0, y_0, 0)$ to the centre of the corresponding pinhole.

The count density P at (x_0, y_0) can be expressed in terms of the above variables as follows:

$$P(x_0, y_0) = \iiint \frac{a(x, y, z) A(x_0, y_0, x, y, z) w(x_0, y_0, x, y, z)}{4\pi R^2 (x_0, y_0, x, y, z)} \, dx\,dy\,dz \ , \qquad (1)$$

where the integration is to be effected over all relevant source points. Since the contours and the precise location of the heart in the simultaneous volume of view are unknown, the reconstruction is carried out over a part of the volume in which the heart is supposedly located.

The camera data are digitized in a 64*64 or 128*128 pixel (picture element) frame. We assume that the count density varies so little within one pixel that it may be considered constant. The number of counts P^D in the pixel with centre $(x_0, y_0, 0)$ is thus approximately

$$P^D(x_0, y_0) = D \ d \ P(x_0, y_0) / r(x_0, y_0) \ , \qquad (2)$$

where D is the pixel area and d is the collimator-detector distance. The factor of d/r enters the equation since gamma rays are in general not perpendicular to the detector plane; the error made by assuming that the ray goes through the centre of the pinhole is small. Eqs. (1) and (2) jointly yield the integral equation from which $a(x, y, z)$ must be solved, given the count rates P^D in all pixels.

The seven pinhole imaging device has a limited angular range. In consequence, the Fourier transform of the system response covers an incomplete portion of the three-dimensional frequency space. While this in itself does not prevent a complete reconstruction of the cylinder, the noise in the data produces errors which pose a practic-

of the seven pinhole collimator-detector system is so small that this limit is substantially exceeded. We therefore perform the reconstruction in the object space.

In order to make the problem amenable to a computer algorithm, we divide the reconstruction volume into N slices parallel to the image plane (see Fig. 1). Let the $(n+1)$-th slice $(n \geq 0)$ be bounded by the planes $z = z_n$ and $z = z_{n+1}$, and have a thickness $\Delta z_n = z_{n+1} - z_n$. We approximate the functions A and w in this slice by their values at $z_{n+\frac{1}{2}} [= (z_n + z_{n+1})/2]$. The source strength $a(x,y,z)$ is replaced with an effective strength $a(x,y,z_{n+\frac{1}{2}})/\cos\{\Theta(x_0,y_0,x,y,z_{n+\frac{1}{2}})\}$; the cosine is a consequence of the slice not being perpendicular to the ray from $(x,y,z_{n+\frac{1}{2}})$ to $(x_0,y_0,0)$. Upon furthermore substituting $z^2/\cos^2\{\Theta(x_0,y_0,x,y,z_{n+\frac{1}{2}})\}$ for $R^2(x_0,y_0,x,y,z)$, we can simply integrate eq. (1) with respect to z over each slice. The result is

$$P^D(x_0,y_0) = \frac{Dd}{4\pi r(x_0,y_0)} \sum_{n=0}^{N-1} \frac{\Delta z_n}{z_n z_{n+1}} \iint a(x,y,z_{n+\frac{1}{2}}) A(x_0,y_0,x,y,z_{n+\frac{1}{2}}) \; * $$

$$ * \; w(x_0,y_0,x,y,z_{n+\frac{1}{2}}) \cos\{\Theta(x_0,y_0,x,y,z_{n+\frac{1}{2}})\} dxdy \; . \qquad (3)$$

The integrals in eq. (3) are approximated by dividing the areas of integration, formed by the intersections of the reconstruction cylinder with the respective planes $z = z_{n+\frac{1}{2}}$, into square elements. The element size is taken to be constant within one slice, but may vary from slice to slice. Using a notation similar to the discretization in the z-direction, we have

$$\frac{r^2(x_0,y_0)}{d^2} P^D(x_0,y_0) = \frac{D}{4\pi} \sum_{l=0}^{M-1} \sum_{m=0}^{M-1} \sum_{n=0}^{N-1} \frac{(\Delta x_n)^2 \Delta z_n}{z_n z_{n+1}} \; *$$

$$ * \; a(x_{l+\frac{1}{2}},y_{m+\frac{1}{2}},z_{n+\frac{1}{2}}) A(x_0,y_0,x_{l+\frac{1}{2}},y_{m+\frac{1}{2}},z_{n+\frac{1}{2}}) w(x_0,y_0,x_{l+\frac{1}{2}},y_{m+\frac{1}{2}},z_{n+\frac{1}{2}}) \; . \qquad (4)$$

The substitution of d/r for $\cos\Theta$ is allowed since all voxels (volume elements) contributing to the projection value of one pixel are inside a ray cone with a very small top angle, owing to the window function.

The voxel dimensions have been determined from the performance of the seven pinhole system [4]. The number of slices (8) and the slice thicknesses were chosen such that the depth resolution is about equal to the system point source resolution in the z-direction. The cross-sectional areas of the voxels were next derived by considering the ray cone viewed by one pixel through the corresponding pinhole. In each slice, this ray cone comprises exactly 4 voxels. The planar resolution is thus well below the system point source x-y resolution. The values of Δx_n and Δz_n are given in Table 1, together with the location of the slices.

slice number		1	2	3	4	5	6	7	8
$z_{n+\frac{1}{2}} - d$	(cm)	8.95	9.70	10.55	11.50	12.60	13.85	15.40	17.15
Δz_n	(mm)	7.00	8.00	9.00	10.00	12.00	14.00	16.00	19.00
Δx_n	(mm)	7.26	7.62	8.02	8.48	9.00	9.60	10.33	11.17

Table 1. Location and dimensions of the voxels. The quantity $z_{n+\frac{1}{2}} - d$ is the distance

3. <u>RECONSTRUCTION PROCEDURE</u>

Upon formulating eq. (4) for each detector element we obtain the system of equations

$$\underline{p} = U \, \underline{a} \, . \tag{5}$$

Here, p is the J-dimensional measurement vector (J is the number of pixels) scaled by a factor of r^2/d^2, $\underline{a}$ is the I-dimensional object vector (I is the number of voxels), and U is the projection matrix (dimension J*I). We suppose that U is unweighted, i.e.

$$u_{ji} = \begin{cases} 1 & \text{if the centre of the i-th voxel lies inside the ray cone of} \\ & \text{the j-th pixel,} \\ 0 & \text{otherwise .} \end{cases} \tag{6}$$

This approximation actually consists of two steps, namely distinguishing between zero and non-zero elements (point sampling) and setting all non-zero elements equal to 1. Point sampling has the advantage of making U sparser; it introduces relatively small errors, as our computer simulations (section 5) demonstrate. The second step enables the use of integer arithmetic and so considerably reduces the computation time of the reconstruction procedure. The introduction of unweighted ray sums calls for the weights $A(x_0,y_0,x_{1+\frac{1}{2}},y_{m+\frac{1}{2}},z_{n+\frac{1}{2}})(\Delta x_n)^2 \Delta z_n/(z_n z_{n+1})$ appearing in eq. (4) to be used as correction factors applied to the source strength. The vector $\underline{a}$ in eq. (5) is the thus modified source distribution rather than the original one.

The reconstructions discussed in the present article only concern computer generated distributions and phantom data. Absorption of gamma photons is negligible in these cases, so the attenuation A is set equal to 1 in all calculations. The use of an unweighted matrix U can now be corrected exactly by giving the contributions from voxels in slice n to the pixel count rates a weight of $(\Delta x_n)^2 \Delta z_n/(z_n z_{n+1})$. When absorption does play a role, as in clinical imaging, the situation is slightly more complex. We then estimate the attenuation assuming that the position of the pinhole system relative to the patient is known and that the absorption coefficient does not vary within the patient's body. An inherent problem is that absorption depends on the locations of both the emitting voxel and the receiving pixel, whereas the correction factor is applied to the source strength which is a function of voxel position only. Consequently, the correction for using unweighted ray sums is only approximately correct in the presence of absorption.

The system described by eqs. (5) and (6) has the following features:

-inconsistent   : $\underline{p} \notin$ range (U),

-overdetermined : J > I,

-singular   : rank (U) < I,

-large   : $J \simeq 8000$, $I \simeq 1000$ (for a 128*128 frame),

-sparse   : fill percentage of U is 3-4 %.

When a set of linear equations is inconsistent it has no solution and we must thence define the characteristics of a best approximate solution. Following the generalized error approach developed in [3], we write

$$\underline{p} = U \, \underline{\hat{a}} + \underline{e} \, , \tag{7}$$

where $\underline{e}$ is an unknown J-dimensional error vector representing the noise in the data. The errors are thus included among the unknowns to be estimated. The circumflex indicates that we now refer to a particular approximation $\underline{\hat{a}}$ of $\underline{a}$. We constrain $\underline{e}$ by requiring that the average noise contribution to the projection data coming from each voxel is equal to zero:

$$U^T \underline{e} = \underline{0} \ . \tag{8}$$

The system (7) and (8) is consistent [3]. Because $\underline{\hat{a}}$ cannot generally be determined uniquely, it is agreed that the solution having the minimum (euclidian) norm is to be obtained. This is the least-square minimum norm solution to eq. (5).

Direct pseudo inversion methods are unsuited to construct the solution because the system is too large. We have therefore opted for an iterative algorithm, viz. the Algebraic Reconstruction Technique (ART; see [1,2] for a description), several versions of which converge for consistent systems to the minimum norm solution. Eq. (7) is solved with partially constrained ART2, in which $\underline{\hat{a}}$ is constrained and $\underline{e}$ is not, and eq. (8) is solved with unconstrained ART1. We have not yet attempted to find a proof of convergence of this mixed ART, but all of our reconstructions computed so far suggest that the algorithm converges to a solution of eq. (5).

The computer program that performs the reconstruction process comprises nine steps:
- pixel selection. Only pixels which lie completely within one of the seven projection circles are taken into account. The number of relevant pixels in a 64*64 frame is 7*276 = 1932, and in a 128*128 frame 7*1176 = 8232. We used a 64*64 frame in all reconstructions reported on in this paper.
- bounding. The value detected at a pixel is replaced by a weighted average of the 8 neighbouring pixel values if the latter differs more than two standard deviations from the former.
- stretching. The pixel count rates are multiplied by a factor of r^2/d^2 [cf. eq.(4)].
- voxel selection. This has been described in section 2.
- initialization. The intensities of all voxels contributing to very low pixel count rates (< 1% of the maximum count rate) are preset to zero. The other voxel intensities are each given a value equal to the minimum count rate of the pixels which look at that voxel, divided by the number of non-zero voxels that are contained in the relevant ray sum. Finally, all voxel intensities are scaled so as to maintain conservation of counts (which has to hold true since absorption effects are negligible). This first approximation to $\underline{a}$ appeared to produce more rapid convergence than the impedance estimator described in [4].
- iterative process. The algorithm employed is the above outlined version of ART.
- source correction. This is the mentioned correction for using unweighted ray sums.
- smoothing. The obtained reconstructions are smoothed by a 9-points operator which assigns to each voxel a weighted average of its own intensity and the intensities of the eight nearest voxels in the same slice. For high-contrast distributions select-
ive smoothing must be applied

- background suppression. Many of the voxel intensities which were preset to zero in the initialization step will have taken on values different from zero in the subsequent steps. These intensities are reset to zero.

All calculations were carried out on an IBM 370/158 computer at the Delft University Computing Centre. The program can be run on a 32 K minicomputer without substantial modifications.

4. RESULTS

We started our reconstruction experiments with simulation studies of noise-free data. Using eqs. (1) and (2), pixel count rates were calculated for various source distributions, and the distributions were next reconstructed. The algorithm used here was constrained ART2 (not mixed ART1 - ART2) because of the absence of noise in the data. The optimum value of the relaxation parameter was high (about 2.5), whence 10 cycles of iterations already yielded reconstructions of sufficient quality. The small differences between the original and the reconstructed images justify the use of point sampling techniques [see eq. (6)].

Gaussian noise having a mean and a variance of 30% of the average count rate each was added to the data. Reconstructions of low-contrast images converged fastest with damping factors of approximately 1.5, whereas for high-contrast images the optimum relaxation was between 0.2 and 0.5. The number of cycles of mixed ART required to arrive at satisfactory reconstructions was about 25 in the latter case, and the corresponding computation time was of the order of 2 minutes (for a 64*64 pixel frame). The results of one of our simulations with noise are illustrated in Fig. 2.

Finally, we have reconstructed several phantoms filled with Tl^{201}. The data were measured with a prototype seven pinhole collimator (Philips Medical Systems). Fig. 3 shows the result for a sheet source positioned in slice 8. The image is reconstructed as a volume source having an appreciable intensity in slice 7 and a low intensity in slice 6 (The activity also propagates to slices which lie further away from the collimator, but these have not been taken into account). This longitudinal transmission of errors is a consequence of the limited view angle of the system.

5. DISCUSSION

The approach to seven pinhole emission tomography presented in this paper differs from earlier approaches in two respects. Firstly, we have formulated the problem in terms of an integral equation using geometrical optics. This has provided us with an estimate of absorption effects; furthermore, it has paved the way to replace the weighted projection matrix by an unweighted one, thus allowing for integer arithmetic. Secondly, our algorithm is based on ART as opposed to the existing commercial algorithms (discussed in [7]) which are based on the Simultaneous Iterative Reconstruction Technique (SIRT; see [2]). We believe that ART is better suited for seven pinhole tomography due to the high sensitivity, the limited view angle (0.7 steradians), and the gross sampling angles of the system.

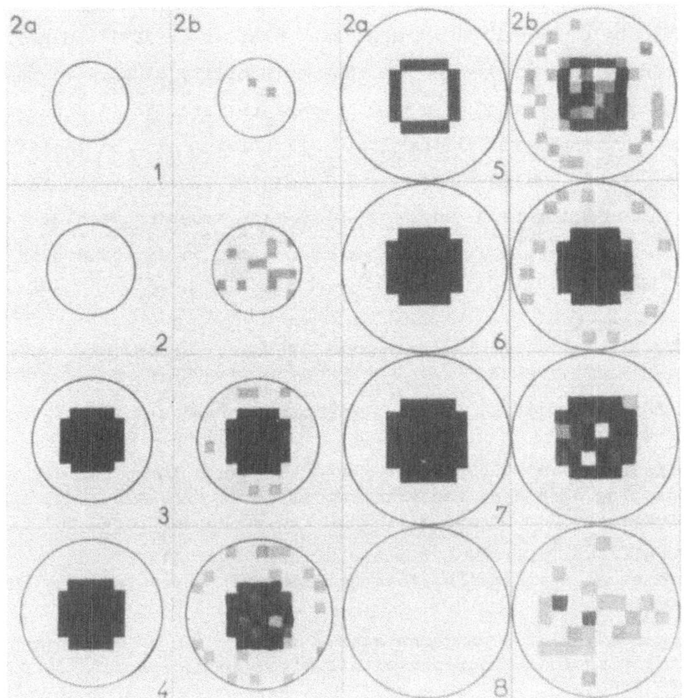

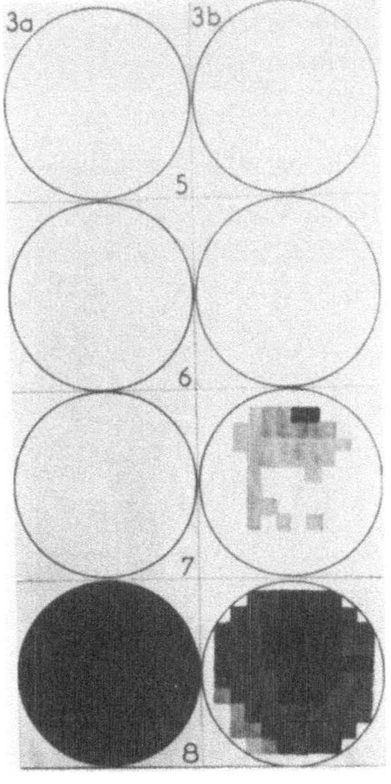

Fig. 2. Example of a simulation study with noisy data; a specification of the noise is given in the text. The test pattern is shown in the columns labeled 2a, the reconstructed image in the columns labeled 2b. The numbers 1-8 refer to the slices, the first four of which have a smaller diameter because they are located in the cone atop the cylinder (cf. Fig. 1.). The damping factor of the ART algorithm was 0.25, and the number of iterations was 28. The iterative process was still converging when it was terminated, so improved reconstructions could have been obtained at the cost of more computer time.

Fig. 3. Reconstruction of a homogeneous sheet phantom placed at a distance of 17 cm from the collimator. Slices 5-8 of the original image distribution are shown in column 3a, and the corresponding tomograms obtained after 19 cycles of iterations are presented in column 3b. The relaxation parameter was equal to 1. Slices 1-5 had zero activity after the reconstruction process.

Our reconstruction program is still tentative. The principal matter to decide is which algorithm should be employed. Until now only versions of ART1 and ART2 have been tested. We intend to investigate as well the suitability of more refined ART methods and least-square type methods, and to compare the results with those of SIRT-based algorithms. Furthermore, the optimal relaxation factor of the ART algorithm is to be determined. For clinical myocardial imaging, the appropriate value will be close to that found for high-contrast noisy data, i.e. between 0.2 and 0.5. Finally, the initialization of the iterative process might be improved upon.

REFERENCES

1. Gordon, R. (1974). A tutorial on ART (Algebraic Reconstruction Techniques), IEEE Trans. Nucl. Sci. 21, 78-93.

2. Herman, G.T. and Lent, A. (1976). Iterative reconstruction algorithms, Comput. Biol. Med. 6, 273-294.

3. Huebel, J.G. and Lantz, B. (1975). A converging algebraic image reconstruction technique incorporating a generalized error model, Proc. 9th Ann. Asilomar Conf. on Circuits, Systems, and Computers, S.P. Chan (ed.), Santa Clara, pp. 571-576.

4. Le Free, M.T., Vogel, R.A., Kirch, D.L., and Steele, P.P. (1979). Seven pinhole tomography - a technical description, Internal report, Denver Veterans Administration Medical Center.

5. Tam, K.C., Perez-Mendez, V., and Macdonald, B. (1979). 3-D object reconstruction in emission and transmission tomography with limited angular input, IEEE Trans. Nucl. Sci. 26, 2797-2805.

6. Vogel, R.A., Kirch, D., Le Free, M., and Steele, P. (1978). A new method of multiplanar emission tomography using a seven pinhole collimator and an Anger scintillation camera, J. Nucl. Med. 19, 648-654.

7. Williams, D.L., Ritchie, J.L., Harp, G.D., Caldwell, J.H. and Hamilton, G.W. (1980). In vivo simulation of thallium-201 myocardial scintigraphy by seven-pinhole emission tomography, J. Nucl. Med. 21, 821-828.

ACKNOWLEDGEMENTS

This research was supported in part by a grant from the Delft University Foundation.

Address for correspondence: Max A. Viergever, Delft University of Technology, Dept. of Mathematics and Informatics, Julianalaan 132, 2628 BL Delft, The Netherlands.

MODELLGESTÜTZTE ANALYSE VON KRANIALEN COMPUTER-TOMOGRAMMEN

D.Bartels, H.Neumann, H.S.Stiehl
Fachgebiet Computer Graphics
und Computer Vision
Institut für Technische Informatik
Technische Universität Berlin
1000 Berlin 12

Zusammenfassung

Durch die kraniale Computer-Tomographie wird die dreidimensionale Morphologie des menschlichen Gehirns einschließlich eventuell aufgetretener pathologischer Veränderungen in einer räumlichen Sequenz von zweidimensionalen digitalen Bildmatrizen, den kranialen Computer-Tomogrammen, abgebildet. Neben den Schädelknochen, dem Gehirngewebe und den äußeren Liquorräumen sind die mit Gehirnflüssigkeit gefüllten Hirnkammern, die zerebralen Ventrikel, für den Arzt von Bedeutung, da ihre Form, Größe, Position und Volumen signifikante Merkmale für die neurologische Diagnostik und Therapie sind und als Indikator für pathologische Veränderungen im dreidimensionalen Schädelraum dienen. Zur automatischen Verarbeitung und Analyse der räumlichen Bildsequenz, insbesondere zur Erkennung und Analyse der Hirnventrikelanteile in einer Sequenz, wurde ein modulares Software-System mit Experimentalcharakter als 'special purpose (application-oriented) computer vision system' entworfen und implementiert

1. EINLEITUNG

Die Anwendung der digitalen Bildverarbeitung, Mustererkennung und Bildanalyse in der Biomedizin mit dem Ziel der arztgerechten Diagnoseunterstützung hat in den letzten Jahren an immer größerer Bedeutung gewonnen /12/. Neben dem geradezu klassischen Anwendungsgebiet der mikroskopischen Zellbilder aus der Histologie und Hämatologie sind aufgrund des ständig wachsenden Datenanfalls in der klinischen Radiologie die konventionellen Röntgenaufnahmen als auch vermehrt Computer-Tomogramme des menschlichen Körpers von besonderem Interesse für die digitale Bildverarbeitung und Bildanalyse (/7/,/13/). Als typische Problemstellungen sind die verbesserte Visualisierung des Bildstrukturinhaltes, die Objekterkennung durch Methoden der Mustererkennung, die morphometrische Analyse beliebiger Organe als auch die weiterführende Analyse des Bildinhaltes im Sinne einer semantischen Interpretation zu nennen. Bedingt durch die strukturelle Komplexität von radiologischen Bildern kommen für die Analyse des Bildinhaltes hier immer mehr modellgestützte Verfahren aus dem Fachgebiet Computer Vision zur Anwendung (/2/,/3/,/4/,/11/).

2. KOMPONENTEN DES 'SPECIAL PURPOSE COMPUTER VISION'-SYSTEMS

In der "low-level"-Komponente des Experimentalsystems (Bild 1) wird durch
bildklassenspezifische Operatoren die digitale Bildmatrix über die Unterdrückung des Bildhintergrundes und die Schädelknochen/Gehirngewebe-Dif-
ferenzierung auf den diagnostisch relevanten Teil des kranialen Computer-
Tomogramms (die semantisch bedeutsame Komponente "Gehirn" in der Baum-
struktur in Bild 2) reduziert.

Die im allgemeinen als bild- und damit problemunabhängig bezeichneten
Methoden der Bildverarbeitung ('low-level operators'), die auf kraniale
Computer-Tomogramme angewendet wurden, umfassen neben der Vorverarbeitung
zur Rauschunterdrückung und Kontrasterhöhung die regionenorientierte Segmentierung der Bildmatrix in die semantisch bedeutsamen Komponenten der
Liquorräume. Das Ergebnis des 'bottom-up region growing', das konsekutiv-
überlappende Liquorzeilensegmente mit einem Zeilenvergleichsverfahren zu
disjunkten Regionen R_k^l agglomeriert, wird in einer listenorientierten
verzeigerten Datenstruktur abgelegt, die den hierarchischen Baum des
strukturellen Bildinhaltes repräsentiert.

Für die Beschreibung $D\{R_k^l\}$ der durch die Segmentierung extrahierten Regionen ('regional symbolic description') werden deskriptive als auch
relationale Merkmale angegeben, die eine Repräsentation des abstrakten
Bildinhaltes im Sinne einer Formalisierung des strukturellen Bildaufbaus ermöglichen und den Anforderungen der modellgestützten Bildanalyse
genügen.

Die deskriptiven Merkmale beschränken sich auf eine Parametrisierung der
spektralen und der ein- oder mehrdimensionalen geometrischen Eigenschaften der Regionen R_k^l, als da sind

a) der Identifikator ('label') l der Region R_k^l
b) der Regionentyp (hier konstant "Liquor")
c) die Koordinaten des umschreibenden Rechteckes $\mathrm{rect}(R_k^l)$
d) die Fläche $A(R_k^l)$ als Anzahl der Bildpunkte p_{ijk} } innerhalb der Region
e) der Mittelwert $\bar{f}(i,j,k)$ der Bildfunktion
f) die Koordinaten x_c und y_c des Schwerpunktes $\mathrm{cent}(R_k^l)$ der Region R_k^l

Über die Einführung einer dem kranialen Computer-Tomogramm inhärenten
Bildgeometrie wird eine parametrisierte Beschreibung der Lage und der
Orientierung der Regionen R_k^l erreicht. Die Bildgeometrie (Bild 3) ist
bestimmt durch ein Koordinatensystem, das durch einen über die Momenten-
analyse berechneten Schwerpunkt und die rotationsvariante Symmetrieachse ('principal axis') definiert wird. Jede Region ist damit weiterhin
beschreibbar durch

g) den Betrag des Abstandsvektors (euklidischer Abstand) $\bar{d}$
h) den Winkel θ zwischen dem Abstandsvektor und der Symmetrieachse
i) die Lage in einem der Quadranten mit $\mathrm{quad}(R_k^l) \in \{1,2,3,4\}$
j) eine binäre Aussage $\mathrm{cand}(R_k^l) \in \{0,1\}$ über mögliche Ventrikelkandidaten
   in der Menge aller segmentierten Regionen R_k^l.

Auf eine explizite Beschreibung der 'inter-region relationships' /5/
wurde im Experimentalsystem verzichtet; relationale Merkmale hinsichtlich geometrischer Beziehungen zwischen Regionen werden während der
modellgestützten Bildanalyse aus g) bis i) abgeleitet.

Die automatische Erkennung und Analyse der Hirnventrikelanteile in einer
Sequenz von kranialen Computer-Tomogrammen mit dem Ziel der beschreibenden Bildanalyse ('image description') wird in der 'high-level vision'-
Komponente des modularen Experimentalsystems durchgeführt (Bild 1).
Die Erkennung der Hirnventrikel wird nach der Definition in /9/ verstanden als "... not only naming of the pattern but also naming of its structural parts with an indication also of their relations to each other.".
Für eine derartige Aufgabenstellung wird in /9/ "with respect to image
processing for natural biological subjects" vorgeschlagen, daß "... the
recognition of constituent structure for such images must result from
an interplay between the morphological identification of the components
and the invoking of an a priori syntactical structure imposed upon the
image from knowledge that derives from sources other than the image itself.". Ein dieser Definition folgender Ansatz zur Bildanalyse impliziert

a) eine explizite modellhafte Repräsentation des möglichen Bildinhaltes
   aller Bilder aus der Bildklasse erweitert um die semantische Bedeutung des Bildinhaltes,
b) ein Verfahren zur Interpretation des Bildinhaltes über ein 'matching',
   d.h. einem partiellen (oder globalen) Vergleich zwischen Modellteilen
   (oder dem Modell) und der symbolischen Beschreibung $D\{R_k^1\}$ des formalen Bildinhaltes und
c) eine Kontrollstruktur, die die zielgerichtete Verarbeitung und Analyse
   der Bildsequenz gewährleistet.

Für die Spezifikation und den Entwurf eines 'special purpose computer
vision system' zur Erkennung, Analyse und Interpretation der zweidimensionalen Hirnventrikelanteile auf n sequentiellen kranialen Computer-
Tomogrammen ist als entscheidende Randbedingung das Maß an a priori-
Information über den Bildinhalt zu berücksichtigen. Nach der Fallunterscheidung in /10/ gilt für die vorliegende Problemstellung: "The world
of objects is small and known. However, the specific objects in the
scene, and their locations and orientations are unknown.", daraus wird
die maximal zulässige Aufgabenstellung abgeleitet zu "... identify the
objects, determine their location or validate the presence of certain
specified objects (with or without spatial relations).". Die Berücksichtigung möglichst aller Varianten des Strukturinhaltes, hervorgerufen
einerseits durch biologische Variabilität und pathologische Prozesse als
auch durch die Randbedingungen des Untersuchungsverfahrens, ist mitent-
scheidend für die Leistungsfähigkeit des Systems.
Das modulare Experimentalsystem arbeitet, da auf die modellgestützte
Analyse der Ventrikelanteile abgestimmt, 'goal-directed' (Bild 1 und 2).

3. ANATOMISCHE A PRIORI-INFORMATION UND MODELLBILDUNG

Die Abbildung dreidimensionaler Objekte im menschlichen Schädel durch die Computer-Tomographie bedingt ihre Dekomposition in eine Sequenz von benachbarten diskretisierten Objektschichten mit "partieller" Information über das Objekt. Strukturelle Modelle komplexer dreidimensionaler Objekte werden im allgemeinen über die Repräsentation der Objekt-Teile-Relation realisiert, d.h. dreidimensionale Objekte werden auf ihre konstituierenden Teile ('primitives') zurückgeführt und über die Gesamtheit der Teile und ihrer mannigfaltigen Eigenschaften und Relationen modelliert. Ausgehend von der Neuroanatomie und der Morphologie des Ventrikelsystems wird ein hierarchisches 'top-down'-Modell definiert, daß die strukturell-morphologische Kontinuität und damit die Objekt-Teile-Relation in einer Bildsequenz angibt. Bedingt durch die an sich komplexe Form der Ventrikelanteile und ihre biologische als auch eventuell pathologische Formvarianten konnten die Modellelemente nicht auf reguläre, geometrisch definierbare Primitiven (/1/) zurückgeführt werden.

In das entwickelte 'view domain'-Modell (/8/) wurden bildklassenspezifische zweidimensionale Modellelemente integriert (Bild 5), die mit weitgehendst forminvarianten Beschreibungen assoziiert sind. Die 'generic description' der Modellelemente ist an die symbolische Beschreibung des formalen Bildaufbaus der kranialen Computer-Tomogramme angepaßt und ist unter der Berücksichtigung von Varianzen als Menge von Regeln (oder besser als 'set of constraints') über die a priori zulässige Größe, Position, Lage und Relationen der Modellelemente definiert (Bild 6). Relationale a priori-Information ist unterscheidbar in Aussagen zum 'inter-region context', d.h. aus der Bildgeometrie ableitbare Aussagen über zwingende planare Nachbarschaften von Ventrikelanteilen, und zum 'inter-slice context', d.h. aus dem strukturellen Modell bzw. aus der strukturell-morphologischen Kontinuität des Ventrikelsystems (Bild 4) herleitbare Aussagen über räumliche Nachbarschaften innerhalb der Bildsequenz.

4. MODELLREPRÄSENTATION UND BILD-MODELL-VERGLEICH

Für die Interpretation und Analyse der Ventrikelanteile in einer Bildsequenz wurde ein Produktionssystem (/6/) entworfen, für das gilt

a) jedes Modellelement mit seinen Beschreibungsregeln ist in genau eine
   Produktionsregel der allgemeinen Form $P:(C_1\ C_2\ \dots\ C_n) \rightarrow (A_1\ A_2\ \dots\ A_m)$,
   mit C_i als 'conditions' und A_j als 'actions', eingebunden
b) die Produktionsregeln zur Interpretation der Regionen R_k^i werden durch
   die Kontrollstruktur selektiert und initialisiert ('concept of a query')
c) der Bild-Modell-Vergleich, und daraus resultierend die Interpretation,
   zwischen der symbolischen Beschreibung $D\{R_k^l\}$ einer Region auf einer
   beliebigen Schicht k und einer selektierten Modellbeschreibung wie
   z.B. $D\{^k CM_c^{cont}\}$ wird zurückgeführt auf

```
if D{ᵏCM_c^cont} equal D{R_k^l}
   then image-model match (D{ᵏCM_c^cont},D{R_k^l}):= true and R_k^l=ᵏCM_c^cont
   else return to control structure;
```

5. KONTROLLSTRUKTUR

Die Kontrollstruktur (oder auch 'recognition strategy') steuert in Abhängigkeit der Spezifikation des 'goal-directed computer vision system' den korrekten algorithmischen Ablauf der Analyse der Ventrikelanteile in der Bildsequenz und beinhaltet als Aufgabenstellungen

a) die konsekutive Selektion eines kranialen Computer-Tomogramms der Bildsequenz (dargestellt durch access in Bild 7),
b) die Selektion und Initialisierung spezieller Produktionsregeln aus dem Produktionssystem (z.B. procsearchcm in Bild 7) und
c) die Festlegung des zu erwartenden Analyseablaufes in Abhängigkeit der bereits erkannten, d.h. mit einer semantischen Interpretation belegten Bildobjekte innerhalb der Sequenz von kranialen Computer-Tomogrammen.

Eine derartige Kontrollstruktur ist charakterisiert durch implizite "to-look-where-for-what-in-which context"-Regeln, die aus der durch das strukturelle Modell der Ventrikelanteile formal beschriebenen strukturell morphologischen Kontinuität der Ventrikelanteile in einer Sequenz hergeleitet sind. Nach /8/ ist eine derartige Kontrollstruktur klassifiziert als 'hierarchichal top-down gross-to-detail control, directed by a model', für die gilt: "... is an efficient way to detect a particular pattern in an image.".

Die Regeln der in die Kontrollstruktur integrierten "Erkennungsstrategie" werden unterschieden in
a) "to-look-on a tomogram out of a sequence-for-a model element-in-respect to inter-slice context" und
b) "to-look-on a selected specific tomogram-for-ventricle candidates-in-respect to inter-slice and inter-region contexts".

Die in Bild 7 angegebenen boolschen "inter-slice context flags" für die Grundtypen der Modellelemente sind vom Typ "what-has-been-recognized-flags" ([cm,fh,oh,3v,4v]present) und "what-can-be-expected-flags" (expect[cm,fh,oh,3v,4v]), sie realisieren die Aufgabenstellung c) der Kontrollstruktur. Ein Ausschnitt der Kontrollstruktur für die Analyse und Interpretation des Modellelementes "cella media" (cm) ist in Bild 7 dargestellt (eine detaillierte Darstellung ist in /13/ zu finden).

6. ERGEBNISSE UND PERSPEKTIVEN

Das auf einem ADAGE AGT-130 Graphikprozessor in FORTRANIV implementierte Experimentalsystem wurde an 24 Bildsequenzen ausgetestet. 18 Bildsequenzen (75 %) wurden korrekt analysiert, bei 6 Bildsequenzen (25 %) konnte der Fehler auf eine ungenügende Definition der Modellelemente und ihrer

Beschreibungen zurückgeführt werden. Die Ausführungszeit für die Verarbeitung und Analyse einer Bildsequenz (mit durchschnittlich 6 kranialen Computer-Tomogrammen) betrug zwischen 6 und 8 Minuten.

Als weiterführende Arbeiten sind, ausgehend von den Erfahrungen mit dem modularen Experimentalsystem, Untersuchungen vorgesehen hinsichtlich der Erweiterung der modellgestützten Bildanalyse auf die Menge der Liquorräume (siehe Bild 2), der Modellierung von dreidimensionalen natürlichen Objekten durch relationale Strukturen (/5/) und der durch a priori-Wissen gesteuerten ('knowledge driven') Lokalisation von pathologischen Prozessen, wie beispielsweise Tumore, über die strukturelle Analyse der Position, Lage, Form und Symmetrie von Ventrikelanteilen in der Bildsequenz.

7. LITERATUR

/1/   Badler N., Bajcsy R., 1978, Three-Dimensional Representation for Computer Graphics and Computer Vision, Computer Graphics 12,153-160.

/2/   Bajcsy R., Bourne D.A., 1978, Representation of Knowledge in Computer Vision Systems: A Comparative Analysis of Pattern Recognition and Artificial Intelligence Approaches to Reconstruction of 3-D Objects, University of Pennsylvania, Department of Information and Computer Science: Technical Report MS-CIS-78-38.

/3/   Ballard D.H., 1978, Model-Directed Detection of Ribs in Chest Radiographs, Proceedings 4IJCPR, Kyoto, November 1978.

/4/   Ballard D.H., 1979, Anatomical Models for Medical Images, Proceedings COMPSAC 79, Chicago, November 1979.

/5/   Cheng J.K., Huang T.S., 1980, Algorithms for Matching Relational Structures and their Applications to Image Processing, Purdue University, School of Electrical Engineering: Technical Report TR-EE 80-53 (Dezember 1980).

/6/   Davis R., King J., 1977, An Overview of Production Systems, Machine Intelligence 12, 300-332.

/7/   Dwyer S.J. et al, 1980, Medical Image Processing in Diagnostic Radiology, IEEE Transactions vol. NS-27, 1047-1055.

/8/   Kanade T., 1977, Model Representations and Control Structures in Image Understanding, Proceedings 5IJCAI, Cambridge, August 1977.

/9/   Kirsch R.A., 1971, Computer Determination of the Constituent Structure of Biological Images, Comp Biomed Research 4, 315-328.

/10/   Nevatia R., 1978, Characterization and Requirements of Computer Vision Systems, in: Hanson A.R., Riseman E.M., 1978, Computer Vision Systems, New York, Academic Press.

/11/   Shani U., 1980, A 3-D Model-Driven System for the Recognition of Abdominal Anatomy from CT Scans, University of Rochester, Department of Computer Science: Technical Report TR-77 (siehe auch: Proceedings 5IJCPR, Miami Beach, Dezember 1980).

/12/   Sklansky J., 1978, Biomedical Image Analysis, University of California at Irvine, School of Electrical Engineering: Technical Report TR-78-3.

/13/   Stiehl H.S., 1980, Automatische Verarbeitung und Analyse von kranialen Computer-Tomogrammen, Technische Universität Berlin, Institur für Technische Informatik: Dissertation (Juli 1980).

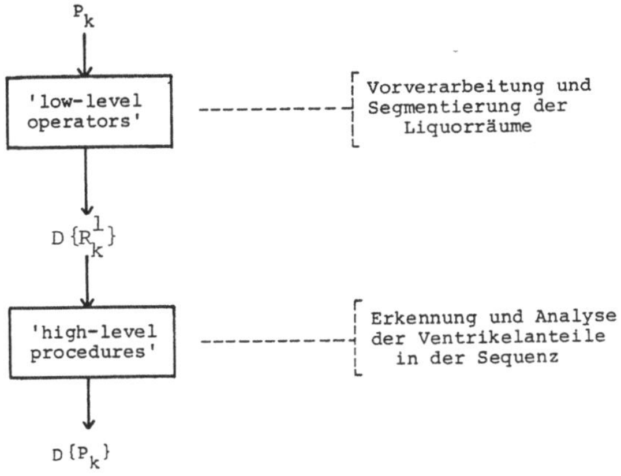

Bild 1: Komponenten des Experimentalsystems

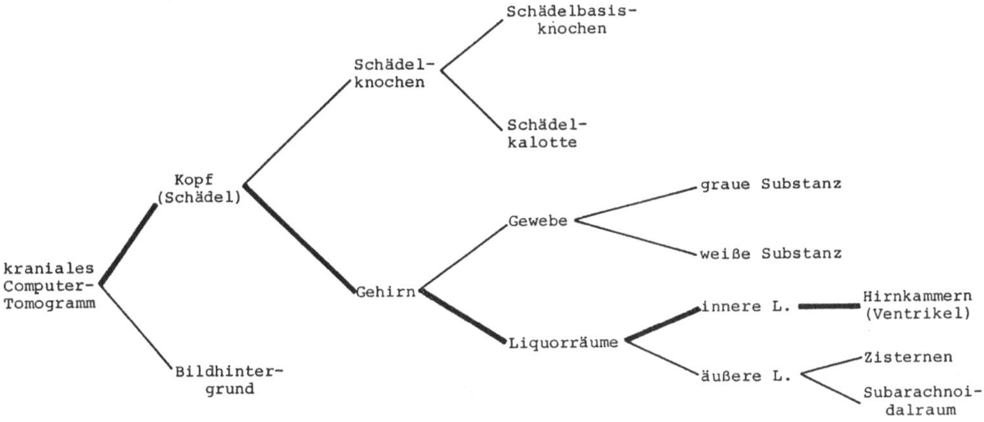

P_k → 'low-level operators' ----- Vorverarbeitung und Segmentierung der Liquorräume

$D\{R_k^1\}$

'high-level procedures' ----- Erkennung und Analyse der Ventrikelanteile in der Sequenz

$D\{P_k\}$

Bild 2: Hierarchischer Baum des Strukturinhaltes im kranialen Computer-Tomogramm
(▬▬ : Weg der automatischen Verarbeitung und Analyse)

kraniales Computer-Tomogramm
- Kopf (Schädel)
  - Schädelknochen
    - Schädelbasisknochen
    - Schädelkalotte
  - Gehirn
    - Gewebe
      - graue Substanz
      - weiße Substanz
    - Liquorräume
      - innere L. — Hirnkammern (Ventrikel)
      - äußere L.
        - Zisternen
        - Subarachnoidalraum
- Bildhintergrund

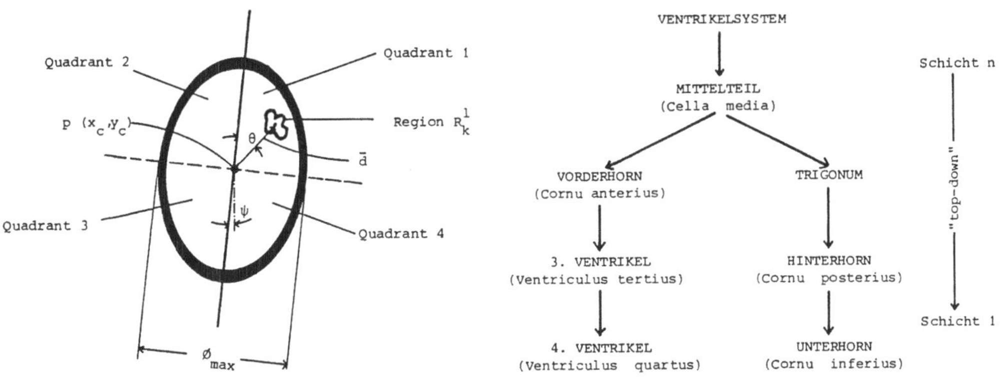

Bild 3: Bildgeometrie

Bild 4: Strukturelles Modell der Ventrikelanteile in einer räumlichen Bildsequenz

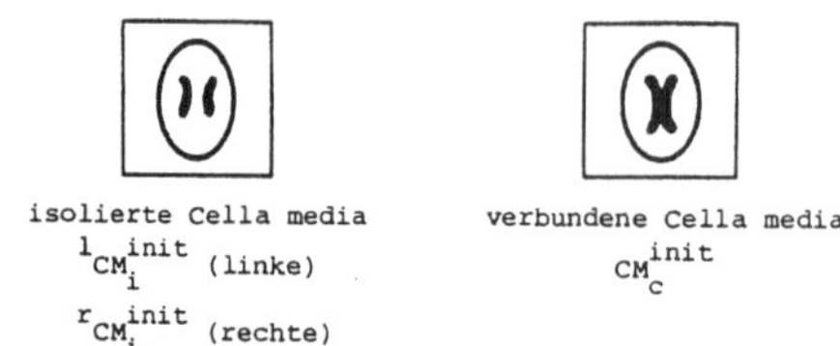

<u>Bild 5</u>: Modellprimitive (Beispiel der <u>C</u>ella <u>m</u>edia)

$$\underline{^{l(n)}CM_i^{init}} \qquad \text{(erstmalig auftretende linke isolierte}$$
$$\text{Cella media auf } P_n)$$

i) $\mathrm{cand}(^{l(n)}CM_i^{init}) = 1$

ii) $\mathrm{quad}(^{l(n)}CM_i^{init}) \in \{2,3\}$

iii) $A(^{l(n)}CM_i^{init}) = \max[A(R_n^l)] \quad , \; l=1,2,\ldots,\nu$

iv) $\bar{d}\{\mathrm{cent}(^{l(n)}CM_i^{init}),p\} = \min[\bar{d}\{\mathrm{cent}(R_n^l),p\}] \quad , \; l=1,2,\ldots,\nu$

(d.h. der flächengrößte Ventrikelkandidat in den
Quadranten 2 und 3 mit dem minimalsten euklidischen Abstand zum Gehirnzentrum)

<u>Bild 6</u>: Modelldefinitionsregeln ('set of constraints') für Bild 5

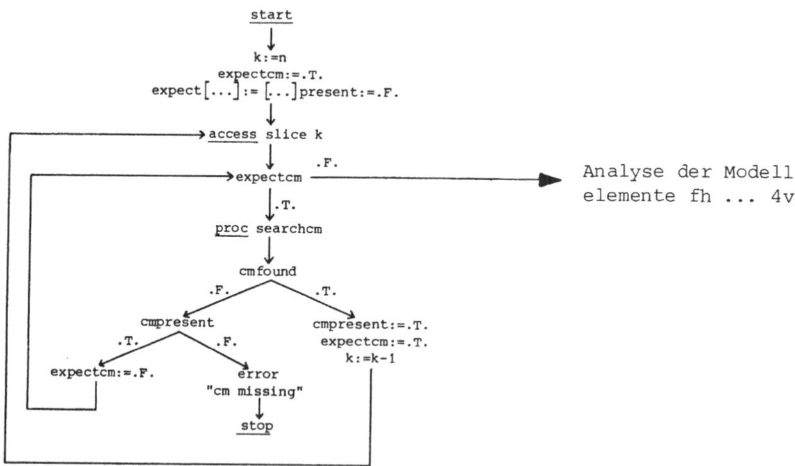

<u>Bild 7</u>: Kontrollstruktur (Ausschnitt für Modellelement <u>C</u>ella <u>m</u>edia)

M E D I Z I N   I

MODELLE ZUR AUTOMATISCHEN BEFUNDUNG MEDIZINISCHER PRÄPARATE

Gais, P., Rodenacker, K., Jütting, U., Abmayr, W., Burger, G.

Gesellschaft für Strahlen- und Umweltforschung mbH München
- Institut für Strahlenschutz -
D-8042 Neuherberg bei München

Einleitung

Die automatische Befundung medizinischer Präparate - auch die zur Krebsfrüh-
erkennung - erfordert den Einsatz von bildanalytischen Verfahren, wobei die
Anwendung dieser Verfahren von den Vorstellungen abhängt, die von dem jeweiligen Präparat gewonnen werden können.

Diese Vorstellungen lassen sich manchmal teilweise, manchmal vollständig und
manchmal aber auch gar nicht als Modelle beschreiben.

Bei dem Versuch der modellhaften Beschreibung gynäkologischer Präparate und
deren Validierung haben wir uns nicht gescheut, auch sehr triviale Modelle
aufzuführen. Wir gliedern die automatische Befundung in folgende Verarbeitungsschritte (Abb. 1).

1. Lokalisieren einer zu erfassenden Bildszene unter dem Sensor (TV-Kamera).
2. Erfassen und Verbessern der Szene sowie Segmentation in 'Objekte' und
   'Untergrund'.
3. Merkmalsextraktion von Objekten sowie Rückweisung nichtzellulärer Objekte.
4. Klassifikation von Objekten anhand der Merkmale.
5. Präparateklassifikation: Entscheidung, ob eine Diagnose möglich ist oder
   ob weitere Objekte untersucht werden müssen.

1. Lokalisieren einer Szene

Es wird angenommen, daß auf einem Präparat alle interessierenden Objekte örtlich gleichverteilt sind. Die Annahme einer örtlichen Gleichverteilung der
Objekte ist durch das Präparierungsverfahren begründet. Die Zellen werden mit
einer Zentrifuge direkt auf das Objektglas gebracht /1/. Damit ist es möglich,
das ganze Präparat in einem festen groben Raster bildfeldweise abzutasten.
Reicht die Anzahl der gefundenen Objekte nach einem Durchgang für die Präparateklassifikation (5.) nicht aus, wird der Startpunkt des festen Rasters

verschoben (Abb. 2) und damit die Anzahl der abgetasteten Bildfelder ver-
doppelt. Sollte die Objektzahl immer noch nicht ausreichen, kann durch weiteres Verlegen der Startpunkte das gesamte Präparat abgetastet werden. Die
Bildfeldgröße ist durch die benötigte Auflösung (Pixelabstand) und das
Bildfeld des Abtastgerätes /2/ bestimmt.

2. Erfassung, Verbesserung und Segmentierung einer Szene

Eine Befundung ganzer Präparate mit mehreren tausend Einzelobjekten erfordert ein schnelles Bildaufnahme- und Verarbeitungsverfahren. Diese Szenen-
bilder werden daher mit einer TV-Kamera erfaßt (maximal 25 Szenen/sec),
digitalisiert und in Echtzeit in einen Array-processor eingelesen.

Für die Korrektur systematischer Ausleuchtungsfehler verwenden wir das Modell,
daß alle Untergrundwerte den gleichen Grauwert haben. Aus einem leeren Unter-
grundbild berechnen wir die Abweichungen jedes Bildpunktes, bezogen auf den
mittleren Grauwert des gesamten Untergrundbildes, und erhalten somit eine
Korrekturmatrix, mit der alle darauffolgenden Bilder multipliziert werden.
Die Wirkung dieser Shadingkorrektur ist in Abb. 3 dargestellt.

Da die Szenen automatisch aufgenommen werden und über das ganze Präparat verteilt liegen können, war eine automatische Fokussierung zur Scharfeinstellung
der Bildebene nötig. In unserem System ist zur Zeit eine Autofocuseinrichtung
der Firma Zeiss im Einsatz. Diese filtert hohe Frequenzen aus dem TV-Signal,
mißt die Summe und verfährt den Fokusabstand. Der Abstand bei der größten
Summe der hohen Frequenzen ist der richtige Fokusabstand. Verändert sich die
Summe nicht, wird die alte Fokuseinstellung erhalten. Da die Fokusbedingung
nicht in allen Fällen ausreicht, wird die automatische Scharfeinstellung noch
durch Kriterien verbessert, die aus dem digitalisierten Graubild extrahiert
werden. Gedacht ist dabei an ein Modell, das den maximalen Gradienten bei
scharfer Abbildung, kombiniert mit der maximalen Spannweite der Grauwerte,
optimiert, wobei auch die Geometrie der gesuchten Objekte bei der Bestimmung
des Gradienten Einfluß hat.

In dem erfaßten Szenenbild gilt es nun, Objekte vom Untergrund zu trennen und
innerhalb der Objekte Zytoplasma und Zellkern zu segmentieren. Hier verwenden
wir folgendes Modell des digitalisierten Graubildes.

Ein Bild besteht aus 'Untergrund' und 'Objekten'. Der 'Untergrund' ist heller
als die 'Objekte' bzw. deren Rand. Objekte bestehen aus 'Zytoplasma' und
'Kern', wobei der Kern dunkler als das Zytoplasma ist, zumindest die Randzone
des Kerns, da der DNS-Anteil des Kerns in der verwendeten PAP-Färbung beson-

ders kräftig angefärbt wird. Helle Stellen in Zytoplasma und Kern können vorkommen, werden aber als zugehörig betrachtet. Einbrüche in der Konturlinie bleiben als solche erhalten, auch wenn sie vom Betrachter als zum Objekt gehörig gezählt werden. Alle Objekte werden mittels einer einzigen Schwelle aus dem Graubild segmentiert. Die Trennung zwischen Zytoplasma und Kern ist ebenfalls mit einer einzigen Schwelle möglich. Es findet also kein Konturtracing statt (Abb. 4).

Die Bestimmung der Schwelle zur Objekttrennung basiert auf folgenden Annahmen:
a) Die Grauwertverteilung des Untergrundes ist in erster Näherung normalverteilt.

b) Objekte haben keine pixel mit Grauwerten heller als die mittlere Untergrundhelligkeit.

Die Schwelle für die Trennung von Untergrund und Objekten berechnet sich aus dem Wert des globalen Maximums der geglätteten Grauwertverteilung (Untergrundpeak), erhöht um die Streuung im hellen Ast vom Maximum ausgehend, multipliziert mit einem passenden empirischen Faktor (Abb. 6).

Die Schwelle zur Trennung des Kerns vom Zytoplasma wird nach einem Verfahren bestimmt, das davon ausgeht, daß
   - der 'Kern' durch einen kontrastreichen Rand begrenzt ist sowie
   - dieser Rand dunkler als das Zytoplasma ist.

Nach Bestimmung einer minimalen Kernschwelle aus der Grauwertverteilung des Objekts werden alle pixel als 'Kernrand' segmentiert, die dunkler als die oben genannte Kernschwelle sind und eine bestimmte Gradientenschwelle überschreiten. Das sich ergebende Binärbild des Randes wird geglättet und der Mittelwert aller Grauwerte, maskiert durch diese Randmasken, ergibt die gesuchte Schwelle. Falls die Fläche des Kerns dabei zu groß ist, wird eine Korrektur vorgenommen. Eine Rückweisung findet statt, wenn bei der ersten Schätzung bereits eine zu geringe Fläche des Kerns bestimmt wird. Damit können nicht zelluläre Objekte, wie Schleim, Zytoplasmastücke, von zellulären Objekten getrennt werden.

3. Merkmalsextraktion von Objekten sowie Rückweisung nichtzellulärer Objekte

Ausgehend von 'Objekten' mit 'Zytoplasma' und 'Kern', Zellen genannt, von denen bereits einige morphologische und photometrische Parameter im Verlauf der Segmentation bestimmt und innerhalb gewisser Grenzen liegen, werden weitere Parameter ermittelt und auf Grenzüberschreitung geprüft (hierarchischer

Klassifizierer). Die ermittelten Parameter können in die folgenden Kategorien eingeteilt werden (Abb.5).

- Morphologie (Fläche, Form)
- Photometrie (Helligkeit, Dichte, Verteilung)
- Textur
- Chromatin (Fläche, Form, Anzahl).

Nur die Texturparameter lassen sich nicht mit qualitativen Termen beschreiben. Zum einen, da keine adäquate Texturdefinition existiert /3/, zum anderen, da hier die subjektive Wahrnehmung eine große Rolle spielt. Eine Interpretation läßt sich einerseits vom Bild ableiten, andererseits von der Statistik der Texturmerkmale über viele Bilder. Beide Ergebnisse der Interpretation sind nur schwer vergleichbar, da die eine nur auf der Anschauung basiert, die andere gänzlich ohne Anschauung möglich ist.

Bei der Merkmalsextraktion, wie auch schon bei der Segmentation, wird auf dem Wege der Rückweisung bereits eine Klassifikation durchgeführt in die Klassen 'interessierende' Objekte bzw. 'positive Zellen' und 'andere Objekte'. Die 'anderen Objekte' sind, da bei uns jede Rückweisung das Resultat eines 2-Klassen-Klassifizierers ist, meistens negative Zellen oder Artefakte, resultierend aus der Präparation oder der digitalen Bildverarbeitung.

Die Sequenz der Rückweisung wurde mit diesem Ziel entwickelt, obwohl für die Abschätzung der Qualität eines hierarchischen Klassifizierers noch kaum mathematische Methoden zur Verfügung stehen.

4. Klassifikation von Objekten

Alle Objekte, die nach der vorher genannten Vorverarbeitung als zellähnlich erkannt worden sind, werden nun mittels weiterer Merkmale in unverdächtige und verdächtige klassifiziert. Während in den ersten Schritten des hierarchischen Klassifizierers nur Entscheidungen im 1-dimensionalen Merkmalsraum (Limitierung einzelner Merkmale) getroffen worden sind, finden die eigentlichen Klassifizierungen im n-dimensionalen Merkmalsraum statt. In unserem Beispiel gehen wir davon aus, daß die Merkmale aller Zellklassen normalverteilt sind und diese die gleiche Kovarianzmatrix besitzen. Dies sind die Voraussetzungen für die Anwendung einer linearen Diskriminanzanalyse. Es werden nun die linearen Trennebenen der 2-Klassen-Klassifikationen so bestimmt, daß die falsch-negativ Rate möglichst gering bleibt. Durch die Beurteilung der Ergebnisse anhand der ROC-Kurven wurden bei jedem Knotenpunkt die geeignete apriori Wahrscheinlichkeit für jede Klassenpaarung bestimmt und die aposteriori Wahrscheinlichkeit und der Mahalanobisabstand als Klassifikationsmerkmale herangezogen. Damit kann man erreichen, daß der Raum der gesuchten suspekten Klas-

sen von außen her zu ihren Mittelpunkten eingeschränkt wird. Ein Shrink im
Merkmalsraum wäre die optimale Lösung. In diesem Beispiel sind die suspekten und malignen Zellen in einer Klasse zusammengefaßt. Sie werden nun gegen
alle anderen unverdächtigen Zellklassen in 2-Klassenentscheidungen getrennt.
Nach dem letzten Schritt dieses hierarchischen Klassifizierers erhält man
echt und falsch positive Zellen. Für die Endklassifizierung des Präparates
wird nun der Wert der aposteriori Wahrscheinlichkeit dieser Zellen herangezogen, indem er in ein Wahrscheinlichkeitshistogramm übernommen wird. Durch
eine Profilanalyse dieses Histogramms wird ein Atypieindex bestimmt, der den
Grad der Malignität beschreibt (Abb.7).

5. Präparateklassifikation

Da ein automatisches Präparatescreening mit ausreichender Datenmenge bei uns
nicht möglich ist, wurde dieser Entscheidungsbaum mit unserer TV-Lerndaten-
bank entwickelt, wobei die Besetzung jeder Zellklasse nach der Vorkommenswahr-
scheinlichkeit auf einem Präparat normiert wurde.

Wir erhalten für die 13 Präparate unserer Datenbank folgende Resultate. Im
1. Fall werden 1 % positive Zellen, im 2. Fall 10 % auf einem Präparat angenommen. Bei einer Annahme von 10 % werden alle Präparate richtig
bei 1 % werden zwei als falsch positiv klassifiziert (Tab. 1).

Die Güte dieses Entscheidungsbaumes wird sich erst erweisen, wenn weitere Präparate vermessen werden. Ungelöst ist, wieviele Zellen pro Präparat sukzessive
verarbeitet werden müssen, um mittels W-Histogramm eine Diagnose machen zu
können. Dabei muß sicherlich mit berücksichtigt werden, wieviele Zellen bei
welchem Schritt zurückgewiesen worden sind.

Um die oben genannten offenen Probleme zu lösen ist ein sehr schnelles
Verarbeitungssystem notwendig. Dies beinhaltet für unser System die volle
Implementierung unserer Software auf den Arrayprozessor.

Literatur:

/1/   Otto, K.,Höffken, K., Soost, H.-J.: Components and Results of a
New Preparation Technique for Automated Analysis of Cervical
Samples. Analyt. Quant. Cytol. 1; 127 - 135; 1979.

/2/   Abmayr, W., Gais, P., Rodenacker, K. and Burger, G.: Estimation
of the Performance of an Array-Processor Oriented System for Automatic
PAP, Smear Analysis. Cytometry, Vol. 1, No. 3, 193 - 199, 1980.

/3/   Rodenacker, K., Gais, P., Jütting, U.: Segmentation and Measurement of
the Texture in Digitized Images. Stereol. Jugosl. 1981; 3, Suppl. 1,
165 - 174.

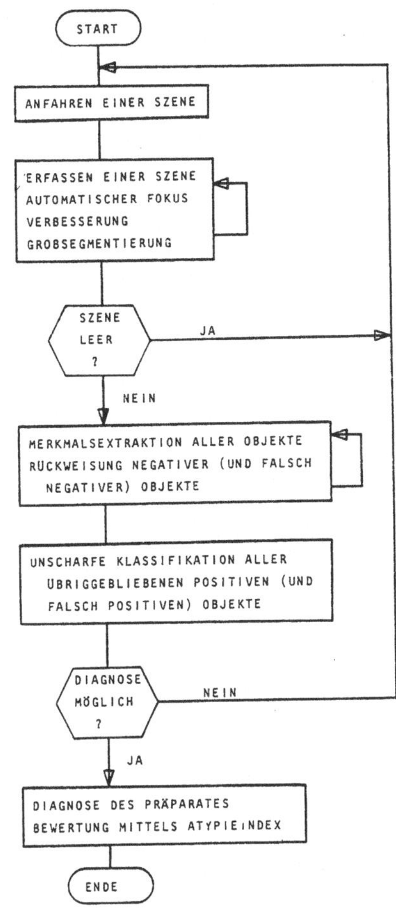

Abb.1: Ablaufdiagramm

ATYPIE INDEX

PRÄP		POP II 1 % MAL	POP I 10 % MAL
187	II	1200.15	1257.3
227	II_M	6290.66	6061.6
242	II	5581.74	4078.6
250	II	16458.82	15245.04
246	II_M	38749.44	38007.76
210	III_D	34407.81	61461.89
214	III_D	19649.23	48082.28
3328	III_D	43865.87	79232.62
197	IV_a	16739.81	39933.68
223	IV_a	16054.2	41577.24
278	IV_a	32690.83	66389.63
3322	V	80913.18	94029.86
3931	V	20976.27	45414.19

Tab.1: Werte für den Atypieindex für 13 Vereinzelungspräparate aus der Präparatebank SOS II.

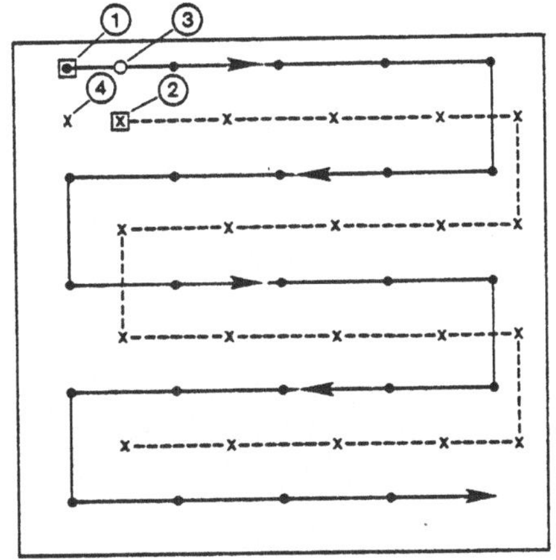

Abb. 2: Abtastraster

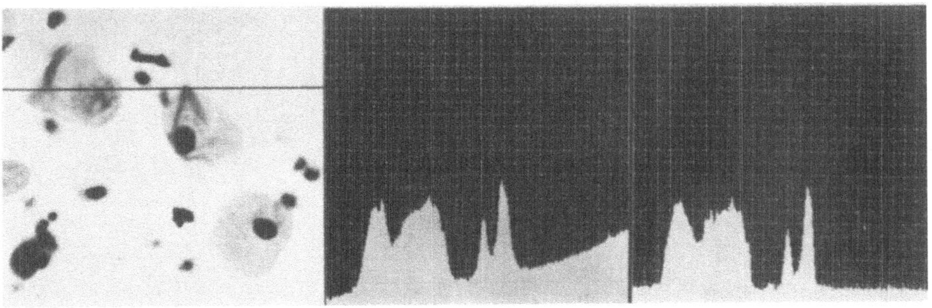

Abb.3: Shading-Korrektur am Beispiel einer Bildzeile

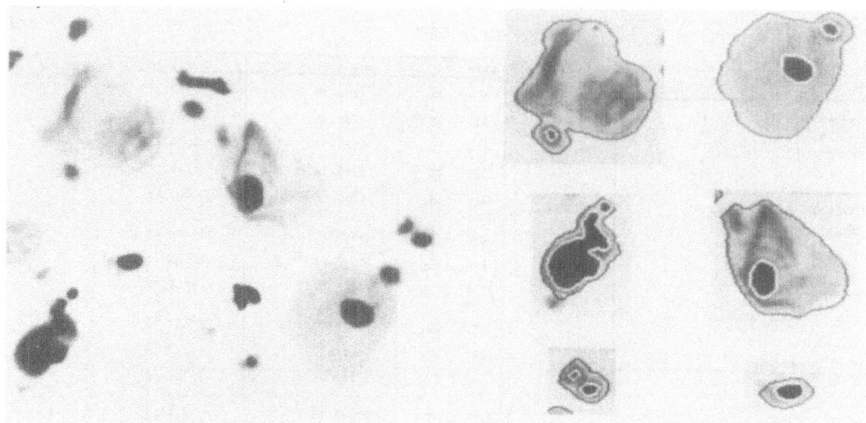

Abb. 4: Grob- und Feinsegmentierung einer Szene

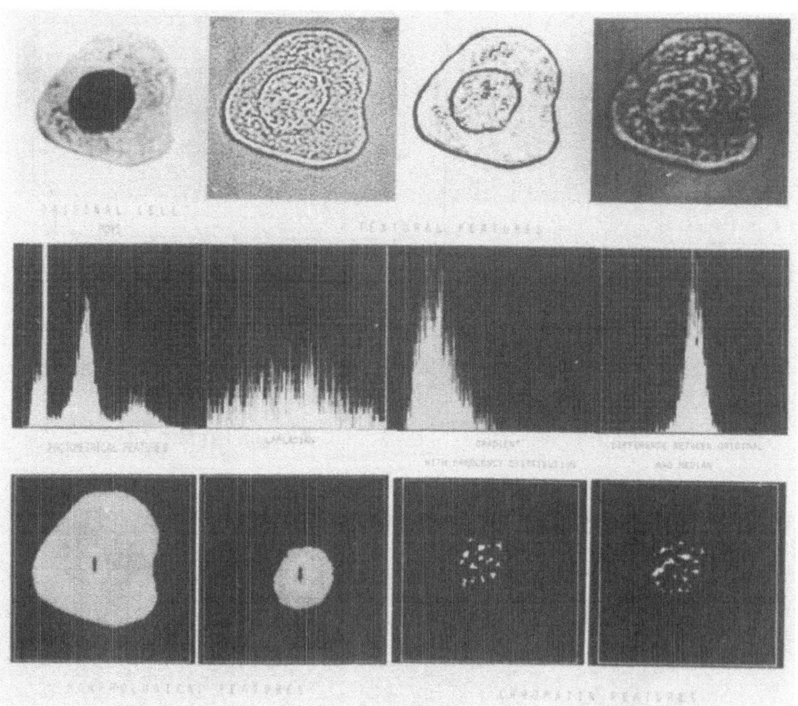

Abb. 5: Merkmale eines zellulären Objektes (mittlere Dysplasie)

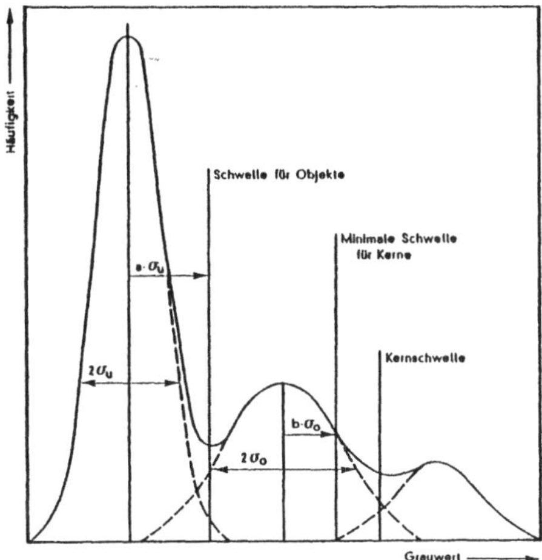

Abb. 6: Schwellbestimmung zur Segmentation von Objekten

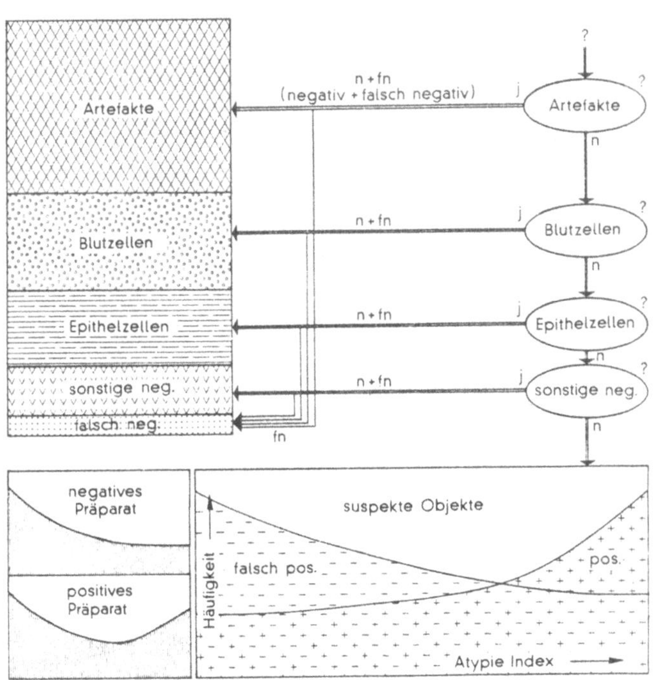

Abb. 7: SCHEMATISCHE DARSTELLUNG DER SEQUENTIELLEN ERKENNUNG UND AUSSORTIERUNG VERDÄCHTIGER OBJEKTE IN EINER ÖKONOMISCHEN ENTSCHEIDUNGSBAUMSTRATEGIE DURCH DEN RECHNER

STRUKTURERKENNUNG IN GESTÖRTEN SIGNALEN
MIT HILFE VON KORRELATIONSVERFAHREN

K. Barth, K.M. Irion, U. Faust, D. Decker
Institut für Biomedizinische Technik der Universität Stuttgart

1. Einleitung

Für eine sichere medizinische Diagnose werden objektive, quantitative
Darstellungen morphologischer Strukturen benötigt. Zur Gewinnung der
Daten oder Bilder dienen bevorzugt nichtinvasive Methoden. Sie bela-
sten den Patienten am wenigsten, ermöglichen jedoch nur einen indi-
rekten Einblick und bilden viele Störfaktoren mit ab. Durch Einsatz
technischer Mittel sollen aus der gestörten Aufzeichnung dennoch brauchbare Meßsignale gewonnen werden. Beispiele für stark gestörte Signal-
aufzeichnungen sind die Röntgenabbildung und die Ultraschallaufnahme
/1,2,3/, zu deren Objektivierung Vorschläge gemacht und Erfahrungen
wiedergegeben werden sollen.

Allgemeine Ansätze der Signal- und Bildverarbeitung orientieren sich
an der störbehafteten vorliegenden Signalgestalt. Es ist bekannt, daß
sich z.B. aus Röntgenbildern wenig brauchbare Meßwerte ermitteln lassen. Eine wesentliche Verbesserung kann dadurch erzielt werden, daß
nicht nur die (Röntgen-) Bildebene als Grundlage der Auswertung verwendet, sondern das Wissen über die morphologische Wirklichkeit (Ob-
jektebene) einbezogen wird. Dabei muß die Abbildung der dreidimensionalen Gewebsstruktur auf das Röntgenbild theoretisch nachvollzogen
und ein Modell gebildet werden. Dieser Ansatz wird im Bildbereich von
einem Lernvorgang unterstützt, der den vorliegenden Signalverlauf mit
den modellmäßig gewonnenen Mustern vergleicht. Dadurch wird das Vor-
abwissen verfeinert. Die Ermittlung der Ähnlichkeit der aufgezeichneten Signale mit der Musterfunktion durch die Korrelation kann im
eigentlichen Erkennungsprozeß starke Störungen kompensieren /4/. An
Beispielen aus der Zahnheilkunde und der Kardiologie soll die Reali-
sierbarkeit einer verbesserten digitalen Strukturerkennung gezeigt
werden. Sie dient der Früherkennung und Verlaufskontrolle parodon-
talen Knochenabbaus sowie der Lokalisierung und Quantifizierung von
Verengungen der Herzkranzgefäße. In der Ultraschallanalyse liegt kein
geschlossenes Modellwissen vor. Es sind nur die einzelnen physikalischen Effekte bekannt, die beim Eindringen von Ultraschall in biolo-
gisches Gewebe auftreten. Für die Gewebsdifferenzierung sind Streuung

bzw. Reflexion sowie Dämpfung von Bedeutung. Es ist erforderlich, durch einen korrelierenden Lernprozeß repräsentative Signale zu ermitteln. Das Verfahren wird auf Signale der reflektierenden Augenrückwand angewandt, um z.B. die Trennung zwischen gutartigem und bösartigem Gewebe zu verbessern.

2. Erzeugung der Röntgenabbildungen

Durch ihre Erzeugung als Schattenbild, durch Verwendung geringer, patientenschonender Strahlendosen mit deutlichem Quantenrauschen und durch die Grobkörnigkeit empfindlicher Filme sind Röntgenbilder vergleichsweise unscharf und kontrastarm. Im Falle der Kiefer-Röntgenbilder ergibt sich ein Signal-Rauschabstand von nur etwa 10 dB bei einer Abtastschrittweite von 30 µm. Zur Kompensation dieser Störungen bietet sich ein korrelierendes Verfahren an, weil dieses den mittleren quadratischen Fehler minimiert und gleichzeitig den Vorteil beinhaltet, direkt auf das gesuchte Objekt anzusprechen.

Bei der Auswertung der Parodontalaufnahmen interessiert die Weite des Knochenspalts zwischen Zahnwurzel und Kieferknochen. Aus der Untersuchung der Röntgenprojektion ergibt sich, daß sich dieser Spalt nicht einfach als die "dunkle" Zone zwischen Knochen und Wurzel darstellt, sondern daß seine Konturen lokalen Extrema, also Knickpunkten der horizontalen Transmissionsprofile entsprechen. Diese Punkte liegen innerhalb von Bildzonen, die einheitlich wahrgenommen werden und sind visuell nicht zu bestimmen.

Die Röntgenabschwächung in kontrastmittelgefüllten Blutgefäßen kann für kreisförmige Geometrie analytisch hergeleitet werden. Die Gefäßgrenzen liegen demnach am Übergang zur höchsten durchgehenden Strahlintensität, d.h. auf dem Negativ-Filmbild nahe der Dunkelschwelle. Vom Auge mit seinem differenzierenden Systemverhalten werden die Grenzen zu eng gesetzt. Eine subjektive Fehlerquelle in der Beurteilung von Verengungen stellt der allgemeine Helligkeitsrückgang an diesen Stellen dar, der ebenfalls dazu beiträgt, die Verengungen überzubewerten.

3. Korrelierende Filterung

Unabhängig von den Erkennungssystemen für parodontale oder koronare Erkrankungen sind Untersuchungen der Wirkung einer Filterung mit nutzsignalähnlichen Mustern durchgeführt worden. Es handelt sich um Muster dreieckiger, rechteckiger, knickförmiger oder kreisähnlicher Gestalt, die idealisiert angesetzt werden, d.h. quantitative Unterschiede zum tatsächlichen mittleren Signalverlauf zeigen. Die Muster werden den Signalzeilen fensterartig überlagert und zeilenweise über das Bild verschoben, wobei das transformierte Bild in jedem Punkt aus dem Kreuzkorrelationskoeffizienten gebildet wird. Die Fensterlänge muß in der Größenordnung der Objektbreite in   Zeilenrichtung liegen. Durch die normierende Eigenschaft der Kreuzkorrelation wirken sich quantitative Unterschiede zwischen idealisiertem Muster und z.B. einem abgeschwächten aufgezeichneten Signal nicht aus. In Abb. 1 wird der Verlauf der Grenzen zwischen Desmodontalspalt und Zahnwurzel bzw. Kieferknochen bestimmt. Abb. 2b zeigt die 7-Punkt-Korrelationsfilterung einer Digitalaufnahme des linken vorderen Herzkranzgefäßes. Wenn das Gefäß überwiegend vertikal verläuft, ist die Filterung entlang der waagrechten Zeilen vorzunehmen. In Abb. 2c ist die Kantenbestimmung mit einem Differenzenverfahren durchgeführt worden. Ähnlich den Angaben /6/ umfassen die Differenzen ebenfalls sieben Punkte. Abb. 3 zeigt eine weitere Anwendung des Verfahrens.

Aufgrund der Varianzen der ungefilterten Zeilensignale nach Abb. 2 mit und ohne Kontrastmittel ergibt sich ein Signal-Rauschverhältnis für die Quelldaten von 12 dB. Für korrelierend und differenzierend gefilterte Zeilen verschlechtert sich das Verhältnis bei dieser globalen, statistischen Betrachtungsweise, bedingt durch zwischenliegende Einzelstörungen. Dies trifft besonders für kleine Objektbreite und großen Objektabstand zu (5/40 Pixels). Die zweidimensionale Betrachtung der gefilterten Bilder läßt die isoliert auftretenden Störungen jedoch leicht eliminieren. Der korrelierende Kantenoperator ergibt statistisch gesehen die beste Diskriminierung. In der lokalen Umgebung des Objekts werden Einzelstörungen beim Korrelationsansatz von der Intensität des Objekts überdeckt. In diesen Nachbarbereichen verringert sich die Varianz des Rauschens so stark, daß sich die SNR auf 30-40 dB verbessert. Bei der Bestimmung von Kantenpunkten ergeben sich örtliche Fehler < 5%.

Angesichts des grundsätzlich hohen Störanteils muß die Segmentierung der Bilder in jedem Fall auf einem intelligenten Ansatz aufbauen, der die Objektstruktur in der zweidimensionalen Bildebene erkennen und verfolgen läßt. Bei Filterung in mehreren (orthogonalen) Richtungen bringt es einen Vorteil, die Bilder und ihre Störungen nicht sofort nach der Filterung zu kombinieren, sondern zuerst die Segmentierung mit Unterdrückung der Einzelstörungen durchzuführen. Vorhergehende Maßnahmen der Bildaufbereitung und Glättung bringen keinen Gewinn für

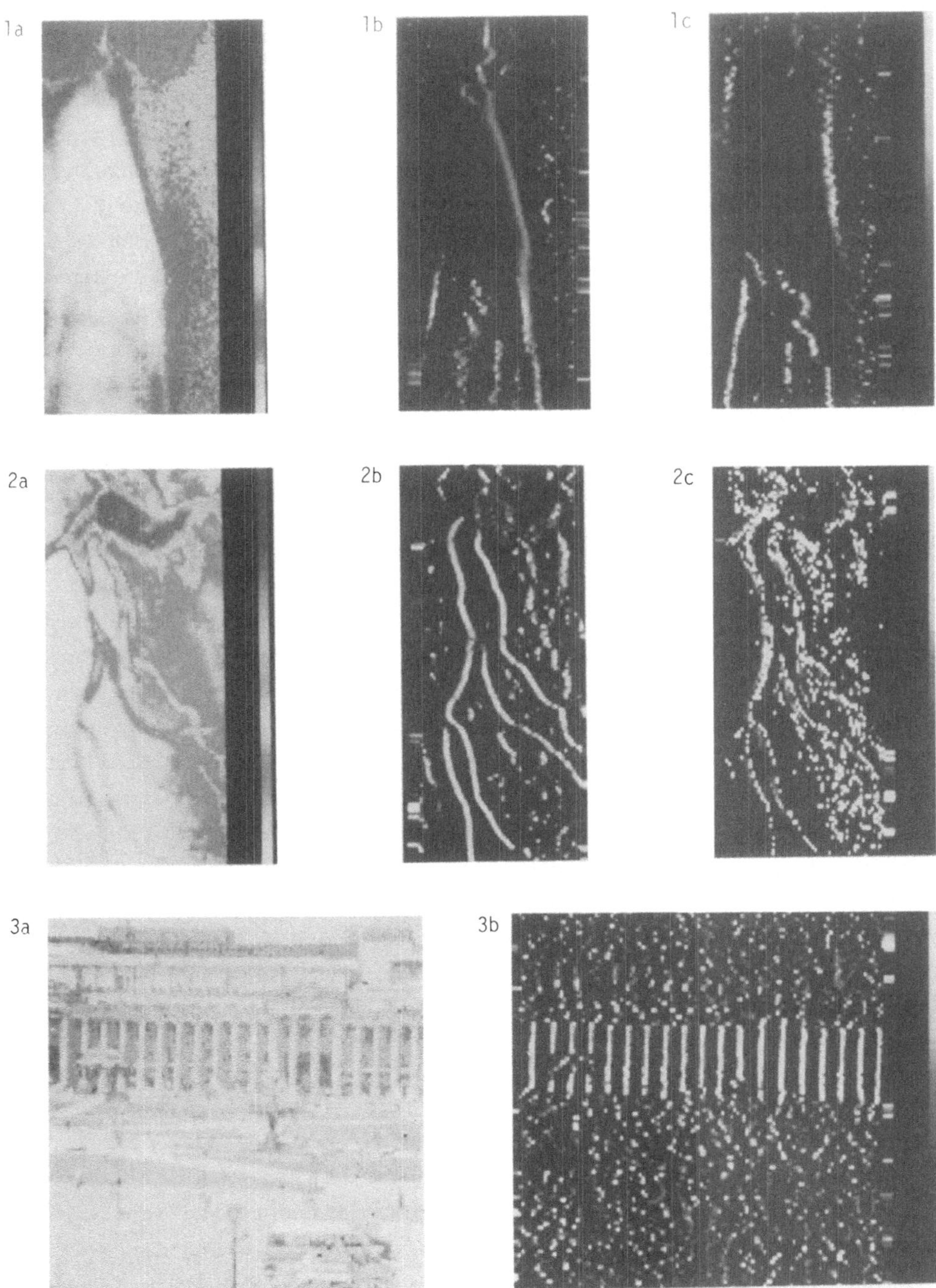

Abb. 1: Interdentalraum a) Digitalbild b) Wurzelbegrenzung c) Knochengrenzen
Abb. 2: Linke vordere Koronarie a) Digitalbild b) Korrelation c) Differenzen
Abb. 3: Stuttgart Königsbau a) Digitalbild b) Korrelationsfilterung

die Sicherheit des Korrelationsverfahrens und erübrigen sich daher.
Durch Vergrößerung der Muster-/Fenstergröße kann die Störunterdrückung
durch das Korrelationsverfahren selbst beliebig gesteigert werden, entsprechende Objektbreiten und Objektabstände vorausgesetzt. Störungen
im gefilterten Bild umfassen überwiegend unzusammenhängende, einzelne
Bildflecken. Topologische Kontinuitätskriterien ermöglichen ohne Schwie-
rigkeit die Identifikation und die Verfolgung der hervorgehobenen Objekte. Besonders auch systematische Störungen durch überlagerten Hintergrund oder Inhomogenität der Bildaufzeichnung werden durch dieses emp-
findliche, selektive Verfahren kompensiert, das durch seine automatische Vollaussteuerung (Normierung) auch bei kontrastarmen Signalen
kontrastreiche Bilder liefert.

4. Ermittlung repräsentativer Ultraschallsignale

Die Abtastrate der digitalisierten, vom Gewebe zurückgestreuten HF-
Ultraschallsignale beträgt ca. 250 MHz bei einer Amplitudenauflösung
von 8 Bit. Bei dieser hohen Abtastrate sind aus gleicher Position auf-
genommene Echogramme aufgrund der Morphologie des Gewebes sowie der
pulsierenden Bewegung der Blutgefäße nicht identisch. Eine Klasse von
ca. 30 Einzelscans wird unter möglichst gleichen Bedingungen aufgenommen. Um den Rechenaufwand zur Auswertung einer Signalklasse minimal zu
halten, werden über ein Korrelationsverfahren repräsentative Signale
ermittelt. Da aus /8/ bekannt ist, daß einzelne Aufnahmen zur Charak-
terisierung eines Gewebes nicht ausreichen, werden mehrere Signalklas-
sen unter geringfügiger Variation der Einstrahlrichtung aufgenommen.
Nur die repräsentativen Signale dieser Klassen und Dispersionsmaße, die
beim Selektionsprozeß anfallen, werden zur Weiterverarbeitung bzw.
Parameterextraktion verwendet.

Das Prinzip der Selektion repräsentativer Signale einer Klasse aus
n Einzelsignalen ist in Abb. 4 dargestellt. Ein schneller Korrelator
bestimmt die $n(n-1)/2$ voneinander unabhängigen, normierten Kreuzkor-
relationsfunktionen der n Einzelsignale. Bei der Berechnung der Kreuzkorrelationsfunktion über die Fouriertransformation beschränken sich
die Berechnungen auf die FFT Hin- und Rücktransformation und die Multi-
plikation der beiden Spektren sowie die Normierung. Ein Maximumsdetek-
tor bestimmt die n^2 Maxima der Kreuzkorrelationsfunktion sowie entsprechende zeitliche Verschiebungen. Der damit verbundene Rechenaufwand
muß gegenwärtig toleriert werden, da andere Verfahren der Signalselek-
tion sich als nicht gleichwertig erweisen. Die ermittelten Werte bilden

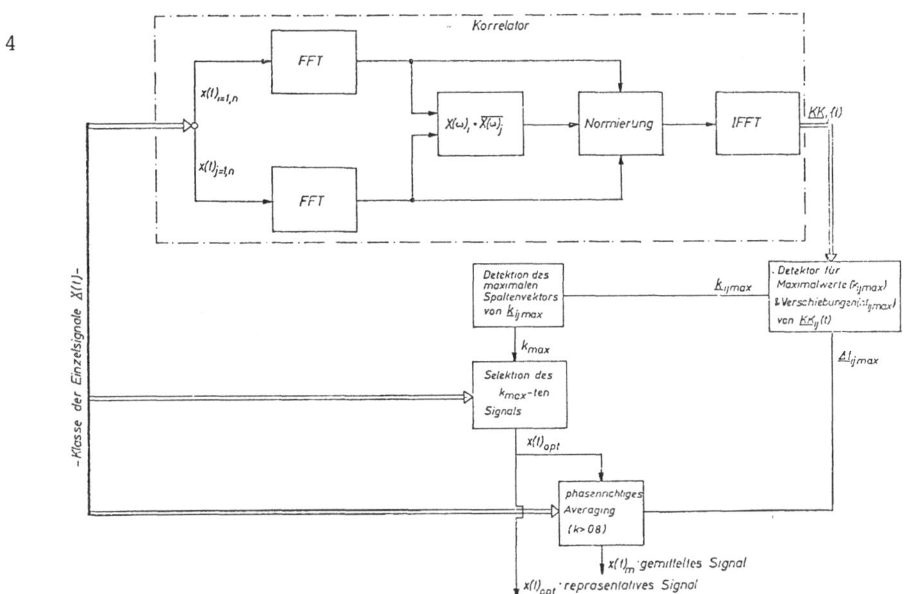

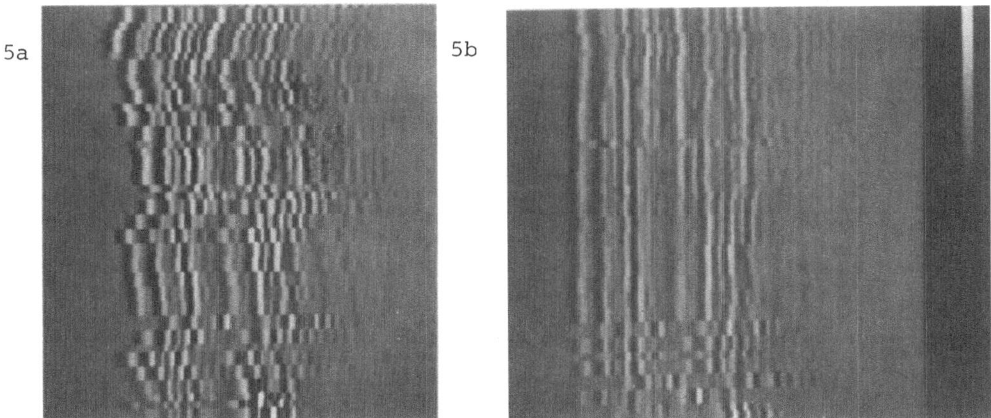

Abb. 4: Prinzip der Signalauswahl

Abb. 5a: Zeilenweise zusammengesetzte Eingangssignale

Abb. 5b: Phasengleich ausgerichtete Signale

zwei zur Hauptachse symmetrische Matrizen. In der Matrix der maximalen Kreuzkorrelationskoeffizienten legt der Spaltenvektor mit dem höchsten Betrag das dazu korrespondierende Einzelsignal $x(t)_{opt.}$ fest. Dieses repräsentative Signal wird zur weiteren Auswertung herangezogen. Es

dient gleichzeitig als Bezugssignal für eine phasenrichtige, fehlfar-
bencodierte Darstellung der Einzelsignale (Abb. 5) und das Averaging
von Signalen hoher Übereinstimmung (Kreuzkorrelationskoeffizient z.B.
> 0,8). Das gemittelte Signal $x(t)_m$ wird ebenfalls zur Auswertung ver-
wendet. Aus einer statistischen Auswertung der Korrelationsmatrix stehen Dispersionsmaße zur Verfügung. Dadurch und durch die zwei abgeleiteten Signale wird die Klasse der aufgenommenen Signale repräsentiert. Zur Ermittlung differentialdiagnostischer Kenngrößen schließen
sich spezielle Verfahren der Signalverarbeitung /3/ an. Aufgrund der
Fähigkeit, stark artefaktbehaftete Signale zu erkennen und zu eliminieren, bewährte sich das von unserer Arbeitsgruppe /3/ eingeführte
Verfahren als effizienter Ansatz zur computergestützten Gewebsdifferenzierung und hat auch andernorts seinen Einsatz gefunden /7/.

5. Literatur

/1/ Barth, K., Decker, D., Faust, U., Irion, K.M.: Die automatische
    Erkennung und Messung von Stenosen der Herzkranzgefäße im digi-
    talen Röntgenbild. Tagungsband DFG-Kolloquium "Digitale Signal-
    verarbeitung" Göttingen, 90, 3.-4. März 1981.

/2/ Decker, D., Irion, K.M.: A-mode RF-Signal Analysis. In: Thijssen
    (Hrsg.): Ultrasonic Tissue Characterization. Brüssel: Staflean's
    Scientific Publishing Company, 231, 1980.

/3/ Irion, K.M., Decker, D., Faust, U., Barth, K.: Klassifikation und
    Spektralanalyse von Ultraschallsignalen. Tagungsband DFG-Kollo-
    quium "Digitale Signalverarbeitung" Göttingen, 151, 3.-4. März 81.

/4/ Rosenfeld, A., Kak, A.C.: Digital Picture Processing. New York:
    Academic Press, 1976.

/5/ Brennecke, R., Brown, T.K., Bürsch, J., Heintzen, P.H.: Computer-
    ized Video-Image Processing with Applications to Cardio-Angiogra-
    phic Roentgen-Image Series. Informatik Fachbericht 8, 244 (1977).

/6/ Reiber, J.H.C., Tan, H.S., Booman, F., Gerbrands, J.J.:
    Quantification of Coronary Occlusions from Cine-Coronary Angio-
    grams. Erg.Bd.Biomed.Technik 24, 199 (1979).

/7/ Leitgeb, N., Schuy, S., Wach, P.: Computergestützte Ermittlung
    der Schallschwächung biologischer Gewebe. Wissenschaftliche Be-
    richte der Österreichischen Gesellschaft für Biomed.Technik,
    6. Jahresbericht, Graz, 160, 28.-30. Mai 1981.

/8/ Preston, K., Czerwinski, M.J., Skolnik, M.L., Leb, D.E.: Recent
    Developments in Obtaining Histopathological Information from
    Ultrasonic Tissue Signatures. NBS Special Publication 525,303(1979).

Diese Arbeit wurde in Zusammenarbeit mit der Abteilung für Nuklearmedizin des DKFZ Heidelberg (W.J.Lorenz, W.Schlegel, R.Kohler), der Kardio-
logischen Abteilung des Katharinenhospitals der Stadt Stuttgart (A.Both,
K.Wedekind) und dem Klinischen Institut für experimentelle Ophthalmolo-
gie der Universität Bonn (H.G.Trier, R.-D.Lepper, R.Reuter) durchgeführt.

LOKALE LEISTUNGSSPEKTREN ALS SEGMENTIERUNGSHILFE

Harald Kronberg, Hans-Georg Zimmer, Volker Neuhoff
Max-Planck-Institut für experimentelle Medizin, 3400 Göttingen

Zusammenfassung

Die harmonische Analyse lokaler Bilddaten ist als Hilfsmittel der Texturanalyse und für Segmentierungen brauchbar, wenn der Randeffekt durch eine Fensterfunktion sorgfältig unterdrückt wird. Für reine Sinusbilder sind dann die lokalen Leistungsspektren frequenzselektiv, richtungsselektiv und translationsinvariant. Bei Überlagerungen von Sinusbildern unterschiedlicher Ortsfrequenzen geht die Translationsinvarianz verloren, aber die Korrelation der Spektralkomponenten bleibt als Texturmerkmal brauchbar.

Einleitung

Im Unterschied zu üblichen Ansätzen, z.B. /1/, versuchen wir, Texturgrenzen in histologischen Schnitten durch ein zweistufiges Verfahren festzulegen. In einem Vorverarbeitungsschritt sollen "lokale Leistungsspektren" der Bilddaten Merkmale liefern für den zweiten Schritt einer texturabhängigen Segmentierung. Aus diesem Grunde wird gewünscht, daß lokale Leistungsspektren auch für kleine Bildauschnitte so bestimmt werden können, daß sie frequenzselektiv, richtungsselektiv und translationsinvariant sind. Aber bei kleinen Bildausschnitten steht der Randeffekt diesen Forderungen entgegen. Seine Beseitigung steht deshalb im Vordergrund der Untersuchungen.

Lokale harmonische Analyse

Die lokale Umgebung

Als lokale Umgebung wurde ein Fenster von 11x11 Bildpunkten gewählt. Dafür liefert die digitale Fouriertransformation (DFT) in eindimensionalen Schnitten durch das zweidimensionale Spektrum Komponenten für den Mittelwert, die Grundperiode P_1=11 Abtastschritte Δ und die vier Perioden P_2=5,5 Δ , P_3=3,67 Δ , P_4=2,75 Δ und P_5=2,2 Δ . Mittelwert und Grundperiode werden stark von den Verfahren der Randbehandlung beeinflußt, die höchstfrequente Komponente wird nach der Randbehandlung durch Aliasing gestört, selbst wenn die originalen Bilddaten nicht gegen die Voraussetzungen des Abtasttheorems verstoßen. Deshalb sind für Vergleichszwecke nur die Komponenten P_2 bis P_4 dargestellt, die gerade eine Oktave des Frequenzbereiches überdecken.

Das Testwellenfeld

Die Unterdrückung des Randeffekts wird demonstriert mit Hilfe von Testwellenfeldern. Sie sind definiert als Kosinus mit einer Periode von

3,1428 Δ , der Nullphase φ und Strahlrichtung ψ . Die Testwelle liegt damit in ihrer Frequenz auf der Mitte zwischen den beiden Komponenten P_3 und P_4 der lokalen DFT.

Translationsinvarianz und Frequenzselektivität

Zur Beurteilung der Translationsinvarianz zeigt Fig. 1 normierte eindimensionale Leistungsspektren, die als Schnitte durch das zweidimensionale Spektrum zu verstehen sind. In Fig. 1a ist die Abhängigkeit des Leistungsspektrums von der Nullphase der Testwelle mit Strahlrichtung parallel zur Abszisse ($\psi=0°$) dargestellt für den Fall, daß die Funktionsausschnitte mit einem Rechteckfenster gewichtet werden ("ungewichtete DFT"). Dabei treten phasenabhängige Unstetigkeiten bei der impliziten periodischen Fortsetzung des Ausschnitts auf, die sich in störenden Verzerrungen des Leistungsspektrums äußern. Deshalb ist die ungewichtete DFT ungeeignet für die Definition eines lokalen Spektrums.

Für eine Wichtung des kleinen Funktionsausschnitts mit Fensterfunktionen hat sich das Hamming-Fenster bewährt, das als sehr guter Kompromiß zwischen Frequenzselektivität und Dämpfung höherer Nebenmaxima seiner spektralen Darstellung anzusehen ist /2/. Es wird gemäß /3/ in der Form

$$\alpha(n) = (0,54 - 0,46 \cdot \cos(\tfrac{2\pi}{10}n)), \quad n = 0,1,\ldots,10$$

digitalisiert. Die DFT eines gewichteten Funktionsausschnitts liefert aber das Spektrum der periodischen Fortsetzung des ungewichteten Funktionsausschnitts, der mit der periodischen Fortsetzung der Gewichtsfunktion amplitudenmoduliert ist. Wird die Periode der Gewichtsfunktion entsprechend einer modifizierten Definition des Hamming-Fensters (/2/,/4/) um eine Abtastschrittweite vergrößert, so hat dies den Vorteil einer Modulation mit einer monofrequenten Funktion. Da in diesem Fall die Gewichte am digitalisierten Ausschnittrand verschieden sind, ist es zweckmäßig, sie noch durch Zentrieren des Hamming-Fensters zu symmetrisieren:

$$\beta(n) = (0,54 - 0,46.\cos(\tfrac{2\pi}{11}(n+\tfrac{1}{2}))), \quad n = 0,1,\ldots,10.$$

Fig. 1b zeigt den Phasenverlauf des Leistungsspektrums, wenn die Testfunktion mit diesem Fenster β gewichtet wird. Die der Testfrequenz benachbarten Komponenten setzen sich mit fast gleichem Gewicht gegenüber der jetzt sehr schwachen tieffrequenten Komponente ($P_2=5,5\Delta$) durch und zeigen eine ausgezeichnete Phasenstabilität, d.h. Translationsinvarianz.

Das so definierte lokale Leistungsspektrum zeichnet sich auch durch eine

gute Frequenzselektivität aus, wenn die Frequenz der Testwelle einer
Spektralkomponente der DFT entspricht: die harmonische Analyse liefert
außer der Testkomponente lediglich zwei Seitenkomponenten, deren Leistung
bereits um 82% gegenüber der Testkomponente abgefallen ist.

Die Randunstetigkeiten der Funktionsausschnitte lassen sich außer durch
Gewichtsfunktionen auch beseitigen durch z.B. Spiegelung des Ausschnitts
an seinem Rand oder durch Addition einer Rampe, die die Differenz der
Randwerte gerade kompensiert. Die Untersuchungen haben ergeben, daß diese
Verfahren wegen mangelhafter Translationsinvarianz bzw. Frequenzselek-
tivität unbrauchbar sind.

Richtungsselektivität

Im folgenden werden die lokalen Bildausschnitte von 11x11 Bildpunkten
mit einer separablen zweidimensionalen Fensterfunktion der Form

$$\beta(m,n) = \left[0,54 - 0,46 \cdot \cos\left(\tfrac{2\pi}{11}(m+\tfrac{1}{2})\right) \right] \cdot \left[0,54 - 0,46 \cdot \cos\left(\tfrac{2\pi}{11}(n+\tfrac{1}{2})\right) \right]$$

für m,n = 0,1,...,10 gewichtet. Diese Wichtung hat eine für verschiedene
Richtungen des zweidimensionalen lokalen Spektrums befriedigend gleich-
mäßige Wirkung, mit einer verbesserten Frequenzselektivität für Spektralkomponenten auf den Diagonalen u=v und u=-v.

Fig. 2 zeigt die Richtungsselektivität der lokalen Leistungsspektren,
die eine Beschränkung auf vier Richtungen rechtfertigt. In Fig. 2a ist
der Spektralverlauf als Funktion der Strahlrichtung ψ des Testwellen-
feldes dargestellt nach Projektion des Bildausschnitts auf die Abszisse.
Fig. 2b zeigt den Spektralverlauf für dieselben Testwellenfelder nach
Projektion auf die 45°-Richtung. Bei Drehung der Testwelle zwischen
ψ =0° und ψ =45° wird die spektrale Leistung in genau einer der Projek-
tionsrichtungen angezeigt, deshalb genügt es, nur die Hauptrichtungs- und
Diagonalspektren zu bestimmen. Die Richtungscharakteristik der Leistungsspektren in Achsenrichtung und auf der Diagonale ist unterschiedlich, da
in Diagonalrichtung das Spektrum meist zu niedrigen Frequenzen verschoben
erscheint.

Nicht-harmonische Teststrukturen

Die begrenzte Frequenzselektivität hat zur Folge, daß die lokalen Leistungsspektren nicht-harmonischer Teststrukturen auch nicht mehr translationsinvariant sind. Das zeigen die in Fig. 3 als glatte Kurven dargestellten Testfunktionen. In Fig. 3a sind die Abtastwerte I(n) gegeben
durch die gleichgewichtete Überlagerung von Harmonischen der Fenster-

222

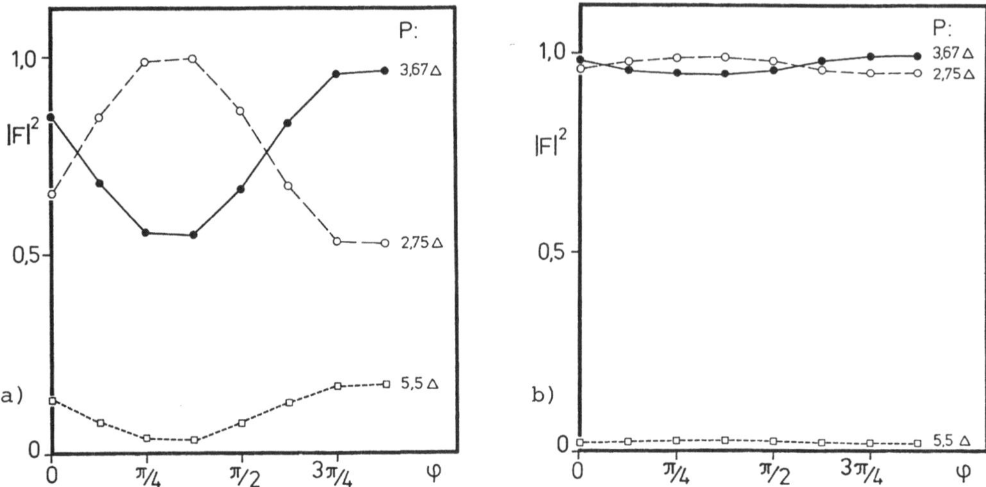

Fig. 1a),b): Komponenten P_2 bis P_4 der lokalen Leistungsspektren
(Abszissenschnitt) in Abhängigkeit von der Phase φ des harmonischen Testwellenfelds: a) für gleichgewichte Bildausschnitte von 11x11 Bildpunkten, b) für Wichtung mit dem
Hamming-Fenster $\beta(n)$.

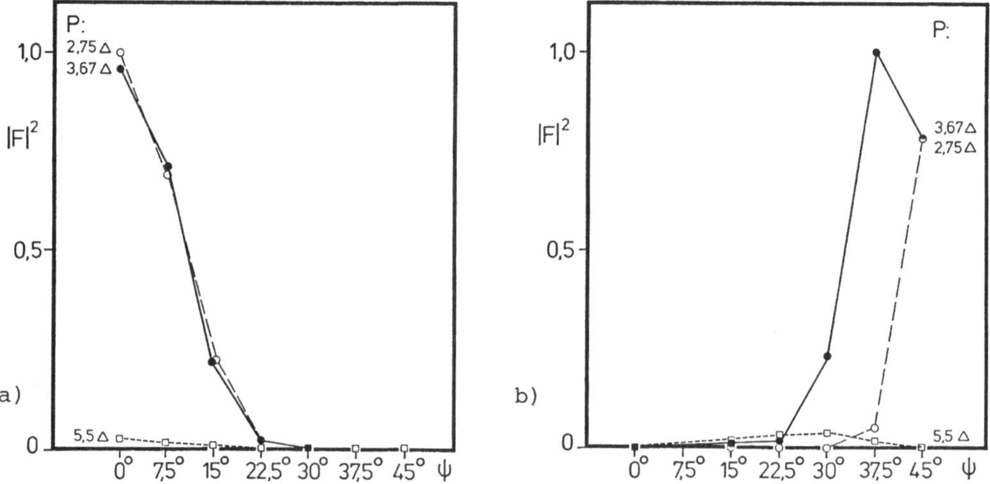

Fig. 2a),b): Abhängigkeit der lokalen Leistungsspektren von der Strahlrichtung der harmonischen Testfunktion für Bildausschnitte
von 11x11 Bildpunkten und Wichtung mit dem Hamming-Fenster
$\beta(m,n)$: a) Schnitt durch die Abszisse, b) Schnitt durch
die 45°-Richtung.

grundperiode:

$$I(n) = \frac{1}{3} + \frac{1}{6}\sum_{m=1}^{4} \cos\left(\frac{2\pi m}{11}(n-6)\right) \qquad \text{für } n = 0,1,\ldots,10.$$

Diese Funktion wird außerhalb des Fensters periodisch fortgesetzt. Im globalen Spektrum wären alle Spektralkomponenten gleich, in den lokalen Leistungsspektren sind die Komponenten z.T. unterschiedlich und deutlich ortsabhängig.

Die Testfunktion in Fig. 3b ist differenzierbar aus quadratischen Polynomen und Geraden zusammengesetzt und außerhalb des Fensters konstant gleich Null. Die Komponenten der lokalen Leistungsspektren sind ortsabhängig, aber ihr Verlauf unterscheidet das Linienprofil der Fig. 3b deutlich von der Teststruktur in Fig. 3a. Die höchste Frequenzkomponente zeigt, daß zur Segmentierung der Teststruktur in Fig. 3a kleinere Umgebungen untersucht werden müssen als bei Fig. 3b.

Fig. 4 zeigt an zwei Beispielen lokale Leistungsspektren der Umgebung jedes Bildpunkts von Testbildern aus 128x128 Bildpunkten. In Fig. 4a sind unter dem Original die drei Komponenten P_2 bis P_4 nach Projektion der

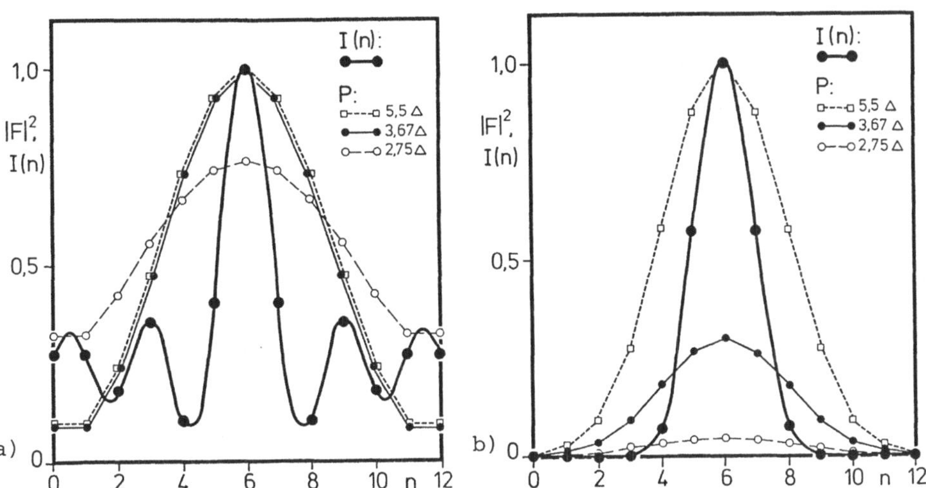

Fig. 3a),b): Ortsabhängigkeit lokaler Leistungsspektren von nicht-harmonischen Teststrukturen. a) Teststruktur ist eine Überlagerung von Harmonischen der Fenstergrundperiode, b) Teststruktur ist aus Geraden und quadratischen Polynomen zusammengesetzt.

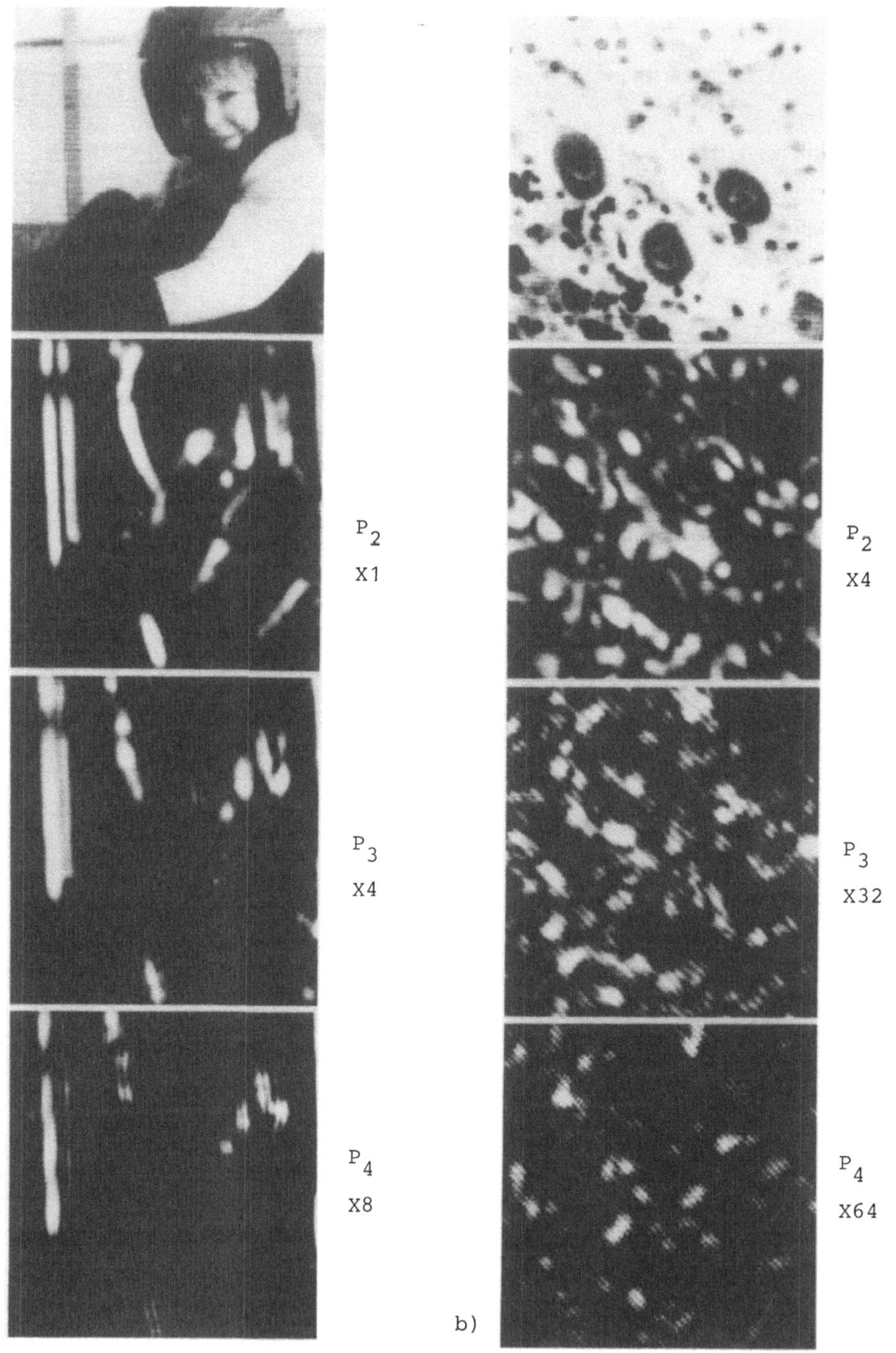

<u>Fig. 4a),b):</u> Lokale Leistungsspektren. a) Projektion des Bildausschnitts auf die Abszisse, b) Projektion auf die 45°-Richtung. Faktoren an den Komponentenbildern geben deren Wichtung zum Ausgleich der hohen Grauwertdynamik an.

Bildausschnitte auf die x-Achse wiedergegeben, in Fig. 4b unter dem
Original eines Hirnschnitts die entsprechenden Komponenten nach Projektion auf die 45°-Richtung. Wegen der hohen Dynamik der Grauwerte mußten
die Bilder für eine geeignete Grauwertwiedergabe entsprechend den Angaben
an den Teilbildern unterschiedlich gewichtet werden.

In Fig. 4a gibt es auffällige Kanten, die deshalb zu einer hohen Korrelation der verschiedenen Spektralkomponenten führen. Dagegen zeigen die
Spektren der Fig. 4b weniger derartige Korrelationen. Im Gebiet der
großen Purkinjé-Zellen treten offenbar keine höheren Frequenzen auf; hier
sollten zur Segmentierung also relativ große Felder betrachtet werden,
jedoch feinere Felder zur Segmentierung der übrigen Bildstrukturen. Aus
der Korrelation der Spektralkomponenten in Fig. 4a läßt sich folgern,
daß diese Stellen mit einem Kantenmodell zu segmentieren wären.

Wie aus Fig. 1 bis Fig. 4 hervorgeht, ändern sich aufgrund der partiellen
Translationsinvarianz die Spektralkomponenten langsamer als die analy-
sierten Ortsfunktionen. Deshalb braucht man in der Praxis das lokale
Spektrum nicht für jeden Bildpunkt auszuwerten, wodurch Rechenzeit und
Speicherplatz gespart wird.

Literatur

/1/ WESZKA, J.S., DYER, Ch.R. ROSENFELD, A.: A Comparative Study of
     Texture Measures for Terrain Classification. IEEE Trans. Sys.,
     Man + Cybern., SMC-6, 269, (1976)

/2/ HARRIS, F.J.: On the Use of Windows for Harmonic Analysis with the
     Discrete Fourier Transform. Proc. IEEE, 66, 51, (1978)

/3/ PRATT, W.K.: Digital Image Processing. New York, Wiley, 1978

/4/ BRIGHAM, E.O.: The Fast Fourier Transform. Englewood Cliffs,
     New Jersey, Prentice-Hall, 1974

<u>Ein iteratives Regionenwachstums-Verfahren mit flexibler Datenstruktur</u>
<u>zur Segmentierung cytologischer Bilder.</u>

J. Bille und M. Jaksch***
**Institut für Angewandte Physik I der Universität Heidelberg, Albert-
Überle-Str. 3-5, 6900 Heidelberg*
***Institut für Dokumentation, Information und Statistik des Deutschen
Krebsforschungszentrums, Im Neuenheimer Feld 280, 6900 Heidelberg*

<u>Zusammenfassung</u>

Es wird ein neuer Split und Merge Algorithmus zur Flächensegmentation
von Grauwert-Bildern beschrieben. Der Algorithmus benutzt als Datenstruktur für die Segmentation einen Nachbarschaftsgraphen, in dem alle
benötigten Informationen gespeichert werden können. Das Verhalten des
Algorithmus wurde an mehreren Bildklassen näher untersucht. Ebenso
wurden mehrere Einheitlichkeitsprädikate entwickelt und deren Eigenschaften verglichen. Dabei erwies sich eine Kombination aus Varianz
und Abstand der Mittelwerte zweier Regionen am besten geeignet. Durch
die Einführung eines iterativen Regionenwachstums konnten gegenüber
sequentiellen und optimierenden Strategien bessere Resultate erzielt
werden.

<u>1. Einleitung</u>

Aufgabe eines Segmentierungsalgorithmus ist die Zerlegung eines Bildes
in zusammenhängende Gebiete, auch Regionen genannt. Diesen Regionen
kann dann in einem späteren Schritt semantische Bedeutung beigemessen
werden (z.B. Hintergrund, Objekt, Strukturen im Objekt etc.). Die Zerlegung des Bildes wird von einem Einheitlichkeitsprädikat gesteuert:
Regionen, denen semantische Bedeutung zukommt (z.B. Hintergrund), sollten in sich einheitlich sein; Regionen die nicht einheitlich sind (z.B.
Vereinigung von Hintergrund und Objekt) sollten unterteilt werden.

Der hier vorgestellte Segmentierungsalgorithmus ist eine Verallgemeinerung des Split und Merge Algorithmus von T. Pavlidis [1,2]. Während
des Segmentierungsvorgangs müssen sehr viele Daten über Eigenschaften
der Regionen, wie Form, Lage und Nachbarschaftsbeziehungen, gespeichert
werden. In dem Algorithmus von T. Pavlidis wird hierzu ein Quad-Tree
und eine Labelmatrix benutzt. Diese Datenstrukturen erlauben zwar eine
einfache Formulierung des Algorithmus, sind aber bei der Beschreibung
beliebig geformter Regionen und deren Nachbarschaftsbeziehungen zu un-
flexibel. In dem hier vorgestellten Algorithmus wird für den gesamten
Segmentierungsvorgang ein Nachbarschaftsgraph benutzt. Diese Datenstruktur erlaubt eine flexible Programmgestaltung, da in jedem Knoten
des Graphen Eigenschaften der repräsentierten Region akkumuliert werden
können und die Graphenstruktur Nachbarschaftsbeziehungen auf einfache
Weise wiederspiegelt. Durch diese Datenstruktur kann der Segmentierungs-
prozess durch Selektion von Wachstums- und Anlagerungsregionen nach
vorgebbaren Kriterien leicht gesteuert werden. Ebenso kann ein itera-

tives (quasiparallelles) Regionenwachstum simuliert werden.

2. Der Nachbarschaftsgraph einer Segmentation

Jeder Segmentation kann auf folgende Weise ein Nachbarschaftsgraph
(N.G.) zugeordnet werden:

> Jeder Region Ri der Segmentation ist ein Knoten Ni des
> Graphen eindeutig zugeordnet. Sind die Regionen Ri und Rj
> im Bild benachbart, so sind die entsprechenden Knoten Ni
> und Nj durch eine Kante verbunden. Der Nachbarschaftsgraph spie-
> gelt die topologischen Eigenschaften der Segmentation wieder.

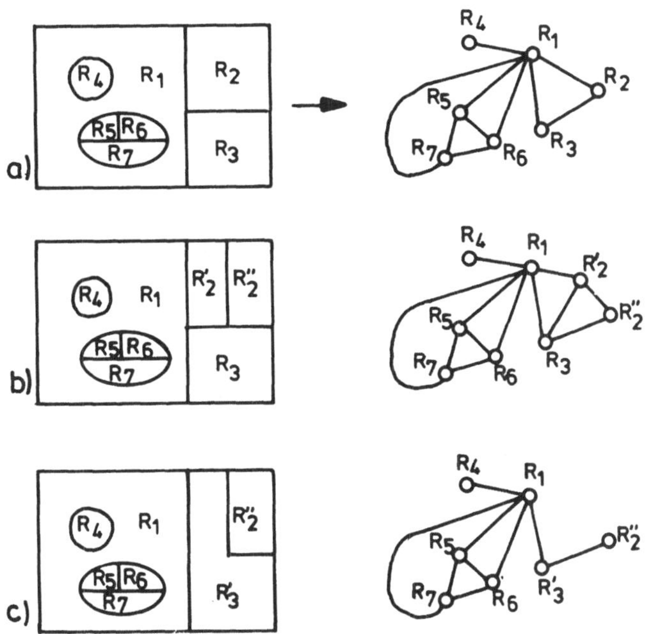

Bild in Regionen aufgeteilt

Nachbarschaftsgraph
Knoten = Regionen im Bild
Kanten = Nachbarschaftsre-
lationen im Bild

Abb. 1: Beispiel für einen Nachbarschaftsgraphen einer Segmentation.
a) Ausgangssegmentierung, b) Unterteilung einer Region (R_2 in R_2' und
R_2''), c) Vereinigung von zwei Regionen (R_2' und R_3 nach R_3')

Der Nachbarschaftsgraph wird intern als Vektor dargestellt. Jedes Vektorelement speichert Daten über eine Region (siehe Abb. 2). Da die Regionen numeriert sind, erlaubt dies einen direkten Zugriff auf eine Region über ihren Index. Momentan werden für jede Region folgende Informationen gespeichert:

> Fläche der Region
>
> minimaler und maximaler Grauwert in der Region
>
> Summe der Grauwerte
>
> Summe der quadrierten Grauwerte
>
> Label für diese Region

Das Label-Feld kann Markierungen aufnehmen oder dient für Interpretationszwecke. Die anderen Felder werden für die Berechnung der verschiedenen Prädikate benutzt.

Zusätzlich enthält jedes Vektorelement einen Verweis auf eine Nachbarschaftsliste und Blockliste. Die Länge der Nachbarschaftsliste ist variabel. Jedes Listenelement enthält die Nummer einer benachbarten Region. Damit werden die Nachbarschaftsbeziehungen der Regionen gespeichert.

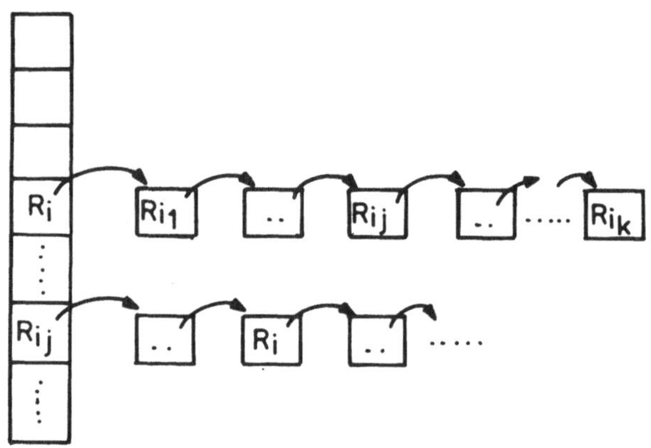

Knotenvektor   Nachbarschaftsliste

Abb. 2: Die Datenstruktur des Nachbarschaftsgraphen

Jede Region kann eine beliebig geformte Fläche sein und wird durch eine Zerlegung in nichtüberlappende Rechteckblöcke gespeichert. Dies geschieht in der Blockliste. Jedes Listenelement entspricht einem Rechteckblock in dieser Region und enthält die Koordinate der linken oberen Ecke (x, y) und die Länge des Blocks in (x, y) Richtung (l_x, l_y).

Die minimale Größe eines Blocks ist ein Bildpunkt, so daß man sich damit jeder Flächenform anpassen kann (Abb. 3)

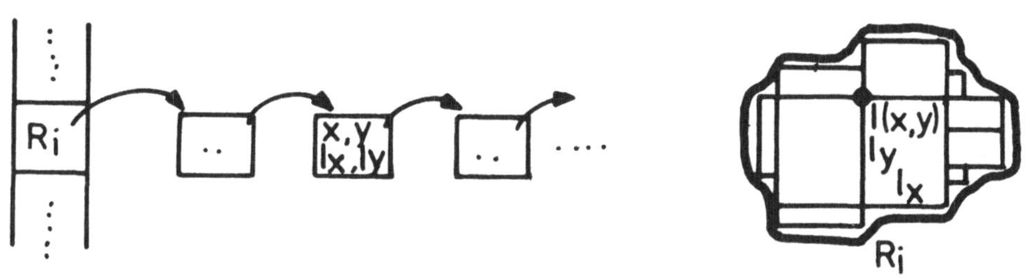

Knotenvektor   Blockliste der Region Ri   Rechteckzerlegung
                                                        der Region Ri

Abb. 3: Flächenspeicherung im Nachbarschaftsgraph durch Rechteck-
        zerlegung

3. Einheitlichkeitsprädikate

Bei cytologischen Bildern sind Bedeutungsregionen (z.B. Hintergrund,
Zellkern, Chromatin im Zellkern) durch ihre mittleren Grauwerte gut
gekennzeichnet. Es wurden insgesamt acht Prädikate implementiert und
näher untersucht.

Als Prädikat für die Regionenähnlichkeit erwies sich eine Kombination
von Varianz und Differenz der mittleren Grauwerte benachbarter Regionen gegenüber einfacheren Prädikaten (z.B. Grauwertspannweite in einer
Region oder Grauwertvarianz in einer Region) überlegen.

4. Der Segmentierungsalgorithmus

Initialsegmentierung

Es wird der Nachbarschaftsgraph einer Initialsegmentierung gebildet, wobei für jede Region Ri eine Primitivfläche gewählt wird
(z.B. rechteckige Blockeinteilung des Bildes, Segmentationshypo-
these)

Regionen-split

>   Ist in einem Knoten Ni das Prädikat P (Ri) nicht erfüllt, so
>   wird dieser durch die neuen Knoten Ni1 ... Nik ersetzt. Die
>   Nachbarschaftsbeziehungen werden entsprechend abgeändert. Die
>   zugehörige Region Ri wird dabei in einer vorgegebenen Weise
>   in Subregionen Ri1 ... Rik zerlegt.

Regionen-merge

>   Sind die Knoten Ni1 ... Nik paarweise benachbart und ist das
>   Prädikat bezüglich P(Ri1 U ... U Rik) erfüllt, so werden die
>   Knoten Ni1 ... Nik durch Ni1' ersetzt. Die zugehörigen Regio-
>   nen Ri1 ... Rik werden zu Ri1' vereinigt.

Die so gefundene Segmentation ist im allgemeinen nicht eindeutig und
optimal. Neben der Auswahl geeigneter Prädikate kommt es daher auch
auf entsprechende Strategien in den drei Teilschritten Initialsegmen-
tation, Regionen-split und Regionen-merge an, um befriedigende Ergebnisse zu erzielen.

Für die Auswahl von Wachstumszentren und Anlagerungsregionen wurden
verschiedene Optimierungsstrategien implementiert und getestet. Diese
erbrachten jedoch gegenüber rein sequentiellen Wachstumsstrategien
nur geringfügig bessere Resultate, oder waren zu rechenzeitaufwendig.
Daher wurde alternativ ein iteratives Regionenwachstumsverfahren entwickelt:

- In jedem Iterationsschritt erfolgt ein sequentielles Regionenwachstum.

- Nach jeder Iteration wird das Maß für Regioneneinheitlichkeit erhöht.

Dadurch kann

- ein quasi paralleles Wachstum erfolgen,
- während des Segmentierungsprozesses den Regionen Bedeutungen zugeordnet werden und diese Information in späteren Iterationen für
  Entscheidungen genutzt werden,

- durch Selektion der Knoten die Segmentierung auf bestimmte Regionen
  beschränkt werden.

Mit diesem Verfahren konnten gegenüber sequentiellen und optimierenden Verfahren bessere Resultate erzielt werden. Zur Veranschaulichung
des Verfahrens ist in Abb. 4 die Segmentierung eines Zellkerns aus
einem Haut-Gewebeschnitt-Präparat, in Abb. 5 die Segmentierung eines

Ausschnitts aus einer Metaphaseplatte dargestellt.

Literatur

[1]   S.L. Horowitz, T. Parlidis: "Picture Segmantation by a tree
      traversal algorithm", JACM 23, 368-387 (1976)

[2]   T. Pavlidis: "Structural Pattern Recognition", Springer Verlag
      1977

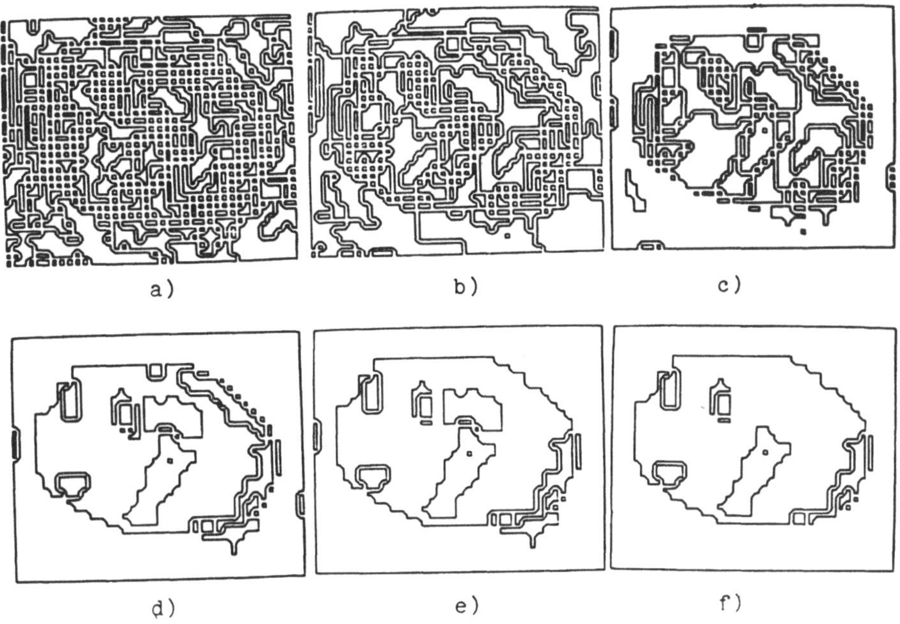

Abb. 4: Segmentierung eines Zellkerns (Hautpräparat); Ähnlichtkeitsmaß
ε {Graustufen}. a) $\varepsilon=4$, b) $\varepsilon=6$, c) $\varepsilon=8$, d) $\varepsilon=14$, e) $\varepsilon=16$, f) $\varepsilon=18$.

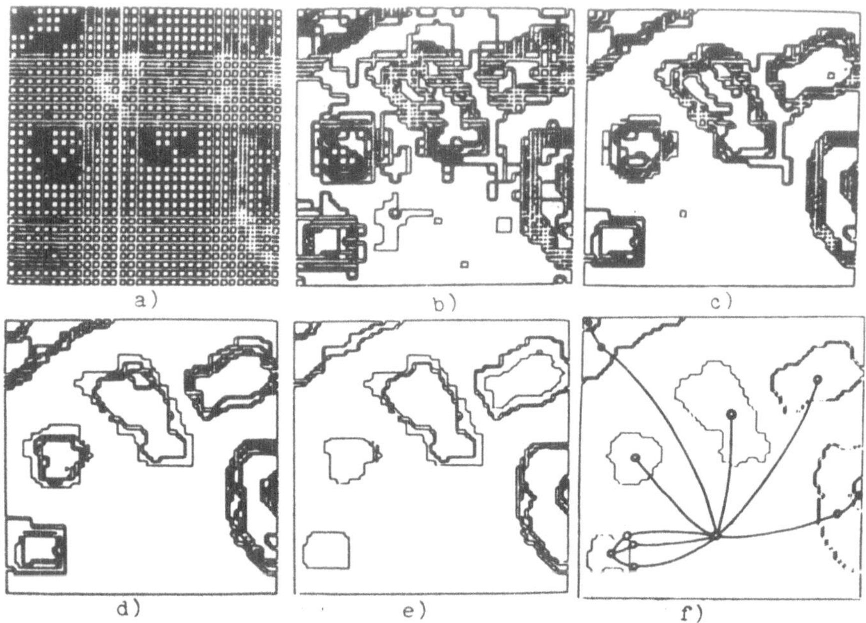

Abb. 5: Segmentierung eines Metaphaseplatte-Abschnittes; Ähnlichkeits-
maß ε {Graustufen}. a) ε=2, b) ε=4, c) ε=6, d) ε=8, e) ε=12,
f) ε=18; in Abb. 5f ist der Nachbarschaftsgraph veranschaulicht.

MEDIZIN II

DETEKTION HOMOGENER BILDREGIONEN MIT HILFE HISTO-
GRAMMADAPTIVER QUANTISIERUNG

G. Haussmann, H. Madsen
Universität Hannover

ZUSAMMENFASSUNG

Flächensegmentationsverfahren zerlegen bildhafte Szenen in Gebiete, die
in geeigneten, pixelbezogenen Merkmalen einheitlich sind, und weisen
ihnen anschließend eine Bedeutung zu. Derartige Techniken besitzen den
Vorteil, daß räumliche und topologische Information systematisch in den
Segmentationsprozeß eingebracht werden kann. Im vorliegenden Beitrag
wird ein neuer Ansatz zur Detektion homogener Bildregionen als Teil eines Flächensegmentationsverfahrens vorgestellt, bei dem in der Initia-
lisierungsphase des Zerlegungsvorganges globale Information einfließt.

1. EINLEITUNG

Die Zerlegung zweidimensionaler Szenen in für den Beobachter bedeutungsvolle Komponenten stellt bei der automatisierten Bildanalyse den schwie-
rigsten und fehleranfälligsten Schritt dar. In einem Übersichtsartikel
über Szenensegmentation bei der Zellbildanalyse ordnen Fu und Mui [1]
die vorgeschlagenen Techniken in drei Kategorien ein:

   (1) Schwellwert- und Pixelklassifikationsverfahren

   (2) Kantendetektionsverfahren

   (3) Flächensegmentationsverfahren

Unter den vorgeschlagenen Techniken haben die Schwellwertoperationen
die größte Verbreitung gefunden [2]. Flächensegmentationsverfahren sind
erst in jüngster Zeit vorgeschlagen worden, besitzen jedoch den wichtigen Vorteil, daß räumliches a priori Wissen systematisch in den Segmentationsprozeß integriert werden kann.

2. FLÄCHENSEGMENTATION

Diesem Segmentationsansatz liegt das Szenenmodell zugrunde, daß bedeutsame Bildkomponenten oder zumindest Teile von ihnen in ausgewählten pixelbezogenen Merkmalen wie Grauwert oder Farbe einheitlich erscheinen.
Verfolgt man diesen Ansatz, so zerfällt die Aufgabe der Bildzerlegung
in drei aufeinanderfolgende Schritte:

   (1) Berechnen geeigneter pixelbezogener Merkmale M_i i=1,N

   (2) Detektion einheitlicher Bildbereiche, im folgenden
       Parzellen P genannt

   (3) Identifikation der detektierten Parzellen und Zuweisung
       einer Bedeutung

Der vorliegende Beitrag beschäftigt sich mit einem neuen Algorithmus
zur Bestimmung einheitlicher Bildbereiche. Der bisher zu diesem Zweck
überwiegend benutzte Split&Merge Algorithmus nach einem Vorschlag von
Pavlidis und Horowitz [3] tendiert aufgrund seiner "Quad-tree"-Struktur
dazu, rechteckige Gebietsgrenzen zu erzeugen. Als rein sequentieller
Algorithmus konzipiert steht darüberhinaus auf jeder Verfahrensebene
ausschließlich lokal begrenzte Information der vorhergehenden Ebene zur
Verfügung. Das grundsätzliche Problem, mit Hilfe eines lokal arbeitenden Algorithmus eine global befriedigende Bildzerlegung zu erzielen,
kann zumindest ansatzweise dadurch überwunden werden, daß in der Initi-
alisierungsphase des Zerlegungsvorganges globale Information z.B. über
die Verteilung der pixelbezogenen Merkamle M_i einfließt. Dies läßt sich
am einfachsten durch die Analyse der Merkmalshistogramme $H(M_i)$ erreichen. Eine derartige Strategie ist von Tsuji et al.[4] für die strukturelle Texturanalyse vorgeschlagen worden und soll hier in modifizierter
Form auf das Problem der Zellbildsegmentierung angewandt werden.

3. DER ENTWICKELTE ALGORITHMUS

3.1 ÜBERSICHT

Ein Blockdiagramm des entwickelten und implementierten Verfahrens ist
in Abb. 1 dargestellt. Die zu bestim-
menden Bildbereiche müssen in mindestens einem der ausgewählten Merkmale
M_i ein Einheitlichkeitskriterium erfüllen. Können die Merkmalshistogramme
$H(M_i)$ als Überlagerung einer begrenzten Anzahl von Moden interpretiert
werden, so liegt die Möglichkeit der
Zerlegung des Merkmalsbildes in großflächige und einheitliche Gebiete
nahe. Die Wahl der Trennschwellen zur
Separation der Moden muß so weit wie
möglich die Zahl kleiner isolierter
Gebiete in den durch Quantisierung
erzeugten Binärbildern minimieren. Die
Überlagerung der Grenzlinien aller auf
diese Weise generierten Quantisierungs-
gebiete erzeugt eine Szenenparzellierung mit einer der globalen Information
angepaßten Schätzung einheitlicher
Bildbereiche. Die Baum-Struktur des

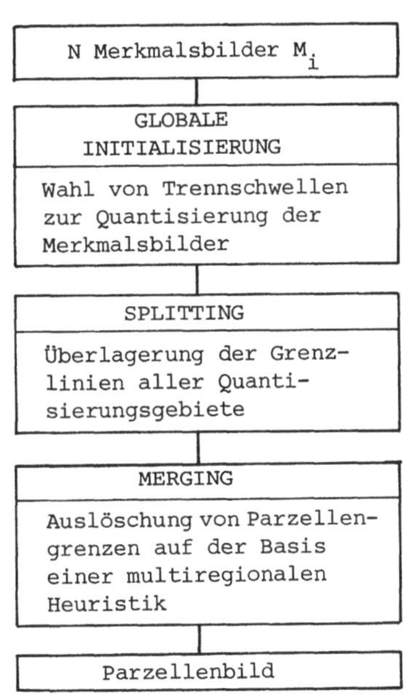

Abb. 1   Blockdiagramm des entwickelten Verfahrens

Zerlegungsvorganges kann dabei völlig dem Bildinhalt angepaßt werden.
Eine eventuelle Überparzellierung wird anschließend mit Hilfe einer
Merge-Operation beseitigt, die durch Kontrast-, Form- und Flächenkri-
terien gesteuert wird und auf einer multiregionalen Heuristik basiert.

3.2 WAHL DER QUANTISIERUNGSSCHWELLEN

Die Wahl von Trennschwellen zur Modenseparation in Histogrammen wird
im allgemeinen empfindlich von dem der Nutzinformation überlagerten
Rauschen beeinflußt. Die zur Rauschunterdrückung üblicherweise angewandte Glättung durch gewichtete Mittelung über mehrere Histogrammkom-
ponenten kann jedoch unter ungünstigen Umständen wichtige Information
auslöschen und die Lage signifikanter Minima verschieben. Zur automatischen Bestimmung der Quantisierungsschwellen wurde daher ein Verfahren implementiert, das ohne jegliche Glättungsoperation auskommt.
In einem ersten Schritt werden alle lokalen Maxima der Histogramme
$H(M_i)$ tabelliert und ihnen ein Bedeutungsmaß (B.M.) zugeordnet. Es
ist in unserem Fall als die relative Histogrammfläche zwischen den
dem Maximum benachbarten Minima definiert [5]. In einer iterativen
Prozedur wird nun die Anzahl der Maxima auf der Liste verkleinert,
indem Peaks mit dem kleinsten B.M.-Wert eliminiert und die Bedeutungs-
maße der verbleibenden Maxima neu berechnet werden. Die Prozedur wird
solange fortgesetzt, bis nur noch eine vorbestimmte Anzahl von Moden-

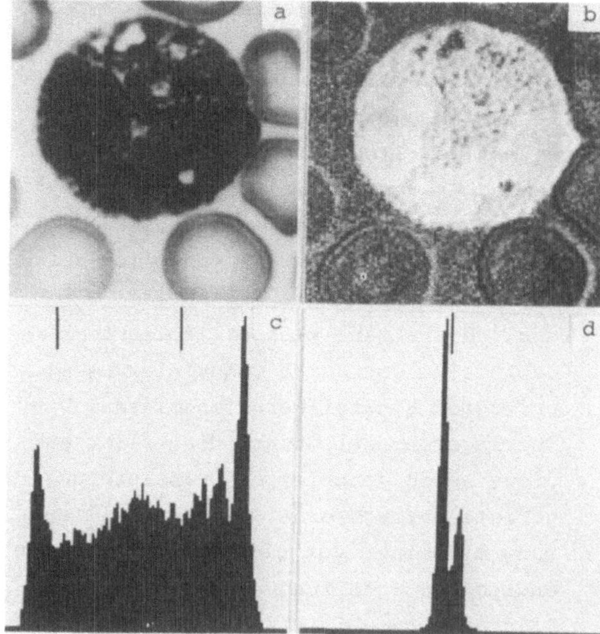

Abb. 2

Wahl der Quantisierungs-
schwellen in den Merk-
malshistogrammen einer
Blutzellbildszene

a) Merkmalsbild M_1

b) Merkmalsbild M_2

c) Histogramm $H(M_1)$ mit
   drei Quantisierungs-
   stufen

d) Histogramm $H(M_2)$ mit
   zwei Quantisierungs-
   stufen

peaks übriggeblieben ist. Als Quantisierungsschwellen werden die tief-
sten Minima zwischen den Moden an das rufende Programm übergeben.

3.3 SPLITTING

Der Quantisierungsvorgang mit den im vorausgegangenen Schritt bestimmten Trennschwellen erzeugt eine Zerlegung der Merkmalsbilder M_i in
großflächige, einheitliche Gebiete (s. Abb. 3c und 3d). Die dabei generierten Binärbilder, die den jeweiligen Quantisierungsstufen entsprechen, bedürfen noch einer Reinigung, bei der kleine separate Gebiete
beseitigt und Löcher aufgefüllt werden (s. Abb. 3a und 3b). Die Überlagerung der Quantisierungskonturen aller analysierten Merkmale dient
als schnelles Szenen-Splitting und als den Merkmalshistogrammen $H(M_i)$
angepaßte Schätzung der in der Szene vorhandenen einheitlichen Bereiche
P_k (s. Abb. 3e). Die auf diese Weise erzeugten Parzellen erhalten abschließend nach einer topologischen Zusammenhangsanalyse eine einheitliche Gebietsmarke zugeordnet.

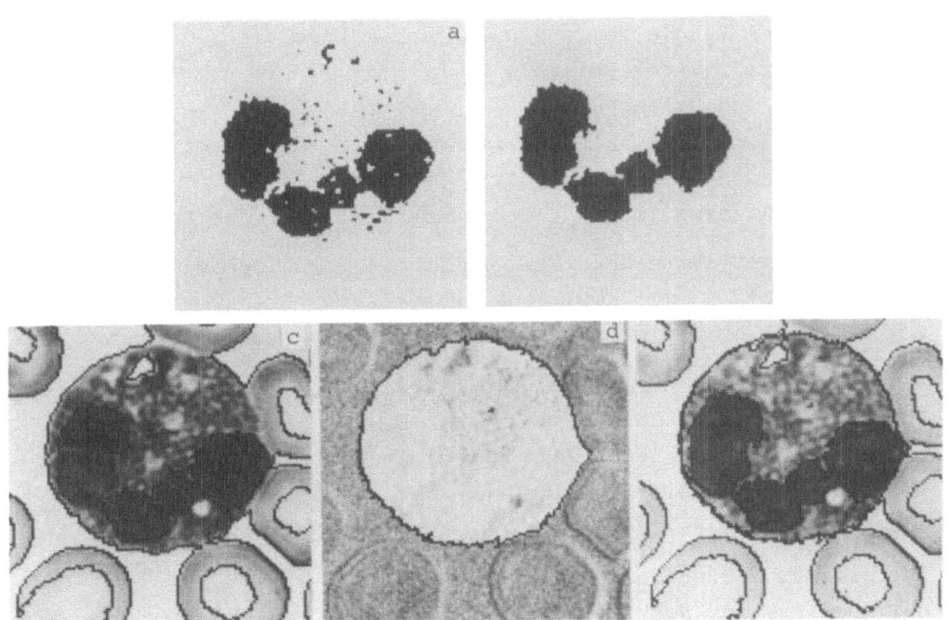

Abb. 3 Szenen-Splitting durch histogrammadaptive Quantisierung
        a) Quantisierungsstufe $Q_1(M_1)$
        b) Bild 3a gereinigt
        c) Quantisierungskonturen in das Merkmalsbild M_1 eingeblendet
        d) Quantisierungskonturen in das Merkmalsbild M_2 eingeblendet
        e) Szenen-Splitting durch Überlagerung aller Konturen

3.4. MERGING

Die histogrammadaptive Quantisierung erzeugt bei ihrer Anwendung auf
reale Bilder in nahezu allen Fällen eine Überparzellierung der Szene.
Bei der Überlagerung der Quantisierungsgrenzen entstehen kleine, häufig schalenförmige Parzellen, die ohne Informationsverlust mit benachbarten Parzellen verschmolzen werden können (s. Abb. 3e und 4a). Das
zu diesem Zweck von uns implementierte Verfahren beruht auf einem Vorschlag von Brice and Fennema [6]. Die in der Originalarbeit beschriebene Heuristik verwirft die Grenzlinien zwischen zwei benachbarten
Parzellen genau dann, wenn der Bildkontrast entlang dieser Grenzlinie
schwach ist (Konturkriterium) und wenn der Umfang der vereinigten Parzellen wesentlich kleiner ist als die Summe der Umfangswerte der einzelnen getrennten Gebiete (Formkriterium). Da in der Zellbildverar-
beitung bedeutungsvolle Bildkomponenten eine gewisse Flächengrenze
nicht unterschreiten, liegt hier die Benutzung der Parzellenfläche
als zusätzliches Kriterium nahe.

Zu Beginn der Merge -Prozedur werden zunächst für alle im Bild vor-
kommenden Parzellen P_k die folgenden Parameter berechnet:

    (1) Mittelwerte $\overline{M}_{ik}$ der Merkmale M_i

    (2) Fläche A_k und Umfang U_k

    (3) Länge L_{km} und Kontrast C_{ikm} im Merkmal M_i der gemeinsamen
        Grenzlinien zu den Nachbarparzellen P_m

    (4) der kontrastarme Teil W_{km} der Grenzlinien mit den Parzellen P_m

Die von uns implementierte Heuristik teilt die Parzellen P_k in drei
Größenklassen S_1 bis S_3 mit empirisch festgelegten Grenzwerten ein und
mergt Parzellen in Abhängigkeit vom Flächenwert A_k nach folgenden
Regeln:

A) P_k gehört zur Größenklasse S_1:
    Die Parzelle wird in jedem Fall mit einer Nachbarparzelle ver-
    schmolzen. Es wird die Grenzlinie zu der benachbarten Parzelle P_m
    gelöscht, für die das Verhältnis W_{km}/L_{km} ein Maximum annimmt.

B) P_k gehört zur Größenklasse S_2:
    Die Grenzlinie zur Nachbarparzelle P_m wird nur unter bestimmten
    Bedingungen verworfen, und zwar genau dann, wenn
    B.1: die Kontrastwerte C_{ikm} bestimmte Grenzwerte T_i unterschreiten
    B.2: das Verhältnis W_{km}/L_{km} eine bestimmte Schwelle R übersteigt
    B.3: der Umfang $U(P_k \cup P_m)$ kleiner ist als $\max\{U(P_k), U(P_m)\} \cdot$ Faktor

C) P_k gehört zur Größenklasse S_3:
    Die Grenzlinie zur Nachbarparzelle P_m wird nur gelöscht, wenn

C.1: die Bedingungen B.1 und B.2 mit verschärften Grenzwerten
    erfüllt sind und zusätzlich das Formkriterium B.3 gültig ist
C.2: die Mittelwerte $\bar{M}_{ik}$ und $\bar{M}_{im}$ sich in allen Merkmalen nur mini-
    mal unterscheiden.

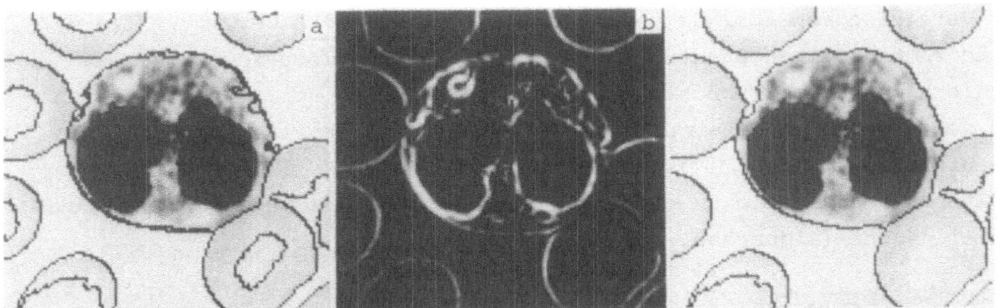

Abb. 4   Merge-Prozedur auf der Basis einer multiregionalen Heuristik
         a) Ergebnis des Szenen-Splitting
         b) Kontrastfunktion in Form eines Sobel-Gradienten-Operators
            zur Bestimmung des Bildkontrastes entlang der Parzellen-
            grenzlinien
         c) Ergebnis der Merge-Operation (Zahl der Parzellen vorher: 24 ,
            nachher: 11)

Hat die Heuristik alle Parzellen und ihre Nachbarn überprüft und gegebenenfalls Grenzlinien verworfen, so beginnt der Algorithmus von
vorne, bis sich keine Veränderungen mehr ergeben. Das Ergebnis in
Abb. 4c repräsentiert die Zerlegung der Szene in die bezüglich der
Merkmale M_i einheitlichen Bereiche und dient als Eingabe für einen
Assemblierungsalgorithmus, der auf der Basis von a priori Wissen den
einzelnen Parzellen eine Bedeutung zuweist und so z.B. die Assemblie-
rung von Kern- und Plasmamasken ermöglicht [7].

4. DISKUSSION

Der entwickelte Algorithmus wurde an einem Satz digitalisierter Blut-
zellbilder ausgetestet. Es hat sich dabei gezeigt, daß in nahezu allen
Fällen mit drei Quantisierungsstufen im Merkmal M_1 und mit zwei Stufen
im Merkmal M_2 eine zufriedenstellende Bildparzellierung erreicht werden kann. Je nach der Modenstruktur der analysierten Histogramme kann
insbesondere im Merkmalsbild M_1 der Übergang auf vier Quantisierungsstufen vorteilhaft sein, was jedoch ohne Schwierigkeiten möglich ist.
An einer automatisierten Bestimmung der optimalen Zahl von Trennschwellen wird zur Zeit noch gearbeitet. Erhebliche Probleme ergeben
sich im Falle monomodaler Histogramme $H(M_2)$. Trennschwellen müssen
dann auf der Basis empirisch ermittelter zu erwartender Segmentgrößen

geschätzt werden, was zu Parzellierungsfehlern führen kann. Dennoch ermöglicht auch in solchen Fällen der Ansatz der Flächensegmentierung eine zumindest teileweise nachträgliche Korrektur derartiger fehlerhafter Bildzerlegungen durch Anwendung zusätzlicher räumlicher Information.

Der Vergleich von Abb. 5a und 5b zeigt, daß die Form der mit Hilfe der
histogrammadaptiven Quantisierung erzeugten Parzellen dem visuellen
Eindruck besser entsprechen als die mit Hilfe des Split&Merge Algorithmus detektierten homogenen Bildbereiche. Die durch eine anschließende
Bedeutungszuweisung [7] assemblierten Masken des Zellkerns und des Zy-
toplasmas repräsentieren eine nahezu fehlerlose Segmentation der Blutzellbildszene (siehe Abb. 5c).

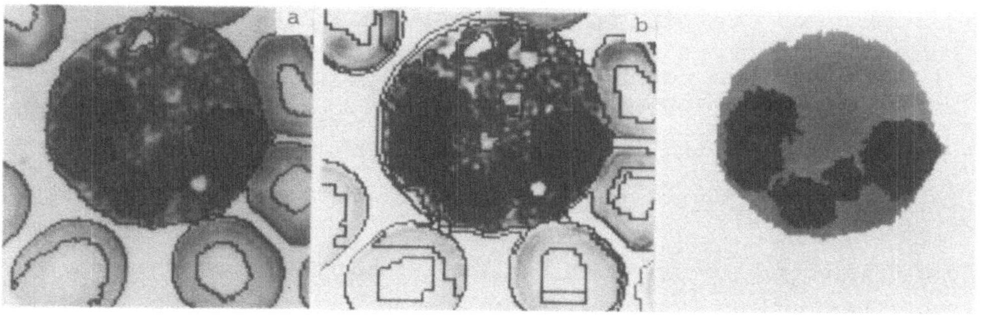

Abb. 5 a) Szenenparzellierung durch das beschriebene Verfahren
       b) Parzellierungsergebnis eines Split&Merge Algorithmus
          (die Parameter wurden über den Gesamtdatensatz optimiert)
       c) Kern- und Plasmamaske, generiert durch die Zuweisung von
          bestimmten Bedeutungen zu den Parzellen in Abb. 5a

5. LITERATUR

[1] Fu, K.S.; Mui, J.K.: A survey on image segmentation, Pattern
    Recognition 13, pp 3-16 (1981)

[2] Weszka, J.S.: A survey of threshold selection techniques,
    Computer Graphics and Image Processing 7, pp 259-265 (1978)

[3] Horowitz, S.L.; Pavlidis, T.: Picture segmentation by a directed
    split-and-merge procedure, Proc. Second Joint Conf. Pattern
    Recognition 1974, pp 424-433

[4] Tsuji, S.; Tomita, F.: A structural analyzer for a class of tex-
    tures, Computer Graphics and Image Processing 2, pp 216-231 (1973)

[5] Wermser, D.; Haussmann, G.; Liedtke, C.-E.: Segmentation of blood
    smears by hierarchical thresholding, zur Veröffentlichung einge-
    reicht bei Computer Graphics and Image Processing

[6] Brice, C.; Fennema, C.: Scene analysis using regions, Artificial
    Intelligence 1, pp 2o5-226 (197o)

[7] Liedtke, C.-E.: Segmentierung von Blutzellbildern unter Berück-
    sichtigung von a priori Wissen über den Bildinhalt, Informatik
    Fachberichte 29, pp 89-94 (198o)

Adaptive Verarbeitung von visuell evozierten EEG-Potentialen

W. Wolf   U. Appel

Hochschule der Bundeswehr München
Fachbereich Elektrotechnik
WE 1 - Datenverarbeitung

O. Zusammenfassung - Evozierte Potentiale im Elektroencephalogramm, die
sich systemtheoretisch als Systemantwort des untersuchten sensorischen
Kanals interpretieren lassen, besitzen im Vergleich zur EEG-Spontanaktivität meist sehr kleine Amplituden, sodaß eine direkte Auswertung der
registrierten Signale nicht möglich ist. Die hierzu angewandten Auswerteverfahren und die ihnen zugrunde liegenden Modellvorstellungen werden
kurz vorgestellt und diskutiert. Zur exakteren Beschreibung der Kanaleigenschaften wird ein allgemeinerer Modellansatz und ein darauf basie-
rendes "adaptives" Auswerteverfahren vorgeschlagen.

I. Einleitung

Die maschinelle Auswertung von EEG-Signalen entwickelte sich, unterstützt von der zunehmenden Verbreitung von Digitalrechenanlagen im klinischen Bereich und in den Forschungseinrichtungen, zu einem wichtigen
Teilgebiet der Biosignalverarbeitung, wobei die Analyse der EEG-Spontanaktivität den Schwerpunkt der Arbeiten bildet [1]. Daneben gewinnt jedoch die Verarbeitung von evozierten EEG-Potentialen in steigendem Maße
an Bedeutung. Dies ist einerseits auf spezielle Anwendungen im klinischen Bereich (z.B. Diagnose von multiples sclerosis, objektive Audio-
und Optometrie) zurückzuführen, andererseits aber auch als Konsequenz
aus der durch die Verfügbarkeit von sehr preiswerten Laborrechenanlagen
(Mikro- und Minicomputeranlagen) möglich gewordenen breiten Anwendung im
Bereich der Grundlagenforschung zu sehen. Unsere im folgenden vorgestellten Arbeiten befassen sich im Einzelnen mit der Verarbeitung von
transienten visuell evozierten EEG-Potentialen.

II. Das evozierte Potential (EP)

Zur Messung von transienten visuellen evozierten EEG-Potentialen (Bild 1)
wird der sensorische Kanal, das visuelle System, mit einem üblicherweise
impuls- oder sprungförmigen Eingangssignal (z.B. Lichtblitz) gereizt
und in der Regel occipital abgeleitet. Man erhält dabei als Folge der
durch die Reizapplikation ausgelösten cerebralen neuroelektrischen Aktivität eine Veränderung im EEG-Potential, das sog. evozierte Potential,
EP. Dieses läßt sich systemtheoretisch als Antwort des untersuchten Kanals auf das Eingangssignal interpretieren. Diese wird jedoch, wie aus
der in Bild 1 gezeigten EP-Registrierung ersichtlich, von der fortwäh-
rend vorhandenen EEG-Spontanaktivität - dem "Kanalrauschen" - gestört.

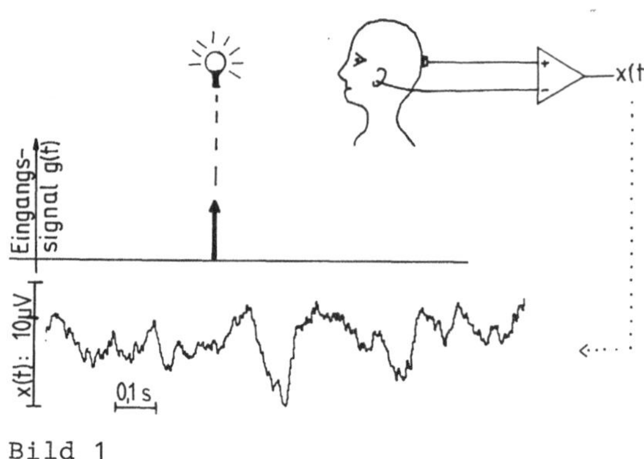

Bild 1

Bei großen Reizamplituden kann man zwar, wie in Bild 1, die Systemantwort des Kanals noch gut erkennen; bei den in der Anwendung üblichen schwächeren Eingangssignalen ist dies jedoch wegen des zu geringen Signal-Störabstandes nicht mehr möglich. In diesem Falle ist man bei der Auswertung von evozierten Potentialen auf Signalverarbeitungsverfahren angewiesen.

III. Bekannte Verfahren zur EP-Auswertung

Die in Bild 2 gezeigte klassische Modellvorstellung [2,3,4] basiert auf der Annahme, daß es sich bei dem untersuchten sensorischen Kanal um ein lineares, zeitinvariantes System handelt und das additive stationäre Rauschsignal $r_m(t)$ unkorreliert mit $e(t)$ ist. Ermittelt man nun

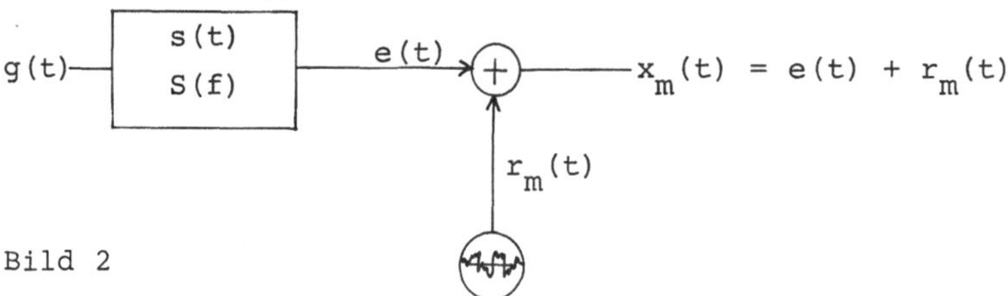

Bild 2

durch repetitive Messung M Ausgangsfunktionen $x_m(t)$, m = 1,M, so kann zur Rauschunterdrückung die *reizsynchrone Mittelung* angewandt werden:

$$\bar{x}(t) = \frac{1}{M} \sum_{m=1}^{M} x_m(t)$$

$0 \geqslant t \geqslant T_r$

T_r: Zeitdauer der registrierten EEG-Abschnitte $x_m(t)$

t = O: Zeitpunkt der Reizapplikation

Der Mittelwert $\bar{x}(t)$ kann nun als Schätzwert $\hat{e}(t)$ für die von den Musterfunktionen $r_m(t)$ des überlagerten Rauschens gestörten Einzelpotentiale $e(t)$ angegeben werden. Die reizsynchrone Mittelung stellt auch heute noch das in der Anwendung weitverbreitetste Verfahren dar.

Die *Optimalfilterung* (Bild 3) von evozierten Potentialen wurde erstmals von Walter [5] diskutiert und basiert ebenfalls auf den vorgenannten Kanaleigenschaften (Linearität, Zeitinvarianz), erfordert darüberhinaus jedoch die à priori Kenntnis des Signalleistungsspektrums $S_{ee}(f)$ und

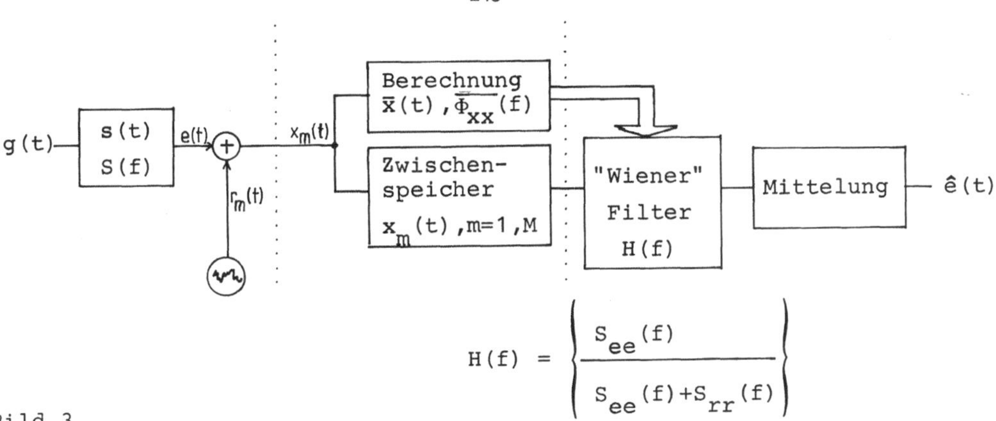

$$H(f) = \left\{ \frac{S_{ee}(f)}{S_{ee}(f) + S_{rr}(f)} \right\}$$

Bild 3

des Störleistungsspektrums $S_{rr}(f)$. Diese sind jedoch nicht exakt bestimmbar und müssen deshalb durch die aus den Meßsignalen geschätzten Größen $\Phi_{ee}(f)$ und $\Phi_{rr}(f)$ ersetzt werden, weshalb man dieses Verfahren als "Wiener" Filterung (in Anführungszeichen) bezeichnet.

$$H(f) = \frac{\Phi_{ee}(f)}{\Phi_{ee}(f) + \Phi_{rr}(f)}$$

FT$\{x\}$: Fouriertransformierte von x

Y^*: Y konjugiert komplex

$$\Phi_{ee}(f) = \frac{M}{M-1} \Phi_{\overline{xx}}(f) - \frac{1}{M-1} \overline{\Phi_{xx}(f)}$$

$$\Phi_{\overline{xx}}(f) = \overline{X}(f) \cdot \overline{X}^*(f) \, , \quad \overline{X}(f) = FT\{\overline{x}(t)\}$$

$$\overline{\Phi_{xx}(f)} = \frac{1}{M} \sum_{i=1}^{M} (X_i(f) \cdot X_i^*(f)) \, , \quad X_i(f) = FT\{x_i(t)\}$$

$$\Phi_{rr}(f) = \overline{\Phi_{xx}(f)} - \Phi_{ee}(f)$$

Dabei ist $\Phi_{\overline{xx}}(f)$ das Leistungsspektrum der Mittelwertfunktion $\overline{x}(t)$ und $\overline{\Phi_{xx}(f)}$ der Mittelwert der Leistungsspektren aller Meßfunktionen $x_i(t)$. Das Ergebnis einer solchen Filterung hängt wesentlich von der Güte der Schätzung, diese aber wiederum von der Güte des zugrunde gelegten Kanalmodells ab [6,7,8,9]. So besteht einerseits die Gefahr, daß bei "schlechter" Schätzung (z.B. bei Instationärität der EEG-Spontanaktivität) die Systemantwort mehr verzerrt als verbessert wird, andererseits aber auch der Vorteil, daß sich das Verfahren an die jeweilige Systemantwort, deren Charakteristik von der Versuchsperson, vom Reizmuster, von der Motivation u.a. stark abhängt, und an die jeweilige Rauschfunktion (EEG-Spontanaktivität) anpaßt, also adaptiv ist.

Eine Erweiterung des Kanalmodells stellt die von Woody [10] und Steeger [11] vorgeschlagene *meßsignalabhängige Mittelung* dar, indem die Bedingung der Zeitinvarianz des Systems gelockert wird (Bild 4). Die Adap-

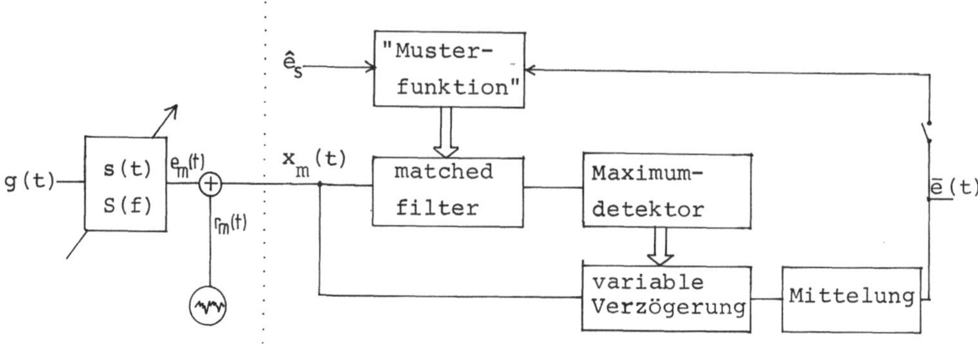

Bild 4

tivität dieses Verfahrens ist einerseits durch die Kompensation variabler Laufzeiten, andererseits auch durch die fortwährende Anpassung der Musterfunktion $\hat{e}(t)$ (auf der der Entwurf des "Matched Filter" basiert) an die aktuelle Mittelwertsfunktion $\bar{x}(t)$ gegeben. Für die Leistungsfähigkeit dieses Verfahrens ist eine geeignete Wahl des Startwerts $\hat{e}_S(t)$ für die Musterfunktion $\hat{e}(t)$ von ausschlaggebender Bedeutung; bei ungeeigneten Vorgaben konvergiert das Verfahren sehr langsam, bzw. besteht die Gefahr der Schwingneigung.

IV. Ein allgemeiner Modellansatz

Die bisher erwähnten Verfahren basieren alle auf der Modellvorstellung eines linearen Kanals mit additiver Rauschstörung. Aufgrund vieler Hinweise aus der Literatur (z.B. [12,13,14]) , die sowohl eine zeitliche Varianz der Charakteristik der Systemantwort als auch eine Interaktion zwischen der EEG-Hintergrundsaktivität und des evozierten Potentials aufzeigen, kann diese Modellvorstellung nur als sehr grobe Näherung der Realität betrachtet werden. Der unseren Arbeiten zur adaptiven Verarbeitung evozierter Potentiale zugrunde liegende Modellansatz (Bild 5) verzichtet zunächst weitgehendst auf diese Randbedingungen und basiert auf zwei Annahmen, die durch Befunde aus der Literatur gestützt werden:

- die von einem Eingangssignal g verursachte Änderung von x, das evozierte Potential, steht im Kausalzusammenhang mit dem momentanen Systemzustand Q, und
- das bei fehlendem Eingangssignal g vorhandene Ausgangssignal x, die EEG-Spontanaktivität, läßt Aussagen über den momentanen Systemzustand Q zu.

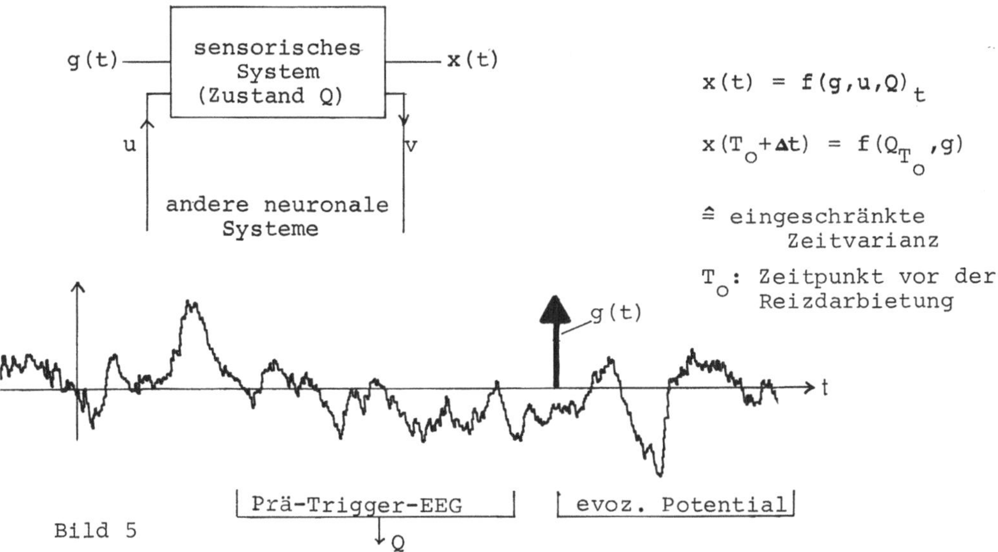

$$x(t) = f(g,u,Q)_t$$

$$x(T_o + \Delta t) = f(Q_{T_o}, g)$$

$\hat{=}$ eingeschränkte Zeitvarianz

T_o: Zeitpunkt vor der Reizdarbietung

Bild 5

Der zur Zeit der Reizapplikation gegebene Systemzustand Q kann nach dieser Modellvorstellung also durch den der Reizapplikation unmittelbar vorangehenden EEG-Abschnitt, dem Prä-Trigger-EEG (PTE) charakterisiert werden. Dieses nach der Digitalisierung durch seine Abtastwerte x_k, k=1, N und damit in einem hochdimensionalen Merkmalsraum beschriebene PTE wird hierzu in einen niedrigdimensionalen Merkmalsraum transformiert (Redundanz- und Irrelevanzreduktion). Der Zustand der spontanen EEG-Aktivität kann bekannterweise [15,16] durch das Kurzzeitleistungsspektrum und dieses wiederum - mit vorgegebener Genauigkeit - durch die Koeffizienten eines autoregressiven (AR) Filters (Linear-Prediction-Koeffizienten a_i bzw. PARCOR-Koeffizienten k_i) beschrieben werden.

Die LP-Koeffizienten a_i können jeweils aus dem Gleichungssystem

$$d_k = x_k - \tilde{x}_k = \sum_{i=o}^{p} a_i x_{k-i} \quad , \quad k = 1, N$$

bestimmt werden, indem man die mittlere quadratische Abweichung $\overline{d}^2$ im Beobachtungsintervall k=1÷N minimiert [17]. Ein wesentlicher Parameter ist hierbei die Ordnung p des LP-Filters, von der einerseits die Beschreibungsgenauigkeit, andererseits aber auch die Anzahl der zur Lösung des Gleichungssystems notwendigen Rechenzeitoperationen (Echtzeitverarbeitung!) abhängt. Aufgrund von [15,18] kann man p=10 als einen geeigneten Wert betrachten. Anhand des so bestimmten Merkmalsvektors $\underline{a} = \{a_i\}^T$ kann der aktuelle Systemzustand Q klassifiziert und eine von der Klassifikation abhängige "adaptive" Verarbeitung des gemessenen evozierten Potentials durchgeführt werden.

Unsere derzeitigen Arbeiten konzentrieren sich auf die Analyse der Interaktion zwischen der jeweiligen EEG-Spontanaktivität, dem PTE, und dem folgenden evozierten EEG-Potential EP, da sich daraus sowohl die Anzahl der zu unterscheidenden PTE-Klassen als auch die klassenspezifischen Verarbeitungsprozeduren ableiten lassen. Zur Durchführung der dazu notwendigen Clusteranalysen wird das EP ebenfalls parametrisch beschrieben; hierzu verwenden wir derzeit die Koeffizienten des "erzeugenden Filters" (ARMA-Modell), werden aber in zukünftigen Untersuchungen noch die Eignung anderer Merkmale (z.B. principal components) prüfen.

Dieses Forschungsvorhaben wird von der DFG im Rahmen des Schwerpunktprogramms "Digitale Signalverarbeitung" gefördert.

Literaturverzeichnis

[1] Rémond A.: EEG Informatics. Amsterdam, Elsevier Scientific Publishing Comp., 1977

[2] Dawson G.D.: A summation technique for detecting small signals in a large irregular background. J. Physiol, 115, 2-3 (1951)

[3] Dawson G.D.: Autocorrelation and automatic integration. Electroenceph. Clin. Neurophysiol., Suppl. 4,26-37 (1953)

[4] Dawson G.D.: A Summation technique for the detection of small evoked potentials. Electroenceph. Clin. Neurophysiol.6, 65-84 (1954)

[5] Walter D.O.: A posteriori Wiener filtering of average evoked responses. Electroenceph. Clin. Neurophysiol, 27, 61-70 (1969)

[6] Doyle D.J.: A proposed methodology for evaluation of the Wiener filtering method of evoked potential estimation. Electroenceph. Clin. Neurophysiol., 43, 749-751 (1977)

[7] Strackee J., Cerri S.A.: Some statistical aspects of digital Wiener filtering and detection of prescribed frequency components in time averaging of biological signals. Biol. Cybernetics, 28, 55-61 (1977)

[8] De Weerd J.P.C., Martens W.L.J.: Theory and practice of a posteriori "Wiener" Filtering of average evoked potentials. Biol. Cybernetics, 30, 81-94 (1978)

[9] De Weerd J.P.C., Uyen G.J.H., Johannesma P.I.M., Martens W.L.J.: Estimation of Signal and noise spectra by special averaging techniques with application to a posteriori "Wiener" filtering. Biol. Cybernetics, 32, 153-164 (1979)

[10]Woody C.D.: Characterization of an adaptive filter for the analysis of variable latency neuroelectric signals. Med. & Biol. Engng., 5, 539-553 (1967)

[11]Steeger G.H.: Some improvements in the measurement of neuroelectric signals with variable latency. In: Signal processing: Theories and applications. Amsterdam, North Holland Publishing Comp. (1980)

[12] Regan D.: Evoked potentials in psychology, sensory physiology
and clinical medicine. London, Chapman and Hall (1972)

[13] Vidal J.J.: Real-time detection of brain events in EEG. Proc.
IEEE, $\underline{65}$, 633-641 (1977)

[14] Coppola R., Tabor R., Buchsbaum M.S.: Signal to noise ratio and
response variability measurements in single trial evoked
potentials. Electroenceph. Clin. Neurophysiol., $\underline{44}$, 214-222 (1978)

[15] Rappelsberger P., Petsche H.: Spectral analysis of the EEG by
means of autoregression. In: CEAN: Computerized EEG Analysis.
(Dolce G., Künkel H., Eds.) Stuttgart, Fischer Verlag (1975)

[16] Bodenstein G., Prätorius H.M.: Feature extraction from the
encephalogram by adaptive segmentation. Proc. IEEE, $\underline{65}$, 642-652
(1977)

[17] Makhoul J.: Linear prediction: a tutorial review. Proc. IEEE,
$\underline{63}$, 561-580 (1975)

[18] Gersch W.: Spectral analysis of EEG's by autoregressive decomposition of time series. Math. Biosciences, $\underline{7}$, 205-222 (1970).

(Lehrgebiet Biophysik, Universität Karlsruhe, B.R.Deutschland)

MERKMALSREDUZIERUNG MIT FOURIER-DESKRIPTOREN BEI ELEKTRISCHEN PO-TENTIALKARTEN DES HERZENS

G.Schoffa und R.Mayer

Die Erstellung von Isopotentialkarten zur Beschreibung des vom
Herzen stammenden elektrischen Feldes auf der Körperoberfläche
erfordert lange Rechenzeiten und großen Kernspeicher, wodurch
die Verarbeitung solcher Daten mit Mikroprozessoren begrenzt
wird. Fourier-Deskriptoren nach Zahn-Roskies haben sich bei der
Lösung dieser Probleme als besonders geeignet erwiesen. Die Abspeicherung der Isopotentiallinien als Fourierkoeffizienten erlaubt die Datenreduzierung von ca. 1:8. Die Rekonstruktion
der Kurven erfordert nur einen Bruchteil der sonstigen Rechenzeit. Des weiteren sind Zahn-Roskies Deskriptoren geeignet zur
Beschreibung der Bewegung der Maxima und Minima auf der Brust-
oberfläche. Von Vorteil ist dabei die Translations- und Rotationsinvarianz dieser Koeffizienten, weil von der Meßtechnik und
der Anatomie des Herzens her die Positionen der Meßpunkte variieren. Der Vorteil des Verfahrens wurde mit der kNN-Klassifika-
tion und die Diskriminanzkraft mit der T^2-Hotelling-Methode
geprüft und bestätigt.

Problemstellung

Die stürmische Entwicklung der Elektronik und der Computertechnik för-
derte in den letzten Jahren die Entwicklung des elektrokardiographi-
schen Meßverfahrens "Body Surface Mapping (BSM)" [1,2,3,4]. Eine deutsche Bezeichnung für dieses Meßverfahren ist noch nicht eingeführt worden.

Bei der BSM-Methode wird das vom Herzen stammende elektrische Feld auf
der Körperoberfläche gemessen und für viele Zeitstufen der Herztätig-
keit graphisch dargestellt. Obwohl es sich hier um ein elektrokardio-
graphisches Verfahren handelt, hat das BSM-Verfahren eine höhere Dimensionalität (V,x,y,t) im Vergleich zum EKG (V,t). Die anfallende Datenmenge ist daher wesentlich größer.

Unser Verfahren verwendet pro Fall 170 Zeitstufen ($\Delta t = 4$ msec) mit je
128 Meßwerten und führt zu einem beträchtlichen Zeit- und Rechenaufwand
für die graphische Darstellung. Die elektrischen Feldstrukturen werden
als Isopotentialkarten gezeichnet, wobei einzelne Potentialstufen ΔV
vom Benutzer vorgegeben werden können. Derartige Feldkarten enthalten
einen wesentlich höheren strukturellen Informationsgehalt als das EKG.

Ein typisches Beispiel für Normalfall und Linksschenkelblock ist in Abb. 1 zu sehen.

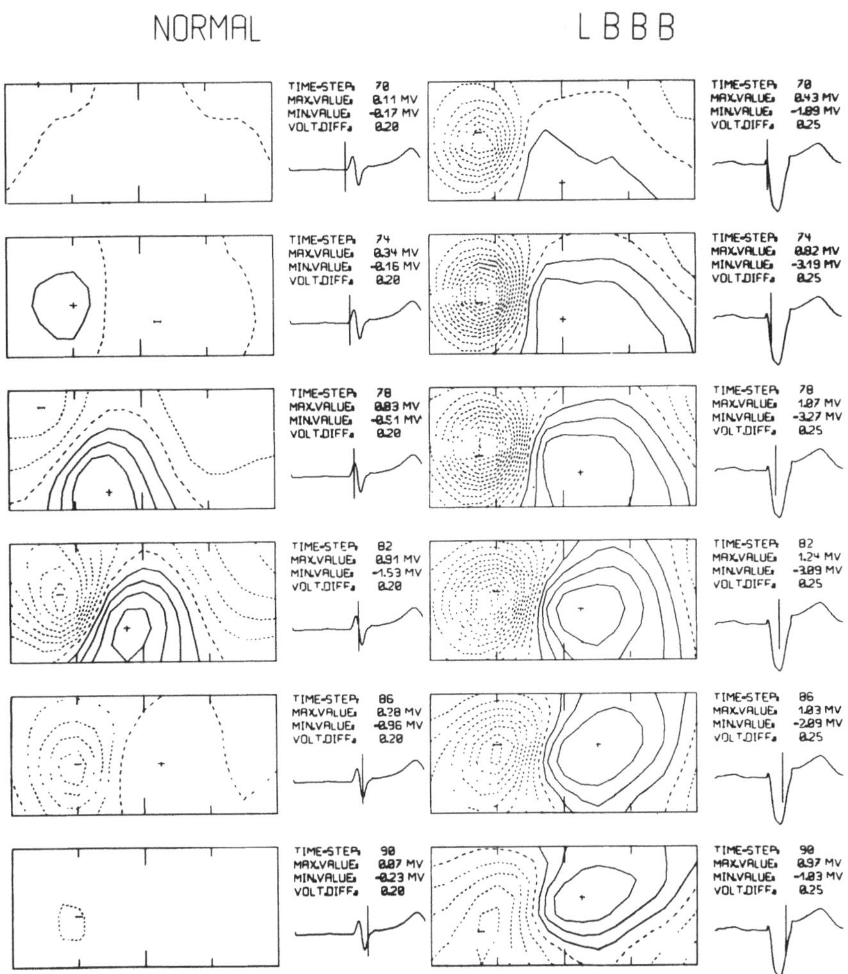

Abb.1   Typische "Body Surface Maps" für Normal und Linksschenkelblock.

Die Auswertung der Feldkarten erfolgte bisher durch Sichtung zahlreicher
Zeitstufen und deren Vergleich mit vorklassifizierten Prototypen. Dabei
sollen die Feldkarten möglichst wenig Platz im Kernspeicher belegen, aber
auch schnell auf Abruf auf dem graphischen Bildschirm rekonstruiert werden. Für die Bewertung der Karten ist zwar die Sichtung unumgänglich, dazu ist aber auch die automatische Klassifizierung der Karten erwünscht.
Diese gelingt nur nach drastischer Selektion und Reduzierung der Meßwerte.

Die beiden hier anfallenden Probleme, erstens Datenkompression und graphische Rekonstruktion, zweitens Merkmalsreduktion, ließen sich mit Fourier-Deskriptoren nach Zahn-Roskies einfach und wirksam lösen.

Fourier-Deskriptoren nach Zahn-Roskies

Die 1972 von C.T.Zahn und R.Z.Roskies [5] entwickelten Fourier-Deskriptoren bewährten sich bei der Beschreibung und Klassifikation von geschlossenen Kurven [6,7,8]. Darüberhinaus erhält man durch sie die optimal ske-
lettierte Kurve und die Integrale von geschlossenen Kurven [8] .

Die Fourier-Deskriptoren werden wie folgt definiert:

a) eie geschlossene Kurve hat die Länge L;

b) sie wird als Polygon mit m Bögen der Länge l_k dargestellt, mit
$0 \leqslant l_k \leqslant L$, k = 0,1,....,m;

c) einer der Bogenanfänge wird als Startpunkt (x_o, y_o) willkürlich
gewählt, die Zählung der Indices der Bögen erfolgt im Uhrzeigersinn;

d) an Anfangspunkten der Bögen werden Tangenten und die Schnittwin-
kel dieser mit der Abszisse als Funktion $\Theta(l)$ bestimmt. Aus der
Differenz $\Theta(l) - \Theta(0)$ ergibt sich die Richtungsänderung bezüglich des Startpunktes. Die weiteren Richtungsänderungen $\Delta\phi_k = \Theta_i - \Theta_j$,
$i > j$ ergeben eine Funktion der Richtungsänderungen.

e) Da die zu untersuchende Kurve im Uhrzeigersinn verlaufen soll,
ist der Wert für $\phi(L) = - 2\pi$;

f) schließlich ist definiert

$$\phi^*(t) = \phi(\frac{L}{2\pi} t) + t \quad , \quad 0 < t < 2\pi$$

Diese Winkelfunktion ist invariant zu Translationen, Rotationen
und Änderungen in L.

Die Fourier-Darstellung der letzten Funktion ist

$$\phi^*(t) = \mu_0 + \sum_{k=1}^{m}(a_k \cos kt + b_k \sin kt) \ , \quad t = \frac{2\pi l}{L}$$

Bequemer ist die Variante in sphärischen Koordinaten:

$$\phi^*(t) = \mu_0 + \sum_{k=1}^{m}(A_k \cos(kt - \gamma_k))$$

mit

$$A_k = \sqrt{a_k^2 + b_k^2} \ , \ \gamma_k = \mathrm{atan}(a_k/b_k)$$

Die Fourier-Koeffizienten erhält man mit l_k und $\Delta\phi_k$ aus den Gleichungen:

$$\mu_0 = -\pi - \frac{1}{L}\sum_{k=1}^{m} l_k \Delta\phi_k$$

$$a_n = -\frac{1}{n\pi}\sum_{k=1}^{m}\Delta\phi_k \sin \frac{2\pi \cdot n \cdot l_k}{L}$$

$$b_n = \frac{1}{n\pi}\sum_{k=1}^{m}\Delta\phi_k \cos \frac{2\pi \cdot n \cdot l_k}{L}$$

$$l_k = \sum_{i=1}^{k}\Delta l_i$$

Datenkompression und Datenreduktion bei elektrischen Feldkarten

Nach der für die graphische Darstellung erforderlichen Interpolation der
Rohdaten besteht jede Isopotentialkarte aus 80x128=10240 Pixel. Die
schnelle Dartsellung der Karten ist durch Abspeicherung und Abruf von
1280 Bytes wegen der hier fehlenden Grauwerte möglich. Die Assemblerpro-
gramme für die Umspeicherung von RAM zum Video-RAM arbeiten zwar schnell,
aber der Kernspeicherbedarf ist für 170 Zeitstufen mit 217,6 KByte doch
beträchtlich. Dies ist besonders bei unserem Einsatz von Mikroprozessoren der Fall.

Hier ermöglichen Fourier-Deskriptoren die Abspeicherung der Feldkarten in
stark   reduzierter Form, indem diese als Merkmalsvektor (A_k, δ_k) dargestellt und abgespeichert werden. Die Rekonstruktion der Kurven erfolgt
nach:

$$x(1) = x(0) + \frac{L}{2\pi} \int_0^z \cos(\delta_x + Q - t)\,dt$$

$$y(1) = y(0) + \frac{L}{2\pi} \int_0^z \sin(\delta_y + Q - t)\,dt$$

Dabei sind:

$$x(0), \; y(0) = \text{Koordinaten des Startpunktes}$$

$$z = 2\pi \; l/L$$

$$\delta_x , \; \delta_y = \text{Schnittwinkel zwischen der Tangente des Startpunktes und der Abszisse}$$

$$Q = \mu_o + \sum_{k=1}^{m} A_k \cos(kt - \gamma_k)$$

$$m = \text{Zahl der Koeffizientenpaare}$$

Versuche mit unseren Datensätzen haben gezeigt, daß zur Beschreibung einer Isopotentialkurve nur wenige Koeffizienten genügen, weil es sich bei diesen Kurven um glatte Gebilde handelt. Abb.2 zeigt Rekonstruktionen mit 4 und 5 Koeffizientenpaaren.

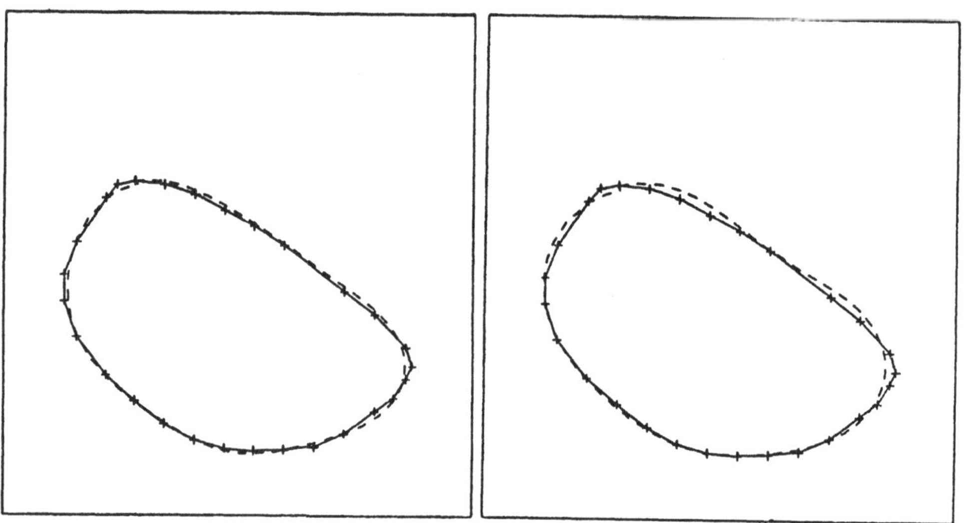

Abb.2: Originalkurve und Rekonstruktion der Bewegung der Potentialquelle aus 5 bzw. 4 Koeffizientenpaaren

Die Standardabweichungen für x,y und den Bogenabschnitten (auf 1 normiert) zwischen den Originalkurven und rekonstruierten Kurven schwankten je nach Kurvenstruktur. Die starken Schwankungen der Standardabweichung von Kurve zu Kurve ergeben sich einmal daraus, daß nicht geschlossene Kurven mit kubischen Spline-Funktionen geschlossen werden, andererseits sind die Kurven verschieden glatt.

Die Standardabweichung für verschiedene Zahl der Fourier-Koeffizienten
sind:

	Anzahl der Koeffizienten			
	10	8	6	4
x	0,01 -0,08	0,01 -0,13	0,01 -0,12	0,01 -0,20
y	0,01 -0,10	0,01 -0,15	0,01 -0,10	0,02 -0,20
φ	0,01 -0,08	0,02 -0,12	0,02 -0,16	0,02 -0,18

Die bei der Rekonstruktion auftretenden Fehler sind geringer als die
Unterschiede bei Karten nach mehrmaligem Messen an der gleichen Person.
Am meisten verfälscht sind außerdem Randwerte, welche keine wesentliche
Bedeutung für die Auswertung haben.

Für die praktische Anwendung haben sich 4 Koeffizientenpaare als ausreichend erwiesen, d.h. man benötigt 13 Zahlenwerte pro Kurve, um diese
mit wenigen Prozent Fehler zu rekonstruieren.

Da typische Feldkarten im Durchschnitt aus 12 Kurven bestehen, können
sie mit 156 Zahlen abgespeichert werden. Die Datenkompression beträgt
dann 156 : 1280 $\approx$ 1 : 8. Der wesentliche Vorteil liegt darin, daß ganze
Serien von Karten im Speicher eines Mikroprozessors praktisch sofort
abrufbereit stehen, weil die Rekonstruktion nur kurze Rechenzeiten benötigt.

Merkmalsreduzierung für Zwecke der Klassifikation

Die Hauptschwierigkeit bei der Klassifikation ist die hohe Dimensionalität n des Merkmalsvektors. Dies erfordert nicht nur den großen Kernspeicher (n(n+1)/2), sondern auch zu lange Rechenzeiten, die z.B. bei Eigen-
wertproblemen mit n^3 steigen. Matrizen mit großem n sind außerdem nur
mit großen Fehlern zu invertieren und zu transportieren.

Ein Ausweg ist die Suche nach globalen Strukturen, die zu Merkmalsvektoren wesentlich niedrigerer Dimensionalität führen. Bemühungen in dieser Richtung sind bei uns im Gange und wurden schon teilweise veröffent-
licht[9,10]. Eine hohe Diskriminanzkraft hat die Zeitfunktion der Bewegung des Maximums und des Minimums ($V_{max(min)}$,x,y). Hier tritt allerdings
das Problem der Invarinaz auf, weil die Feldkarten bei verschiedenen Aufnahmen mit verschiedenen Platzierungen der Elektroden nicht translations-

invariant sind. Von der Anatomie des Herzens und der Lage des Patienten
her ergeben sich zusätzliche Probleme mit der Rotationsinvarianz. Aus
diesem Grunde gibt die Fourierfunktion $\phi^*(t)$ einen besseren Merkmalsvektor als etwa Datensätze (x,y) im karthesischen Koordinatensystem.

Wir haben Fourier-Deskriptoren bei zahlreichen Normalfällen und Blöcken
(LBBB,LAH) auf ihre diskriminatorische Kraft mit dem kNN-Klassifikator
untersucht und mit x,y-Vektoren verglichen. Die Methode zur Überprüfung
der diskriminatorischen Kraft der Merkmale wurde von uns beschrieben[10].
Wegen geringer Datensätze benutzen wir die T^2-Hotelling-Methode. Die Diskriminationskraft ist das Verhältnis der Distanzen der Zentroide zwischen
den Klassen zur mittleren Intrasetdistanz. Des weiteren ist bei der Hotelling-Methode das χ^2 ein Gütemaß für die Trennung der Klassen.

Literatur:

1. Taccardi B., De Ambroggi L., Viganotti C., Body-Surface Mapping
    of Heart Potentials, pp.436-466 in "The theoretical Basis of Electrocardiology", Ed.C.V.Nelson and D.B.Geselowitz, Clarendon Press,
    Oxford, 1976

2. Schoffa G., Data reduction in isopotential surface maps, pp.153-158 in "Modern Electrocardiology", Excerpta Medica, Amsterdam,1978.

3. Schoffa G., Hochauflösende Elektrokardiographie, Ärztliche Praxis,
    76,3114(1977).

4. Schoffa G., Kienle F.A.N., Image Processing in surface isopotential
    and gradient maps, pp.303-305 in "IEEE Computers in cardiology",
    1978

5. Zahn C.T., Roskies R.Z., Fourier descriptors for plane closed curves, IEEE Trans. Computers, C-21, 195-201(1972).

6. Granlund G.H., Fourier Preprocessing for Hand Print Character Recognition, IEEE Trans. Computers, C-21, 195-201(1972).

7. Mayer R., Datenverarbeitung und Datenreduktion bei Elektrokartenkardiographie, Diplomarbeit, Fak.f.Physik, 1980.

8. Persoon E., Fu K.-S., Shape Discrimination Using Fourier Descriptors, IEEE Trans. Syst.Man and Cybern., SMC-7, 170-179(1977).

9. Schoffa G., Mayer R., Postweiler W., Image Processing in Body Surface Mapping, Suppl.Mikroskopie(Wien)37,444-447(1980), 5th Intern.
    Congress for Stereology, ICSS-79, Vlg. G.Fromme&Co.,Wien, 1980.

10. Schoffa G., Extraction of useful Data in Body Surface Mapping,
    Proc. 7th. Intern.Congress on Electrocardiology, 1980, erscheint
    bei Excerpta Medica, Amsterdam, 1981.

SYNTAKTISCHE BESCHREIBUNG

EIN MEHRSTUFIGES, LINGUISTISCHES MODELL ZUR ERKENNUNG VON LINIENMUSTERN

Manfred Kraft
Hochschule der Bundeswehr München
Werner-Heisenberg-Weg 39
D-8014 Neubiberg

Zusammenfassung:

In dem nachfolgenden Beitrag wird ein Mustererkennungssystem beschrieben, das auf linguistischer Basis arbeitet. Die Muster können mit diesem System mittels Grammar-Inference gelernt werden. Die so erhaltenen Grammatiken stehen danach einem Erkennungssystem als gespeichertes Wissen zur Verfügung. Das System arbeitet dreistufig:
(1) Die Muster werden von ihrer Darstellung in einer Bildpunktmatrix in eine Zeichenkette umgewandelt.
(2) Diese Zeichenkette wird in einem weiteren Schritt auf eine Folge von zuvor gelernten Elementarsymbolen reduziert und kodiert.
(3) Die Folge von Elementarsymbolen ergibt bei erfolgreichem Erkennungsvorgang die Bedeutung des vorgelegten Musters.

1. Einleitung

Herkömmliche linguistische Mustererkennungsverfahren sind in der Regel so aufgebaut, daß das Muster in einem Schritt analysiert wird. Das vorliegende Verfahren untersucht die Muster in mehreren Stufen (s. Bild 1). Die Komplexität der jeweils zu erkennenden Muster wird durch <u>stufenweise Bildung von Oberbegriffen</u> erheblich reduziert.
Ziel dieser Arbeit ist es, die Eigenschaften und Gesetzmäßigkeiten der analysierten Muster auf verschiedenen Ebenen zu untersuchen.

Die als Bildpunktmatrix vorgegebenen Muster werden in einfache Komponenten zerlegt und als Zeichenketten kodiert (Vorgänge 2 und 3, Bild 1). Damit alle Variationen eines Linienmusters, z.B. eines Buchstabens 'a', zur gleichen Bedeutung B_A führen, müssen die charakteristischen Merkmale des Buchstabens gefunden werden. Dazu wird jedes handschriftliche 'a' in einen Polygonzug zerlegt und als Zeichenkette S_A weiterverwendet. Die Menge aller Zeichenketten $\{S_A\}$ bilden die Grundlage einer Sprache L_A mit dazugehöriger Grammatik G_A.

In der zweiten Stufe werden die Zeichenketten zu <u>einfachen geometrischen Elementen</u> wie Viertelkreise, Geradenstücke, etc. dadurch zusammengefaßt, daß Teile der vorliegenden Zeichenketten "gelernt" und durch ihre 'Bedeutung' ersetzt werden.

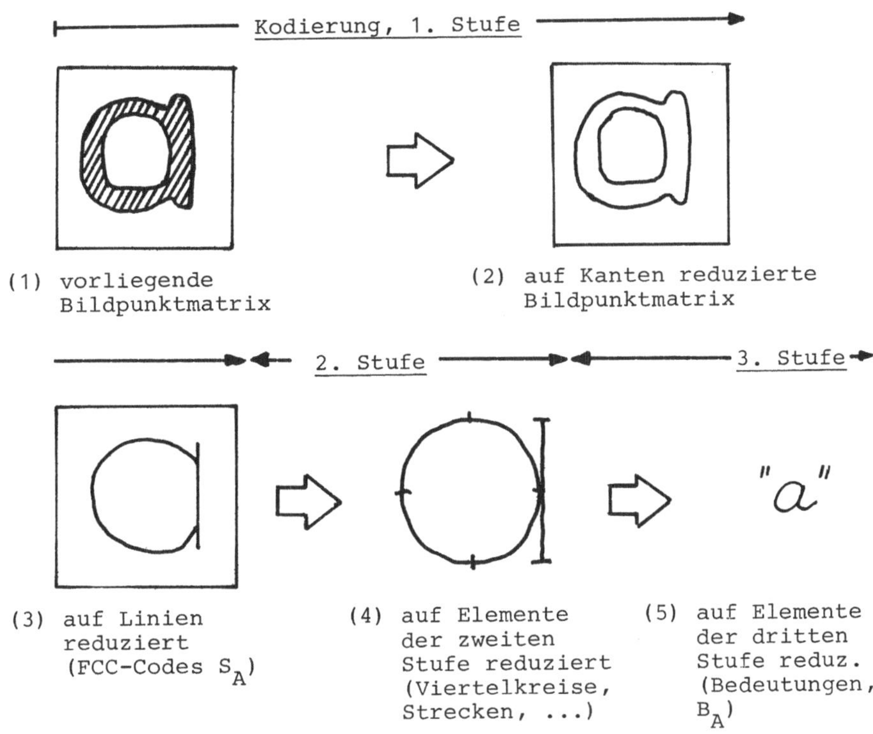

<u>Bild 1:</u> STUFEN DER MUSTERERKENNUNG

Das 'Erkennen' des Musters erfolgt, indem alle Grammatiken G_i gesucht werden, die die vorliegende Zeichenkette in irgendeiner Form erzeugen bzw. in ihrer Sprache L_i enthalten. Ein spezieller Entscheidungsalgorithmus beobachtet den Suchvorgang und entscheidet, welche Grammatik die Zeichenkette am besten nachbilden kann. Die Namen der ausgewählten Grammatiken werden dann für die dritte Stufe kodiert.

In der dritten Stufe, deren Aufbau dem der zweiten entspricht, werden die Zeichenketten, die jetzt aus Folgen von geometrischen Elementen bestehen, entsprechende Bedeutungen zugeordnet (s. Bild 2). Bei der Entwicklung des Modells war eine konsequente Trennung zwischen den verwendeten Methoden und der abgespeicherten Information (Umweltwissen) notwendig. Dadurch entstand ein Modell, das unabhängig von den zu lernenden bzw. zu erkennenden Muster arbeitet und somit auf verschiedenen Stufen eines Erkennungssystems eingesetzt werden kann.

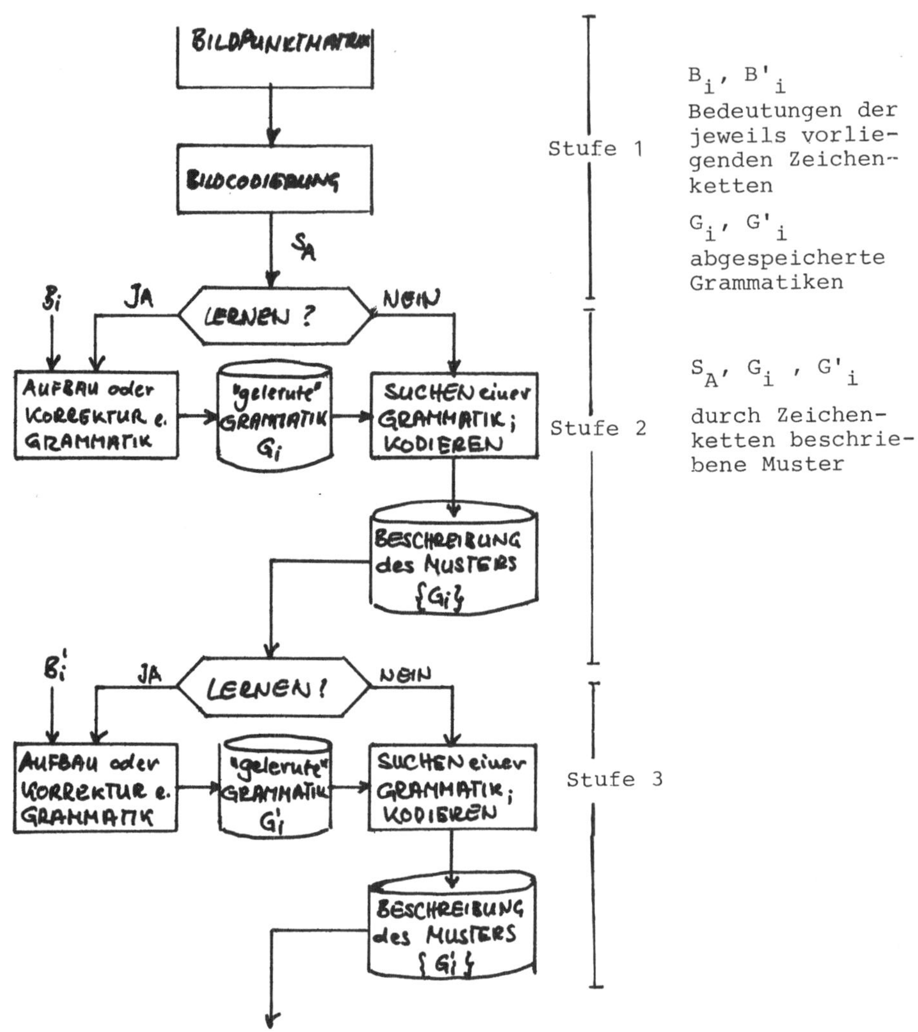

Bild 2: DAS LERN- UND ERKENNUNGSMODELL

2. Bildkodierung

Aufgabe der Bildkodierung ist es, die in Form einer m x m Bildpunktmatrix M mit den Bildpunkten $P_{ij} \in \{0,1\}$, i, j = 1, ..., m vorliegenden, zweidimensionalen Muster mit Hilfe einer vordefinierten Menge von
Grundmustern m_j in eine eindimensionale Zeichenkette s_i umzusetzen.

Die Muster sollen dabei auf möglichst 'niedriger Ebene' beschrieben werden, damit die stattfindende Informationsreduktion in möglichst kleinen
und überschaubaren Schritten erfolgt. Desweiteren muß aus der Beschreibung des Musters dessen ursprüngliches Aussehen rekonstruierbar sein.

Die Bildkodierung zerfällt in drei Aufgabenbereiche:
- Das gesamte Bild filtern, um die über das ganze Bild verteilten Störungen möglichst zu eliminieren und Kontraste hervorzuheben,
- mit Hilfe eines geeigneten Kantenoperators die als Punktfelder vorliegenden Flächen auf ihre Kanten reduzieren,
- einen geeigneten Startpunkt für die Kodierung festlegen und die Kanten
  kodieren.

● Filtern des Bildes
  Es wurde ein effizientes und den Anforderungen genügendes Filter-
  verfahren eingesetzt. Das Bild wird durch iteratives Zusammenfassen
  von benachbarten Bildpunkten verkleinert. Der Verkleinerungsoperator
  bildet dabei eine Mehrheitsentscheidung zwischen den betrachteten
  schwarzen und weißen Punkten.

● Kantensuche
  Die Aufgabenstellung läßt Eingaben erwarten, die
  (1) relativ geradlinig verlaufen, da die Muster in Matrixgröße und
      damit als Flächen vorliegen und
  (2) relativ scharf gegen den Hintergrund abgegrenzt sind.
  Deshalb wurde in dieser Arbeit ein Gradientenverfahren angewandt.
  Der betrachtete Bildausschnitt umfaßt dabei jeweils 3 x 3 Bildpunkte.
  Diese Punkte werden wie folgt bezeichnet:

a	b	c
d	e	f
g	h	i

Die Entscheidungsfunktion lautet:

$$g(e) = abs\ ((a + 2b + c) - (g + 2h + i))$$
$$+\ abs\ ((a + 2d + g) - (c + 2f + i))$$

● Kantenkodierung
  Das auf Kanten reduzierte Bild wird zur weiteren Verarbeitung in einen
  Polygonzug umgesetzt. Um Kanten in einen Polygonzug umzusetzen, wurde

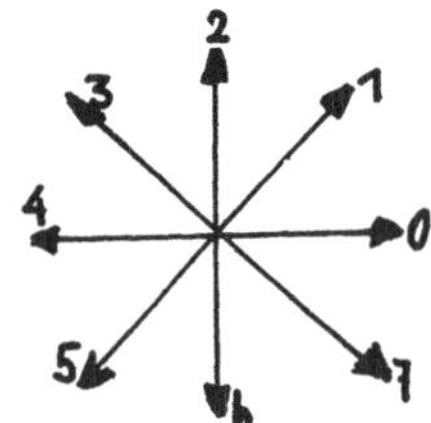

der Freeman-Chain-Code (FCC) verwendet. Er definiert gemäß den Nachbarpunkten eines Bildpunktes acht Grundrichtungen und numeriert diese von 0 - 7. Um dieses Verfahren für das Modell anwenden zu können, mußte es erweitert werden.

- In der Beschreibung des Musters werden Kreuzungspunkte gesondert markiert. Dafür wurde das Zeichen 'K' vorgesehen.
- Zerfällt das Muster in zwei Einzelteile, muß deren Zusammengehörigkeit in der Beschreibung sichtbar werden. Dafür wurde ein nicht sichtbarer Verbindungsvektor 'BV' eingeführt, der als gedachte Gerade zwischen zwei nicht zusammenhängenden Kantenzügen zu verstehen ist. Diese Gerade wird mit ihrer Richtung und ihrer Länge angegeben (BV, r, l).

Daraus ergibt sich folgende Syntax für Freeman-Chain-Code-kodierte Kantenstücke:

$$\langle FCC\_string \rangle \longrightarrow \langle string \rangle \ \#$$

$$\langle string \rangle \longrightarrow ([\langle FCCK \rangle]_0^1 \ [\langle string \rangle]_0^1 \ [\langle FCCK \rangle]_0^1) \ |$$
$$([\langle string \rangle]_0^1 \ [\langle FCCK \rangle]_0^1 \ [\langle string \rangle]_0^1) \ |$$
$$(\langle string \rangle) \quad \langle Blackv \rangle \quad (\langle string \rangle)$$

$$\langle FCCK \rangle \longrightarrow [\langle FCC \rangle]_0^1 \ K \ [\langle FCC \rangle]_0^1 \ | \ [\langle FCC \rangle]_0^1$$

$$\langle FCC \rangle \longrightarrow [\langle FCC \rangle]_0^1 \ [\langle Code \rangle]_0^n \ | \ [\langle Code \rangle]_0^n$$

$$\langle Blackv \rangle \longrightarrow BV [\langle Ziffer \rangle]_3^3$$

$$\langle Ziffer \rangle \longrightarrow \langle Code \rangle \ | \ 8 \ | \ 9$$

$$\langle Code \rangle \longrightarrow \emptyset \ | \ 1 \ | \ 2 \ | \ 3 \ | \ 4 \ | \ 5 \ | \ 6 \ | \ 7$$

Das Terminalalphabet umfaßt die Zeichen:

$$\{ 0, \ 1, \ 2, \ 3, \ 4, \ 5, \ 6, \ 7, \ 8, \ 9, \ K, \ BV, \ (,), \ \# \}$$

● Kantenmanipulation

Das Muster muß in einem weiteren Schritt auf Linien reduziert werden, da einer 'logischen' Linie i.a. noch zwei Kanten entsprechen, z.B. wird ein Kreis auf zwei konzentrische, geschlossene Kanten reduziert. Um ihn aber durch einfache geometrische Objekte, z.B. Viertelkreise, beschreiben zu können, muß eine der beiden Kanten eliminiert werden.

'Viertelkreis'

<u>Bild 3:</u> VIERTELKREIS

Es wurde eine Methode entwickelt, die in gewissem Maße strukturerhaltend ist; die Idee ist, logisch gleiche Kantenstücke zu finden und dann eines dieser Kantenstücke zu entfernen. Es wird versucht, die Kantenpaare durch strukturerhaltende Veränderungen einander anzunähern, indem eine Kante auf die Nachbarpunkte verschoben wird. Die eigentliche Reduktion auf eindimensionale Linien erfolgt nach durchgeführter Annäherung der Kanten durch deren Aufteilung in Teilstücke fester Grobrichtung und anschließendem Vergleich der Teilstücke miteinander. Ein Kantenteilstück kann entfernt werden, wenn in "ausreichender" Nähe ein Stück einer Außenkante gleicher Grobrichtung existiert hat.

3. <u>Lernen</u>

Nachdem das Muster die Stufe 1 durchlaufen hat, muß es 'gelernt'- d.h. aus der vorliegenden Zeichenkette eine Grammatik extrahiert - werden. Dabei ist zu unterscheiden, ob es sich um ein elementares Muster handelt, das in Stufe 2 <u>gelernt</u>,oder um ein komplexes Muster, das erst in Stufe 2 <u>verarbeitet</u> wird. Unter elementaren Mustern versteht man solche, die keine Kreuzungspunkte enthalten und sich nicht aus mehreren Objekten zusammensetzen.

Für beide Stufen werden zum Erzeugen der Grammatiken der Konstruktionsalgorithmus von Crespi-Rhegizzi verwendet /1/. Dieser Algorithmus geht von einer positiven strukturierten Informationsmenge einer Sprache L aus. Für die Strukturierung der zu lernenden Zeichenketten werden Präzedensrelationen aufgestellt, die zwischen den Elementen eines Zeichenstrings bestehen.
Folgende Strukturierungsregeln wurden implementiert:
- Berechne den FCC-String von links nach rechts
- Klammere den rechts stehenden FCC-Teilstring gleicher Richtung bis auf das letzte Zeichen
- Klammere den rechts stehenden, geklammerten Teilstring mit den zwei FCC-Zeichen, die den Übergang von einer in die andere Richtung darstellen

262

- Klammere den rechts stehenden, geklammerten Teilstring mit dem FCC-
  Teilstring gleicher Richtung bis auf das letzte Zeichen

Der FCC-String des Viertelkreises aus Bild 3 hat die Kodierung:

222122122111ØØ1ØØ1ØØØ ;

er wird demnach wie folgt geklammert:

[222[12[2[12[21[11[10[0[10[0 [10[00]]]]]]]]]]]

Die von Stufe 1 gelieferten Zeichenketten werden so strukturiert. Ausserdem wird die Zeichenkette erzeugt und strukturiert, die aus dem
rückwärts durchlaufenen Muster entsteht. Zu beiden Zeichenketten wird
eine Grammatik in folgenden Schritten erzeugt und abgespeichert /1/:

(1) Erstelle Grammatik für kodiertes und strukturiertes Muster
(2) Berechne terminale Profile für die Nichtterminale der Grammatik
(3) Wende Verallgemeinerungsregeln auf die Produktionen der Grammatik an
(4) Verschmelze die dazugehörige Stammgrammatik mit der erzeugten
    Grammatik.

Auf der dritten Stufe werden Zeichenreihen gelernt, die sich im wesentlichen aus Grammatiknamen der ersten Lernstufe zusammensetzen. Zeichenketten oder Teile davon, die nicht von einer Grammatik der ersten Stufe
reduziert werden konnten, werden durch eine Richtungsgerade entsprechender Länge ersetzt und abgespeichert.

4. <u>Erkennen</u>

Mit Hilfe der gelernten Grammatiken (Musterklassen) wird nachgeprüft,
ob ein zu verarbeitendes, unbekanntes Muster im Sprachumfang einer der
Grammatiken vorhanden ist. Dies wird mittels top-down-Analyse nachge-
prüft. Dabei unterscheiden sich die Erkennungsverfahren der Stufen 2
und 3 in ihrer Analyse der Zeichenketten:
- Stufe 2 versucht, Strukturen bzw. Muster zwischen den Sonderzeichen
  (K, Black-Vektor und Klammern) zu erkennen und zu kodieren.
- Stufe 3 erfaßt die Zeichenkette als ein einziges, zu erkennendes
  Muster bzw. ein Wort und unterteilt nicht, wie Stufe 2.

Ablauf des Erkennungsvorganges

Aus der Datei, die die Grammatiken der bisherigen Muster enthält, wird eine Grammatik G_i eines Musters i ausgewählt und der dazugehörige Zerteiler aufgebaut, mit dem die vorliegende Zeichenkette analysiert und das Ergebnis der Analyse in einer Matrix vermerkt wird. Ist die Analyse der gesamten Zeichenkette beendet, wiederholt sich der gesamte Vorgang mit der nächsten Grammatik G_{i+1}, bis das vorliegende Muster mit allen Grammatiken (Musterklassen) analysiert ist. Als Resultat dieser Analysen ergibt sich eine Matrix, die an einem Beispiel erläutert werden soll:

```
         C 6 6 6 6 5 6 6 5 6 5 5 4 5 4 5 4 4 4 5 5 4
       ┌─────────────────────────────────────────────
  G1   │ s - - - - - - - - - - - - - - - - - - - - -
       │ :                       :
  Gi   │ s - - - - - - - - - 2 2 2 2 2 2 2 2 2 1 1 1
 Gi+1  │ s 3 3 3 3 3 3 3 3 3 3 3 3 3 3 3 3 3 3 3 3 -
       │ :                       :
  Gn   │ s - - - - - - - - - - - - - - - - - - - - -
```

Das 's' steht für Sonderzeichen und markiert die Begrenzung einer zu untersuchenden Struktur. Die Zahlen 1 und 2 bezeichnen Teilstrings, die teilweise erkannt wurden, die Zahlen 3 und 4 solche, die vollständig erkannt wurden. Mit Hilfe dieser Matrix wird eine Folge von Grammatiken ausgewählt, die die Zeichenkette am besten überdecken. In dem Beispiel ist es die Grammatik G_{i+1}, die Viertelkreise einer bestimmten Orientierung erkennen kann. Teilstrings, die mit keiner Grammatik erzeugbar sind, werden durch eine Richtungsgerade approximiert, die die ungefähre Richtung und die Länge des Teilstrings angibt.

Literaturverzeichnis

/1/ FU, K.S., BOOTH, T.L.:
    Grammatical Inference: Introduction and Survey Part 1. IEEE
    Transactions on Systems, Man and Cybernetics, Vol SNC-5, No. 1,
    Jan. 1975

/2/ PAVLIDIS, T.:
    Structural Pattern Recognition. Springer 1977

/3/ BEUTLER, F.J.:
    Codierung einer Bildpunktmatrix in einem eindimensionalen String.
    Dipl.-Arbeit HSBwM D 39/80, Hochschule der Bundeswehr, München

/4/ MOHNBERG, P.:
    Erkennen und Codieren von Strukturen in einem eindimensionalen
    String. Dipl.-Arbeit HSBwM D 37/80, Hochsch.d.Bundeswehr, München

/5/ BARGMAN, K.:
    Grammatikalische Inferenz eindimensionaler Strings. Dipl.-Arbeit
    HSBwM D 38/80, Hochschule der Bundeswehr, München

PROGRAMMIERTE GRAPH-GRAMMATIKEN ZUR REPRAESENTIERUNG DES
A PRIORI WISSENS FUER DIE INTERPRETATION VON LINIENZEICHNUNGEN

Horst Bunke
Institut fuer Math. Maschinen und Datenverarbeitung 5
(Mustererkennung), Universitaet Erlangen-Nuernberg

Zusammenfassung
Die vorliegende Arbeit behandelt die Interpretation von Linienzeichnungen. Die Aufgabenstellung besteht darin, automatisch eine Beschreibung einer vorgegebenen Linienzeichnung zu ermitteln. Als Modell zur Repräsentierung des a priori Wissens werden programmierte Graph-Grammatiken verwendet.

1. Einleitung

Die vorliegende Arbeit behandelt die Interpretation von Linienzeichnungen. Im Vordergrund stehen dabei Linienzeichnungen aus dem technischen Bereich wie z.B. Schaltpläne aus der Elektrotechnik oder Flussdiagramme. Die Aufgabenstellung besteht darin, zu einer vorgegebenen Linienzeichnung automatisch eine Beschreibung derselben zu ermitteln. Die praktische Relevanz der betrachteten Aufgabenstellung liegt im industriellen Bereich. Eine aus einer Zeichnung extrahierte Beschreibung, die in einer Rechenanlage gespeichert ist, kann im industriellen Entwicklungs-, Planungs- oder Fertigungsprozess in vielfacher Hinsicht weiter verwendet werden, z.B. zur Simulation einer Schaltung, die durch einen Schaltplan repräsentiert ist /1/, oder zur automatischen Layout-Erstellung /2/.

In der Literatur finden sich verschiedene Beitrage zur Interpretation von Linienzeichnungen. Ein Hauptkriterium für ihre Unterscheidung ist die Methode zur Repräsentierung des a priori Wissens. In /3,4,5/ wird die Interpretation elektrischer Schaltpläne, in /6/ die Interpretation von Flussdiagrammen behandelt. Allen vier Arbeiten ist gemeinsam, dass das a priori Wissen über die in den Zeichnungen auftretenden Strukturen im Algorithmus selbst zum Ausdruck gebracht wird - eine Methode, die einen gewissen Grad an Inflexibilitat gegenüber Änderungen der betrachteten Klasse von Zeichnungen besitzt. Ein Relaxationsverfahren zur Interpretation von Linienzeichnungen ist in /7/ beschrieben. Das a priori Wissen geht hier in Form von Kompatibilitätskoeffizienten in das System ein. Hierdurch wird es möglich, das System an verschiedene Klassen von Zeichnungen anzupassen, indem lediglich diese Koeffizienten, nicht jedoch der Algorithmus selbst modifiziert werden muss. Eine strukturelle Methode, bei der das a priori Wissen durch eine spezielle Form von semantischen Netzwerken repräsentiert wird, ist in /8/ beschrieben. Formale Grammatiken zur Interpretation elektrischer Schaltplane wurden in /9/ verwendet. Ähnlich der Relaxationsmethode kann das System in /8/ und /9/ durch Austausch des Netzwerkes bzw. der Grammatik an verschiedene Klassen von Linienzeichnungen angepasst werden.

Syntaktische Methoden in der Mustererkennung haben sich während der letzten Dekade als brauchbares Hilfsmittel für verschiedene Anwendungen herausgestellt /10,11,12/. Auch die in dieser Arbeit vorgestellte Methode ist dem syntaktischen Bereich zuzurechnen. Das a priori Wissen über die zu interpretierenden Zeichnungen wird durch eine formale Grammatik repräsentiert. Wahrend die meisten Ansätze zur syntaktischen Mustererkennung auf Grammatiken über Zeichenketten basieren, operiert das hier verwendete Ersetzungssystem über Graphen. Dieser Ansatz ist durch die zweidimensionale Natur der zu interpretierenden Zeichnungen motiviert. Ferner besitzt das verwendete Grammatik-Modell einen Mechanismus zur expliziten Vorgabe der Reihenfolge, in der Produktionen anzuwenden sind. Hierdurch wird eine benutzernahe Formulierung des a priori Wissens möglich.

2. Programmierte Graph-Grammatiken

Aus Platzgründen muss hier auf formale Definitionen verzichtet werden. Diesbezüglich sei auf /13/ verwiesen.

Die Strukturen, über welchen programmierte Graph-Grammatiken operieren, sind gerichtete <u>Graphen</u> mit markierten Knoten und Kanten. Neben Markierungen treten <u>Attribute</u> für Knoten und Kanten auf. Ein Attribut kann formal aufgefasst werden als Funktion, die einem Knoten oder einer Kante einen Wert aus einem Wertebereich zuordnet.

Eine <u>Produktion</u> einer Graph-Grammatik besitzt in Analogie zu Produktionen über Zeichenketten eine linke und eine rechte Seite.Darüberhinaus existiert 1) eine Einbettungsüberführung, durch welche die Einbettung der rechten Seite im Restgraph definiert wird, 2) eine Menge von Funktionen, welche die Attribute der rechten Seite definieren, 3) eine Anwendbarkeitsbedingung. Bei der <u>Ableitung</u> eines Graphen g' aus g mittels einer Produktion p wird geprüft, ob die linke Seite von p Untergraph von g ist und ob die Anwendbarkeitsbedingung erfüllt ist. Sind beide Bedingungen erfüllt, so wird die linke Seite durch die rechte Seite ersetzt. Anschliessend werden die Einbettungsüberführung und die Attribut-Funktionen ausgewertet, um g' zu erhalten. Zur <u>Programmierung</u> der Produktionen wird ein Mechanismus verwendet, der äquivalent zu der in /14/ vorgestellten Methode ist. Die Idee besteht darin, für jede Produktion anzugeben, welche Nachfolgeproduktion im Falle der erfolgreichen Anwendung bzw. der Nichtanwendbarkeit zu wählen ist.

Eine <u>programmierte Graph-Grammatik</u> ist gegeben durch ein Alphabet zur Knotenmarkierung, ein Alphabet zur Kantenmarkierung, eine Menge von Prädikaten für Knoten, eine Menge von Prädikaten für Kanten, eine Menge

initialer Graphen, sowie eine Kontrollvorschrift zur Programmierung der
Produktionen. Die <u>Sprache</u> einer derartigen Grammatik ist definiert durch
die Menge aller Graphen, die sich aus einem initialen Graphen ableiten
lassen durch Anwendung von Produktionen in einer Reihenfolge, die mit der
Kontrollvorschrift kompatibel ist.

3. Interpretation von Linienzeichnungen auf der Basis programmierter Graph-Grammatiken

Exemplarisch wird in diesem Abschnitt eine spezielle Klasse von Linienzeichnungen betrachtet, nämlich elektrische Schaltpläne. Ein Beispiel
ist in Bild 1 dargestellt. Eine Beschreibung des in Bild 1 dargestellten
Schaltplanes ist in Bild 3 gegeben. Symbole im Schaltplan sind in der
Beschreibung durch ihren Typ und die Koordinaten ihrer Anschlüsse (Terminals) dargestellt. Wie bereits erläutert, besteht die Aufgabenstellung
darin, eine Linienzeichnung wie in Bild 1 in eine Beschreibung wie in
Bild 3 zu transformieren.

Offensichtlich kann eine Zeichnung gemäss Bild 1 als Graph dargestellt
werden, indem man Knotenpunkte, in denen sich verschiedene Liniensegmente
treffen, als Knoten des Graphen und die Liniensegmente selbst als Kanten
des Graphen wählt. Die Graph-Darstellung eines Widerstandes ist in Bild
4 gezeigt, wobei der Grad eines Knotens, d.h. die Anzahl seiner koinzi-
dierenden Kanten als Knotenmarkierung fungiert. Ein Graph gemäss Bild 4
wird im folgenden als Input-Graph bezeichnet. Auf die Extraktion des Input-Graphen aus einer Zeichnung, d.h. die Linienextraktion wird hier
nicht weiter eingegangen. Ein Beitrag zu diesem Punkt findet sich in/15/.

Auch eine Beschreibung einer Zeichnung, wie sie in Bild 3 gegeben ist,
kann man auf naheliegende Weise durch einen Graphen repräsentieren, indem
Symbole, Verbindungspunkte (solder dots) und Verbindungsenden durch Knoten und Verbindungen durch Kanten dargestellt werden. Somit stellt sich
die Interpretation einer Linienzeichnung dar als die Aufgabe, einen Input-Graphen, der die Zeichnung unter Verwendung von Liniensegmenten als
Grundelemente repräsentiert, zu transformieren in einen Output-Graph, der
eine Beschreibung der eingegebenen Zeichnung darstellt.

Zur Transformation der Input-Graphen in Output-Graphen wird eine programmierte Graph-Grammatik verwendet. Als Knotenmarkierung tritt der Grad
eines Knotens in einen Input-Graph, sowie der Typ eines Schaltsymboles
in einem Output-Graph auf. Als Attribute werden die Koordinaten von Kno-
tenpunkten in der Eingabe-Zeichnung verwendet.

Im Gegensatz zu herkömmlichen syntaktischen Methoden, wo die Grammatik
einen Parser steuert, wird beim vorliegenden Ansatz der generative Ablei-
tungsmechanismus programmierter Graph-Grammatiken verwendet, um einen
Input-Graphen in seinen korrespondierenden Output-Graphen direkt zu

transformieren. Dieses Vorgehen erlaubt eine effektive Implementierung
im Gegensatz zum Parsing von Graph-Grammatiken, das als rechenaufwendig
bekannt ist. Die Menge aller Input-Graphen fungiert - formal betrachtet-
als Menge der initialen Graphen, während die von der Grammatik erzeugte
Sprache durch die Menge der Output-Graphen gegeben ist.

Linke und rechte Seite einer Produktion zur Transformation der Input-
Darstellung eines Widerstandes in seine korrespondierende Output-Darstellung sind in Bild 5 gezeigt. Die rechte Seite der Produktionen, d.h.
die Output-Darstellung besitzt drei Knoten; der mit "R" markierte Knoten
repräsentiert den Typ des Schaltsymboles, wahrend die mit "t" markierten
Knoten die beiden Terminals darstellen. Die Einbettungsüberführung für
diese Produktion ist so zu spezifizieren, dass das Embedding der mit "3"
markierten Knoten auf die mit "t" markierten Knoten übertragen wird.
Ähnlich sind die Funktionen für die Attribute so zu wählen, dass die
Koordinaten von den mit "3" markierten Knoten auf die mit "t" markierten
Knoten vererbt werden. Mit Hilfe der Anwendbarkeitsbedingung können Un-
tergraphen, die mit der linken Seite der betrachteten Produktionen strukturell identisch sind, jedoch auf Grund ihrer Attribute keinen Widerstand
repräsentieren, von der Transformation ausgeschlossen werden. Durch die
Programmierung der Grammatik ist es möglich, Konfigurationen von Liniensegmenten, die lokal mehrdeutig sind, in einem grösseren Kontext korrekt
zu interpretieren.

4. Experimentelle Ergebnisse

Die vorgeschlagene Methode wurde auf einer Rechenanlage vom Typ PDP
11/45 in FORTRAN implementiert. Zur experimentellen Erprobung des Verfahrens wurde eine Grammatik für elektrische Schaltpläne und eine Grammatik für Flussdiagramme verwendet. In beiden Fallen wurden zufriedenstellende Ergebnisse erzielt.

Es hat sich gezeigt, dass das vorgeschlagene Modell eine bequeme,
benutzernahe Formulierung des a priori Wissens gestattet. Darüberhinaus
ist es leicht möglich, verschiedene Typen von Fehlern, die bei der Extraktion eines Input-Graphen aus einer Zeichnung zwangsläufig auftreten,
mit Hilfe der Grammatik zu korrigieren. Die berücksichtigten Fehlertypen
umfassen Löschung, Einsetzung und Fehlklassifikation von Liniensegmenten
und Verbindungspunkten. Bild 1 zeigt einen Schaltplan ohne Störungen. Das
Ergebnis seiner Interpretation ist in Bild 3 angegeben. Bild 2 zeigt eine gestörte Version des Schaltplanes von Bild 1. Seine Interpretation
führt auf Grund der durch die Grammatik durchgeführten Fehlerkorrekturen
zu einer Beschreibung, die der in Bild 3 angegebenen äquivalent ist.

Der Speicherbedarf der Programme betragt 28k, die Rechenzeiten liegen
bei den in Bild 1 und 2 gezeigten Zeichnungen jeweils unter 1s.

Schlussbemerkung
Die diesem Beitrag zugrunde liegenden Arbeiten wurden durchgeführt während eines Forschungsaufenthaltes, den der Autor in der Forschungsgruppe von Prof. K.S. Fu an der Purdue University, West Lafayette, Ind. verbrachte. Prof. K.S. Fu sei an dieser Stelle besonderer Dank für seine Unterstützung ausgesprochen.
Der Autor wurde während dieses Aufenthaltes durch ein NATO-Forschungsstipendium des DAAD gefördert.

Literatur
/ 1/ SUSSMAN,G.J., STALLMAN,R.M.: Heuristic Techniques in Computer Aided Cicuit Analysis, IEEE Trans. on Circuits and Systems, CAS-22, 1975, 857-865.
/ 2/ NISHIOKA,I. et al.: A Minicomputerized Automatic Layout System for Two-Layer Printed Wiring Boards, Proc.14th Annual Design Automation Conference, New Orleans, 1977,1-11.
/ 3/ BUNKE,H.: Analyse elektrischer Schaltpläne mit einfachen Schaltsymbolen, Informatik-Fachberichte 17, Springer-Verlag,1978, 126-132.
/ 4/ CEDERBERG,R.L.T.: Automatic Interpretation of Hand-Drawn Electrical Schematics, Int. Conf. on CAD and Manufacture of Electronic Component, Circuits and Systems, Sussex, 1979.
/ 5/ KAKUMOTO,S., FUJIMOTO,Y., KAWASAKI,J.: Logic Diagram Recognition by Divide and Synthesize Method, in J. Latombe (ed): Artificial Intelligence in PR and CAD, North-Holland Pupl.Co.,1978,457-477.
/ 6/ SUEN, C.Y.: Recognition of Hand-Drawn Flowcharts, Proc.3rd ICPR, Coronado, 1976, 424-428.
/ 7/ BUNKE,H., Allermann,G.: Probabilistic Relaxation for the Interpretation of Electrical Schematics, Proc. IEEE Conf. on PRIP, Dallas, 1981.
/ 8/ BUNKE,H.: Automatic Interpretation of Lines and Text in Circuit Diagrams, Proc. of the NATO ASI on PR Theory and Applications, Oxford 1981.
/ 9/ ZAVIDIVIQUE,B., STAMMON,G.: An Automat Process for Electronics Scheme Analysis, Proc.5th ICPR, Miami, 1980, 248-250.
/10/ FU,K.S.: Synactic Methods in Pattern Recognition, Academic Press, New York, 1974.
/11/ FU,K.S.: Syntactic Pattern Recognition, Applications, Springer-Verlag, 1977.
/12/ FU,K.S.: Syntactic Pattern Recognition and its Application, Prenctice-Hall, 1981.
/13/ BUNKE,H.: Attributed programmed graph grammars as a tool for schematic diagram interpretation, Techn. Report,Purdue University, 1981.
/14/ ROSENKRANTZ,D.J.: Programmed Grammars and Classes of Formal Languages, JACM 16, 1969, 107-131.
/15/ BLEY,H.: Bildgraphen fur die Segmentierung von Stromlaufplänen, Informatik-Fachberichte 29, Springer-Verlag, 1980, 81-88.

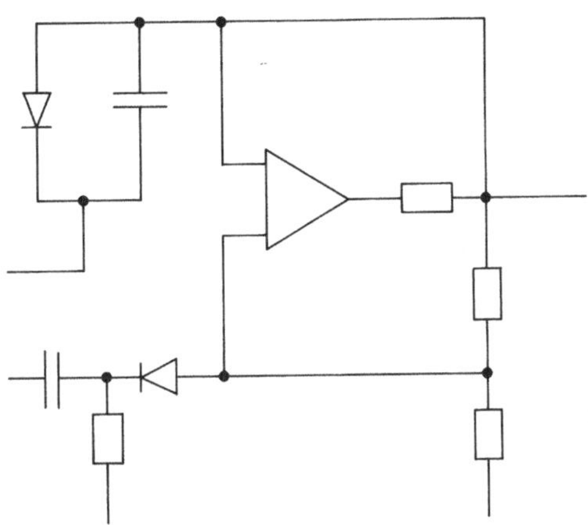

Bild 1: Beispiel für einen Schaltplan

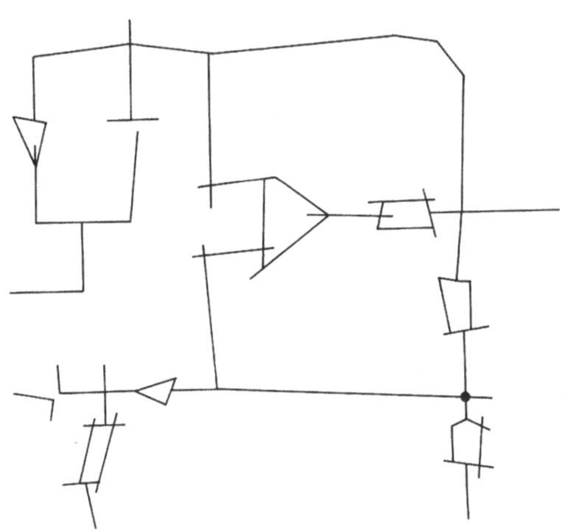

Bild 2: Eine gestörte Version des Schaltplanes von Bild 1

SYMBOL AND CONNECTION LIST OF CIRCUIT 3

SYMBOLS	TERMINAL1	TERMINAL2	TERMINAL3
1. resistor	1300, 1200	1160, 1200	
2. resistor	1400, 1000	1400, 860	
3. resistor	1400, 600	1400, 460	
4. resistor	300, 600	300, 460	
5. diode	100, 1500	100, 1400	
6. diode	500, 700	400, 700	
7. condenser	120, 700	160, 700	
8. condenser	400, 1500	400, 1460	
9. amplifier	760, 1100	760, 1300	1000, 1200

SOLDER DOTS

1.	1400, 1200
2.	400, 1700
3.	1400, 700
4.	640, 700
5.	300, 700
6.	640, 1700
7.	240, 1200

CONNECTION ENDS

1.	1700, 1200
2.	20, 1000
3.	20, 700
4.	300, 300
5.	1400, 300

CONNECTIONS

1.	500, 700	----	640, 700
2.	400, 700	----	300, 700
3.	1300, 1200	----	1400, 1200
4.	1160, 1200	----	1000, 1200
5.	1400, 1000	----	1400, 1200
6.	1400, 860	----	1400, 700
7.	1400, 600	----	1400, 700
8.	300, 600	----	300, 700
9.	760, 1300	----	640, 1700
10.	160, 700	----	300, 700
11.	400, 1500	----	400, 1700
12.	400, 1460	----	240, 1200
13.	1400, 1200	----	1700, 1200
14.	1400, 1200	----	640, 1700
15.	400, 1700	----	640, 1700
16.	400, 1700	----	100, 1500
17.	1400, 700	----	640, 700
18.	640, 700	----	760, 1100
19.	100, 1400	----	240, 1200
20.	240, 1200	----	20, 1000
21.	120, 700	----	20, 700
22.	300, 460	----	300, 300
23.	1400, 460	----	1400, 300

Bild 3: Ergebnis der Interpretation von Bild 1

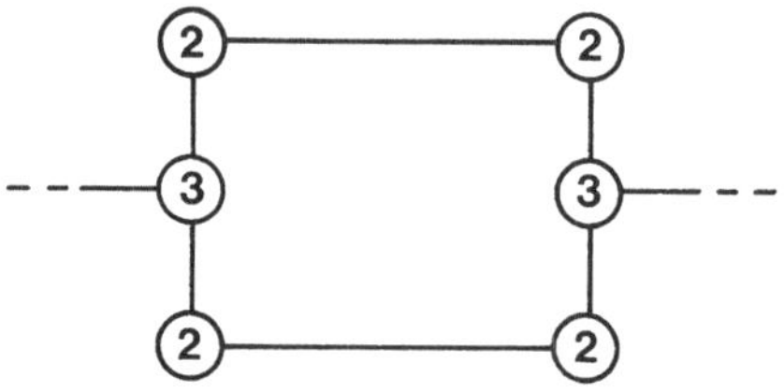

Bild 4: Graph-Darstellung eines Widerstandes

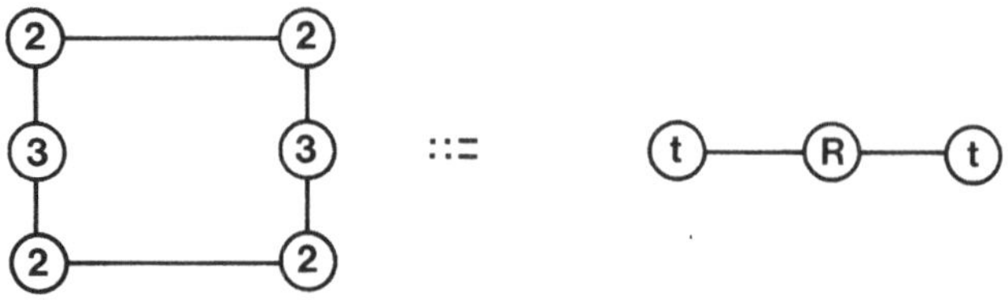

Bild 5: Linke und rechte Seite einer Produktion, welche die Input-Darstellung eines Widerstandes in die korrespondierende Output-Darstellung transformiert.

SYNTACTIC MODELS FOR IMAGE ANALYSIS[†]

K. S. Fu
School of Electrical Engineering
Purdue University
W. Lafayette, Indiana 47907
U.S.A.

ABSTRACT

Syntactic approach to image analysis is introduced. Problems of primitive selection, image grammars and structure analysis are briefly reviewed. The use of high
dimensional languages for image description is described. Analysis of noisy and
distorted image patterns using stochastic languages and error-correcting parsing is
discussed. Shape and texture analysis using syntactic methods are presented. Relationship between syntactic image analysis and image database management is suggested.

I. INTRODUCTION

In the syntactic approach to image analysis, each image is expressed as a composition of its components, called subimages and image primitives. This approach draws
an analogy between the structure of images and the syntax of a language. The recognition of each image pattern is usually made by parsing the image structure according to a given set of syntax rules. In this paper, we briefly review the recent
progress in syntactic approach to image analysis.

A block diagram of a syntactic image analysis system is shown in Fig. 1. the
system consists of segmentation or decomposition, primitive recognition (including
relations among image primitives and subimages), and syntax (or structural)
analysis.

In syntactic methods, an image pattern is represented by a sentence in a language
which is specified by a grammar. The language which provides the structural
description of image patterns, in terms of a set of image primitives and their composition relations, is sometimes called the "image description language." The rules
governing the composition of primitives into image patterns are specified by the
so-called "image grammar." An alternative representation of the structural informa-

---

† In a most general formulation, the contextual condition of the production is added

tion of an image pattern is to use a "relational graph," of which the nodes represent the subimages and the branches represent the relations between subimages [4,5,12,13,31].

Following the notations used in [6], the definition of grammars and languages is briefly reviewed.

Definition 1. A grammar is a 4-tuple

$G = (V_N, V_T, P, S)$ where

(1) V_N is a finite set of nonterminal symbols

(2) V_T is a finite set of terminal symbols disjoint from N.

(3) P is a finite subset of $(V_N \cup V_T)^* V_N (V_N \cup V_T)^* X (V_N \cup V_T)^*$.
   An element (α, β) in P will be written $\alpha \rightarrow \beta$ and called a production.

(4) S is a distinguished symbol in V_N called the start symbol.

Definition 2. The language generated by a grammar G, denoted L(G), is the set of sentences generated by G. Thus,

$$L(G) = \{\omega \mid \omega \text{ is in } V_T^*, \text{ and } S \overset{*}{\Rightarrow} \omega\}$$

where a relation $\Rightarrow$ on $(V_N \cup V_T)^*$ is defined as follows: if $\alpha\beta\gamma$ is in $(V_N \cup V_T)^*$ and $\beta \rightarrow \delta$ is a production rule in P then $\alpha\beta\gamma \Rightarrow \alpha\delta\gamma$, and $\overset{*}{\Rightarrow}$ denotes the reflexive and transitive closure of $\Rightarrow$.

If each production in P is of the form $A \rightarrow \alpha$, where A is in V_N and α is in

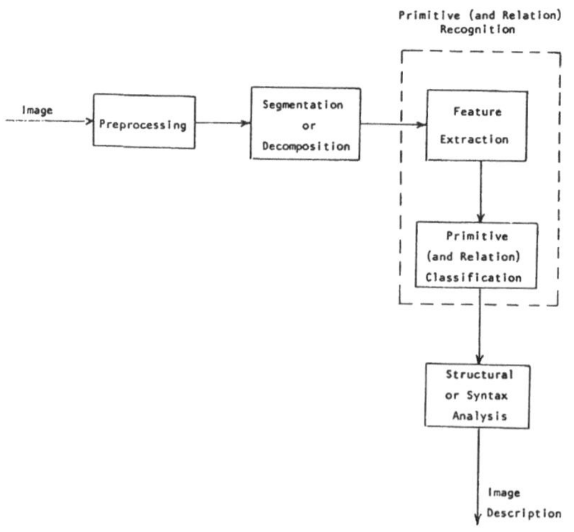

Figure 1. Block Diagram of a Syntactic Image Analysis System

$(V_N \cup V_T)^*$ then the grammar G is a context-free grammars. The set of languages generated by context-free grammars is called context-free languages.

Figure 2 gives an illustrative example for the description of the boundary of a submedian chromosome image. The hierarchical structural description is shown in Fig. 2(a), and the context-free grammar generating submedian chromosome boundaries is given in Fig. 2(b). Figure 3(b) shows a structural representation of the scene in Fig. 3(a) in terms of a hierarchical relational graph.

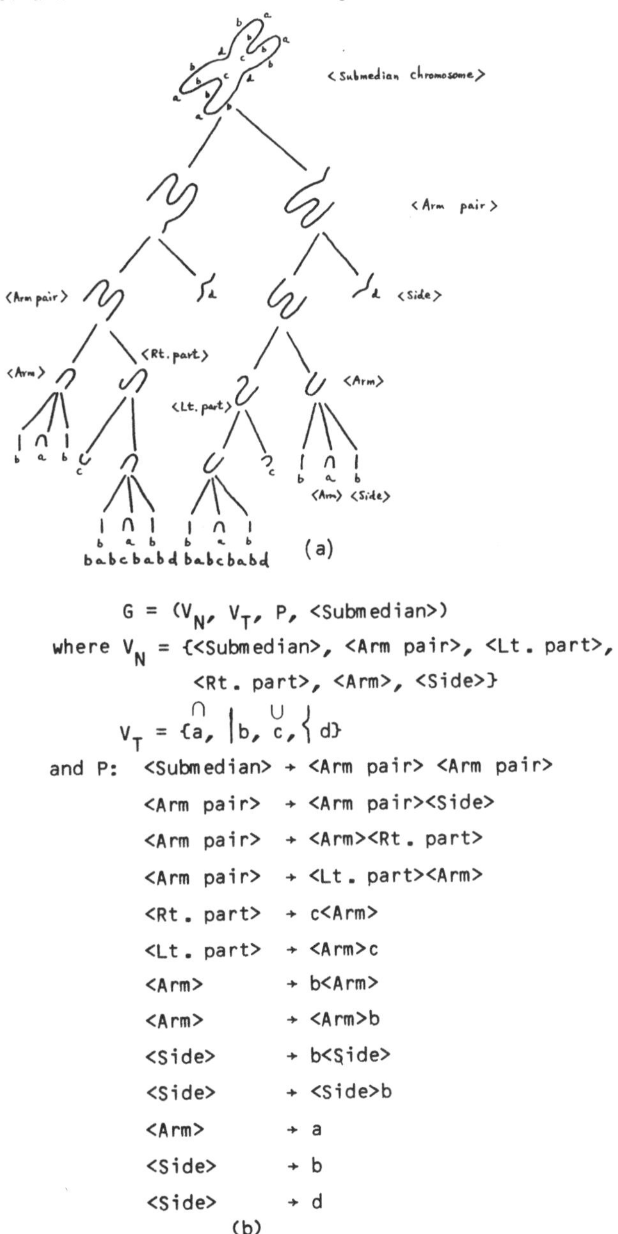

$$G = (V_N,\ V_T,\ P,\ \text{<Submedian>})$$

$$\text{where } V_N = \{\text{<Submedian>, <Arm pair>, <Lt. part>,}$$
$$\text{<Rt. part>, <Arm>, <Side>}\}$$

$$V_T = \{a,\ |b,\ \cap c,\ \cup d\}$$

and P: <Submedian> → <Arm pair> <Arm pair>

          <Arm pair> → <Arm pair><Side>

          <Arm pair> → <Arm><Rt. part>

          <Arm pair> → <Lt. part><Arm>

          <Rt. part> → c<Arm>

          <Lt. part> → <Arm>c

          <Arm> → b<Arm>

          <Arm> → <Arm>b

          <Side> → b<Side>

          <Side> → <Side>b

          <Arm> → a

          <Side> → b

          <Side> → d

(b)

Figure 2. Syntactic Representation of Submedian Chromosome

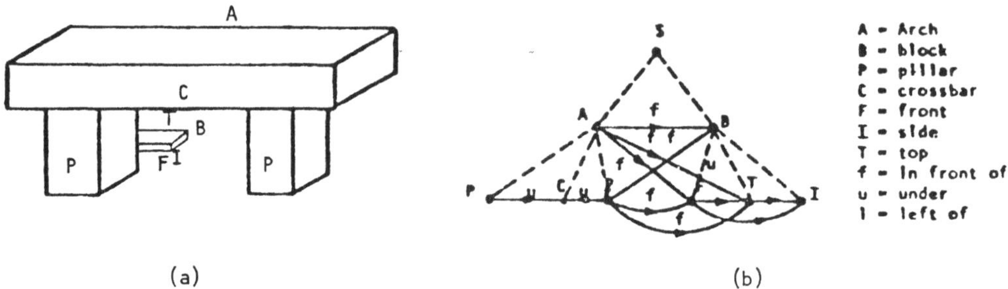

(a)   (b)

Figure 3. (a) A Scene S, and (b) the Structural Representation

II. PRIMITIVE SELECTION AND IMAGE GRAMMARS

Since image primitives are the basic components of an image pattern, presumably they are easy to recognize. Unfortunately, this is not necessarily the case in some practical applications. For example, strokes are considered good primitives for script handwriting, however, strokes cannot easily be extracted by machine. A compromise between its use as a basic part of the image pattern and its easiness for recognition is often required in the process of selecting image primitives.

There is no general solution for the primitive selection problem at this time [4,5,12]. For line patterns or images described by boundaries or skeletons, line segments are often suggested as primitives. A straight line segment could be characterized by the locations of its beginning (tail) and end (head), its length, and/or slope. Similarly, a curve segment might be described in terms of its head and tail and its curvature. The information characterizing the primitives can be considered as their associated semantic information or as features used for primitive recognition. Through the structural description and the semantic specification of an image, the semantic information associated with its subimages or the image itself can then be determined. For image description in terms of regions, half-planes have been proposed as primitives. Shape and texture measurements are often used for the description of regions.

After image primitives are selected, the next step is the construction of a grammar (or grammars) which will generate a language (or languages) to describe the images under study. It is known that increased descriptive power of a language is paid for in terms of increased complexity of the syntax analysis system (recognizer or acceptor). Finite-state automata are capable or recognizing finite-state languages although the descriptive power of finite-state languages is also known to be weaker than that of context-free and context-sensitive languages. On the other hand, nonfinite, nondeterministic procedures are required, in general, to recognize languages generated by context-free and context-sensitive grammars. The selection

of a particular grammar for image description is affected by the primitives selected, and by the tradeoff between the grammar's descriptive power and analysis efficiency. If the primitives selected are very simple, more complex grammars may have
to be used for image description. On the other hand, a use of sophisticated primitives may result in rather simple grammars for image description, which in turn will
result in fast recognition algorithms. The interplay between the complexities of
primitives and of image grammars is certainly very important in the design of a syntactic image analysis system.

A number of special languages have been proposed for the description of images
such as English and Chinese characters, chromosome images, spark chamber pictures,
two-dimensional mathematics, chemical structures, and fingerprint patterns [5,12].
For the purpose of effectively describing image patterns, high dimensional grammars
such as web grammars, array grammars, graph grammars, tree grammars, and shape grammars have been used for syntactic image analysis [5,8,12,19,35,56].

Ideally speaking, it would be nice to have a grammatical (or structural) inference machine which would infer a grammar from a given set of image patterns. Unfortunately, not many convenient grammatical inference algorithms are presently available for this purpose [9-16]. Nevertheless, recent literatures have indicated that
some simple grammatical inference algorithms have already been applied to syntactic
image analysis, particularly through man-machine interaction [16-18].

III. HIGH DIMENSIONAL GRAMMARS FOR IMAGE DESCRIPTION

3.1 Tree Grammars for Syntactic Image Analysis

This section presents a brief introduction to tree grammars and their application to
syntactic image analysis [4,8,12].
Definition 3: Let N^+ be the set of strictly positive integers. Let U be the
universal tree domain (the free semi-group with identity element "0" generated by N^+
and a binary operation "."). Figure 4 represents the universal tree domain U.

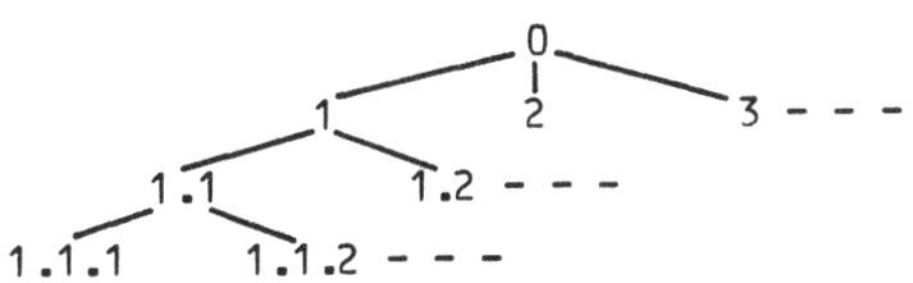

Figure 4. Universal Tree Domain

<u>Definition 4</u>: A ranked alphabet is a pair $\langle \Sigma, r \rangle$ where Σ is a finite set of symbols and

$$r:\ \Sigma \rightarrow N = N^{+} \cup \{0\}$$

For $a \in \Sigma$, $r(a)$ is called the rank of a. Let $\Sigma_N = r^{-1}(n)$.

<u>Definition 5</u>: A tree over Σ (i.e., over $\langle \Sigma, r \rangle$) is a function

$$\alpha:\ D \rightarrow \Sigma$$

such that D is a tree domain and

$$r[\alpha(a)] = \mathrm{Max}\ \{i \mid a \cdot i \in D\}$$

the domain of a tree α is denoted by $D(\alpha)$. Let T_Σ be the set of all trees over Σ.

<u>Definition 6</u>: Let α be a tree and "a" be a member of $D(\alpha)$. α/a, a subtree of α at a, is defined as

$$\alpha/a = \{(b,x) \mid (a \cdot b, x) \in \alpha\}$$

<u>Definition 7</u>: A regular tree grammar over $\langle V_T, r \rangle$ is a 4-tuple

$$G_t = (V, r', P, S)$$

satisfying the following conditions:

(i) $\langle V, r' \rangle$ is a finite raked alphabet with $V_T \subseteq V$ and $r'/V_T = r$. $V - V_T = V_N$, the set of nonterminals.

(ii)   P is a finite set of productions of the form $\Phi \rightarrow \psi$ where Φ and ψ are trees over $\langle V, r' \rangle$.

(iii)   S is a finite subset of T_V, where T_V is the set of trees over alphabet V.

<u>Definition 8</u>: $\alpha \overset{a}{\Rightarrow} \beta$ is in G_t if and only if there exists a production $\Phi \rightarrow \psi$ in P such that Φ is a subtree of α at "a" and β is obtained by replacing the occurrence of Φ at "a" by ψ. We write $\alpha \Rightarrow \beta$ in G_t if and only if there exists a $\in D(\alpha)$ such that $\alpha \overset{a}{\Rightarrow} \beta$.

<u>Definition 9</u>: $\alpha \overset{*}{\Rightarrow} \beta$ is in G_t if and only if there exists $\alpha_0, \alpha_1, \ldots, \alpha_m$, $m > 0$ such that

$$\alpha = \alpha_0 \Rightarrow \alpha_1 \Rightarrow \cdots \Rightarrow \alpha_m = \beta$$

in G_t. The sequence $\alpha_0, \ldots, \alpha_m$ is called a derivative or deduction of β from α, and m is the length of the deduction.

<u>Definition 10</u>: $L(G_t) = \{\alpha \in T_{V_T} \mid$ there exists $Y \in S$ such that $Y \overset{*}{\Rightarrow} \alpha$ in $G_t\}$ is called the (tree) language generated by G_t.

Tree automata are the recognizers (or acceptors) of regular tree languages [12].

<u>Example 1</u>: The following tree grammar can be used to generate trees representing L-C networks shown in Fig. 5:

$$G_t = (V, r, P, S)$$

where $V = \{S, V_{in}, L, C, W, |\}$

$r(V_{in}) = 1, r(L) = \{2,0\},\ r(C) = 1,\ r(W) = 0,\ r(\$) = 2$

and P: (1) S → \$ (2) L → L   (3) L → L

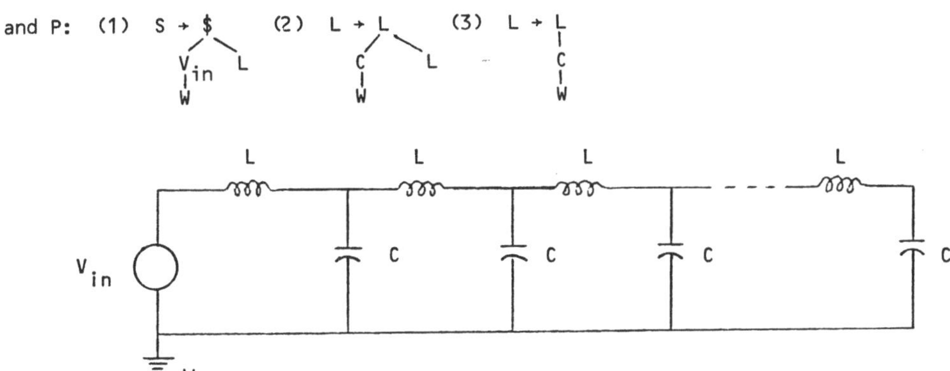

Figure 5.   L-C Network

For example, after applying productions (1), (2) and (3), the following tree is generated.

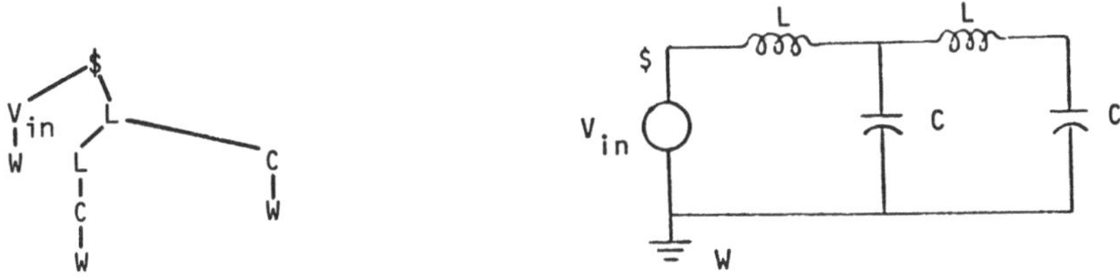

The tree automaton which accepts the set of trees generated by G_t is

$$M_t = (Q, f_{V_{in}}, f_L, f_C, f_W, f_{\$}, F)$$

where $Q = \{q_1, q_2, q_3, q_4, q_F\}$
          $F = \{q_F\}$

and f: $f_{V_{in}}(q_1) \rightsquigarrow q_4$

           $f_L \rightsquigarrow q_2$ $f_L(q_2, q_3) \rightsquigarrow q_2$
           $f_C(q_1) \rightsquigarrow q_3$
           $f_W \rightsquigarrow q_1$
           $f_{\$}(q_2, q_4) \rightsquigarrow q_F$

3.2 Web Grammars for Pattern Description

One of the two-dimensional grammars is the web grammar proposed by Pfaltz and Rosenfeld [19]. Sentences generated by a web grammar are directed graphs with symbols at
their vertices ("webs").

<u>Definition 11</u>: A web grammar G is a 4-tuple

$$G = (V_N, V_T, P, S)$$

where V_N is a set of nonterminals; V_T is a set of terminals; S is a set of "initial" webs; and P is a set of web productions or writing rules. A web production is defined as[†]

$$\alpha \to \beta \ , \ E$$

where α and β are webs, and E is an embedding of β. If we want to replace the subweb α of the web ω by another subweb β, it is necessary to specify how to "embed" β in ω in place of α. The definition of an embedding must not depend on the host web ω since we want to be able to replace α by β in any web containing α as a subweb. Usually E consists of a set of logical functions which specify whether or not each vertex of $\omega-\alpha$ is connected to each vertex of β.

It is noted that web grammars are vertex – or node-oriented compared with the branch – or edge – oriented grammars (e.g., PDL, Plex grammars, etc.) [59]. That is, terminals or primitives are represented as vertices in the graph rather than as branches.

An important special case of a web grammar is that in which the terminal set V_T consists of only a single symbol. In this case, every point of every web in the language has the same label, so that we can ignore the labels and identify the webs with their underlying graphs. This type of web grammar is called a "graph grammar", and its language is called graph language [57]. A web production is context-sensitive if there exists a point a of α such that $\alpha - \{a\}$ is a subweb of β and all edges between points of the host web and points of $\alpha - \{a\}$ are in E. In particular, the production will be context-free if α has only a single point. Thus, a web grammar is called context-sensitive (context-free) if all its productions are context-sensitive (context-free). The web grammar in Example 4 is context-free since only one-point webs are rewritten. Figure 3(c) shows the context-free web grammar productions to characterize the scene in Fig. 3(a). These productions can be easily obtained from the derivation diagram of the relational graph shown in Fig. 3(b).

Comparing with the plex grammar, we can consider the NAPE's in a plex grammar as webs in which one point is labelled with the name of the NAPE, and the others with the identifiers of its attaching points. The joint lists in a plex grammar, which describe how sets of NAPE's are interconnected, corresponds to the edges internal to the subwebs α and β in a web production, while the tie point list corresponds to the embedding E of β in the host web.

<u>Example 2</u>: The following context-free graph grammar generates the set of all basic
two-terminal series-parallel networks (TTSPN):

$$G = (V_N, V_T, P, S)$$

where

$$V_N = \{A\}, \quad V_T = \{a\}, \quad S = \{ \; a \longrightarrow a \; , \; a \longrightarrow A \longrightarrow a \; \}$$

and

P: (1) $A \longrightarrow A_{(1)} \longrightarrow A_{(2)}$ $E = \{(p, A_{(1)}) \mid (p, A)$ an edge
                                          in the host web$\}$ U
                                          $\{A_{(2)}, p) \mid (A, p)$ an edge in
                                          the host web$\}$

     (2) $A \longrightarrow \begin{matrix} A \\ A \end{matrix}$ $E = \{(p, A) \mid (p, A)$ an edge in

                                          the host web$\}$ U $\{(A, p) \mid (A, p)$
                                          an edge in the host web$\}$

     (3) $A \longrightarrow a$ E is same as in (2)

A typical TTSPN generated, for example, would be

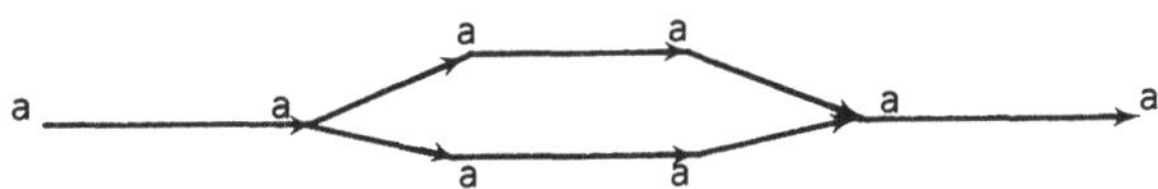

The syntax analysis (parsing) for the grammar generating all TTSPN's was implemented using the language GIRL (Graph Information Retrieval Language) [58]. GIRL is
a SLIP-like extension of FORTRAN which allows a programmer to store a directed graph
data structure in the computer using a few basic instructions. The analysis of a
set of black and white images simulating neural nets in terms of web grammar was implemented using a system of FORTRAN programs collectively called NRNTST (for Neuron
Test). NRNTST would accept pictures of simulated neural nets and produce
corresponding picture description webs [58].

<u>Example 3</u>: Multi-spectral signals measured by LANDSAT over Marion County, Indiana
were analyzed using clustering analysis [2,37]. Fourteen clusters were found and

the data from the metropolitan area were accordingly classified using a Bayes classifier. The classification result of each pixel (picture element) from the Bayes classifier provides the basic image primitives (Fig. 6). A hierarchical relational graph model for the spatial relationships between various classes can be constructed as shown in Fig. 7. Relation between each pair of entities are shown only at the level they first occur although if a pair of entities are related their descendants are also related. The form of the hierarchical graph model is the same as the derivation diagram for the web grammar with some of its productions shown below:

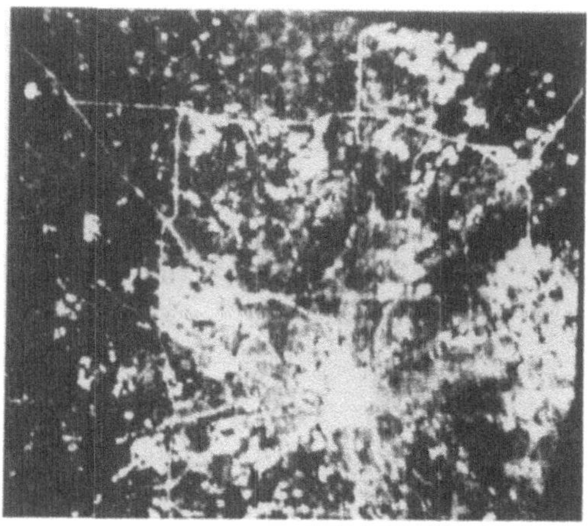

Figure 6. Photograph of Marion County imagery from digital display.

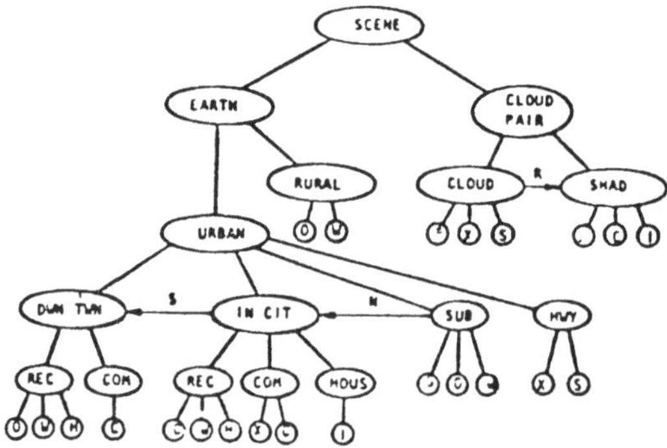

Figure 7. A hierarchical graph model of the scene

The hierarchical relational graph model shown in Fig. 7 describes the spatial or contextual relationships between primitives (spectral classes) and subpatterns (land-use classes). The spatial relations represented by web (or graph) grammar productions have been used to identify highway pattern and to improve the accuracy of cloud classification in the LANDSAT image [5,43].

IV. SYNTACTIC IMAGE ANALYSIS USING STOCHASTIC LANGUAGES

In some practical applications, a certain amount of uncertainty exists in the process under study. For example, due to the presence of noise and variation in the image measurements, segmentation error and primitive recognition error may occur, causing ambiguities in the image description languages. In order to describe noisy and distorted image patterns under ambiguous situations, the use of stochastic languages has been suggested [4,12,56]. With probabilities associated with grammar rules, a stochastic grammar generates sentences with a probability distribution. The probability distribution of the sentences can be used to model the noisy situations.

A stochastic grammar is a four-tuple $G_s = (V_N, V_T, P_s, S)$ where P_s is a finite set of stochastic productions. For a stochastic context-free grammar, a production in P_s is of the form

$$A_i \xrightarrow{p_{ij}} \alpha_j, \quad A_i \in V_N, \quad \alpha_j \in (V_N \cup V_T)*$$

where p_{ij} is called the production probability. The probability of generating a string x, called the string probability $p(x)$, is the product of all production probabilities associated with the productions used in the generation of x. The language generated by a stochastic grammar consists of the strings generated by the grammar and their associated string probabilities.

By associating probabilities with the strings, we can impose a probabilistic structure on the language to describe noisy image patterns. The probability distribution characterizing the patterns in a class can be interpreted as the probability distribution associated with the strings in a language. Thus, statistical decision rules can be applied to the classification of an image pattern under ambiguous situations (for example, use the maximum-likelihood or Bayes decision rule). A block diagram of such a syntax analysis system using maximum-likelihood decision rule is shown in Figure 8. Furthermore, because of the availability of the information about production probabilities, the speed of syntactic analysis can be improved through the use of this information [4]. Of course, in practice, the production probabilities will have to be inferred from the observation of relatively large numbers of image pattern samples [4]. When the imprecision and uncertainty involving in the image description can be modeled by using the fuzzy set theory, the use of fuzzy languages for syntactic image analysis has recently been suggested [20].

Other approaches for the recognition of distorted or noisy image patterns using syntactic methods include the use of transformational grammar [21,22] and approximation [23], and the application of error-correcting parsing techniques [24-28].

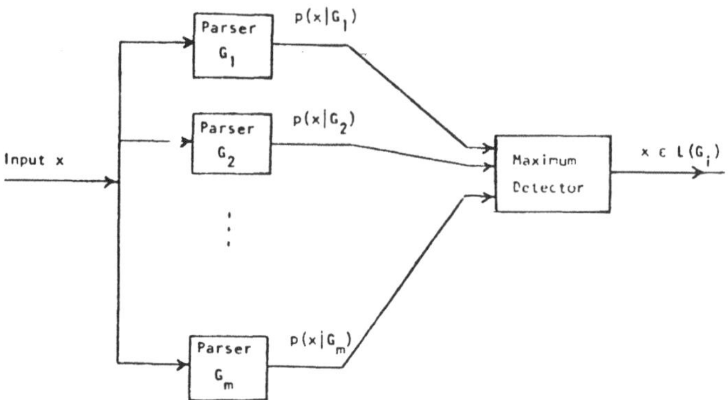

Figure 8. Maximum-Likelihood syntactic pattern recognition system

V. SYNTACTIC RECOGNITION AND ERROR-CORRECTING PARSING

Conceptually, the simplest form of recognition is probably "template-matching." The sentence describing an input image is matched against sentences representing each prototype or reference image. Based on a selected "matching" or "similarity" criterion, the input image is classified in the same class as the prototype image which is the "best" to match the input. The structural information is not recovered. If a complete image description is required for recognition, a parsing or syntax analysis is necessary. In between the two extreme situations, there are a number of intermediate approaches. For example, a series of tests can be designed to test the occurrence or nonoccurrence of certain subimages (or primitives) or certain combinations of them. The result of the tests, through a table-lookup, a decision tree, or a logical operation, is used for a classification decision. Recently, the use of discriminant grammars has been proposed for the classification of syntactic image patterns [29].

There are many parsing algorithms proposed for context-free languages [6]. A parsing procedure for recognition is, in general, nondeterministic and, hence, is regarded as computationally inefficient. Efficient parsing could be achieved by using special classes of languages such as finite-state and deterministic languages for pattern description. Special parsers using sequential procedures or other heuristic means for efficiency improvement in syntactic pattern recognition have recently been constructed [24,30,32].

In practical applications, image distortion and measurement noise often exist. Segmentation errors and misrecognitions of primitives (and relations) and/or subimages will lead to erroneous or noisy sentences rejected by the grammar characterizing the image class. Recently, the use of an error-correcting parser as a recognizer of noisy and distorted images has been proposed [24-28]. In the use of an error-correcting parser as a recognizer, the image grammar is first expanded to include all the possible errors into its productions. The original grammar is transformed into a covering grammar that generates not only the correct sentences, but also all the possible erroneous sentences. For string grammars, three types of error - substitution, deletion and insertion - are considered. Misrecognition of primitives (and relations) are regarded as substitution errors, and segmentation errors as deletion and insertion errors.

The distance between two strings is defined in terms of the minimum number of error transformations used to derive one from the other by Aho and Peterson [33]. When the error transformations are defined in terms of substitution, deletion and insertion errors, the distance measurement coincides with the definition of Levenshtein metric [34]. For a given input string y and a given grammar G, a minimum-distance error-correcting parser[†] (MDECP) is an algorithm that searches for a sentence z in L(G) such that the distance between z and y, $d(z,y)$ is the minimum among the distances between all the sentences in L(G) and y. The algorithm also generates the value of $d(z,y)$. We simply define this value to be the distance between L(G) and y and denote it as $d_1(L(G),y)$.

When a given grammar is a context-free grammar (CFG), its MDECP can be implemented by modifying Earley's parsing algorithm [6]. We also extend the definition of the distance between L(G) and y, $d_1(L(G),y)$, to the definition of $d_K(L(G),y)$, the average distance between y and the K sentences in L(G) that are the nearest to y. The computation of $d_K(L(G),y)$ can be implemented by further modification of the algorithm of MDECP.

<u>Definition 12</u>. For two strings. $x, y \in \Sigma^*$, we can define a transformation T: $\Sigma^* \rightarrow \Sigma^*$ such that $y \in T(x)$. The following three transformations are introduced:

    (1) substitution error transformation

$$\omega_1 a \omega_2 \xrightarrow{T_S} \omega_1 b \omega_2, \text{ for all } a, b \in \Sigma, a \neq b,$$

    (2) deletion error transformation

$$\omega_1 a \omega_2 \xrightarrow{T_D} \omega_1 \omega_2, \text{ for all } a \in \Sigma$$

    (3) insertion error transformation

$$\omega_1 \omega_2 \xrightarrow{T_I} \omega_1 a \omega_2, \text{ for all } a \in \Sigma$$

[†]If the pattern grammar is stochastic, the maximum-likelihood and Bayes criteria can be applied [24,27].

where $\omega_1, \omega_2 \in \Sigma^*$

<u>Definition</u> <u>13</u>. The distance between two strings $x, y \in \Sigma^*$, $d^L(x,y)$, is defined as the smallest number of transformations required to derive y from x.

<u>Example</u> <u>4</u>. Given a sentence $x = cbabdbb$ and a sentence $y = cbbabbdb$, then

$$X = cbabdbb \xrightarrow{\ T_S\ } cbabbbb \xrightarrow{\ T_S\ }$$
$$cbabbdb \xrightarrow{\ T_I\ } cbbabbdb = y$$

The minimum number of transformations required to transform x to y is three, thus, $d^L(x,y) = 3$.

The metric defined in Definition 13 gives exactly the Levenshtein distance between two strings [34]. A weighted Levenshtein distance can be defined by assigning nonnegative numbers σ, γ and δ to transformations T_S, T_D and T_I respectively. Let $x, y \in \Sigma^*$ be two strings, and let J be a sequence of transformations used to derive y from x, then the weighted Levenshtein distance between x and y, denoted as $d^W(x,y)$ is

$$d^W(x,y) = \min_j \{\sigma \cdot k_j + \gamma \cdot m_j + \delta \cdot n_j\} \tag{1}$$

where k_j, m_j and n_j are the number of substitution, deletion, and insertion error transformations respectively in J.

A weighted metric has been proposed to reflect the difference of the same type of error made on different terminals. Let the weights associated with error transformations on terminal a in a string $\omega_1 a \omega_2$ where $a \in \Sigma$, ω_1 and $\omega_2 \in \Sigma^*$, be defined as follows:

(1) $\omega_1 a \omega_2 \xrightarrow{\ T_S,\ S(a,b)\ } \omega_1 b \omega_2$ for $b \in \Sigma$, $b \neq a$, where $S(a,b)$ is the cost of substituting a for b. Let $S(a,a) = 0$.

(2) $\omega_1 a \omega_2 \xrightarrow{\ T_D,\ D(a)\ } \omega_1 \omega_2$ where $D(a)$ is the cost of deleting a from $\omega_1 a \omega_2$.

(3) $\omega_1 a \omega_2 \xrightarrow{\ T_I, I(a,b)\ } \omega_1 b a \omega_2$ for $b \in \Sigma$, where $I(a,b)$ is the cost of inserting b in front of a.

We further define the weight of inserting a terminal b at the end of a string x to be,

(4) $x \xrightarrow{\ T_I,\ I'(b)\ } xb$, for $b \in \Sigma$.

Let x, y ϵ Σ^* be two strings, and J be a sequence of transformations used to derive y from x. Let $|J|$ be defined as the sum of the weights associated with transforma= tions in J, then the weighted distance between x and y, $d^W(x,y)$ is defined as

$$d^W(x,y) = \min_J \{|J|\} \tag{2}$$

Let L(G) be a given language and y be a given sentence the essence of minimum- distance error-correcting parsing is to search for a sentence x in L(G) that satis- fied the minimum distance criterion as follow

$$d(x,y) = \min_z \{d(z,y)\,|\,z\epsilon L(G)\} \tag{3}$$

We note that the minimum-distance correction of y is y itself if y ϵ L(G).

The minimum-distance ECP proposed by Aho and Peterson [33] is now extended to all three types of metric; L, w, and W. In [33], the procedure for constructing an ECP starts with the modification of a given grammar G by adding the three types of error transformations in the form of production rules, called error productions. The grammar G is now expanded to G' such that L(G') includes not only L(G), but all pos- sible sentences with the three types of errors. The parser constructed according to G' with a provision added to count the number of error productions used in a deriva- tion is the error-correcting parser for G. For a given sentence y, the ECP will generate a parse, Π, which consists of the smallest number of error productions.   A sentence x in L(G) that satisfies the minimum-distance criterion (measured by using Levenshtein distance) can be generated from Π by eliminating error productions. With some modifications, this minimum-distance ECP can easily be extended to the three metrics proposed. We first give the algorithm of constructing an expanded grammar, in which the nonnegative numbers associated with error-productions are the weights associated with their corresponding error transformations with respect to the metric used.

Algorithm <u>1</u>. Construction of expanded grammar

<u>Input</u>:   A CFG G = (V_N,V_T,P,S)

<u>Output</u>:   A CFG G' = (V_N',V_T',P',S') where P' is a set of weighted productions.

<u>Method</u>:

<u>Step 1</u>. $V_N' = V_N \cup \{S'\}\cup\{E_a\,|\,a \epsilon V_T\}$, $V_T' \cap V_T$

<u>Step 2</u>.   If $A \rightarrow \alpha_0 b_1\alpha_1 b_2 \ldots b_m\alpha_m$, $m \geq 0$ is a production in P such that $\alpha_i \epsilon V_N^*$ and $b_i \epsilon V_T$, then add $A \rightarrow \alpha_0 E_{b_1} \alpha_1 E_{b_2} \ldots E_{b_m} \alpha_m$, 0 to P', where each E_{b_i} is a new non-terminal, $E_{b_i} \epsilon V_N'$ and 0 is the weight associated

with this production.

Step <u>3</u>. Add the following productions to P'.

Production Rule	$\underline{L}$	$\underline{w}$	weight $\underline{W}$ (metric)	
(a) $S' \rightarrow S$	0	0	0	
(b) $S' \rightarrow Sa$	1	δ	$I'(a)$	for all $a \epsilon V_T'$
(c) $E_a \rightarrow a$	0	0	0	for all $a \epsilon V_T$
(d) $E_a \rightarrow b$	1	σ	$S(a,b)$	for all $a \epsilon V_T$, $b \epsilon V_T'$, and $b \neq a$
(e) $E_a \rightarrow \lambda$	1	γ	$D(a)$	for all $a \epsilon V_T$
(f) $E_a \rightarrow bE_a$	1	δ	$I(a,b)$	for all $a \epsilon V_T$, $b \epsilon V_T'$

In Algorithm 1 the production rules added in Step 3(b), 3(d), 3(e) and 3(f) are called error productions. Each error production corresponds to one type of error transformation on a particular symbol in V_T. Therefore, the distance measured in terms of error transformations can be measured by error productions used in a derivation. The parser is a modified Earley's parsing algorithm with a provision added to accumulate the weights associated with productions used in a derivation. The algorithm is as follows.

<u>Algorithm</u> <u>2</u>. Minimum-distance error-correcting parsing algorithm

<u>Input</u>: An expanded grammar $G' = (V_N', V_T', P', S')$ and an input string $y = b_1 b_2 \ldots b_m$ in $V_T'^*$

<u>Output</u>: $I_0, I_1 \ldots I_m$ the parse list for y, and $d(x,y)$ where x is the minimum-distance correction of y.

<u>Method</u>:

<u>Step 1</u>. Set $j = 0$. Then add $[E \rightarrow \cdot S', 0, 0]$ to I_j.

<u>Step 2</u>. If $[A \rightarrow \alpha \cdot B\beta, i, \xi]$ is in I_j, and $B \rightarrow \gamma$, η is a production rule in P' then add item $[B \rightarrow \cdot \gamma, j, 0]$ to I_j.

<u>Step 3</u>. If $[A \rightarrow \alpha \cdot, i, \xi]$ is in I_j and $[B \rightarrow \beta \cdot A\gamma, k, \xi]$ is in I_i, and if no item of the form $[B \rightarrow \beta A \cdot \gamma, k, \phi]$ can be found in I_j, then add an item $[B \rightarrow \beta A \cdot \gamma, k, \eta + \xi + \zeta)$ to I_j where ζ is the weight associated with production $A \rightarrow \alpha$. If $[B \rightarrow \beta A \cdot \gamma, k, \phi]$ is already in I_j, then replace ϕ by $\eta + \xi + \zeta$ if $\phi > \eta + \xi + \zeta$.

Step <u>4</u>. If j = m go to Step 6, otherwise j = j+1.

Step <u>5</u>. For each item in I_{j-1} of the form $[A \to \alpha \cdot b_j \beta, i, \xi]$ add item $[A \to \alpha b_j \cdot \beta, i, \xi]$ to I_j, go to Step 2.

Step <u>6</u>. If item $[E \to S', 0, \xi]$ is in I_m. Then $d(x,y) = \xi$, where x is the minimum-distance correction of y, exit.

In Algorithm 2, the string x, which is the minimum-distance correction of y, can be derived from the parse of y by eliminating all the error productions. The extraction of the parse of y is the same as that described in Earley's algorithm.

We shall define the distance between a string and a given language based on any one of the three metrics as follows [12].

<u>Definition</u> <u>14</u>. Let y be a sentence, and L(G) be a given language, the distance between L(G) and y, $d_K(L(G),y)$, where K is a given positive integer, is;

$$d_K(L(G),y) = \min\{ \sum_{i=1}^{K} \frac{1}{K} d(z_i,y) \mid z_i \in L(G) \} \qquad (4)$$

In particular, if K = 1, then

$$d_1(L(G),y) = \min\{d(z,y) \mid z \in L(G)\} \qquad (5)$$

is the distance between y and its minimum-distance correction in L(G).

As the distance between a string (a syntactic pattern) and a language (a set of syntactic patterns) is defined, a minimum-distance decision rule can be stated as follows: suppose that there are two classes of patterns, C_1 and C_2 characterized by grammar G_1 and G_2 respectively. For a given syntactic pattern y with unknown classification, decide $y \in \genfrac{}{}{0pt}{}{C_1}{C_2}$ if $d(L(G_1),y) \gtrless d(L(G_2),y)$.

The sequential parsing procedure suggested by Persoon and Fu [32] has been applied to error-correcting parser to reduce the parsing time [24]. By sacrificing a small amount of error-correcting power (that is, allowing a small error in parsing), a parsing could be terminated much earlier before a complete sentence is scanned. The trade-off between the parsing time and the error committed can be easily demonstrated. In addition, error-correcting parsing for transition network grammars [27] and tree grammars [28] has also been studied. For tree grammars, five types of error - substitution, deletion, stretch, branch, and split - are considered. The original tree pattern grammar is expanded by including the five types of error transformation rule. The tree automaton constructed according to the expanded tree grammar and the minimum-distance criterion is called an error-correcting tree automaton (ECTA). When only substitution errors are considered, the structure of the tree to be analyzed remains unchanged. Such an error-correcting tree automaton is called a "structure-preserved error-correcting tree automton" (SPECTA). Another approach to reduce the parsing time is the use of parallel processing [36].

In statistical pattern recognition, a pattern is represented by a vector, called a feature vector. The similarity between two image patterns can often be expressed by a distance, or more generally speaking, a metric in the feature space. Cluster analysis can be performed on a set of images on the basis of a selected similarity measure [2,37]. In syntactic image analysis a similarity measure between two syntactic image patterns must include the similarity of both their structures and primitives. In this section, we have proposed distance measures for strings, which leads to the study of clustering analysis for syntactic image patterns. The conventional clustering methods, such as, the minimum spanning tree, the nearest (or K-nearest) neighbor classification rule and the method of clustering centers can be extended to syntactic image patterns.

The algorithm described in [38] is mainly on the image-to-image basis. An input sentence (an image pattern) is compared with sentences in a formed cluster, one by one, or with the representative (cluster center) of the cluster. We can also use the distance measure between a sentence and a language [39]. The proposed clustering procedure is combined with a grammatical inference procedure and an error-correcting parsing technique. The idea is to model the formed cluster by inferring a grammar, which implicitly characterize the structural identity of the cluster. The language generated by the grammar may be larger than the set consisting of the members of the cluster, and includes some possible similar image patterns due to the recursive nature of grammar. Then the distance between an input sentence (an image pattern) and a language (a group of image patterns) is computed by using an error-correcting parser. The recognition is based on the nearest neighbor rule.

VI. SYNTACTIC APPROACH TO SHAPE AND TEXTURE ANALYSIS

Shape and texture are the two major properties of image patterns. Recently, syntactic methods have been applied to both shape description and recognition. Pavlidis and Ali [40] have proposed a general model of syntactic shape analyzer. The first major component of the model is a curve-fitting algorithm which achieves the noise elimination and data reduction. The split-and-merge algorithm is used to obtain a polygonal approximation of the boundary of the original image pattern. It is assumed that the boundaries of the objects of interest consist of concatenations of the following subpatterns or nonterminals: QUAD (arcs approximated by a quadric curve), TRUS (sharp protrusions or intrusions), LINE (long line segments), and BREAK (short segments with no regular shape). Each of the nonterminals has a set of attributes as its semantic information. The production rules of the proposed general shape grammar consist of both syntactic and semantic rules. Stochastic finite automata are used as parsers for shape recognition.

Another method recently proposed for syntactic shape description and recognition is the use of attributed grammars [18,60]. Two types of primitive with attributes are proposed. The first type is a curve segment with its direction (the vector from the starting point to the end point), total length, total angular change, and a measure of its symmetry as the four attributes. The second type of primitive is an angle primitive with its attribute specified by the angular change at the concatenating point of two consecutive curve segments. Finite-state and context-free attributed grammars are used for shape description and recognition. Each production rule of the attributed grammar has a symbolic part like the conventional grammar rule and a semantic part for processing the attributes of the terminals and nonterminals in the symbolic part. The primitive extraction process is embedded in the parsing of the strings describing the boundaries of objects. Modified Earley parser and finite automata are used as shape recognizers.

Recently, a syntactic approach to texture analysis and discrimination has been proposed [41]. A texture pattern is divided into fixed-size subimages or windows. Using the gray level of a pixel or of a small array of pixels as primitives, we can represent each window by a tree with a prespecified tree structure. A tree grammar is used to characterize windowed patterns of the same texture. Since the windowed patterns are also a part of the global structure of the texture, one or more higher level tree structures can be employed to describe the arrangement of windowed patterns. Error-correcting tree automata (SPECTRA) constructed according to the texture (tree) grammars can be applied for texture discrimination [41]. Stochastic tree grammars have been suggested for the modelling of noisy and distorted texture patterns [42,56].

XII. CONCLUDING REMARKS

We have briefly reviewed some recent advances in the area of syntactic image analysis. Due to noise and distortions in real world images, syntactic approach to image analysis was regarded earlier as only effective in handling abstract and artificial image patterns. However, with the recent development of distance or similarity measures between syntactic patterns and error-correcting parsing procedures, the flexibility of syntactic methods has been greatly expanded. Errors occurring at the lower-level processing of an image (segmentation and primitive recognition) could be compensated at the higher level using structural information. Using a distance or similarity measure, nearest-neighbor and k-nearest-neighbor classification rules can be easily applied to image patterns. Furthermore, with a distance or similarity measure, a clustering procedure can be applied to image patterns. Such a nonsupervised learning procedure can also be very useful for grammatical inference in syntactic image analysis [39,42]. Application of syntactic methods to time-varying image analysis has recently been studied [61,62].

It has been noticed from the recent advances that semantic information has been used more and more with the syntax rules in characterizing image patterns. Quite often, semantic information involving spatial information can be expressed syntactically such as attributed grammars, and attributed relational graphs [5,10,13,18,31]. Parsing efficiency has become a concern in structural analysis. Special grammars and parallel parsing algorithms have been suggested for speeding up the parsing time. Structural information of an image can also be used as a guide in the segmentation process through the syntactic approach [45,50]. On the other hand, simple fixed-size segmentation procedures are often used in syntactic image analysis in spite of the fact that the application of these extremely simple procedures may result in unnatural subpatterns and primitives [5,12,56]. Syntactic representation of patterns such as hierarchical trees and relational graphs should also be very useful for database organization. Several recent publications have already shown such a trend [53-55].

Recently, the problem of image database management has attracted increasing attention [52-55]. Almost all image database management systems use the relational database model [51]. In the meantime, relational structures are used in syntaactic image analysis to represent the structural information of given images [4,12,13]. Attributed relational graphs have been proposed to describe image pattern structures with semantic information [31]. The relations in relational databases can be considered as data structures for representing relational graphs. The corresponding relationship between relational graphs and the relations in relational databases are as follows: For a relational graph, each set of branches with the same label corresponds to a relation of degree two (binary relation) in relational databases. A branch label corresponds to the name of a relation and each tuple of this relation corresponds to a pair of nodes connected by a branch with this label. Consequently, the conversion of a relational graph to its corresponding relations becomes rather straightforward [54]. Furthermore, the transformation of a generalized attributed relational graph into relational databases has been proposed [54].

REFERENCES

1. Fu, K. S. and Rosenfeld, A. (1976), "Pattern Recognition and Image Processing", IEEE Trans. on Computers, Vol. C-25, No. 12.

2. Fu, K. S. (1976), Digital Pattern Recognition, Springer-Verlag.

3. Rosenfeld, A. and Kak, A. C. (1976), Digital Picture Processing, Chapter 10 - Description, Academic Press.

4. Fu, K. S. (1974), Syntactic Methods in Pattern Recognition, Academic Press.

5. Fu, K. S. (1977), Syntactic Pattern Recognition Applications, Springer-Verlag.

6. Aho, A. V. and Ullman, J. D. (1972), The Theory of Parsing, Translation, and Compiling, Vol. 1, Prentice-Hall.

7. Gips, J. (1975), Shape Grammars and Their Use, Birkhauser Verlag, Basel and Stuttgart.

8. Fu, K. S. (1976), "Tree Languages and Syntactic Pattern Recognition" in Pattern Recognition and Artificial Intelligence, ed. by C. H. Chen, Academic Press.

9. Fu, K. S. and Booth, T. L. (1975), "Grammatical Inference-Introduction and Survey", IEEE Trans. on Systems, Man and Cybernetics, Vol. SMC-5, Jan. and July.

10. Chou, S. M. and Fu, K. S. (1976), "Inference for Transition Network Grammars", Proc. Third International Joint Conference on Pattern Recognition, Nov. 8-11, Coronado, Calif., U.S.A.

11. Porter, G. B. (1976), "Grammatical Inference Based on Pattern Recognition", Proc. Third International Joint Conference on Pattern Recognition, Nov. 8-11, Coronado, Calif., U.S.A.

12. Fu, K. S. (1981), Suntactic Pattern Recognition and Applications, Prentice-Hall.

13. Brayer, J. M. and Fu, K. S. (1976), "Some Multidimensional Grammar Inference Methods" in Pattern Recognition and Artificial Intelligence, ed. by C. H. Chen, Academic Press.

14. Brayer, J. M. and Fu, K. S. (1977), "A Note on the k-tail Method of Tree Grammar Inference", IEEE Trans. on Systems, Man and Cybernetics, Vol. SMC-7, No. 4, April, pp. 293-299.

15. Barrero, A. and Gonzalez, R. C. (1977), "A Tree Traversal Algorithm for the Inference of Tree Grammars", Proc. 1977 IEEE Computer Society Conference on Pattern Recognition and Image Processing, June 6-8, Troy, N.Y.

16. Lee, H. C. and Fu, K. S. (1972), "A Syntactic Pattern Recognition System with Learning Capability", Proc. Fourth International Symposium on Computer and Information Sciences (COINS-72), Dec. 14-16, Bal Harbour, Florida.

17. Keng, J. and Fu, K. S. (1977), "A System of Computerized Automatic Pattern Recognition for Remote Sensing", Proc. 1977 International Computer Symposium, Dec. 27-29, Taipei, Taiwan.

18. You, K. C. and Fu. K. S. (1979), "A Syntactic Approach to Shape Recognition Using Attributed Grammars", _IEEE Trans. on Systems, Man and Cybernetics_, Vol. SMC-9, June.

19. Pfaltz, J. L. and Rosenfeld, A. (1969), "Web Grammars," Proc. First International Joint Conference on Artificial Intelligence, Washington, D. C..

20. DePalma, G. F. and Yau, S. S. (1975), "Fractionally Fuzzy Grammars with Application to Pattern Recognition", in _Fuzzy Sets and Their Applications to Cognitive and Decision Processes_, ed. by L. A. Zadeh, et al., Academic Press.

21. Joshi, A. K. (1973), "Remarks on Some Aspects of Language Structure and Their Relevance to Pattern Analysis", _Pattern Recognition_, Vol. 5, No. 4.

22. Bhargava, B. K. and Fu, K. S. (1974), "Transformation and Inference of Tree Grammars for Syntactic Pattern Recognition", Proc. 1974 IEEE International Conference on Cybernetics and Society, Oct., Dallas, Texas.

23. Pavlidis, T. (1976), "Syntactic Pattern Recognition on the Basis of Functional Approximation" in _Pattern Recognition and Artificial Intelligence_, ed. by C. H. Chen, Academic Press.

24. Lu, S. Y. and Fu, K. S. (1977), "Stochastic Error-Correcting Syntax Analysis for Recognition of Noisy Patterns", _IEEE Trans. on Computers_, Vol. C-26, No. 12, Dec., pp. 1268-1276.

25. Fung, L. W. and Fu, K. S. (1975), "Stochastic Syntactic Decoding for Pattern Classification", _IEEE Trans. on Computers_, Vol. C-24, July.

26. Thomason, M. G. and Gonzalez, R. C. (1975), "Error Detection and Classification in Syntactic Pattern Structures", _IEEE Trans. on Computers_, Vol. C-24.

27. Fu, K. S. (1977), "Error-Correcting Parsing for Syntactic Pattern Recognition", in _Data Structure, Computer Graphics and Pattern Recognition_, ed. by A. Klinger, et. al., Academic Press.

28. Lu, S. Y. and Fu, K. S. (1978), "Error-Correcting Tree Automata for Syntactic Pattern Recognition", _IEEE Trans. on Computers_, Vol. C-27, Nov.

29. Page, C. and Filipski, A (1977), "Discriminant Grammars, An Alternative to Parsing for Pattern Classification", Proc. 1977 IEEE Workshop on Picture Data Description and Management, April 20-22, Chicago, Ill.

30. Pavlidis, T. (1976), "Syntactic Feature Extraction for Shape Recognition", Proc. 3rd International Joint Conf. on Pattern Recognition, Nov. 8-11, Coronado, Calif., pp. 95-99.

31. Tsai, W. H. and Fu, K. S. (1976), "Error-Correcting Isomorphisms of Attributed Relational Graphs for Pattern Analysis", _IEEE Trans. on Systems, Man and Cybernetics_, Vol. SMC-9, Dec., pp. 757-768.

32. Persoon, E. and Fu, K. S. (1975), "Sequential Classification of Strings Generated by SCFG's", _International Journal of Computers and Information Sciences_, Vol. 4, Sept.

33. Aho, A. V. and Peterson, T. G. (1972), "A Minimum Distance Error-Correcting Parser for Context-Free Languages", _SIAM Journal on Computing_, Vol. 4, Dec.

34. Levenshtein, V. I. (1966), "Binary Codes Capable of Correcting Deletions, Insertions and Reversals," Sov. Phys. Dokl., Vol. 10, Feb.

35. Rosenfeld, A. (1979), Picture Languages, Academic Press.

36. Chang, N. S. and Fu. K. S. (1978), "Parallel Parsing of Tree Languages", Proc. 1978 IEEE Computer Society Conference on Pattern Recognition and Image Processing, May 31 - June 2, Chicago, Ill.

37. Duda, R. O. and Hart, P. E. (1972), Pattern Classification and Scene Analysis, Wiley.

38. Lu, S. Y. and Fu, K. S. (1978), "A Sentence-to-Sentence Clustering Procedure for Pattern Analysis", IEEE Trans. on Systems, Man and Cybernetics, Vol. SMC-8, No. 5.

39. Fu, K. S. and Lu, S. Y. (1977), "A Clustering Procedure for Syntactic Patterns", IEEE Trans. on Systems, Man and Cybernetics, Vol. SMC-7, No. 10, Oct., pp. 734-742.

40. Ali, F. and Pavlidis, T. (1977), "Syntactic Recognition of Handwritten Numerals", IEEE Trans. on Systems, Man and Cybernetics, Vol. SMC-7, No. 7, July, pp. 537-541.

41. Lu, S. Y. and Fu, K. S. (1978), "A Syntactic Approach to Texture Analysis", Computer Graphics and Image Processing, Vol. 7, No. 3, June.

42. Lu, S. Y. and Fu, K. S. (1979), "Stochastic Tree Grammar Inference for Texture Synthesis and Discrimination", Computer Graphics and Image Processing, Vol. 9, March.

43. Brayer, J. M. and Fu, K. S. (1976), "Application of a Web Grammar Model to an ERTS Picture", Proc. Third International Joint Conference on Pattern Recognition, Nov. 8-11, Coronado, Calif., U.S.A.

44. Li, R. Y. and Fu, K. S. (1976), "Tree System Approach to LANDSAT Data Interpretation", Proc. Symposium on Machine Processing of Remotely Sensed Data, June 29 - July 1, Lafayette, Indiana.

45. Keng, J. and Fu, K. S. (1976), "A Syntax-Directed Method for Land-Use Classification of LANDSAT Images", Proc. Symposium on Current Mathematical Problems in Image Science, Nov. 10-12, Monterey, Calif.

46. Tsai, W. H. and Fu, K. S. (1980), "Attributed Grammar - A Tool for Combining Syntactic and Statistical Approaches to Pattern Recognition", IEEE Trans. on Systems, Man and Cybernetics, Vol. SMC-10, Dec., pp. 873-885.

47. Jakubowski, R. and Kasprzak, A. (1977), "A Syntactic Description and Recognition of Rotary Machine Elements", IEEE Trans. on Computers, Vol. C-26, No. 10, Oct., pp. 1039-1042.

48. Jarvis, J. F. (1976), "Regular Expressions as a Feature Selection Language for Pattern Recognition", Proc. Third International Joint Conference on Pattern Recognition, Nov. 8-11, Coronado, Calif., pp. 189-192.

49. Mundy, J. L. and Joynson, R. E. (1977), "Automatic Visual Inspection Using Syntactic Analysis", Proc. 1977 IEEE Computer Society Conference on Pattern Recognition and Image Processing, June 6-8, Troy, N.Y.

50. Tsuji, S. and Fujiwana, R. (1974), "Linguistic Segmentation of Scenes into Regions", Proc. Second International Joint Conference on Pattern Recognition, August 13-15, Copenhagen, Denmark.

51. Codd, C. F. (1970), "A Relational Model of Data for Large Shared Data Banks", Comm. ACM, Vol. 13, no. 6, June.

52. Blaser, A. (1980), ed., Data Base Techniques for Pictorial Applications, Springer-Verlag.

53. Kunii, T., Weyle, S. and Tenenbaum, J. M. (1974), "A Relational Data Base Scheme for Describing Complex Pictures with Color and Texture", Proc. Second International Joint Conference on Pattern Recognition, August 13-15, Copenhagen, Denmark.

54. Chang, N. S. and Fu, K. S. (1980), "An Integrated Image Analysis and Image Database Management System," Tech. Report TR-EE 80-20, Purdue University, May.

55. Chang, S. K. and Fu, K. S. (1980), ed., Picture Information Systems, Springer-Verlag.

56. Fu, K. S. (1980), Syntactic Image Modeling Using Stochastic Tree Grammars", Computer Graphics and Image Processing, Vol. 12, pp. 136-152.

57. Pavlidis, T. (1972), "Linear and Context-Free Graph Grammars," J. ACM, Vol. 19, pp. 11-22.

58. Pfaltz, J. L. (1970), "Web Grammars and Picture Description," Tech. Rept. 70-138, Computer Science Center, University of Maryland.

59. Shaw, A. C. (1972), "Picture Graphs, Grammars and Parsing," in Frontview of Pattern Recognition ed. by S. Watanabe, Academic press.

60. You, K. C. and Fu, K. S. (1980), "Distorted Shape Recognition Using Attributed Grammars and Error-Correcting Techniques," Computer Graphics and Image Processing, Vol. 13, pp. 1-16.

61. Fan, T. I. and Fu, K. S. (1979), "A Syntactic Approach to Time-Varying Image Analysis", Computer Graphics and Image Processing, Vol. 11, pp. 138-149.

62. Fan, T. I. and Fu, K. S. (1981), "Tree Translation and Its Application to Traffic Image Sequence Analysis", Proc. 1981 IEEE Computer Society Conference on Pattern Recognition and Image Processing, August 3-5, Dallas, Texas.

+This work was supported by the National Science Foundation Grant ECS 78-16970.

SYSTEME

Bausteine für ein Bilddeutungssystem

W. Kestner

Forschungsinstitut für Informationsverarbeitung und Mustererkennung,
Breslauerstr. 48, D-7500 Karlsruhe

1. Einleitung

Hierarchisch organisierte Bilddeutungssysteme weisen Unzulänglichkeiten
(vgl. /1/) auf, wie z.B. Festlegung auf ein bestimmtes Segmentationser-
gebnis schon bei der "Vorverarbeitung", Empfindlichkeit gegenüber fehlenden oder störenden Merkmalen, großer Verarbeitungsaufwand.

In Abb. 1 ist das Prinzipbild eines heterarchischen Systems dargestellt,
das unseren weiteren Überlegungen zugrunde liegt. Unter Verwendung von
Merkmalen erzeugen Segmentationsroutinen eine symbolische Beschreibung
des Bildes. In der Folge können hieraus komplexere Merkmale (z.B. der
Form von Objekten) berechnet werden. Ein Vergleich dieser Merkmale mit
Modellelementen führt zur semantischen Interpretation.

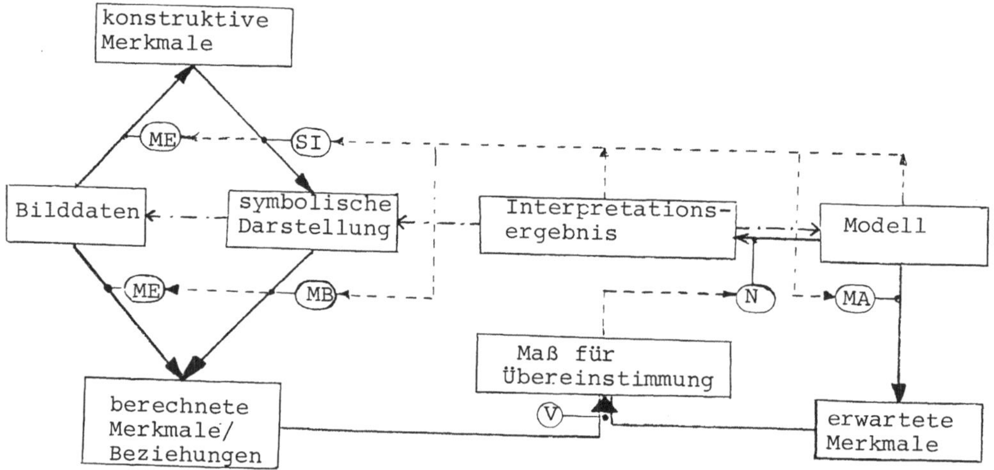

ME=Merkmalsextraktion, SI=Segmentation/Isolation, MB=Merkmalsberechnung,
MA=Merkmalsauswahl, V=Verifikation, N=Interpretation von Bildkomponenten

Abb. 1: Struktur eines heterarchischen Bilddeutungssystems

Qualität von Interpretations- und Segmentationsergebnissen hängen voneinander ab. So kann sich eine Menge berechneter Merkmale oder Beziehungen zwischen Bildkomponenten als unzureichend für eine zuverlässige semantische Interpretation erweisen. In diesem Fall werden verfeinerte
und vollständigere Objektkonturen erzeugt und eine modifizierte Berechnung von Merkmalen und Beziehungen durchgeführt /2/.

Komplexe Bilddeutungssysteme müssen, aus Gründen der Flexibilität und der Handhabbarkeit während ihrer Entwicklung, modular aufgebaut sein. Zu den Bausteinen zählen (vgl. hierzu /3/) Wissen über Szeneninhalt und -aufbau, Prozeduren zur Erzeugung von Hypothesen und eine Kontrollstruktur. Da die Segmentation und Merkmalsextraktion in heterarchischen Systemen nicht 'straight forward' erfolgt, sondern auf der Basis sich ständig vermehrenden Wissens über die bearbeitete Szene, werden die hierzu verwendeten Verfahren als modulare Bausteine bereitgestellt. Eine grobe Gliederung enthält Verfahren, die zu einer skizzenhaften symbolischen Szenenbeschreibung führen, eine Menge von Verfahren, die Merkmale extrahierter Objekte und Beziehungen zwischen Objekten berechnen und eine Gruppe von Prozeduren, die gesteuert durch Wissen über bereits ermittelten oder vermuteten Bildinhalt eingesetzt werden.

2. Grobsegmentierung und Einzelobjektisolation

Hier werden Verfahren zusammengefaßt, die eine erste partielle Segmentation des Bildes bewirken. Um die Vielfalt möglicher Merkmale bewältigen zu können, werden auf dieser Stufe nur einfache lokale Eigenschaften ausgewertet. A priori Kenntnisse über den möglichen Bildinhalt können nicht vorausgesetzt werden, sodaß eine Steuerung der Verfahren nur durch 'general purpose' Modelle /5/ erfolgt.

Flächenhafte Bereiche können grundsätzlich entweder über die zum Inneren der Fläche gehörenden Punkte oder über die Konturen, die Bereiche voneinander trennen, ermittelt werden. Die zweite Vorgehensweise deckt sich weitgehend mit der Ermittlung von Linien. Um das Ziel einer partiellen Segmentation des Bildes mit einem möglichst geringen Verarbeitungsaufwand zu erreichen, wird in beiden Fällen die Zahl der zu analysierenden Bildpunkte auf das unbedingt erforderliche Maß verringert. Im ersten Fall reduzieren wir die Auflösung des Bildes durch systematische Zusammenfassung von Bildpunkten, im zweiten Fall bearbeiten wir nur eine gezielte Auswahl aller Bildpunkte.

Die Verwendung pyramidaler Datenstrukturen (z.B. /4/, /6/) basiert auf der Möglichkeit, trotz reduzierter Bildauflösungen gewisse charakteristische Objektmerkmale zu identifizieren. Die Bildebenen, die geringen Auflösungen entsprechen, enthalten nur noch größere Objekte, die durch wenige Bildpunkte repräsentiert werden. Neben dem Vorteil, daß kleine Objekte ebenso wie Störungen ausgefiltert werden, kommt es aber auch zu einer Verwischung von Konturen und einer Unterdrückung sogar langer, jedoch dünner linienhafter Objekte.

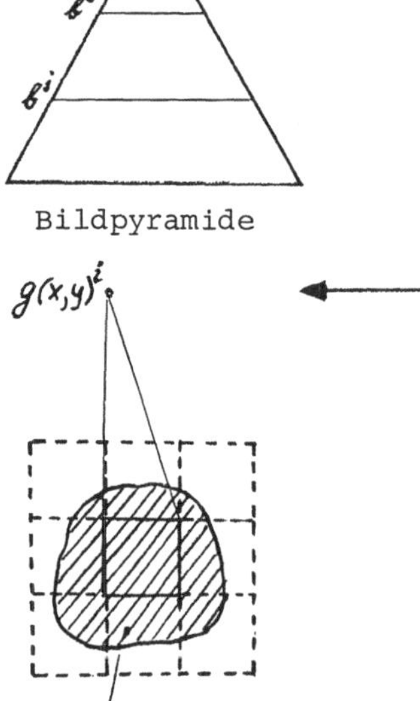

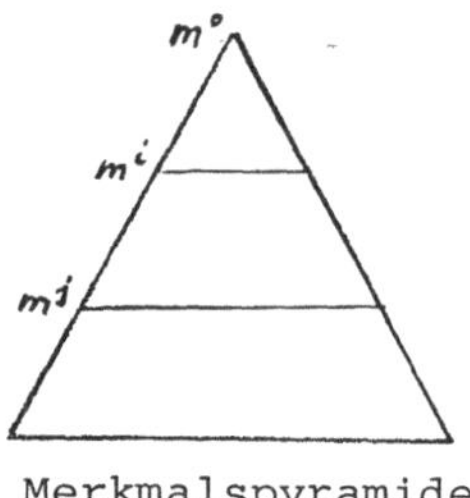

Bildpyramide — Merkmalspyramide

Abb. 2: Beispiel für lokale Schwellwertbildung in der Ebene j unter Verwendung einer Steuermatrix aus der Ebene i

$g(x,y)^i$

$m(x,y)^i$

$g(x',y')^j \geqq g(x,y)^i \;\; ; \;\; j > i$

Ein Beispiel für den effektiven Einsatz einer pyramidalen Struktur liefert die Isolation kompakter flächiger Bereiche (s. Abb. 2). Neben der Bildpyramide wird eine Merkmalspyramide erstellt, bei der die Ebene i Merkmale des Bildes i enthält. In dem gewählten Beispiel sind die Merkmale Angaben über die eindimensionalen Grauwertprofilverläufe in Zeilen- und in Spaltenrichtung. Mit einfachen Mitteln können Spitzen im Grauwertgebirge der Ebene i identifiziert werden (z.B. an der Stelle $(x,y)^i$). Der Grauwert $g(x,y)^i$ wird in der Ebene j, die einer besseren Auflösung entspricht, als Schwelle verwendet. In einem Folgeschritt werden die zusammenhängenden Punkte, die die Schwellwertbildung 'überlebt' haben, markiert.

Die ermittelte Fläche erhält ein globales Vertrauensmaß

$$v_g^j = \frac{\sum_1 v_1^j}{L} \qquad \text{mit} \quad l=1, L \text{ (Orte auf dem Umfang der Fläche)}$$

Die lokalen Vertrauensmaße v_1^j sind eine Funktion des lokalen Kontrasts am Umfang der Fläche entsprechend Abb. 3

Abb. 3: Berechnung des lokalen Vertrauensmaßes v_1^j

Nach einem ähnlichen Prinzip wird die Fläche über ihre Kontur ermittelt. Die Steuermatrix i liefert den Ansatzpunkt $(x', y')^j$ in der Ebene j. Die Untersuchung des Profils auf Radialstrahlen, ausgehend von diesem

Punkt, liefert Stützstellen auf der Kontur /7/.

Im Falle linienhafter Objekte, die quer zu ihrer Längsausdehnung nur
sehr wenige (z.B. 2-4) Bildpunkte aufweisen, ist es nicht möglich, über
eine systematische Bildverkleinerung den ungefähren Verlauf zu ermitteln.
Andererseits mag es in dieser frühen Phase der Verarbeitung genügen,
einige wenige Stellen zu kennen, durch die ein linienhaftes Objekt verläuft. Die Reduktion der zu verarbeitenden Daten erfolgt durch Auswahl
einer Untermenge der Bildpunkte in der besten Auflösungsebene (z.B.
Untersuchung von n Zeilen und n Spalten in einem Bild mit NxN Bildpunkten, wobei $n \cdot i = N$ und $i \geq 2$). An den Orten, an denen, auf Grund des Grauwertverlaufs, ein Verdacht auf ein linienhaftes Objekt besteht, erfolgt
eine detailliertere Überprüfung /8/. Der Vertrauenswert für eine derartige Ansatzstelle ergibt sich aus geometrischer und spektraler Übereinstimmung der als zusammengehörig betrachteten Punkte eines solchen
Linienstückes.

Eine Mittelstellung zwischen kompakten Flächen und Linien sehr geringer
Breite nehmen sog. Bänder ein. Damit sind Flächen gemeint, die bei einer
Bildverkleinerung statt zu Punkten zu längeren Linien entarten. Wendet
man die Prozedur zur Auffindung von Ansatzstellen auf Linien in Bildebenen geringerer Auflösung an, so gewinnt man entsprechend Ansatzstellen auf Bändern /19/.

3. Einfache Merkmale

Um die im Bild isolierten Bereiche oder Linien als Objekte eines bestimmten Typs zu identifizieren, müssen Eigenschaften dieser Bildkomponenten mit den erwarteten Objekteigenschaften verglichen werden. Eigenschaften von Flächen, die einfach überprüft werden können, sind z.B.
Grauwertintensität, Farbe /10/, Textur /11/, Form /12/. Obwohl diese
Eigenschaften durchaus geeignet sind, plausible Hypothesen über die
mögliche Identität einer Bildkomponente aufzustellen, werden für die
Verifizierung relative Eigenschaften (vgl. /13/) und mögliche Beziehungen, wie Nachbarschaft und Enthaltensein, zwischen Bildkomponenten benötigt.

Die für Linien verwendeten Merkmale weichen von den obigen teilweise ab,
wobei anstelle der Textur die Konstanz der Intensität längs der Linie
und als Formmerkmale (relative) Breite, Breitenkonstanz und Geradlinig-
keit verwendet werden.

4. Modellgestützte Objektextraktion

Ehe man dazu übergeht, aus den noch unvollkommenen Segmentationsergebnissen weitreichende und endgültige Schlüsse zu ziehen, ist es naheliegender, die erzielten Ergebnisse zu präzisieren und zu vervollständigen.
Hierzu werden die Eigenschaften, die sich aus der vermuteten Identität
der Bildkomponenten ergeben, ausgenützt. Statt nur die in der ersten
Phase der Segmentation verwendeten grundlegenden Verfahren mit verfei-
nerter Parametereinstellung erneut einzusetzen, werden auch Verfahren
eingesetzt, die rechenintensiver sind. Dies ist tragbar, da diese Verfahren der 2. Stufe nur noch gezielt an ausgewählten Orten und nicht mehr
systematisch im gesamten Bild zur Anwendung kommen.

Für die Ermittlung flächenhafter Objekte kommen hierbei sowohl eine
adaptive Schwellwertbildung /12/, bei der nach systematischer Bildung
von Schwellen an einem Ort die einzelnen Flächen miteinander verglichen
werden, als auch ein Flächenwachstumsverfahren /14/, dessen Abbruchkri-
terium von einer erwarteten Form beeinflußt wird, zum Einsatz. Für die
Verfeinerung von Linienzügen und Konturen steht eine verallgemeinerte
Version des in /9/ beschriebenen Verfahrens zur Verfügung. Dieses Verfahren ist in der Lage , auch schwache oder stark gestörte Linien (Konturen) zu ermitteln. Ähnlich wie in /16/ wird durch die grobe Kontur
ein "Korridor" um das flächenhafte Objekt gelegt, der als erstes untersucht wird, oder es wird, ausgehend von in der ersten Verarbeitungsphase
ermittelten Ansatzstellen auf Linien, versucht eine plausible Fortsetzung
zu entdecken.

5. Komplexe Merkmale

Als komplex werden hier jene Merkmale bezeichnet, deren Extraktion zu
aufwendig ist, um sie im gesamten Bild, oder aufgrund eines vielleicht
nur sehr geringen Verdachts auf Vorhandensein, durchzuführen. Hierzu
gehören z.B. parallel verlaufende Linien, sich wiederholende Komponenten,
sog. virtuelle Objekte u.ä.. Ihre Berechtigung erfahren diese Merkmale
dadurch, daß es in manchen Fällen schwierig ist die Teile von Objekten
zuverlässig getrennt für sich zu isolieren (Beispiel: eng benachbarte,
parallele Linien, die stellenweise miteinander verschmelzen). Zur Zeit
stehen für diese Zwecke nur 2 Verfahren zur Verfügung. Eines der Verfahren ist in der Lage, nahe benachbarte parallele Linienzüge zu identifizieren /9/, das andere /15/ kann dazu verwendet werden, vermutete Anordnungen von Linien- bzw. Kontursegmenten zu überprüfen.

6. Zusammenfassung

Die Verfahren der Segmentation und Merkmalsextraktion sind wesentliche Bestandteile eines Bilddeutungssystems. Sie können in Gruppen, entsprechend ihrem Einsatz in einem heterarchischen Systems, gegliedert werden. Vertreter für die einzelnen Gruppen wurden genannt. Ergebnisse werden präsentiert.

Literatur

/1/   Pratt, W.K., "Digital Image Processing", 1978, Wiley-Interscience

/2/   Mackworth, A.K., "Vision Research Strategy: Black Magic, Metaphors Mechanisms, Miniworlds and Maps" in: Computer Vision Systems, Ed. by Hanson and Riseman, Academic Press, 1978, pp 53-59

/3/   Hanson, A.R., Riseman, E.M., "VISIONS: A Computer System for Interpreting Scenes", ibid, pp 303-333

/4/   Hanson, A.R., Riseman, E.M., "Segmentation of Natural Scenes", ibid, pp 129-163

/5/   Zucker, S.W., Rosenfeld, A., Davis, L.S., "General Purpose Models: Expectations about the Unexpected",4IJCAI, Tbilisi, 1975, pp 716-721

/6/   Levine, M.D.,"Region Analysis Using a Pyramid Data Structure" in: Structured Computer Vision, Academic Press, 1980, pp 57-98

/7/   Bausch, U. et al., "Extraktion von Objekten aus Luftbildern durch objektspezifische Verfahren mit stufenweiser Verbesserung der örtlichen Genauigkeit",DAGM-Symposium, 1979, Informatik-Fachbericht 20, Springer, pp 50-62

/8/   Groch, W.-D., "Zwei Verfahren zur vollautomatischen Suche von Startpunkten für die Extraktion linienhafter Objekte aus Grauwertbildern", ibid, pp 43-49

/9/   Bausch, U., Kestner, W., "Auswertung lokaler Zusammenhänge zur Bestimmung von Objektgruppen in Luftbidern", ibid pp 63-70

/10/   Ohta, Y-I., Kanade, T., Sakai, T., "Color Information for Region Segmentation", Computer Graphics and Image Processing, 13, 1980, pp 222-241

/11/   Bargel, B., Kazmierczak, H., "Texturanalyse" in: Erfassung und maschinelle Verarbeitung von Bilddaten, Hrsg.: H. Kazmierczak, Springer, 1980

/12/   Ebert, A., Bohner, M., "Discrimination of Operating Military Targets in Natural Scenes from Thermal Imagery", FIM-Bericht Nr. 77, 1980

/13/   Rosenthal, D.A., "An Inquiry Driven Computer Vision System Based on Visual and Conceptual Hierarchies", Dissertation, University of Pennsylvania, 1978

/14/   Schärf, R., "Untersuchungen zur bildgesteuerten Separierung von Objekten in multispektralen Bilddaten", Dissertation, Univers. Karlsruhe, 1981

/15/   Bausch, U., et al., "Automatisierung der Datenextraktion für Objekte aus Luftbildern", FIM-Bericht Nr. 86, Teil 2, Jan. 1981

/16/   Ballard, D.H., "Hierarchical Recognition of Tumors in Chest Radiographs with Computer",Birkhäuser, 1976

Bei der Übersendung des Manuskripts an den Verlag lag der Beitrag

IPA - Ein Programmsystem zur interaktiven Mustererkennung

A. Vespermann

noch nicht vor. Sollte er rechtzeitig vor Drucklegung noch eingehen,
wird er in den Anhang mit aufgenommen.

TEXTURANALYSEVERFAHREN ZUR FEHLERMESSUNG BEI GLASBEHÄLTERN

F. Wahl[*], H. Giebel[**], L. Abele[*]

[*]Lehrstuhl für Nachrichtentechnik, Technische Universität München
Arcisstr.21, 8000 München 2

[**]PCS GmbH Periphere Computer Systeme, Pfälzer Wald Straße 36
8000 München 90

1. Einleitung

In Flaschenwasch- und Flaschenabfüllanlagen müssen Flaschen auf Sauberkeit, Bruch und Füllungsgrad überprüft werden. Da die menschliche Inspektion in solchen Anlagen mit einer hohen physischen und psychischen Belastung verbunden ist, scheint es sinnvoll, ein System zur automatischen Inspektion zu entwickeln.

Eine automatische Inspektion sollte zwischen tolerierbaren Veränderungen der Flaschenwand (z.B. Glasabrieb, Kratzer) und nichttolerierbaren (z.B. Glassprünge, Farbspritzer, Mörtel,eingeschlossene Gegenstände) unterscheiden können. Da jede Störung als spezifische Textur im Durchlichtbild in Erscheinung tritt, werden in diesem Beitrag zwei einfache eindimensionale Texturanalysemethoden (Min/Max-Algorithmus mit variabler Schwelle und Lauflängenalgorithmus mit Hysterese) vorgestellt und auf die in Abb.1 gezeigten digitalisierten Flaschenseitenansichten zeilenweise angewendet. Da eine Merkmalsgewinnung nur im inneren Bereich der Flasche von Interesse ist, wurden jeweils vor Anwendung der Texturanalyseverfahren automatisch die äußeren Konturen der Flaschenwand ermittelt (siehe hierzu z.B. /1/) und die Analyse auf einen Bereich mit hinreichendem Sicherheitsabstand von diesen beschränkt.

2. Anwendung eines Min/Max-Algorithmus'

Als einfache Methode, die relative Häufigkeit von lokalen Extrema zu messen, wurde in der Literatur u.a. ein Min/Max-Algorithmus angegeben, der hier in abgewandelter Form zur Anwendung kommen soll. Es sei x_k der Intensitätsverlauf einer Bildzeile im interessierenden Bildbereich. Dieser läßt sich nach folgender Vorschrift in einen modifizierten Signalverlauf y_k umwandeln:

$$y_{k+1} = \begin{cases} x_{k+1} - T/2 & \text{für } y_k < x_{k+1} - T/2 \\[2ex] y_k & \text{für } x_{k+1} - T/2 < y_k < x_{k+1} + T/2 \\[2ex] x_{k+1} + T/2 & \text{für } x_{k+1} + T/2 < y_k \end{cases}$$

$$\text{mit } y_1 = x_1$$

Der Parameter T ist hierbei eine Grauwertschwelle. Die Wirkung des Algorithmus' liegt darin, daß benachbarte Minima und Maxima aus x_k in y_k nur dann erhalten bleiben, wenn ihre Grauwertdifferenz größer als T ist. Abb.2 zeigt für eine Grauwertschwelle von T=16 (Grauwertbereich: 0...1023) jeweils den Signalverlauf von x_k und y_k und die in y_k noch erhaltenen Minima und Maxima. Wendet man den beschriebenen Algorithmus in mehreren Durchläufen auf den interessierenden Bildausschnitt an, erhöht hierbei jeweils sukzessive die Grauwertschwelle T und zählt die Anzahl der Minima und Maxima in Abhängigkeit von T, so erhält man auf einfache Weise ein Maß für die Feinheit und den Kontrast der zugrundeliegenden Textur. Im Kontext der Flascheninspektion sind diese Größen als Häufigkeit und Amplitude der Störungen im Flaschendurchlichtbild zu interpretieren, die den jeweils zugrundeliegenden Flaschendefekt charakterisieren. Abb.3 zeigt, angewandt auf die Flaschenansichten in Abb.1, das Resultat des Verfahrens. Für unterschiedliche Arten von Verschmutzungen ergeben sich jeweils unterschiedliche charakteristische Kurvenverläufe, aus denen Entscheidungsgrößen abgeleitet werden können.

3. Anwendung eines Lauflängenalgorithmus' mit Hysterese

Eine ähnliche Merkmalsgewinnung läßt sich mit Hilfe eines modifizierten Lauflängenalgorithmus realisieren. Zunächst wird zeilenweise aus dem Grauwertverlauf x_k im interessierenden Bildbereich eine Tiefpaßversion y_k durch einfaches Mitteln mit konstanten Gewichten in einem Fenster konstanter Länge (hier 7 Signalwerte) erzeugt. Abhängig von einer wiederum sukzessive erhöhten Grauwertschwelle T wird gezählt, wieviele zusammenhängende Zeilenpunkte beliebiger Länge L über $y_k + T/2$ bzw. unter $y_k - T/2$ liegen. Mit dem beschriebenen Verfahren werden also sowohl die Häufigkeit und die Amplitude von Störungen im Flaschendurchlichtbild festgehalten, als auch ihre örtliche (eindimensionale) Ausdehnung. Das Resultat des modifizierten Lauflängenalgorithmus' kann jeweils als Lauflängenhistogramm in der T-L Ebene dargestellt werden. Abb.4 zeigt für die Flaschen aus Abb.1 die Histogramme der Lauflängen über der Grauwertschwelle $y_k + T/2$ (Abb.4a) bzw. unter $y_k - T/2$ (Abb.4b). Auch hier ergeben sich für verschiedene Störungen an der Flaschenwand charakteristische Kurvenverläufe.

4. Diskussion

Mit den oben beschriebenen Verfahren lassen sich aufwandsgünstig Texturen von Glasbehältern analysieren. Die Ergebnisse sind invariant gegenüber multiplikativen Beleuchtungseinflüssen und invariant gegenüber der Ortsauflösung, vorrausgesetzt, es liegt keine Unterabtastung vor. Die resultierenden Größen (Abb.3,4) stellen jedoch noch nicht die geforderte Entscheidungsfindung (gute oder schlechte) Flasche) selbst dar. Deshalb wurden verschiedene Entscheidungsalgorithmen programmiert, die aus den Texturanalyseergebnissen Merkmale extrahieren (z.B. Histogrammomente). Zur automatischen Beurteilung wurden Auswerteprogramme erstellt, bei denen zeilenweise das Analyseergebnis mit einer interaktiv vorgegebenen Einteilungin trungsklassen verglichen wurde. Näheres hierzu wird in einer weiteren Arbeit behandelt /3/. Mit Hilfe der oben beschriebenen Verfahren wurde eine Maschine konzipiert, die mit einer dem Menschen vergleichbaren Zuverlässigkeit unbrauchbare Flaschen aussortiert.

5. Literatur

/1/ Kugler H., Wahl F.: Kantendetektion mit lokalen Operatoren.
   In: Angewandte Szenenanalyse, Hrsg. J.P.Foith, Springer Verlag, Berlin 1979
/2/ Mitchell O.R., Myers C.R., Boyne W.: A Max-Min Measure for Image Texture
   Analysis, IEEE Trans. on Comp., Apr. 1977
/3/ Giebel H., Gutschale H., Wahl F.: A System for Automatic Inspection of
   Glass Bottles Using Texture Analysis Procedures. In Vorbereitung

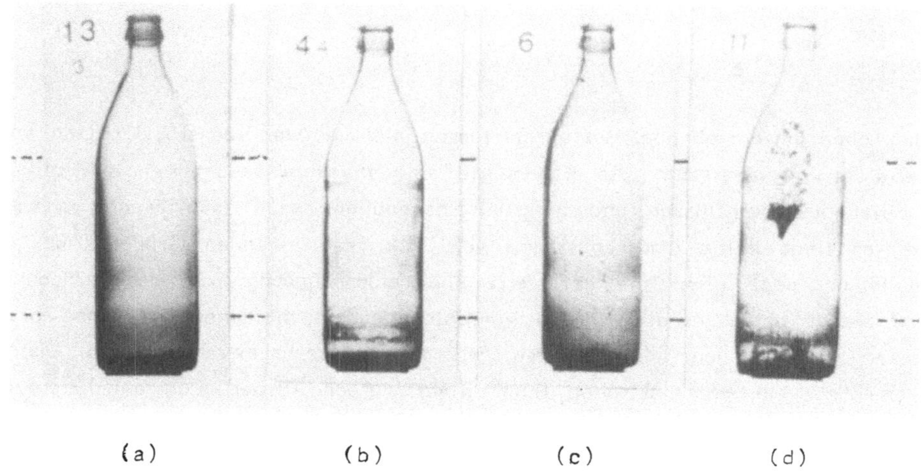

Abb. 1: Beispiele verschiedener Flaschendurchlichtbilder;
(a) saubere Flasche, (b)-(d) Flaschen mit verschiedenen Ver-
schmutzungsgraden.

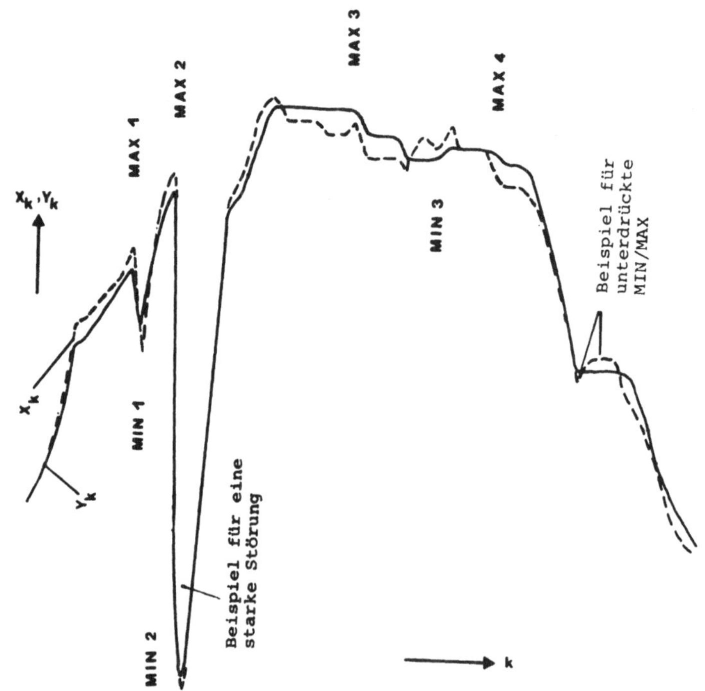

Abb. 2: Wirkung des Min/Max-Algorithmus, angewandt auf den Grauwertverlauf einer Zeile.

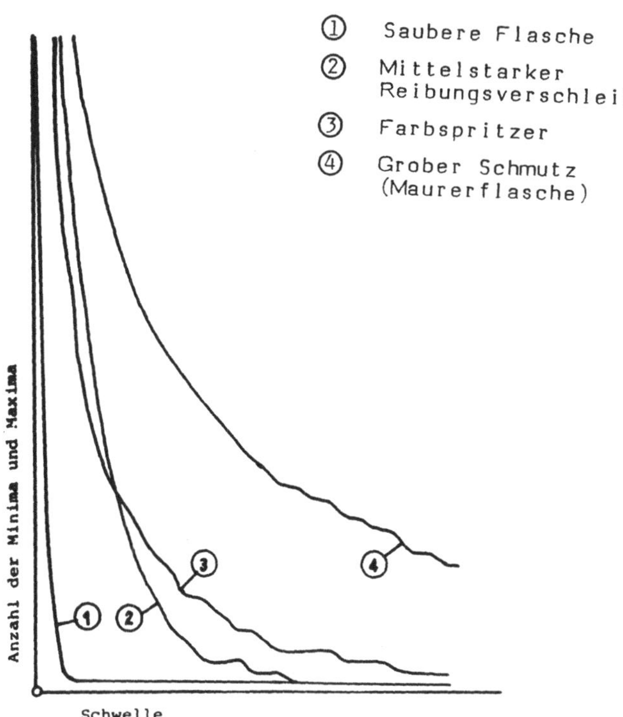

Abb. 3: Anzahl der Minima und Maxima bei verschiedenen Flaschenverschmutzungsgraden als Funktion der Grauwertschwelle T.

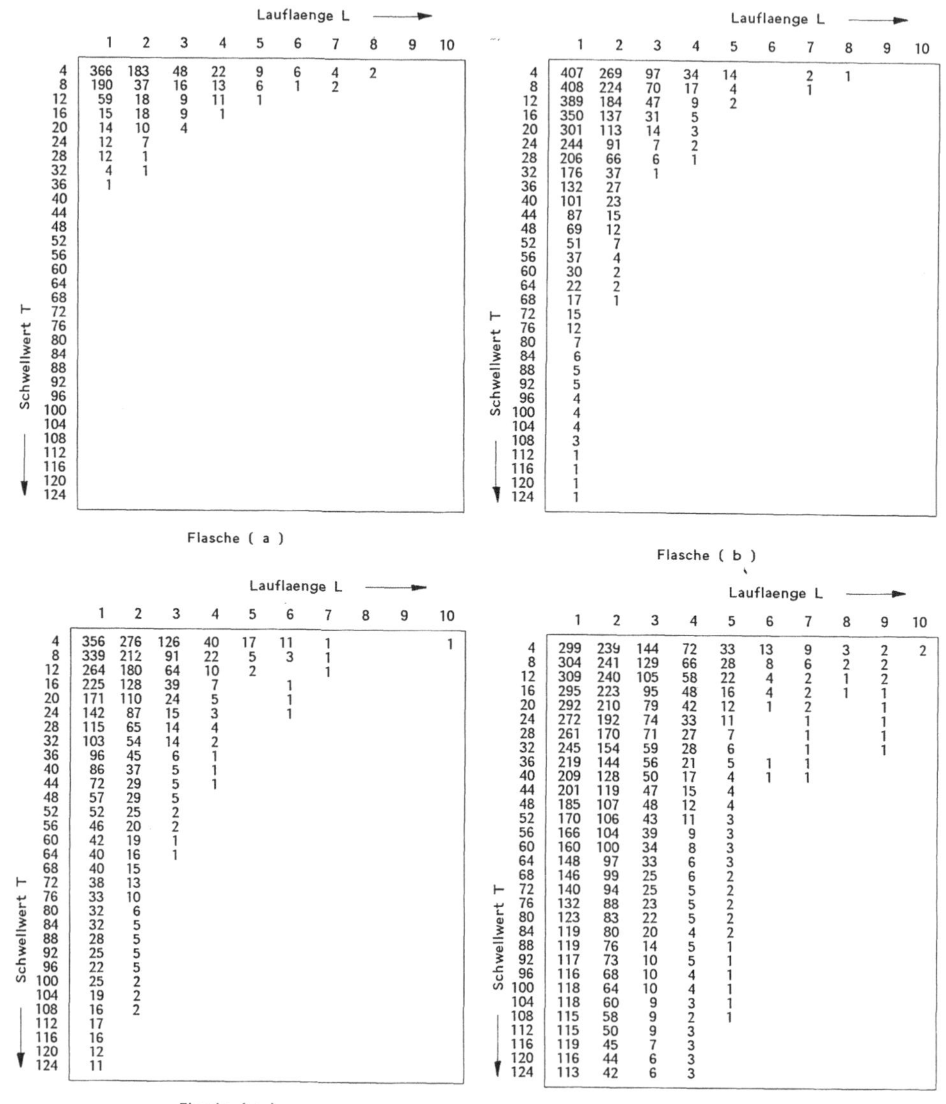

Flasche (a) — Schwellwert T (Zeilen) × Lauflaenge L (Spalten)

T	1	2	3	4	5	6	7	8	9	10
4	366	183	48	22	9	6	4	2		
8	190	37	16	13	6	1	2			
12	59	18	9	11	1					
16	15	18	9	1						
20	14	10	4							
24	12	7								
28	12	1								
32	4	1								
36	1									
40										
44										
48										
52										
56										
60										
64										
68										
72										
76										
80										
84										
88										
92										
96										
100										
104										
108										
112										
116										
120										
124										

Flasche (b) — Schwellwert T (Zeilen) × Lauflaenge L (Spalten)

T	1	2	3	4	5	6	7	8	9	10
4	407	269	97	34	14		2	1		
8	408	224	70	17	4		1			
12	389	184	47	9	2					
16	350	137	31	5						
20	301	113	14	3						
24	244	91	7	2						
28	206	66	6	1						
32	176	37	1							
36	132	27								
40	101	23								
44	87	15								
48	69	12								
52	51	7								
56	37	4								
60	30	2								
64	22	2								
68	17	1								
72	15									
76	12									
80	7									
84	6									
88	5									
92	5									
96	4									
100	4									
104	4									
108	3									
112	1									
116	1									
120	1									
124	1									

Flasche (c) — Schwellwert T (Zeilen) × Lauflaenge L (Spalten)

T	1	2	3	4	5	6	7	8	9	10
4	356	276	126	40	17	11	1			1
8	339	212	91	22	5	3	1			
12	264	180	64	10	2		1			
16	225	128	39	7		1				
20	171	110	24	5		1				
24	142	87	15	3		1				
28	115	65	14	4						
32	103	54	14	2						
36	96	45	6	1						
40	86	37	5	1						
44	72	29	5	1						
48	57	29	5							
52	52	25	2							
56	46	20	2							
60	42	19	1							
64	40	16	1							
68	40	15								
72	38	13								
76	33	10								
80	32	6								
84	32	5								
88	28	5								
92	25	5								
96	22	5								
100	25	2								
104	19	2								
108	16	2								
112	17									
116	16									
120	12									
124	11									

Flasche (d) — Schwellwert T (Zeilen) × Lauflaenge L (Spalten)

T	1	2	3	4	5	6	7	8	9	10
4	299	239	144	72	33	13	9	3	2	2
8	304	241	129	66	28	8	6	2	2	
12	309	240	105	58	22	4	2	1	2	
16	295	223	95	48	16	4	2	1	1	
20	292	210	79	42	12	1	2		1	
24	272	192	74	33	11		1		1	
28	261	170	71	27	7		1		1	
32	245	154	59	28	6		1		1	
36	219	144	56	21	5	1	1			
40	209	128	50	17	4	1	1			
44	201	119	47	15	4					
48	185	107	48	12	4					
52	170	106	43	11	3					
56	166	104	39	9	3					
60	160	100	34	8	3					
64	148	97	33	6	3					
68	146	99	25	6	2					
72	140	94	25	5	2					
76	132	88	23	5	2					
80	123	83	22	5	2					
84	119	80	20	4	2					
88	119	76	14	5	1					
92	117	73	10	5	1					
96	116	68	10	4	1					
100	118	64	10	4	1					
104	118	60	9	3	1					
108	115	58	9	2	1					
112	115	50	9	3						
116	119	45	7	3						
120	116	44	6	3						
124	113	42	6	3						

Abb. 4a: Histogramm der Lauflängen über der Grauwertschwelle $y_k + T/2$ als Funktion von T angewandt auf die in Abb.1 gezeigten Flaschenbeispiele.

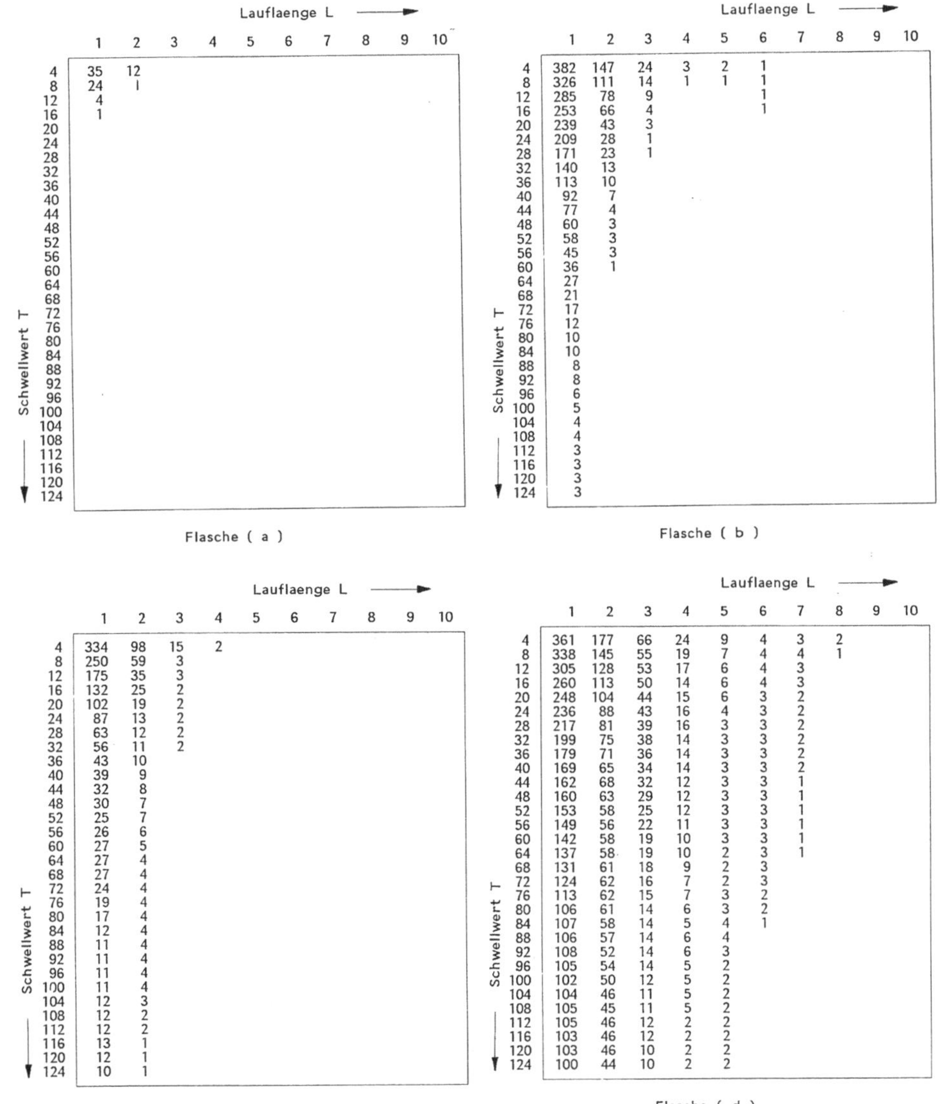

Flasche (a) — Schwellwert T (rows) × Lauflaenge L (columns 1–10)

T	1	2	3	4	5	6	7	8	9	10
4	35	12								
8	24	1								
12	4									
16	1									

Flasche (b) — Schwellwert T (rows) × Lauflaenge L (columns 1–10)

T	1	2	3	4	5	6	7	8	9	10
4	382	147	24	3	2	1				
8	326	111	14	1	1	1				
12	285	78	9			1				
16	253	66	4			1				
20	239	43	3							
24	209	28	1							
28	171	23	1							
32	140	13								
36	113	10								
40	92	7								
44	77	4								
48	60	3								
52	58	3								
56	45	3								
60	36	1								
64	27									
68	21									
72	17									
76	12									
80	10									
84	10									
88	8									
92	8									
96	6									
100	5									
104	4									
108	4									
112	3									
116	3									
120	3									
124	3									

Flasche (c) — Schwellwert T (rows) × Lauflaenge L (columns 1–10)

T	1	2	3	4	5	6	7	8	9	10
4	334	98	15	2						
8	250	59	3							
12	175	35	3							
16	132	25	2							
20	102	19	2							
24	87	13	2							
28	63	12	2							
32	56	11	2							
36	43	10								
40	39	9								
44	32	8								
48	30	7								
52	25	7								
56	26	6								
60	27	5								
64	27	4								
68	27	4								
72	24	4								
76	19	4								
80	17	4								
84	12	4								
88	11	4								
92	11	4								
96	11	4								
100	11	4								
104	12	3								
108	12	2								
112	12	2								
116	13	1								
120	12	1								
124	10	1								

Flasche (d) — Schwellwert T (rows) × Lauflaenge L (columns 1–10)

T	1	2	3	4	5	6	7	8	9	10
4	361	177	66	24	9	4	3	2		
8	338	145	55	19	7	4	4	1		
12	305	128	53	17	6	4	3			
16	260	113	50	14	6	4	3			
20	248	104	44	15	6	3	2			
24	236	88	43	16	4	3	2			
28	217	81	39	16	3	3	2			
32	199	75	38	14	3	3	2			
36	179	71	36	14	3	3	2			
40	169	65	34	14	3	3	2			
44	162	68	32	12	3	3	1			
48	160	63	29	12	3	3	1			
52	153	58	25	12	3	3	1			
56	149	56	22	11	3	3	1			
60	142	58	19	10	3	3	1			
64	137	58	19	10	2	3	1			
68	131	61	18	9	2	3				
72	124	62	16	7	2	3				
76	113	62	15	7	3	2				
80	106	61	14	6	3	2				
84	107	58	14	5	4	1				
88	106	57	14	6	4					
92	108	52	14	6	3					
96	105	54	14	5	2					
100	102	50	12	5	2					
104	104	46	11	5	2					
108	105	45	11	5	2					
112	105	46	12	2	2					
116	103	46	12	2	2					
120	103	46	10	2	2					
124	100	44	10	2	2					

Abb. 4b: Histogramm der Lauflängen unter der Grauwertschwelle $y_k - T/2$ angewandt auf die in Abb.1 gezeigten Flaschenbeispiele.

Bei der Übersendung des Manuskripts an den Verlag lag der Beitrag

EIN ECHTZEITSYSTEM ZUR AUTOMATISCHEN EEG-SCHLAFSTADIENKLASSIFIKATION

S.J. Pöppl, W.S. Tirsch

noch nicht vor. Sollte er rechtzeitig vor Drucklegung noch eingehen,
wird er in den Anhang mit aufgenommen.

LINIEN UND KANTEN

LINIEN UND KANTEN

SKELETTIERUNG VON GRAUTONLINIENBILDERN

Hamid Amiri
Institut für Nachrichtentechnik
Technische Universität Braunschweig

ZUSAMMENFASSUNG
Eine der üblichen Verarbeitungsmethoden für Grautonlinienbilder verläuft
wie folgt: Die Vorlage wird durch Binärwandlung in ein Zweipegelbild
überführt, dort werden die Linien skelettiert und anschließend in Datei-
en erfaßt. Die Binärwandlung bildet hierbei die Achillesferse, da es
keine Kriterien für eine strenge Unterscheidung zwischen Rausch- und
Nutzsignal gibt. In diesem Aufsatz wird über zwei Ansätze berichtet,
die eine Skelettierung im Grautonbild selbst ermöglichen.

I. PROBLEME DER SKELETTIERUNG IM GRAUTONBILD

Den vielfach bewährten Skelettierungsverfahren für Schwarz/weiß-Bilder
(z.B. /1/) stehen bisher für den Grautonbereich keine gleichwertigen
gegenüber. Dies wird verständlich, wenn man bedenkt, daß,besonders in
kontrastschwachen Grauvorlagen, eine genaue Einteilung der Bildpunkte
in Objekt und Hintergrund eine schier unlösbare Aufgabe ist.

Mit den folgenden Ansätzen wird versucht, Skelettierungsalgorithmen für
Grautonbilder zu formulieren, ohne diese Einteilung anzustreben. Die
formulierten Algorithmen wurden im Parallelverfahren auf dem Rechner
simuliert. Dabei lagen quadratisch gerasterte Bildvorlagen vor. Wir bezeichnen im Folgenden mit p den Grauwert eines Bildpunktes P. p ist umso
größer je heller P ist und liegt im Bereich O bis 377_8 . Weiterhin gehen
wir von folgenden Forderungen an die Skelettierung aus:

A) Die Zahl der Bildobjekte darf nicht verändert werden (z.B. durch
Erzeugung von Löchern die Linienteile auseinandertrennen oder durch
völlige Auslöschung dünner Linien)

B) Das Skelett eines Objektes sollte möglichst identisch mit dessen
Mittellinie sein (subjektiver Eindruck) . (siehe auch /2/)

II. ZWEI ANSÄTZE ZUR SKELETTIERUNG IM GRAUTONLINIENBILD

1. Ansatz I

Zuerst wird die Originalfassung dieses Ansatzes vorgestellt, dann zwei
Erweiterungen, einmal mit und einmal ohne Zusatzbedingungen.

1.1. Originalansatz nach Dyer und Rosenfeld (im Weit. DR-Ansatz gen.)

Der in /3/ vorgeschlagene DR-Ansatz geht von einer 4-Konnektivität

(s. /4/ und /5/) zwischen den Objektpunkten im Bild aus. Gegeben sei
ein Bildpunkt E und seine unmittelbaren 8 nachbaren gemäß nachstehendem
 Bild 1 . U, sei der Satz bestehend aus B,D,F und H (sogenannte 4-

-Nachbaren von E).

A B C
D E F   Bild 1 : E und seine 3x3-Umgebung
G H I

Der DR-Ansatz kann nun wie folgt formuliert werden (s. auch /3/) :
Der Grauwert e wird in aufeinanderfolgenden Skelettierungsdurchläufen
alternierend durch m_{u4}=max (b,e,f) bzw. m_{g4}=max (d,e,h) ersetzt, wenn

a) mindestens zwei Punkte aus U_4 jeweils Grauwerte $\leqslant$e+R' haben,

wobei $0 \leqslant R' \leqslant R$ (1)

und   R = max (b,d,e,f,h) - min (b,d,e,f,h) + 1   (2)

b) Die Punkte aus U_4, die Bedingung a) erfüllen, müssen paarweise
eine der folgenden Bedingungen erfüllen. M sei das Grauwertmaximum eines Paares P_i, P_j, dann

Entweder ba) $e > M+R'$ (3)

oder bb) Es existiert innerhalb der 3x3-Umgebung von E eine Verbindung zwischen P_i und P_j, die weder E noch einen Punkt beinhaltet,
der heller als M+R' ist. Erfüllen z.B. B und D Bedingung a) und ist Bedingung ba) nicht erfüllt, so muß a oder die Grauwerte g,h,i,f und c
(einzeln genommen) kleiner als M+R' sein.

Das obenbesprochene alternierende Ersetzen von e durch m_{u4} bzw. m_{g4} soll
garantieren, daß im Parallelverfahren keine zweipunktbreiten Linien gelöscht werden. Das ist jedoch, wie Bild 2a verdeutlicht, nicht hinrei-
chend. Eine dunkle Linie auf hellem Hintergrund wird an der Stelle RQ
unterbrochen, wenn m_{u4} für e eingesetzt wird, da dann die Bedingungen
a) und b) für R und Q erfüllt sind. Dieses Phänomen kann überall dort
auftreten wo Nachbarpunkte zueinander symmetrische Umgebungen aufweisen
(s. Bild 2b und /2/). Das Ergebnis ist in Bild 2c zu sehen.

Die 2. Schwäche des DR-Ansatzes ist durch die Wahl der 4-Konnektivität
bedingt. Im Bild 2a wird der Punkt T beim Untersuchen der 3x3-Umgebung
von S überhaupt nicht berücksichtigt. So wird S einfach gelöscht und die
Linie zerfällt in 2 Teile. Das " Übersehen " von Punkten führt auch zu
einer unbefriedigenden Einschätzung von Linienenden. Die Punkte A bis H
im Bild 3a haben jeweils nur einen 4-Nachbar und bleiben beim Skelettie-
ren unberührt, was " behaarte " Skelettlinien zu Folge hat (Bild 3b).

Auch die Erhaltung von Einzelpunkten ist hierbei ein notwendiges Übel
(sie verhindert nämlich die Beseitigung von feinem Rauschen), da sonst
diagonal verlaufende Linien vollständig gelöscht werden.

Bild 4a zeigt einen Originalbildausschnitt, Bild 4b den selben Ausschnitt nach 14 Skelettierungsdurchläufen gemäß dem DR-Ansatz. Es entstehen

behaarte" Skelettlinien, die nicht den (in unserem Fall gewünschten)
glatten Mittellinien entsprechen.

Aus all diesen Gründen ist eine Erweiterung des DR-Ansatzes durch Zugrun-
delegen der 8-Konnektivität von Vorteil, zumal diese einige der Nachteile
der 4-Konnektivität nicht aufweist. (Es werden z.B. keine Punkte übersehen).

1.2. Erweiterter DR-Ansatz ohne Zusatzbedingungen (EDRO-Ansatz)

Die Erweiterung des DR-Ansatzes wird zunächst wie folgt vollzogen:
- Die Spannweite R erstreckt sich nun über alle 8-Nachbaren von E (inkl.)

$$R = \max(a,b,\ldots,i) - \min(a,b,\ldots,i) + 1 \qquad (4)$$

- Im Parallelvervahren wird e durch $m_{g8}=\max(a,b,c,e,f)$ in geraden bzw.
$m_{u8}=\max(d,e,g,h,i)$ in ungeraden Durchläufen ersetzt, wenn

    a) Mindestens 2 Punkte aus dem Set U_8 (bestehend aus A bis D und F
bis I) Grauwerte kleiner e+R' haben,(R' gemäß Gl.1),

    b) Die Bedingung b) aus Kapitel 1.1 erfüllt ist, wobei U_8 nun an
Stelle von U_4 tritt, und die Regeln der 8-Konnektivität zu beachten sind.

__Bild 4c__ zeigt den Ausschnitt von __Bild 4a__ nach 4 Skelettierungsdurchläufen
gemäß dem EDRO-Ansatz. Die Linien zerfallen hierbei in Einzelteile. Dies
wird durch das Auftreten der schon erwähnten symmetrischen Muster.(s.
auch /2/). Ihre Auswirkung ist hier deshalb so gravierend, weil ein
erweiterter Maximumoperator benützt wird (vgl. m_{u4},m_{g4} und m_{u8},m_{g8}).
Wir brauchen also Zusatzbedingungen.

1.3. Erweiterter DR-Ansatz mit Zusatzbedingungen (EDRM)

Wir greifen an dieser Stelle auf die Erfahrungen zurück, die beim Entwickeln von Skelettierungsalgorithmen für Binärbilder gemacht wurden. In
Anlehnung an /2/ formulieren wir nun einen EDRM-Ansatz wie folgt:

    a) Zuerst prüfen wir, welche Punkte aus U_8 die Bedingung a) aus Ka-
pitel 1.2 erfüllen. Diese bilden einen Satz N.

    b) Jetzt prüfen wir, ob Bedingung b) (s. Kapitel 1.2) erfüllt ist.
Ist dies der Fall, so bilden wir einen Satz V, bestehend aus den gerade
geprüften Verbindungspunkten (natürlich nur aus denjenigen, die auf
einem vollständigen, die Bedingung bb) aus Kap. 1.1. erfüllenden Pfad
liegen).

    c) Die Vereinigungsmenge $U=N \cup V$ Plus dem Punkt E wird nun in ein
3x3-Feld gemäß __bild 5__ eingetragen. Punkte aus U erhalten den Wert 1,
Andere den Wert O. E erhält auch den Wert 1.

    d) Stimmt nun das in c) gebildete Feld mit einem Muster aus ListeI
(__Bild 6__) überein, so wird e durch w_8 ersetzt, wobei

$$w_8 = \max(a,b,\ldots,i) \qquad (5)$$

    e) Stimmt das Feld mit einem Muster aus Liste II (__Bild 6__) überein,

so wird e durch w_8 (Gl. 5) ersetzt, wenn an den Stellen x Punkte liegen, deren Grauwerte kleiner e+R' sind, (vgl. auch /2/).

f) Ansonsten behält e seinen ursprunglichen Wert. Die übrigen Grauwerte bleiben auf jeden Fall unverändert.

Bild 4d zeigt den Ausschnitt von **Bild 4a** nach 7 Skelettierungsdurchläufen gemäß dem EDRM-Ansatz. Die Skelettqualität ist zweifellos gut.

2. Ansatz II

Dieser Ansatz macht eine fiktive lokale Binärwandlung, d.h. daß die Um-
gebungspunkte mit einer Schwelle verglichen werden aber ihre jeweiligen
Grauwerte behalten. Dieser Ansatz wird wie folgt formuliert:

a) Die 3x3 Umgebung eines Bildpunktes E wird auf ein 3x3-Feld abgebildet, in dem die 1 für Grauwerte kleiner, die O für Grauwerte größer
e+T stehen, wobei T ein Toleranzfaktor ist, den man entweder in Form
einer Konstante eingibt oder wie R' (Gl.1) aus der Spannweite berechnet.

b) Stimmt das in a) gebildete Feld (s. **Bild 5d**) mit einem Muster
aus Liste I (**Bild 6**) überein, oder stimmt es mit einem Muster aus Liste
II überein **und** sitzen an den Stellen x (s. **Bild 6**) Punkte, deren Grauwerte kleiner e+T sind, so wird e durch w_8 (Gl.5) ersetzt.

Der Listenvergleich garantiert hierbei (zumindestens in der 5x5-Um-
gebung von E) eine Linienkontinuität über Punkte, die auf keinen Fall
wesentlich heller als E sind.

Bild 4e zeigt den Ausschnitt von **Bild 4a** nach 7 Skelettierungsdurchläufen gemäß Ansatz II. Auch hier ist die Skelettqualität zweifellos gut.

III. BEURTEILUNG UND AUSBLICK

Die Skelettierungsalgorithmen gemäß dem EDRM-Ansatz und dem Ansatz II
liefern Skelettbilder, die unsere Ausgangsbedingungen (s. Kap. I) weitgehend erfüllen. Experimente mit Interferenzbildern, Text- und Zeichen-
vorlagen haben gute Ergebnisse geliefert. In Verbindung mit Linienver-
folgungsalgorithmen (z.Z. werden an gleicher Stelle einige erprobt, über
die demnächst berichtet wird), könnten gute Linienerfassungsverfahren
entstehen, die keiner Segmentierung (z.B. durch Binärwandlung) bedürfen.

IV. Literatur

/1/ Tamura,H.:"A Comparison of Line Thinning Algorithms from Digital Geometry Viewpoint" Pr.4thIJCPR,Kyoto(Japan),1978,S.715-719

/2/ Saraga,P.:"Tninning Operators", **Mullard Research Labor.**, Technical
Note No.1294, Febr.1974

/3/ Dyer,Ch.R and Rosenfeld,A.:"Thinning Algorithms for Gray-Scale Pictures" **IEEE Trans. Patt. Anal. and Mach. Int.**, Vol.PAMI-1, No.1,

Jan. 1979, S.88-89

/4/ Rosenfeld,A.:"Connectivity in Digital Pictures",<u>Jour. of ACM</u>,Vol. 17, No.1,Jan.1970, S.146-160

/5/ Rosenfeld,A.:"Fuzzy Digital Technology", <u>Computer Science Tech. Rep. 573</u>, University of Maryland,College Park,MD,Sept.1977.

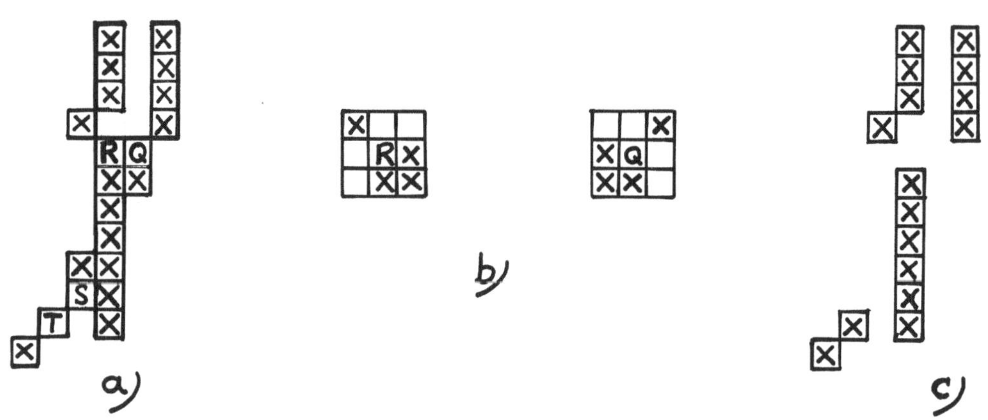

Bild 2   a) dunkle Linie auf hellem Hintergrund (quadratische Rasterpunkte)
         b) die zueinander symmetrischen 3x3-Umgebungen von R und Q
         c) Skelett von a) gemäß dem DR-Ansatz.

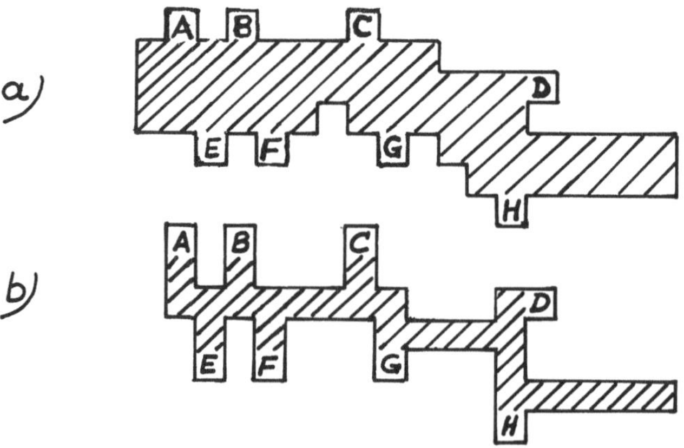

Bild 3: a) Linie mit Zacken (Punkte A bis H)
        b) Skelett gemäß DR-Ansatz

$$R = 370 - 5 + 1 = 364_8$$

$$R' = \text{Ent.}\left[\frac{5}{144}\cdot 364\right] = 16_8$$

$$E = 60 \quad\curvearrowright\quad E + R' = E + T = 76_8$$

a)   b)   c)   d)

Bild 5: a) Beispiel für E und seine 3x3-Umgebung (Grauwerte
der Einzelnen Punkten in Oktalzahldarstellung)
b) Berechnung der Werte für den EDRM-Ansatz und Ansatz II, bei T=R'=5% von R (Gl.4)
c) Abbildung von a) auf ein 3x3-Feld nach EDRM-Ansatz
d) Abbildung von a) auf ein 3x3-Feld nach Ansatz II

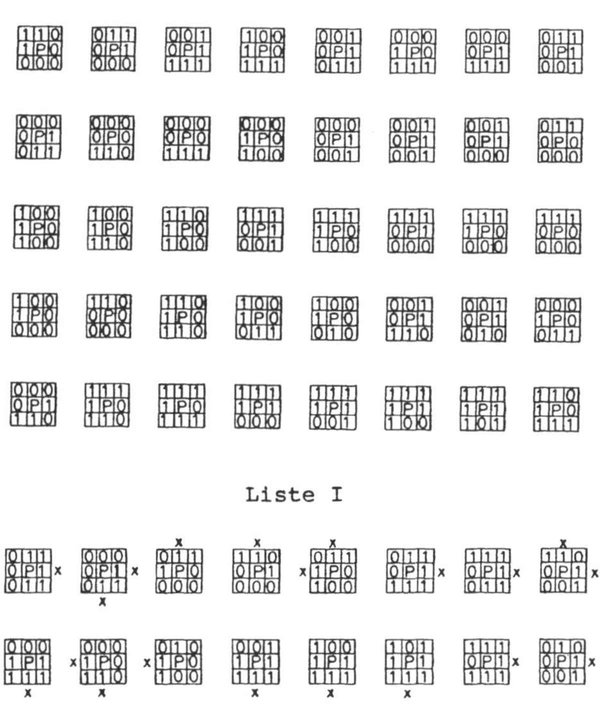

Liste I

Liste II

Bild 6: gemeinsame Vergleichlisten für den EDRM-Ansatz und

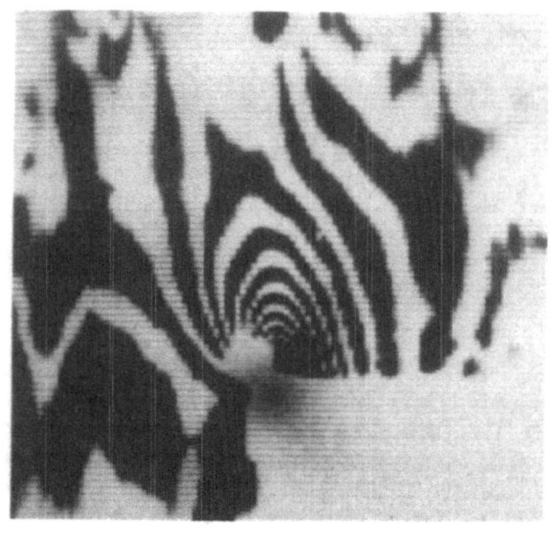

a)

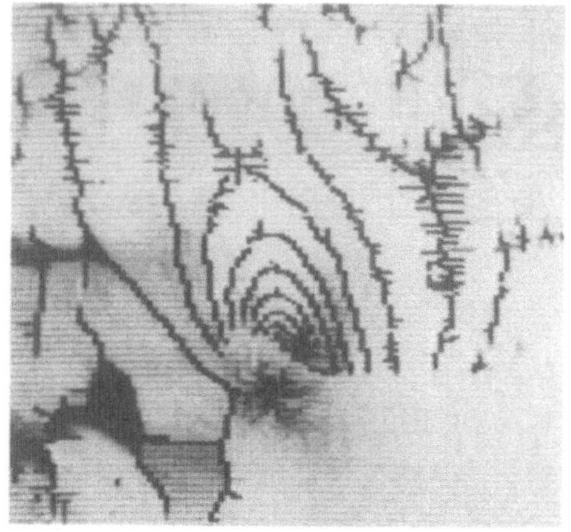

b)

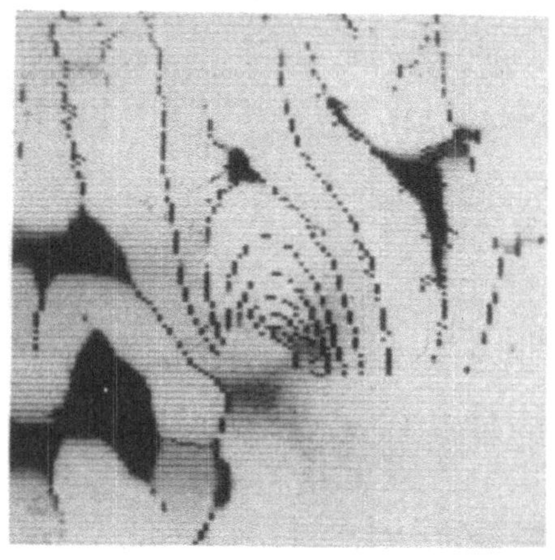

c)

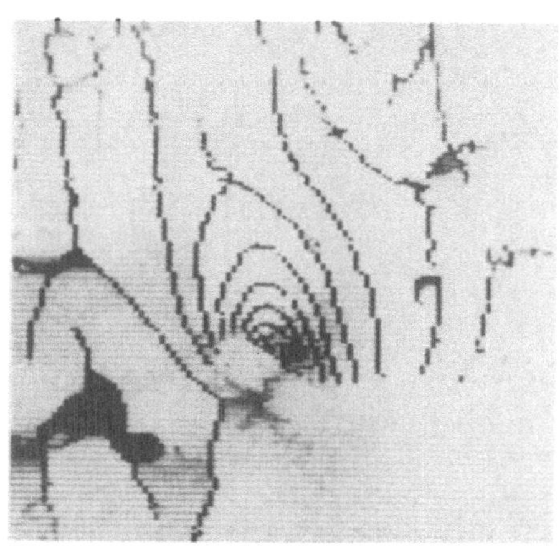

d)

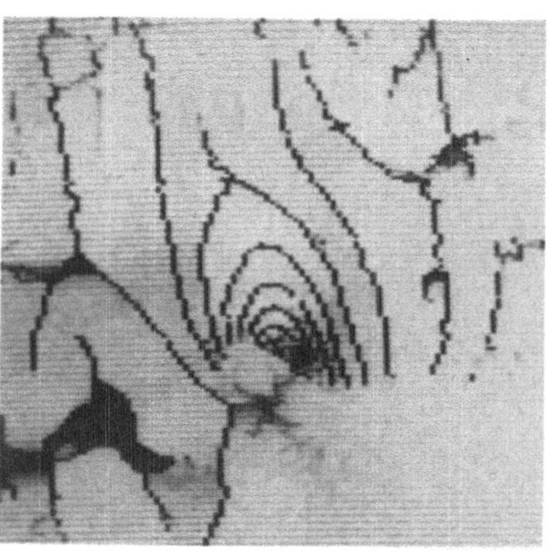

e)

Bild 4:

a) Originalbildausschnitt
b) Skelett gemäß DR-Ansatz
c) Skelett gemäß EDRO-Ansatz
d) Skelett gemäß EDRM-Ansatz
e) Skelett gemäß Ansatz II

b) bis e) : nach einer begrenzten Anzahl von Skelettierungsdurchläufen!

KONTURBESTIMMUNG IN BILDERN

MIT DYNAMISCHER PROGRAMMIERUNG

Hermann Ney
Philips GmbH Forschungslaboratorium Hamburg

ZUSAMMENFASSUNG

Für eine automatische Auswertung von Bildmaterial ist in vielen Fällen
ein zuverlässiges Verfahren zur Konturbestimmung erforderlich. In dieser Arbeit wird die Konturbestimmung mit Hilfe einer Entscheidungsfunktion durchgeführt, die in Abhängigkeit von den zu bestimmenden Konturpunkten optimiert wird. Durch die globale Entscheidungsfunktion wird
eine erhöhte Zuverlässigkeit bei lokalen Störungen der Kontur erreicht.
Wenn der Konturverlauf durch Vorwissen eingeschränkt werden kann, kann
die Optimierung mit dynamischer Programmierung besonders effizient
durchgeführt werden, so daß sich für den Algorithmus der Konturbestimmung eine einfache Struktur ergibt. Der Algorithmus kommt ohne statistische Kenntnisse über die Konturpunkte aus. Das Verfahren wird an
einer Röntgenaufnahme eines Gußstückes getestet.

1 EINFÜHRUNG

Das Problem der Konturbestimmung in Bildern tritt in vielen Bereichen
der automatischen Bildverarbeitung auf. Beispiele sind die Chromosomen-
analyse, die Zellbildanalyse und die Organgrenzfindung in medizinischen
Bildern. Die Kenntnis der Konturen ist nützlich, um das Bild in Bildbereiche zu zergliedern, relevante und irrelevante Bereiche zu trennen
und so eine Vorverarbeitung des Bildes für die eventuell nachfolgende
Mustererkennung vorzunehmen.

Die Kontur ist definiert als eine Folge von Bildpunkten, die auf der
Grenzlinie zwischen zwei Objekten oder Gebieten mit deutlich verschiedenen Grauwerten liegen. In der Regel wird eine Hochpaßfilterung durchgeführt, um die Konturen herauszuarbeiten. Für die Filterung werden der
Laplace-Operator und andere lokale Gradientenoperatoren und auch Opti-
malfilter [1] benutzt. Für die Konturbestimmung selbst gibt es eine
Reihe von Verfahren [2], die auf einer Schwellwertoperation und auf
einer heuristischen Konturverfolgung beruhen können. Diese Verfahren
erweisen sich jedoch als unzuverlässig, wenn das Signal-Rausch-Verhält-
nis in dem Bild abnimmt oder das Verfahren auf ein anderes Bild übertragen werden soll. Die Gründe dafür liegen darin, daß ein Punkt der
Kontur von seinem Grauwertgradienten allein her nicht immer wohldefi-
niert ist, da es einen nur allmählichen Übergang oder auch einen Über-
lappungsbereich zwischen den Grauwerten verschiedener Bereiche geben
kann.

Eine höhere Zuverlässigkeit bei der Konturbestimmung läßt sich erzielen, indem ein globales Kriterium in Abhängigkeit von allen zu findenden Konturpunkten definiert wird und dieses Kriterium optimiert wird. Dadurch lassen sich insbesondere auch durch lokale Störungen im Konturverlauf verursachte Schwierigkeiten beheben. Wenn man die Konturbestimmung als Zweiklassenproblem betrachtet, bedeutet das globale Kriterium eine Entscheidungsfunktion, die aus allen zugelassenen Bildpunkten die Konturpunkte bestimmt. Ein solcher Ansatz wurde von Montanari [3] untersucht. Für die Optimierung der Entscheidungsfunktion verwendete er die Methode der dynamischen Programmierung [4]. Die dynamische Programmierung ist ein Verfahren zur Lösung von nichtlinearen Optimierungsproblemen, bei dem das Gesamtproblem in sequentiell zu bearbeitende Teilprobleme zerlegt wird und aus den Teillösungen die Gesamtlösung konstruiert wird. Kovalevsky [5] wendete ähnliche Verfahren auf Probleme der Zeichenerkennung an.

Obwohl die dynamische Programmierung eine beträchtliche Vereinfachung im Vergleich zu Enumerationsverfahren, bei denen alle möglichen Lösungen ausgewertet werden, bedeutet, schließt der Rechenaufwand und der Speicherplatzbedarf in vielen Fällen ihre praktische Anwendung aus. Deswegen wurden auch von verschiedenen Autoren heuristische Gesichtspunkte und Vereinfachungen für die Optimierung der Entscheidungsfunktion bei der Konturbestimmung benutzt [6,7]. In der vorliegenden Untersuchung wird ein anderer Weg gewählt: es wird gezeigt, daß die dynamische Programmierung einen vom Rechenaufwand und Speicherplatzbedarf sehr günstigen Algorithmus liefert, wenn man an die zu bestimmende Kontur gewisse Einschränkungen stellen kann.

2   VERFAHREN DER KONTURBESTIMMUNG

2.1   Problemstellung

Die in [3] gewählte Entscheidungsfunktion ist explizit abhängig von der vorgegebenen Länge der Kontur; andererseits sind der Anfangspunkt und der Endpunkt der Kontur nicht vorgegeben. Im Gegensatz dazu wird in dieser Untersuchung eine Kontur betrachtet, deren Länge unbekannt ist und deren Anfangspunkt und Endpunkt nur innerhalb vorgeschriebener Bereiche liegen können. Ein Beispiel einer derartigen Kontur ist in Bild 1 gezeigt. Die Kontur hat außerdem die Eigenschaft, daß sie nirgendwo rückwärts in bezug auf die horizontale Koordinate verläuft. Wenn man sich durch Vorwissen über den Bildinhalt auf derartige Konturen be-

schränken kann, kann man die Menge der Bildpunkte unmittelbar mit einer
geordneten Struktur von Zuständen identifizieren, so daß die Anwendung
der dynamischen Programmierung besonders einfach wird. Im folgenden
werden zwei sich daraus ergebende Algorithmen dargestellt.

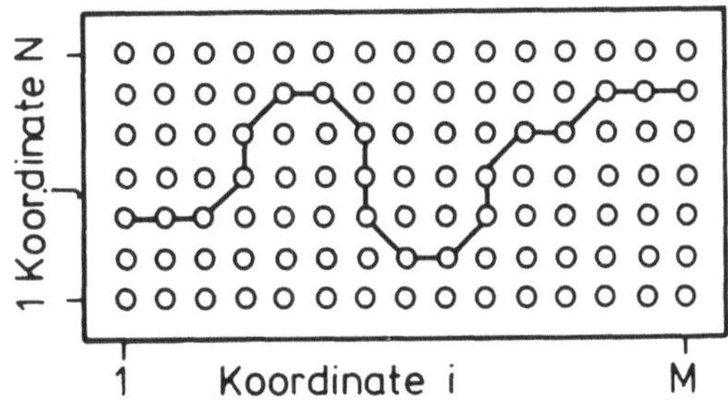

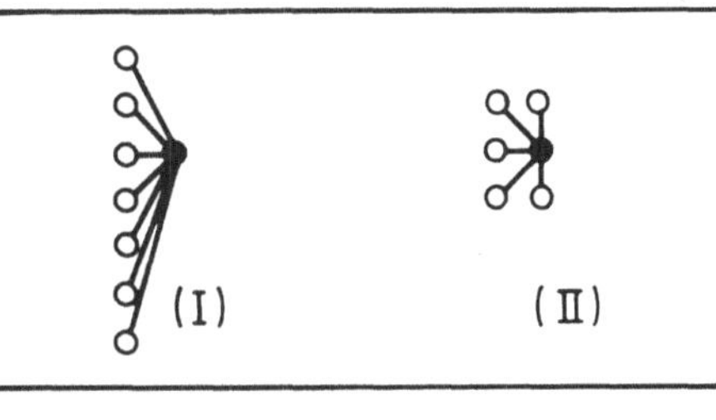

<u>Bild 1</u>: Beispiel einer er-
laubten Kontur

<u>Bild 2</u>: Übergangsregeln für die
beiden Algorithmen
I und II

2.2 Algorithmus I

Die Kontur wird angesetzt als Folge von Bildpunkten (i,j), deren j-Ko-
ordinate eine eindeutige Funktion der i-Koordinate ist:

$$(1,j(1)),\ldots, (i,j(i)),\ldots, (M,j(M)) \quad .$$

Als Entscheidungsfunktion für die Bildpunkte (i,j(i)) bietet sich die
längs der Kontur gebildete Summe aus Grauwertgradienten und den Beträ-
gen der Steigung zwischen aufeinanderfolgenden Konturpunkten an:

$$\sum_{i=1}^{M} [a(i,j(i)) + w\cdot |j(i) - j(i-1)|] = \text{Minimum} \quad ,$$

wobei die Matrix a(i,j) die aus den ursprünglichen Bildgrauwerten berechneten Gradientenbeträge in invertierter Form bezeichnet - geringe
Werte a(i,j) bedeuten große Gradienten -, w ein dimensionsbehafteter
Wichtungsfaktor ist, der den Grad der Glättung bestimmt, und $j(0) \equiv j(1)$
gesetzt ist. Die Technik der dynamischen Programmierung für die Optimierung der Entscheidungsfunktion besteht darin, nur einen Teil der
Kontur bis zu einem Punkt (i,j) zu betrachten und dafür die entsprechende partielle Entscheidungsfunktion schrittweise, d.h. Bildpunkt für

Bildpunkt, zu optimieren. Die partielle Entscheidungsfunktion für die
Teilkontur von (1,...) bis (i,j) wird mit C(i,j) bezeichnet. Für irgend-
einen potentiellen Konturpunkt (i,j) kommen nur bestimmte unmittelbare
Vorgänger in Frage, die aus dem obigen Ansatz für die unbekannte Kontur
folgen. Diese Übergangsregeln für aufeinanderfolgende Konturpunkte sind
in Bild 2 dargestellt. Wenn für jeden der potentiell vorhergehenden
Konturpunkte die entsprechenden partiellen Entscheidungsfunktionen bekannt sind, muß wegen der Additivität der Entscheidungsfunktion für den
Wert von C(i,j) gelten:

$$C(i,j) = a(i,j) + \min\{C(i-1,j^*) + w\cdot|j-j^*|: j^* = 1,\ldots,N\}\,. \qquad (I)$$

Dies ist die typische Rekursionsgleichung der dynamischen Programmierung, die für jeden Bildpunkt (i,j) auszuwerten ist. Die Auswertung erfolgt Spalte für Spalte. Nach der Auswertung wird zunächst der Endpunkt
der Kontur bestimmt: er ergibt sich aus der Lage des Minimums von
C(M,j). Von dem Endpunkt aus werden dann die übrigen Konturpunkte Punkt
für Punkt zurückverfolgt anhand der in Gleichung (I) durch den Minimum-
Operator getroffenen Entscheidungen. Für die praktische Durchführung
der Rekursion (I) ist es daher zweckmäßig, die Entscheidungen in einer
zusätzlichen Matrix für jeden Bildpunkt zu speichern. Die Speicherung
der vollständigen Matrix C(i,j) ist nicht erforderlich; es genügt, für
die Rekursion (I) nur zwei Spalten zu speichern und sie schrittweise
zu überschreiben. Da für jeden Bildpunkt (i,j) mit $1 \le i \le M$ und
$1 \le j \le N$ genau N Fälle in der Rekursion (I) auszuwerten sind, wächst
der Rechenaufwand wie $N^2\cdot M$.

2.3 Algorithmus II

Abgesehen von dem hohen Rechenaufwand hat der Algorithmus I die uner-
wünschte Eigenschaft, daß er unsymmetrisch ist bezüglich der beiden Ko-
ordinatenachsen. Um die Symmetrie beizubehalten, wird die Kontur als
Folge von unmittelbar benachbarten Bildpunkten angesetzt, wie in Bild 1
dargestellt, mit dem Folgeindex k und unbekannter Länge K:

$$(i(1),j(1)),\ldots,(i(k),j(k)),\ldots,(i(K),j(K)) \qquad ,$$

wobei $i(1) = 1$ und $i(K) = M$ gilt und $i(k)$ eine monotone Folge ist.
Statt der Steigungsbeträge in Algorithmus I sollen die entsprechenden
Gradientenbeträge bei vertikalen Konturverläufen in die Entschei-

dungsfunktion eingehen. Dementsprechend wird als Entscheidungsfunktion
gewählt:

$$\sum_{k=1}^{K} \max\{[a(i(k),j(k))-B],0\} = \text{Minimum} \quad .$$

Die Konstante B wird von allen Gradientenbeträgen subtrahiert, um die
Entscheidungsfunktion näherungsweise von der Konturlänge K unabhängig
zu machen; andernfalls würden mehr oder weniger gerade Konturen gegenüber gewundenen Konturen bevorzugt. Als Wert für B ist daher zweckmäßigerweise ein Schätzwert für die Gradientenbeträge längs der erwarteten
Kontur zu verwenden. Die Begrenzung der Differenzen auf null verhindert
negative Terme in der Entscheidungsfunktion.

Die Übergangsregeln für den Algorithmus II sind in Bild 2 dargestellt.
Daraus geht hervor, daß eine geordnete Reihenfolge für das Durchlaufen
aller Bildpunkte nicht direkt offensichtlich ist wie für Algorithmus I,
da ein Bildpunkt sowohl von seinem oberen als auch seinem unteren Nachbarn erreicht werden kann. Eine geordnete Reihenfolge läßt sich jedoch
erzielen, wenn die beiden Fälle, daß die Kontur entweder nach oben oder
nach unten verläuft, getrennt behandelt werden und anschließend wieder
zusammengefügt werden. Dementsprechend werden zusätzlich zu der partiellen Entscheidungsfunktion C(i,j) zwei temporäre Entscheidungsfunktionen
$c^{+}(i,j)$ und $c^{-}(i,j)$ eingeführt. Aus der Fallunterscheidung für aufwärts
und abwärts verlaufende Konturen folgen dann aus den Übergangsregeln
die Gleichungen:

$$c^{+}(i,j) = \max\{[a(i,j)-B],0\} + \min\{c^{+}(i,j-1), C(i-1,j-1), C(i-1,j)\}. \quad \text{(IIa)}$$
$$c^{-}(i,j) = \max\{[a(i,j)-B],0\} + \min\{c^{-}(i,j+1), C(i-1,j+1), C(i-1,j)\}. \quad \text{(IIb)}$$

$$C(i,j) = \min\{c^{+}(i,j),c^{-}(i,j)\}. \quad \text{(IIc)}$$

Nachdem jeweils eine Spalte des Bildes mit den Rekursionen (IIa) und
(IIb) abgearbeitet ist, werden die beiden Fälle, nach oben bzw. nach
unten verlaufende Kontur, durch die Gleichung (IIc) wieder zusammengefaßt.

Für die Auswertung der Rekursion (II) genügt es, von den drei Matrizen
$c^{+}(i,j),c^{-}(i,j),C(i,j)$ nur jeweils eine Spalte zu speichern. Die Konstruktion der Kontur erfolgt wie bei Algorithmus I mittels der durch
die Minimum-Operatoren getroffenen Entscheidungen. Der gesamte Rechen-

aufwand ist proportional zu N·M und damit deutlich geringer als bei
Algorithmus I.

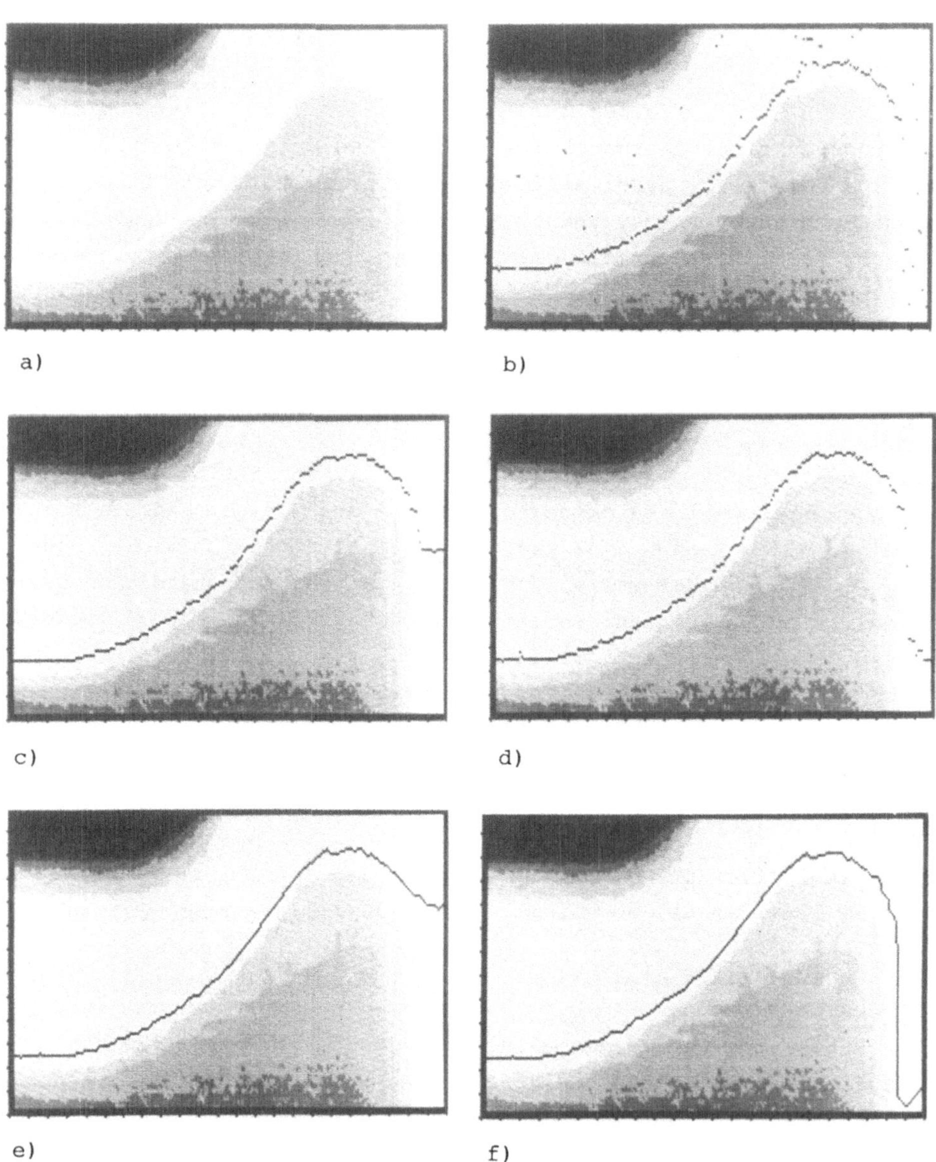

a)   b)

c)   d)

e)   f)

<u>Bild 3</u>: Ergebnisse der Konturbestimmung:
Gradientenbild (a); Lage der Spaltenminima (b); berechnete
Konturen (Algorithmus I) für w = 20 (c) und w = 5 (d);
berechnete Konturen (Algorithmus II) für B = 0 (e)
und B = 140 (f)

3 ERGEBNISSE

Die beiden Algorithmen wurden an einer Röntgenaufnahme eines Gußstückes
getestet. Die Ergebnisse sind in Bild 3 dargestellt. Das Gradientenbild
wurde aus den vier übernächsten diagonalen Nachbarpunkten des betrachteten Aufpunktes berechnet. Für die graphische Darstellung wurde aus
den Gradientenbeträgen die Wurzel gezogen; die Helligkeit ist proportional zum Gradienten dargestellt. Bild 3a zeigt das Gradientenbild. Es
handelt sich dabei um eine nicht einfach zu bestimmende Grenzlinie, da
die Grenzlinie große Strecken horizontal und vertikal verläuft und keinen wohldefinierten Endpunkt in der letzten Spalte besitzt. In Bild 3b
ist die Kontur dargestellt, die sich aus der Lage jedes einzelnen Spal-
tenminimums ergibt; dies entspricht dem Fall $w = 0$ in Algorithmus I.
Die Bilder 3c und 3d zeigen die Konturen, die der Algorithmus I für zwei
verschiedene Werte des Wichtungsfaktors w liefert. Die Konturen, die
sich aus dem Algorithmus II ergeben, sind in den Bildern 3e und 3f dargestellt. Die in Bild 3f bestimmte Kontur entspricht der gesuchten
Grenzlinie zwischen den beiden Bildbereichen. Der Algorithmus II ist
demnach sowohl vom Rechenaufwand her als auch von der praktischen Zuverlässigkeit her vorzuziehen.

4 ERWEITERUNGEN

Der Algorithmus II kann in verschiedene Richtungen erweitert werden.
Einmal kann wie in [3] ein Krümmungsterm in die Entscheidungsfunktion
eingebaut werden, um die Glattheit der Kontur zu erhöhen. Daneben kann
die Entscheidungsfunktion so modifiziert werden, daß Anfang und Ende
der Kontur beliebig sein können; dies kann durch Einführung eines negativen Bonusterms für jeden potentiellen Konturpunkt erreicht werden,
in ähnlicher Weise wie das in [8] für den Zweck der nichtlinearen
Glättung beschriebene Verfahren. Dabei muß insbesondere darauf geachtet
werden, etwa durch den erwähnten Krümmungsterm, daß der Algorithmus
nicht eine Konturlinie bestimmt, die teilweise an sich selbst entlang
zurückverläuft. Für geschlossene Konturen läßt sich der Algorithmus II
erweitern, wenn ein Punkt innerhalb der Kontur bekannt ist und durch
den Winkel eine geordnete Reihenfolge der Bildpunkte induziert wird.

Das Bildmaterial wurde freundlicherweise von dem Projekt "Zerstörungs-
freie Werkstoffprüfung" zur Verfügung gestellt.

<u>LITERATURVERZEICHNIS</u>

[1] Modestino, J.W., Fries, R.W.: Edge Detection in Noisy Images Using
     Recursive Digital Filtering. Computer Graphics and Image Proces-
     sing, Vol. 6, S. 409-433 (1977).
[2] Rosenfeld, A., Kak, A.C.: Digital Image Processing. Academic
     Press, New York, Chapter 8 (1976).
[3] Montanari, U.: On the Optimal Detection of Curves in Noisy Pic-
     tures. Communications of the Association for Computing Machinery,
     Vol. 14, S. 335-345 (1971).
[4] Bellman, R., Dreyfus, S.: Applied Dynamic Programming. Princeton
     Univ. Press, Princeton, New Jersey, 4. Aufl. (1971).
[5] Kovalevsky, V.A.: Sequential Optimization in Pattern Recognition
     and Pattern Description. Proc. IFIP Congr., Int. Federation for
     Information Processing, Edinburgh, erschienen bei North-Holland
     Pub. Co., Amsterdam, S. 1603-1607 (1968).
[6] Chien, Y.P., Fu, K.S.: A Decision Function Method for Boundary
     Detection. Computer Graphics and Image Processing, Vol. 3,
     S. 125-140 (1974).
[7] Ashkar, G.P., Modestino, J.W.: The Contour Extraction Problem
     with Biomedical Applications. Computer Graphics and Image Pro-
     cessing, Vol. 7, S. 331-355 (1978).
[8] Ney, H.: A Dynamic Programming Technique for Nonlinear Smoothing.
     Proc. 1981 IEEE Int. Conf. on Acoustics, Speech and Signal Pro-
     cessing, Atlanta, Georgia, S. 62-65 (1981).

<u>Automatische Erfassung von Leiterplattenzeichnungen</u>

V. Märgner

Institut für Nachrichtentechnik
Technische Universität Braunschweig

1. <u>Einleitung</u>

Die Bearbeitung von grafischem Bildmaterial mit Hilfe von Digitalrechnern wird in sehr vielen Gebieten durchgeführt, wie z.B. Entwurf von Schaltungen, Bearbeitung von thematischen geografischen Karten oder rechnergestütztes Konstruieren. Ein Problem stellt dabei die Umsetzung der Skizzen oder Entwürfe in für die Weiterverarbeitung im Rechner geeignete Form dar. Zur Zeit werden im wesentlichen zwei Verfahren praktiziert. Zum Einen kann der Entwurf direkt am Sichtgerät erfolgen, es wird also überhaupt keine Skizze erstellt, die Datei wird direkt beim Entwerfen erstellt. Zum Anderen wird der in den Rechner einzugebende Entwurf auf einem Digitalisiertisch manuell durch Nachführen der Linien, z.B. mit einem Fadenkreuz, abgetastet. Weitere Informationen, z.B. über die Art der Linien, wird über eine zusätzliche Tastatur in den Rechner eingegeben.

Ist das erste Verfahren nicht anwendbar, weil z.B. die Vorlagen schon existieren oder der Entwurf auf einer größeren Vorlage durchgeführt werden muß, als auf einem Sichtgerät darstellbar, dann muß das zweite Verfahren angewendet werden. Dieses Verfahren stellt aber einen sehr zeitaufwendigen und fehleranfälligen Schritt im Vergleich zu allen nachfolgenden Schritten dar, die vollständig im Rechner abgewickelt werden können.

Hier wird über eine Untersuchung zur Automatisierung des zweiten Verfahrens berichtet. Ausgangspunkt dazu sind Vorlagen, wie sie heute manuell digitalisiert werden. Von der Erstellung von Vorlagen nach speziellen, die Automatisierung vereinfachenden Vorschriften, wie z.B. in /1/, soll vorerst abgesehen werden, um den Entstehungsprozeß der Vorlagen nicht unnötig kompliziert zu machen.

2. Beschreibung der Bildvorlagen

Ein typischer Ausschnitt auf einer Leiterplattenzeichnung, die erfaßt
werden soll, ist in Bild 1 dargestellt. Die Vorlagen werden auf quadratisch gerastertem Papier mit einem Linienabstand von 5 mm erstellt.
Die Linien können dabei auf diesen Rasterlinien oder auf der Hälfte
zwischen zwei Rasterlinien verlaufen. Dieses Raster legt den minimalen
Abstand von waagerechten bzw. senkrechten Linien mit 2,5 mm fest. Neben waagerechten und senkrechten Linien können noch 45° Diagonalen
auftreten, die durch die Kreuzungspunkte des 2,5 mm Rasters (im folgenden mit Raster bezeichnet) laufen müssen. Alle Linienenden liegen
auf Rasterkreuzungspunkten.

Auf die außerdem auftretenden Symbole für Bohrungen und Durchkontak-
tierungen soll hier nicht näher eingegangen werden. Unterschiedliche
Leiterbahnbreiten werden durch verschiedene Farben gekennzeichnet, die
durch Farbfilter, die vor die Optik der Fernsehkamera geschwenkt werden, erkannt werden können. Die dabei auftretenden Probleme sollen
hier ebenfalls ausgeklammert werden.

3. Gesamtkonzept zur Aufnahme der Leiterplattenzeichnungen

Zur Aufnahme wird eine Fernsehkamera verwendet, die über Schrittmoto-
ren angetrieben, auch größere Vorlagen abtasten kann (diese Ansteue-
rung ist bisher am Institut noch nicht realisiert). Das Fernsehsignal
wird einem digitalen Bildspeicher mit 512 x 512 Bildpunkten zu je 8
bit für die Grauwertdarstellung zugeführt, der mit einem Kleinrechner
(PDP11-23) gekoppelt ist. In der Entwicklungsphase wird die Bildverarbeitung in Software auf dem Rechner realisiert. Später ist auch an den
Einsatz von spezieller Hardware zur schnellen Verarbeitung gedacht.
Die zu erfassende Vorlage wird justiert, damit eine feste Beziehung
zwischen Raster der Vorlage und dem Bildpunktraster gegeben ist. Bei
der Erfassung wird die Vorlage abschnittweise in den Bildspeicher aufgenommen und in den folgenden Schritten bearbeitet:

    1. Bildaufnahme und Vorverarbeitung
    2. Umsetzung der Bilddaten in geordneten Linienlisten
    3. Erkennen von geraden Liniensegmenten im Raster

Im 1. Schritt wird das Bild linearisiert und die Linien dann ske-

gegriffen werden /2,3/. Der für den 2. Schritt notwendigen Linienverfolgung wird ein Schritt vorgeschaltet, in dem die Kreuzungspunkte von Linien aus dem Bild gelöscht und deren X und Y Koordinaten in einer Liste gespeichert werden. Dann werden die Koordinaten aller Linienanfänge und Enden in eine weitere Liste geschrieben. Diese Punkte liefern dann Anfang und Ende der nun durchzuführenden Linienverfolgung. Das Ergebnis ist eine Datei, in der die Koordinaten nur derjenigen Punkte einer Linie in der Reihenfolge ihres Auftretens bei der Linienverfolgung vermerkt sind, in denen die Linie ihre Richtung ändert. Außerdem werden die Koordinatenpaare als Anfangs-, Knick- oder Endpunkt in der Liste markiert (siehe Tabelle I). Aus dieser Liste ist das Linienbild mit Hilfe eines Vektorgenerators vollständig rekonstruierbar. D.h. aber auch mit ellen Störungen und Ungenauigkeiten, die von der Skelettierung und der Linienführung herrühren. Diese Störungen führen zu einer unnötigen Vergrößerung der Liniendatei und bei der Rekonstruktion zu unerwünschten Ungleichmäßigkeiten der Linienverläufe, die im ungünstigsten Fall auch zu Schaltungsfehlern bei der Herstellung der Platine führen können. Deshalb wird im 3. Schritt eine Erkennung von geraden Liniensegmenten im gegebenem Raster durchgeführt.

4. Erkennung von geraden Liniensegmenten im Raster

Die Erkennung der geraden Liniensegmente erfolgt durch eine gestaffelte Prüfung der Liniendatei. Dabei wird in den folgenden Schritten verfahren:

1. Schritt: Die Koordinaten des Linienanfangspunktes werden durch die Koordinaten des nächstliegenden Rasterpunktes ersetzt.

2. Schritt: Die Koordinaten der folgenden "Knickpunkte" werden nur dann durch die eines Rasterpunktes ersetzt, wenn sie sich innerhalb eines verkleinerten "Fangbereiches" um diesen Rasterpunkt befinden (siehe Bild 2), und wenn eine Plausibilitätskontrolle, die z.B. überprüft, ob die Verbindung zwischen letztem und neuem Rasterpunkt eine erlaubte Linie im Raster ist, positiv verläuft.

3. Schritt: Verläuft die Plausibilitätskontrolle negativ, werden auch alle Koordinatenpaare der Linienpunkte zwischen zuletzt gerastertem und dem neu zu rasternden Punkt erzeugt und entsprechend dem 2. Schritt bearbeitet.

4. Schritt: Für alle Linien, die nach diesem Verfahren nicht als gera-
des Liniensegment im Raster erkannt werden, bleibt die
Liniendatei unverändert und es wird der Vermerk "Linie Nr.
kann nicht gerastert werden" ausgegeben.

Im <u>Bild 3</u> ist ein Beispiel für die Erkennung gerader Liniensegmente
im Raster gegeben; in Tabelle I sind die dazugehörigen Liniendateien
abgelistet.

In <u>Bild 4</u> ist ein Beispiel der Wirkungsweise des Verfahrens anhand
von Bildschirmfotos gegeben.

5. Diskussion

Die mit diesem Verfahren durchgeführten Experimente haben an dem vorliegenden Bildmaterial zufriedenstellende Ergebnisse geliefert. Insbesondere hat sich gezeigt, daß relativ große Verschiebungen der abgetasteten Linien gegenüber dem Raster noch erkannt werden. Zudem kann
die Auflösung, d.h. die Zahl der Bildpunkte pro Raster, in Abhängigkeit der Breite und der Lagegenauigkeit der Linien auf der Vorlage im
Hinblick auf eine vollständige Erkennung gerader Liniensegmente optimiert werden. Schwächen des Verfahrens liegen zur Zeit noch in der Art
der Plausibilitätskontrolle. Hier wird zur Zeit an einer Verbesserung
des Verfahrens gearbeitet, in der der gesamte Linienverlauf zwischen
den zu untersuchenden Punkten betrachtet wird.

6. Literaturverzeichnis

/1/ Masui, T.; Shimizu, S.;   Recognition system for design chart drawn
    Yoshida, M.; Abe, T.:   on section paper,
                                 Proceedings of the 5th International Con-
                                 ference on Pattern Recognition, Miami
                                 Beach, Florida, Dec 1980, pp. 127-130

/2/ Kreifelts, T.:   Skelettierung und Linienverfolgung in
                                 Rasterdigitalisierten Linienstrukturen,
                                 Informatik Fachberichte 8, Digitale Bild-
                                 verarbeitung, Hrsg.: H.-H. Nagel, 1977,
                                 S.223-231

/3/ Amiri, H.; Märgner, V.;   A method for analysing and synthesizing
    Zamperoni, P.:   line-drawings,
                                 Signal-Processing Vol. 1, No. 1,
                                 January 1979, pp. 5-13

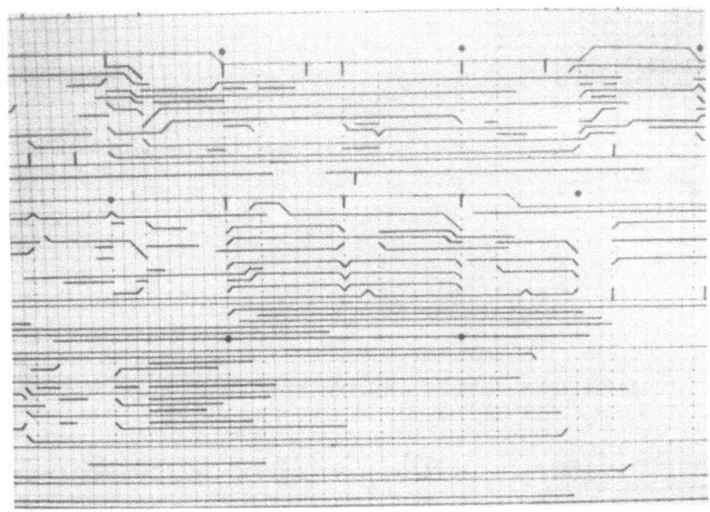

Bild 1: Ausschnitt aus einer zu erfassenden Leiterplattenzeichnung

vor der Rasterung			nach der Rasterung			nach Eliminieren unnötiger Punkte		
Koordinaten		Marke	Koordinaten		Marke	Koordinaten		Marke
X	Y		X	Y		X	Y	
86	54	1	90	50	1	90	50	1
75	65	2	80	60	2	70	70	2
74	65	2	70	70	2	50	70	2
66	73	2	60	70	2	40	60	2
58	73	2	50	70	2	30	60	3
57	72	2	40	60	2			
49	72	2	30	60	3			
39	62	2						
37	62	2						
36	61	2						
30	61	3						

Tabelle I: Einfluß der Rasterung auf die Datei der Linie aus obigem
Beispiel

Bedeutung der Spalte Marke: 1 - Anfangspunkt
2 - Knickpunkt
3 - Endpunkt
Reduktion der Liniendatei von 11 auf 5 Koordinatenpaare

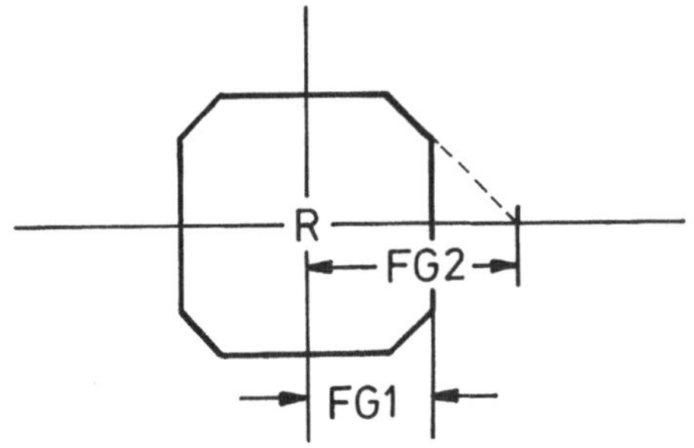

Bild 2: Definition des eingeeng-
ten Fangbereiches um den
Rasterkreuzungspunkt R
mit den variablen Grenzen
FG1 und FG2

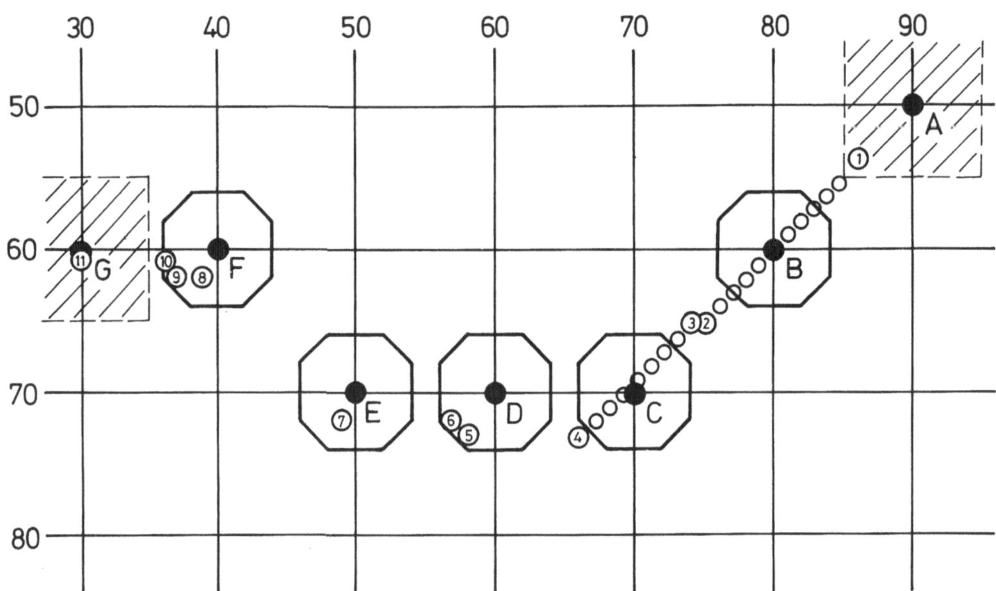

Bild 3: Beispiel für eine Rasterung

- Der Anfangspunkt ① wird durch den nächstliegenden Rasterpunkt ersetzt.
- Die folgenden Punkte ② bis ④ fallen nicht in den Fangbe-
  reich, werden also nicht durch Rasterpunkte ersetzt.
- Der Punkt ⑤ soll nach D gerastert werden. Das widerspricht
  dem Plausibilitätstest, denn die Verbindung A - D ist keine
  zulässige Linie im Raster. Deshalb werden die Zwischenwerte
  (durch o gekennzeichnet) erzeugt. Diese werden nach B und C
  verschoben. Das Ergebnis sind gerade Linien im Raster. Auch
  Punkt ⑤ darf nach D verschoben werden.
- Die übrigen Werte werden entsprechend bearbeitet.
- Der Endpunkt ⑪ wird wieder durch den nächstliegenden
  Rasterpunkt ersetzt (hier G).

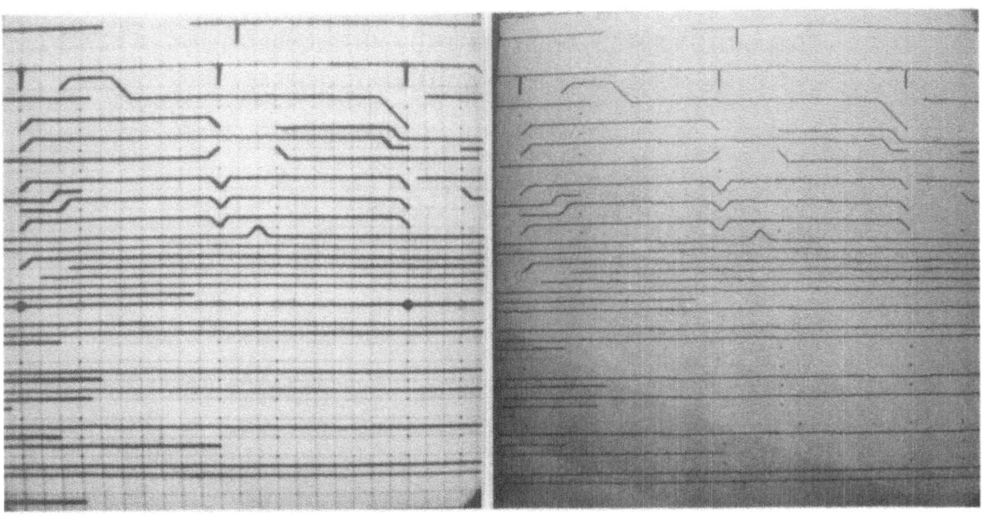

a) Originalbild   b) Skelettiertes Binärbild

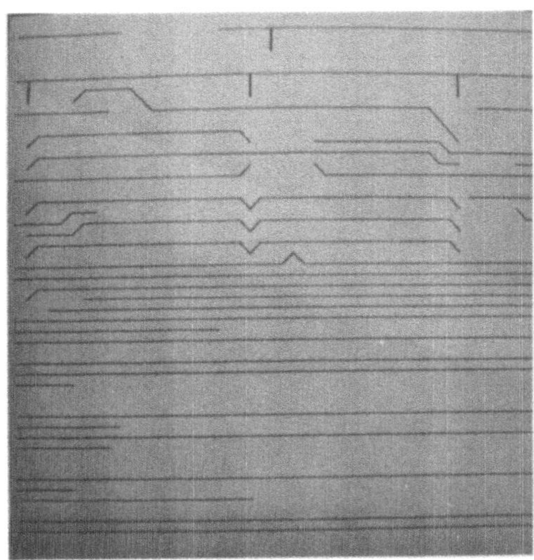

c) Reproduktion der gerasterten Liniendatei

Bild 4: Beispiel für die Wirkungsweise des Verfahrens auf einen
12 x 12 cm großen Bildausschnitt. Dargestellt ist der gesamte
Bildspeicherinhalt.

Die Liniendatei reduziert sich dabei von 1133 auf 135 Koordinatenpaare.

DOMINANTE UND DETAILSTRUKTUREN IN BILDGRAPHEN
FÜR BINÄRBILDER VON LINIENZEICHNUNGEN

Heinrich Bley
Universität Erlangen-Nürnberg
Lehrstuhl für Informatik 5 (Mustererkennung)
Martensstraße 3, D-8520 Erlangen

Kurzfassung

Aus Binärbildern von Linienzeichnungen werden durch ein Zeilenvergleichsverfahren Bildgraphen berechnet. Die Verarbeitung der dominanten Strukturen im Bildgraphen wird durch zwei Verarbeitungsschritte realisiert:
Selektion der Strukturen durch Test der Knotenparameter und Entscheidung nach Approximation durch parametrische Kurvenformen. Die Detailstrukturen werden im Kontext der dominanten Strukturen durch ein Produktionensystem mit anwendungsspezifischen Regeln verarbeitet.

1. Einführung

Bildgraphen sind ein Hilfsmittel zur Beschreibung der Zerlegung eines
Bildes in Regionen. Dabei enthalten die Knoten des Graphen eine Beschreibung der Regionen, während die Kanten die Nachbarschaftsrelatio-
nen zwischen Regionen repräsentieren /1/. Bei Binärbildern erfolgt die
Regionenbildung durch Zusammenfassen einfacher Gruppen zusammenhängender schwarzer Bildpunkte zu atomaren Regionen.

Hier wird die Anwendung von Bildgraphen für die Lösung folgender Teilaufgaben bei der Verarbeitung von Linienzeichnungen beschrieben: Suchen
der Schriftzeichen und Erkennen der Linienelemente der Zeichnungen. Dabei wird zwischen dominierenden, großen Linien und Detailstrukturen unterschieden.

2. Aufbau des Systems

Bild 1 zeigt schematisch die wesentlichen Teile des Systems für die
Vorverarbeitung von Linienzeichnungen. Am Anfang der Verarbeitung
steht die Bildaufnahme und die Berechnung des Binärbildes. Bei den
in der Untersuchung verwendeten Bildvorlagen war die Matrixgröße etwa
1000 x 1300 Bildpunkte.

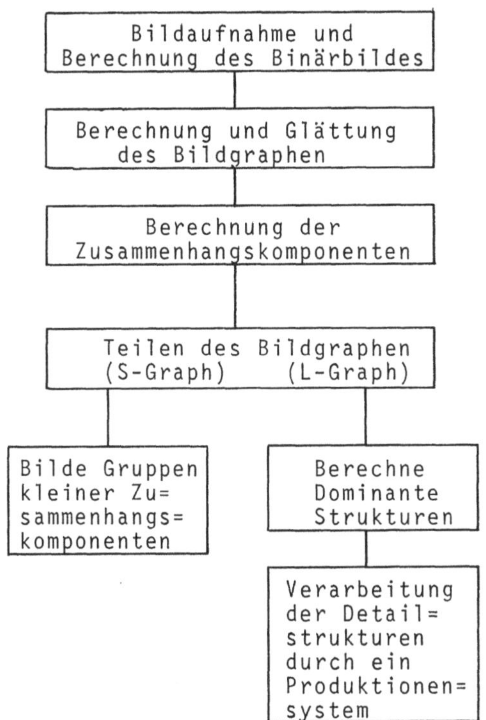

Bild 1: Aufbau des Systems

Für die weitere Verarbeitung wird aus dem Binärbild ein Bildgraph errechnet. Zusammenhängende schwarze Bildpunkte in einer Zeile der Binärbildmatrix werden als Zeilenabschnitt bezeichnet. Durch ein Zeilenvergleichsverfahren werden einander überlappende Zeilenabschnitte aus benachbarten Bildzeilen zu Primärkomponenten zusammengefaßt sofern keine Verzweigung vorliegt und zusätzliche geometrische Bedingungen erfüllt sind /2/. Bild 2a zeigt die Zerlegung in Primärkomponenten für ein einfaches Beispiel. Die Primärkomponenten bilden die Knoten des Bildgraphen, Bild 2b. Folgende, die Primärkomponenten beschreibenden Daten werden als Knotenparameter gespeichert: Nummer der Komponente, Koordinaten des unteren und des oberen Zeilenabschnitts, Koordinaten des umschreibenden Rechtecks, Anzahl schwarzer Bildpunkte, Anzahl der einmündenden und der ausgehenden Kanten (negativer d^- bzw. positiver

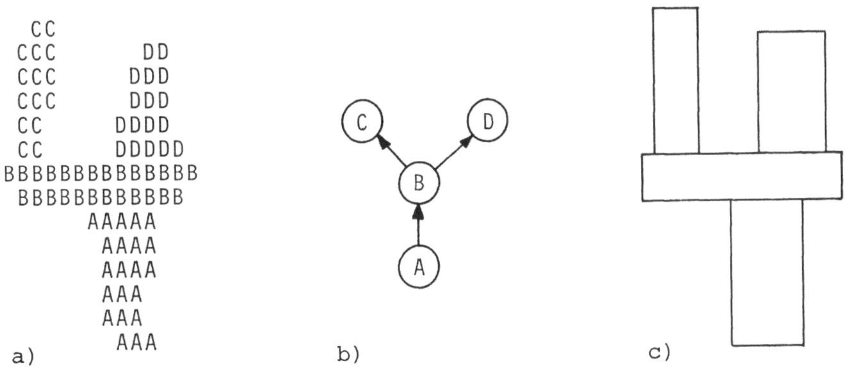

Bild 2: a) Zerlegung des Binärbildes in Primärkomponenten, b) Bildgraph, c) Darstellung des Bildgraphen durch umschreibende Rechtecke der Primärkomponenten

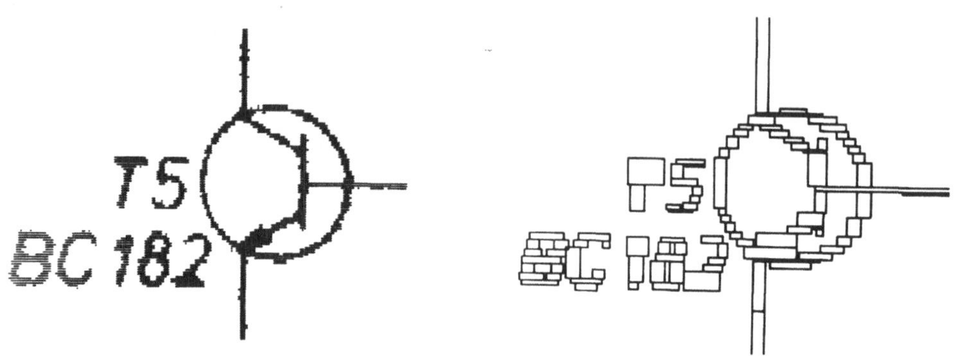

Bild 3: a) Binärbildausschnitt, b) Darstellung des Bildgraphen durch
umschreibende Rechtecke

d^+ Grad des Knoten). Der Graph wird in einer Knotenliste und einer Kan-
tenliste gespeichert. Für die zeichnerische Darstellung wird im folgenden die Form nach Bild 2c gewählt, in der für jeden Knoten das umschreibende Rechteck der entsprechenden Primärkomponente gezeichnet
wird.

Durch die Glättung des Graphen /2/ werden Knoten gelöscht, die für die
Beschreibung des Inhalts des Binärbildes keine Bedeutung haben. Dabei
handelt es sich im wesentlichen um kleine Primärkomponenten, die durch
Quantisierungseffekte an Hand von Linien entstehen. Bild 3 zeigt den
Graphen eines Binärbildausschnitts nach der Glättung.

Die Berechnung der Zusammenhangskomponenten im Bildgraphen ist die Berechnung der zusammenhängenden Teilgraphen /3/. Diese entsprechen den
Zusammenhangskomponenten im Binärbild.

Der Bildgraph wird in 2 Teile, den S-Graphen und den L-Graphen aufge-
spalten. Der S-Graph beschreibt die kleinen Zusammenhangskomponenten,
Schriftzeichen und Sonderzeichen; der L-Graph beschreibt die zusammenhängenden Komponenten der Linienzeichnung, die größer als Schriftzeichen sind. Die Komponenten des S-Graphen werden durch ein Clustering-
Verfahren zu Gruppen zusammengefaßt. Bild 7 zeigt als Ergebnis der Verarbeitung die umschreibenden Rechtecke der so gefundenen Zeichengruppen
für die Vorlage Bild 4. Die Verarbeitung des L-Graphen wird im folgenden beschrieben.

3. Dominante Strukturen

Die Verarbeitung des L-Graphen folgt einer Grundidee der Bildverarbeitungsmethoden, die durch Stichworte wie 'planning', 'attention focussing' und 'context dependent filtering' charakterisiert werden: Zunächst werden die großen, dominierenden, einfach und sicher zu erkennenden Teile des Bildes verarbeitet. Dadurch wird ein Gerüst geschaffen, das für die Kontrolle der weiteren Verarbeitung und als Kontext für Detailstrukturen verwendet wird.

In den hier untersuchten Linienzeichnungen, Stromlaufpläne und Beispiele aus der Karthographie, sind die auffallenden, großen Linien des Bildes parametrische Kurvenformen: Geraden- und Kreissegmente. Diese in den Bildvorlagen dominierenden Linien entsprechen weitgehend den dominanten Strukturen im Bildgraphen. Eine exakte Übereinstimmung gibt es nicht, da die beiden Begriffe sich auf unterschiedliche Ebenen bzw. Formen der Repräsentation des Bildinhalts beziehen. Bild 5 zeigt für die Vorlage Bild 4 die errechneten Linien.

Für die dominanten Strukturen gilt die Forderung, daß sie unabhängig voneinander und unabhängig von den Detailstrukturen verarbeitet werden können. Da sie ein Gerüst für die weitere Verarbeitung bilden, wird außerdem eine sehr hohe Erkennungssicherheit verlangt.

Die Algorithmen zur Verarbeitung der dominanten Strukturen im L-Graphen enthalten zwei streng voneinander getrennte Verarbeitungsschritte, die Selektion der dominanten Strukturen und die Entscheidung über die Strukturen. Die Selektion wird durch Tests der Knotenmenge des L-Graphen realisiert. Dabei werden der positive und der negative Grad jedes Knoten, sowie die Knotenparameter geprüft, die Größe und Form der Primärkomponente beschreiben. Durch die Auswahl einer Teilmenge der Knoten und der zwischen diesen Knoten liegenden Kanten werden zusammenhängende Teilgraphen erzeugt. Diese bilden die Hypothesen über vorliegende dominante Strukturen. Da das zeilenorientierte Verfahren zur Berechnung der Primärkomponenten aus dem Binärbild die Linien abhängig von ihrer Orientierung zu den Zeilen des Binärbildes unterschiedlich in Primärkomponenten aufspaltet, werden bei der Selektion unterschiedliche Parameter für vertikale, horizontale und diagonale /2/ Geraden und für Kreissegmente verwendet.

In der Entscheidung über die Hypothesen wird aus den in den Knoten-

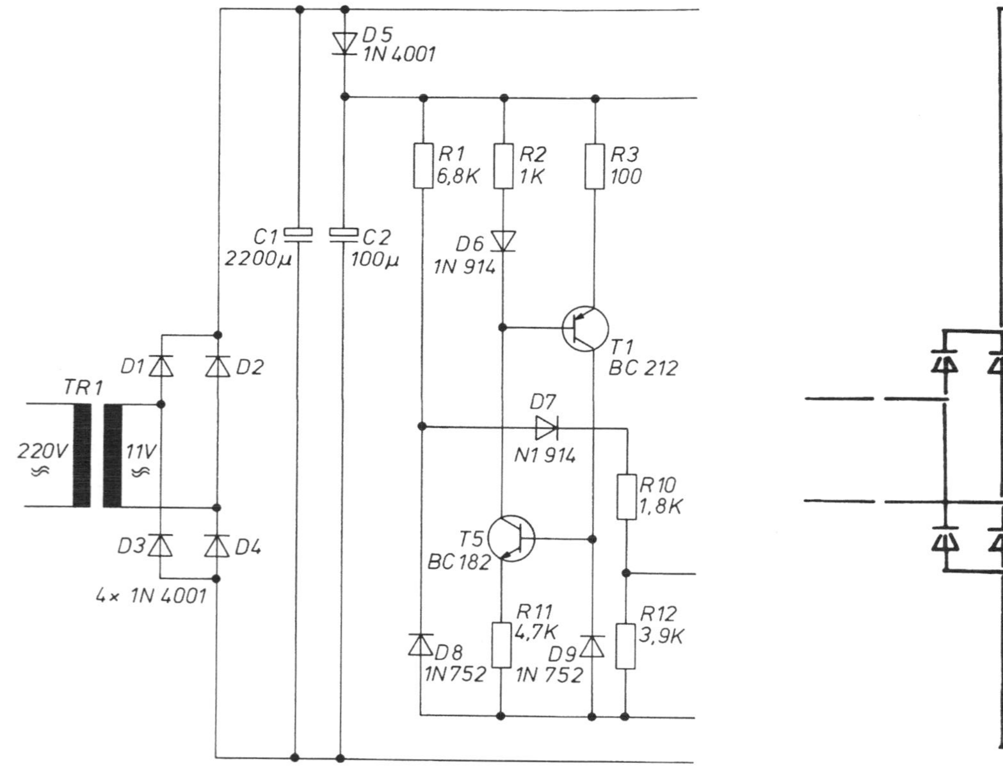

Bild 4: Bildvorlage, Teil eines Netzgerätes,
Größe 15 x 17 cm², Strichstärke 0,5 mm

Bild 5: Linienelemente, die durch Verarbeitung der dominanten Strukturen im L-Graphen
für Bild 4 gefunden wurden

parametern enthaltenen Koordinaten der Primärkomponenten eine Approximation durch eine parametrische Kurvenform berechnet. Aufgrund des maximalen Fehlers und der Größe der Linie wird zwischen Akzeptanz und
Rückweisung entschieden. Wird ein Teilgraph als Repräsentant einer
Linie akzeptiert, dann wird der Teilgraph im L-Graphen durch einen
neuen Knoten ersetzt. Dieser Knoten wird als klassifiziertes Linien-
element markiert. Die Parameter des Knoten enthalten die Parameter des
Linienelements. Durch die Verarbeitung der dominanten Strukturen wird
die Anzahl der Knoten im L-Graphen um 60 % vermindert. Die Ergebnisse
der Experimente zeigen, daß bei Zeichnungen mit parametrischen Kurvenformen die Berechnung der dominierenden großen Linien unabhängig
sowohl von der Art der Zeichnungen als auch von den Detailstrukturen
realisiert werden kann.

4. Detailstrukturen

Die Verarbeitung der Detailstrukturen ist Aufgabe eines Produktionensystems. Ausgangspunkt für die Entwicklung und Realisierung war die
Beobachtung, daß durch Verarbeitung der dominanten Strukturen Gruppen
von noch nicht verarbeiteten Primärkomponenten erzeugt werden. Diese
Gruppen sind dadurch definiert, daß in der Bildebene der euklidische
Abstand der Primärkomponenten einer Gruppe klein ist im Vergleich zum
Abstand zu den Komponenten jeder anderen Gruppe. Diese Gruppen können
also durch ein Clustering-Verfahren /4/ gefunden werden; die Knoten
des L-Graphen, die Primärkomponenten beschreiben, werden in Gruppen
geordnet. Zu den Knoten dieser Gruppen werden jeweils die im L-Graphen
benachbarten Knoten hinzugefügt, die klassifizierte Linienelemente aus
Abschnitt 3. beschreiben. Durch Addition der zwischen den Knoten jeder Gruppe liegenden Kanten werden Teilgraphen gebildet, die unabhängig voneinander verarbeitet werden können. Beispiele für so gebildete
Teilgraphen enthält die linke Seite von Bild 6.

Die Teilgraphen stimmen nicht mit Symbolen der Linienzeichnung (Schalt-
symbole bei Stromlaufplänen) überein, sie geben auch nicht den Kontext
an, der jeweils von einer einzelnen Produktion benutzt wird. Es ist
aber möglich unabhängig von den anzuwendenden Produktionen einen Bereich anzugeben, der als Kontext ausreicht. Deshalb ist es nicht notwendig, die linke Seite der einzelnen Produktionen jeweils im gesamten
L-Graphen zu suchen. Dieser Bereich wird als maximaler Kontext der
Produktionen bezeichnet.

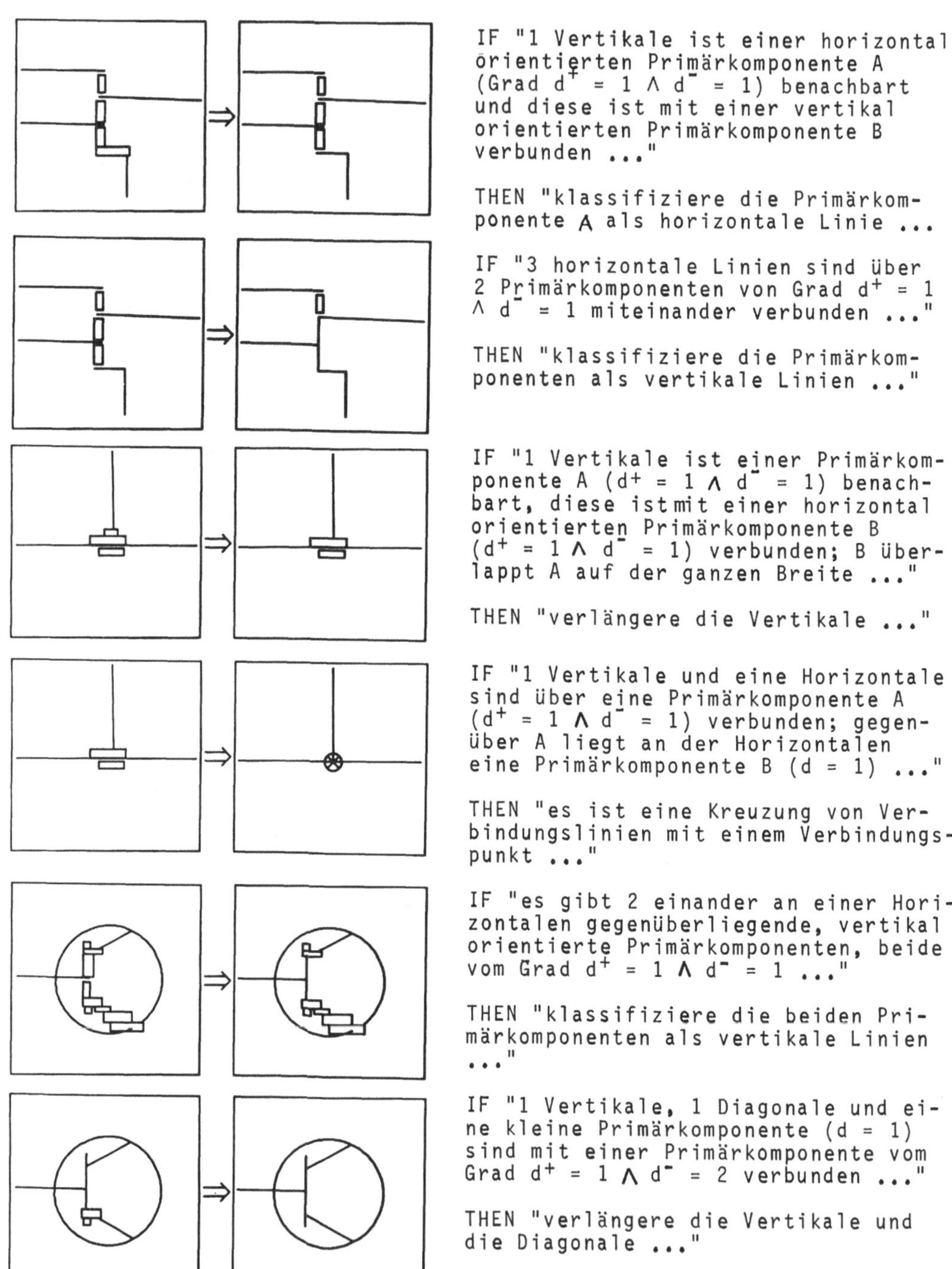

IF "1 Vertikale ist einer horizontal
orientierten Primärkomponente A
(Grad d^+ = 1 $\wedge$ d^- = 1) benachbart
und diese ist mit einer vertikal
orientierten Primärkomponente B
verbunden ..."

THEN "klassifiziere die Primärkomponente A als horizontale Linie ...

IF "3 horizontale Linien sind über
2 Primärkomponenten von Grad d^+ = 1
$\wedge$ d^- = 1 miteinander verbunden ..."

THEN "klassifiziere die Primärkomponenten als vertikale Linien ..."

IF "1 Vertikale ist einer Primärkomponente A (d^+ = 1 $\wedge$ d^- = 1) benachbart, diese istmit einer horizontal
orientierten Primärkomponente B
(d^+ = 1 $\wedge$ d^- = 1) verbunden; B über-
lappt A auf der ganzen Breite ..."

THEN "verlängere die Vertikale ..."

IF "1 Vertikale und eine Horizontale
sind über eine Primärkomponente A
(d^+ = 1 $\wedge$ d^- = 1) verbunden; gegenüber A liegt an der Horizontalen
eine Primärkomponente B (d = 1) ..."

THEN "es ist eine Kreuzung von Ver-
bindungslinien mit einem Verbindungs-
punkt ..."

IF "es gibt 2 einander an einer Horizontalen gegenüberliegende, vertikal
orientierte Primärkomponenten, beide
vom Grad d^+ = 1 $\wedge$ d^- = 1 ..."

THEN "klassifiziere die beiden Primärkomponenten als vertikale Linien
..."

IF "1 Vertikale, 1 Diagonale und eine kleine Primärkomponente (d = 1)
sind mit einer Primärkomponente vom
Grad d^+ = 1 $\wedge$ d^- = 2 verbunden ..."

THEN "verlängere die Vertikale und
die Diagonale ..."

Bild 6: Anwendung einiger Produktionen auf Teilgraphen

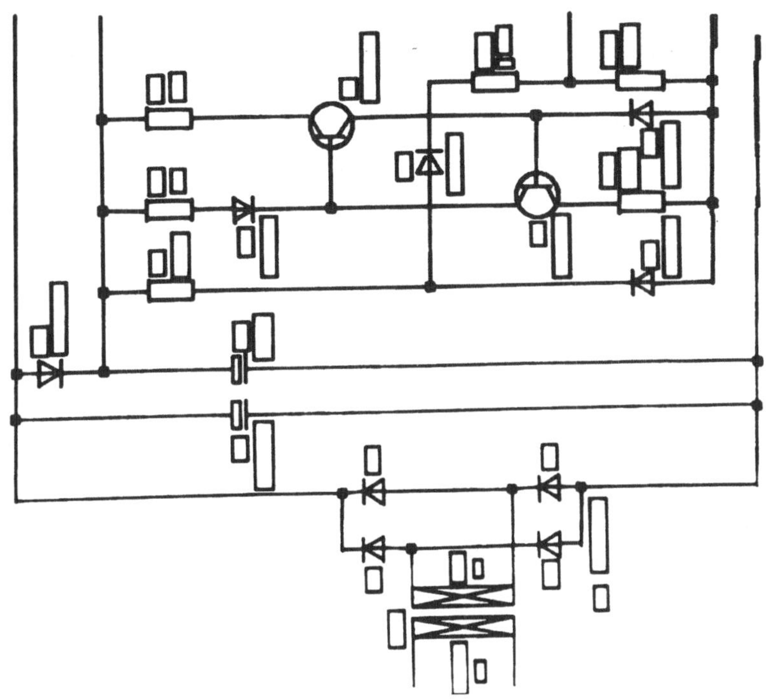

Bild 7: Verarbeitungsergebnis. Linien und Zeichengruppen
für die Vorlage in Bild 4

Ein Produktionensystem /5/ besteht aus einer Menge von Produktionen,
einem Arbeitsspeicher auf dessen Inhalt die Produktionen angewendet
werden und aus der Kontrollstruktur für die Anwendung der Produktionen. Eine Produktion besteht aus einem IF-Teil, den Bedingungen, die
für die Anwendung der Produktion erfüllt sein müssen, und einem
THEN-Teil, der Aktion, die durch die Produktion spezifiziert wird.
Bild 6 zeigt einige Beispiele für die Anwendung verschiedener Produktionen und eine informelle Beschreibung der Bedingungen und der
Aktionen.

Die einzelnen Produktionen wurden als Moduln, Unterprogramme in FORTRAN,
implementiert, die jeweils die Prüfung der Bedingungen und die Aktion
einer Produktion enthalten. Durch die Kontrollstruktur wird eine feste
Reihenfolge für die Anwendung der Produktionen vorgeschrieben. Jeweils
ein durch das Clustering-Verfahren erzeugter Teilgraph wird in den
Arbeitsspeicher des Produktionensystems eingelesen. Die Moduln mit
den Produktionen werden nacheinander in der durch die Kontrollstruktur
festgelegten Reihenfolge aufgerufen. Wenn der in einem Modul enthal-

tene IF-Teil erfüllt ist, wird die im THEN-Teil spezifizierte Aktion
auf dem Inhalt des Arbeitsspeichers ausgeführt. Danach werden wieder
alle Moduln aufgerufen. Diese Schleife wird abgebrochen, wenn der
Arbeitsspeicher nur noch klassifizierte Linienelemente enthält oder
keine Produktion auf den Inhalt des Arbeitsspeichers angewendet werden kann.

Durch die Verarbeitung von 6 Tuschzeichnungen von Stromlaufplänen,
Format DIN A4, wurde eine Stichprobe mit 564 Teilgraphen erzeugt.
75 % dieser Teilgraphen werden durch genau eine der 54 implementierten Produktionen verarbeitet. 25 % werden durch Produktionenfolgen
(max. Länge 12) verarbeitet. Die Produktionen sind nicht Teil einer
formalen Grammatik /6/. Sie sind anwendungsspezifisch in dem Sinn,
daß sie die Detailstrukturen verarbeiten, die von einer Klasse von
Linienzeichnungen erzeugt werden.

<u>Literatur</u>

/1/ T. Pavlidis, "Structural pattern recognition", Springer Verlag,
    New York, 1977

/2/ H. Bley, "Bildgraphen für die Segmentierung von Stromlaufplänen",
    in S.J. Pöppl und H. Platzer (Hrsg.): "Erzeugung und Analyse von
    Bildern und Strukturen", DGaO-DAGM Tagung 1980, Informatik Fach-
    berichte 29, Springer Verlag, 1980, S. 81-88

/3/ G. Tinhofer, "Methoden der angewandten Graphentheorie", Springer
    Verlag, Wien, 1976

/4/ C.T. Zahn, "Graph-theoretical methods for detecting and describing
    Gestalt clusters", IEEE Trans. on Comp., vol. C-20, No. 1, Jan 1971,
    pp. 68-89

/5/ D.A. Waterman, F. Hayes-Roth (eds.), "Pattern-directed inference
    systems", Academic Press, New York, 1978

/6/ G. Winkler, "Bildbeschreibungssprachen - was sie sind und was sie
    leisten" in: E. Triendl (Hrsg.), "Bildverarbeitung und Mustererer-
    kennung", DAGM-Symposium 1978, Informatik Fachberichte 17, Sprin-
    ger Verlag 1978, S. 107-125

EIN REKURSIVES LINIEN - UND KANTENDETEKTIONSVERFAHREN

G. Hartmann, H. Krasowski, R. Schmid
Grundlagen der Elektrotechnik, Universität-Gesamthochschule-Paderborn

1. Einleitung

Die lückenlose Erfassung aller an einem Bild beteiligten Linien- und Kantenelemente
mit Hilfe orientierungs- und ortsfrequenzabhängiger Filter ist derzeit möglich, aber
außerordentlich rechenintensiv. Es soll ein rekursives Verfahren vorgestellt werden,
das nur wenige, für alle Ortsfrequenzebenen gleiche Algorithmen benötigt, die mit
schnellen Schaltungen in Echtzeit realisiert werden können.

2. Rekursive Darstellung des Laplace-Operators

Empfindlichkeitsverteilung des Laplace-Operators

Durch verzögertes Abtasten der beiden Halbbilder liegen Zeilen und Spalten von Pixels
parallel zu den Achsen eines schiefwinkligen (60°) Koordinatensystems. Jedes Pixel X
des Grauwertbildes G ist dann von sechs äquidistanten Nachbarn U_{ν} umgeben, die Summe

$$L_0(X) = -6\ G(X) + \sum_{\nu=1}^{6} G(U_{\nu}) \tag{1}$$

(vgl. Abb. 1) bildet einen Laplace-Operator und erzeugt ein transformiertes Bild L_0.
Eine gewichtete Summe von 19 Elementen aus L_0 erzeugt das Bild

$$L_1(X) = x\ L_0(X^*) + \sum_{\nu=1}^{6} \{\ y\ L_0(Y_{\nu}^*) + u\ L_0(U_{\nu}^*) + v\ L_0(V_{\nu}^*)\} \tag{2}$$

Es kann nun gezeigt werden, daß ein auf das Grauwertbild G angewandter Laplace-Operator
mit "doppeltem Durchmesser" des in (1) beschriebenen Operators ein Bild erzeugt, das
nur geringfügig von L_1 abweicht.

Der Grauwert G(X) jedes Pixels ist eine Faltung der Bildfunktion mit der Abtastfunktion
$F(\vec{\rho})$ und (1) bzw. (2) sind Linearkombinationen solcher Faltungen. Deshalb kann (1) und
(2) auch als Faltung der Bildfunktion mit einer entsprechenden linearen Superposition
von Abtastfunktionen $F(\vec{\rho})$ beschrieben werden. Dabei ist $F(\vec{\rho})$ die Empfindlichkeitsverteilung bei der Abtastung eines Pixels in Abhängigkeit vom Ort $\vec{\rho}$ bezogen auf die Position des Pixels. Dem Laplace-Operator (1) entspricht die Empfindlichkeitsverteilung

$$E(\vec{Q}) = -6\ F_X(\vec{Q}) + \sum_{\nu=1}^{6} F_{u\nu}(\vec{Q}) = -6\ F(\vec{\rho}_X) + \sum_{\nu=1}^{6} F(\vec{\rho}_{u\nu}) \tag{3}$$

in Abhängigkeit vom Ort, der entweder vom Zentrum X der Empfindlichkeitsverteilung E
aus durch $\vec{Q}$ oder von den jeweiligen Zentren der Pixels aus durch $\vec{\rho}_X$, $\vec{\rho}_{u\nu}$ beschrieben wi

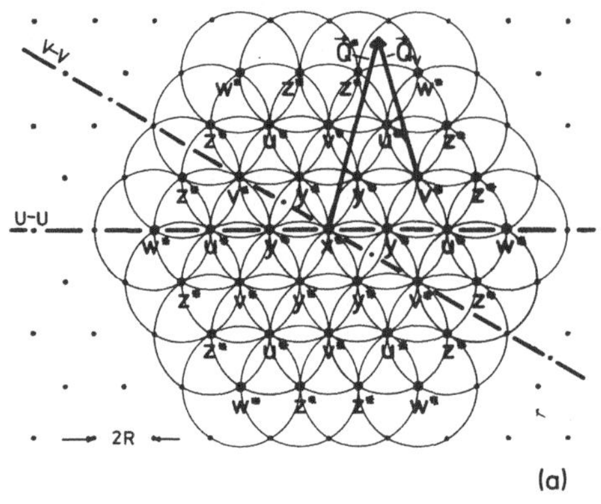
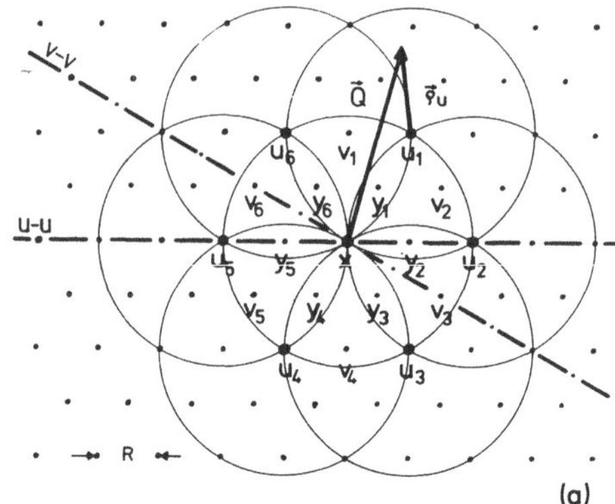

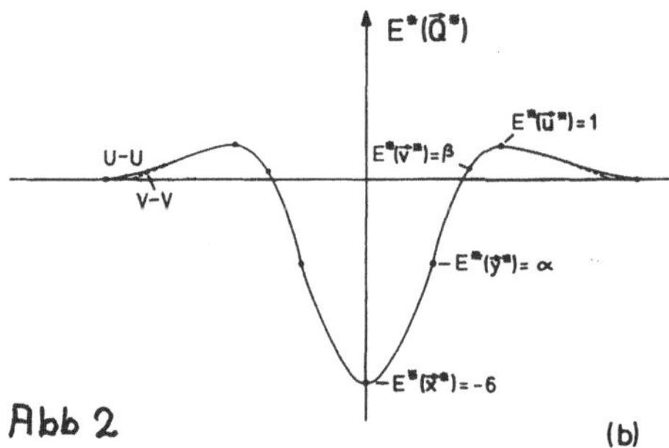

Abb 2

(b)

Abb. 1 Die Empfindlichkeitsverteilung
$E(\vec{Q})$ des Laplace-Operators als Superposition der Abtastfunktionen $F(\vec{\rho})$.

Abb. 2 Die Überlagerung von 19 Empfind-
lichkeitsverteilungen $E(\vec{Q})$ eines Laplace-
Operators erzeugt eine Empfindlichkeitsverteilung $E^*(\vec{Q}^*)$ gleicher Form und dop-
pelter Größe.

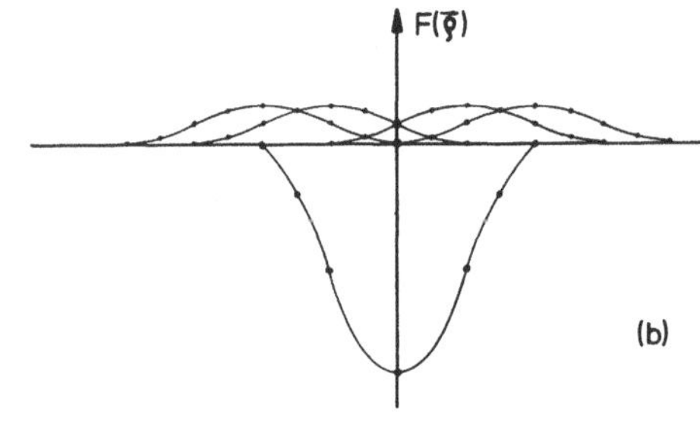

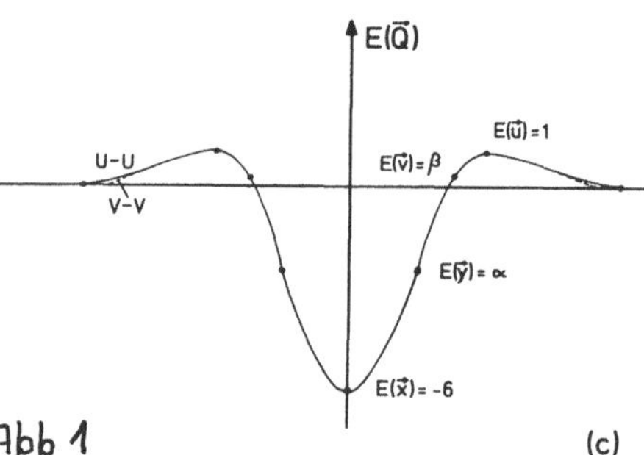

Abb 1

(c)

Der gewichteten Summe von 19 Elementen aus L_o entspricht eine Empfindlichkeitsverteilung

$$E^*(\vec{Q}^*) = x\, E_x(\vec{Q}^*) + \sum_{\nu=1}^{6} \{\, y\, E_{y\nu}(\vec{Q}^*) + u\, E_{u\nu}(\vec{Q}^*) + v\, E_{v\nu}(\vec{Q}^*) \,\} = \tag{4a}$$

$$= x\, E(\vec{Q}_x) + \sum_{\nu=1}^{6} \{\, y\, E(\vec{Q}_{y\nu}) + u\, E(\vec{Q}_{u\nu}) + v\, E(\vec{Q}_{v\nu}) \,\} \tag{4b}$$

in Abhängigkeit vom Ort, der entweder vom Zentrum X* der Empfindlichkeitsverteilung E*
aus durch $\vec{Q}^*$, oder von den jeweiligen Zentren der 19 überlagerten Empfindlichkeitsver-
teilungen E aus durch $\vec{Q}_x$, $\vec{Q}_{y\nu}$, $\vec{Q}_{u\nu}$ und $\vec{Q}_{v\nu}$ beschrieben wird (Abb. 2).

Kann man nun zeigen, daß $E^*(\vec{Q}^*) = E(\vec{Q})$ für $\vec{Q}^* = 2\vec{Q}$, so ist auch bewiesen, daß L_1 gleichwertig ist mit einem aus dem Grauwertbild durch den Laplace-Operator erzeugten Bild.

Rekursionsbedingung

Wählt man für den Abstand der Pixels im Grauwertbild 2R, wobei $F(\vec{\rho}) = 0$ für $|\vec{\rho}| \geqq 2R$ und normiert man $F(\vec{\rho}) = 1$ für $|\vec{\rho}| = 0$, so kann man die folgenden Werte für $E(\vec{Q})$ leicht berechnen: $E(\vec{X}) = -6$; $E(\vec{Y}_\nu) = \alpha$; $E(\vec{U}_\nu) = 1$ und $E(\vec{V}_\nu) = \beta$ (vgl. Abb. 1).

Ähnlich einfach kann man $E^*(\vec{Q}^*)$ an den 19 Stellen $\vec{X}^*$, $\vec{Y}_\nu^*$, $\vec{U}_\nu^*$ und $\vec{V}_\nu^*$ berechnen (Abb. 2). Dazu müssen entsprechend (4b) diese 19 Koordinaten in die Systeme der überlagerten Verteilungen E transformiert werden, also durch $\vec{Q}_x$, $\vec{Q}_{y\nu}$, $\vec{Q}_{u\nu}$ und $\vec{Q}_{v\nu}$ ausgedrückt werden. Wegen der begrenzten Ausdehnung von E liefern nur $E(\vec{X}) = -6$ und $E(\vec{U}_\nu) = 1$ von Null verschiedene Beiträge zu (4b). Diese müssen mit Gewichtsfaktoren x, y, u und v multipliziert und über alle beteiligten Funktionen E aufsummiert werden. Das Ergebnis ist

$$E^*(\vec{X}^*) = -6x + 6y \qquad (5a) \qquad E^*(\vec{U}^*) = \ \ y - 6u + 2v \qquad (5c)$$
$$E^*(\vec{Y}^*) = \ \ \ x - 4y + \ u + 2v \qquad (5b) \qquad E^*(\vec{V}^*) = 2y + 2u - 6v \qquad (5d)$$

Dieses Gleichungssystem ist insbesondere auch dann lösbar, wenn man $E^*(\vec{X}^*) = E(\vec{X}) = -6$; $E^*(\vec{Y}^*) = E(\vec{Y}) = \alpha$; $E^*(\vec{U}^*) = E(\vec{U}) = 1$ und $E^*(\vec{V}^*) = E(\vec{V}) = \beta$ setzt, mit $\vec{X}^* = 2\vec{X}$; $\vec{Y}^* = 2\vec{Y}$; $\vec{U}^* = 2\vec{U}$ und $\vec{V}^* = 2\vec{V}$. Dann ist

$$-6 = -6x + 6y \qquad (6a) \qquad 1 = \ \ y - 6u + 2v \qquad (6c)$$
$$\alpha = \ \ \ x - 4y + \ u + 2v \qquad (6b) \qquad \beta = 2y + 2u - 6v \qquad (6d)$$

und die Gewichtsfaktoren x, y, u und v können bestimmt werden. Dies ist bereits ein wichtiges Ergebnis, weil für jede Form der Abtastfunktion $F(\vec{\rho})$, d.h. für alle α und β erreicht werden kann, daß an 19 Stellen $E^*(\vec{Q}^*) = E(\vec{Q})$ wird für $\vec{Q}^* = 2\vec{Q}$.

Berechnung von Zwischenwerten

Die Funktionswerte von $E^*(\vec{Q}^*)$ bzw $E(\vec{Q})$ bei Zwischenwerten sind nicht durch (6) vorgegeben und hängen von der Form von $F(\vec{\rho})$ ab. Insbesondere wurde eine Familie von Funktionen $F(\vec{\rho})$ untersucht, die sich aus folgender Symmetriebedingung konstruieren lassen: es soll $F(\vec{Q}_{uu}) = F(\vec{Q}_{vv})$ sein für alle Punkte $0 \leqq |\vec{Q}_{uu}| = |\vec{Q}_{vv}| \leqq 2R$. Diese Funktionen sind nicht explizit darstellbar. Sie gehorchen der Bedingung

$$F(\rho) + 2F(\sqrt{4R^2 - 2R\rho + \rho^2}) = 2F(\sqrt{4R^2(2-\sqrt{3}) - 2R\rho(2-\sqrt{3}) + \rho^2}) \qquad (7)$$

aus der sie numerisch bestimmt werden können. Eine der Funktionen aus dieser Familie mit $\alpha = -2.37$ und $\beta = 0.32$ dehnt diese Symmetrie auch in die Randgebiete von $E(\vec{Q})$ aus, mit $2R \leqq |\vec{Q}_{uu}| = |\vec{Q}_{vv}|$; (vgl. durchgezogene und gestrichelte Kurve in Abb. 3c). Die gleiche Form von $F(\vec{\rho})$ minimiert auch die Abweichungen zwischen $E(\vec{Q})$ und der Rekursion $E^*(\vec{Q}^*)$ bei Zwischenwerten (vgl. Abb. 3).

Selbst bei starken Abweichungen von der Idealform für $F(\vec{\rho})$, d.h. bei Abtastung des Bildes mit einer glockenförmigen Empfindlichkeitsverteilung unbekannter Form stimmt das Ergebnis der Rekursion an 19 Stellen exakt. Nur bei den Zwischenwerten streuen die Werte $E^*(\vec{Q}^*)$ stärker um $E(\vec{Q})$ (vgl. Abb. 3a,b,c,d,e), beeinflussen aber das Ergebnis L_1 der Rekursion kaum.

Struktur des Gesamtsystems

Bei dem in Abb. 4 dargestellten rekursiven Linien und Kantendetektionsverfahren wird zunächst aus dem Grauwertbild G durch den Laplace-Operator LO entsprechend (1) das transformierte Bild L_o erzeugt und aus diesem durch wiederholte Anwendung der in (2) beschriebenen Rekursion R die transformierten Bilder L_1, L_2, L_3 ...L_n. Diese Bilder L_n sind gleichwertig mit solchen, die durch Anwenden eines Laplace-Operators mit 2^n-fachem Durchmesser aus G direkt erzeugt werden könnten. Da die Rekursion nur auf das jeweils zweite Element aus L_{n-1} angewandt wird, überlappen sich bei L_{n-1} und L_n die Gewichtsverteilungen der Laplace-Operatoren in gleicher Weise. Linien- und Kantenoperatoren LK (Abb. 4), die die Elemente jeweils verschiedener Rekursionen L_n in gleicher Weise verknüpfen, sind daher Filter für jeweils $(1/2)^n$-fache Ortsfrequenz.

3. Operatoren zur Erkennung von Strukturelementen

Strukturelemente und typische Extremwertverteilungen

Es ist bekannt, daß nach Anwendung von Laplace-Operatoren im Bereich von Linien und Kanten eine typische Verteilung positiver und negativer Funktionswerte $L_n(X)$ entsteht, die der Krümmung der Luminanzverteilung des Strukturelementes entspricht (Mach-Effekt /1/). Die Vorzeichenfolge von benachbarten Elementen $L_n(X)$ über das Profil einer Linie oder Kante hinweg charakterisiert diese Strukturelemente eindeutig. Die Vorzeichenfolge kann aber durch Interferenz zwischen eng benachbarten Strukturelementen gestört werden.

Die Verteilung lokaler Extremwerte hingegen hat sich diesen Einflüssen gegenüber als unempfindlich erwiesen. Bei einer Extremwertfolge charakterisiert (Min,Max,Min) bzw. (Max,Min,Max) eine Linie und (Min,Max) bzw. (Max,Min) eine Kante.

Gerade die rekursive Struktur des Systems, in dem mehrere Ebenen L_n unterschiedlicher Ortsfrequenz zur Verfügung stehen, bietet Vorteile für die Identifikation von Strukturelementen anhand von Extremwertfolgen, weil die Suche auf einen kleinen Bereich benachbarter Elemente $L_n(X)$ beschränkt bleiben kann. Ein Strukturelement niedriger Ortsfrequenz dessen Extremwerte in L_n zu weit auseinander liegen, wird dann zwar nicht in L_n erfaßt, dafür aber z.B. in L_{n+1}, wo sich die gleiche Struktur nur über eine kleinere Zahl benachbarter Elemente $L_{n+1}(X)$ erstreckt.

Schließlich wird die Erkennung eines Strukturelementes mit einer für die jeweilige Ebene L_n typischen Ortsfrequenz durch überlagerte Strukturen mit stark unterschiedlichen Ortsfrequenzen kaum beeinflußt, weil die Laplace-Operatoren Ortsfrequenzfilter geringer Bandbreite darstellen. Der Einfluß entfernter Ortsfrequenzkanäle wird zwar mit kleiner Amplitude linear überlagert, führt aber i.A. nicht zu einer Änderung der Extremwertfolge.

Die im nächsten Kapitel beschriebene Verarbeitung von Extremwertfolgen ist in allen Ebenen L_n identisch und wird deshalb nur einmal für L_n exemplarisch dargestellt.

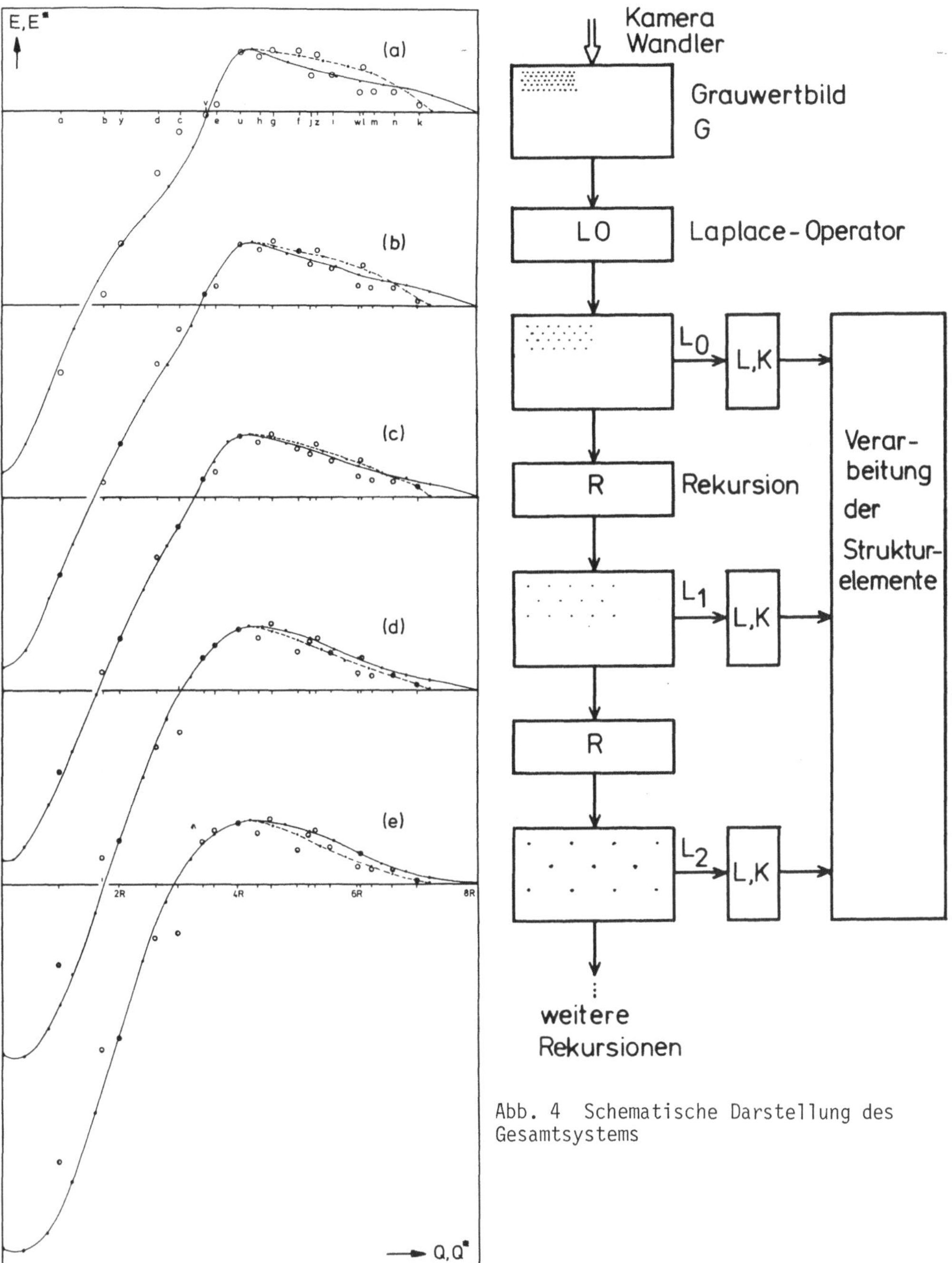

Abb. 4 Schematische Darstellung des Gesamtsystems

Abb. 3 Die Schnitte U-U (durchgezogen) und V-V (gestrichelt von fünf verschiedenen Funktionen $E(\vec{Q})$ zeigen, daß nur eine Form (c) die Symmetrie zur Peripherie von $E(\vec{Q})$ ausdehnt. Die mit entsprechendem Maßstab eingezeichneten Werte der Rekursion $E^*(\vec{Q}^*)$ zeigen für die gleiche Form (c) ebenfalls gute Übereinstimmung.

Arbeitsweise der Linien- und Kantendetektoren

Das durch den Laplace-Operator oder dessen Rekursionen transformierte Bild L_n wird zunächst nach lokalen Extremwerten abgesucht. Ein lokales Maximum bei Element X der Ebene L_n liegt vor (Abb. 5), wenn (8a),(8b) oder (8c) gilt

$$L_n(X) > L_n(A) \quad \text{und} \quad L_n(X) > L_n(D) \tag{8a}$$
$$L_n(X) > L_n(B) \quad \text{und} \quad L_n(X) > L_n(E) \tag{8b}$$
$$L_n(X) > L_n(C) \quad \text{und} \quad L_n(X) > L_n(F) \tag{8c}$$

Durch Umkehrung der Ungleichungen (8) erhält man die Definition eines lokalen Minimums bei X. Alle Elemente von L_n werden der Operation (8) unterzogen, die lokalen Extremwerte werden im Extremwertbild E_n markiert.

Im nächsten Schritt werden direkt benachbarte Paare von Elementen aus E_n mit gleichartigen Extremwerten festgestellt. Die Richtung dieser Extremwertvektoren stimmt mit einer der drei Hauptrichtungen des schiefwinkligen Koordinatensystems überein. Die anschliessend beschriebenen Algorithmen werden für diese Richtungen getrennt ausgeführt.

In einem beschränkten Bereich orthogonal zur Achse eines Extremwertvektors werden weitere Extremwertvektoren gesucht, deren Folge den Typ des untersuchten Strukturelements festlegt (Linie,Kante). Bei jedem Schritt wird zu dem zuletzt gefundenen Extremwertvektor ein dazu komplementärer gesucht (Max nach Min bzw. Min nach Max). Der Suchbereich wird von dem jeweils zuletzt gefundenen Extremwertvektor aus festgelegt. Dieser Algorithmus wird abgebrochen,wenn in dem gleitenden Suchbereich kein neuer komplementärer Extremwertvektor mehr gefunden wird. Die so erzeugte Extremwertfolge charakterisiert eindeutig den Typ des Strukturelements:

Folge der Extremwertvektoren	Strukturelement
Min	-----
Min Max	Kante dunkel/hell
Min Max Min	Linie hell
Min Max Min Max	Treppe dunkel...hell
Min Max Min Max Min	Gitter hell
Max	-----
Max Min	Kante hell/dunkel
Max Min Max	Linie dunkel
Max Min Max Min	Treppe hell...dunkel
Max Min Max Min Max	Gitter dunkel

Zunächst ist nur die Weiterverarbeitung von Linien und Kanten vorgesehen, für spezielle Anwendungen könnte aber auch die Verarbeitung längerer Extremwertfolgen (Treppe,Gitter) interessant sein.

Die Algorithmen sind für die drei Hauptachsen des Koordinatensystems implementiert. Dadurch erfolgt eine Klassifizierung der extrahierten Strukturelemente in drei (Linien) bzw sechs (Kanten) Orientierungsbereiche (Abb. 6) mit scharfen Grenzen.

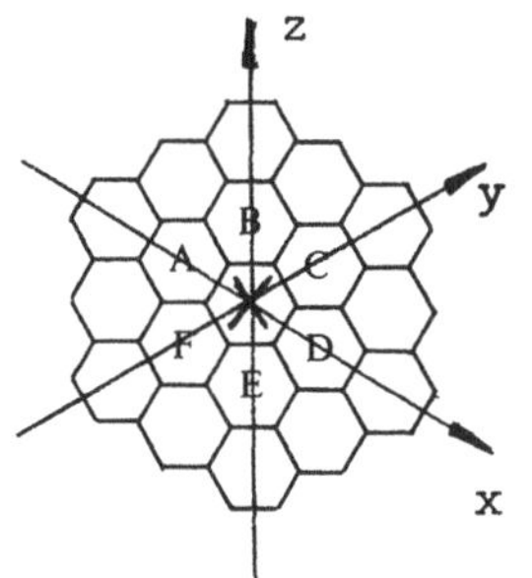

Abb. 5 An der lokalen Extremwert-
bildung beteiligte Elemente

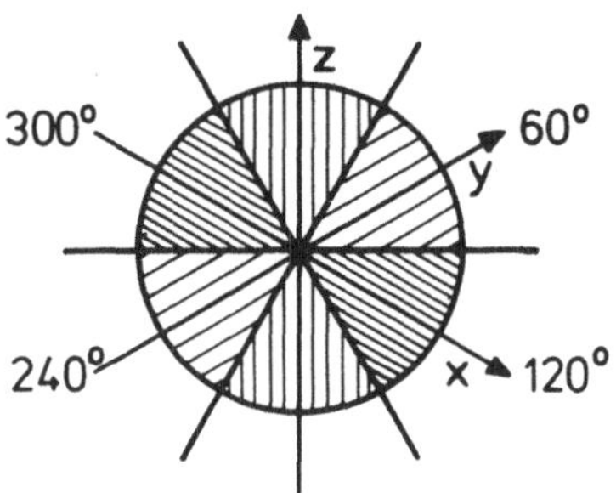

Abb. 6 Orientierungsbereiche
der Strukturelemente

4. Schlußbemerkung

Die rekursive Methode hat den Vorteil, daß bereits bei L_o der Dynamikbereich wesentlich reduziert ist, die Zahl der zu verarbeitenden Elemente mit 19 konstant bleibt und nicht mit 2^n anwächst. Die Strukturelemente werden hinsichtlich Lage, Orientierung und Ortsfrequenz lückenlos aufgefunden und unterschiedliche Typen von Strukturelementen werden eindeutig identifiziert. Schließlich bringen die einfachen, für jede Rekursion gleichen Algorithmen Vorteile bei der Realisierung schneller Hardware für den Echtzeitbetrieb.

Literatur

/1/ E.M. Lowry, J.J. De Palma, Sine Wave Response of the Visual System. I. The Mach
     Phenomenon, Journal of the Optical Society Of
     America, <u>51</u>, 7 (61)

/2/ O. Braddick, F.W.Campbell, Channels in Vision: Basic Aspects
     J. Atkinson   Handbook of Sensory Physiology VIII, Springer (78)

/3/ L. Maffei   Spatial Frequency Channels: Neuronal Mechanisms
                                 Handbook of Sensory Physiology VIII, Springer (78)

TEXTUR

Klassifikation von Bilddaten durch statistische und strukturelle Texturanalyse

B. Bargel
Forschungsinstitut für Informationsverarbeitung und Mustererkennung,
Breslauer Straße 48, 7500 Karlsruhe 1

Zusammenfassung

Flächenhafte Objekte werden in Bilddaten i.allg. durch Bereiche (Elemente) unterschiedlicher Form und Größe mit einheitlichem Spektralwert beschrieben. Für eine Texturanalyse charakterisieren diese Elemente die
Texturen der zu klassifizierenden Objekte. Zur Texturanalyse dienen
Merkmale, die mittels statistischer Berechnungen aus der Häufigkeit
und Verteilung einfacher Elemente für einzelne Bildbereiche (Muster)
berechnet werden. Neben diesen statistischen Verfahren lassen sich
Texturen durch eine strukturelle Texturanalyse unterscheiden. Hierbei
wird die Anzahl und die Anordnung von i.allg. komplexeren Elementen
der gleichen Elementenklasse und deren Relation zu Elementen anderer
Klassen bewertet. Neben der Bewertung des statistischen und des strukturellen Ansatzes zur Texturanalyse werden Möglichkeiten zur Kombination beider Ansätze innerhalb mehrstufiger Klassifikationen untersucht.

Statistische Texturanalyse

Die Berechnung der statistischen Texturmerkmale erfolgt für rasterförmig angeordnete quadratische Muster einheitlicher Größe, welche die zu
klassifizierenden Bildausschnitte vollständig überdecken. Als Beispiele
sind in Abb. 1 zwei Bildausschnitte wiedergegeben, die als Basisdaten
für forstwirtschaftliche Untersuchungen bzw. zur Siedlungsanalyse dienen. Diesen Bildausschnitten ist das Raster der durch jeweils einen
Merkmalsvektor beschriebenen Muster überlagert. Zur Berechnung der
Merkmalsvektoren ist eine Anzahl voneinander unabhängig entwickelter
statistischer Verfahren bekannt, von denen hier die Linienanalyse -
Fourier-Analyse - Gradientenanalyse - Grauwert-Verlaufsanalyse - Grauwert-Abhängigkeitsanalyse bewertet werden /1,2,3,4,5,6/.

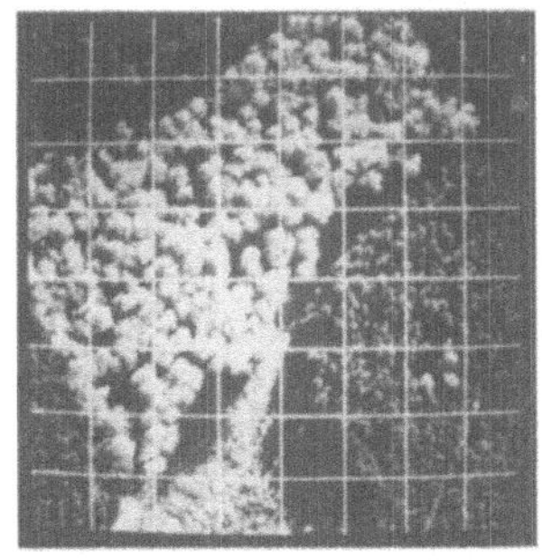

a)

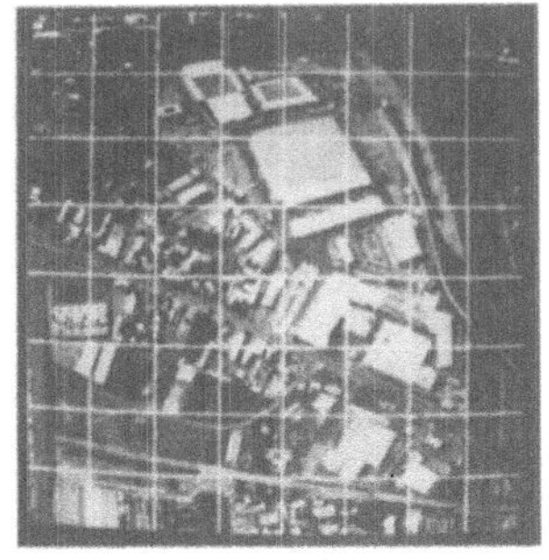

b)

Abb. 1: Bildbereiche und Musteranordnung für statistische Texturanalysen

Die Linienanalyse, bei der Länge und Verteilung von Konturlinien bewertet werden, liefert lediglich bei Mustern mit deutlichen Texturunterschieden und einer Größe ab 100x100 Bildpunkten ausreichende Klassifikationsmöglichkeiten. Bei kleineren Mustern und bei feineren Texturunterschieden liefert die Linienanalyse Texturmerkmale mit relativ geringer Eignung.

Auch mittels der Fourier-Analyse, bei der das Fourier-Leistungsspektrum zur Unterscheidung von Texturen ausgewertet wird, lassen sich Muster verschiedener Klassen nur dann gut voneinander trennen, wenn sie eine größere Fläche besitzen und ihre Texturen deutliche Strukturunterschiede aufweisen. Feinere Texturunterschiede, wie sie z.B. bei Laubbeständen unterschiedlichen Alters oder bei Siedlungsgebieten unterschiedlicher Bebauungsart auftreten, werden durch die Merkmale aus dem Fourier-Spektrum nur unzureichend erfaßt.

Die Gradientenanalyse, bei der lokale Intensitätsunterschiede anhand der Betrags- und Richtungsinformation bewertet werden, bietet aufgrund des relativ geringen Berechnungsaufwandes sehr gute Voraussetzungen für eine systematische Bewertung der Texturen einzelner Muster (ab 20x20 Bildpunkten). Von der durch Statistiken erster Ordnung berechneten Merkmalen eignen sich jedoch lediglich der Mittelwert und die Varianz der Gradientenbeträge zur Erfassung feiner Texturunterschiede. Momente höherer Ordnung und Merkmale aus der Richtungsanalyse liefern kaum zusätzliche Unterscheidungsmöglichkeiten.

Die Grauwert-Verlaufsanalyse bewertet die Intensitätsveränderungen innerhalb der Muster entlang vorgegebener Linien (z.B. Zeilen und Spalten der Mustermatrizen). Die hieraus gewonnenen Merkmale liefern bei nicht zu geringen Mustergrößen (ab 20x20 Bildpunkten) und nicht zu feinen Texturunterschieden gute Klassifikationsergebnisse. Das Hauptproblem, welches die allgemeine Verwendbarkeit dieser Merkmale einschränkt, liegt in der Anpassung der bei dieser Analyse verwendeten Schwellen für die Intensitätsveränderungen an die Bilddaten. Hierzu sind i.allg. umfangreiche Voruntersuchungen notwendig, deren Ergebnisse nur selten auf neues Datenmaterial und andere Objektklassen übertragbar sind.

Die beste Eignung zur Klassifikation zeigen die Merkmale aus der Grauwert-Abhängigkeitsanalyse. Diese bewertet Texturen aufgrund der relativen Häufigkeit mit der bestimmte Grauwertkombinationen als Elemente in den einzelnen Mustern auftreten. Wegen der Einfachheit der Elemente (Punktepaare), die zur Beschreibung der Texturen statistisch ausgewertet werden, erweisen sich diese Merkmale als relativ stabil gegenüber singulär auftretenden Störungen und lokalen Texturveränderungen. Ein wesentlicher Vorteil dieser Merkmale ist ihre Zuverlässigkeit bei geringeren Mustergrößen (ab 10x10 Bildpunkten). Sie bieten daher die Möglichkeit, Texturanalyse auch für Bilddaten kleineren Maßstabes bzw. für Objekte mit geringerer Flächendeckung durchzuführen.

Strukturelle Texturanalyse

Der strukturelle Ansatz zur Texturanalyse beschreibt die Texturen einzelner Bildbereiche durch komplexere Elemente mit einheitlichen Eigenschaften. In Siedlungsgebieten bestehen diese Elemente beispielsweise aus Gebäuden oder Gebäudeteilen (Dächer), Straßenabschnitten, vegetationsfreien Gebieten (Sand, Beton) und Bereichen mit verschiedenen Vegetationsformen (Grasflächen, Baumgruppen). Nach der Festlegung der für die strukturelle Texturanalyse relevanten Elemente werden folgende Verarbeitungsschritte durchgeführt:

> Detektion der Elemente durch Ermittlung von Bildbereichen (Flächen) mit einheitlichen Eigenschaften
>
> Klassifikation der Elemente anhand von charakteristischen Merkmalen
>
> Klassifikation von Bildbereichen durch Bewertung der auftretenden Elementeklassen und der geometrischen Anordnung der Elemente.

Zur Detektion der Elemente werden Verfahren der Bildbinärisierung in einem oder mehreren Spektralbereichen bzw. Verfahren der Multispektralklassifikation eingesetzt. Die Klassifikation der Elemente erfolgt neben den Spektralmerkmalen vor allem durch Formmerkmale (Flächenparameter, Trägheitsachsen), die Größe und Gestalt der Elemente charakterisieren. Zur Ermittlung der Bildbereiche einzelner Objektklassen werden für die betreffenden Elemente mehrstufige Flächenwachstumsverfahren unter Verwendung der Bildoperationen Dilatation und Erosion durchgeführt. Als Beispiel der strukturellen Texturanalyse sind in Abb. 2 die aus Abb. 1b ermittelten Elemente und die nach mehreren Wachstumsschritten festgelegten Bildbereiche einzelner Siedlungsklassen dargestellt.

Kombination von statistischer und struktureller Texturanalyse

Eine Klassifikation von Bildbereichen mittels der statistischen Texturbewertung für rasterförmig angeordnete Muster führt in Bereichen mit homogener Textur zu guten Klassifikationsergebnissen. Bei auftretenden Störungen und Texturveränderungen an den Bereichsgrenzen unterschiedlicher Objektklassen führt die Bewertung der Muster jedoch häufig zu unsicheren und falschen Aussagen. Zudem kann wegen der festen Rastergröße und Anordnung eine Texturgrenze nur mit einer Genauigkeit festgelegt werden, die der Größe der zu bewertenden Muster entspricht. Die statistische Texturanalyse ist daher wesentlich besser zur Beschreibung

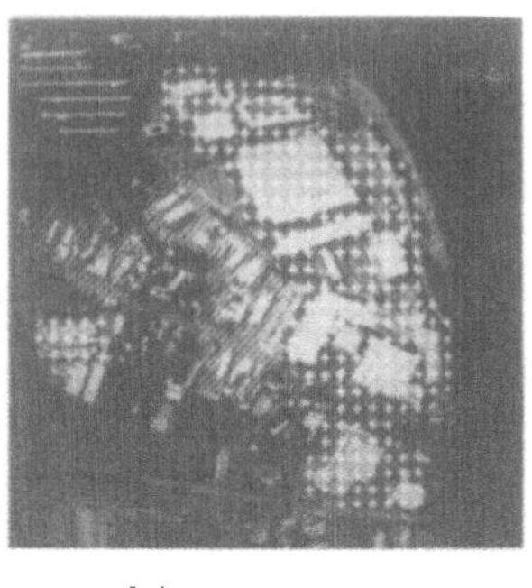

a)   b)

Abb. 2: Strukturelle Texturanalyse mit a) Ermittlung der Elemente gleicher Elementklasse und b) Festlegung von Bildbereichen gleicher
Objektklasse für Siedlungsdaten nach Abb. 1b.

von ungestörten objekttypischen Texturen als zur exakten Ermittlung von
Texturgrenzen geeignet. Diese können eher durch einen strukturellen Ansatz, der einzelne Elemente in den Randgebieten bewertet, ermittelt
werden. Der Ablauf einer zweistufigen Klassifikation, der mit einer
statistischen Texturanalyse beginnt und auf deren Ergebnissen aufbau-
end eine Bereichsermittlung mittels des strukturellen Ansatzes zur Texturanalyse durchführt, ist in Abb. 3 verdeutlicht. Hierbei sind in den
Ausgangsdaten (Abb. 3a) mehrere benachbarte Muster, die mit einer hohen
Sicherheit mittels statistischer Merkmale richtig klassifiziert werden,
durch höhere Intensitätswerte hervorgehoben. Diese Muster bestimmen die
Ausgangsbereiche für eine Ermittlung der für jede Objektklasse relevanten Elemente (Abb. 3b). Nach der Klassifikation der Elemente werden in
einer von der Elementgröße gesteuerten Rangfolge Dilatations- und Ero-
sionsschritte durchgeführt. Das Ergebnis dieses Flächenwachstums ist in
Abb. 3c dargestellt. Es zeigt sich, daß gegenüber der rasterorientier-
ten Klassifikation hier eine wesentlich bessere Anpassung an die Bereichsgrenzen der einzelnen Forstbestände möglich ist.

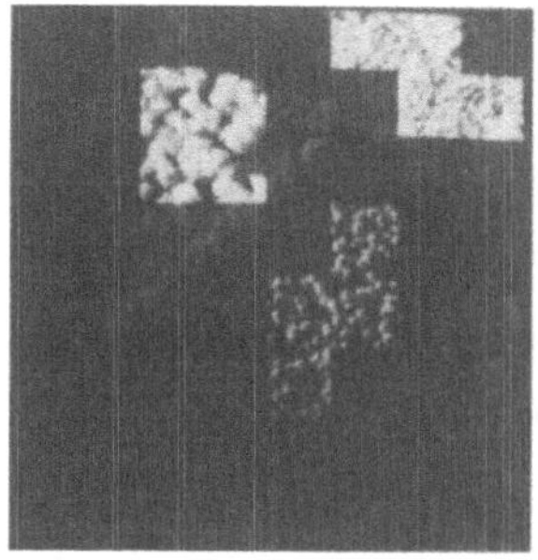

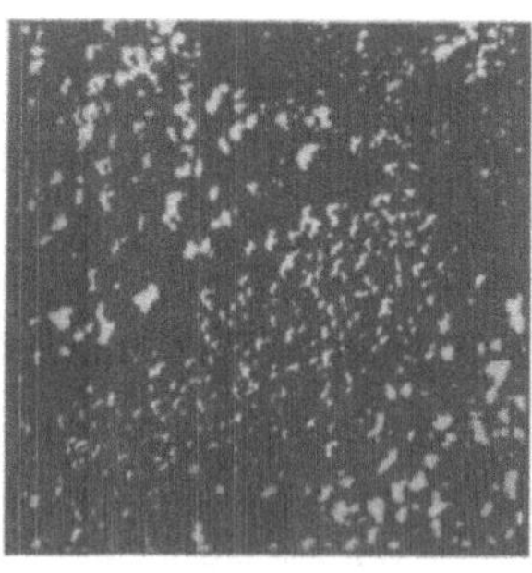

a)   b)   c)

Abb. 3: Zweistufige Klassifikation mittels der statistischen und der
strukturellen Texturanalyse. a) Ausgangsdaten und sicher klassifizierte Muster von Forstbeständen; b) Repräsentative Elemente;
c) Objektbereiche nach dem Flächenwachstum.

Der Vorteil einer an die Bildinformation angepaßten Rasterung bietet
sich ebenfalls bei der Kombination von Texturanalyseverfahren, die mit
dem strukturellen Ansatz beginnt. Die Festlegung der Ausgangsbereiche,
d.h. die Zerlegung des zu bearbeitenden Bildausschnittes in Segmente,
erfolgt hierbei anhand der Anzahl und Anordnung von Elementen der gleichen Elementklasse. Die Ermittlung der Bildbereiche für die einzelnen
Objektklassen wird durch eine anschließende statistische Texturanalyse
übernommen. Diese bestimmt für alle Segmente des lückenlosen Rasters
die Texturmerkmale und faßt benachbarte Segmente unter Berücksichtigung
von Ähnlichkeitskriterien als neue Einheiten zusammen, bis die Unterteilung des gesamten Bildausschnittes in die verschiedenen Objektbereiche abgeschlossen ist. Abb. 4 liefert ein Beispiel der Verarbeitungsschritte für einen Bildausschnitt mit Siedlungsgebieten (Abb. 4a). Für
diese Gebiete wurden durch Spektral- und Formmerkmale Elemente von 13
Elementklassen ermittelt (Abb. 4b). Deren Anordnung liefert das lückenlose Ausgangsraster, deren Segmente variabler Form und Größe mittels
statistischer Texturbeschreibungen zu größeren Einheiten zusammengefaßt werden (Abb. 4c).

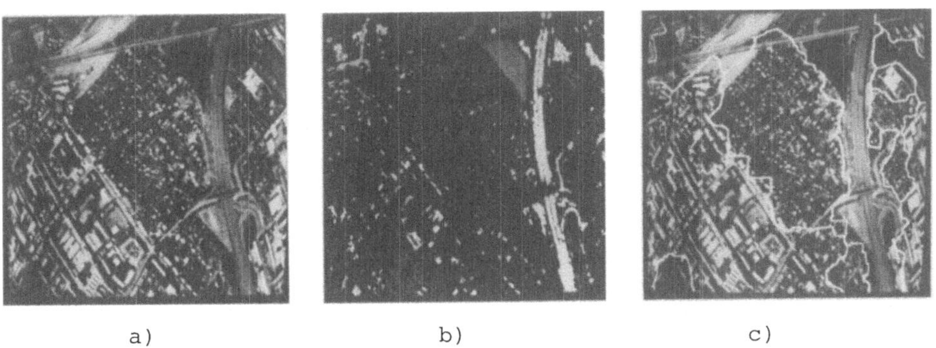

a)   b)   c)

Abb. 4: Zweistufige Klassifikation mittels struktureller und statistischer Texturanalyse. a) Ausgangsdaten eines Siedlungsgebietes;
b) Elemente unterschiedlicher Klassen; c) mittels statistischer
Merkmale als einheitlich bewertete Bildbereiche.

Literatur

/1/ B. Bargel   "Maschinelle Extraktion objektbeschreibender
                          Texturmerkmale für die Luftbildinterpretation"
                         FIM-Bericht Nr. 48   1977

/2/ B. Bargel   "Texturanalyse"
     H. Kazmierczak   in "Erfassung und maschinelle Verarbeitung von
                          Bilddaten - Grundlagen und Anwendung"
                          Herausgeber H. Kazmierczak
                          Springer Verlag, Wien, New York   1980

/3/ M. Galloway   "Texture Analysis Using Gray Level Run Lengths"
                          Computer Graphics and Image Processing Vol. 4
                                                                   1975

/4/ R.M. Haralick   "Textural Features for Image Classification"
     K. Schanmugam   IEEE Transactions on Systems, Man, and Cyberne-
     I. Dinstein   tics, Vol. SMC-3 No. 6   1973

/5/ R. Schärf   "Erzeugung linienhafter Bildmuster aus Grauton-
                          bildern mit Hilfe des Kontrastgradienten"
                          BMVg-FBWT 73-10   1973

/6/ J.S. Weszka   "A Comparative Study of Texture Measures for
     C.R. Dyer   Terrain Classification"
     A. Rosenfeld   IEEE Transaction on Systems, Man, and Cyberne-
                          tics, Vol. SMC-6 No. 4   1976

FORENSISCHE SCHREIBERERKENNUNG MIT MERKMALEN AUS EINEM REGIONALEN TEXTURMODELL

V. Klement, R.-D. Naske
Technische Forschungsgruppe im Bundeskriminalamt, Wiesbaden

Zusammenfassung

Die Betrachtung des Handschriftenbildes als regionale Textur führt zu
sehr effizienten Ansätzen der Extraktion textinsensitiver
Schreiber-spezifischer Merkmale. Die verwendeten Klassifikatoren sind
für Massenprobleme in der forensischen Applikation den besonderen
Rahmenbedingungen der Aufgabenstellung angepaßt. Es werden Ergebnisse
an einem größeren Testkollektiv berichtet.

1. Einführung

Bekannte Ansätze zur Erkennung des Schreibers eines handgeschriebenen
Textes aufgrund textinsensitiver Merkmale des Schriftbildes /1,2/
basieren auf einer Modellvorstellung als lokales Texturmuster oder als
Linienzug. Während das Texturmodell /3,4/ nur wenig Wissen über
spezielle Bildcharakteristika implementiert, sind Linienzug-
orientierte Verfahren /3/ wegen der erforderlichen Skelettierung,
Zeilentrennung und Linienverfolgung sehr rechenaufwendig. Für
Routineanwendungen sind leistungsfähige und robuste Verfahren mit
kurzer Rechenzeit erforderlich.

Im Bereich der statistischen Klassifikatoren, wo man im Gegensatz zur
problemabhängigen Merkmalextraktion zumeist mit problemunabhängigen
allgemeingültigen Verfahren arbeitet, zeigen sich im vorliegenden Fall
besondere Erfordernisse. Probleme sind durch die große Klassenzahl,
die kleine Stichprobenzahl und eine vom Üblichen abweichende
Fragestellung gegeben.

2. Die Handschrift als regionale Textur

Eine Kombination der Textur- und der Linienzug-orientierten Ansätze
liefert eine Modellvorstellung, welche das Schriftbild als eine
Anordnung von regionalen Texturelementen im Sinne von /5,6/ deutet.
Die hierzu erforderliche Segmentierung in regionale Texturelemente
erfolgt in Anlehnung an die Linienzug-Struktur der Schrift. Daher
können die resultierenden Primitivelemente als fragestellungsbezogen
"bedeutungsvolle" Primitivelemente betrachtet werden. Während das

einzelne Primitivelement für sich keine sinnvolle Aussage liefern kann,
beinhalten über alle Elemente im Bild ermittelte globale Statistiken
schreibercharakteristische Information. Gegenüber dem originalen Bild
ist jedoch fragestellungsspezifisch Redundanz reduziert worden.

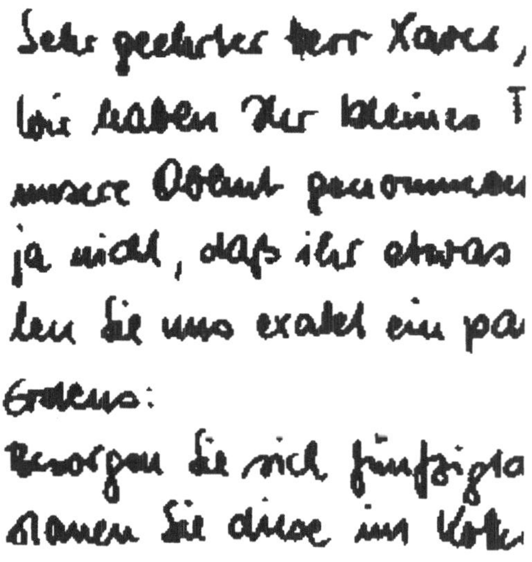

Abb. 1 Beispiel eines Hand-
        schriftenbildes,
        vergröbertes Raster
        256x256, 1bit/pixel

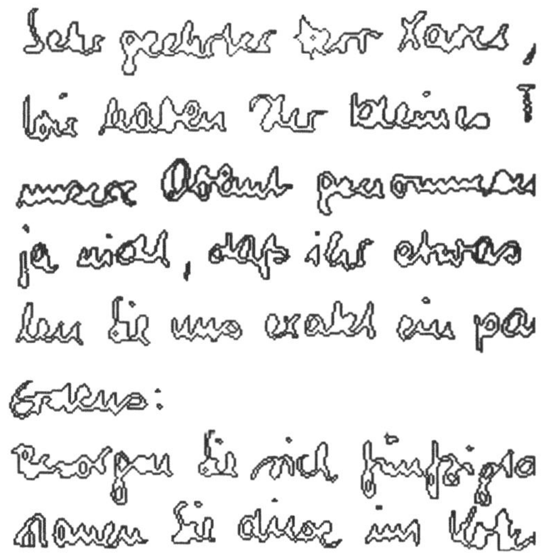

Abb. 2 Konturlinie des Handschrif-
        tenzuges aus Abb. 1

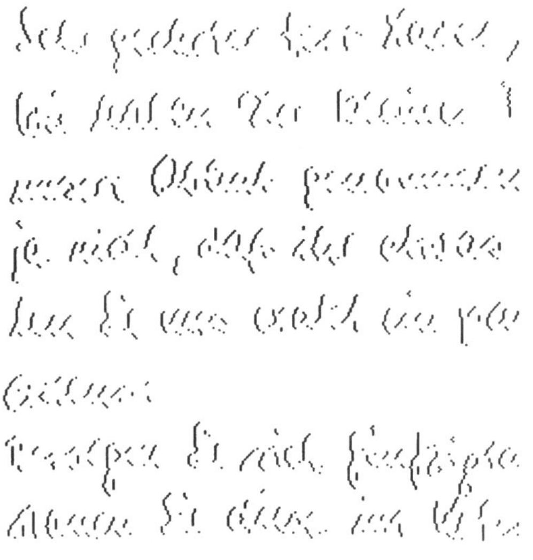

Abb. 3 linke Randpunkte
        (Teil der Kontur)
        zu Abb. 1

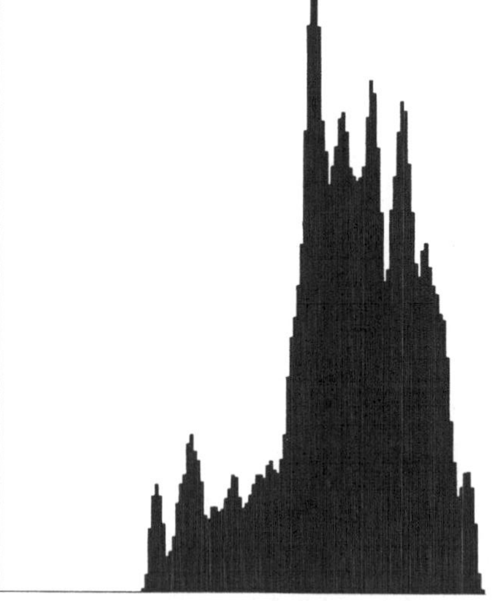

Abb. 4 statistische Verteilung der
        längengewichteten Schräglagen
        der Bildpunktketten aus Abb.3
        (Abszisse: Winkel, Ordinate:
        Länge x Häufigkeit)

Eine mögliche Segmentierung in Primitivelemente erhält man aus dem originalen Binärbild (Abb. 1), wenn man die Konturlinie der Schrift (Abb. 2) in die richtungsorientierten Randpunkte (linke, rechte, obere und untere Randpunkte) zerlegt. Ausgehend vom Binärbild der Handschrift läßt sich eine solche Aufgliederung in einfacher Weise durch die Operationen SHIFT um einen Bildpunkt sowie nachfolgende logische EXOR und AND erreichen. Die erhaltenen linienhaften Primitivelemente sind zusammenhängende Bildpunktketten von einem Bildpunkt Breite (Abb. 3).

3. Verfahren der Merkmalextraktion

Nach dem Segmentierungsschritt folgt ein zweistufiger Merkmalextraktionsprozess. Die erste Stufe besteht darin, globale statistische Verteilungen von Eigenschaften der Primitivelemente aufzustellen (z.B. Abb. 4). Die zweite Stufe besteht darin, diese Histogramme mit geeigneten eindimensionalen Modellen parametrisch zu beschreiben. Die Parameter stellen Rohmerkmale dar, welche teilweise durch Kombinationen relativiert (z.B. zur Invarianzbildung), teilweise auch heuristisch kombiniert werden. Weiter sind sie einheitlich zu skalieren.

Die benutzten Eigenschaften von Primitivelementen wurden auf solche beschränkt, die mit rein lokal arbeitenden schnellen Algorithmen (2-Zeilen-Vergleich und Hilfslisten) erfaßbar sind. Zu diesen zählen die Länge, die Länge in Zeilen- bzw. Spaltenrichtung, die Schräglage und der mit Näherungsformel errechnete Krümmungsradius. Die sich durch Näherungslösungen ergebenden Fehler bei Eigenschaften eines einzelnen Elements sind unkritisch, da nur die statistische Verteilung der Eigenschaften im gesamten Bild herangezogen wird.

Zur parametrischen Beschreibung der Histogramme der Schräglagenverteilungen haben sich die statistischen Momente als sinnvoll erwiesen. Für die Längen- und Krümmungsverteilungen wurde eine Anpassung durch Legendre-Polynome 8.Grades gewählt. Zusätzlich wurde die Zahl der Bildpunkte und die Zahl der Primitivelemente zu Relativierungs- bzw. Kontrollzwecken erfaßt. Die Rechenzeiten zur Histogrammanalyse sind vergleichsweise vernachlässigbar gegenüber den Bildoperationen.

Da alle Bildzugriffe sowohl bei der Segmentierung als auch bei der Merkmalextraktion ausschließlich in schnellen parallelen Operationen bestehen, ist der Rechenaufwand des Verfahrens sehr gering und es ist

prinzipiell für Hardware-Lösungen geeignet. Die kurze Rechenzeit
ermöglichte den Einsatz des Verfahrens in einem on-line-Demonstra-
tionssystem, welches alle Teilschritte von der Schriftbildabtastung
bis zur Identifikation des Schreibers innerhalb einer Referenz-Sammlung
integriert. Bei programmtechnisch nicht optimierter Realisierung im
Rahmen eines modularen Programmsystems ergeben sich mit einem Rechner
PDP 11/70 Durchlaufzeiten von ca. 20 sec je Schriftprobe.

4. Verfahren zur Klassifikation

Die vorliegende Problemstellung setzt Rahmenbedingungen für die zu ver-
wendenden Klassifikatoren, wodurch spezielle Entwicklungen erforderlich
werden. Insbesondere zwei Randbedingungen wirken sich hier aus:

- Es ist nicht die eindeutige Zuordnung eines unbekannten
  Musters zu einer Klasse erforderlich. Vielmehr genügt es,
  wenn der Klassifikator aus den vielen möglichen Klassen
  eine kleine, begrenzte Anzahl auswählt (Materialverdichtung)
  und dem Menschen die endgültige Entscheidung überlassen wird.

- Die geringe Anzahl der Muster pro Klasse (in der Praxis 4-10
  Muster) in Verbindung mit der großen Zahl der Klassen, von denen
  zudem nicht alle in der Lernphase berücksichtigt werden,
  macht die Berechnung von Parametern für die klassenbedingten
  Verteilungen sehr unzuverlässig.

Die erste Randbedingung führt für die forensische Mustererkennung zu
einer Modifikation der Definition der Erkennungsrate:

Ein unbekanntes Muster gilt im Falle der Identifikation als
richtig klassifiziert, wenn sich in der Menge der vom Verfahren
angebotenen K Klassen die richtige Klasse befindet.

Ähnliche Modifikationen werden auch bei kontextbenutzenden Zeichener-
erkennungssystemen (z.B. /7/) benutzt. Für den Nearest-Neighbour-
-Klassifikator läßt sich diese Erweiterung, "Within-K-Nearest-Neighbour" genannt, leicht aus dem bekannten K-Nearest-Neighbour ableiten.
Abb. 5 zeigt die Erkennungsraten für den K-Nearest-Neighbour (KNN)
und den Within-K-Nearest-Neighbour (WKNN) für k=1,...,10.

Die zweite Randbedingung wirkt sich besonders negativ beim Quadratmittel-Polynomklassifikator /7/ aus, wo jeder der N Klassen einer der
N Einheitsvektoren des N-dimensionalen Entscheidungsraumes zugeordnet
wird. Während der Lernphase wird dann versucht, diese Einheitsvektoren

```
.."KNN" - TOTAL : CASES CORRECTLY PREDICTED OF 4000

K        1       3       4       5       6       7       8       9      10
NO.    3670    3708    3735    3722    3735    3713    3711    3703    3691
[%]    91.75   92.70   93.38   93.05   93.38   92.82   92.78   92.57   92.28


.."WKNN" - TOTAL : CASES CORRECTLY PREDICTED OF 4000

K        1       2       3       4       5       6       7       8       9      10
NO.    3670    3858    3909    3939    3953    3966    3972    3979    3981    3983
[%]    91.75   96.45   97.72   98.47   98.82   99.15   99.30   99.47   99.53   99.57
```

Abb. 5   Ergebnis-Beispiel zum KNN- und WKNN-Klassifikator

durch ein Polynom, dessen Argumente die Merkmale der beobachteten Merkmalvektoren sind, optimal zu approximieren. Als Optimierungskriterium
wird die quadratische euklidische Norm verwendet und die Lösungen
werden parallel berechnet durch Lösen der Normalgleichungen.

Ist nun die Anzahl der Klassen sehr groß mit nur wenigen
Merkmalvektoren pro Klasse, so wird der Zielwert der Klasse i, eine 1
an der i-ten Stelle des Zielvektors, bei Verwendung der euklidischen
Norm als Ausreißer betrachtet und nicht so gut approximiert wie der
gemeinsame Zielwert 0 der anderen Klassen. Will man nicht die Ordnung
der Polynome erhöhen, so muß man den Klassifikator "zwingen", während
der Lernphase der Klasse i die Merkmalvektoren dieser Klasse genauer
zu beachten. Dies läßt sich zum Beispiel dadurch erreichen, daß man
eine gewichtete euklidische Norm verwendet, die den Approximationsfehler der Klasse i in Abhängigkeit von der Klassenzugehörigkeit der
Merkmalvektoren wichtet. Mathematisch gesehen ist dies eine
Verallgemeinerung der bisher bekannten Zielfunktion. Dementsprechend
ergibt sich eine verallgemeinerte Lösung, die unter bestimmten
Voraussetzungen mit der bisher bekannten Lösung übereinstimmt /8/. In
Abb. 6 kann man die Wirkung des Gewichtes auf die Verteilungen der beiden Zielwerte 0 und 1 erkennen. Das Gewicht $\alpha = 1$ entspricht dabei dem
ungewichteten Falle, wie er bisher verwendet wird. Diese Wichtung der
Merkmalvektoren ergibt eine "Färbung" der Lernstichprobe. Im Gegensatz
zu den bisher verwendeten Färbungen ist diese jedoch für alle Klassen
unterschiedlich, und man kann nicht mehr das in der Literatur angegebene Berechnungsverfahren für die optimalen Koeffizienten anwenden.

Es wurde deshalb ein Algorithmus entwickelt, der die Lösungen durch
orthogonale Transformation der überbestimmten Gleichungssysteme auf
obere Dreiecksform berechnet. Eine vollständige Transformation des
Gleichungssystems ist dabei jedoch nur für die erste Klasse
erforderlich. Ist dieses erste Gleichungssystem auf obere

Dreiecksform gebracht, so ergibt sich die Lösung durch rückwärts-Einsetzen. Die Lösung für die Klasse 2 erhält man, indem man alle Merkmalvektoren der Klassen 1 und 2 aus dem transformierten System herauslöst, die Zielwerte und Gewichte ändert, und die geänderten Zeilen des neuen Gleichungssystems wieder auf obere Dreiecksform transformiert. Dies läßt sich nun bis zur Klasse N fortsetzen, und es ergibt sich ein Algorithmus, der numerisch stabil ist und die Lösungen der N unterschiedlichen Optimierungsaufgaben schnell berechnen kann. Eine detaillierte Beschreibung des Verfahrens ist in /9/ angegeben.

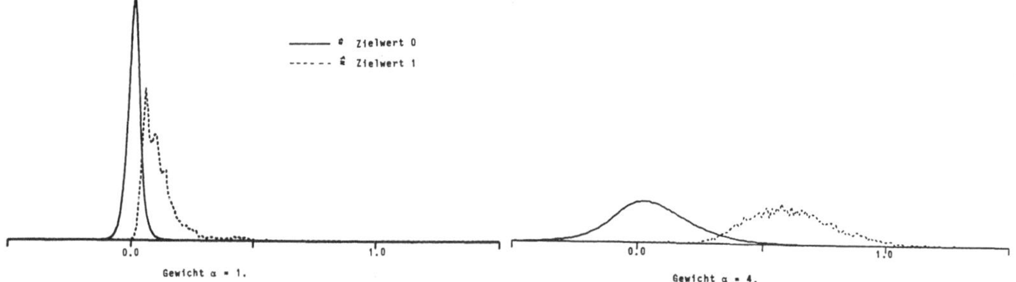

Abb. 6 Verteilungen für die beiden Zielwerte 0 und 1 bei unterschiedlichen Gewichten

5. Experimentelle Ergebnisse

In einem Experiment wurde ein aus dem regionalen Texturmodell gewonnenener Satz von 63 Merkmalen für ein Testkollektiv von 100 Schreibern mit jeweils 40 Schriftproben extrahiert. Es wurde mit den bekannten Klassifikatoren Minimum-Distance, Nearest-Neighbour und Quadratmittel-Polynom sowie den modifizierten Klassifikatoren Within-K-Nearest-Neighbour und gewichteter Quadratmittel-Polynom gearbeitet. Die Merkmale wurden in 3 Versuchen a) auf Mittelwert 0 und Varianz 1 standardisiert, b) durch Whitening-Transformation dekorreliert und c) zur Dimensionsreduktion einer Diskriminanzanalyse unterzogen. Für den Minimum-Distance und den Quadratmittel-Polynomklassifikator wurden sowohl eine Reklassifikation als auch eine Klassifikation nach dem Leaving-one-out-Verfahren durchgeführt. Die Ergebnisse bringt Abb. 7. Sie zeigen für den Within-K-Nearest-Neighbour-Klassifikator das erwartungsgemäß gute Verhalten, das selbst bei 16 Merkmalen noch über 99 % liegt. Auch der gewichtete Quadratmittel-Polynomklassifikator liefert gegenüber dem ungewichteten eine erhebliche Verbesserung von 49 % auf über 81 %. Das Problem ist bei diesem Klassifikator die Auswahl des geeigneten Gewichtes, das sich bis jetzt nur intuitiv angeben läßt.

Transformationen: Klassifikatoren:	Zentrieren auf Mittelwert 0 und Varianz 1	Whitening-Transf.	Diskriminanzanalyse mit Dimensionsreduktion auf	
			24 Merk.	16 Merk.
Minimum-Distance (Reklassifikation)	62.1	92.0	90.7	89.1
Minimum-Distance (Leaving-one-out)	58.1	88.7	89.3	87.4
Quadratmittel-Pol. (α =4,Reklass.)	92.0	92.0	87.9	84.6
Quadratmittel-Pol. (α =4,Leav.-1-out)	85.3	85.3	85.0	81.6
Quadratmittel-Pol. (α =1,Reklass.)	78.8	79.0	64.1	49.7
Quadratmittel-Pol. (α =1,Leav.-1-out)	72.0	71.5	60.6	45.5
Nearest-Neighbour	78.9	88.5	91.7	89.0
Within-K-Nearest-N. (K=10)	96.9	99.2	99.6	99.6

Abb. 7 Erkennungsraten (in %) für ein Testkollektiv von 100 Klassen mit 40 Schriftproben pro Schreiber

6. Literatur

/1/ KUCKUCK, W., B. RIEGER, K. STEINKE : Automatic Writer Recognition, Proc. 1979 Carnahan Conf. on Crime Countermeasures, Univ. of Kentucky, Lexington 1979

/2/ KLEMENT, V., R.-D. NASKE, K. STEINKE, W. KUCKUCK : Die Anwendung von Bildverarbeitungs- und Mustererkennungstechniken zur kriminaltechnischen Untersuchung von Handschriften, Kriminalistik 35:199, 1981

/3/ STEINKE, K.: Entwicklung von Mustererkennungsverfahren zur textunabhängigen Analyse von Handschriftenbildern, Dissertation TH Aachen 1981

/4/ KUCKUCK, W.: Writer Recognition by Spectral Analysis, Proc. 1980 Conf. on Security through Science and Engineering, Berlin 1980

/5/ HARALICK, R.M.: Statistical and Structural Approaches to Texture, Proc. IEEE 67:786, 1979

/6/ DAVIS, L.S.: Image Texture Analysis - A Survey, Proc. NATO A.S.I. on Digital Image Processing and Analysis, INRIA, Bonas 1980

/7/ SCHÜRMANN, J.: Polynomklassifikatoren für die Zeichenerkennung, Oldenbourg, München 1977

/8/ NASKE, R.-D.: Application of a weighted least squares algorithm to writer and speaker recognition, in "Proc. 5ICPR",IEEE, Miami 1980

/9/ NASKE,R.-D.: Algorithmen zur Ausgleichsrechnung, angewandt auf die automatische Klassifikation in der Mustererkennung, Diplomarbeit Universität Hamburg 1978

/10/ FUKUNAGA, K.: Introduction to statistical pattern recognition, Academic Press, New York 1972

MERKMALE FÜR DIE SEGMENTATION VON DOKUMENTEN ZUR AUTOMATISCHEN TEXTVERARBEITUNG

F. Wahl[*], L. Abele[*], W. Scherl[**]

[*]Lehrstuhl für Nachrichtentechnik, Technische Universität München,
Arcisstr. 21, 8000 München 2

[**]Siemens AG, Zentrale Forschung und Entwicklung,
Otto-Hahn-Ring 6, 8000 München 83

1. Einleitung

Textverarbeitungsmaschinen gewinnen im Büroleben unserer Tage zunehmend an Bedeutung. Mit derartigen Maschinen wird eine ökonomische Verarbeitung von Dokumenten, wie z.B. das Korrigieren von Fehlern, das Einfügen neuer Text- und Bildteile, die Komposition aus Text unterschiedlichen Ursprungs, die Reproduktion von Dokumenten, die Übertragung und Archivierung mit elektronischen Medien usw. möglich. Da in der herkömmlichen Bürokommunikation im Wesentlichen beschriebenes und bedrucktes Papier als Informationsträger verwendet wurde, ergibt sich für eine automatisierte Textverarbeitung zunächst das Problem der Konvertierung solcher Vorlagen in eine digitalisierte Form. Bei der Datenerfassung ist es sinnvoll, vier verschiedene Typen von Dokumentbereichen zur Weiterverarbeitung zu unterscheiden: Text-, Graphik-, Halbtonbildbereiche und Hintergrund.
Hierzu wird in der vorliegenden Arbeit ein Verfahren vorgestellt, das von der Modellvorstellung ausgeht, daß sich Dokumente in informationstragende Blöcke einteilen lassen, die i.a. durch weiße Balken (Hintergrund) voneinander getrennt sind. Ein für diese Aufgabe modifizierter Lauflängenalgorithmus liefert hierzu eine aufwandsgünstige und zuverlässige Lösung. Die auf diese Weise getrennten Blöcke werden in einem zweiten Verarbeitungsschritt einzeln einer Merkmalsextraktion auf der Basis statistischer Texturmerkmale zugeführt. Mit Hilfe dieser Merkmale werden die Blöcke dann den Klassen Text-, Graphik-, Halbtonbild- und Hintergrundsbereich zugeordnet.

2. Blocksegmentation von Dokumenten

Nach dem Abtasten und Digitalisieren von Dokumenten mit heute käuflichen Geräten, ist zunächst eine Reduktion der Datenmenge durch eine einfache Grauwertschwellenoperation sinnvoll. Durch eine derartige Operation erfolgt eine erste, grobe

Segmentation der Vorlagen in Bereiche, die eine, i.a. feste Grauwertschwelle unterschreiten. Die Wirkung dieser einfachen Operation, angewandt auf den Ausschnitt des Dokuments in Abb.1a ist in Abb.1b zu sehen. Die Anwendung von 'Shading'-Korrekturen oder adaptiven Schwellen (z.B. /1/) können sich insbesondere bei Druckvorlagen schlechter Qualität als vorteilhaft erweisen.

Da es bei der Weiterverarbeitung von Dokumenten wichtig ist, zwischen globalen Text-, Graphik- und Halbtonbildblöcken zu unterscheiden, wird in einem zweiten Schritt auf das binäre Zwischenbild zeilen- und spaltenweise ein eindimensionaler Lauflängenalgorithmus mit einer unteren Grenze für 'weiße' Lauflängen angewendet. D.h., 'weiße' Lauflängen, die eine gewisse Länge unterschreiten, erscheinen im Ausgangsbild als 'schwarz'. Der Sinn dieser Operation besteht darin, jeweils lange, zusammenhängende 'weiße' horizontale und vertikale Linien in den Bilddaten zu detektieren und kurze zu unterdrücken. Die Resultate dieser Operationen, angewandt auf Abb.1b sind in Abb.1c und Abb.1d dargestellt. Wie erwartet, wurden z.B. 'weiße' Bildpunkte innerhalb von Textzeilen bei der horizontalen Anwendung des Algorithmus' unterdrückt, während die Zeilenzwischenräume 'weiß' bleiben. Bei der vertikalen Anwendung des Algorithmus' wurden die 'weißen' Zeilenzwischenräume und die weißen Bildpunkte innerhalb der Textzeilen unterdrückt. Ähnliche Überlegungen gelten für Graphik- und Halbtonbildbereiche.

Die Wahl der Lauflängengrenzen ist i.a. unkritisch, sollte jedoch wesentlich größer als z.B. ein Textzeilenabstand sein. Der oben beschriebene Lauflängenalgorithmus kann auch durch eine Folge von eindimensionalen 'Shrink/Expand'-Operationen wie z.B. in /2/ beschrieben, realisiert werden; dies ist insbesondere bei Verwendung paralleler Hardware geboten. Für die Realisierung mit einem konventionellen Rechenwerk wurde eine schnelle, algorithmische Lösung gefunden /3/, die die Verarbeitung der i.a. hohen Bildpunktzahlen in vernünftigen Rechenzeiten ermöglicht. Die Ergebnisse der beiden Lauflängenalgorithmen werden in einem weiteren Verarbeitungsschritt durch eine logische UND-Operation miteinander verknüpft ('schwarz' entspricht hierbei logisch '1'). Das Resultat dieser Operation ist in Abb.1e dargestellt.

Wie zu sehen ist, unterteilt das beschriebene Verfahren Dokumentvorlagen in die gewünschten globalen Bereiche. Um diese jeweils als Text-, Graphik- und Halbtonbildbereiche zu klassifizieren, werden die einzelnen Bereiche mit fortlaufenden Nummern etikettiert und dann getrennt einer Merkmalsgewinnung unterworfen.

3. Merkmalsgewinnung und Klassifikation der Blocksegmente

Die Klassifikation der Blocksegmente erfolgte aufgrund von Statistiken erster und zweiter Ordnung, die für jeden Block separat ermittelt und einem k-nearest-neighbour Klassifikator zugeführt wurden. Die verwendeten Merkmale sind alle zeilen-

a b

c d

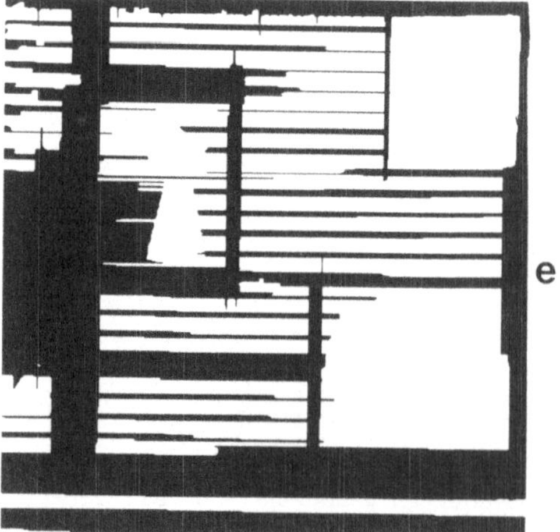

e

Abb.1 Beispiel einer Blocksegmentation durch horizontale und
vertikale Run-length Algorithmen.

weise und damit schnell und einfach auch von kleineren Prozessorsystemen zu berechnen. Im einzelnen haben wir Grauwerthistogrammomente, Merkmale aus Übergangsmatrizen nach Haralick et.al. /4/ und aus Lauflängenmatrizen nach Galloway /5/ untersucht. Die verwendeten Histogrammomente waren der Mittelwert (F1), die Standardabweichung (F2), Schiefe (F3) und Kurtosis (F4). Auf die restlichen Merkmale wird im Folgenden etwas detaillierter eingegangen, wenngleich die Ermittlung der Übergangs- und Lauflängenmatrizen als bekannt vorrausgesetzt wird, bzw. aus der zitierten Literatur entnommen werden kann.

Gegeben sei die Übergangsmatrix $C_\delta(i,j)$, $i,j=1...N$, dann sind die drei verwendeten Merkmale 'Angular second moment (F5)', 'Entropy (F6)', und 'Contrast (F7)' folgendermaßen definiert:

$$F5 = \sum_i \sum_j C_\delta(i,j)^2 \qquad\qquad Gl.1$$

$$F6 = \sum_i \sum_j C_\delta(i,j) \, \log(C_\delta(i,j)) \qquad\qquad Gl.2$$

$$F7 = \sum_i \sum_j (i-j)^2 \, C_\delta(i,j) \qquad\qquad Gl.3$$

Des weiteren ergeben sich die vier Merkmale aus Lauflängenmatrizen 'Short run emphasis (F8)', 'Long run emphasis (F9)', die relative Häufigkeit kurzer 'schwarzer runs' (F10) und die relative Häufigkeit langer 'weißer runs' (F11) aus den Gleichungen vier bis sieben; dabei ist die Lauflängenmatrix mit $R_\varphi(i,j)$, $i,j=1...M$ bezeichnet:

$$F8 = \sum_i \sum_j 1/j^2 \, R_\varphi(i,j) \, / \sum_i \sum_j R_\varphi(i,j) \qquad\qquad Gl.4$$

$$F9 = \sum_i \sum_j j^2 \, R_\varphi(i,j) \, / \sum_i \sum_j R_\varphi(i,j) \qquad\qquad Gl.5$$

$$F10 = R_\varphi(1,1) \qquad\qquad Gl.6$$

$$F11 = R_\varphi(M,M) \qquad\qquad Gl.7$$

Für eine Analyse des Merkmalssatzes wurden eine Reihe von Dokumenten unterschiedlichster Herkunft dem erwähnten Blocksegmentationsverfahren unterworfen und die so entstandenen Blöcke interaktiv vorklassifiziert, sowie jeweils der zugehörige Merkmalssatz ermittelt. Die Abtastung der Dokumente wurde mit einer Videokamera bei einer Ortsauflösung von 512x512 Bildpunkten (4 pixels/mm) durchgeführt. Für die Ermittlung von C_δ und R_φ wurden $\delta=(1,0)$, $\varphi=0°$ sowie N=M=4 gesetzt. Die Aufteilung der unterschiedlichen Lauflängen auf die vier Spalten der Lauflängenmatrix war nichtlinear und zwar nach folgendem Schema: j=1 für $1 \leqslant 4$; j=2 für $4 < 1 \leqslant 16$; j=3 für $16 < 1 \leqslant 64$ und j=4 für $1 \leqslant 64$.

Wie unsere Untersuchungen zeigten, lieferten die Merkmale F3, F4 und F11 keine positiven Beiträge für die Klassifikation und wurden deshalb nicht berücksichtigt. Eine hierarchische Klassifikationsstruktur erbrachte im Vergleich zu dem schließlich verwendeten k-nearest-neighbour Verfahren (k=3) keine Verbesserung; die Klassifikationsergebnisse sind in Tab.1 aufgeführt.

Man erkennt, daß aufgrund der hier untersuchten Merkmale eine Trennung der Musterklassen Bild/Text und Graphik/Text sowie Graphik/Bild noch nicht mit hinreichender Zuverlässigkeit möglich ist, was daraus resultiert, daß das Spektrum der möglichen Muster einer Klasse sehr breit ist und beispielsweise bei Text unterschiedlichste Schriftgrößen, -typen, -abstände sowie Kontrastverhältnisse überdeckt. Noch ausgeprägter sind diese Verhältnisse bei Graphik und Halbtonbildern.

a priori Klassifikation

	B	W	T	G	
B	79%	0%	4%	13%	B=Bild (28 Blöcke)
W	0%	96%	1%	4%	W=Weißblock (48 Blöcke)
T	14%	2%	95%	13%	T=Text (114 Blöcke)
G	7%	2%	0%	70%	G=Graphik (23 Blöcke)

Tab.1 Beurteilungsmatrix

4. Diskussion

Die vorliegende Arbeit behandelte zwei Hauptaspekte der Aufteilung von Dokumenten in Bereiche unterschiedlicher Charakteristik, nämlich die Blocksegmentation und die Blockklassifikation. Die Blocksegmentation beruht auf einem einfachen Algorithmus, der zuverlässig und schnell ist, eine einfache Realisierung erlaubt und nur wenige Parameter benötigt. Im Gegensatz zu bildfensterorientierten Verfahren (siehe z.B. /6/), ergeben sich dabei verhältnismäßig große Bildbereiche, die nur jeweils einen Typ von Bilddaten enthalten, was erhebliche Vorteile für die nachfolgende Klassifikation bietet.

Die Untersuchungen zur Blockklassifikation haben gezeigt, daß aufgrund der riesigen Vielfalt möglicher Muster einer Klasse trotz der vorteilhaften Blocksegmentierung hier die eigentlichen Schwierigkeiten des Verfahrens liegen, die allerdings bei bildfensterorientierten Algorithmen noch erheblich stärker zutage treten.

Durch zusätzliche, komplexere Merkmale sollte aber eine befriedigende Klassifikationssicherheit erreichbar sein.

5.Literatur

/1/ C.K. Chow, T. Kaneko: Boundary Detection of Radiographic Images by a
Thresholding Method. In: Frontiers of Pattern Recognition, ed. S. Watanabe, Academic Press 1972, pp 61-82

/2/ A. Rosenfeld, A.C. Kak: Digital Picture Processing, Academic Press 1976

/3/ F. Wahl: An Efficient Algorithm for Blocksegmentation by Means of a Constrained Runlength Algorithm. In Vorbereitung

/4/ R.M. Haralick, K. Shanmugam, I. Dinstein: Textural Features for Image
Classification, In: IEEE Trans., Vol. SMC-3, No.6, 1973

/5/ M.M. Galloway: Texture Analysis Using Gray Level Run Lengths
In: Computer Graphics and Image Processing 4, 1972, pp. 172-179

/6/ W. Scherl, F. Wahl, H. Fuchsberger: Automatic Separation of Text, Graphic
and Picture Segments in Printed Material, In: Pattern Recognition in
Practice, eds. E.S. Gelsema, L.N. Kanal, North-Holland Publishing Company, 1980

ANHANG

VORVERARBEITUNG VON BILDDATEN DURCH EIN AUGENMODELL

(K.Holla, Allgemeine Nachrichtentechnik, FB-ET, HSBw Hamburg)

Die Merkmalsextraktion aus sensorisch erfaßten Bildvorlagen setzt i.a.
eine Aufbereitung der Rohdaten durch Unterdrückung irrelevanter Signal
anteile und die Betonung der Bildkomponenten voraus, die im Hinblick
auf die jeweilige Aufgabenstellung von besonderer Bedeutung sind (z.B.
Helligkeit, Farbe, Kanten, Struktur); zur Vorverarbeitung werden Filter z.B. zur Glättung (Smoothing) und zur Kantenbetonung, Kantenver-
folgungsalgorithmen sowie Transformationen eingesetzt.

Das menschliche visuelle System (MVS) umfaßt die optische Erfassung
der Umwelt im Wellenlängenintervall von 380-780 nm und die Verarbeitung der Sensorsignale bis zum Erkennungsprozeß. Neben den Sensoren
beinhalten die ersten Stufen des MVS insbesondere eine Vorverarbeitung
der Signale nach den Kriterien der beim Erkennungsprozeß verwendeten
Merkmale. Da das MVS für seinen Aufgabenbereich in Komplexität und
Leistungsfähigkeit als Maßstab für technische Systeme gelten muß, wurde auf der Basis von physiologischen und psychophysikalischen Daten
ein Modell der ersten Stufen des MVS entwickelt, um eine geeignete
Grundlage zur Extraktion von möglichst optimalen Merkmalen aus der
Helligkeits- und insbesondere aus der Farbinformation der Bildvorlage
zu schaffen.

Im technischen Modell ersetzt eine Farbvideokamera entsprechend der
Young-Helmholtz'schen Dreifarbentheorie die drei Rezeptortypen der
Netzhaut für photopisches Sehen zur Umwandlung der physikalischen
Strahlung in zur weiteren Verarbeitung geeignete elektrische Potentiale. Die Modulationsübertragungsfunktion des optischen Systems des Auges wird durch Tiefpaßfilter in den drei Farbwertkanälen der Kamera
simuliert; dabei zeichnet sich der "blaue" Kanal durch eine um den
Faktor 4 reduzierte Bandbreite aus. Da die Farbkamera in ihrer spektralen Bewertung der physikalischen Strahlung von den Spektralwertkur-
ven der drei Rezeptortypen abweicht, erfolgt eine lineare Transformation in den Farbraum des Rezeptorsystems. Der zwischen der Intensität
der einfallenden Strahlung und der empfundenen Helligkeit bestehende
nichtlineare Zusammenhang (näherungsweise logarithmisch) wird vor der
Transformation in einem der Hering'schen Gegenfarbentheorie entsprechenden Farbraum berücksichtigt. Im Gegenfarbenraum sind Luminanz (Y)
für die Hellempfindung und Chrominanz für die Farbwahrnehmung getrennt;
die Chrominanz wird durch die beiden unabhängigen Gegenfarbenpaare
Rot-Grün(RG) und Blau-Gelb(BG) charakterisiert. Durch inhibitorische
und exitatorische Neuronenkontakte bedingt zeigen die drei Kanäle des
Gegenfarbensystems Bandpaßverhalten; allerdings weisen die Mittenfre-
quenzen der Bandpässe etwa ein Verhältnis $f_{m,Y}:f_{m,RG}:f_{m,BG} = 4:2:1$
auf, was auch bei der Codierung des NTSC- bzw. PAL-Videosignals ausge-
nutzt wird. Wegen der unterschiedlichen spektralen Bewertung des physikalischen Reizes in den drei Farbwertkanälen kann die Nichtlinearität in Verbindung mit einem sich anschließenden linearen System nicht
mehr als multiplikative homomorphe Filterung angesehen werden, obwohl
bedingt durch den Bandpaßcharakter des linearen Systems Helligkeits-
und Farbkonstanz des Modells erhalten bleiben.

Das technische Modell der ersten Stufen des MVS vereinigt somit eine
ganze Anzahl von im einzelnen häufig verwendeten Vorverarbeitungsme-
thoden, deren Parameter in Anlehnung an das MVS aufeinander abgestimmt sind.

An die Vorverarbeitung schließen sich die Merkmalsextraktion und die
Erkennung an, die sehr kontextsensitiv das Wissen des Langzeit- und
des Kurzzeitgedächtnisses mit den extrahierten Merkmalen verknüpft.

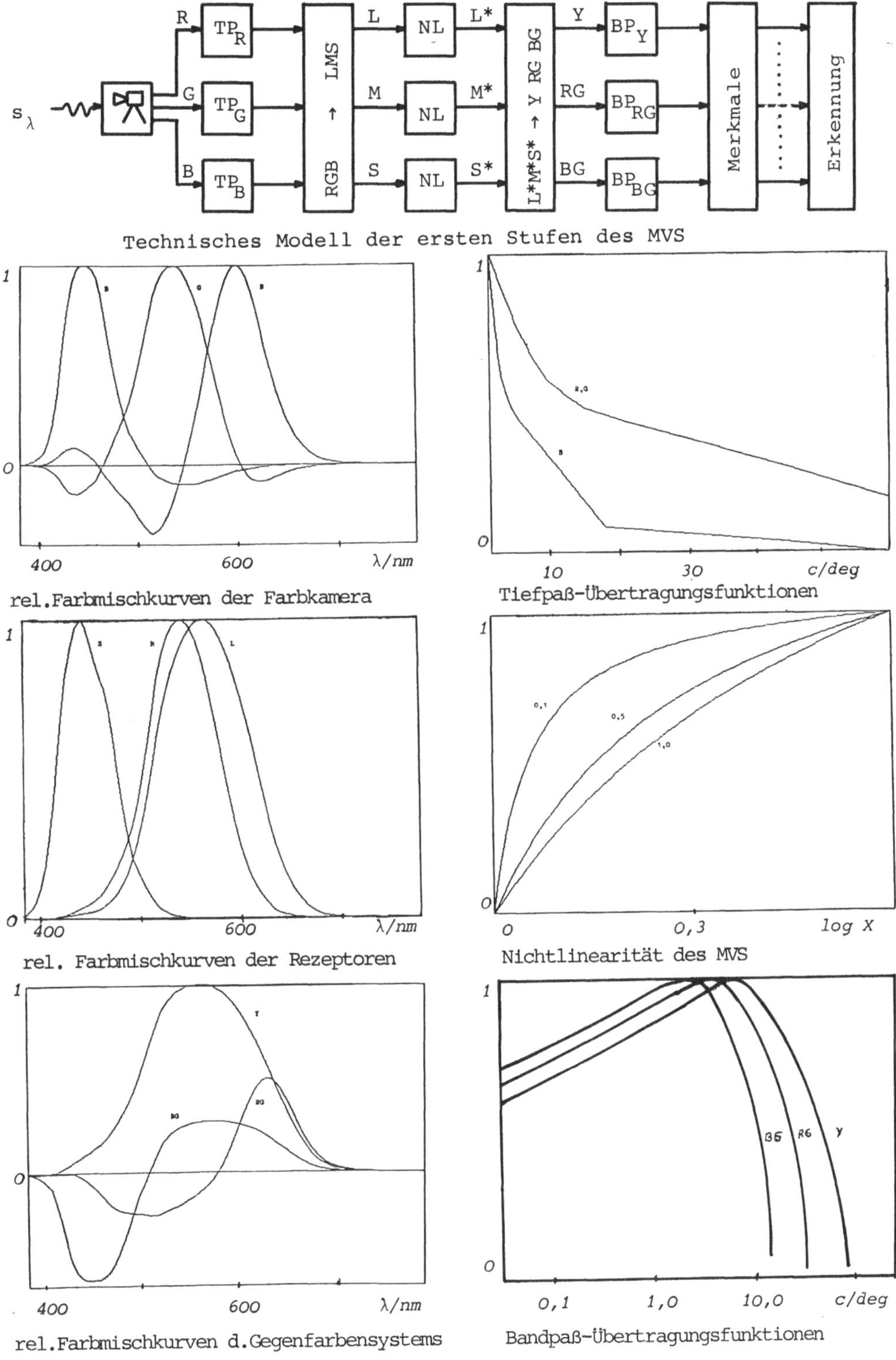
s_λ
R
TP_R
G
TP_G
B
TP_B
LMS ↑ RGB
L
M
S
NL
NL
NL
L*
M*
S*
L*M*S* → Y RG BG
Y
RG
BG
BP_Y
BP_RG
BP_BG
Merkmale
Erkennung
Technisches Modell der ersten Stufen des MVS
1
0
400
600
λ/nm
rel. Farbmischkurven der Farbkamera
1
0
400
600
λ/nm
rel. Farbmischkurven der Rezeptoren
1
0
400
600
λ/nm
rel. Farbmischkurven d. Gegenfarbensystems
1
0
10
30
c/deg
Tiefpaß-Übertragungsfunktionen
1
0
0
0,3
log X
Nichtlinearität des MVS
1
0
0,1
1,0
10,0
c/deg
Bandpaß-Übertragungsfunktionen

EIN PARALLELER ALGORITHMUS FÜR DIE ZWEIDIMENSIONALE HADAMARD-
TRANSFORMATION

J. Jahns

Physikalisches Institut der Universität Erlangen-Nürnberg

Erwin-Rommel-Straße 1

8520 Erlangen

Bildtransformationen wie die Hadamard- und die Fourier-Transformation
werden zur Merkmalsextraktion, Datenkompression usw. angewendet. Bei
der Transformation von 2-D Bildern im Digitalrechner verursachen die
auftretenden Datenmengen jedoch häufig Probleme hinsichtlich des
Rechenaufwandes. Bei einer optischen parallelen Durchführung ist i.a.
die erlaubte Objektgröße stark eingeschränkt als Folge der Orts<u>varianz</u>
von Bildtransformationen.

Beruhend auf einem bereits existierenden schnellen Algorithmus haben
wir eine Methode für die Hadamard-Transformation großer Objektfelder
entwickelt. Der Algorithmus besteht aus $2\log_2 N$ sequentiellen identischen
Schritten, in denen alle N^2 Bildpunkte ($N = 2^J$) jeweils parallel
verarbeitet werden. Da alle Schritte identisch sind, bietet sich
eine Feedback-Struktur für die Durchführung an. Wir zerlegen jeden
Schritt, der orts<u>variant</u> (nicht-Toeplitzsch) ist, in zwei parallele
Schritte, die beide orts<u>invariant</u> (Toeplitzsch) sind. Ortsinvarianz
ist sehr vorteilhaft für eine Implementierung als optisches Analog-
system (mit $N^2 \sim 10^6$) oder als digitales System mit Pipeline-
Struktur.

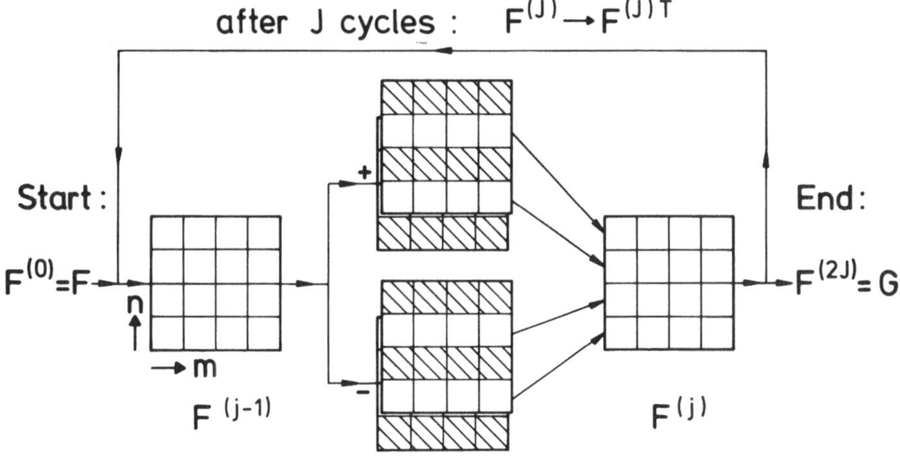

Abb. 1: Schematische Darstellung des Hadamard-Algorithmus. Zunächst wird das zu verarbeitende Objekt F(m,n) gleichzeitig zwei invarianten Kanälen zugeführt. Im oberen Kanal (+) wird eine Addition durchgeführt: F(m,n)+F(m,n+1); im unteren Kanal (-) wird subtrahiert: F(m,n)-F(m,n+1). Aus den jeweiligen Resultaten werden nur die interessierenden Ergebnisse weiterverwendet, d.h. jede zweite Bildzeile. Das entstandene Zwischenresultat $F^{(1)}$ wird anschließend wieder in dasselbe System zurückgeführt. Während der ersten $\log_2 N$ Schritte wird das Objekt bezüglich n verarbeitet. Danach wird es transponiert und anschließend - im selben System - bezüglich m weiterverarbeitet. Nach insgesamt $2 \log_2 N$ Schritten erhält man die Hadamard-Transformierte G von F.

<u>Modellbildung des menschlichen visuellen Systems</u>

C.-E. Liedtke, W. Geuen, D. Wermser

Theoretische Nachrichtentechnik und Informationsverarbeitung
Universität Hannover, Callinstr. 32, 3ooo Hannover 1

Bei der Entwicklung von Strategien zur automatischen Auswertung komplexer Bildszenen orientiert man sich häufig am menschlichen Bildverständnis. Das setzt aber voraus, daß auch der erste Schritt der automatischen Bildauswertung, nämlich die Segmentierung, die Eigenschaften des menschlichen visuellen Systems berücksichtigt. Wegen seiner Komplexität ist es z.Z. weder möglich noch praktikabel, <u>ein</u> einheitliches Modell zu konstruieren, das für alle Zwecke der Bildverarbeitung sämtliche interessierende Eigenschaften des visuellen Systems korrekt nachbildet. Statt dessen begnügt man sich mit der Modellierung einer nur geringen Zahl aber für die jeweilige Aufgabenstellung wichtiger Komponenten des visuellen Systems.

Konturen stellen die Diskontinuität in einem Bild dar, d.h. die Abgrenzung von Objekten voneinander und vom Hintergrund. Für eine Modellbildung des Konturempfindens sind die wichtigsten Komponenten a) die bandpaßförmige Frequenzbewertung, b) die Adaption der Wahrnehmbarkeitsschwelle für Kontraste an die nähere und weitere Umgebung des betrachteten Bildpunktes und c) die Einflüsse höherer Verarbeitungszentren auf die Darstellung und Formung wesentlicher Konturen durch Unterdrückung von kurzen Konturstücken geringer Konturstärke und Unterdrückung von kurzen Konturunterbrechungen. Ergebnisse einer derartigen Modellbildung sind in Abb.1 dargestellt.

Im Gegensatz zur Kontur stellt die Textur eine qualitative Beschreibung einer als einheitlich empfundenen Fläche dar. Als wesentliche Komponenten des Texturempfindens werden auch hier die Frequenzbewertung des Auges, Adaption und die Reduktion des Bildes auf seine Konturen berücksichtigt. Aus einer Richtungsfilterung entsprechend neuronalen Prozessen im visuellen Cortex und einer Bestimmung der mittleren Leistung in den Richtungsfiltern können Merkmale gewonnen werden, die, wie Abb.2 zeigt, bereits sehr gut für eine Textursegmentierung geeignet sind.

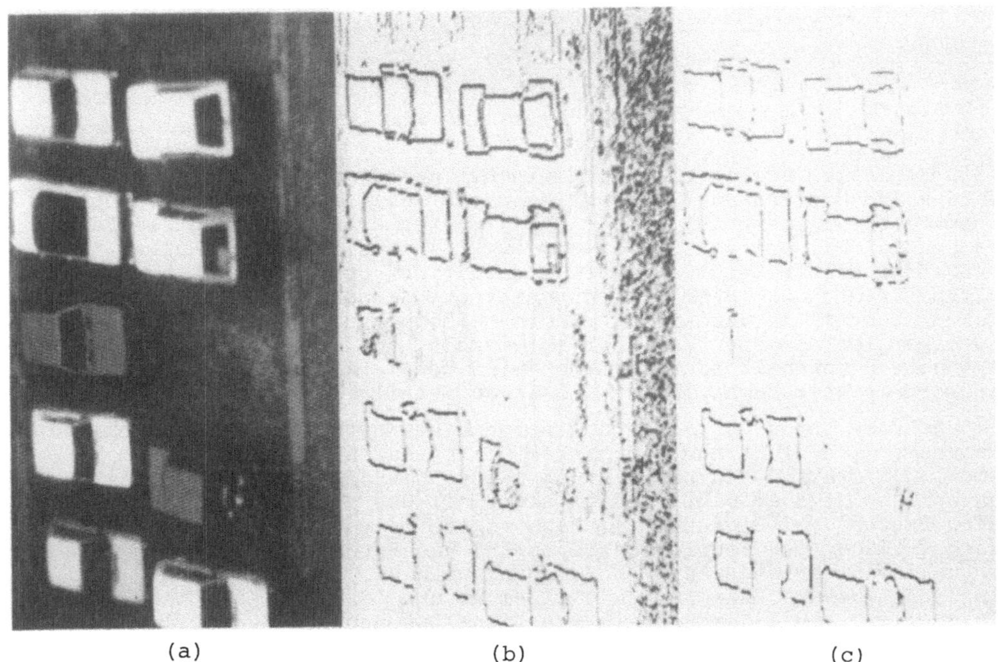

(a)   (b)   (c)

Abb.1: Modellierung des Konturempfindens: (a) Original, (b) Frequenzbewertung und Adaption, (c) Unterdrückung von kurzen Konturstücken geringer Konturstärke

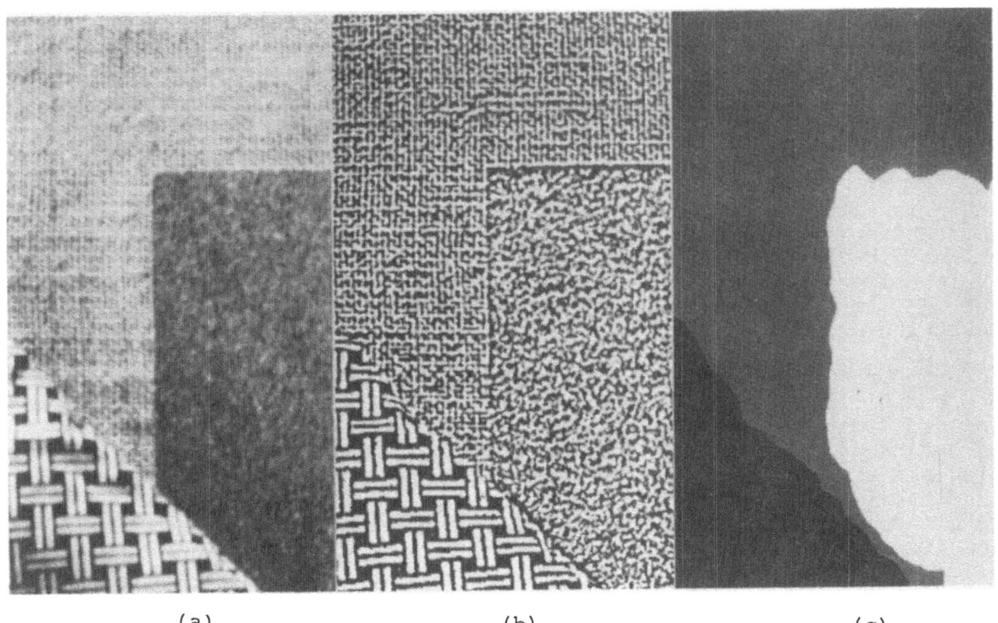

(a)   (b)   (c)

Abb.2: Modellierung des Texturempfindens: (a) Original, (b) Frequenzbewertung, Adaption und Reduktion auf die Konturen, (c) Schwellwertbildung an mittlerer Leistung der Richtungsfilter

<u>Hybride optisch-digitale Bildverarbeitung zur lageinvarianten Muster-erkennung</u>

F. Merkle, J. Dengler, T. Karte, J. Bille
Institut für Angewandte Physik I, der Universität Heidelberg, Albert-Überle-Str. 3-5, 6900 Heidelberg

Die Korrelation stellt ein allgemeingültiges Konzept für die Klassifizierung von Mustern dar. Mit analogen oder digitalen kohärenten optischen Filterungsmethoden können Objektmuster erkannt werden. Im Falle des Spatial Filtering nach Van-der-Lugt[1] wird für jedes Muster ein angepaßtes Filter benötigt. Daraus resultiert bei großen Mustervielfalten für die optischen Filterungsmethoden eine große Filterzahl. Um diesen Nachteil zu vermeiden, wurden Methoden zur Erzeugung analoger und digitaler Komponentenfilter entwickelt, die einer Reihe von Objektmustern angepaßt sind. Dadurch wird der Merkmalraum in Unterräume mit vorgegebenem semantischen Inhalt aufgeteilt.

Die nach der optischen Filterung notwendige Korrelationssignalanalyse erstreckt sich nicht nur wie bisher üblich auf die Intensität im Maximum. Zur exakten Klassifizierung müssen die Signalformen herangezogen werden. Dies erfolgt im digitalen Teil des hybriden optisch-digitalen Prozessors [2] (Abb. 1). Dazu eignen sich besonders Fourieranalysen (Bildung der Fourierdeskriptoren) und Freeman-Codierungen der Konturlinien der Signale. Als Beispiel wird die Klassifizierung des einfachen Mustersatzes ABCD mit einem AB und einem AC Komponentenfilter gezeigt. Von jedem Korrelationssignal werden aus Konturlinien unterschiedlicher Intensitäten die komplexe Fourierdeskriptoren extrahiert. Durch eine Faktoranalyse werden diese auf einen Satz von sechs Hauptparametern reduziert. Analog ist die Vorgehensweise bei der Klassifikation mit Hilfe der Freeman-Codierung. Es wurde weiterhin untersucht welche Varianzen in Größe, Orientierung und Struktur von alphanumerischen Zeichen bei Anwendung dieser Korrelationsanalysemethoden toleriert werden können. Es hat sich gezeigt, daß mit den digitalen Nachverarbeitungsmethoden bei dem obengenannten Mustersatz eine 100%ig richtige Klassifizierung erreicht wird, selbst wenn die Objekte in den Faktor $\pm$ 0,7 gesteckt, bis zu $\pm$ 30° gedreht oder bis zu 30° geschert werden. Tabelle I zeigt dazu einen Vergleich der einfachen Signalanalyse mit der Freeman-Codierungs-Analyse und der Fourierdeskriptor-Methode [3].

Schwierigkeiten können jedoch noch auftreten, wenn die letztlich unterscheidenden Merkmale nur einen kleinen Teil der Gesamtinformation darstellen. In diesem Fall kann das Objekt selbst auf Thermoplastfilm als Fourierhologramm im kohärent-optischen Prozessor abgespeichert werden (Abb. 1). Im digitalen Teil werden Referenzmuster (z.B. Richtungsstrukturen erzeugt, die optisch über einen Laser-Scanner oder TV-Monitor und einen inkohärent-kohärent Bildwandler (LCLV) eingegeben werden können. Durch Benutzung der hybriden optisch-digitalen Verfahren kann eine endgültige Klassifizierung erreicht werden (Abb. 2). Die zeitaufwendigen digitalen Methoden werden nur dort eingesetzt, wo die schnellen optischen Verfahren unzureichend sind. Es sollte damit möglich sein, ein einheitliches Konzept für die assoziative Korrelation in einem hybriden optisch-digitalen Prozessor zu entwickeln, das sich für die Verarbeitung von Bildern aus verschiedensten Bereichen wie der Biomedizin der Astronomie oder industriellen Qualitätskontrolle eignet.

[1] A. Vander Lugt, IEEE Trans. Inf. Theory <u>IT-10</u>, 139 (1964)
[2] F. Merkle, J. Bille, T. Karte, J. Dengler, H. Muuss, SPIE-Proc. "Fifth European Electro Optics Conference", Vol. 236, pp. 102 (1981)
[3] F. Merkle, J. Bille, J. Dengler, zur Veröffentlichung eingereicht bei Optica Acta

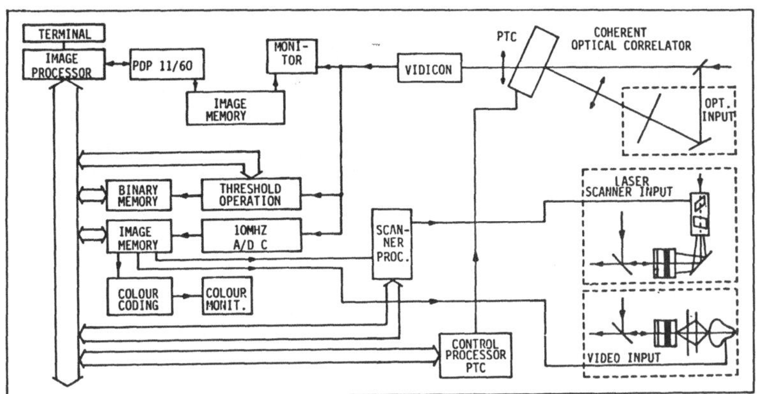

Abb. 1: Schematischer Aufbau des hybriden optisch-digitalen Prozessors

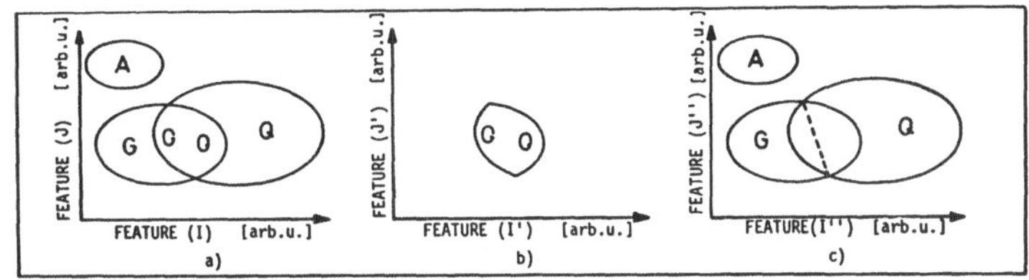

Abb. 2: Klassifizierung im hybriden optisch-digitalen Prozessor.
a) Vorklassifizierung (Fourierdeskriptoren, Freeman-Codierung).
b) Nichtgetrennte Klassen c) Endgültige Klassifizierung (digitale Referenzmuster)

Tabelle I: Klassifizierungsergebnisse in Abhängigkeit verschiedener Objektstörungen (Rotation, Maßstabsänderung und Scherung)

Classification results in dependence on various distortions					
		Simple Parameters	Chaincode Gradient	Fourier-Descriptors absolute	Fourier-Descriptors abs. + arg.
Rotation (0..30 deg)	χ^2	38	88	73	112
	NDF	3	12	11	28
	σ	0.00	0.00	0.00	0.00
	%	84	98	96	100
Scaling (1. 0.7)	χ^2	7.3	33	30	27
	NDF	2	9	12	13
	σ	0.05	0.00	0.01	0.01
	%	75	94	91	97
Shearing (0..30 deg)	χ^2	33	73	89	124
	NDF	3	15	15	32
	σ	0.00	0.00	0.00	0.00
	%	79	100	100	100
all	χ^2	75	107	122	116
	NDF	6	18	22	28
	σ	0.00	0.00	0.00	0.00
	%	83	93	94	93

χ^2 — weighted distance between groups
NDF — Number of degrees of freedom
σ — Significance of group separation
% — Percentage of correct classification

Data Set: A,B,C,D
Filter Set: AB,AC superposition filter

BILDERZEUGENDE SENSORSYSTEME FÜR DIE ZIELAKQUISITION UND LENKUNG VON FLUGKÖRPERN
D. Meyer; ESG, München

Flugkörper der nächsten Generation sollen mit bilderzeugenden Sensoren ausgestattet werden, um die Zielerfassungs- und Treffwahrscheinlichkeiten erheblich zu steigern. Die gegenwärtig im Einsatz befindlichen Zielsuchköpfe (Radar-ZSK, IR-Reticle-ZSK, IR-Quadranten-ZSK) führen keine Abbildung der Objektszene durch, vielmehr wird aus dem gesamten momentanen Sehfeld ein Signal abgeleitet, das die Bestimmung des Zielschwerpunktes ermöglicht. Durch diese nichtabbildende Zielakquisitions- und Zielverfolgungsverfahren wird einerseits die Möglichkeit der Zielerkennung stark begrenzt, andererseits besteht eine Anfälligkeit gegen natürliche Falschziele und künstliche Störmaßnahmen. Durch die Implementierung eines Sensors oder ggf. auch mehrerer Sensoren, die eine Abbildung der interessierenden Objektszene mit genügend hoher Auflösung gestatten, kann in Verbindung mit einer entsprechenden Auswertung der Bilddaten die Fähigkeit eines Flugkörpersuchkopfes zur sicheren Zielaufschaltung und Zielverfolgung erheblich gesteigert werden.

Für die Konzeption eines Systems zur autonomen Zielakquisition und/oder Zielverfolgung sind als wesentliche Randbedingungen zu berücksichtigen:

- Einsatzart
  o Waffeneinsatz (Luft/Luft-Einsatz, Luft/Boden-Einsatz, Boden/Boden-Einsatz, Einsatz gegen Seeziele)
  o Aufklärung

- Einsatzverfahren
  o Zielerfassung vor FK-Abschuß = Lock-on-Before-Launch (LOBL), d. h. lediglich Zielverfolgung und Abweisung von Falschzielen durch den FK-Suchkopf
  o Zielerfassung nach FK-Abschuß = Lock-on-After-Launch (LOAL), mit Marschflug zum Zielgebiet (autonom oder ferngesteuert) und
  oo autonome Zielakquisition und Endphasenlenkung oder
  oo Fernlenkung von einem Kommandostand aus oder
  oo Rückübertragung des Suchkopfsensorbildes an Leitstand und Kommandolenkung in der Endphase. In diesem Falle wird der Zielanflug durch einen menschlichen Beobachter überwacht, so daß insbesondere bei einem Bodenleitstand, außer den Verfahren der automatischen Bilddatenauswertung auch die Methoden der Bildverbesserung für die Auswertung und Kontrolle am Display von Interesse sind.

- Einsatzreichweite, und damit verbunden:
  Baugröße, Sensorcharakteristik, Sensorreichweiten (Sensoren: TV, FLIR, mm-Wellen-Radar).

Die Regelung des Flugkörpers weist grundsätzlich die in Bild 1 skizzierte Struktur auf: Die Ermittlung einer der Zielablage und der Zielbeschleunigung proportionalen Größe erfolgt durch den Sensor (bzw. das Sensorpaket) mit der nachgeschalteten Bilddatenauswertung. Entsprechend dieser Regeldifferenz erfolgt die FK-Steuerung mit einem Vorhalt auf den Zielkurs, während die Visierlinie des Suchkopfes durch eine Trackingschleife auf das Ziel ausgerichtet bleibt. Die Möglichkeit, über Datensender (DS) und Datenempfänger (DE) umfangreiche Operationen der Sensordatenauswertung und FK-Steuerung extern durch einen Leitstand durchführen zu lassen, ist angedeutet und in Bild 4 am Beispiel eines RPV (Remotely Piloted Vehicle) ausgeführt.

Bei der autonomen Zielakquisition wird der vom Sensor abgetastete Raum in Intervalle unterteilt, die mögliche Ziele enthalten (Bild 2); diese Kandidatenziele müssen nun mit den Merkmalskriterien und Identifikationsalgorithmen analysiert werden, die sich in einem FK implementieren lassen. Bei Systemen mit externer Stützung, insbesondere bei Aufklärungsträgern, ist eine hohe und differenzierte Identifikationsleistung sowie eine große Einsatzflexibilität, z. B. durch einen adaptiven Klassifikator, möglich. Unter zeitkritischen Bedingungen, die bei kurzen Zielentfernungen auftreten, sind Iterationen zu vermeiden: Die Ziele werden durch eine oder mehrere Diskriminatorstufen von Hintergrund und Falschzielen getrennt (Bild 3). Hierbei kann eine Aufteilung in Zielkategorien nach Zieltypen oder Bedrohungsprioritäten erfolgen.

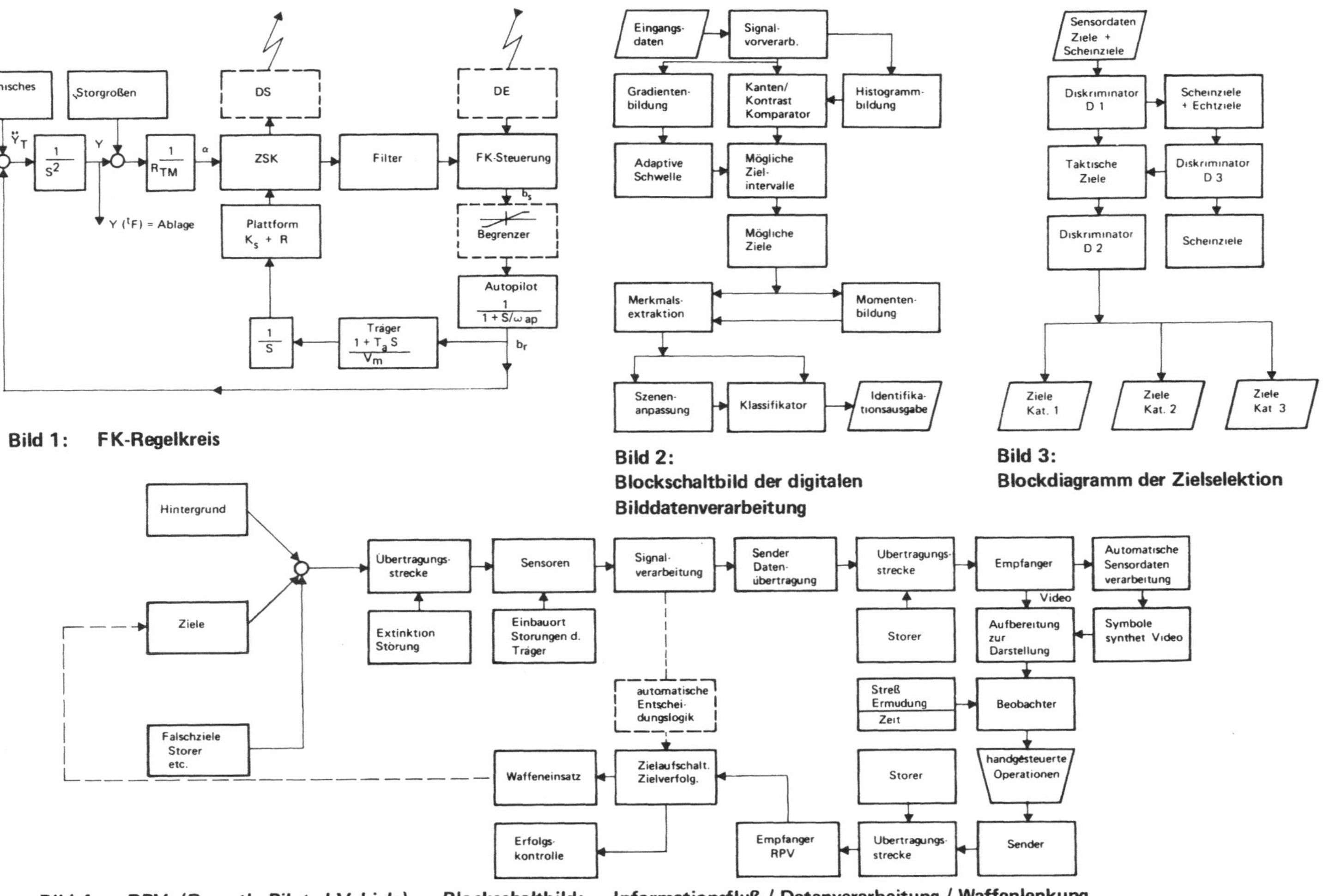

Dynamisches Ziel
Störgrößen
DS
DE
$\ddot{Y}_T$
$\frac{1}{S^2}$
Y
$\frac{1}{R_{TM}}$
α
ZSK
Filter
FK-Steuerung
b_s
$Y\,(^tF) = $ Ablage
Plattform $K_s + R$
Begrenzer
Autopilot $\frac{1}{1 + S/\omega\,ap}$
$\frac{1}{S}$
Träger $\frac{1 + T_a\,S}{V_m}$
b_r

Bild 1: FK-Regelkreis

Eingangs- daten
Signal- vorverarb.
Gradienten- bildung
Kanten/ Kontrast Komparator
Histogramm- bildung
Adaptive Schwelle
Mögliche Ziel- intervalle
Mögliche Ziele
Merkmals- extraktion
Momenten- bildung
Szenen- anpassung
Klassifikator
Identifika- tionsausgabe

Bild 2: Blockschaltbild der digitalen Bilddatenverarbeitung

Sensordaten Ziele + Scheinziele
Diskriminator D 1
Scheinziele + Echtziele
Taktische Ziele
Diskriminator D 3
Diskriminator D 2
Scheinziele
Ziele Kat. 1
Ziele Kat. 2
Ziele Kat. 3

Bild 3: Blockdiagramm der Zielselektion

Hintergrund
Ziele
Falschziele Storer etc.
Übertragungs- strecke
Extinktion Störung
Sensoren
Einbauort Störungen d. Träger
Signal- verarbeitung
automatische Entschei- dungslogik
Sender Daten- übertragung
Übertragungs- strecke
Storer
Empfänger
Video
Automatische Sensordaten verarbeitung
Symbole synthet. Video
Aufbereitung zur Darstellung
Streß Ermüdung Zeit
Beobachter
Storer
handgesteuerte Operationen
Zielaufschalt. Zielverfolg.
Waffeneinsatz
Erfolgs- kontrolle
Empfänger RPV
Übertragungs- strecke
Sender

Bild 4: RPV (Remotly Piloted Vehicle)   Blockschaltbild: Informationsfluß / Datenverarbeitung / Waffenlenkung

<u>- Der Textscanner -</u>

Anwendung von Mustererkennungsmethoden in einem integrierten DB/IRS zur Konvertierung
von Informationsstrukturen

Autor: Gerd Neugebauer, Tel.: 636-2414

      SIEMENS AG, D AP GE 3, München-Perlach

Der Textscanner benutzt Methoden der Mustererkennung, um bei der automatischen Datenerfassung innerhalb eines integrierten DB/IR-Systems namens CONDOR (<u>C</u>ommunikation in
<u>N</u>atürlicher Sprache mit <u>D</u>ialog<u>o</u>rientiertem <u>R</u>etrievalsystem) extern vorliegende Doku-
mentstrukturen in systeminterne Strukturen zu konvertieren. Das Hauptanliegen dieses
integrierten DB/IRS ist es, sowohl formatierte als auch unformatierte Information zu
verarbeiten. Dabei wird besonderer Wert auf eine hohe Benutzeradäquanz gelegt, die
sich z. B. an folgenden Punkten manifestiert:

-kein Systemspezialist ist notwendig zum Aufbau des DB/IRS,

-es gibt ein natürlich sprachliches Interface beim Retrieval,

-die Deskriptoren werden automatisch erzeugt.

Die externe Dokumentstruktur ist im wesentlichen durch das Layout der zu erfassenden
Dokumente gegeben. Diese Struktur bleibt erhalten, wenn die Dokumente z.B. von einem
optischen Seitenleser erfaßt werden. Die interne Dokumentstruktur wird dagegen bei
der Systemgenerierung definiert. Die Daten, die z.B. von einem optischen Seitenleser
geliefert werden, sind das Analyseobjekt für den Textscanner. Er analysiert und klassifiziert auf Grund formaler Merkmale bei entsprechender Systemdefinition die unterschiedlichsten Dokumentelemente z.B. Überschriften, Kapitel, Absätze, grammatika-
lische Sätze, aber auch Dokumentelemente wie Eigennamen, Datümer, Verweise und
Akronyme. Neben der Konvertierung der Dokumentstruktur, die notwendig ist, um Dokumentinhalte systemgerecht speichern zu können und sie damit CONDOR bereitzustellen,
werden Ergebnisse auch anderen CONDOR-Komponenten zur Verfügung gestellt z.B. der
Linguistischen Analyse oder auch der Deskribierung. Außerdem eröffnet der Textscanner eine neue Retrievalmöglichkeit innerhalb von CONDOR. Es können alle jene Dokumentelemente wiedergewonnen werden, die auf Grund von formalen Merkmalen vom Textscanner
erkannt wurden.

Das Analysesystem selbst ist für die verschiedensten Anwendungen vom Benutzer selbst
adaptierbar und generierbar. Zunächst kann er jene Komponenten eines bestehenden Ana-
lysesystems auswählen, die für seine Anwendung in Frage kommen. Dabei wird er unterstützt von einer Systembeschreibung, einer Beschreibung der Regeln, die zu Analyse-
ergebnissen führen und außerdem steht ein entsprechender Beispielkatalog zur Verfügung. Darüber hinaus, und dies ist wohl der entscheidende Punkt zur Erhöhung der
Benutzeradäquanz bei der automatischen Dokumenterfassung, steht ihm eine Beschrei-
bungssprache zur Verfügung, die es ihm gestattet, eigene Erkennungsregeln zu definieren, um so seinen individuellen Analyseapparat generieren zu können. Diese Sprache
ist keine Programmiersprache, sie ist eine erweiterte Backus-Naur-Form. Bezogen auf

die Mustererkennung heißt dies, die verschiedenen Dokumentelemente, sprich Dokument-
muster, werden im wesentlichen rein syntaktisch analysiert, wobei die Musterbeschrei-
bungen von einem Benutzer selbst erzeugt werden können. Die Potenz des Textscanners
kann auch in ganz anderen Anwendungen zum tragen kommen, nämlich überall da, wo Informationsstrukturen konvertiert werden und, oder wo sich Informationsstrukturen formal
beschreiben lassen. Als Beispiele seien genannt:

-bei der Datenkonvertierung

-bei der Textbearbeitung beim Setzen von Dokumenten

-bei der Analyse der Dokumentart oder des Texttyps.

Anmerkung: CONDOR ist ein Forschungsprojekt, das seit 1973 vom BMFT
           gefördert wird.

TEXTSCANNER-Anwendungsbeispiel : BRIEF

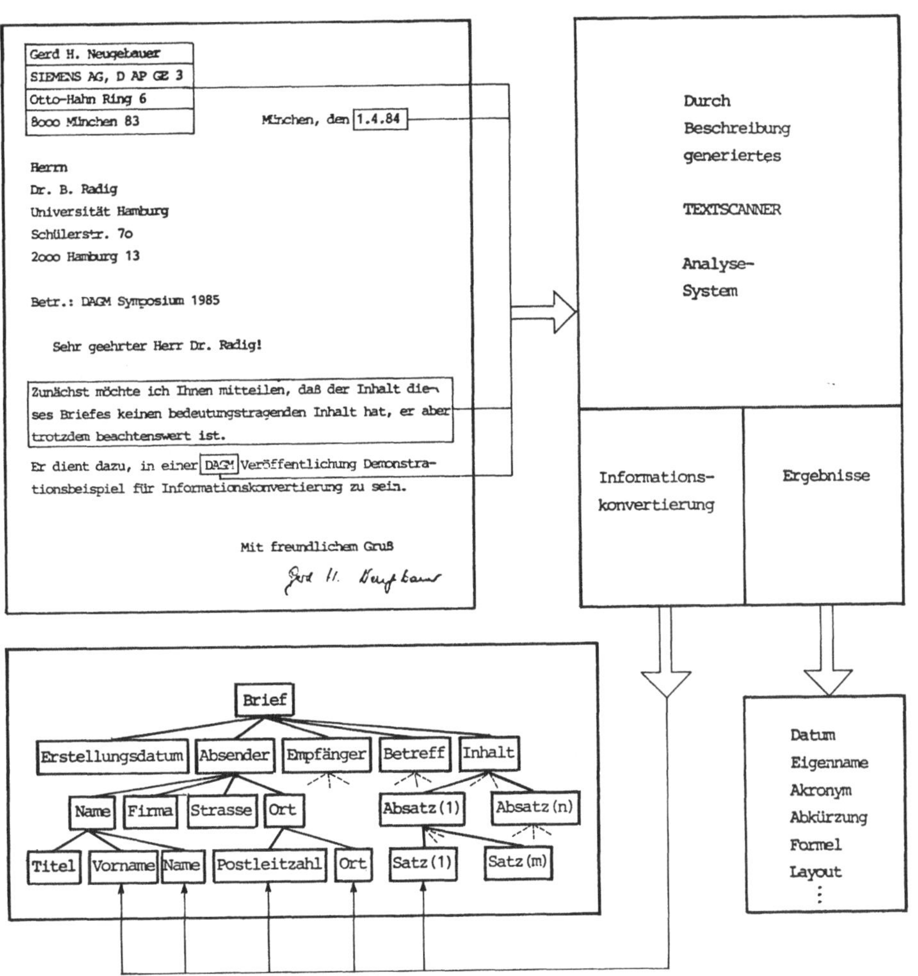

EINFLÜSSE DER DIGITALISIERUNG AUF BILDANALYTISCHE MERKMALE

Rodenacker, K., Gais, P., Jütting, U., Burger, G.

Gesellschaft für Strahlen- und Umweltforschung mbH München
- Institut für Strahlenschutz -
D-8042 Neuherberg bei München

Bei der Entwicklung von Verfahren zur Extraktion von Merkmalen aus digitalisierten
Bildern wird primär versucht, visuell wahrnehmbare Bildeigenschaften zu bemessen.
Lokale und photometrische Auflösung des Bildes bestimmen dabei den Informationsgehalt
und damit die 'Güte' der betreffenden Merkmale sowie ihre Korrelation mit den visuell
erkennbaren Bildinhalten.

Soweit es sich um photometrische und morphologische Merkmale, wie optische Dichte
oder flächenhafte Ausdehung von Objekten handelt, sind keine allzu großen Abhängig-
keiten von der örtlichen und photometrischen Auflösung zu erwarten. Anders ist dies
jedoch bei texturellen Merkmalen. Zum Vergleich der heuristischen Interpretation der
Texturmerkmale, mit deren Wirkung auf unterschiedlich erfaßte Epithelzellen aus medizinischen Zellausstrichpräparaten, wurden je 100 Intermediärzellen aus zwei Diagnose-
gruppen (PAP II und PAP IV) mit einem Scanningmikroskopphotometer (SMP) und einer
TV-Kamera (TV) unter zwei verschiedenen örtlichen Auflösungen erfaßt. Zusätzlich wurde
die feine Auflösung mittels Rechnersimulation vergröbert.

Am Beispiel von zwei Texturmerkmalen:

- KELXM2 = Streuung der Kernpixelwerte nach Laplacetransformation
- KEOMM1 = Mittelwert der Kernpixelwerte im ebenen Texturbild

wird die Empfindlichkeit der Merkmale gezeigt. KELXM2 kann als ein Maß für die Körnung,
KEOMM2 als eines für die Streuung des Kontrastes der Körnung betrachtet werden.

Aus Bild 1 ist die schlechte Korrelation von TV-Erfassung 1/2 µm Pixelgröße zu erkennen.
Bild 2 zeigt eine gewisse Gruppenspezifität des Merkmals, die mit der Auflösung abnimmt, jedoch nur gering die Korrelation beeinflußt.

Zusammenfassend gilt:
- Die deutlich veränderte Texturwahrnehmung bei abnehmender Auflösung wird vergleichsweise wenig durch 'Textur'-Merkmale widerspiegelt.
- F-Wertanalyse der Texturmerkmale ergibt eine Abnahme der Trennfähigkeit mit abnehmender Auflösung.
- Der Einfluß der Erfassungssysteme ist groß. Die Texturmerkmale können nur schwer
  verglichen werden.

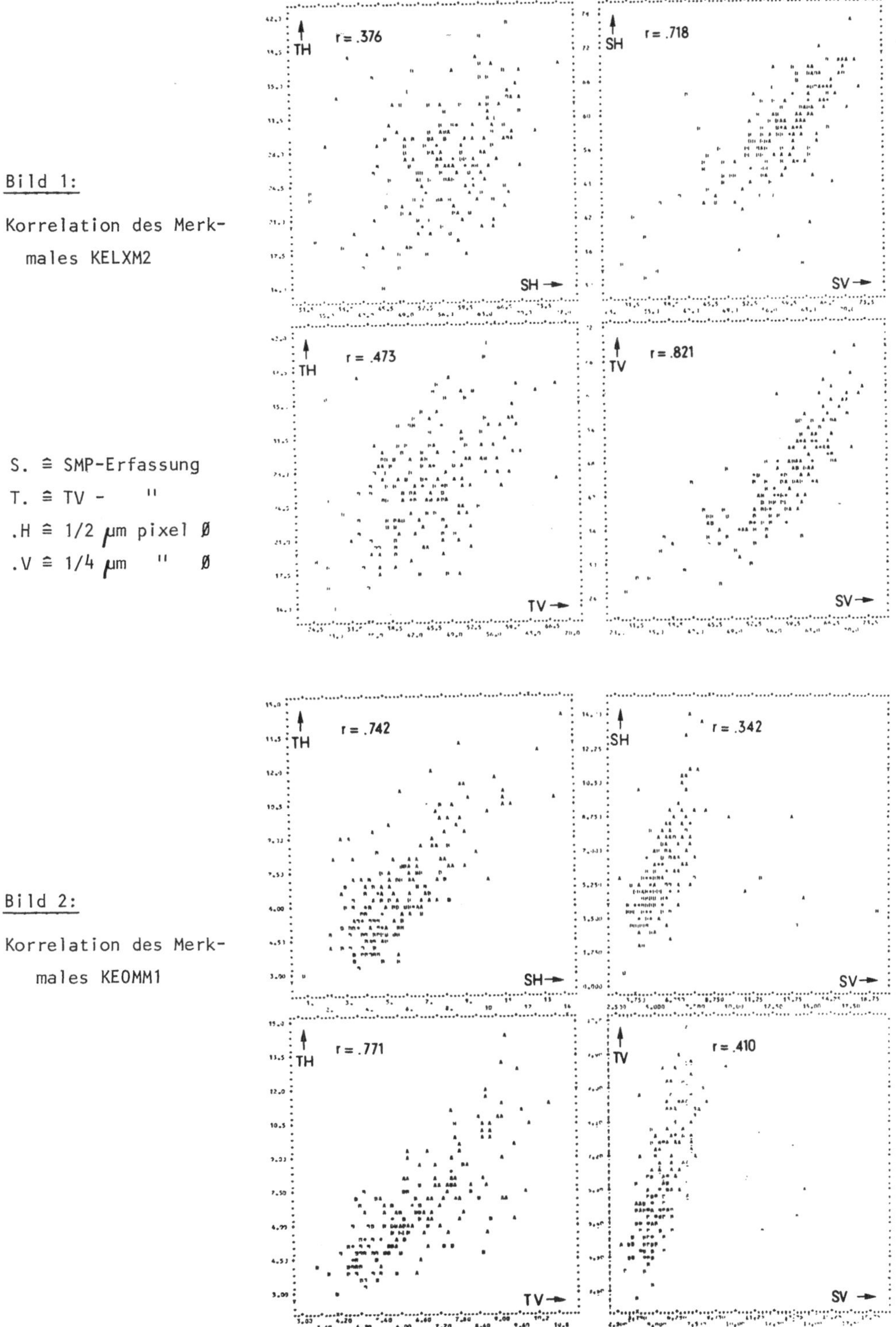

Bild 1:
Korrelation des Merk-
males KELXM2

S. ≙ SMP-Erfassung
T. ≙ TV -   "
.H ≙ 1/2 μm pixel Ø
.V ≙ 1/4 μm   "   Ø

r = .376
TH
SH →

r = .718
SH
SV →

r = .473
TH
TV →

r = .821
TV
SV →

Bild 2:
Korrelation des Merk-
males KEOMM1

r = .742
TH
SH →

r = .342
SH
SV →

r = .771
TH
TV →

r = .410
TV
SV →

<u>Eine Methode zur automatischen Beseitigung des Bildrauschens</u>

von Klaus-J. Seegel ,
Institut für angewandte Geodäsie, Frankfurt/M.

Die Anwendungsgebiete der digitalen Bildverarbeitung sind relativ
weit gespannt (Energietechnik, Fernerkundung, Geowissenschaften,
Medizin, Nachrichtentechnik, usw.), ebenso vielfältig sind ihre
Aufnahmegeräte und -verfahren, bzw. die Datenquellen hinsichtlich
ihres Informationsgehaltes, Nachrichtenflußes, Kanalkapazität und
dergleichen.
Von grundlegendem und allgemeinem Interesse sind dabei jedoch die
Fragen der zuverlässigen Trennung von signifikanter Information
und überlagerndem Rauschen, sowie der Bildverbesserung respektive
der Datenaufbereitung.
Im folgenden wird eine Methode zur strengen automatischen Rauschbeseitigung in der digitalen Bildverarbeitung vorgestellt und an
einigen Beispielen demonstriert. Im gleichen Zusammenhang wird auch
die Unabhängigkeit von Datenquelle und -struktur nachgewiesen (Die
Methode wurde untersucht an 6- und 8-Bit-Daten).
Die Analyse der Ursachen (Rauschquellen und -struktur) :
a) Informationsreduktion und -verfälschung durch den unvollkommenen
   "Übertragungskanal"
b) Systemfehler der analog-digital Wandlung (Nichtlinearitäten,
   differentielle und nichtmonotone Fehler, ...)
c) Quantisierungsverzerrungen, sowie Quantisierungsrauschen,
führt folgerichtig zu dem einfachen, aber strengen Modell der
Rauschbeseitigung durch Redundanzreduktion. Grundlage hierfür ist
Shannon´s Theorem 5, wonach die Entropie der Nachrichtenquelle ein
zuverlässiges Maß für den Informationsgehalt darstellt. Die daraus
abzuleitende und numerisch zu bestimmende Redundanz des Signales
wird zur Beseitigung des Rauschens angesetzt.
Die Methode kann einfach selbst programmiert werden und erfordert
keinen Eingriff des Operateurs.
Anwendbarkeit und Auswirkung auf die Symbolverteilung und die Besetzung der Bitebenen werden an verschiedenartigen Halbtonbildern
mit hohem und niedrigem Informationsgehalt abschließend dargestellt.

Anschrift des Verfassers :   Dipl-Ing. Klaus-J. Seegel
                              Institut für angewandte Geodäsie
                              Richard-Strauss-Allee 11
                              6000 Frankfurt am Main 70

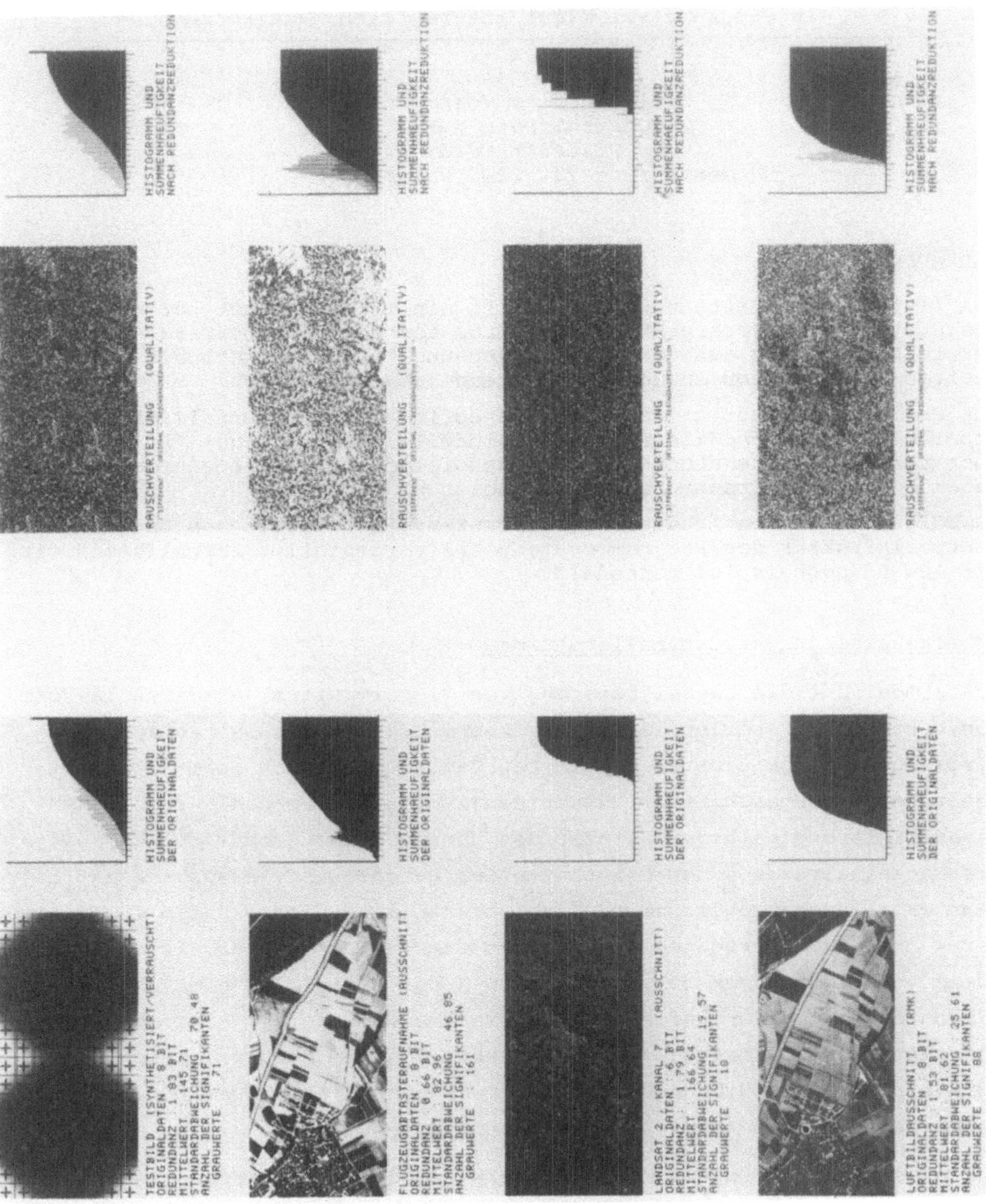

Die vorliegende Arbeit ist Bestandteil des DFG-Forschungsauftrags "Geometrische Entzerrung von Flugzeugabtaster-Daten".

IPA – ein Programmsystem zur interaktiven Mustererkennung

Dipl. Inf. A. Vespermann
Control Data GmbH
Distrikt Nord
Mexikoring 23, 2000 Hamburg 60

Einführung

IPA (Interactive Pattern Analysis) ist ein Programmpaket zur computergestützten Signalverarbeitung. Es wurde von der Control Data Corporation entwickelt, um die aus der Mustererkennung bekannten Methoden einem breiten Spektrum von Anwendungen zugänglich zu machen.

Das Programm erlaubt die interaktive Definition und Verifizierung eines problemspezifischen Klassifizierungsmodells, das nach dem Prinzip des überwachten Lernens arbeitet. Für den Dialog steht eine einfach zu handhabende Kontrollsprache zur Verfügung.

Im Folgenden werden Arbeitsweise, struktureller Aufbau und Daten- und Kontrollstruktur des Programmsystems IPA vorgestellt. Abschließend wird ein Anwendungsbeispiel behandelt.

Arbeitsweise und struktureller Aufbau

IPA ermöglicht die Klassifizierung von Signalmustern, die sich in Form von Vektoren darstellen lassen. Es können Zeitreihen, beliebige Messwertsequenzen sowie unter bestimmten Bedingungen auch spalten- oder zeilenweise gespeicherte Bildmatrizen analysiert werden. Wie bei der Klassifizierung nach dem Prinzip des überwachten Lernens üblich, basiert die Datenanalyse auf der Existenz einer Datenbasis von Mustern mit bekannter Klassenzugehörigkeit. Nach Unterteilung dieser Daten in je einen Lern- und einen Testdatensatz (Subset Generation Module) wird eine Sequenz von Algorithmen zur Auswahl des Arbeitsbereiches oder Datenkonditionierung und der Berechnung von Merkmalen, die dem Benutzer als klassenspezifisch erscheinen, definiert (Feature Module). Anschließend wird eine Klassifizierungsfunktion gewählt und ihre Parameter dem Lerndatensatz angepaßt (Decision Function Module).

Auf diese Weise wird ein Klassifizierungsmodell geschaffen, das sich aus problemorientierten Algorithmen zur Merkmalsgenerierung und zur Klassenunterscheidung zusammensetzt. Der Benutzer modifiziert dieses Modell so lange, bis der Lerndatensatz korrekt klassifiziert wird. Anschließend wird das Modell zur Kontrolle am Testdatensatz verifiziert (Classification Module). Neben der Wahl eines ganz neuen Merkmalssatzes stehen dabei die Möglichkeiten der Merkmalsmodifizierung und -reduzierung zur Verfügung.

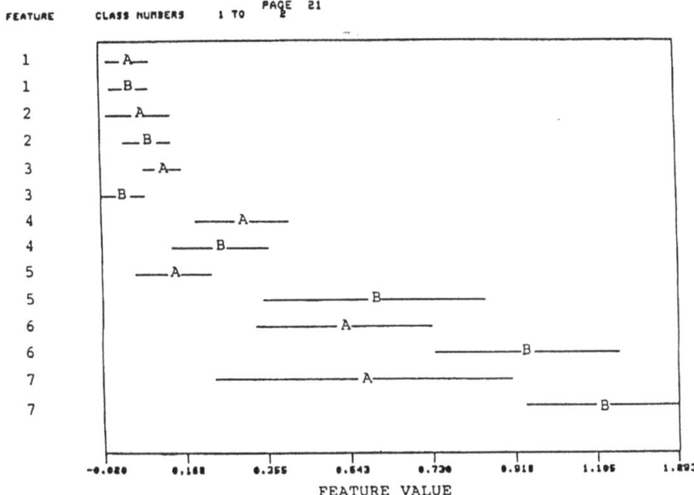

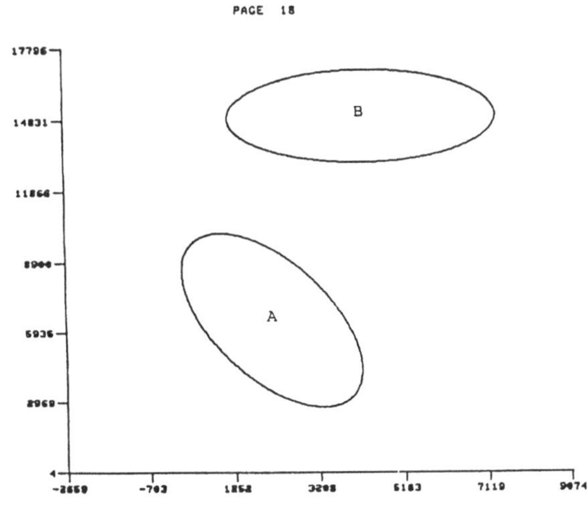

Abb. 1:   "Range Plot"; Darstellung von Mittelwert und halber
          Standardabweichung für jedes Merkmal

          "Sigma Plot"; Darstellung von Mittelwert und halber
          Standardabweichung für die Merkmals-
          vektoren jeder Klasse. Dabei wurde
          n-dimensionale Merkmalsraum auf zwei
          Dimensionen reduziert.

Graphische Darstellungen auf dem Bildschirm (Graphic Module) ermöglichen die einfache interaktive Überwachung dieser Anpassungsphase. Ferner ist die Kontrolle durch die Ausgabe verschiedener Tabellen als Ergebnis der Klassifizierung möglich (vergl. Beispiel). Während die Diagramme u.a. die Relevanz der gewählten Merkmale für die zu trennenden Klassen darstellen (Abb. 1), kann anhand der Klassifizierungstabellen z.B. wahlweise der Verlauf einzelner Muster durch den Klassifizierungsprozess verfolgt werden.

Die statistische Stabilität der Modellanpassung ist gewährleistet bei einem ausreichenden Umfang der Lern- und Testdatenbasis sowie bei einem adäquaten Verhältnis zwischen diesem Umfang und der Dimension des Merkmalsraumes. Man kann in diesem Fall davon ausgehen, daß das Modell auch weitere Signalmuster aus dem gleichen Anwendungsgebiet korrekt klassifizieren wird.

In IPA sind zwei hierarchische Strukturen realisiert. Eine davon betrifft den Klassifizierungsprozess, der die Struktur eines Entscheidungsbaumes hat. Bis auf den Wurzelknoten ist dabei jedem Knoten - nicht notwendigerweise eineindeutig - eine Klasse zugeordnet. Ausgehend vom Wurzelknoten wird jedes klassifizierte Muster an den entsprechenden Subknoten weitergeleitet. An jedem Knoten können neue Algorithmen zur Merkmalsgenerierung und/oder eine neue Klassifizierungsfunktion gewählt werden. Der Vorteil dieses Prinzips ist die Möglichkeit einer stufenweisen Klassifizierung der Daten. Dies hat sich insbesondere in Anwendungsfällen, bei denen sich die Merkmale gruppieren lassen, oder bei denen eine Abhängigkeit der Merkmale untereinander wahrscheinlich ist, bewährt. Knoten des Entscheidungsbaumes, die zu Fehlklassifikationen führen, können außerdem gelöscht und neu generiert werden. Es lassen sich an jedem Knoten maximal 250 Merkmale definieren. Der Entscheidungsbaum kann bis zu 128 Knoten enthalten und erlaubt die Differenzierung zwischen maximal 64 Klassen.

Die zweite hierarchische Struktur in IPA ist im Aufbau der Unterprogramme erkennbar (Abb. 2). Jeder der Moduln aus "Level 1" ist eine Bibliothek von ebenfalls hierarchisch strukturierten Untermodulen zugeordnet. Neben der dadurch erzielten Wartungsfreundlichkeit liegen die Vorteile dieses Programmaufbaus in einer geringen aktuellen Zentralspeicherbelegung sowie in der Möglichkeit, auf einfache Weise neue Unterprogramme einzufügen.

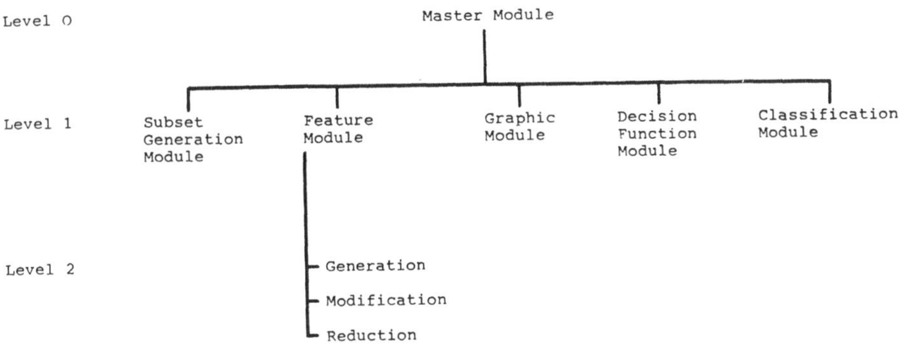

Abb. 2: Hierarchisch aufgebaute Modulstruktur in IPA

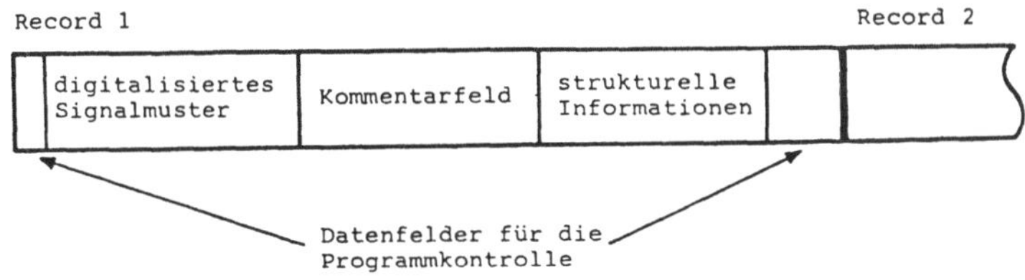

Abb. 3a: "Pattern Record File"

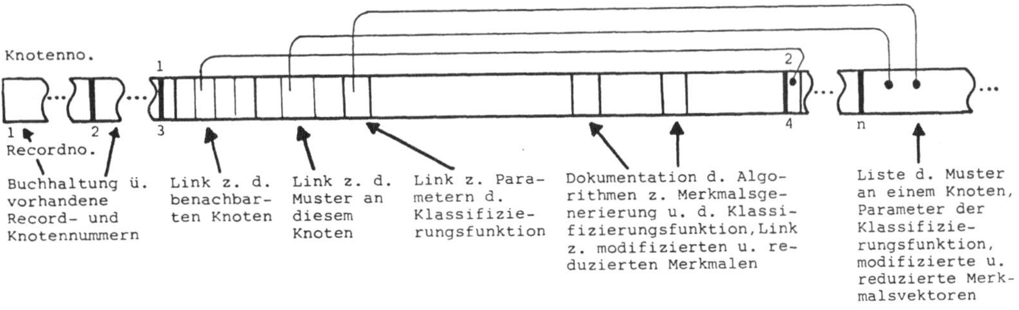

Abb. 3b: "Node Record File"

Daten- und Kontrollstruktur

Die Eingabe der Signalmuster und die Kontrolle des Klassifizierungsprozesses wird durch folgende Datensätze gewährleistet:

- "Pattern Record File"
- "Feature Record File"
- "Feature Statistics File"
- "Node Record File"
- "Classification Results File"

Der "Pattern Record File" enthält die Eingabedaten. Alle anderen Datensätze werden erst im Verlauf der Datenanalyse erstellt. Die Daten von "Feature Record File", "Feature Statistics File" und "Node Record File" sind in Blöcke unterteilt, die die für einen Knoten des Entscheidungsbaumes relevanten Daten sowie Zeiger zum jeweils nächsten Block enthalten.

Im "Pattern Record File" stehen neben den Signalmustern Datenfelder zur Abspeicherung von zusätzlichen strukturellen Informationen (z.B. Meßbedingungen), die für die Klassifizierung wie zusätzliche Merkmale behandelt werden können (Abb. 3a). Weiterhin sind für jedes Muster Datenfelder für die Programmkontrolle (z.B. Länge des Signalmusters, Klassenzugehörigkeit) und für Kommentare vorgesehen.

Der "Feature Record File" wird im Verlauf der Merkmalsgenerierung erstellt. Er enthält eine Dokumentation des Transformationsalgorithmus sowie die expliziten Merkmalsvektoren für jeden Knoten, an dem neue Merkmale definiert werden.

Einige Graphik-Unterprogramme und Klassifizierungsfunktionen benötigen statistische Werte über die Merkmalsvektoren, die dann für den entsprechenden Knoten im "Feature Statistics File" abgelegt werden.

Der "Node Record File" wird während der Klassifizierungsphase angelegt und beinhaltet in der Hauptsache Link-Verbindungen zu den benachbarten Knoten, eine Liste der zum betreffenden Knoten weitergeleiteten Signalmuster, eine Dokumentation der Transformationssequenz zur Erstellung (bzw. Modifikation oder Reduktion) der Merkmalsvektoren, die gewählte Klassifizierungsfunktion und gegebenenfalls auch ihre Parameter (Abb. 3b). Auf einzelne Records kann über Linklisten-Techniken zugegriffen werden. Außerdem wird beim Löschen und Einfügen neuer Records für eine optimale Platzausnutzung gesorgt.

Die aktuelle Klassenzuordnung der Signalmuster sowie der Weg der Muster
durch den Entscheidungsbaum ist in "Classification Results File" dokumentiert.

Die Verwaltung der beschriebenen Datensätze ermöglicht die jederzeitige
Unterbrechung der Datenanalyse durch den Benutzer sowie ein Wiederauf-
setzen des Prozesses an der gleichen Stelle.

Anwendung von IPA
____

IPA wurde bisher erfolgreich eingesetzt zur Analyse seismischer Signale,
auf den Gebieten der Qualitätskontrolle und Werkstoffprüfung, für Labor-
analyse, für Spracherkennung sowie im militärischen Bereich. Im folgenden
Beispiel wird IPA zur Auswertung seismischer Signalmuster angewandt.

In der Lagerstättenforschung versucht man mit möglichst wenigen Bohrungen
die Lage und Ausdehnung öl- und gasführender Schichten zu bestimmen. Dazu erzeugt man künstlich seismische Wellen - z. B. durch Detonationen -
und registriert mit Seismographen, die zwischen den Bohrlöchern angebracht sind, das Reflektionssignal der verschiedenen geologischen
Schichten. Abb. 4 zeigt ein derartiges Seismogramm des zu analysierenden
Gebietes. Von den 50 vertikalen Spuren war im interessierenden Fensterbereich (umrahmt) die Klassenzugehörigkeit (2 Klassen) der ersten 28
Muster bekannt. Die Daten im Fensterbereich wurden mit dem Hamming Filter
geglättet, und nach einer Transformation der Daten in den Frequenzbereich
das Energiedichtespektrum berechnet. Die sieben Koeffinzienten im signi-
fikanten Frequenzbereich zwischen 0 und 45 Hz wurden als Merkmale ausgewählt, da in der Seismik eine Änderung dieser Koeffizienten als Indikator
für eine Dichteänderung der geologischen Schicht angesehen wird. Der
"Range Plot" (Abb. 1) erwies sogar, daß sich nur die Merkmale 3, 5, 6
und 7 zur Klassentrennung eigneten. Als Klassifikationsfunktion wurde der
euklidische Abstand zusammen mit dem Kriterium des nächsten mittleren
Merkmalsvektors gewählt. Die Klassifizierung des Lerndatensatzes lieferte
nur eine Fehlklassifizierung (Abb. 5, "Confusion Matrix"); der Testdatensatz wurde sogar für beide Klassen 100 %ig richtig klassifiziert. Das
Gesamtergebnis der Klassifikation ist aus der Tabelle in Abb. 5 zu er-
sehen, das die Zuordnung eines Musters zu einem Knoten mit "**" markiert.
Man sieht, daß die unbekannten Spuren in zusammenhängende Abschnitte der
Klassen 1 und 2 eingeteilt wurden, was nach Abb. 4 auch plausibel erscheint. Außerdem zeigt sich, daß die einzige fehlklassifizierte Spur
Muster No. 8 war.

Eine Erweiterung des Programmsystems IPA um Algorithmen zur Bildanalyse sowie neue Methoden, die eine Klassifizierung nach dem Prinzip
des nicht-überwachten Lernens erlauben, sind für die nahe Zukunft ge-
plant.

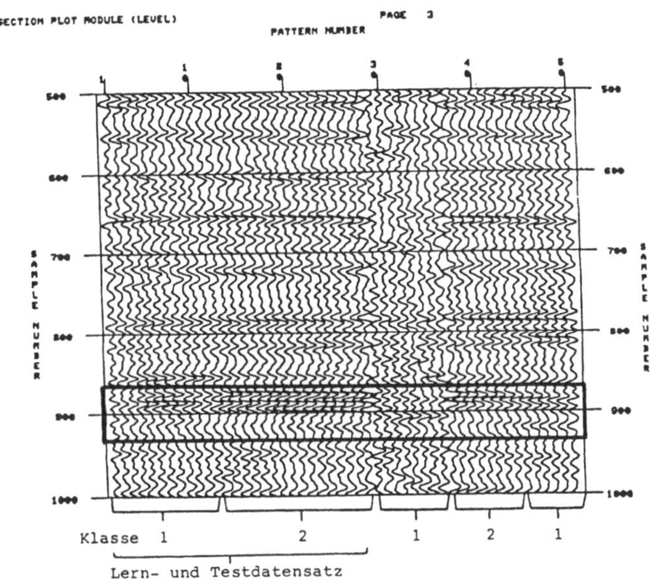

Abb. 4: Darstellung der Eingabedaten für das Beispiel

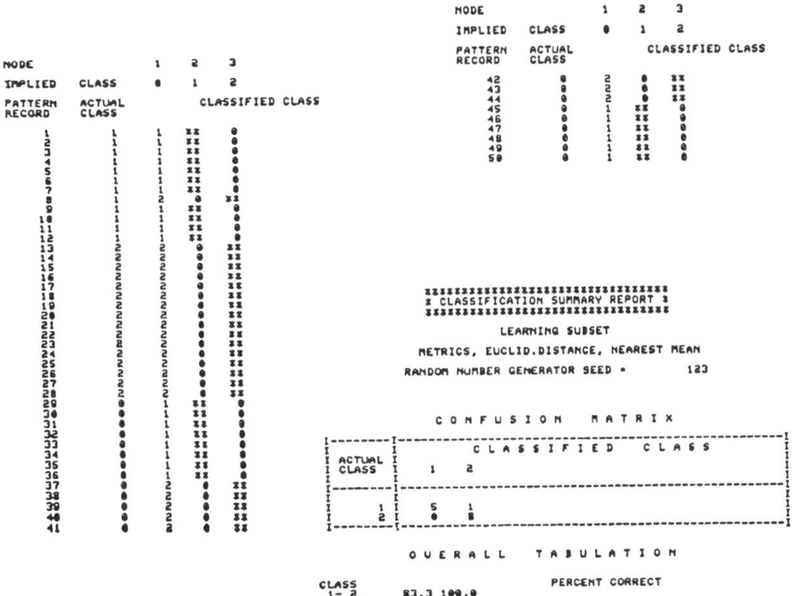

Abb. 5: Klassifikationsergebnisse

Ein Echtzeitsystem

zur automatischen EEG-Schlafstadienklassifikation

S.J. Pöppl, W.S. Tirsch

Institut für Medizinische Informatik und Systemforschung
der Gesellschaft für Strahlen- und Umweltforschung, Neuherberg
München

Zusammenfassung

Untersuchungen des menschlichen Schlafes mittels des Elektroencephalogramms (EEG) sind nach wie vor von großer Bedeutung, insbesondere auf
dem Gebiet der quantitativen Schlaftiefenmessung in der Neuropharmako-
logie sowie bei Schlaf- Wachstörungen. Zu solchen Schlaftiefenmessungen
sind Registrierungen von bis zu 8 Stunden EEGs notwendig. Es wird ein
vollständiges Erkennungssystem vorgestellt, mit dem alleine durch die
Analyse eines 4-kanäligen EEG's eine Schlafstadienklassifizierung möglich ist.
Das mehrkanälige EEG wird für die Dauer von jeweils 30 sec (internatio-
nale Norm) durch ein autoregressives Modell 9-ter Ordnung pro Kanal beschrieben. Die Koeffizienten des autoregressiven Modells bilden für die
jeweilige Epoche den Mustervektor. Nach einer linearen Transformation
kann ein gewichteter Euklid'scher Abstandsklassifizierer angewendet
werden. Die klassifizierten Schlafstadien werden durch einen Digital-
plotter in Form eines Hypnogramms dargestellt.
Die beschriebenen Verfahren arbeiten in Echtzeit und liefern eine Datenreduktion bei minimalem Informationsverlust. Die verwendeten Programme
sind in FORTRAN verfügbar.

Beschreibung der Aufgabenstellung

Registrierungen des menschlichen Elektroencephalogramms (EEGs) werden

bei zahlreichen medizinischen Indikationsstellungen durchgeführt. Die

Auswertungsaufgabe - visuell oder maschinell gelöst - bleibt gleich.

Sequentiell wird anhand von jeweils 30 sec Epochen mehrkanäligen, zeit-

lich simultanen Kurvenregistrierungen auf Papier entschieden, ob eines

der folgenden Schlafstadien vorliegt, wobei sich eine für die visuelle

Auswertung ausführliche Anleitung bei RECHTSCHAFFEN/5/ findet:

Wachstadium W: Das EEG beinhaltet α-Aktivität (8-12/sec-Wellen)
und/oder Aktivität gemischter Frequenzen mit kleiner
Spannung.

Stadium   I: Spannungsmäßig relativ nieder gespanntes EEG mit gemischten Frequenzanteilen ohne schnelle Augenbewegungen (REM)

Stadium   II: Schlafspindeln mit 12-14/sec Frequenzen und K-Kompo-
nenten, niedergespanntes EEG mit gemischten Frequenzanteilen

Stadium III: EEG zeigt Wellen mit 2/sec oder langsamer, in mindestens 20% jedoch weniger als 50% der Epochendauer,
wobei die Amplituden größer 75 μV_{ss} sein müssen.

Stadium IV: Wird durch ein EEG definiert, in dem mehr als 50% der
                     Epoche aus Wellen mit Frequenzen 2/sec oder langsamer,
                     und Amplituden größer 75μV_{ss} besteht.

REM: Das REM-Stadium ist durch rasche Augenbewegungen ge-
                     kennzeichnet, ansonsten ähnelt das EEG sehr Stadium I.
                     Die Augenbewegungen werden durch das EOG registriert,
                     da visuell eine REM-Erkennung aus dem EEG ohne EOG
                     nicht ohne weiteres möglich ist.

Diese einzelnen, visuell befundeten Epochen werden einem Schlafstadium zugeordnet; der zeitliche Verlauf der Schlafstadien wird in einem Hypnogramm dargestellt. Abbildung 1 zeigt jeweils 2 Ableitungen von EEGs im Wachstadium (W) und im Schlafstadium III.

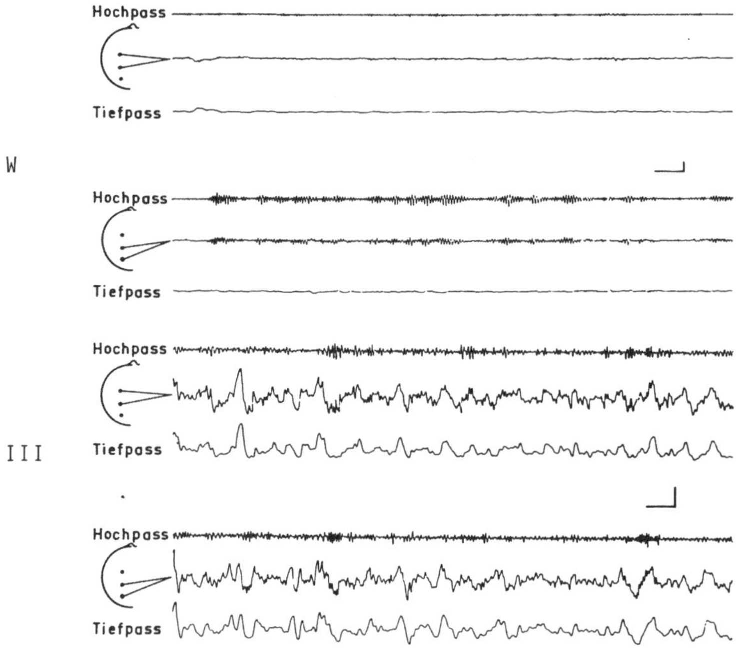

Abb. 1: W: EEG-Registrierungen bei einem Probanden im Wachstadium
      III: EEG-Registrierungen bei demselben Probanden im Schlaf-
            stadium III.
            Die einzelnen Ableitungen werden durch Filter (Hochpass-
            Tiefpass mit Eckfrequenz 6Hz) in nieder- und hochfrequen-
            te Anteile zerlegt.

Mathematisches Modell

Nachdem grundlegende Untersuchungen die maschinelle Klassifizierbarkeit von Schlaf-EEGs zeigten (ZETTERBERG/7/, PÖPPL/4/) lag es nahe, Verfahren zu entwickeln, die die Klassifizierung in Echtzeit ermöglichen. Untersuchungen von GERSCH/2/ und ZETTERBERG/7/ bewiesen, daß frequenzanalytische Betrachtungen im Sinne einer Simulation des Signals, insbe-

sondere als Nachbildungen mit Hilfe von geeigneten stochastischen Prozessen, durchaus brauchbar sind. Voruntersuchungen des Autors zeigten auch, daß Merkmale aus solchen Modellprozessen - z.B. autoregressive Modelle - gute Klassifikationseigenschaften aufwiesen.
Abbildung 2 zeigt den Modellansatz.

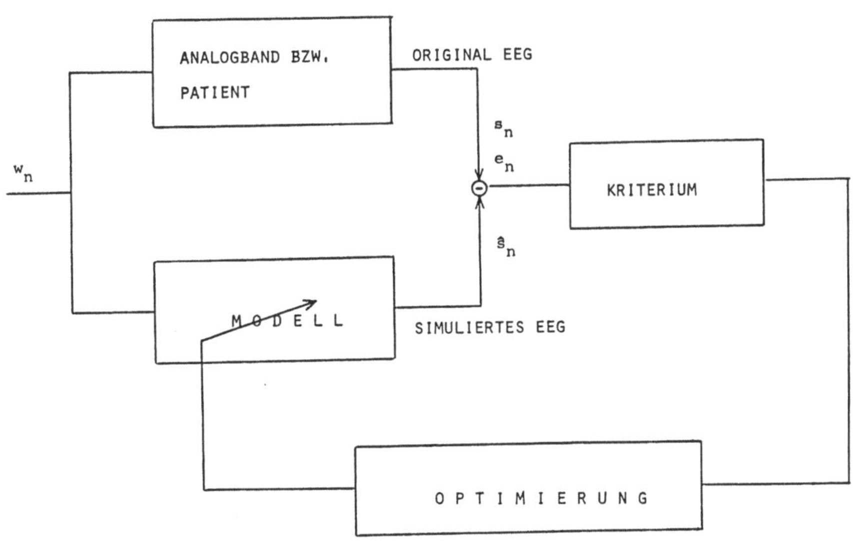

Abb. 2: Modellansatz zur EEG-Beschreibung

Das Modell erzeugt ein Signal $\hat{S}_n$ das dem EEG-Signal möglichst nahe kommt. Die Differenz

$$\ell_n = \hat{S}_n - S_n$$

wird dadurch minimiert, daß die Modellparameter mit Hilfe von Optimierungstechniken angepaßt werden.
Die Darstellung eines Modells für das EEG lautet:

$$a_O\,S(n) + a_1 S(n-1) + \cdots\cdots a_p\,S(n-p) = W(n) \tag{1}$$

bedeutet:

$\quad$ s(n) $\quad$ abgetastetes EEG-Signal s(t) mit t = n · T und
$\quad\quad\quad\quad$ n = 1,2 ....N

$\quad$ W(n) $\quad$ Realisierung eines Zufallsprozessors mit E(w) = O
$\quad\quad\quad\quad$ und Varianz

$a_1 \cdots a_p$ $\quad$ Parameter eines autoregressiven Modells der Ordnung p

Wenn die Optimierung für jeden Abtast-Punkt S_n durchgeführt wird, stellt die Gleichung (1) ein KALMAN-Filter dar; für den Fall, daß die Anpas-

398

sung nur jeweils einmal für N Abtastpunkte erfolgt, wird (1) zu einem
WIENER-Filter. Die Übertragungsfunktion wird mit

$$s(n-1) = z^{-1} \left[S(n) \right] \tag{2}$$

zu

$$S(n) \left[1 + a_1 z^{-1} + a_2 z^{-2} + \cdots a_p z^{-p} \right] = W(n) \tag{3}$$

So läßt sich das EEG-Signal als Ausgang eines Filters darstellen, das
mit Rauschen beaufschlagt wurde. Es kann dadurch mit p+1 Parametern
nämlich a_1, a_2, $\cdots a_p$ und σ beschrieben werden.

$$W(n) \longrightarrow \boxed{\dfrac{1}{A(z^{-1})}} \longrightarrow S(n) \tag{4}$$

Der Ausdruck

$$\sum_{n=p+1}^{N} W^2(n) \tag{5}$$

wird als Funktion von $(a_1, a_2 \cdots a_p)$ minimiert. Dies bedeutet, daß
für $i=1,2 \cdots p$ gilt

$$\sum_{n=p+1}^{N} W(n) \frac{\partial W(n)}{\partial a_i} = O \tag{6}$$

wobei

$$\frac{\partial W(n)}{\partial a_i} = S(n-i) \qquad \text{ist.}$$

Bei Verwendung der geschätzten Autokorrelationsfunktion

$$r(i) = r(-i) = \frac{1}{N-P} \sum_{n=p+1}^{N} S(n-i) \tag{7}$$

erhält man ein Gleichungssystem

$$\begin{pmatrix} r(O) & r(1) & \cdots\cdots & p(p) \\ r(1) & & & r(p-1) \\ \cdot & & & \cdot \\ \cdot & & & \cdot \\ \cdot & & & \cdot \\ r(p) & r(p-1) & \cdots & p(O) \end{pmatrix} \begin{pmatrix} 1 \\ a_1 \\ a_2 \\ \cdot \\ \cdot \\ a_p \end{pmatrix} = \begin{pmatrix} \sigma^2 \\ O \\ O \\ \cdot \\ O \\ O \end{pmatrix} \tag{8}$$

Da die Matrix eine Toeplitzmatrix darstellt, kann das Gleichungssystem
in (8) auf schnellem, iterativem Weg gelöst werden. Benutzt man die
Darstellung des Robinson Algorithmus nach MARKEL/3/, so wird ein Polynom definiert:

$$A_m(Z) = \sum_{n=o}^{m} a_{mn} \, Z^{-n} \tag{9}$$

A_{m+1} erhält man aus A_m durch

$$A_{m+1}(Z) = A_m(Z) + K_m \, Z^{-(m+1)} \, A_m(1/Z) \tag{10}$$

K_m folgt aus:

$$K_m = -\,q_n/p_m \quad \text{mit} \quad p_{mn} = p_m + K_m q_m$$

$$q_m = \sum_{\ell=o}^{m} a_{m\ell}\, r(m+1-\ell) \qquad p_o = r(o) \quad q_o = r(1) \quad a_{oo} = 1$$

Das Stabilitätskriterium des Filters it $\left[k_m\right] < 1$, welches leicht beim
Schritt m getestet werden kann. Für ein Modell der Ordnung p wird die
Rechenzeit proportional p^2 (p^3 für konventionelle Methoden).
Das Power-Spektrum kann leicht nach

$$S(w) = \frac{\sigma^2}{FFT(1, a_1, a_2, \cdots\cdots a_p, 0, 0 \cdots)} \tag{10}$$

berechnet werden. Die Voraussagefähigkeit des Filters wird zur Detektion von Nichtstationaritäten benützt. Der Voraussage-Fehler

$$\ell_n = \hat{S}_n - S_n$$

stellt weißes Rauschen für ein stationäres Signal S_n dar.
Die Ordnung p des autoregressiven Modells wird nach GERSCH/2/ bestimmt.

Klassifikationsansatz

Eine zu klassifizierende Beobachtung wird als

$$\underline{X}_i^t = (a_1^1,\ a_2^1,\ \cdots\ a_p^1,\ a_1^2,\ a_2^2\ \cdots\ a_p^2)$$

definiert, wobei $i = 1,2 \cdots N$ die Anzahl der Muster für alle K-Klassen
darstellt. Beschreibt $\underline{\underline{B}}$ die Inter-Klassen-Scattermatrix, $\underline{\underline{W}}$ die In-
traklassen-Scattermatrix, so wird eine klassenorientierte Dimensionali-
tätsreduktion (FOLEY/1/) durchgeführt, die anhand einer <u>linearen nicht-
orthogonalen Transformation</u> erfolgt.
Die Lösung lautet:

$$\underline{\underline{B}}\ \underline{u} = \lambda\ \underline{\underline{W}}\ \underline{u}$$

Da der Rang von $\underline{\underline{B}}$ k-1(K=Klassenzahl) ist, hat der Unterraum k-1 Dimensionen. Die neuen Muster erhält man durch (WILKS/6/)

$$\underline{Y}_i = \left[\underline{u}_1 \underline{u}_2\ \cdots\ \underline{u}_{k-1}\right] \underline{X}_i$$

Für multivariate Normalverteilungen vom Typ $N(\mu_i, \underline{\Sigma})$ erhält man dadurch erhebliche Vereinfachungen.Auf diese Weise wird die Anwendung eines einfachen Euklid'schen Abstandsklassifizierers möglich (PÖPPL/4/).

<u>Technische Realisierung</u>

Das Programmsystem ist in FORTRAN IV geschrieben und läuft auf einer 32 K 16 bit Wort Anlage mit Zykluszeit von 2 µsec. Die Analog-Digital-Umsetzung erfolgt im sogenannten "Foreground" (Area), die Analyse der Daten im sogenannten "Background" (Batch) des Betriebssystems der Anlage. Abbildung 2 zeigt eine Darstellung des Programm-Ablaufs.

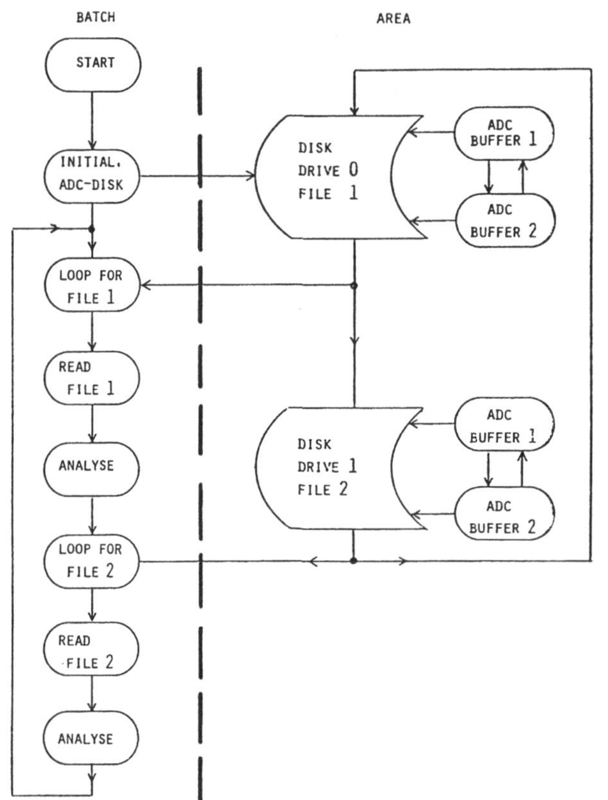

Abb. 2: Darstellung des Programm-Ablaufs

AREA: In diesem Programmlaufbereich wird "Direct Memory Access" die Analog-Digital-Umsetzung vorgenommen. Die Speicherung des kontinuierlichen Datenstromes erfolgt nach dem Wechselpufferprinzip auf 2 getrennte Plattenlaufwerke.

Batch: In diesem Laufbereich läuft die Analyse und Klassifizierung der Schlaf-EEGs ab. Das Programm im Batch Bereich wird unabhängig gestartet und synchronisiert sich mit der Analog-Digital-Umsetzung selbständig.

Abbildung 2: Darstellung des Programmablaufs

Zusammenfassend führt das System folgende <u>Arbeitsschritte in Echtzeit</u> durch:

- *Analog/Digital Umsetzung von 4 EEG-Kanälen mit einer Abtastrate von Δt = 10 msec.*

- *Berechnung des autoregressiven Modells getrennt für 4 Signalkanäle für ein Analysestück von 30 sec; die Rechenzeit beträgt dafür ca. 15 sec, so daß weitere Rechenzeit zur Klassifizierung bleibt. Maximale Analysezeit insgesamt 10 Stunden.*

- *Berechnung der Powerspektren für alle 4 Kanäle mit Ausgabe auf Analogschirm. Spitzenwerte von Frequenzen und Amplituden können auch ausgedruckt werden.*

- *Detektion von Nichtstationaritäten und abhängige Weiterverarbeitung in einem Spike und Wave- Erkennungsprogramm.*

- *Automatische Klassifizierung der Schlafstadien. Die Lerndatensatzparameter können entsprechend dem Patientenalter altersspezifisch vor dem Start ausgewählt und eingegeben werden, so daß eine auf das Patientenalter bezogene Klassifikation möglich wird.*

- *Auf einem Plotter wird automatisch ein Schlafhypnogramm erstellt.*

Abbildung 3 zeigt ein solches Hypnogramm

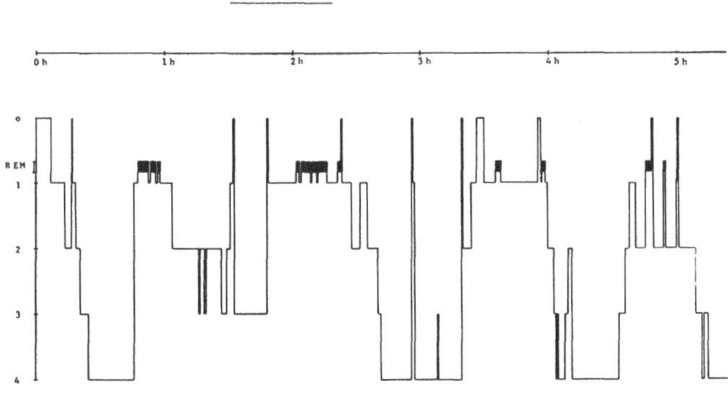

Abb. 3: Schlafprofil (Hypnogramm) für eine Analysedauer von 5 Stunden. Alle 30 sec wird das automatisch ermittelte Schlafstadium eingezeichnet.

Tabelle I zeigt für 350 Schlafepochen typische Erkennungsraten der maschinelle Auswertung im Vergleich zur visuellen Befundung.

	I	II	III	IV	REM	INSGESAMT
Reklassifizierung	91%	96%	92%	84%	100%	93%
Testklassifizierung	87%	96%	88%	84%	100%	91%

Tab. I: Erkennungsraten des Echtzeit-Schlaferkennungssystems

<u>Literaturverzeichnis</u>

/1/ Foley, D.H.:   The probability of error and the design set
                          as a function of sample size and feature size.
                          Ph. D. Dissertation, University of Syracuse,
                          1971

/2/ Gersch, W.H.:   Spectral analysis of EEGs by autoregressive
                          decomposition of time series. Math. Bios-
                          cienses 7, 205 222 (1970)

/3/ Markel, J.D.,   On autocorrelation equations as applied to
     Gray, A.M.:   speech analysis. IEEE Trans. Audio Electro-
                          acoustic AU-21, 69 - 79 (1973)

/4/ Pöppl, S.J.:   Testing computer allocation rules for auto-
                          matic EEG-classification.
                          In: MEDINFO 74 (Eds.: Anderson), Forsythe,
                          J.M. Amsterdam-Oxford: North Holland Pub-
                          lishing Comp., 1079 - 1088 (1974)

/5/ Rechtschaffen, A.,   A manual of standardized terminology, tech-
     Kales, A.:   niques and scoring system for sleep stages
                          of human subjects. NIH Publication Nr. 204
                          US Gov. Print Off. 1968

/6/ Wilks, S.S.:   Mathematical statistics. John Wiley and Sous,
                          1962

/7/ Zetterberg, L.H.:   Estimation of parameters for a linear diffe-
                          rence equation with application to EEG-Ana-
                          lysis, Math. Biosciences 5, 227-245 (1969)

Größenunabhängige Segmentierung von Textzeilen
für Anwendungen im Büro

W. Scherl

Siemens AG, Zentrale Forschung und Entwicklung, München

Einführung

Für die Weiterentwicklung von Textautomaten ist von Vorteil, wenn es
gelingt, Information automatisch einzulesen. Ein Teilschritt für diese
Aufgabe ist die Segmentierung von Textzeilen. Im folgenden wird ein
Verfahren beschrieben, das eine größenunabhängige Segmentierung von
Worten und Textzeilen in unmittelbarer Nachbarschaft von Graphik und
Bild ermöglicht. Das Verfahren bearbeitet die Zeilen eines Binärbildes
in sequentieller Reihenfolge. Zur Segmentierung ist nur ein Bilddurch-
lauf erforderlich.

Verfahren

Fig 1   Anwendung eines Flächenverfolgungsverfahrens auf ein Binärbild.
        Aus der Numerierung sind die flächenmäßigen Zusammenhänge er-
        sichtlich.
Fig 2   Mit O und U sind extrahierte Objektober- und Objektunterpunkte
        bezeichnet. Objekte sind die zusammenhängenden Flächen von Buch-
        staben, Buchstabengruppen, Graphik- oder Bildteilen.
Fig 3   Aus dem Ergebnis von Fig 2 werden periphere Ober/Unterpunkte
        errechnet. Die Koordinaten extrahierter Punkte werden unter der
        Objektnummer in ein Listensystem eingetragen und verwaltet. Ist
        ein Objekt abgeschlossen, so wird diese komprimierte Objektbe-
        schreibung zur Wort- und Zeilenbildung weiterverwendet.
Fig 6   zeigt das Zusammenlagern der Objekte aus Fig 4 zu Worten nach
        größenunabhängigen Merkmalen. Die Interpunktion gehört zu einer
        anderen Größenklasse und lagert sich nicht an.
Fig 8   zeigt das Zusammenlagern der Worte aus Fig 6 zu Zeilen. Die als
        Interpunktion erkannten Teile werden zum Auftrennen der Zeilen
        verwendet.
Fig 5, 7, 9 zeigen die Anwendung der Verfahren auf eine gemischte Text/
        Bild/Graphikvorlage mit unterschiedlichen Schriftgrößen und ver-
        zahnten Schriftteilen.

Fig.1

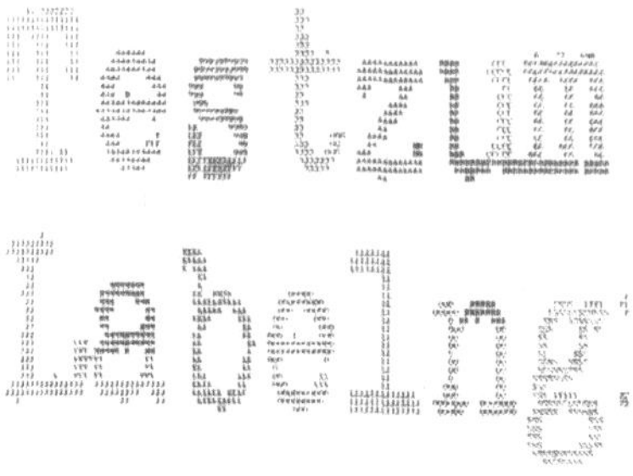

Fig.2

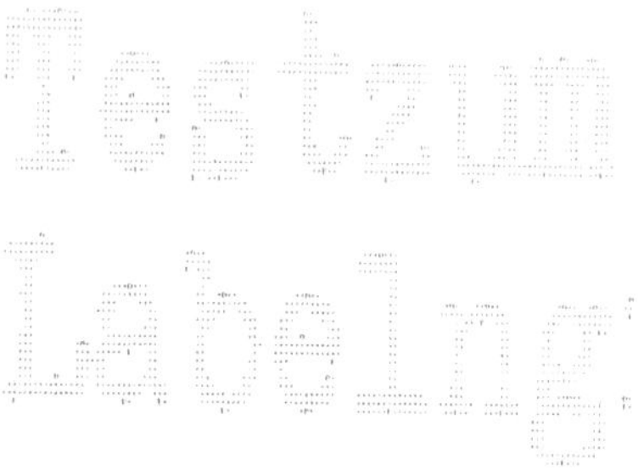

Fig.3

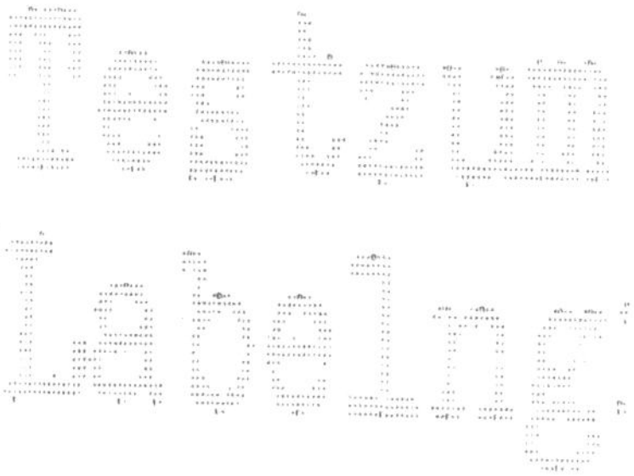

Fig.4

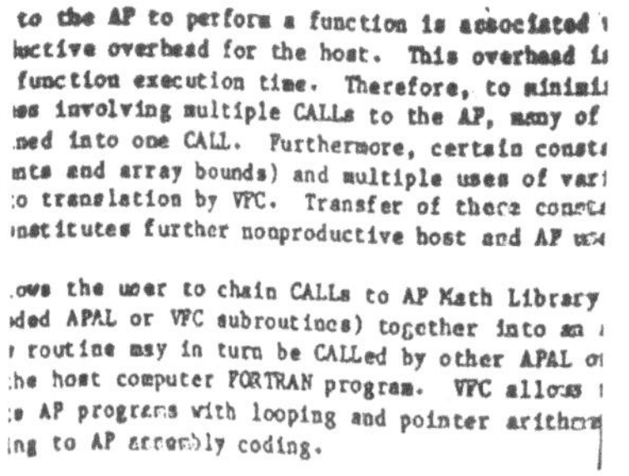

Fig.5

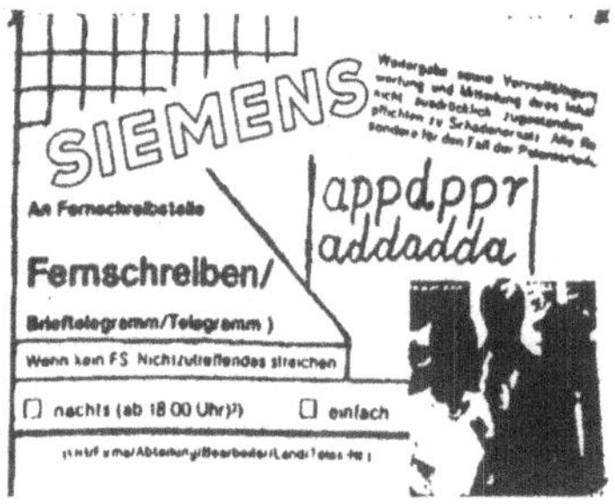

Fig.6

Fig.7

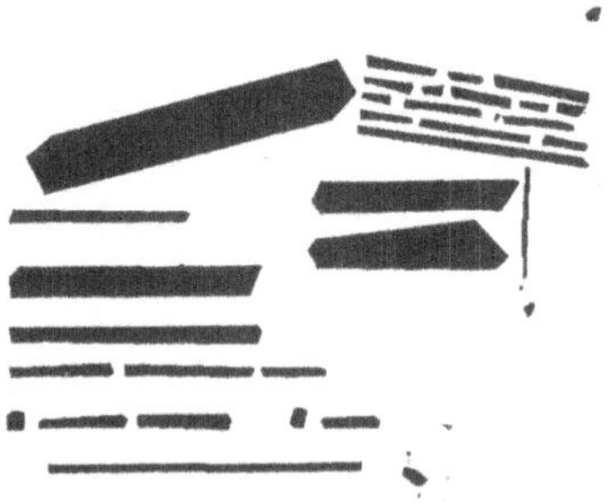

Fig.8

Fig.9